U0874013

法律硕士精品系列教材

刑法与刑事诉讼原理和实务

XINGFA YU XINGSHI SUSONG
YUANLI HE SHIWU

主　编　孙长永

副主编　石经海　吴宏耀

撰稿人　（以撰写章节先后为序）

孙长永　石经海　陈　伟　赵天红　张吉喜

张　栋　刘仁琦　陈京春　吴宏耀　郭泽强

中国人民大学出版社

·北京·

法律硕士精品系列教材编审委员会

作者简介

孙长永：原西南政法大学法学院教授、博士研究生导师，现为上海交通大学凯原法学院讲席教授、博士研究生导师，兼任中国刑事诉讼法学研究会副会长、中国法学会审判理论研究会常务理事等职。曾任国务院学位委员会第六届、第七届法学学科组成员和第四届全国法律专业学位研究生教育指导委员会委员，并参与国务院学位委员会办公室法学一级学科硕士研究生核心课程指南、法律专业学位研究生核心课程指南的研讨、写作和审定工作，主持完成法律（非法学）研究生核心课程指南《刑事诉讼法学》的撰写任务。主要代表性著作有《侦查程序与人权：比较法考察》、《探索正当程序：比较刑事诉讼法专论》、《中国刑事诉讼法制四十年：回顾、反思与展望》（主编）等。

石经海：西南政法大学法学院教授、博士研究生导师，兼任中国犯罪学学会副会长、中国刑法学研究会常务理事等职。曾任西南政法大学法学院副院长、教务处处长等职。主持完成国务院学位委员会办公室法学一级学科硕士研究生核心课程指南《刑法学》的撰写任务。主要代表性著作有《量刑的个别化基本原理》《刑期折抵制度研究》《黑恶犯罪治理研究》等。

吴宏耀：中国政法大学国家法律援助研究院院长、教授、博士研究生导师，兼任中国法学会检察学研究会刑事检察专业委员会副主任、北京市法学会未成年人法学研究会常务理事等。主要代表性著作有《诉讼认识论纲》、《美国刑事诉讼法精解》（译著）、《法律援助法注释书》等。

赵天红：中国政法大学刑事司法学院教授、硕士研究生导师，兼任中国刑法学研究会常务理事、中国预防青少年犯罪研究会理事等职。主要代表性著作有《商业秘密的刑事保护研究》等。

张吉喜：西南政法大学法学院副院长、教授、博士研究生导师，兼任中国刑事诉讼法学研究会常务理事、中国法学会检察学研究会刑事检察专业委员会理事等职。主要代表性著作有《刑事诉讼中的公正审判权：以〈公民权利和政治权利国际公约〉为基础》《量刑证据与证明问题研究》等。

陈伟：西南政法大学法学院教授、博士研究生导师，兼任中国刑法学研究会常务理事、中国法学会金融法律行为研究会常务理事等职。主要代表性著作有《刑法立法方法研究》《教育刑理论的实践回应与规范运行研究》《人身危险性研究》等。

郭泽强：中南财经政法大学刑事司法学院副院长、教授、硕士研究生导师，兼任中国犯罪学学会副会长、中国刑法学研究会常务理事等职。主要代表性著作有《正当防卫研究的新视界》等。

张栋：华东政法大学刑事法学院教授、博士研究生导师，兼任中国刑事诉讼法学研究会理事，上海市高校特聘教授（东方学者）。主要代表性著作有《美国死刑程序研究》、《刑事诉讼法学概论》（主编）等。

陈京春：西北政法大学国家安全学院教授、博士研究生导师，兼任中国刑法学研究会理事、中国犯罪学学会理事等职。曾任西北政法大学教务处处长。主要代表性著作有《刑事诉讼视野下的刑法建构》《刑事和解制度研究：以刑事实体法为视角》《新时代“枫桥经验”的实践：预防青少年新型违法犯罪数字治理研究》等。

刘仁琦：西北政法大学刑事法学院副院长、教授、硕士研究生导师，兼任中国刑事诉讼法学研究会理事、中国法学会法学教育研究会模拟法庭专业委员会副主任等职。代表性著作为《危害食品安全犯罪程序精要与证据研究》，代表性论文有《公诉变更实体限制论》《人民陪审员参审职权改革的实体与程序基础：以庭审实质化的推进为切入点》等。

总 序

2022年10月16日，习近平总书记在中国共产党第二十次全国代表大会上的报告中强调："深化教育领域综合改革，加强教材建设和管理"。同时，党的二十大报告第七部分"坚持全面依法治国，推进法治中国建设"专门部署法治建设，要求发挥法治固根本、稳预期、利长远的保障作用，在法治轨道上全面建设社会主义现代化国家。习近平总书记指出，全面推进依法治国，建设一支德才兼备的高素质法治队伍至关重要。① 高校是法治人才培养的第一阵地，高校法学教育在法治人才培养中发挥着基础性、先导性作用。

在法治轨道上全面建设社会主义现代化国家，迫切需要法律硕士专业学位研究生（以下简称"法律硕士"）教育开辟一条加快培养高层次应用型法治人才的新渠道。法律硕士是具有特定法律职业背景的专业性学位，在培养目标上强调实务特点，主要培养立法、司法、行政执法和法律服务以及各行业领域德才兼备的高层次的复合型（专门型）、应用型法治人才。根据新时代法治人才培养的要求"立德树人、德法兼修、明法笃行"，要将法律硕士培养成具有坚定政治立场和崇高法律职业道德的法治人才，培养成具有宽基础、复合型、跨学科知识结构的法治人才，培养成能够综合运用法律、经济、管理、科技、外语、计算机以及其他方面专业知识，独立从事法律实务和管理工作的法治人才。

近年来，各高校、科研院所及法律实务部门在应用型高级法律实务人才培养方面不断探索。西南政法大学作为新中国最早建立的高等政法学府，是国家首批卓越法律人才教育培养基地。自1979年开展研究生教育以来，西南政法大学坚持科学的研究生教育质量观，把研究生教育作为提升学校品牌的重要支点，坚定不移地推进改革，凝心聚力，攻坚克难，不断增强研究生教育的竞争力、吸引力和培养能力，以实施科教兴国战略和满足经济发展对高层次、高素质、创新型人才的需求为出发点，努力发展研究生教育。2010年，西南政法大学被确定为教育部法律硕士教育综合改革试点高校；2013年，西南政法大学被评为全国法律硕士优秀培养院校。西南政法大学紧紧围绕党中央的要求和国家经济、社会发展的需要，明确目标和功能定位，充分发挥培养复合型、实践型法律人才的作用，以培养德才兼备、系统掌握法

① 中共中央文献研究室．十八大以来重要文献选编：中．北京：中央文献出版社，2016：190．

学理论知识、具备实践能力、具有社会主义法治理念、能够独立从事法律实务或理论研究工作的高层次专门人才为目标，不断进行探索和创新：

——实施责任教授制度，创新课程管理模式。针对法律硕士专业必修课程实施责任教授制度，实行团队教学。课程所属学科确定一名课程责任教授，由其负责组建教学团队、主持课程建设的各项工作，包括课程规划、教学内容安排、课程进度控制、教学方法使用、考核评价方式等。课程责任教授制度的确立，改变了任课教师单打独斗的授课局面，形成了课程教学合力。

——推进课程教学改革，创新课程教学方法。自2013年大力推进研究生课程教学改革以来，制定并实施了《西南政法大学研究生课程教学改革办法（试点）》，推行基于问题、基于项目、基于案例的教学方法和学习方法，探索建立以学生为主体、以培养学生创新能力为主要特征的研究型教学方式，促进课程教学与科研训练、实习实践相结合。已立项建设4批次共37门改革课程，培育重庆市优质研究生课程12门。

——强化教学案例建设，注重实践能力培养。重视案例编写，积极开展案例教学，已组织编写校级法律硕士教学案例21个，其中4个教学案例入选首批全国法律硕士教学案例库，使本校成为首批入库案例最多的院校。在积极开展案例库建设的同时，大力推进案例教学，在法律硕士专业课程教学过程中，引用案例进行讲解的教学内容占比达到30%以上。

——开设实践训练课程，强化职业能力培养。为适应职业型与复合型的人才培养定位，法律硕士人才培养要把学习理论知识与开展实务的能力加以复合，要开展更加注重实务与应用的实践性教学。本校专门开设了法律实践训练课程，占法律硕士课程的四分之一，任课教师大都为校外行业专家，由此大大提升了学生的法律逻辑分析能力与知识运用能力。

法律硕士的招生院校及招生规模不断扩大，对专业法律人才的培养提出了新的挑战，对法律硕士教学规范化也提出了比较高的要求。党的二十大报告指出：要“深化教育领域综合改革，加强教材建设和管理，完善学校管理和教育评价体系，健全学校家庭社会育人机制。”这说明深化教育领域综合改革，扎实推进法律硕士教育、加强相关教材建设非常关键。在2012年前后，西南政法大学与中国人民大学出版社共同推出针对法律硕士的“应用型高级法律人才系列教材”。该套教材内容设计贴近教学需要，编写质量优良，打下了较好的教材基础。为遵循法律硕士的教学特点和更加贴近司法实务的教学要求，西南政法大学根据全国专业学位研究生教育指导委员会《专业学位研究生核心课程指南（试行）》，更新编写了这套“法律硕士精品系列教材”。该系列教材体系的构建主要有几点考虑：

第一，提升教材的普适性，按照全国专业学位研究生教育指导委员会《专业学位研究生核心课程指南（试行）》的目录搭建对应的系统性教材。

第二，立足教材的应用性，结合实务训练课程需要编写案例丰富、实践性强、以案说法的实务性教材。

第三，侧重特色交叉教材，以满足学校新兴学科发展需要和法律硕士教育特色发展为目标，编写特色教材。

该系列教材得以面世，首先要感谢校内外多位主编、编委和作者的精诚合作和辛勤笔耕；还要感谢中国人民大学出版社的大力支持，感谢郭虹社长对教材编写和出版的精心策划与宝贵建议。西南政法大学副校长唐力教授及校党委常委、研究生院院长李燕教授在教材设计和编写方面做了大量的开创性工作；还有很多工作人员在教材编写和出版过程中默默付出辛劳，我代表编委会对他们一并表示诚挚的敬意和谢忱。

付子堂

2022 年 10 月 29 日

于西南政法大学

前 言

全国法律专业学位研究生教育指导委员会官网公布的数据显示，截止到 2022 年 10 月，全国共有法律硕士专业学位授权点 289 个。考虑到 2021 年年底以前各省级学位委员会对硕士学位授权点的增减情况，估计目前全国法律硕士专业学位授权点已超过 290 个，每年招生人数应在 2 万以上。这么多的法律硕士研究生怎么培养？这是法学教育界和法律实务界共同关心的重要问题。

根据全国法律专业学位研究生教育指导委员修订、通过并经国务院学位委员会办公室（以下简称“学位办”）备案认可的 2017 年版《法律硕士专业学位研究生指导性培养方案》（学位发【2017】19 号），对法律硕士专业学位研究生需根据其本科阶段是否为法学专业进行分类培养，对法律（法学）研究生与法律（非法学）研究生分别适用两种不同的培养方案。这两类研究生虽然在培养目标上均属于“应用型”，因而有别于“学术型”的法学硕士研究生，但在具体培养目标、培养要求、学制等方面，特别是课程设置方面，有一定的区别。例如，在法律（非法学）研究生培养方案中，要求开设不低于 32 学分的必修课，包括法理学、中国法制史、宪法学、民法学、刑法学、民事诉讼法学、刑事诉讼法学、行政法与行政诉讼法学、经济法学、国际法学等 10 门法学专业核心课程，其中刑法学、民法学各占 4 个学分，且与刑事诉讼法学、民事诉讼法学（各占 2 个学分）分别开课；而在法律（法学）研究生培养方案中，只要求开设不低于 18 个学分的必修课，其中法学专业课只有“刑法与刑事诉讼原理与实务”“民法与民事诉讼原理与实务”“行政法与行政诉讼原理与实务”三门课程，而且无论是刑事法还是民事法，其实体法与程序法均合并为一门课程，每门课程 4 个学分。这样的课程设置反映了方案制定者的如下意图：对法律（法学）研究生的培养，不仅要帮助他们“全面掌握法学基本原理，具备从事法律职业所要求的法律知识、法律术语、法律思维、法律方法和法律技能”，而且要使其“能综合运用法律专业知识，具有担任法官、检察官、律师、公证员、法律顾问、仲裁员及从事有关行政执法、立法等法律实务的能力”。问题在于：如何将上述培养目标、培养要求和培养意图落到实处？特别是实体法与程序法一起开课的要求，对各法律专业学位研究生培养单位来说，是一项巨大的挑战，毕竟绝大多数法学教师已经习惯于分二级学科从事教学和研究工作。据我们所知，除中国人民大学、西南政法大学等少数高校能够通过双师同堂或者多师同堂（包括来自实务部门的教师）

的方式解决实体法与程序法一体化教学的难题以外，多数高校只能采取实体法和程序法教师“接力”的方式组织教学。

为了加强研究生课程建设，提高研究生培养质量，国务院学位办于 2018 年委托国务院学位委员会学科评议组和全国专业学位研究生教育指导委员会编写了各一级学科和专业学位类别的《研究生核心课程指南》。“法律专业学位学科研究生核心课程指南”是由第四届全国法律专业学位研究生教育指导委员会组织编写完成的，并由国务院学位办收入其编辑、出版的《专业学位研究生核心课程指南（试行）》一书中，其中“刑法与刑事诉讼原理与实务”的课程指南由中国人民大学时延安教授等四人撰写。该课程指南的主要内容分为课程概述、先修课程、课程目标、适用对象、授课方式、课程内容、考核要求七个部分，为各培养单位根据 2017 年版指导性培养方案组织教学提供了重要的指导。然而，在没有参考教材的情况下，对法律（法学）研究生的课程教学仍将难以解决实体法与程序法分割、一体化法律思维能力培养不足的问题。

有鉴于此，在西南政法大学的组织安排下，我们根据多年的教学经验和研究生培养经验，合作编写了这本教材。在编写过程中，我们坚持以习近平新时代中国特色社会主义思想为指导，认真贯彻落实教育部关于加强研究生课程建设、提高人才培养质量的要求和 2017 年版法律（法学）研究生指导性培养方案，并努力做到以下三点：

第一，立足中国国情，即立足于中国的根本制度、法律制度、司法改革等现实条件，用中国理论、中国话语阐释相关立法和司法解释，用典型案例和实证数据验证中国的理论与制度，以帮助学生准确理解我国刑事立法和司法实务中的主要问题。对域外的相关理论、立法和判例，我们在适当地方作了简要的介绍和评论，以开拓学生的视野，但在解读和阐述我国的法律适用问题时注重凸显中国特色，而不是生搬硬套、削足适履。

第二，理论素养和实践能力并重。法律（法学）研究生首先是研究生，研究生的学习特点是“在研究中学习”，因此法律（法学）研究生的“刑法与刑事诉讼原理与实务”课程，既要注意与法学本科相关课程（如刑法学、刑事诉讼法学、刑事法学等）知识内容的衔接，又要在基本理论方面体现一定的“研究”色彩，以提高研究生的理论素养；同时，该课程还需结合典型案例和司法实践情况，重点加强对研究生实践操作能力的培养。为此，我们根据最新研究成果对刑法、刑事诉讼法的基本理论问题进行了深度阐释，在个别场合甚至对通说提出了不同的观点；同时，援引了大量的典型案例（主要是最高人民法院、最高人民检察院公布的指导性案例）和实证数据，对司法实践和刑事司法改革的最新情况进行了充分的展示与分析，引导学生把原理与实务有机结合起来。各章还以“知识拓展”的形式（扫相应二维码可见）提供了大量的延伸阅读材料，以进一步强化对学生实践操作能力的训练。

第三，贯穿“刑事一体化”思维。我们认为，法律（法学）研究生“综合应用法律专业知识分析解决法律问题的实践能力”，在刑事法律方面最重要的表现就是“刑事一体化”的思维能力，培养这种能力可以说是本门课程的核心教学目标。因此，本教材基于处理刑事案件从立案侦查到审查起诉，再到审判、执行等各阶段所需要的实体法、程序法和证据法规范，从章节结构安排到具体内容撰写，都力争打破法学二级学科壁垒，充分贯彻“刑事一体化”思维，真正按照培养“高层次的职业型、应用型法治人才”目标的要求阐述原理、分析实务。即使是每章后面开列的参考文献和思考练习题，也尽可能体现“刑事一体化”的思路。

我们希望本书能够成为法律（法学）研究生及其任课教师的一本既有理论深度又有应用价值的教学素材，同时也能够作为广大法律实务工作者和法学教师的参考用书；也希望读者朋友把使用和阅读本书后的感受反馈给我们，以便将来适时修订再版。

本书是全国招收法律硕士专业学位研究生人数最多的五所政法大学的刑法、刑事诉讼法专业课教师合作的结晶。编写提纲由正、副主编商量后提出，经全体编写者讨论后确定；然后，由各位编写者分工撰写初稿；再由正、副主编审阅并提出修改意见，由各章编写者讨论修改，最后由正、副主编修改定稿。若个别地方存在观点分歧，尊重初稿执笔人的意见。本书各章初稿的写作分工如下：

第一章：孙长永、石经海；

第二章：陈伟、赵天红、张吉喜；

第三章：石经海、张吉喜；

第四章：张栋；

第五章：刘仁琦、陈京春；

第六章：吴宏耀、赵天红；

第七章：吴宏耀、刘仁琦；

第八章：郭泽强、张吉喜。

由于我们的水平有限，加之编写时间仓促，书中难免存在不足甚至错误之处，恳请读者批评指正。

编著者

2024 年 1 月

目　录

第一章　犯罪成立及其证明

第一节　犯罪成立的条件

犯罪成立的条件是行为成立犯罪所需具备的法律要求，是由立法通过犯罪定义和犯罪构成等的法律规定所共同确立，用以认定罪与非罪、此罪与彼罪、轻罪与重罪、一罪与数罪的规范标准。立法关于犯罪定义的规定，是犯罪成立的总体标准，规定了犯罪成立的基本条件；立法关于犯罪构成的规定，本应是犯罪成立的具体标准，但在犯罪构成方法论模型没有完全对应犯罪定义规定的全部条件的情形下，它就只是犯罪成立必要条件意义上的部分具体标准。

一、犯罪定义与犯罪成立的基本条件

在刑法发展史上，犯罪的定义有形式意义、实质意义和混合意义三种界定，分别被称为犯罪的形式定义、实质定义和混合定义，或犯罪的形式概念、实质概念和混合概念。它们实际上是犯罪定义从一个极端（犯罪的形式定义）到另一个极端（犯罪的实质定义），再到相对理性（犯罪的混合定义）发展演进的产物与存在。

我国《刑法》第13条规定的犯罪定义，属于混合意义的界定，包括严重社会危害性、刑事违法性和应受刑罚惩罚性三个基本特征。这些特征，也是犯罪成立的三个基本条件，可分别被称为犯罪成立的入罪门槛条件、法定规范条件和可罚门槛条件。

1. 犯罪成立的入罪门槛条件：行为具有严重社会危害性

这是从社会属性角度所确立的犯罪成立入罪门槛条件，是整个犯罪成立体系构建或评价的前提和基础，是对犯罪的价值评价。所谓严重社会危害性，特指刑法规

定犯罪所应达到的社会危害性程度，是指犯罪行为给刑法所保护的社会利益造成或可能造成危害的价值评价。行为成立犯罪不仅要具有社会危害性，而且必须具有严重的社会危害性，否则就不具备成立犯罪的前提和基础。

一个行为是否具有严重的社会危害性，并非由其自身的所谓严重程度决定，而是相对于其刑事违法性和应受刑罚惩罚性而言的。如“醉驾”行为，其在入刑前和入刑后本身的社会危害性并没有变化，只是入刑赋予其刑事违法性并基于个案的应受刑罚惩罚性，才具备了刑法上的犯罪的社会危害性，从而有了危险驾驶罪的严重社会危害性。

对严重社会危害性的理解和适用，需基于马克思主义哲学原理的如下有机统一：（1）质和量的统一。严重社会危害性不仅是指造成或可能造成对刑法所保护的社会利益的侵害，而且指侵害的大小和程度要达到成立犯罪的法定严重程度。（2）客观和主观的统一。严重社会危害性是犯罪行为的客观危害与主观恶性的统一，刑法根据其客观危害与主观恶性的大小确定其社会危害性的大小。（3）形式与内容的统一。社会危险性的立法“形式”除了刑法分则的犯罪类别、罪名、罪状，还有总则关于主观罪过、责任能力、犯罪形态等的规定，它们都是社会危害性有无及大小的载体，共同反映和体现犯罪行为对刑法所保护的社会利益侵害的实质内容。（4）整体与个体的统一。严重社会危害性是从国家、社会全局角度判断的危害，而不是局部、个体所认为的危害。比如正当防卫，仅从局部、个体看，不法侵害人本人或其亲属可能认为防卫行为对其造成的损害是有害的，但从国家、社会全局看，它是对国家、社会有益和值得肯定与鼓励的行为。我国《刑法》第 1 条关于“惩罚犯罪，保护人民”立法目的规定，就是这个整体与个体关系的体现。

2. 犯罪成立的法定规范条件：行为具有刑事违法性

这是从规范属性角度所确立的犯罪成立法定规范条件，是对犯罪成立条件以及其各要件要素的法定要求，是罪刑法定原则的要求和体现。所谓刑事违法性，是指犯罪行为的设立以及其成立犯罪的条件都必须有相应刑法规范规定的要求。这里的“刑法规范”，既包括刑法典的各方面规定，也包括单行刑法和可以作为裁判规范的附属刑法的规定，如《监察法》《刑事诉讼法》《行政处罚法》等关于刑期折抵的规定。据此，行为具有严重社会危害性并非就成立犯罪，还必须有刑事违法性，否则，依罪刑法定原则，不能将其作为犯罪处理。如各种破坏村委会选举的行为，让全民直选的民主实践受到很大破坏，具有“严重”的社会危害性，但因无刑法规范赋予其刑事违法性而不能将其认定为犯罪，只能留给相应行政法律法规去调整。

刑事违法性在立法上有狭义、中义和广义上的表现。狭义上的表现为，已通过立法程序作为刑法分则性规范的罪名，并配有相应的罪状。中义上的表现为，具备犯罪构成及其要件要素对应的法律规定，包括刑法分则关于抽象个罪的罪状及个罪、类罪犯罪客体的规定，刑法总则关于犯罪客体（我国《刑法》第 2 条、第 13 条中有涉及）、犯罪主体、犯罪主观方面、犯罪客观方面等的规定，关于单个主体、单个行为和既遂状态的基本犯罪形态的规定，关于多个主体（共同犯罪形态）、多个行为

（罪数形态）和没有既遂（未完成形态）的修正犯罪形态的规定。广义上的表现为，与个案犯罪成立条件以及其要件要素对应的全部法律规定。它除了包括以上狭义、中义上的法律规定，还包括关于刑法的目的、任务、基本原则、适用范围和犯罪定义等非传统犯罪构成意义上的法律规定，以及正当防卫、紧急避险、意外事件、不可抗力等排除犯罪性的规定。其中，《刑法》第 13 条关于犯罪定义的规定，是统揽犯罪成立全部刑法规范的总体和基本要求，它给所有犯罪的认定提出了规范评价的基本要求，提供了法律适用的基础框架。因此，认知和区分刑事违法性的三种意义上的法律规定范围，对科学构建犯罪成立的规范体系，完整地进行定罪法律适用，均具有极其重要的理论与实践意义。

3. 犯罪成立的可罚门槛条件：行为具有应受刑罚处罚性

这是从对象属性可罚性角度所确立的犯罪成立条件，是为犯罪设置一道区分行政违法、民事侵权等的程度性门槛与界分标准，是刑法不得已原则的要求和体现。所谓应受刑罚惩罚性，是指行为成立犯罪应达到的值得用刑罚这种最严厉法律制裁措施来惩罚的程度。它不是严重社会危害性和刑事违法性派生出来的附属法律后果，而是犯罪成立不可或缺的条件。一方面，违反刑法的有害行为并不必然都是犯罪。基于《刑法》第 13 条的规定，可能因为“情节显著轻微危害不大”而不应受刑罚处罚，从而不被认为是犯罪。另一方面，对于应不应受刑罚惩罚，需依据立法关于不应受刑罚惩罚的规定，在宽严相济刑事政策的指引下，作出犯罪是否成立的评价，应受刑罚惩罚并非严重社会危害性和刑事违法性派生出来的当然结果。这个条件的立法设置，一方面，是为了使犯罪的行为与刑罚这种最严厉的法律制裁措施相匹配，并为道德、纪律、民事、经济、行政等调整手段留足必要空间，以体现刑法的补充性和保障性；另一方面，有利于实现刑法治理的现代化，让刑法只做其该做和能做的事，以确立刑法在社会治理和国家治理中的应有位置与功能。

在我国，“不应受刑罚处罚”是有具体法律规定的，通常包括：《刑法》第 13 条关于“但书出罪”的规定；第 6～12 条关于空间和时间效力的规定；第 20 条关于正当防卫和第 21 条关于紧急避险的规定；第 87～89 条关于追诉时效的规定；第 246 条、第 257 条第 1 款、第 260 条第 1 款、第 270 条关于侮辱、诽谤、暴力干涉婚姻自由、虐待、侵占犯罪告诉才处理的规定以及其他法律的正当行为规定，如刑事诉讼法关于自诉案件的规定、行政法关于正当职务行为的规定、行业法关于正当业务行为的规定、民法关于正当的被害人承诺行为的规定等。根据这些规定，虽然行为符合四要件犯罪构成，但因它们属于情节显著轻微危害不大，或不具有刑法的空间或时间效力、属于刑法上的正当行为、超过追诉时效、被害人没有告诉以及属于其他法律规定的正当行为，而不应受刑罚处罚。

在对应受刑罚惩罚性的理解和适用中，不能将“不应受刑罚处罚”与“不需要刑罚惩罚”相混淆。“不应受刑罚处罚”，是根据我国《刑法》第 13 条的规定，该行为虽然具有严重的社会危害性和刑事违法性，但是根据其他立法规定或案件的事实、情节和刑事政策等而不认定为犯罪。这是犯罪成立的当然之义与应具备的成立条件。

如一个16周岁的未成年人盗窃人民币2 000元，符合盗窃罪的“数额较大”标准，但从教育挽救和保护未成年人的角度出发，可以根据宽严相济的刑事政策不认定为犯罪。[①]“不需要刑罚惩罚”，是指据《刑法》第37条的规定，行为人的行为已经构成了犯罪，本应受刑罚惩罚，只是考虑到案件的具体事实和情节，如犯罪情节轻微、自首、立功等，而免予刑罚惩罚。这样，“不需要刑罚惩罚”以行为具有应受刑罚惩罚性和成立犯罪为前提。同时，“不需要刑罚惩罚”的免予刑罚惩罚，并非不给予任何处罚，根据案件的具体情况，可能要给予训诫、责令具结悔过、赔礼道歉、赔偿损失、由主管部门予以行政处罚或者行政处分、职业禁止等非刑罚处罚。

二、犯罪构成与犯罪成立的必要条件

(一) 犯罪构成的概念与特征

犯罪构成是指刑法规定的，决定某一行为构成犯罪所必须具备的各要件的有机整体。在语源上，“犯罪构成”概念来自苏联的刑法理论，是苏联刑法理论在借鉴、吸收和批判大陆法系国家犯罪成立理论基础上，在马克思列宁主义指导下，逐步构建起来的。包括犯罪构成概念在内的新中国犯罪构成理论，是在批判和摆脱大陆法系犯罪成立理论和移植苏联犯罪构成理论的基础上，基于具有中国特色的社会主义法制建设而逐步建立起来的，其中包括内化到1979年《刑法》的立法规定中的、成为犯罪认定规则的部分具体标准。

从现代刑法理论来看，犯罪构成具有如下三个基本特征。

(1) 整体性。

所谓犯罪构成的整体性，是指犯罪构成及其要件所组成的有机体系以及所具有的内在有机统一关系。一方面，它要求在数量上，犯罪构成不是只由单个主观或客观要件构成，而是需包含一系列要件。如四要件犯罪构成包括犯罪客体、犯罪客观方面、犯罪主体、犯罪主观方面，三阶层犯罪构成包括构成要件符合性[②]、违法性、有责性，双层次犯罪构成包括犯罪本体要件、责任充足条件。这些要件，在数量上以满足犯罪构成体系化评价的各方面需要为限。另一方面，它要求在构造上，犯罪构成是形式与实质的有机整体，不是几个要件的简单相加。例如，对甲故意刺死乙的行为，若不基于形式与实质的有机统一评价，就难以作出确定性判断。这表现在，该行为既可认定为故意杀人罪，也可能因是正当防卫、依法现场击毙、依法执行枪决等而不构成犯罪，还可能因犯罪客体原因而成立危害公共安全的犯罪或抢劫罪或绑架罪或强奸罪等。将犯罪构成不理解为构成要件的“总和”而理解为“有机整

---

① 如1998年最高人民法院《关于审理盗窃案件具体应用法律若干问题的解释》(现已失效)第6条第2项的规定：盗窃公私财物虽已达到“数额较大”的起点，但情节轻微，并具有下列情形之一的，可不作为犯罪处理：(1) 已满16周岁不满18周岁的未成年人作案的；(2) 全部退赃、退赔的；(3) 主动投案的；(4) 被胁迫参加盗窃活动，没有分赃或者获赃较少的；(5) 其他情节轻微、危害不大的。

② 刑法理论上通常将其翻译为“该当性”。我国著名刑法学家、武汉大学马克昌教授主张翻译为“符合性”。本书对此不加区分，作为通用概念。

体”，也就是基于形式与实质的有机整体性，将其中每个要件放在犯罪构成体系中结合其他要件予以分析判断，就可以很好地作出确定性的分析判断。例如，考察合同制民警是否为玩忽职守罪的犯罪主体，就需要同时考察行为人实施的行为（犯罪客观方面），是不是在依法依规履行国家机关工作人员的职权职责（犯罪客观方面），是否侵害了国家机关的正常管理秩序（犯罪客体），是不是基于犯罪故意或过失实施（犯罪主观方面），据此，就可以确定性地判断出，合同制民警虽然不具有国家机关工作人员身份，但其在依法依规履行国家机关工作人员职权职责的过程中，故意或过失实施的玩忽职守行为，侵害了国家机关的正常管理秩序，其可以成为玩忽职守罪的犯罪主体。

（2）抽象性。

所谓犯罪构成的抽象性，是指犯罪构成相对于各具体犯罪来说所具有的共同性。这是立法者将某个成立犯罪的行为所需达到的社会危害性及其外化表现予以类型化，并规定在刑法中作为刑法分则罪名的特别罪状，连同刑法中的其他相关规定，形成具有广泛适用性的抽象个罪的犯罪构成要件。例如，为了遏制“飙车”“醉驾”造成的恶性事故，加强对民生的保护，立法机关在2011年《刑法修正案（八）》中，将在道路上的“飙车”“醉驾”行为入刑，并根据它们的社会危害性程度，分别在刑法中类型化为情节犯（以“情节恶劣”为入罪门槛）和行为犯（抽象危险犯）的客观方面要件（特别罪状）、危害公共交通安全的犯罪客体、年满16周岁的犯罪主体和故意的犯罪主观方面。这些犯罪构成要件被抽象出来和写入刑法规范中后，就成为普遍适用于所有符合这些构成要件的行为。这样，立法层面上的犯罪构成，只是针对抽象个罪设置的相对普遍适用的方法论模型与法律标准，在实务中适用时，需要基于个案犯罪事实所转化的定罪情节予以具体评价。

（3）法定性。

所谓犯罪构成的法定性，是指犯罪构成及其要件都必须有相应的法律规定。这是罪刑法定原则的要求和体现。法定性表现在，犯罪构成及其要件不仅都由刑法总则和分则所共同规定，而且必须是本国的刑法规定。这样，虽然不同方法论模型的犯罪构成在抽象要件要素上可能相同或相通（如都有故意、过失、行为等要件要素），但是各自基于的国家法律体系（如刑法与相关法的关系）和刑法关于犯罪构成的设置（如犯罪故意、过失、共同犯罪等）不同，决定了犯罪构成的方法论模型具有鲜明的本土性。忽视犯罪构成的这个本土性，生搬硬套域外犯罪构成理论，并以此解释我国如何定罪，必定带来法律适用的混乱。

（二）犯罪构成的犯罪成立功能

犯罪构成在犯罪成立中有何功能，取决于它与犯罪定义的对应关系，以及它是否具有定罪所需要的规范性。在我国，四要件犯罪构成因只对应犯罪定义所规定的部分成立条件，而只是犯罪成立的必要条件意义上的部分具体标准，并因其有规范意义和理论意义之分而分别具有犯罪成立的规范评价功能和理论指导功能。

1. 犯罪构成与犯罪定义的关系

犯罪构成与犯罪定义是既有联系又有区别的两个概念。理论上的通说认为，犯罪定义是犯罪构成的基础，犯罪构成是犯罪定义的具体化。犯罪定义回答的是什么是犯罪和犯罪有哪些基本属性，犯罪构成则进一步回答犯罪是怎样成立的以及它的成立需要具备哪些法定条件。犯罪定义是从总体上划清罪与非罪的界限，而犯罪构成则是分清罪与非罪、此罪与彼罪界限的具体标准。① 其实，这只是理想状态下的犯罪构成与犯罪定义的相互关系。如此对相互关系的理解，并不符合我国刑法立法实际。

犯罪定义与犯罪构成的对应关系，从我国的立法规定来看，具体表现为如下两个方面：（1）犯罪定义的严重社会危害性只是犯罪成立的基础条件。也就是，严重社会危害性既不是犯罪构成的某个要件，也不是仅对应犯罪构成的客体要件，而是对应犯罪构成的所有要件要素。犯罪构成的所有要件要素都是在体现或评价行为是否具有以及具有何种程度的社会危害性。② （2）四要件犯罪构成只对应犯罪定义的部分成立条件。据我国《刑法》第 13 条所规定的犯罪定义，犯罪成立的基本条件不仅有严重社会危害性和刑事违法性，而且还要具备应受刑罚惩罚性。我国四要件的犯罪构成，实际上只对应了部分法律规定上的刑事违法性，并未对应犯罪成立的完全规范体系，只是犯罪成立的必要而非充分条件。1986 年我国首起安乐死案的控审分歧与结果，就充分地表明了它们并非完全对应的关系。这表现在，公诉机关基于四要件犯罪构成指控主治医生等故意杀人罪，法院按《刑法》关于犯罪定义的“情节显著轻微危害不大的，不认为是犯罪”规定宣告他们无罪【参见知识拓展 1 - 1】。因此，犯罪成立的法律适用，不仅要适用四要件犯罪构成所对应的法律规定，而且还要适用犯罪定义所对应的其他法律规定，否则，就会因法律适用不完整而出现冤假错案。

知识拓展 1 - 1

2. 规范上的犯罪构成为犯罪成立提供部分规范标准

作为犯罪成立规范标准的犯罪构成，只能是规范意义上的犯罪构成。在应然层面上，规范上的犯罪构成本是犯罪成立的唯一法律标准，其应能既合法又合理地评价某个行为的罪与非罪、此罪与彼罪、轻罪与重罪、一罪与数罪。也就是，符合这个犯罪构成所对应的规定的就成立犯罪，不符合的就不成立犯罪；符合此罪犯罪构成所对应的规定的就成立此罪，符合彼罪犯罪构成所对应的规定的就成立彼罪；符合轻罪或减轻犯犯罪构成所对应的规定的就成立轻罪，符合重罪或加重犯犯罪构成所对应的规定的就成立重罪；符合一个罪的犯罪构成所对应的规定的就成立一罪，符合数个罪的犯罪构成所对应的规定的就成立数罪。然而，由于四要件犯罪构成并

① 高铭暄，马克昌. 刑法学. 北京：北京大学出版社，高等教育出版社，2022：47. 贾宇. 刑法学. 上册·总论. 北京：高等教育出版社，2019：93.

② 德国、日本刑法上的法益侵害性也应是如此：它既不是犯罪构成的某个要件，也不是当然对应着四要件的犯罪客体要件，而是关涉所有犯罪成立要件要素的基础条件。

没有完全对应犯罪定义的三个犯罪成立条件的所有规定，因此其只是用以评价犯罪成立的必要条件意义上的部分规范标准，不是犯罪成立的唯一法律标准。

3. 理论上的犯罪构成为犯罪成立提供理论上的方法支持

理论上的犯罪构成本身不是立法，只是犯罪成立评价时具有方法论意义的理论模型。其虽然能为定罪提供思维方法，但不可以替代法律规范作为定罪的根据。这样，无论是大陆法系三阶层犯罪构成理论、英美法系双层次犯罪构成理论，还是苏联耦合式犯罪构成理论，不仅都不能作为我国的定罪的根据，而且也都因为它们不契合我国刑法立法及国家法律体系而应慎重将它们作为我国定罪法律适用的思维工具和理论指导。毕竟，刑法理论通常都是基于本国刑法立法、司法及本国的社会治理模式、国家政治、经济制度和文化传统等研讨形成的，具有鲜明的本土性。对于我国的四要件犯罪构成理论，一方面，因它本身不是规范，所以也不能作为定罪的规范根据，但另一方面，因它是我国现行刑法使用的方法论模型，所以具有帮助理解和运用关于四要件犯罪构成的法律规定的理论指导功能。

（三）犯罪构成的方法论模型

在当今刑法理论上，具有代表性的犯罪构成的方法论理论模型，主要是以德国、日本为代表的三阶层犯罪构成理论，以美国为代表的双层次犯罪构成理论，以及以苏联、中华人民共和国为代表的四要件犯罪构成理论。

1. 三阶层犯罪构成理论

大陆法系刑法理论普遍认为，犯罪成立必须具备构成要件符合性、违法性和有责性三个要件，这就是所谓三阶层犯罪构成理论。在学术史上，自德国学者贝林和李斯特提出古典的三阶层犯罪论体系之后，德国、日本、意大利、西班牙、波兰、希腊以及中国部分学者的犯罪构成理论，都逐渐地采用了相应形式的阶层体系。[①]该理论的基本方法论逻辑是，一个行为构成犯罪，要依次经过构成要件该当性、违法性和有责性三个层级的判断，只有依次满足三个层级的判断，才能最终判定某行为是否构成犯罪。其中，构成要件该当性要求行为同时符合客观构成要件（犯罪行为、危害结果、犯罪行为与危害结果间有无因果关系）和主观构成要件（故意、过失）；违法性是第一个层次的排除性要件，即违法阻却事由，主要有正当防卫和紧急避险；有责性是第二个层次的排除性要件，即责任阻却事由，主要是判断犯罪人的刑事责任年龄、刑事责任能力和期待可能性。如此犯罪论理论，后来被部分学者改良为不法与有责两个层次。所谓不法，就是将三阶层中的构成要件符合性与违法性融合在一起，将个罪的构成要件与个案的正当防卫或紧急避险的违法阻却事由作为一个有机整体来判断；所谓有责，就是原三阶层有责性的判断。

三阶层犯罪构成论被认为是具有科学性和先进性的犯罪构成理论，主要表现在：（1）三阶层犯罪构成体系与刑法三个基本原则相对应。这表现在，构成要件该当性、违法性和有责性分别与罪刑法定主义、法益保护主义和责任主义相对应，从这些原

---

① 陈兴良. 三阶层犯罪论属于典型的位阶体系. 检察日报，2018-02-01.

则出发，分别可以推导出构成要件该当性即符合法律关于某犯罪构成要件的规定，防止刑罚权恣意发动，满足罪刑法定主义的人权保障要求；可以使违法性的正当权益保护得到解释；可以导出有责性，以判断行为人是否有责任，从而能够将对行为的非难加之于行为人。(2) 三阶层体系的阶层性。这表现在，三阶层体系对行为是否成立犯罪的判断，是由形式（构成要件符合性，外部）到实质（违法性、有责性，内部），由抽象（构成要件符合性，一般、定型）到具体（违法性、有责性，个别、非定型），由客观（构成要件符合性、违法性）到主观（有责性）的逐层递进和顺序绝对不可颠倒的判断。

基于三阶层论的以上特点，我国部分学者认为三阶层犯罪构成体系更为合理，主张以三阶层体系取代四要件体系。不过，从构成要件的整体性特点和形式与实质关系原理来看[①]，其如此分层分步判断是否科学合理与切合实际，尚需进一步讨论。

2. 双层次犯罪构成理论

双层次犯罪构成理论是英美法系的代表性犯罪构成理论。在其理论结构上，以犯罪本体要件，包括犯罪行为（犯罪行为、犯罪结果和犯罪情节等）和犯罪心态（蓄意、明知、轻率和疏忽），为第一层次；以责任充足条件，包括正当化事由（如正当防卫、紧急避险和警察圈套等）和可宽恕事由（如未成年、错误、精神病、被胁迫等），为第二层次。在其逻辑结构上，要成立犯罪，除了应具有犯罪本体要件，还必须排除合法抗辩的可能，即具备责任充足条件。其中，犯罪本体要件的证明责任由控方承担，具体基于“行为无罪，除非内心邪恶”的理念，除例外情况的严格责任情形外，控方承担证明被告人具有犯罪心态的证明责任。责任充足条件的证明责任由合法抗辩的被告人一方承担，其中，对于正当化事由，因其在客观上是无害甚至有利于社会，以及行为人在主观上通常都能认识自己行为的性质，因而被告人一方通常承担较小的证明责任；对于可宽恕事由，因其在客观上是有害于社会的，只是基于行为人主观上的原因才得到宽恕，且行为人一般不能认识自己行为的性质，因而被告人一方通常承担较大的证明责任。[②]

以上情形表明，双层次犯罪构成理论体系有其科学性和合理性。不过，基于法律体系、诉讼模式等原因，它也不符合我国国情：一是，不符合我国职权主义的刑事诉讼构造。在我国诉讼构造中，被告人原则上不负证明责任，若根据这个犯罪构成要求被告人承担抗辩事由的证明责任，对被告人来说是无法承受的重大负担。在这个意义上说，采用双层次犯罪构成理论，既不利于保护人权，也难以保证程序公正。二是，不符合我国法院追求实体真实的司法传统。在我国刑事诉讼中，法院必须忠于事实真相，对案件事实的认定并不完全取决于控辩双方的举证、质证和辩论。如果采用双层次犯罪构成理论，在现有条件下，检察机关的公诉举证并非都能做到全面和科学，这既不利于有效惩罚犯罪，也不利于实现案件处理的实体公正。

---

① 只要是基于有机体的“体系”，就不存在要件的排列顺序和先评价哪个要件的问题。

② 储槐植．美国刑法．北京：北京大学出版社，2005：65．周光权．犯罪论体系的改造．北京：中国法制出版社，2009：27－30．

3. 四要件犯罪构成理论

这是我国自1979年《刑法》颁布以来基于我国刑法立法所形成的犯罪构成理论模型。据此理论，判断一个行为是否构成犯罪要看该行为是否符合犯罪客体、犯罪客观方面、犯罪主体和犯罪主观方面四个要件，它们没有逻辑判断上的先后之分，一个行为只有同时满足这四个方面才构成犯罪。其中，犯罪客体是刑法所保护而为犯罪行为所侵害的社会关系，属于与其他三个要件相互照应的实质要件。犯罪的客观方面是行为主体针对犯罪对象实施的犯罪行为及其危害结果等具体表现，是行为人犯罪意图（故意或过失）及其危害的客观外在表现。犯罪主体是基于故意或过失实施犯罪行为的自然人或单位（法人），既是犯罪行为的实施者，也是刑事责任的承担者。犯罪的主观方面是犯罪主体对其实施的犯罪行为及其结果所具有的故意或过失的心理状态，是支配犯罪行为实施及其导致相应结果的意识与意志因素，也是行为人是否具有主观恶性及其大小的最直接体现，在犯罪行为的发动、危害结果的造就、社会危害性的体现、人身危险性的彰显和犯罪性质的判断中，都具有主导作用。

以上四要件犯罪构成论，随着我国学者对域外犯罪构成论的广泛关注与深入研究，其合理性和科学性受到了质疑与批判，主要表现在：一是，某些情形下的定罪结论不甚合理。如对于15周岁的人在盗窃时胁迫17周岁的人为其望风的情形，实行犯（大陆法系理论为“正犯”）不构成犯罪，而按四要件犯罪构成无法对从犯（大陆法系理论为“共犯”）定罪。二是，按四要件犯罪构成容易得出有罪结论。四要件犯罪构成的要件是“一存俱存”关系，在实务中不是首先考虑在客观上是否有犯罪行为，而是看最表明犯罪的那个要件（如杀人故意）而得出有罪的结论。三是，四要件的逻辑规则不科学。四要件犯罪构成体系和三阶层犯罪论体系的基本要素都是相通的，它们的根本区别与优劣之分在于，在定罪中对这些要素是否按客观判断先于主观判断、形式判断先于实质判断、类型判断先于个别判断的基本逻辑规则来判断，四要件犯罪构成因未按这个逻辑规则认定犯罪而难以保证定罪结果的正确。

不过，以上对四要件的批判，也至少存在如下问题：其一，用大陆法系刑法理论分析我国如何定罪会带来错误的法律适用。如前述以15周岁的人在盗窃时胁迫17周岁的人为其望风来批判四要件不合理的例子，既然实行犯（正犯）不构成犯罪就意味着本案不是共同犯罪，那么就不能把本案放在共同犯罪的法律框架中来分析。只要直接按盗窃罪的法律规定评价17周岁的人的盗窃行为（望风是盗窃行为的一种方式），就可以对其作出盗窃罪的定性认定。其二，以一个要件替代犯罪构成要件体系的法律适用做法并不符合司法实践。如，哥哥给弟弟买容易出事故航班的机票致弟弟死亡的教学案件，若司法实践是用四要件犯罪构成体系而不是一个主观要件去评价哥哥的行为，则不可能作出哥哥的行为成立故意杀人罪的判断。其三，主张客观判断先于主观判断、形式判断先于实质判断、类型判断先于个别判断的逻辑判断规则，不仅相对于实践来说过于理想化，而且也不符合客观与主观、形式与实质、类型与个别的有机统一关系原理。

综上，四要件犯罪构成理论在对接犯罪定义所确定的犯罪成立评价体系上，确实存在不能完全对应的突出问题。然而，因为它对应了1979年《刑法》以来的刑法立法关于犯罪构成四个要件及其要件要素的全部法律规定，而不可简单地被废止或替换。理性的做法可以是，基于立法和现有理论实际，将“犯罪构成”与“犯罪成立”作为两个不同法律意义上的概念。其中，“犯罪构成”只是关于四个要件及其要件要素的法律规定体系，而“犯罪成立”是对应犯罪定义及其要件要素的完整法律评价体系。在实务中，既要做“犯罪构成”的法律体系梳理，又要做“犯罪成立”的完整规范体系评价。

（四）犯罪构成的理论分类

犯罪构成作为犯罪成立的评价标准，是对应和支撑犯罪认定的。由此，对犯罪构成，通常应根据法律适用需要或相应犯罪分类而做相应分类。

1. 基本的犯罪构成与修正的犯罪构成

这是按犯罪构成的形态不同所做的分类。所谓基本的犯罪构成，是指刑法条文就某一犯罪的基本形态即单个主体、单个行为和既遂状态所规定的犯罪构成；所谓修正的犯罪构成，是指对基本的犯罪构成的主体人数、既遂状态和行为个数予以修改、变更所形成的犯罪构成。从我国刑法的规定来看，刑法分则关于抽象个罪的规定，除了必要共同犯罪，其他的都是按基本的犯罪构成，即单个主体、单个行为和既遂状态所规定的。达到《刑法》第 13 条规定的社会危害性、刑事违法性和应受刑罚处罚性的行为，虽然不符合基本的犯罪构成，但依据其社会危害性和应受刑罚处罚性程度也可能将其认定为犯罪，由此，就有了修正的犯罪构成。例如，共同犯罪是对单个犯罪主体的修正，预备犯、未遂犯、中止犯是对犯罪既遂状态的修正，数罪是对单个犯罪行为的修正。这样，对于基本的犯罪构成，在认定犯罪时，直接按刑法分则罪名中规定的要件（罪状），结合刑法总则关于犯罪主体、犯罪主观方面、犯罪定义等的规定，进行法律适用即可；对于修正的犯罪构成，在认定犯罪时，除了要基于刑法分则关于某个罪名及其具体犯罪形态的规定，还要结合刑法总则关于共同犯罪、未完成形态和罪数形态的规定，以及刑法总则关于犯罪主体、犯罪主观方面、犯罪定义等的规定，进行法律适用。

2. 普通的犯罪构成、加重的犯罪构成和减轻的犯罪构成

这是根据刑法规定的不同形态犯罪对应的犯罪构成所做的分类。普通的犯罪构成是指犯罪的基本犯所需符合的犯罪构成，加重的犯罪构成是指犯罪的加重犯所需符合的犯罪构成，减轻的犯罪构成是指犯罪的减轻犯所需符合的犯罪构成。例如，根据《刑法》第 234 条及其他关于故意伤害罪的规定，对应和支撑本罪基本犯（法定刑幅度为“3 年以下有期徒刑、拘役或者管制”）的犯罪构成为普通的犯罪构成，其犯罪客体为他人的健康权，犯罪客观方面为“故意伤害他人身体的”，犯罪主体为年满 16 周岁、具有刑事责任能力的自然人，犯罪主观方面为故意；对应和支撑本罪第一档加重犯（法定刑幅度为“3 年以上 10 年以下有期徒刑”）的犯罪构成为加重的犯罪构成，其犯罪客体为他人的健康权，犯罪客观方面为“犯前款罪（故意伤害他人身体），致人重伤的”，犯罪主体为年满 14 周岁、具有刑事责任能力的自然人，犯罪主观方面为故意；对应和支撑本罪第二档加重犯（法定刑幅度为“10 年以上有

期徒刑、无期徒刑或者死刑”）的犯罪构成也为加重的犯罪构成，其犯罪客体为他人的健康权，犯罪客观方面为“（故意伤害他人身体）致人死亡或者以特别残忍手段致人重伤造成严重残疾的”，犯罪主体通常为年满 14 周岁（情节恶劣时为 12 周岁）、具有刑事责任能力的自然人，犯罪主观方面为故意。又如，根据《刑法》第 232 条及其他关于故意杀人罪的规定，对应和支撑本罪基本犯（法定刑幅度为“死刑、无期徒刑或者 10 年以上有期徒刑”）的犯罪构成为普通的犯罪构成，其犯罪客体为他人的生命权，犯罪客观方面为“故意杀人”，犯罪主体为年满 12 周岁、具有刑事责任能力的自然人，犯罪主观方面为故意；对应和支撑本罪减轻犯（法定刑幅度为“3 年以上 10 年以下有期徒刑”）的犯罪构成为减轻的犯罪构成，其犯罪客体为他人的生命权，犯罪客观方面为“（故意杀人）情节较轻的”，犯罪主体为年满 14 周岁、具有刑事责任能力的自然人，犯罪主观方面为故意。

既然犯罪构成是对应和支撑犯罪形态的，那么除了符合罪数形态通行规则，通常应是符合几个犯罪构成就定几个犯罪。而且，基于定罪与量刑的关系，定罪要确定具体的犯罪是基本犯还是其加重犯或减轻犯，从而为量刑确定作为起始标准的法定刑幅度。这样，在行为人以 A 行为实现了普通犯罪构成，又以 B 行为实现了加重犯罪构成时，就要既认定该罪名的基本犯又要认定其加重犯。如甲实施了一次拦路抢劫和一次入户抢劫，两个行为分别符合了一个普通的犯罪构成与一个加重的犯罪构成，应当分别认定为抢劫罪的基本犯和加重犯，最终应按吸收犯，以抢劫罪的加重犯从重处罚。

3. 完结的犯罪构成与待补充的犯罪构成

这是按犯罪构成在刑法中表述状况的不同所做的分类。完结的犯罪构成，指刑法完整地规定了所有要件的犯罪构成；待补充的犯罪构成，指刑法仅规定了部分要件，其他要件需要法官在适用时进行补充。这一分类的意义在于：当刑法规定了完结的犯罪构成时，司法工作人员应严格依法适用，不得附加或减少要件；当刑法规定了待补充的犯罪构成时，司法工作人员应依照法律的相关规定补充构成要件。至于刑法规定的犯罪构成究竟是完结的犯罪构成还是待补充的犯罪构成，则需要根据犯罪行为的性质、犯罪之间的关系等进行识别。

如此，又可以按刑法分则罪名的罪状类型（叙明罪状与空白罪状）及其法律适用要求不同，将犯罪构成分为叙述的犯罪构成与空白的犯罪构成。前者指刑法条文用简单或详细的方式完整描述了该犯罪事实特征的犯罪构成；后者指需援引其他法律规范来加以说明的犯罪构成。

4. 单一的犯罪构成与复杂的犯罪构成

这是按犯罪构成的内部结构不同所做的分类。单一的犯罪构成，是指刑法规定的犯罪构成中只含单一行为、单一主体、单一罪过形式、单一犯罪客体，不存在复合或选择情况的犯罪构成。复杂的犯罪构成，是指刑法规定的要件内容可供选择或互有重叠，具体包括选择的犯罪构成和重叠的犯罪构成两种具体情况。选择的犯罪构成，是指刑法分则规定了两种以上行为、对象、主体等，只要具体事实符合其中之一，便成立犯罪，如《刑法》第 305 条关于伪证罪的罪状规定：“在刑事诉讼中，证人、鉴定人、记录人、翻译人对与案件有重要关系的情节，故意作虚假证明、鉴定、记录、翻译，意图陷害他人或者隐匿罪证的”。重叠的犯罪构成，是指犯罪构成中的一些要件既非单一，也非选择，而是必须同时具备的情形，具体包括侵犯了复杂客体的犯罪、包含着两种以上客观行为的犯罪和具有两个以上罪过的犯罪三种情况。

三、定罪的原理、原则、情节和方法

（一）定罪的原理

定罪，是审判机关依法对指控犯罪是否成立进行审查判断的诉讼活动。定罪有狭义和广义之分。狭义的定罪仅指刑法上的犯罪性质认定，广义的定罪还包括程序法上的各种诉讼活动。定罪的原理体现在狭义定罪的基本特征上。

1. 定罪是对被指控为犯罪的行为性质做刑法上的规范评价

这个评价包括罪与非罪、此罪与彼罪、重罪与轻罪、一罪与数罪的评价。这是定罪的最基本特征。在传统刑法理论与实务中，通常有一个误区，认为定罪只是对行为做罪与非罪、此罪与彼罪、一罪与数罪的刑法评价，误认为重罪与轻罪的评价是量刑问题。其实，基于犯罪的基本犯、加重犯、减轻犯分类，犯罪构成也相应有普通的犯罪构成、加重的犯罪构成和减轻的犯罪构成之分，与此相对应，在刑法分则关于某个罪名有基本犯、加重犯、减轻法规定（同一罪名对应不同法定刑幅度[①]，绝大多数罪名都有）时，定罪就不仅是对行为做刑法上的罪与非罪、此罪与彼罪、一罪与数罪评价，还要做重罪与轻罪评价，以实现为量刑确定起始标准的法定刑幅度的定罪使命。这意味着，定罪并不是只要确定罪名，还要确定是基本犯还是加重犯或减轻犯，以确定相应的法定刑幅度，其任务才算完成。例如，《刑法》第 232 条规定的故意杀人罪，有基本犯（故意杀人的，处死刑、无期徒刑或者 10 年以上有期徒刑）和减轻犯（情节较轻的，处 3 年以上 10 年以下有期徒刑）之分，其定罪就要定到是基本犯还是减轻犯，从而为量刑确定作为量刑起始标准的法定刑幅度。又如，《刑法》第 234 条规定的故意伤害罪，有基本犯（故意伤害他人身体的，处 3 年以下有期徒刑、拘役或者管制）、第一档加重犯（犯前款罪，致人重伤的，处 3 年以上 10 年以下有期徒刑）和第二档加重犯（致人死亡或者以特别残忍手段致人重伤造成严重残疾的，处 10 年以上有期徒刑、无期徒刑或者死刑）之分，其定罪就是要确定是基本犯还是第一档加重犯或第二档加重犯，从而为量刑确定作为量刑起始标准的法定刑幅度。

2. 定罪以审判机关为主体

《刑事诉讼法》第 12 条规定：“未经人民法院依法判决，对任何人都不得确定有罪。”这意味着，严格意义上的定罪是人民法院的专属权力，包括侦查机关和公诉机关在内的其他任何机关和个人，都没有定罪的权力。虽然侦查机关、检察机关可以对犯罪嫌疑人、刑事被告人以某个罪名立案侦查、决定拘留、批准逮捕或者提起公

---

① 理论上通常将加重犯的法定刑称为“升格刑”，其实就是个罪加重犯所对应的法定刑幅度。

诉，即“在诉讼过程中认定某个人实施了某种犯罪”，并采取相应的诉讼行为，但这不是定罪活动，这些“犯罪认定”活动的事实前提是有“犯罪嫌疑”，认定的法律后果是采取侦查措施、强制措施或者提出犯罪指控，对犯罪嫌疑人、被告人并不产生“有罪”的法律后果。但是，根据《刑事诉讼法》第163条、第177条的规定，侦查机关在侦查过程中发现不应对犯罪嫌疑人追究刑事责任的，应当撤销案件；检察机关在审查起诉阶段认定指控犯罪嫌疑人有罪的证据不足，不符合起诉条件的，或者虽然符合起诉条件，但依法不需要判处刑罚或者免除刑罚的，分别应当或者可以决定不起诉。换言之，侦查机关、检察机关可以对犯罪嫌疑人涉嫌犯罪的行为作出无罪的处理结论。

3. 定罪以刑事被告人被指控为犯罪的行为为对象

这是定罪不同于量刑的重要方面，包括两个维度的内容：一是，定罪的对象只能是被指控为犯罪的行为。根据控审分离原则，未经检察机关或自诉人指控，法院不得启动审判程序，审判和定罪的范围受指控范围的限制。在刑事诉讼中，法院只能针对被告人已经被指控为犯罪的行为进行审判，并根据审理的结果和法律规定认定被告人是否有罪，不得超出指控范围另行给被告人定罪。但是，在法律允许的条件下，允许法院在公诉事实同一性的范围内依法变更指控罪名。[①] 二是，定罪的对象是行为人（刑事被告人）的“行为”而非“人”本身。量刑因是在定罪基础上，为实现刑罚的一般预防与特殊预防目的，而对犯罪人刑事责任大小及其实现方式进行裁量，故其对象是行为人（犯罪人）。与量刑不同的是，定罪因是对已经发生的客观事实做是否符合刑法犯罪成立规范体系而进行的法律符合性判断，故其对象是行为，具体为刑事被告人的行为。

4. 定罪只能以法院依法审理后查明的事实为依据

第一，在我国，定罪的事实根据必须是法院依法审理后查明的事实，不是控辩双方合意的事实，更不是控方单方面主张的犯罪事实。第二，定罪的事实根据必须是证据能够证明的事实，其中既包括证明行为社会危害性的事实，也包括证明被告人人身危险性的事实。综观刑法的规定，反映犯罪人人身危险程度方面的事实用于定罪的有两个方面：一是用于评价人身危险性较大而认定为有罪。这类事实，既有因2次或多次实施本不构成犯罪的行为而成立犯罪的情形（如5年内因偷税被税务机关给予2次行政处罚后又偷税、1年内曾因走私被给予2次行政处罚后又走私、多次盗窃、多次敲诈勒索、多次参加聚众淫乱活动等），也有因多次实施已构成犯罪的行为而成立相应罪名加重犯的情形，如多次猥亵儿童、多次抢劫、多次聚众斗殴、多次组织他人偷越国（边）境、多次实施运送行为偷越国（边）境、多次盗掘古文化遗址古墓葬、多次强迫他人卖淫等。二是用于评价人身危险性较小而不认定为犯罪。这类事实，如犯罪人平时表现较好、犯罪后认罪态度较好、有较好悔罪表现、属于初犯、偶犯等，通过“情节显著轻微危害不大”的评价而不认为是犯罪。

---

① 参见2020年12月7日最高人民法院审判委员会第1820次会议通过，自2021年3月1日起施行的《最高人民法院关于适用〈中华人民共和国刑事诉讼法〉的解释》（以下简称《刑诉法解释》）第352条。

5. 定罪只能以刑法关于被指控的具体犯罪成立的评价规范体系为法律依据

从规范评价上看，定罪的规范依据，既不是刑法理论，也不是刑法分则的单个规定，而是基于个案犯罪事实的所有法律规定。如甲（11 周岁）在乙（18 周岁）的辅助下，绑架了丙，甲在勒索财物无果后残忍地将丙杀害。这里的定罪根据，既不是域外关于共犯的立法和理论，也不单单是《刑法》第 232 条关于故意杀人罪的“故意杀人的，处死刑、无期徒刑或者 10 年以上有期徒刑”的规定，而是以上事实所对应的所有刑法规定。既包括《刑法》第 232 条和第 239 条关于故意杀人罪和绑架罪的规定，也包括《刑法》第 13 条、第 17 条、第 25 条关于犯罪成立基本条件、犯罪主体和共同犯罪等的规定，甚至还包括刑法总则关于刑法的目的、任务、基本原则等的规定。以上这些规定，组成了个案定性的规范评价体系，作为本案行为的定罪依据。具体是，甲的行为因不符合《刑法》第 17 条关于犯罪主体的规定而不符合《刑法》第 13 条规定的犯罪成立基本条件，从而不成立犯罪；因甲不符合犯罪主体要求，故本案不是《刑法》第 25 条规定的共同犯罪，对乙的行为只能按单独犯罪定性；乙的辅助行为，作为“绑架”行为的组成部分与实施方式，符合《刑法》第 239 条关于绑架罪的“以勒索财物为目的绑架他人……，杀害被绑架人的”的加重犯规定，应被认定为绑架罪的加重犯（属于从犯而“从轻、减轻处罚或者免除处罚”）。

（二）定罪原则

定罪原则，是指刑法规定的对定罪具有全局性、根本性指导意义和制约作用的基本准则。其功能在于主导定罪的方向、弥补定罪具体法律规定的漏洞与不足。在实践中，法官在定罪时遇到立法的明确性不足或适用某个规定明显不合理时，就应当从定罪原则寻求解决问题的方向与方案。例如，行为人在暴力抗税中，将税务人员残忍地杀害，按《刑法》第 202 条关于抗税罪的规定，至多只能处 7 年以下有期徒刑，这显然不符合罪刑相适应原则，需要基于罪刑相适应原则适用《刑法》第 232 条关于故意杀人罪的规定。

定罪原则有基本原则与一般原则之分。定罪的基本原则也就是刑法的基本原则，既包括刑法立法上明确规定的罪刑法定原则、刑法面前人人平等原则和罪刑相适应原则，也包括立法上没有明确规定但在刑法立法上蕴含着的主客观相一致原则、罪责自负原则和刑法不得已原则。这些刑法基本原则，作为指导整个刑法立法和司法的全局性指导原则，自然也是指导定罪的基本原则。其中，罪刑法定原则意味着，犯罪成立条件的所有要件要素都必须有相应法律规定，而且是本国法律规定；刑法面前人人平等原则意味着，相同的犯罪行为适用相同的刑法规定、作出相同的罪名；罪刑相适应原则意味着，所定罪名及其基本犯、加重犯或减轻犯形态，须与犯罪行为的性质及其所反映的社会危害性程度和人身危险性程度相适应，包括符合《刑法》“情节显著轻微危害不大”等规定的不认定为犯罪，符合《刑法》“犯罪情节轻微不需要判处刑罚”规定的单纯宣告有罪，符合转化犯、牵连犯、吸收犯、法条竞合犯等规定的认定为相应罪名；主客观相一致原则意味着，定罪须将犯罪行为的主客观表现作为一个有机整体予以考察与认定，如考察犯罪客观方面事实是不是犯罪主体基于犯罪主观方面的支配所实施并侵害了其犯罪客体；罪责自负原则的意味着，只能对刑事被告人自己的行为定罪，不能将其他人或单位的行为作为刑事被告人的行为定罪；刑法不得已原则意味着，定罪时须将被指控的行为放在整个法律体系甚至社会治理体系中，考察其是否属于刑法上的犯罪行为、到底是属刑法上的重罪还是轻罪行为，从而避免刑法功能的扩大化和刑行不分、刑民不分等问题。

定罪一般原则是专门针对定罪活动所规定的专有全局性、基本性指导原则。在我国，虽然没有法律明确规定，但一般认为是“以案件事实为根据，以刑法规定为准绳”原则。它包括“以案件事实为根据”和“以刑法规定为准绳”两方面的内容。其中，前者是基础和前提，后者是在前者基础上的法律适用要求。在与定罪基本原则的关系上，定罪一般原则并不只是罪刑法定原则在定罪问题上的具体化，而是刑法各基本原则延伸出来并同时指导下一层级的定罪的一般原则。

（三）定罪情节

1. 定罪情节的概念和特征

定罪情节，是指依照刑法关于具体犯罪成立评价体系的规定提取并用于定罪的案件事实。它具有如下几个方面的基本特点。

（1）定罪情节在本质上是一种法律事实。定罪情节不是脱离刑法规定的事实，而是案件事实经具体犯罪成立的规范评价体系评价后的特定事实。这个事实，因有了法律的规范评价而成为对定罪具有影响的法律事实。例如，16 周岁中学生甲于 2023 年 4 月 1 日 18：00 路过 4 号楼某男生寝室，见寝室近门桌子上有一部价值 2 000 元的手机，就顺手拿走，随即意识到问题的严重性，就返回将手机放回原处。这是甲生平第一次盗窃，为痛改前非，立即到校保卫处投案。以上事实，只有据刑法关于盗窃罪成立评价体系的所有规定予以提取后，才能用来支撑对甲的行为做刑法上的性质评价，由此，这些事实也相应成为具有定罪意义的法律事实。其中，能认定为定罪情节的法律事实，包括“16 周岁”（用以支撑犯罪主体要件），“见寝室桌子上有一部价值 2 000 元的手机，就顺手拿走”（用以支撑犯罪主观方面、犯罪客观方面和犯罪客体），“随即意识到问题的严重性，就返回将手机放回原处”“这是甲生平第一次盗窃，为痛改前非，立即到校保卫处投案”（用以支撑“情节显著轻微危害不大”而不认为是犯罪）。这些法律事实，既包括用以评价四要件犯罪构成的构成要件事实，也包括用以评价犯罪成立程度条件的其他事实。

（2）定罪情节在实质上反映的是危害性与危险性的有无与大小。在刑法上，所谓的社会危害性通常是指犯罪过程中形成的反映犯罪行为主客观相一致方面事实的内在属性。其中，反映行为社会危害性及其程度的事实，基于刑法关于罪与非罪、此罪与彼罪、轻罪与重罪、一罪与数罪的成立评价，就成立定罪情节。所谓人身危险性，又称社会危险性，是指犯罪人的存在对社会所构成的潜在威胁，包括对犯罪人改造的难易程度和再犯罪的可能性大小。反映犯罪人的人身危险性及其程度的事实，如犯罪人在犯罪前和犯罪后的与犯罪行为有联系的表现，以及犯罪人的人格、家庭及社会环境、职业状况等，在被用以评价我国《刑法》第 13 条关于“情节显著轻微危害不大不认为是犯罪”时，就成立定罪情节。

（3）定罪情节的功能在于定罪。定罪情节只能用于定罪，不能他用，否则，要么就不是定罪情节，要么就进行了重复评价。最高人民法院、最高人民检察院《关于常见犯罪的量刑指导意见（试行）》（法发［2021］21号）【参见知识拓展1-2】中关于量刑起点和基准刑确定根据的规定，其实就存在这个方面的问题。如规定“根据基本犯罪构成事实在相应的法定刑幅度内确定量刑起点”，以及“根据其他影响犯罪构成的犯罪数额、犯罪次数、犯罪后果等犯罪事实，在量刑起点的基础上增加刑罚量确定基准刑”。显然，这里的“基本犯罪构成事实”和“其他影响犯罪构成的犯罪数额、犯罪次数、犯罪后果等犯罪事实”，若是用来支撑某个犯罪的成立体系规定，则只能是定罪情节而不能是量刑情节；若是用来支撑犯罪成立体系规定以外的量刑评价，则只能是量刑情节而不能是定罪情节；若把本来只能作为定罪情节的事实又用来确定所谓量刑起点和基准刑，则是违背罪刑相适应原则的重复评价。

知识拓展1-2

（4）定罪情节通常跟有法定刑幅度。这是区分定罪情节与量刑情节的直观标准。这表现为，在刑法立法上，定罪情节是个罪罪状的组成部分，用以评价个罪犯罪成立，后面跟有个罪（基本犯、加重犯、减轻犯）相应的法定刑幅度；量刑情节是立法针对个罪特别规定的，需要从重、从轻、减轻、免除处罚的轻重惩处情形，后面跟有从重、从轻、减轻、免除处罚的量刑功能。例如，《刑法》第133条关于交通肇事罪规定中存在的三种“逃逸”，分别是基本犯（交通肇事致1人以上重伤，负事故全部或主要责任，并为逃避法律追究逃离事故现场的，处3年以下有期徒刑或拘役）、第一档加重犯（交通运输肇事后逃逸或者有其他特别恶劣情节的，处3年以上7年以下有期徒刑）和第二档加重犯（因逃逸致人死亡的，处7年以上有期徒刑）中的“罪状”组成部分，后面都跟有法定刑幅度，都是用来定罪的定罪情节，而不是量刑情节。又如，《刑法》第236条第2款关于强奸罪的“奸淫不满14周岁的幼女的”规定，后面跟有“从重处罚”的量刑功能，这就是强奸罪的量刑情节。

需要说明的是，定罪情节不同于犯罪情节。犯罪情节是犯罪过程中的一些主客观事实情况，既可能充当定罪情节又可能充当量刑情节。例如，盗窃5 000元人民币的事实，属于犯罪中形成的犯罪事实。在其用以评价盗窃的“数额较大”时，是定罪情节，为盗窃罪基本犯的客观方面要件要素；在其用于评价相较于“数额较大”（如2 000元）的量刑轻重时，是量刑情节，表明行为的社会危害性相对加大，要酌定从重处罚。同时，在少数情况下，定罪情节也可以是犯罪情节以外的情形。如犯罪人在犯罪前后的表现、初犯、偶犯等因素，也可能用以评价“情节显著轻微危害不大”而成为定罪情节。

2. 定罪情节的种类

（1）总则性定罪情节与分则性定罪情节。

依提取定罪情节的刑法总则和分则规定的不同，可以将定罪情节分为总则性定罪情节与分则性定罪情节。总则性定罪情节是依照刑法总则关于犯罪成立评价体系规定从案件事实中提取的定罪情节，如根据《刑法》第17条提取的年满12周岁的犯罪主体情节，根据《刑法》第 25 条提取的甲乙二人共同犯罪情节。分则性定罪情节是依照刑法分则的罪状规定从案件事实中提取的定罪情节，如根据《刑法》第 234 条提取的轻伤、重伤、致人死亡的三个定罪情节。

（2）符合性定罪情节与排除性定罪情节。

依定罪情节在定罪中的功能不同，可以将定罪情节分为符合性定罪情节与排除性定罪情节。符合性定罪情节是用来评价个案行为符合具体犯罪成立评价体系要件要素的定罪情节。排除性定罪情节是用来评价个案行为不符合具体犯罪成立评价体系要件要素的定罪情节。其具体包括：1）用来评价排除成立具体个罪的与基本犯罪构成相关要件要素的定罪情节，例如被告人未达到法定刑事责任年龄、被告人没有犯罪故意或者过失、被指控的行为是正当防卫或紧急避险行为等。2）用来评价排除成立具体个罪的与修正犯罪构成相关的要件要素的定罪情节。如，用来评价不符合犯罪未完成形态的定罪情节（属于情节显著轻微危害不大），用来评价不符合共同犯罪形态的定罪情节（因不符合主体要求而不成立共同犯罪、因不具有意思联络而不成立共同犯罪、因没有共同犯罪行为而不成立共同犯罪等），用来评价不符合某个罪数形态的定罪情节（因只有一个行为而不成立数罪等）。3）用来评价犯罪成立的基本条件（《刑法》第 13 条）的定罪情节。如，用来评价情节显著轻微危害不大的定罪情节（如自救行为等），用来评价不具有刑法空间效力和时间效力的定罪情节，用来评价已过追诉时效的定罪情节。

（四）定罪方法

定罪方法，是审判机关依法对指控犯罪是否成立进行审查判断的思维方式与程序。基于刑法规范存在的内在体系性、犯罪成立评价体系的有机整体性和犯罪定义的总体统揽性，定罪的方法通常包括规范系统适用法、要件一体分析法和结果综合考量法。它们各自从定罪如何适用刑法条文规定、定罪如何处理构成要件关系、定罪如何进行总体考量三个维度，共同为定罪提供切合实际的方法保证。

1. 规范系统适用法

所谓规范系统适用法，是指定罪要体系化适用所有刑法相关规范的定罪方法。它要求定罪在法律适用上，必须基于个案事实适用犯罪成立的所有相关规定，形成个案犯罪认定的规范体系，并基于刑法的目的、任务、原则等，予以体系化考察与认定。

定罪在法律适用上之所以要采用规范系统适用法，是因为刑法关于犯罪成立条件所对应的法律规定，本就是一个基于刑法的目的、任务、原则等的有机体系。不过，在刑法的理论上与实践中，这个定罪的法律适用方法并没有获得共识性认知。例如，传统刑法理论认为，刑法分则与刑法总则是“特殊与一般、具体与抽象”的关系，其中，刑法总则是“对犯罪、刑事责任和刑罚作出一般性规定”，刑法分则是“对各类、各种犯罪的刑事责任和刑罚作出具体规定”，“刑法总则指导刑法分则，刑法分则是刑法总则的具体化”。这意味着，刑法分则关于某个犯罪的罪状规定，可以独立评价一个行为在刑法上是不是犯罪或构成何种犯罪。显然，按如此认知进行定罪的法律适用，是不完整的法律适用，必定带来定罪的法律适用片面甚至错误。

事实上，刑法分则关于犯罪成立条件的规定（罪状），并不是一个完整的定罪法律规范，不具有独立评价一个行为是什么的功能。从我国刑法的规定来看，刑法分则实际上并不是总则内容的具体化，与总则的关系实际上只是特殊规定与一般规定的关系。其中，刑法分则关于罪名条文规定的“罪状”，只是该罪成立的特别规定。这个规定，需要放在符合总则与分则内在关系的规范体系中，根据个案情况接受总则规定的补充、限制甚至修正，才能用以定罪评价。例如，《刑法》第 232 条关于故意杀人罪的定罪规定，只有“故意杀人的”“（故意杀人）情节较轻的”的部分要件，无法据此作出故意杀人罪的定性认定。基于个案的犯罪成立评价体系，要对行为作出故意杀人罪的认定，至少还要同时考察：是否符合《刑法》第 17～18 条规定的犯罪主体要求（补充），是不是《刑法》第 20 条规定的正当防卫（补充），是不是《刑法》第 25 条规定的共同犯罪（修正），是不是《刑法》第 114～115 条规定的以危险方法危害公共安全的犯罪（补充），是不是基于绑架、强奸、抢劫等故意实施的杀人行为（补充），是不是要基于案件的情节评价为“情节显著轻微危害不大”从而不认为是犯罪（限制）。这意味着，任何案件的定罪法律适用，都必须基于具体案件的事实，适用刑法总则和刑法分则的所有相关规定。

2. 要件一体分析法

所谓要件一体分析法，又称要件整体认知法，是指定罪时对各构成要件（实为犯罪成立评价体系）的要件一体分析或整体认知的定罪方法。它要求，某个犯罪成立评价体系的各要件要素，应置于个案犯罪的规范评价体系中，并做基于犯罪本质的有机整体评价，不可割裂与其他要件要素的相互关系而予以孤立评价。

要件一体分析法的定罪机理，源于犯罪构成的整体性特点。其核心要义在于，虽然各要件要素是相对独立的存在，但在用于定罪评价时，必需将其置于个案犯罪的规范评价体系中，予以“一体分析”或“整体认知”，以避免盲人摸象式的法律适用。

其实，实践中违背要件一体分析法的盲人摸象式法律适用很是多见。例如，实践中对情节恶劣的故意轻微伤案，要么不认定为犯罪，要么错误地认定为寻衅滋事罪，就是典型例证。【参见知识拓展1－3】根据《刑法》第 234 条第 1 款的规定，作为故意伤害罪基本犯的“伤害”，当然包括“轻微伤”。其是否成立犯罪或成立何种犯罪，不是由“轻微伤”自身而是由相应犯罪成立的评价体系决定的。在通常情况下，其属于“情节显著轻微危害不大”，不认为是犯罪。但在行为人的行为不能评价为“情节显著轻微危害不大”时，如轻微伤是行为人为了报复而以雇凶或使用了致死伤性武器、器具、物品等手段所致，这个“轻微伤”，就不仅因为是行为人在伤害故意支配下所实施，并侵害他人健康权，而完全符合了故意伤害罪的四个构成要件，而且因为是情节恶劣，不能评价为“情节显著轻微危害不大”，所以完全符合了犯罪定义的三个基本条件，应以故意伤害罪定性。相反，对这个“轻微伤”不做要件一体分析，就会出现将“轻微伤”认定为寻衅滋事罪的悖论。虽然寻衅滋事罪的行为方式中也包括轻微伤，但二罪在主观故意内容、犯罪客体等犯罪成立规范评价体系上完全不同，不能因为将其认定为故意伤害罪有困惑，而当然地将其认定为寻衅滋

知识拓展 1－3

事罪，否则，就会出现二罪的区别只在于是“轻伤”还是“轻微伤”的悖论。因此，为避免盲人摸象式的法律适用，在定罪中应当坚持要件一体分析法，不可孤立地依某个要件作出定罪结论。

使用要件一体分析法，也可以有效避免行为犯、数额犯、结果犯的定罪误区。传统刑法理论认为，行为犯、数额犯、结果犯只要实施了刑法分则罪名规定的行为、达到了规定的数额、产生了规定的结果，就已成立犯罪且是犯罪既遂。其实，以上“行为”“数额”“结果”，都只是这些犯罪成立中的一个客观方面要件要素，不是犯罪成立的全部要件要素。在定罪评价时，既不可盲人摸象地据此认定为犯罪，也不可将它们脱离犯罪的规范评价体系孤立地予以分析评价，只有坚持各要件的“一体分析”或“整体认知”，才能得出正确的定罪结论。

3. 结果综合考量法

所谓结果综合考量法，是指对定罪的法律适用和结果根据法律效果、政治效果、社会效果相统一的原理进行综合审查的方法。它是在采取其他定罪方法后，为确保定罪的法律适用与结果既合法又合理而采用的检验性方法。

结果综合考量法的核心要求在于，定罪评价既要合法又要合理。具体表现在以下方面。

其一，定罪结果必须坚持“三个效果相统一”。在我国《刑法》中，无论是第1条关于刑法的目的和根据的规定，还是第2条关于刑法的任务的规定，都直接体现了刑法的“惩罚犯罪，保护人民”“用刑罚同一切犯罪行为作斗争”的性质，同时，第13条关于犯罪成立基本条件（概念）的规定，包括犯罪的社会危害性、刑事违法性和应受刑罚惩罚性的要求。曾经广受瞩目与争议的广州许某恶意取款案的原一审判决、云南李某奎故意杀人案的二审改判死缓判决等，都是典型例证。同时，定罪要获得公众认同，必须基于国家治理体系和治理能力现代化要求，将拟定罪行为放在整个刑法体系、法律体系、社会治理体系和国家治理体系中予以考量，从而找到刑法适用及其定罪的合理定位。正因为如此，2019年最高人民法院第七次全国刑事审判工作会议强调，刑事审判工作“必须坚持政治效果、法律效果与社会效果相统一”。

其二，定罪结果必须符合常识、常理、常情。常识、常理、常情即“三常”，是指为一个社会的普通民众长期认同和共同享有，并且至今没有被证明是错误的常识、常理、常情，是一个社会民众最基本的是非标准、最基本的行为规则，是普通民众能够按照已成为其潜意识组成部分的“良心”的自觉性判断是非、指导自己行为的标准[①]，是践行“提高司法公信力，更好维护社会公平正义，努力让人民群众在每一个司法案件中感受到公平正义”的最直观体现。如此标准，其实就是刑法上的罪刑相适应原则和刑法面前人人平等原则的要求和体现。因此，遵循“三常”定罪，其实就是较为直观和符合人民群众司法感受的法律外化做法，是科学合理和重要的。

---

① 陈忠林.“常识、常理、常情”：一种法治观与法学教育观.太平洋学报，2007（6）.

第二节 犯罪成立的证明

犯罪的成立同时受刑法、证据法和程序法约束。从刑法角度看，根据罪刑法定原则的要求，犯罪是符合刑法规定的构成要件、应受刑罚惩罚的严重危害社会的行为；未受刑法禁止的行为，不属于犯罪行为。从证据法角度看，根据证据裁判原则的要求，具体案件中被告人被指控的特定行为是否构成犯罪，只能依据证据所证明的事实来判断。有确实、充分的证据能够证明指控的犯罪事实存在的，则指控犯罪成立，否则，指控犯罪即不成立。从程序法角度看，根据无罪推定和程序法定原则的要求，任何人未经人民法院依法判决，不得确定有罪；法院判决认定被告人有罪，必须以经法庭审理确认指控的犯罪事实得到合法证明为前提。因此，在法治原则之下，犯罪不仅是刑法禁止的法益侵害行为，还是经法庭审理后确认有确实、充分的证据证明指控的犯罪事实符合刑法规定的具体犯罪构成要件的行为。什么样的证据能够证明犯罪成立？由谁负责提供以及如何提供证据证明被告人有罪？证据证明指控的犯罪事实达到何种程度，法院才能认定指控犯罪成立？这些都是司法实践中控、辩、审三方围绕犯罪成立与否履行各自职责的焦点问题。可以说，无论是英美法系还是大陆法系，近代以来的刑法、刑事诉讼法和刑事证据法，都是以犯罪成立与否为核心而发展起来的。

一、证明的根据及其限制

（一）证明的根据及其分类

证明的根据即证据。《刑诉法解释》第 69 条规定："认定案件事实，必须以证据为根据。"这就是证据裁判原则。根据这一要求，没有证据，不得认定被指控的犯罪事实。

《刑事诉讼法》第 50 条规定："可以用于证明案件事实的材料，都是证据。证据包括：（一）物证；（二）书证；（三）证人证言；（四）被害人陈述；（五）犯罪嫌疑人、被告人供述和辩解；（六）鉴定意见；（七）勘验、检查、辨认、侦查实验等笔录；（八）视听资料、电子数据。证据必须经过查证属实，才能作为定案的根据。"这一规定对证据形式的列举只具有提示意义，并不意味着只有符合上述八种表现形式的材料才能作为证据使用。根据《刑诉法解释》第 76 条、第 77 条、第 100 条、第 101 条和第 116 条的规定，下列证据材料在刑事诉讼中也具有证据资格：（1）监察机关依法收集的证据材料；（2）来自境外的证据材料，经人民法院审查，相关证据材料能够证明案件事实且符合刑事诉讼法规定的（但提供人或者我国与有关国家签订的双边条约对材料的使用范围有明确限制的除外）；（3）因无鉴定机构，或者根据法律、司法解释的规定，指派、聘请有专门知识的人就案件的专门性问题出具的报告[①]；（4）有关部门对事故进行调查形成的报告；（5）依法采取技术调查、侦查措施收集的材料。例如，在张某某等三人故意损毁名胜古迹案中，关于三被告人打入 26 个岩钉的行为对巨蟒峰造成严重损毁的程度，全国没有法定司法鉴定机构可以进行鉴定，但是否构成严重损毁又是被告人的行为是否构成犯罪的关键。四名地质学专家接受侦查机关的委托，依据自己的专业知识和现场实地勘查、证据查验，经充分讨论、分析，从专业的角度对打岩钉造成巨蟒峰的损毁情况给出了明确的专业意见，并共同签名，且经法院通知，四名专家中的两名专家以检验人的身份出庭，对"专家意见"的形成过程进行了详细的说明，并接受了控、辩双方及审判人员的质询，最终该意见被法院采纳为定案的根据。[②] 另外，在司法实践中，事故调查报告被广泛运用。此类证据的特点有三：第一，以行政机关或者事故调查组名义出具，且很多时候是集体讨论的结果；第二，内容多涉及单位就其职权范围依照一定的程序对某一事实进行审查、认定；第三，技术性强，具有不可替代性。例如，火灾事故调查报告记录了火灾的起火时间、起火点、可能的起火原因等对案件事实认定至关重要的因素。但上述调查报告无法归入现行的证据种类，实践中对其能否作为刑事证据使用，存在不同认识。有鉴于此，《刑诉法解释》第 101 条规定："有关部门对事故进行调查形成的报告，在刑事诉讼中可以作为证据使用；报告中涉及专门性问题的意见，经法庭查证属实，且调查程序符合法律、有关规定的，可以作为定案的根据。"

在证据理论上，通常根据不同的标准对刑事诉讼证据作出不同的分类，例如：根据证据的存在形式不同，可以分为言词证据和实物证据；根据证据的证明作用不同，可以分为有罪证据和无罪证据；根据证据与案件主要事实之间的关系不同，可以分为直接证据和间接证据；根据证据的来源不同，可以分为原始证据和传来证据。这些分类有利于人们深入理解不同证据的特点，便于公安、司法工作人员更好地收集和审查运用证据。

从司法实践角度看，还有一种分类是不可忽视的，即实质证据与辅助证据，其分类依据是证据的证明对象不同。实质证据是指以案件事实为证明对象的证据，如证明犯罪发生的证人证言、口供等；辅助证据是指以实质证据的真实性、可信性为证明对象的证据，具体又分为增强证据和弹劾证据。增强证据是指能够增强实质证据真实性、可信性的证据，如证明同案被告人之间没有串供，侦查人员关于侦查讯

---

① 参见最高人民法院、最高人民检察院《关于办理非法采矿、破坏性采矿刑事案件适用法律若干问题的解释》（2016 年 12 月 1 日起施行）第 13 条和第 14 条，最高人民法院、最高人民检察院《关于办理环境污染刑事案件适用法律若干问题的解释》（2023 年 8 月 15 日起施行）第 16 条，最高人民法院、最高人民检察院《关于办理扰乱无线电通讯管理秩序等刑事案件适用法律若干问题的解释》（2017 年 7 月 1 日起施行）第 9 条，最高人民法院、最高人民检察院《关于办理危害药品安全刑事案件适用法律若干问题的解释》（2022 年 3 月 6 日起施行）第 18 条和第 19 条，最高人民法院、最高人民检察院《关于办理破坏野生动物资源刑事案件适用法律若干问题的解释》（2022 年 4 月 9 日起施行）第 16 条等。

② 最高人民法院指导性案例 147 号：张某某、毛某某、张某故意损毁名胜古迹案（最高人民法院审判委员会讨论通过，2020 年 12 月 29 日发布）。

问过程中不存在刑讯逼供的说明等；弹劾证据是指能够使实质证据的真实性、可信性减弱或者消失的证据，如嫌疑人入所时经检查身体无外伤，但外审回所后体检时发现体表有伤，这一体检记录可以使法官对供述的合法性产生怀疑，从而削弱其证明力。

区分实质证据与辅助证据的现实意义在于：实质证据的证据能力虽然受到较多的限制，但它的证明对象是案件事实，因而可以作为认定案件事实的直接根据；辅助证据虽然能够增强或者削弱实质证据的证明力，可以对实质证据能否作为定案根据产生重要影响，但由于它的证明对象不是案件事实，而是证据事实，因而它不能作为认定案件事实（尤其是犯罪事实）的直接根据。

根据2008年最高人民法院发布的《全国部分法院审理毒品犯罪案件工作座谈会纪要》第2条的规定，在特殊情况下，毒品犯罪案件同案被告人的口供虽然可以互为补强证据，但必须另有辅助证据足以排除诱供、逼供、串供等非法取供情形。如果不能排除非法取供情形，则不能仅凭同案被告人一致的口供认定被告人有罪。在司法实践中，上述规定确立的辅助证据规则不仅广泛适用于毒品犯罪案件，也适用于故意杀人判处死刑立即执行的案件。[①]

（二）证据能力及其限制

根据我国《刑事诉讼法》的规定，证明案件事实存在，必须依据证据；用来证明案件事实的证据必须同时具备证据能力和证明力。其中，证据能力通常是指证据进入实体审理程序的资格，没有证据能力的证据，诉讼的任何一方都不得在法庭审理中提出，法庭也不得在审理过程中组织对其进行调查和辩论；证明力是指证据的证明价值，即证明案件事实存在或不存在的能力。就证明犯罪的成立与否而言，无论是有罪证据还是无罪证据，都需要先考察其有无证据能力，认为有证据能力的，再进一步调查其证明力；没有证据能力的证据，不得进入法庭调查程序，因而事实裁判者不应当也不需要审查其有无证明力以及证明力大小。

自法定证据制度被废止以来，关于什么样的证据具有证据能力，有关法律一般并不作积极的规定，但为了促进真实发现及保障当事人的诉讼权利，法律往往会对证据能力作出一定的限制性规定，即规定哪些证据不具有进入实体审理的资格或者不得作为定案的根据。在现代刑事诉讼中，由于证据裁判和自由心证成为证据法的基本原则，各国对证明力很少进行直接限制，证据规则主要是以规制证据能力为主的规则体系，常见的限制证据能力的规则包括相关性规则、非法证据排除规则、最佳证据规则、意见证据规则、品格证据规则、类似行为规则等。

这些限制证据能力的规则具有两大基本的诉讼功能：其一，规范控辩双方的举证行为，促进公正审判，防止不可采的证据对事实裁判者产生误导，尤其是在当事人主义诉讼制度中。其二，限制法官审查运用证据的裁量权，并通过裁判行为进一

---

① 指导案例第590号：张某某抢劫案——非同案共犯供述的证明力认定//中华人民共和国最高人民法院刑事审判一、二、三、四、五庭等．中国刑事审判指导案例：7卷．北京：法律出版社，2017：50.

步规范、指引和约束侦查人员收集证据的行为，促进真实发现和人权保障。例如，非法证据排除规则的重要作用就在于禁止法官把应当排除的非法证据纳入法庭审理程序，“剥夺”侦查（调查）人员非法取证行为的“成果”，从而使其失去再次非法取证的动因，引导侦查（调查）人员依法取证，促进检察机关在决定提起公诉以前对控诉证据的合法性进行严格审查，实现司法公正。

在我国司法实践中，关于证据能力最容易引起争议的问题就是非法证据排除问题。《刑事诉讼法》和有关司法解释对非法证据排除规则的适用范围、适用程序以及证据合法性争议的证明责任、证明方法和证明标准作了明确规定，为解决这些争议提供了明确的依据。在司法实践中，适用非法证据排除规则，需要重点注意以下三个问题。

1. 准确把握非法证据排除规则的适用范围

《刑事诉讼法》第 56 条第 1 款规定：“采用刑讯逼供等非法方法收集的犯罪嫌疑人、被告人供述和采用暴力、威胁等非法方法收集的证人证言、被害人陈述，应当予以排除。收集物证、书证不符合法定程序，可能严重影响司法公正的，应当予以补正或者作出合理解释；不能补正或者作出合理解释的，对该证据应当予以排除。”据此，学界一般认为，我国刑事诉讼中非法证据排除规则的适用范围主要包括两类证据：一类是采用非法方法收集的言词证据，另一类是违反法定程序收集的物证、书证。其中，需要排除的非法言词证据又包括采用刑讯逼供等非法方法收集的犯罪嫌疑人、被告人供述和采用暴力、威胁等非法方法收集的证人证言、被害人陈述这几种证据。

关于非法供述的排除范围，《刑事诉讼法》第 56 条只是原则性规定“刑讯逼供等非法方法收集的犯罪嫌疑人、被告人供述应当予以排除”，并未对“刑讯逼供等非法方法”的含义作出规定。《严格排非规定》[①] 第 2 条至第 5 条对此作了补充规定。《刑诉法解释》第 123 条和第 124 条在总结司法实践经验的基础上，结合《刑事诉讼法》第 56 条和《监察法》第 33 条以及《严格排非规定》的要求，将“刑讯逼供等非法方法收集的犯罪嫌疑人、被告人供述”具体解释为以下四种供述：（1）采取殴打、违法使用械具等暴力方法或者变相肉刑的恶劣手段，使犯罪嫌疑人、被告人遭受难以忍受的痛苦而违背意愿作出的供述。对于故意采取冻、饿、晒、烤、疲劳审讯等变相肉刑的恶劣手段，使犯罪嫌疑人、被告人遭受难以忍受的痛苦而违背意愿作出的供述，也属于这种情形，应当予以排除。[②]（2）以暴力或者严重损害本人及其近亲属合法权益等进行威胁的方法，使犯罪嫌疑人、被告人遭受难以忍受的痛苦

---

① 指 2017 年 6 月 20 日最高人民法院、最高人民检察院、公安部、国家安全部、司法部联合发布的《关于办理刑事案件严格排除非法证据若干问题的规定》，下同。

② 指导案例第 1141 号：吴某、朱某娅贪污案//南英. 刑事审判参考：总第 106 集. 北京：法律出版社，2017：33－39. 指导案例第 1166 号：王某受贿案//南英. 刑事审判参考：总第 108 集. 北京：法律出版社，2017：12－17。

而违背意愿作出的供述。[①]（3）采用非法拘禁等非法限制人身自由的方法收集的犯罪嫌疑人、被告人供述。办案机关传唤犯罪嫌疑人、被告人到案后持续羁押超过法定期限的行为属于非法限制人身自由，采用这种方式取得的有罪供述，应当予以排除。[②]（4）采用刑讯逼供方法使犯罪嫌疑人、被告人作出供述，之后犯罪嫌疑人、被告人受该刑讯逼供行为影响而作出的与该供述相同的重复性供述。但重复性供述的排除存在两个例外：一是“侦查（调查）讯问主体变更的例外”，即调查、侦查期间，监察机关、侦查机关根据控告、举报或者自己发现等，确认或者不能排除以非法方法收集证据而更换调查、侦查人员，其他调查、侦查人员再次讯问时告知有关权利和认罪的法律后果，被告人自愿供述的；二是“诉讼阶段变更的例外”，即审查逮捕、审查起诉和审判期间，检察人员、审判人员讯问时告知诉讼权利和认罪的法律后果，被告人自愿供述的。至于采用其他威胁手段获得的犯罪嫌疑人、被告人供述，以及采用引诱、欺骗方法获得的犯罪嫌疑人、被告人供述，是否需要排除，由司法机关根据案件的具体情况决定。

关于非法证人证言、被害人陈述的排除范围，根据《刑事诉讼法》第 56 条及《严格排非规定》第 6 条和《刑诉法解释》第 125 条的规定，包括三种情形：一是采用暴力、威胁方法收集的；二是采用非法限制证人、被害人人身自由的方法收集的；三是采用其他侵犯证人、被害人权利的非法方法收集的。

关于违反法定程序收集的物证、书证的排除，《刑事诉讼法》第 56 条第 1 款规定了两个限制性条件：其一，收集物证、书证不符合法定程序，可能严重影响司法公正；其二，不能补正或者作出合理解释。对于是否“可能严重影响司法公正”的认定，应当综合考虑收集证据违反法定程序以及所造成后果的严重程度等情况。这两个条件表明，立法对违反法定程序收集的物证、书证，事实上采取了与“瑕疵证据”类似的处理态度，即尽量不予排除，只要不会严重影响司法公正，或者能够补正或作出合理解释的，就可以采用。不过，司法实践中也曾出现排除违反法定程序收集的物证的案例。[③] 至于违反法定程序收集的其他实物证据，如违法使用技术侦查手段获得的视听资料、违反法定程序收集的电子证据等是否应予排除，法律未作规定，在具体案件中由司法机关酌情决定。

需要指出的是，我国的非法证据排除并不仅仅限于排除非法证据在审判过程中的证据资格，而是要求排除非法证据在各主要诉讼阶段定案处理时的证据效力。根据《刑事诉讼法》第 56 条第 2 款、第 253 条和《监察法》第 33 条，以及《严格排非规定》第 14 条、第 15 条、第 17 条、第 33 条、第 34 条等的规定，我国非法证据“排除”规则的效力包括以下内容：（1）侦查（调查）人员通过非法方法或者违反法

---

① 指导案例第 1140 号：郑某文贪污、受贿、滥用职权案//南英．刑事审判参考：总第 106 集．北京：法律出版社，2017：33-39.

② 指导案例第 1165 号：黄某东受贿、陈某军行贿案//南英．刑事审判参考：总第 108 集．北京：法律出版社，2017：7-11.

③ 陈某昊故意杀人案排除非法证据 广东高院改判无罪．[2022-07-19]．搜狐网．http://news.sohu.com/20151030/n424713207.shtml.

定程序收集的证据，不得作为提请审查逮捕或者检察机关批准、决定逮捕以及移送审查起诉的根据。（2）通过非法方法或者违反法定程序收集的证据，不得作为检察机关决定提起公诉、不起诉以及在法庭审理过程中指控被告人有罪的根据。（3）法院在实体审理以前审查发现证据是通过非法方法或者违反法定程序收集的，应当依法予以排除，禁止其作为证据使用；在实体审理以后查明系应予排除的非法证据的，不得把它作为认定犯罪事实成立和宣告有罪判决的根据。（4）第一审法院对被告人及其辩护人排除非法证据的申请未予审查，并以有关证据作为定案根据，可能影响公正审判的，第二审法院可以裁定撤销原判，发回原审法院重新审判。（5）在判决生效后，法院发现定案证据是通过非法方法收集、"依法应当予以排除"的，应当启动审判监督程序，对案件进行重新审判。（6）被排除的非法证据既不可以作为定罪证据，也不应作为量刑证据，法院应当根据其他在案证据准确定罪量刑。①

此外，虽然我国非法证据排除规则的适用范围较小，但有关规范性司法文件和司法解释规定了大量的"不得作为定案根据"条款，其中很多条款涉及"违反法定程序收集"证据的情形。例如，根据《刑诉法解释》第 89 条、第 98 条和第 105 条关于违反法定程序收集的证人证言、鉴定意见、辨认笔录不得作为定案根据的规定，本质上也属于限制证据能力的规则，在一定程度上弥补了非法证据排除范围过窄的立法弊端，有利于促进真实发现和保障人权，实现司法公正。

2. 严格遵守非法证据排除规则的适用程序

我国非法证据排除规则既可以在审前阶段适用，也可以在审判阶段适用。在审前阶段，非法证据的排除有申请排除、职权排除和监督排除三种方式。

申请排除指犯罪嫌疑人及其辩护人向检察机关申请排除非法证据。《严格排非规定》第 14 条第 1 款规定："犯罪嫌疑人及其辩护人在侦查期间可以向人民检察院申请排除非法证据。对犯罪嫌疑人及其辩护人提供相关线索或者材料的，人民检察院应当调查核实。调查结论应当书面告知犯罪嫌疑人及其辩护人。对确有以非法方法收集证据情形的，人民检察院应当向侦查机关提出纠正意见。"第 16 条还规定，检察人员在审查逮捕、审查起诉期间讯问犯罪嫌疑人，应当告知其有权申请排除非法证据，并告知诉讼权利和认罪的法律后果。

职权排除是指侦查（调查）、检察机关主动审查发现并排除非法证据。《严格排非规定》第 14 条第 2 款和第 15 条分别规定："侦查机关对审查认定的非法证据，应当予以排除，不得作为提请批准逮捕、移送审查起诉的根据。""对侦查终结的案件，侦查机关应当全面审查证明证据收集合法性的证据材料，依法排除非法证据。排除非法证据后，证据不足的，不得移送审查起诉。侦查机关发现办案人员非法取证的，应当依法作出处理，并可另行指派侦查人员重新调查取证。"《监察法》第 33 条第 3 款也规定："以非法方法收集的证据应当依法予以排除，不得作为案件处置的依据。"另外，根据《严格排非规定》第 17～18 条的规定，人民检察院对在审查案件中发现

① 指导案例第 1141 号：吴某、朱某娅贪污案//南英. 刑事审判参考：总第 106 集. 北京：法律出版社，2017：33-39.

和认定的非法证据，应当予以排除，不得作为批准或者决定逮捕、提起公诉的根据。依法排除非法证据后，证据不足，不符合逮捕、起诉条件的，不得批准或者决定逮捕、提起公诉。

监督排除是指人民检察院依法监督侦查（监察）机关排除非法证据，并可要求侦查（监察）机关另行指派人员重新调查取证。我国《刑事诉讼法》第 57 条规定："人民检察院接到报案、控告、举报或者发现侦查人员以非法方法收集证据的，应当进行调查核实。对于确有以非法方法收集证据情形的，应当提出纠正意见；构成犯罪的，依法追究刑事责任。"《严格排非规定》第 14 条第 3 款规定："对重大案件，人民检察院驻看守所检察人员应当在侦查终结前询问犯罪嫌疑人，核查是否存在刑讯逼供、非法取证情形，并同步录音录像。经核查，确有刑讯逼供、非法取证情形的，侦查机关应当及时排除非法证据，不得作为提请批准逮捕、移送审查起诉的根据。"《刑诉规则》[①] 第 341 条规定："人民检察院在审查起诉中发现有应当排除的非法证据，应当依法排除，同时可以要求监察机关或者公安机关另行指派调查人员或者侦查人员重新取证。必要时，人民检察院也可以自行调查取证。"《监察法实施条例》第 225 条也要求："监察机关对于人民检察院在审查起诉中书面提出的下列要求应当予以配合：（一）认为可能存在以非法方法收集证据情形，要求监察机关对证据收集的合法性作出说明或者提供相关证明材料的；（二）排除非法证据后，要求监察机关另行指派调查人员重新取证的；……"

根据我国《刑事诉讼法》第 58 条的规定，审判阶段适用非法证据排除规则也有申请排除和职权排除两种方式，但实践中以申请排除为主。根据《严格排非规定》和《刑诉法解释》的相关规定，审判阶段非法证据排除规则的适用程序大体上可以分为提出排非申请、庭前会议审查、证据合法性调查和证据合法性裁判四个步骤。

关于排非申请的提出，《严格排非规定》第 20 条、第 22 条、第 23 条以及《刑诉法解释》第 127～129 条和第 132 条规定，当事人及其辩护人、诉讼代理人申请人民法院排除以非法方法收集的证据的，应当提供涉嫌非法取证的人员、时间、地点、方式、内容等相关线索或者材料。人民法院向被告人及其辩护人送达起诉书副本时，应当告知其申请排除非法证据的，应在开庭审理前提出，但庭审期间才发现相关线索或者材料的除外。人民法院经审查，对证据收集的合法性有疑问的，应当进行调查；没有疑问的，驳回申请。驳回排除非法证据的申请后，当事人及其辩护人、诉讼代理人没有新的线索或者材料，以相同理由再次提出申请的，人民法院不再审查。

关于排非申请的庭前审查，《严格排非规定》第 25 条和《刑诉法解释》第 130 条、第 131 条规定，被告人及其辩护人在开庭审理前申请排除非法证据，按照法律规定提供相关线索或者材料的，人民法院应当召开庭前会议。人民检察院应当通过出示有关证据材料等方式，有针对性地对证据收集的合法性作出说明。必要时，可以通知调查人员、侦查人员或者其他人员参加庭前会议，说明情况。在庭前会议中，人民检察院可以撤回有关证据。撤回的证据，没有新的理由，不得在庭审中出示。

---

① 指最高人民检察院 2019 年 12 月 30 日公布施行的《人民检察院刑事诉讼规则》（高检发释字〔2019〕4 号）。

当事人及其辩护人、诉讼代理人可以撤回排除非法证据的申请。撤回申请后，没有新的线索或者材料，不得再次对有关证据提出排除申请。

关于证据合法性调查，《严格排非规定》《刑诉法解释》提出了以下要求：第一，启动合法性调查的前提条件是“控辩双方在庭前会议中对证据收集是否合法未达成一致意见，人民法院对证据收集的合法性有疑问”。如果法院对证据收集的合法性没有疑问，且无新的线索或者材料表明可能存在非法取证的，可以决定不再进行调查并说明理由。第二，对证据合法性“应当在庭审中进行调查”，而且“应当先行当庭调查”，只有为了防止庭审过分迟延，才可以在法庭调查结束前调查。第三，法庭对控辩双方提供的证据有疑问的，可以宣布休庭，对证据进行调查核实。必要时，可以通知公诉人、辩护人到场。第四，法庭对证据收集的合法性进行调查后，应当当庭作出是否排除有关证据的决定。必要时，可以宣布休庭，由合议庭评议或者提交审判委员会讨论，再次开庭时宣布决定。在法庭作出是否排除有关证据的决定前，不得对有关证据宣读、质证。

关于证据合法性裁判，《严格排非规定》第 34～36 条规定，经法庭审理，确认存在以非法方法收集证据情形或者不能排除存在本规定所规定的以非法方法收集证据情形的，对有关证据应当予以排除。对依法予以排除的证据，不得宣读、质证，不得作为判决的根据。人民法院排除非法证据后，案件事实清楚，证据确实、充分，依据法律认定被告人有罪的，应当作出有罪判决；证据不足，不能认定被告人有罪的，应当作出证据不足、指控的犯罪不能成立的无罪判决；案件部分事实清楚，证据确实、充分的，依法认定该部分事实。人民法院对证据收集合法性的审查、调查结论，应当在裁判文书中写明，并说明理由。

3. 依法落实证据合法性争议的证明责任和证明标准

我国《刑事诉讼法》第 59 条规定：“在对证据收集的合法性进行法庭调查的过程中，人民检察院应当对证据收集的合法性加以证明。现有证据材料不能证明证据收集的合法性的，人民检察院可以提请人民法院通知有关侦查人员或者其他人员出庭说明情况；人民法院可以通知有关侦查人员或者其他人员出庭说明情况。有关侦查人员或者其他人员也可以要求出庭说明情况。经人民法院通知，有关人员应当出庭。”《严格排非规定》第 31 条规定：“公诉人对证据收集的合法性加以证明，可以出示讯问笔录、提讯登记、体检记录、采取强制措施或者侦查措施的法律文书、侦查终结前对讯问合法性的核查材料等证据材料，有针对性地播放讯问录音录像，提请法庭通知侦查人员或者其他人员出庭说明情况。被告人及其辩护人可以出示相关线索或者材料，并申请法庭播放特定时段的讯问录音录像。侦查人员或者其他人员出庭，应当向法庭说明证据收集过程，并就相关情况接受发问。对发问方式不当或者内容与证据收集的合法性无关的，法庭应当制止。公诉人、被告人及其辩护人可以对证据收集的合法性进行质证、辩论。”【参见知识拓展 1-4】

知识拓展 1-4

根据《刑诉法解释》第 135 条第 3 款和《严格排非规定》第 38 条第 3 款的规定，人民检察院履行对于证据合法性的证明责任受到以下两项限制：一是公诉人提交的取证过程合法的说明材料，应当经有关调查人员、侦查人员签名，并加盖单位印章。未经签名或者盖章的，不得作为证据使用。上述说明材料不能单独作为证明取证过程合法的根据。二是人民检察院在第一审程序中未出示证据证明证据收集的合法性，第一审人民法院依法排除有关证据的，人民检察院在第二审程序中不得出示之前未出示的证据，但在第一审程序后发现的除外。

关于证据合法性的证明标准，我国《刑事诉讼法》第 60 条规定："对于经过法庭审理，确认或者不能排除存在本法第五十六条规定的以非法方法收集证据情形的，对有关证据应当予以排除。"据此，检察机关对证据合法性的证明应当遵守"事实清楚、证据确实充分"的证明标准，这与检察机关对指控犯罪成立的证明标准是完全相同的。①

（三）证明力及其限制

证明力，又被称为证据价值，它是指证据在认定事实上发生作用的力量。一个证据对犯罪事实是否有证明力以及有多大的证明力，主要取决于证据与指控犯罪事实之间的相关性以及实物证据本身的真实性或者言词证据的可信性；全案证据的证明力如何，主要取决于证据体系的完整性和充分性，不同性质犯罪的要件事实究竟需要多少证据、需要什么样的证据才能证明，因案而异。在自由心证制度下，证据的证明力原则上由司法工作人员在遵守法定程序的前提下根据经验法则和逻辑规则，本着理智和良知自由判断，不受外在规则的约束。

为了防止司法工作人员轻信某一种证据导致错误地认定犯罪事实，同时保障犯罪嫌疑人、被告人的基本人权，我国《刑事诉讼法》和司法解释规定了一些限制证据证明力的规则，主要包括以下三种。

1. 口供补强规则

我国《刑事诉讼法》确立了口供补强规则，该法第 55 条规定："对一切案件的判处都要重证据，重调查研究，不轻信口供。只有被告人供述，没有其他证据的，不能认定被告人有罪和处以刑罚……"根据这一规定，在我国刑事诉讼中，被告人的口供不能作为定罪和处罚的唯一根据；口供要作为定案的根据，必须有其他符合法律规定的证据予以补强，达到证据确实充分的程度时，才能认定被告人有罪和判处刑罚。这显然是对口供证明力的直接限制。由于被告人"零口供"的案件极其罕见，而口供又是侦查破案和定案处理的主要依据，因而口供补强规则事实上成为我国司法机关认定被告人有罪时最为重要的证明力规则，尤其是在适用认罪认罚从宽制度处理的案件中。

适用口供补强规则认定被告人的犯罪事实，需要注意三个问题。

第一，补强证据必须符合一定的约束条件。补强证据的功能在于强化主证据

---

① 指导案例第 869 号：刘某鹏、罗某全贩卖毒品案//南英. 刑事审判参考：总第 92 集. 北京：法律出版社，2014：87-93. 指导案例第 1039 号：李某周运输毒品案//南英. 刑事审判参考：总第 101 集. 北京：法律出版社，2015：11-15.

（口供）对案件事实的证明力，因此补强证据不仅必须有独立的证据能力，而且必须与主证据的证明对象相同，即以指控犯罪事实为证明对象，不能把辅助证据与补强证据混为一谈。同时，为了担保补强证据的真实性、可信性，补强证据原则上必须有独立的来源，不能与主证据的来源相同。《刑诉法解释》第 141 条规定："根据被告人的供述、指认提取到了隐蔽性很强的物证、书证，且被告人的供述与其他证明犯罪事实发生的证据相互印证，并排除串供、逼供、诱供等可能性的，可以认定被告人有罪。"这一规定实际上是允许把根据被告人的供述获取的隐蔽性物证、书证作为补强证据使用。这里的"隐蔽性很强"的证据，是指只有作案人才可能知晓的物证、书证，这些证据具有客观性、独立性以及不易被发现和猜测的特性，因而用来补强被告人供述是具有可信性的。但是，这种隐蔽性证据毕竟与口供的来源相同，它们作为口供的补强证据只能是一种例外，而且依据这种补强证据和口供认定被告人有罪还必须符合三个条件：一是隐蔽性证据必须是先于有罪供述而客观存在的，不是办案人员"刻意"存放的；二是隐蔽性证据必须与被告人的有罪供述互相印证，达到证明被告人有罪的法定证明标准；三是必须有充分的辅助证据排除串供、逼供、诱供等可能性。

第二，在被告人翻供的案件中，对口供的补强适用"印证采信"规则。《刑诉法解释》第 96 条规定："审查被告人供述和辩解，应当结合控辩双方提供的所有证据以及被告人的全部供述和辩解进行。被告人庭审中翻供，但不能合理说明翻供原因或者其辩解与全案证据矛盾，而其庭前供述与其他证据相互印证的，可以采信其庭前供述。被告人庭前供述和辩解存在反复，但庭审中供认，且与其他证据相互印证的，可以采信其庭审供述；被告人庭前供述和辩解存在反复，庭审中不供认，且无其他证据与庭前供述印证的，不得采信其庭前供述。"据此，在被告人翻供的案件中，只有能够得到其他证据印证的被告人供述，才能得到法官的采信，从而作为定案的根据。

第三，共犯之间的口供原则上不能互为补强证据。适用口供补强规则认定被告人有罪，不仅要求补强证据必须符合一定的条件，而且被补强的口供本身也必须是真实可信的。如果口供本身不真实，即使得到其他证据"印证"，也不能据以认定被告人有罪，否则可能导致错案。① 在共同犯罪案件中，由于各共犯之间存在利害关系，同案不同被告人的有罪供述之间即使是一致的，也难以判断其真实性、可信性，且不能改变其都属于"被告人供述"的基本性质，因此，同案被告人的口供之间通常不能互为补强证据。2008 年最高人民法院发布的《全国部分法院审理毒品犯罪案件工作座谈会纪要》第 2 条规定："有些毒品犯罪案件，往往由于毒品、毒资等证据已不存在，导致审查证据和认定事实困难。在处理这类案件时，只有被告人的口供与同案其他被告人供述吻合，并且完全排除诱供、逼供、串供等情形，被告人的口供与同案被告人的供述才可以作为定案的证据。仅有被告人口供与同案被告人供述作为定案证据的，对被告人判处死刑立即执行要特别慎重。"这一规定允许在例外条

---

① 安徽省蚌埠市蚌山区人民法院（2019）皖 0303 刑再 1 号刑事判决书（张某海包庇案）。

件下以同案被告人供述作为补强证据，但必须符合以下四项条件：(1) 案件性质属于毒品犯罪；(2) 同案被告人供述之间互相吻合；(3) 毒品、毒资等客观证据已不存在，导致审查证据和认定事实困难；(4) 有辅助证据证明能够完全排除诱供、逼供、串供等情形。

2. 弱势人证的印证规则

印证，指两个以上的证据所含信息的同一性，即证据间相互契合。比较法研究表明，定案证据之间必须互相印证，是两大法系的普遍规则；同时印证也是刑事证明最为重要的途径与方法。[①] 法律或判例专门规定的印证规则，除口供补强规则之外，通常只适用于证明力较弱的言词证据，即“弱势人证”。在我国，《刑诉法解释》第143条规定：“下列证据应当慎重使用，有其他证据印证的，可以采信：（一）生理上、精神上有缺陷，对案件事实的认知和表达存在一定困难，但尚未丧失正确认知、表达能力的被害人、证人和被告人所作的陈述、证言和供述；（二）与被告人有亲属关系或者其他密切关系的证人所作的有利于被告人的证言，或者与被告人有利害冲突的证人所作的不利于被告人的证言。”这一规定实际上确认了“弱势人证的印证规则”，旨在提醒司法工作人员，被害人、证人、被告人由于生理上、精神上有缺陷或者与案件有利害关系，他们所出具的言词证据在可信性上存在天然的不足，如果没有其他证据印证，不得采信，否则可能导致事实认定错误。

3. 瑕疵证据补救规则

瑕疵证据是指收集证据的程序或方法存在轻微违法情形，但通过补正或者作出合理解释后，仍然可以作为定案的根据的证据。瑕疵证据区别于必须排除的非法证据的主要特征在于，其收集程序或方式只存在轻微的违法性，如果能够补正或作出合理解释（即事后“补救”），则证据的真实性、可信性不受影响，因而仍然具有证据能力和证明力；但如果无法补正或者不能作出合理解释，则不得作为定案的根据。因此，瑕疵证据属于证据能力和证明力“受限”的证据。《刑诉法解释》第86条、第90条、第95条和第113条分别就物证、书证、证人证言、讯问笔录、电子数据的补救规则作出了明确规定，检察人员和审判人员在具体案件中遇到瑕疵证据时，应当切实遵守这些规则，既要防止把瑕疵证据当作非法证据直接予以排除，也要避免不受限制地使用瑕疵证据认定案件事实，否则在证据的证据能力和证明力判断方面很容易出现错误。

二、证明责任

刑事诉讼中的证明责任是指控诉或者辩护一方对于自己提出的诉讼主张有向法院（裁判者）提供相应的证据加以证明的责任；在没有提供证据或所提供的证据不足以证明其诉讼主张时，要承受其诉讼主张不被法院（裁判者）采纳的风险。证明责任包括以下三层含义。

---

① 龙宗智. 比较法视野中的印证证明. 比较法研究，2020（6）：35.

一是证明责任以提出独立的诉讼主张为前提。由于严格的证明活动只发生在审判阶段，而在审判阶段能够提出独立诉讼主张的只有控诉或者辩护一方，因而需要承担证明责任的主体只限于控辩双方。法院属于居中裁判的诉讼主体，其职责是对控辩双方的举证、辩论情况进行审查判断，并对争议事项作出裁判，其并无自己的诉讼主张，也不应该在审判活动中追求自己的利益，因而不存在由法院承担证明责任的问题。不能把法院在公诉事实同一性的范围内依职权调查事实和证据与证明责任混为一谈。

二是证明责任与法院的裁判结果有密切关系。证明责任的核心内容在于诉讼结果的风险分配，这种风险分配不仅推动着控辩双方的诉讼行为，而且决定着法院的裁判结果。负有证明责任的一方就自己所主张的事实未能说服法院相信其存在的，法院将不会采纳其诉讼主张：对于控诉一方而言，这意味着指控的犯罪不能成立，被告人将被宣判无罪；对于被告人而言，这意味着其积极抗辩主张不能成立，法院将根据控方证据能够证明的事实作出裁判。

三是证明责任是提供证据责任和说服责任的统一。提供证据责任是行为意义上的证明责任，即诉讼当事人对于自己提出的诉讼主张必须提出证据进行证明，没有提出证据时，其主张不成立；说服责任是结果意义上的证明责任，即诉讼当事人对于自己提出的主张，必须通过本方证据或者对对方证据的质证，来说服事实裁判者相信其成立，如果所提供的证据不能说服事实裁判者，则其诉讼主张必然得不到采纳。

证明责任是一个富有争议的概念，学界存在“行为责任说”“结果责任说”“双重含义说”等不同观点。同时，证明责任是否完全等同于“举证责任”，学界也有“同一说”“并列说”“大小说”等不同观点。通说采“双重含义说”和“同一说”。我国《刑事诉讼法》第 51 条使用了“举证责任”一词，但立法者实质上把它理解为“证明责任”①。

我国《刑事诉讼法》第 51 条规定：“公诉案件中被告人有罪的举证责任由人民检察院承担，自诉案件中被告人有罪的举证责任由自诉人承担。”由此可见，在我国刑事诉讼中，证明被告人有罪的责任由检察机关和自诉人承担。这可以说是刑事诉讼证明责任分配的国际通例，体现了无罪推定原则的内在要求。量刑事实的证明责任也应当参考这一规定的精神进行分配。如果检察机关提出从重或者应当判处死刑的诉讼请求，应当提供证据予以证明，不能证明时，法院不应当认定被告人具有从重的情节，不能判处被告人死刑。

根据我国《刑事诉讼法》的相关规定，检察机关提起公诉时应当随案移送案卷材料和证据，公诉人在法庭审理中可以讯问被告人、询问证人和被害人、宣读书面证据材料以及出示物证等，并且有权对被告人及其辩护人提出的无罪或者罪轻证据和辩护意见进行质证和反驳，这些都是检察机关履行证明责任的具体表现。为了便于检察机关依法履行证明被告人有罪的责任，我国《刑事诉讼法》和《监察法》分

---

① 王尚新，李寿伟. 关于修改刑事诉讼法的决定释解与适用. 北京：人民法院出版社，2012：42－43.

别赋予了侦查机关、监察机关强大的侦查（调查）权力（包括采取强制措施的权力），并且要求公安机关侦查终结和监察机关调查完毕移送起诉时做到“犯罪事实清楚，证据确实、充分”；同时，立法还赋予了检察机关在审查起诉阶段退回补充侦查（调查）和自行补充侦查的权力以及要求公安机关提供法庭审判所必需的证据材料的权力，要求检察机关提起公诉的案件必须符合“犯罪事实已经查清，证据确实、充分，依法应当追究刑事责任”的条件；在审判阶段，又赋予检察机关要求侦查（调查）人员出庭作证以及建议延期审理的权力，以便于对控诉证据体系进行补充和完善。随着以审判为中心的诉讼制度改革深入推进，检察机关应当加强与公安机关和监察机关的互相配合和互相制约，依法引导侦查（调查）取证活动；同时，公安机关和监察机关的犯罪侦查（调查）活动应当依法接受检察机关的监督和引导，根据法定要求协助配合检察机关完成成功指控犯罪所必须履行的证明责任。

通说认为，犯罪嫌疑人、被告人不承担证明责任，相反，他们依法享有针对指控事实的辩护权。因为犯罪嫌疑人、被告人作为被追诉的对象，可能处于被羁押状态，其无法收集证据。即使未被羁押，其也不具备强制收集证据的能力，没有条件履行证明责任。如果要求犯罪嫌疑人、被告人承担证明责任，实际上就是搞“有罪推定”。虽然我国《刑事诉讼法》要求犯罪嫌疑人如实回答侦查人员的提问，但这与证明责任不是一个问题，即使犯罪嫌疑人、被告人不回答提问、不坦白认罪，公安司法机关也不能据此就推断犯罪嫌疑人、被告人有罪；犯罪嫌疑人、被告人依法进行辩解和辩护，说明自己无罪或者罪轻，那是他的诉讼权利，并不是一种诉讼负担或者义务。无论犯罪嫌疑人、被告人是否供述或者辩解，法院都只能根据检察机关或自诉人履行证明责任的情况来判断指控犯罪是否成立，从而确定被告人刑事责任的有无及大小。

我们认为，证明责任由控诉一方承担是刑事诉讼中证明责任分配的一般原则，坚持这一原则对于保障被告人及其辩护人的辩护权、实现司法公正具有重要的现实意义。但是，在法律或者司法解释设定了不利推定的特殊情况下，被告人可能会承担一定程度的提供证据责任。[①] 例如，我国《刑法》第 395 条规定：“国家工作人员的财产、支出明显超过合法收入，差额巨大的，可以责令该国家工作人员说明来源，不能说明来源的，差额部分以非法所得论……”根据这一规定，在巨额财产来源不明案件中，检察机关首先承担证明被告人的财产或者支出明显超过其合法收入的责任；在检察机关履行了这一证明责任的前提下，被告人负有说明差额部分的来源合法的责任。如果不能说明，则差额部分以非法所得论处。“不能说明”包括以下情况：（1）行为人拒不说明财产来源；（2）行为人无法说明财产的具体来源；（3）行为人所说的财产来源经司法机关查证并不属实；（4）行为人所说的财产来源因线索不具体等原因，司法机关无法查实，但能排除存在来源合法的可能性和合理性的。[②] 因此，在巨额财产来源不明案件中，被告人承担一定的提供证据责任。在国家工作

① 陈瑞华. 刑事证据法. 4 版. 北京：北京大学出版社，2021：474－475.

② 全国法院审理经济犯罪案件工作座谈会纪要，2003－11－13.

人员财产申报制度尚不健全的情况下，上述规定对于依法惩治腐败犯罪，克服查处巨额财产来源不明案件所面临的实际困难，具有积极作用。又如，最高人民法院、最高人民检察院于 2007 年 5 月 9 日发布的《关于办理与盗窃、抢劫、诈骗、抢夺机动车相关刑事案件具体应用法律若干问题的解释》第 6 条规定：“行为人实施本解释第一条、第三条第三款规定的行为，涉及的机动车有下列情形之一的，应当认定行为人主观上属于上述条款所称‘明知’：(一) 没有合法有效的来历凭证；(二) 发动机号、车辆识别代号有明显更改痕迹，没有合法证明的。”这一规定设定了可反驳的推定，据此，被告人有责任提供机动车“合法有效的来历凭证”(例如全国统一的机动车销售发票或者旧机动车交易发票等)，或者对“发动机号、车辆识别代号有明显更改痕迹”提供合法证明，否则便属于“明知是盗窃、抢劫、诈骗、抢夺的机动车”或者“明知是登记手续不全或者不符合规定的机动车而办理登记手续”的情形。

值得注意的是，我国司法工作人员普遍习惯于以“四要件说”理解犯罪构成，而“四要件说”是一个封闭的入罪体系，按照证明责任的分配原则，检察机关在公诉案件中需要履行对每一个要件要素事实的证明责任，而被告人对任何要件要素事实都没有“证明责任”，但这并不意味着被告人仅仅依靠无罪推定原则就可以获得充分的保护。因为在很多情况下，被告人对一些重要事实有“举证必要”，如果被告人不提供证据对某些事实加以证明或者通过合理辩解加以说明，最终事实的认定很可能对被告人不利。典型的如被告人以正当防卫、紧急避险等违法阻却事由提出积极抗辩时，必须提供能够使法官产生“合理怀疑”的证据或者说明；在“持有型”犯罪案件中，被告人必须对持有枪支、弹药、毒品等物品的合法性加以合理说明；在内幕交易、泄露内幕信息犯罪案件中，被告人需要对是否泄露内幕信息或者明示、暗示他人从事内幕交易活动作出合理说明；等等。这些举证或者说明虽然不属于严格意义上的“证明责任”，但如果被告人不作说明，或者说明得不合理、不可信，从而得不到采信，司法机关最终很可能作出不利于被告人的事实认定。实际上，在一些需要根据客观事实推断行为人主观明知或非法占有目的的犯罪中，司法解释对此已有明确的规定。例如，最高人民法院、最高人民检察院《关于办理非法利用信息网络、帮助信息网络犯罪活动等刑事案件适用法律若干问题的解释》(自 2019 年 11 月 1 日起施行) 第 11 条规定：“为他人实施犯罪提供技术支持或者帮助，具有下列情形之一的，可以认定行为人明知他人利用信息网络实施犯罪，但是有相反证据的除外：(一) 经监管部门告知后仍然实施有关行为的；(二) 接到举报后不履行法定管理职责的；(三) 交易价格或者方式明显异常的；(四) 提供专门用于违法犯罪的程序、工具或者其他技术支持、帮助的；(五) 频繁采用隐蔽上网、加密通信、销毁数据等措施或者使用虚假身份，逃避监管或者规避调查的；(六) 为他人逃避监管或者规避调查提供技术支持、帮助的；(七) 其他足以认定行为人明知的情形。”这一规定中所谓“有相反证据的除外”，实际上就是指在上述七种情形下，被告人需要提供相反的证据证明自己“不明知”他人利用信息网络实施犯罪。如果被告人不提供这样的反证，司法机关很可能就会根据上述规定认定其存在明知。因此，在司法实践中，既要防止公安、司法机关将本该由控诉方履行的证明责任转嫁到犯罪嫌疑人、被告人身上，又要积极鼓励、支持犯罪嫌疑人、被告人依法行使辩解、辩护的权利。特别是在我国司法现实条件下，法院应当充分保障被告人及其辩护人的举证、质证等辩护权利，同时运行释明权督促检察机关切实履行证明公诉犯罪事实的责任，辅之以法院依职权调查核实证据的义务。只有这样，才能保证犯罪事实认定的准确性，防范冤假错案的发生。

三、证明标准

证明标准是指承担证明责任的诉讼主体运用证据证明案件事实所要达到的法定程度或者要求。具体到刑事诉讼中，即指检察机关或自诉人运用证据证明指控的犯罪事实所要达到的法定程度或者要求。在大陆法系的职权主义刑事诉讼中，法官只有根据法庭审理的全部事实和证据形成被告人有罪的“内心确信”时，才能宣告被告人有罪。在英美法系的当事人主义刑事诉讼中，控诉方必须对犯罪成立的每一要件证明到“排除合理疑问”的程度时，事实裁判者才能作出有罪判决。从事实裁判者认定被告人有罪必须达到的心证门槛来说，这两种标准并无本质区别，二者都要求事实裁判者基于证据对被告人有罪形成确信无疑的心理状态。根据我国《刑事诉讼法》第 200 条第 1 项的规定，我国刑事审判中的证明标准是“案件事实清楚，证据确实、充分”。无论案件适用的是普通程序，还是简易程序或者速裁程序，只有当检察机关或者自诉人举证证明指控的犯罪事实达到这一标准，法院才能认定被告人有罪；如果证明指控犯罪事实的证据不足，法院应当依法作出无罪判决。另据《刑诉法解释》第 72 条第 2 款的规定，法院认定被告人从重处罚的事实也适用证据确实充分的证明标准。

所谓“案件事实清楚”，主要是指被指控的犯罪事实清楚，同时也包括量刑事实清楚。所谓“证据确实、充分”，是对证据的质与量的要求。我国《刑事诉讼法》第 55 条规定：“证据确实、充分，应当符合以下条件：（一）定罪量刑的事实都有证据证明；（二）据以定案的证据均经法定程序查证属实；（三）综合全案证据，对所认定事实已排除合理怀疑。”其中，“定罪量刑的事实都有证据证明”是从证明对象的角度对证据总量的要求，即被指控犯罪的要件要素事实和量刑事实都有证据证明，不能缺项；“据以定案的证据均经法定程序查证属实”是对作为定案依据的每一证据的质的要求，以确保证据是真实的、相关的、合法的，具有证据能力和证明力，这是证据“确实”的核心；“综合全案证据，对所认定事实已经排除合理怀疑”，是指司法工作人员对全案控诉证据体系证明力的整体性判断，即在每一证据均已查证属实的基础上，经过对证据的综合审查，运用经验法则、逻辑规则进行分析推断，对认定被告人构成犯罪的要件事实和量刑事实达到排除合理疑问的程度，得出了被告人有罪的唯一肯定性结论。

就证明被告人有罪而言，“案件事实清楚”与“证据确实充分”是一个有机整体。如果据以定案的证据是否确实不能肯定，或者证明某一要件事实的证据不够充分，就不能说“案件事实清楚”。反之，如果案件事实不清，必然意味着证明案件事实的证据不确实或不充分。①

尽管我国法律为检察机关履行指控犯罪的证明责任提供了多种便利，但在审判实践中，总有一些公诉案件因检察机关履行证明责任达不到法定的证明标准，即控诉证据不足以证明被告人有罪，而形成所谓的“疑案”。根据无罪推定原则，证明责任由控诉方承担，如果控诉方不能证明被告人有罪并达到“案件事实清楚、证据确实充分”的程度，法院应当依法宣告被告人无罪，这就是“疑罪从无”规则。

疑罪的出现，与人的认识能力以及诉讼认识的条件性有关，是一种正常现象，必须理性面对。疑罪从无规则有利于保障被告人的合法权益，防止国家刑罚权的滥用。我国虽然没有明确规定无罪推定，但自 1996 年起便确立了疑罪从无规则，在审查起诉和审判阶段，出现疑罪时，均应依法作出无罪结论。根据我国《刑事诉讼法》第 175 条第 4 款和第 200 条第 3 项的规定，人民检察院在审查起诉阶段对经两次补充侦查，仍然认为证据不足，不符合起诉条件的，应当作出不起诉决定；人民法院经法庭审理后，认为认定被告人有罪的证据不足的，应当作出证据不足、指控的犯罪不能成立的无罪判决。在司法实践中，公安、司法机关应当牢固树立“疑罪从无”的理念，确保无罪的公民不受无根据的刑事追究。②

第三节　犯罪成立证明中的疑难问题

犯罪成立的证明或认定在任何国家都是一件极其困难的任务，但其难度与犯罪成立要件的立法设置、证明责任的分配原则以及司法交易的发展程度有密切联系。在英美法中，“犯罪”（offense）与“抗辩”（defense）是对应的概念。犯罪的成立要求同时符合“犯罪本体要件”和“责任充足要件”，后者指“排除合法抗辩事由”。根据英美法的证明责任分配原则，犯罪本体要件的每一要素由控诉方承担证明责任，并须达到排除合理疑问的程度，但合法抗辩事由则由被告人承担提供证据责任或者证明责任。同时，英美刑事诉讼中普遍适用答辩交易制度，例如美国联邦司法系统 97%以上、州司法系统 94%以上的刑事案件都是通过答辩交易解决的，在这些案件中，由于被告人当庭自愿作出有罪答辩，检察官不再需要履行证明被告人有罪的责任。真正需要检察官履行证明责任的案件，仅仅是需要正式审判（trial）的极少数案件。大陆法系传统上对刑事案件的处理采用职权主义诉讼模式，由侦查、司法官员依职权主动查明案件事实真相，法院在公诉事实同一性的范围内有义务依职权调查与指控犯罪相关的一切事实和证据，原则上不实行英美法那种“证明责任”制度，但检察官在审前调查阶段负有客观义务，控辩双方在刑事审判中对法官的职权调查有配合义务，在法律有特别规定的情形下，被告人对某些抗辩事由承担一定的提供

① 最高人民检察院第七批指导性案例：陈某申诉案（检例第 26 号）。

② 指导案例第 738 号：晏某荣故意杀人、抢劫案//南英．刑事审判参考：总第 83 集．北京：法律出版社，2012：22-32。

证据责任。[①] 随着检察官不起诉裁量权的持续扩张以及各种形式的“放弃审判”程序（包括协商性司法）的不断发展，大陆法系国家和地区进入正式审判的刑事案件也越来越少，因此法院认定犯罪成立的难度在一定意义上有所降低。

我国自2018年《刑事诉讼法》确立认罪认罚从宽处理原则以来，认罪认罚从宽制度的适用率不断提高，2021年以来全国检察机关在审查起诉阶段的认罪认罚适用率已经稳定在85%以上。在适用认罪认罚从宽制度审理的案件中，由于被告人自愿认罪认罚，法庭审理的重点已经从指控犯罪是否成立转变为认罪认罚的自愿性、真实性和合法性，因而检察机关在法庭上的证明责任被大大减轻。尽管如此，进入审判程序的刑事案件中，仍然有25%以上的被告人不认罪或者认罪不认罚，其中不认罪的被告人大约占到10%左右。这些案件是检察机关履行证明责任的重点，也是落实以审判为中心的诉讼制度改革的难点。被告人不认罪往往有多种辩解理由，例如不是实施指控犯罪的行为人；没有非法占有的目的；被指控行为是正当防卫，不是违法犯罪行为；虽然实施了被指控的行为，但该行为与危害结果之间不存在因果关系；等等。在这些案件中，围绕行为人的同一性、犯罪主观要件、行为违法性、因果关系等问题，控辩双方往往会发生激烈的抗辩，检察机关对这些问题的证明、法院对这些问题的审查认定往往会存在较多的困难，因此需要重点加以探讨。

一、行为人同一性的证明

被告人是否为被指控犯罪的行为人，即行为人的同一性，是犯罪成立证明中最为关键的问题。因为现代刑法实行罪责自负原则，刑罚原则上只能适用于实施具体犯罪行为的自然人（单位犯罪例外）。无论是在英美法的双层次犯罪论体系中，还是在德、日三阶层犯罪论体系中，或者是在我国传统的四要件犯罪构成体系中，犯罪主体都是犯罪成立的基本要件之一。在有确凿的证据证明犯罪事实已经发生的情况下，锁定真正的犯罪行为人便是成功追诉犯罪的关键。如果检察机关指控张三实施了故意杀死李四的犯罪行为，而实际上杀死李四的是王五或者其他不明身份的人，那就是典型的冤案，这是现代各国刑事诉讼制度所竭力避免的。根据我国《刑事诉讼法》第2条的规定，刑事诉讼的直接任务就在于“准确、及时地查明犯罪事实，正确应用法律，惩罚犯罪分子，保障无罪的人不受刑事追究”，公安机关的一切侦查活动、检察机关的一切指控活动都只能针对真正实施犯罪的行为人，而不能针对其他人。

在犯罪嫌疑人、被告人如实供述自己罪行的案件中，侦查（调查）、检察机关认定或指控其实施了某种犯罪行为，通常并无特别的困难。行政犯案件、职务犯罪案件，由于行为人是明确的，侦查（调查）机关的侦查（调查）活动通常采用“从人到事”的模式，检察机关在指控行为人犯罪时，一般能够通过各种书面证据（如任职文件）和言词证据（如证人证言、被告人供述等）证明被告人的身份。然而在杀

① 孙长永，黄维智，赖早兴. 刑事证明责任制度研究. 北京：中国法制出版社，2009：143-144.

人、抢劫、强奸、盗窃等自然犯案件中，公安机关的侦查通常采用“从事到人”的模式，最终确定的犯罪嫌疑人是不是实际实施犯罪的行为人，需要通过行为人的供述或者间接证据来证明，被害人陈述、证人证言往往难以提供关于行为人身份的准确信息。如果公安机关的侦查行为存在违法情况（例如刑讯逼供），导致犯罪嫌疑人作出了虚假的有罪供述，或者犯罪嫌疑人、被告人自始至终否认实施了犯罪行为（即所谓“零口供”案件），检察机关指控被告人实施犯罪行为往往会出现严重的争议。因此，就犯罪成立的证明而言，对行为人同一性的证明在“零口供”案件中的证明难度最大；在被告人虽然作出了有罪供述，但其本人或辩护人强烈地要求对有罪供述作为非法证据排除的案件中，也有较大的难度。

（一）“零口供”案件中对犯罪行为人的证明

“零口供”案件在事实和证据方面通常有四个特点：（1）犯罪事实客观存在，并且有证据证明；（2）被告人在诉讼过程中自始至终拒绝承认实施了犯罪行为，会提出无罪辩解；（3）被害人已经死亡或者不在犯罪现场，一般没有直接人证能够指认行为人实施了犯罪；（4）一般是故意犯罪，行为人对作案时间、地点、手段等往往经过精心选择，反侦查意识强。严格来说，“零口供”案件中，被告人始终沉默不语的极其罕见。相反，被告人通常会以辩解的形式作出一些关于案件事实的陈述，有的甚至会提出证明自己无罪的证据。例如，被告人可能辩称，证明其有罪的证据是通过刑讯逼供等非法方法收集的，或者是虚假的；不认识或者没有接触过被害人；指控其犯罪的证据不足；没有作案时间；不在犯罪现场；等等。

对于此类案件，通常需要依赖间接证据证实被告人的罪行。《刑诉法解释》第140条规定：“没有直接证据，但间接证据同时符合下列条件的，可以认定被告人有罪：（一）证据已经查证属实；（二）证据之间相互印证，不存在无法排除的矛盾和无法解释的疑问；（三）全案证据形成完整的证据链；（四）根据证据认定案件事实足以排除合理怀疑，结论具有唯一性；（五）运用证据进行的推理符合逻辑和经验。”据此，对“零口供”案件【参见知识拓展1－5】，司法工作人员需要结合被告人的辩解，对在案的其他所有证据进行认真、细致的审查。如果检察机关能够充分运用物证、书证等客观性证据和DNA鉴定等科技证据，锁定被告人就是犯罪行为人，根据在案控诉证据，能够得出是被告人作案的唯一结论，而被告人的辩解缺乏合理性或真实性，不足以使司法工作人员对被告人作案产生合理疑问，可以认定被告人有罪。陈某某故意杀人案[①]可以说是一个非常典型的案例。

知识拓展1－5

2006年4月26日23时许，陈某某潜入绵阳市游仙区科学城××区××幢××单元××室李某、罗某某夫妇家中，使用类圆形金属工具、砍切工具将李某、罗某某杀死。经法医鉴定，李某、罗某某均为严重颅脑损伤、伴急性大失血休克死亡。

① 指导案例第654号：陈某某故意杀人案//中华人民共和国最高人民法院刑事审判一、二、三、四、五庭等. 中国刑事审判指导案例：7卷. 北京：法律出版社，2017：56.

四川省绵阳市人民检察院以被告人陈某某犯故意杀人罪，向绵阳市中级人民法院提起公诉。被告人陈某某辩称：其没有杀人，其与被害人无冤无仇，没有杀人动机；不知案发现场为何有其血指印和血迹；沾有二被害人血迹的棉布条不是其家的。其辩护人提出，指控陈某某犯故意杀人罪的证据不足。绵阳市中级人民法院经审理后认为，虽然被告人陈某某到案后始终否认系其作案，但是，本案有较好的客观性证据，还有相关证人证言等间接证据，形成了完整的证据体系，足以认定被害人李某、罗某某系陈某某故意杀害。首先，公安机关锁定陈某某为犯罪嫌疑人的过程，符合逻辑推理和经验法则，体现出客观、自然的特点。其次，指向陈某某作案的客观性证据确实充分。本案有四个重要的鉴定结论：（1）证明从案发现场提取的血指纹系陈某某所留的指纹鉴定结论；（2）证明该血指纹系黏附被害人李某的血迹形成的DNA 鉴定结论；（3）证明从案发现场提取的 2 处血迹系陈某某所留的 DNA 鉴定结论；（4）证明从陈某某家提取到的棉布条上检出李某的基因分型且不排除含有罗某某基因分型的 DNA 鉴定结论。这四个鉴定结论充分证实，陈某某去过案发现场，手上黏附过李某的血迹，还在案发现场受伤。再次，虽然在案发中心现场和外围现场发现了皮鞋和胶鞋留下的血足迹，且两种足迹均有套纺织物和未套纺织物的两种印迹，但根据鉴定结果和对现场情况的分析，可能确定均系被告人陈某某一人所留，且现场情况符合一人作案的特征。另外结合陈某某的日记和证人证言，证实陈某某患有“强迫症”，现场两种血足印的形成过程符合“强迫症”的特征。换言之，现场发现的两种血足印可以得到合理解释。最后，被告人陈某某的无罪辩解均不成立。综上所述，被告人陈某某虽始终作无罪辩解，但认定陈某某作案的间接证据均已查证属实，且间接证据之间亦能够相互印证，形成完整的证明体系，得出的结论也是唯一的，不存在无法排除的矛盾和无法解释的疑问。绵阳市中级人民法院根据在案证据认定，陈某某故意杀死毫无过错的被害人，且犯罪手段特别残忍，犯罪情节特别恶劣，判决陈某某犯故意杀人罪，判处死刑，剥夺政治权利终身。陈某某不服一审判决，提起上诉。四川省高级人民法院二审后裁定驳回上诉，维持原判，并依法报请最高人民法院核准。最高人民法院复核后核准了对陈某某的死刑裁判。

（二）在被告人认罪案件中对犯罪行为人的证明

在被告人作出有罪供述的案件中，司法机关证明或认定犯罪行为人似乎没有太大的困难，但实践经验表明，冤假错案往往也出现在这样的案件中，原因主要在于：（1）被告人的有罪供述是虚假的，而司法工作人员却轻信了被告人的口供。虚假的有罪供述多数是因为侦查讯问违反了法律的禁止性规定，被告人基于物理强制、精神强制或者不适当的利诱而违背事实作出的；在少数情况下，被告人自愿作出的有罪供述，甚至主动投案自首后作出的供述也可能是虚假的。[①]（2）司法工作人员对

① 安徽省蚌埠市蚌山区人民法院（2019）皖 0303 刑再 1 号刑事判决书；安徽省广德市人民法院（2019）皖 1822 刑再 1 号刑事判决书；四川省天全县人民法院（2019）川 1825 刑再 1 号刑事判决书；吉林省伊通满族自治县人民法院（2021）吉 0323 刑再 1 号刑事判决书；等等。

肯定或者否定被告人实施犯罪行为的其他证据作出了错误的判断，以至于排除了非法证据之后，在案其他证据无法形成完整的证明体系，达不到“证据确实、充分”的证明标准。张某、张某平强奸杀人案是典型的例证。

该案在一、二审期间，两被告人否认指控基本事实，并提出原有罪供述系因受到刑讯和诱供所致，请求宣告无罪；两辩护人提出，不能排除被告人供述受到诱导或之前受刑讯的可能性；DNA鉴定结论证实两被告人之外的第三名男子单独实施作案的可能性。但一、二审法院均未采纳辩护意见。[①] 直到十年后再审时，法院才查明：(1) 早在本案一审判决（2004年4月21日）之前的2003年6月23日，杭州市公安局作出的《法医学DNA检验报告》即载明，所提取的被害人王某8个指甲末端检出混合DNA谱带，可由死者王某和一名男性的DNA谱带混合形成，排除张某、张某平与王某混合形成。在本案申诉期间的2011年11月22日，杭州市公安局将王某8个指甲末端擦拭滤纸上分离出来一名男性的DNA分型与数据库进行比对时，发现与勾某某DNA分型七个位点存在吻合的情况，该局将此结果送公安部物证鉴定中心再次进行鉴定。该中心出具《物证鉴定查询比对报告》证明，王某8个指甲末端擦拭滤纸上的DNA检出的混合STR分型中包含勾某某的STR分型。这些证据表明，不能排除系勾某某杀害被害人王某的可能。[②] (2) 不能排除公安机关存在以非法方法收集证据的情形，原判据以定案的主要证据即原审被告人张某、张某平的有罪供述、指认现场笔录等不能作为定案依据。再审法院最终于2013年3月26日宣告两被告人无罪。[③]

可见，即使是被告人作出有罪供述的案件，对犯罪行为人的证明和认定仍然要十分慎重。第一，必须坚持重证据、重调查研究、不轻信口供的原则，对有罪供述的合法性、真实性作出客观全面的审查，严格依法排除非法证据；第二，必须正确适用口供补强规则，坚持“证据必须经过查证属实，才能作为定案的根据”；第三，侦查机关必须全面收集并随案移送证据材料，检察机关和法院必须客观全面地审查案件证据体系，特别是对鉴定意见等科技证据的审查运用，必须遵循科学精神，不能以经验法则否定依法出具的专家意见；第四，必须充分保障被告人及其辩护人的辩护权，对辩护意见中指出的事实、证据疑问，不能合理排除的，不得认定被告人有罪。

二、主观要件的证明

根据我国《刑法》第14条至第16条的规定，犯罪成立以行为人主观上存在故意或者过失为条件；行为在客观上虽然造成了损害结果，但不是出于故意或者过失，

---

① 浙江省杭州市中级人民法院（2004）杭刑初字第36号刑事附带民事判决书；浙江省高级人民法院（2004）浙刑一终字第189号刑事附带民事判决书。

② 勾某某因犯故意杀人罪、盗窃罪被终审判处死刑，剥夺政治权利终身，经核准已于2005年4月27日被执行死刑。

③ 浙江省高级人民法院刑事附带民事判决书，(2013) 浙刑再字第2号。

而是由于不能抗拒或者不能预见的原因所引起的，不是犯罪。因此，犯罪主观要件对于犯罪的成立不可或缺。在故意犯罪中，《刑法》对 40 余个罪名还要求行为人主观上“明知”特定的内容。例如，《刑法》第 172 条规定的持有、使用假币罪以行为人“明知是伪造的货币而持有、使用”为前提；《刑法》第 312 条规定的掩饰、隐瞒犯罪所得、犯罪所得收益罪以行为人“明知是犯罪所得及其产生的收益而予以窝藏、转移、收购、代为销售或者以其他方法掩饰、隐瞒的”为前提；等等。在另外 20 余个故意犯罪中，《刑法》规定，只有当行为人有特定的目的时才成立犯罪，例如“以非法销售为目的”“以牟利或者传播为目的”“以转贷牟利为目的”“以非法占有为目的”“以营利为目的”“以牟利为目的”等等；还有一些犯罪如徇私枉法罪，要求行为人具有特定的动机。无论是故意还是过失，无论是“明知”还是有“目的”或动机，都是行为人的主观心理态度，外人无法直接观察得知，司法机关要证明或认定其存在，往往比较困难；一些被告人为了逃避打击，故意作虚假陈述，极力否认主观明知或者非法占有目的，进一步增加了其证明难度。

知识拓展 1－6

为了克服司法实践证明主观明知或者犯罪目的的困难，最高人民法院和最高人民检察院等机关发布了大量的司法解释和其他规范性文件【参见知识拓展 1－6】，对部分犯罪中行为人主观明知或者犯罪目的的认定方法或标准作出了明确规定。例如最高人民法院《关于审理非法集资刑事案件具体应用法律若干问题的解释》[1] 第 7 条规定：“以非法占有为目的，使用诈骗方法实施本解释第二条规定所列行为的，应当依照刑法第一百九十二条的规定，以集资诈骗罪定罪处罚。使用诈骗方法非法集资，具有下列情形之一的，可以认定为‘以非法占有为目的’：（一）集资后不用于生产经营活动或者用于生产经营活动与筹集资金规模明显不成比例，致使集资款不能返还的；（二）肆意挥霍集资款，致使集资款不能返还的；（三）携带集资款逃匿的；（四）将集资款用于违法犯罪活动的；（五）抽逃、转移资金、隐匿财产，逃避返还资金的；（六）隐匿、销毁账目，或者搞假破产、假倒闭，逃避返还资金的；（七）拒不交代资金去向，逃避返还资金的；（八）其他可以认定非法占有目的的情形。”事实上，在毒品犯罪、有组织犯罪、腐败犯罪等案件中，犯罪主观要件的证明已经成为一个世界性的普遍难题，因此，一些国际公约也对其证明方法作出了特殊的规定。例如 1990 年生效的《联合国禁止非法贩运麻醉药品和精神药物公约》第 3 条第 3 款规定：“构成本条第 1 款所列罪行的知情、故意或目的等要素，可根据客观事实情况加以判断（inferred from objective factual circumstances）。”2003 年 9 月生效的《联合国打击跨国有组织犯罪公约》第 5 条第 2 款规定：“本条第一款所指的明知、故意、目标、目的或约定可以从客观实际情况推定（inferred from objective factual circumstances）。”2005 年 12 月生效的《联合国反腐败公约》第 28 条也有类似的规定。

---

① 2010 年 11 月 22 日最高人民法院审判委员会第 1502 次会议通过，根据 2021 年 12 月 30 日最高人民法院审判委员会第 1860 次会议通过的《最高人民法院关于修改〈最高人民法院关于审理非法集资刑事案件具体应用法律若干问题的解释〉的决定》修正，该修正自 2022 年 3 月 1 日起施行。

从司法解释等国内规范性文件的相关规定以及国际公约的相关规定可以发现，对故意、明知、非法占有目的等犯罪主观要件的证明，应当坚持从客观到主观的顺序，根据犯罪行为的性质、结果、时间、地点、条件、行为人与被害人的关系、行为人犯罪前后的表现、相关财产的来源和去向等客观情况，来判断行为人作案时的主观心理态度。“只有在查明了客观事实的前提下，才能判断主观心理状态。”[①]从证明方法上看，对犯罪主观要件的证明，最常用的方法是利用间接证据进行情理推断(infer)，也就是根据间接证据之间、间接证据与事实之间的内在联系，运用经验法则、逻辑规则推断出明知、故意、目的、动机等主观要件。[②] 在此过程中，被告人往往需要对某些争议事实或者间接事实加以解释，甚至提供相反的证据，证明自己不存在特定的主观明知或者犯罪目的。如果检察机关提出的证据只能据以推断出被告人有可能存在作为犯罪要件的故意、明知或者目的，但不足以否定被告人提出的相关辩解或者反证时，不得认定被告人具备犯罪的主观要件。[③]

在司法实践中，对主观明知的证明既不能完全依赖口供，也不能完全“客观归罪”。最高人民法院 2008 年 12 月 1 日印发的《全国部分法院审理毒品犯罪案件工作座谈会纪要》规定：“判断被告人对涉案毒品是否明知，不能仅凭被告人供述，而应当依据被告人实施毒品犯罪行为的过程、方式、毒品被查获时的情形等证据，结合被告人的年龄、阅历、智力等情况，进行综合分析判断。”以运输毒品罪为例，该罪的成立要求被告人客观上有运输毒品的行为，主观上有明知是毒品并运输的故意。即使被告人否认自己对毒品的明知，但如果根据其行为的过程、方式、毒品被查获时的情形能够推断其主观上是明知的，也不影响定罪。但对当场查获毒品的案件，也不能仅凭现场查获毒品就客观归罪，当然地认定被告人具有运输毒品的故意。如果在案证据无法证实被告人对运输毒品具有主观上的明知，无法以指纹鉴定等证据确立被告人与毒品之间的主客观对应关系，即无法排除其他人作案的合理怀疑，因而不能认定被告人犯了运输毒品罪。[④]

三、行为违法性的证明

犯罪行为是触犯了刑法的禁止性规定、应受刑罚处罚的行为，刑事违法性是犯罪行为的基本特征之一。但是，在具体案件中，关于被指控的行为是否具有刑事违法性，控辩双方往往存在严重的争议，被告人及其辩护人可能以多种理由辩称被告

① 张明楷. 刑法学. 上. 6 版. 北京：法律出版社，2021：330.

② 关于情理推断的理论分析，参见王星译. 情理推断在刑事证明中的规范运作：以事实证成理论为分析框架. 中外法学，2022 (1). 关于实践应用案例，参见最高人民检察院指导性案例：周某集资诈骗案（检例第 40 号）。

③ 指导案例第 1299 号：高某华、孙某海合同诈骗案//姜伟. 刑事审判参考：总第 120 集. 北京：法律出版社，2020：15－21. 指导案例第 1430 号：吴某文贪污案//最高人民法院刑事审判第一、二、三、四、五庭等. 刑事审判参考：总第 128 辑. 北京：人民法院出版社，2021：113－124.

④ 指导案例第 1015 号：骆某林运输毒品案//南英. 刑事审判参考：总第 99 集. 北京：法律出版社，2015：98－102.

人的行为没有刑事违法性，常见的理由有：（1）被告人没有实施被指控的行为，被指控的犯罪行为根本就没有发生。例如，强奸案件的被告人辩称没有与被害人发生性行为，只是摸了被害人[①]；利用未公开信息交易案的被告人辩称其没有利用职务便利获取未公开信息，亦未提供信息让其他被告人交易股票[②]；等等。（2）被指控的行为只是一般违法行为或者民事纠纷，不是犯罪行为。例如指控盗窃罪，实为违反治安管理处罚法的一般盗窃行为；指控合同诈骗罪，实为普通的合同纠纷；等等。（3）被指控行为是合法行为。例如，指控故意杀人或者故意伤害，实为正当防卫；指控故意毁坏公私财物，实为紧急避险；指控强奸，实为男女双方合意的性行为；等等。（4）被指控的行为是意外事件，不是犯罪行为。针对这些辩解理由，检察机关如果不能以确实、充分的证据证明被指控行为的刑事违法性，并且以证据消除被告人辩解可能对法官心证产生的合理疑问，法院就不能认定被告人犯有被指控的罪行。

例如，上述第三种理由实际上也就是主张存在“违法阻却事由”，其中最容易发生争议的问题是：被指控行为到底是犯罪行为还是正当防卫行为？根据我国《刑法》第 20 条的规定，正当防卫是指为了使国家、公共利益、本人或者他人的人身、财产和其他权利免受正在进行的不法侵害，采取对不法侵害人造成或者可能造成损害的方法，制止不法侵害的行为。[③] 正当防卫分为两种：一般正当防卫和特殊正当防卫。特殊正当防卫仍须具备一般正当防卫的基本条件，二者的区别仅仅在于一般正当防卫适用于所有针对国家、公共利益、本人或者他人的人身、财产和其他权利的不法侵害，而且如果明显超过必要限度造成重大损害的，构成防卫过当，行为人应当负刑事责任；而特殊正当防卫仅限于针对行凶、杀人、抢劫、强奸、绑架以及其他严重危及人身安全的暴力犯罪采取的防卫行为，这种防卫即使造成不法侵害人伤亡的，也不属于防卫过当，行为人不负刑事责任。在司法实践中，控辩双方乃至公安、司法机关之间关于犯罪嫌疑人、被告人的行为是否具有防卫性质、是否“明显超过必要限度”等问题，往往存在尖锐的意见分歧，一些案件的司法处理曾经存在对正当防卫制度把握过严甚至严重失当等问题，引起社会各界的广泛关注。

最高人民法院、最高人民检察院、公安部于 2020 年 8 月 28 日联合出台了《关于依法适用正当防卫制度的指导意见》（以下简称《指导意见》）【参见知识拓展 1－7】，对依法准确适用正当防卫制度作出了较为全面系统的规定；同时配套发布了七个涉及正当防卫的典型案例，通过以案说法的形式，有针对性地阐释在适用正当防卫制度的刑法规定和《指导意见》中需要注意的问题，为公安、司法机关准确适用正当防卫制度提供了更加明确、具体的规范依据。

知识拓展 1－7

根据《指导意见》的要求，公安机关在办理涉及正当防卫案件时，要依法及时、全面收集与案件相关的各类证据，为案件的依法公正处理奠定事实根基。各专门机

① 陈某 1 强奸罪（2017）京 02 刑终 321 号刑事判决书。

② 王某、王某强等利用未公开信息交易罪（2015）渝一中法刑初字第 00162 号刑事判决书。

③ 张明楷. 刑法学. 上. 6 版. 北京：法律出版社，2021：254.

关要全面审查事实证据，认真听取各方意见，高度重视犯罪嫌疑人、被告人及其辩护人提出的正当防卫或者防卫过当的辩解、辩护意见，并及时核查，以准确认定事实、正确适用法律。如果有证据证明不法侵害人涉嫌犯罪、必须追究刑事责任，应当依法及时追诉。

从犯罪成立的证明与认定角度看，关键在于准确理解和把握一般正当防卫和特殊正当防卫的适用条件。就涉及一般正当防卫的案件而言，需要注意以下两个问题：一是准确把握正当防卫的起因条件、时间条件、对象条件和意图条件，正确判断行为是否具有防卫性质，避免把正当防卫行为作为犯罪行为对待，或者将滥用防卫权的行为认定为防卫行为。特别是要准确界分防卫行为与相互斗殴，要坚持主客观相统一原则，通过综合考量案发起因、对冲突升级是否有过错、是否使用或者准备使用凶器、是否采用明显不相当的暴力、是否纠集他人参与打斗等客观情节，准确判断行为人的主观意图和行为性质，不能仅因行为人事先进行防卫准备，就影响对其防卫意图的认定。对于显著轻微的不法侵害，行为人在可以辨识的情况下，直接使用足以致人重伤或者死亡的方式进行制止的，或者不法侵害系因行为人的重大过错引发，行为人在可以使用其他手段避免侵害的情况下，仍故意使用足以致人重伤或者死亡的方式还击的，不应认定为防卫行为。二是准确认定“明显超过必要限度”和“造成重大损害”。防卫是否“明显超过必要限度”，应当综合不法侵害的性质、手段、强度、危害程度和防卫的时机、手段、强度、损害后果等情节，考虑双方力量对比，立足防卫人防卫时所处情境，结合社会公众的一般认知作出判断。在判断不法侵害的危害程度时，不仅要考虑已经造成的损害，还要考虑造成进一步损害的紧迫危险性和现实可能性。不应当苛求防卫人必须采取与不法侵害基本相当的反击方式和强度。通过综合考量，对于防卫行为与不法侵害相差悬殊、明显过激的，应当认定防卫明显超过必要限度。“造成重大损害”是指造成不法侵害人重伤、死亡。造成轻伤及以下损害的，不属于重大损害。防卫行为虽然明显超过必要限度但没有造成重大损害的，不应认定为防卫过当。对于不符合特殊防卫起因条件的防卫行为，致不法侵害人伤亡的，如果没有明显超过必要限度，也应当认定为正当防卫。

对于涉及特殊正当防卫的案件，证明和认定罪与非罪，除要看是否符合一般正当防卫的前提条件以外，关键在于证据能否证明犯罪嫌疑人、被告人的行为是针对“正在进行行凶、杀人、抢劫、强奸、绑架以及其他严重危及人身安全的暴力犯罪”采取的防卫行为。其中“行凶”包括两种情形：一是使用致命性凶器，严重危及他人人身安全的；二是未使用凶器或者未使用致命性凶器，但是根据不法侵害的人数、打击部位和力度等情况，确已严重危及他人人身安全的。我国《刑法》第 20 条第 3 款规定的“杀人、抢劫、强奸、绑架”，是指具体犯罪行为而不是具体罪名。在实施不法侵害过程中存在杀人、抢劫、强奸、绑架等严重危及人身安全的暴力犯罪行为的，如以暴力手段抢劫枪支、弹药、爆炸物或者以绑架手段拐卖妇女、儿童的，可以实行特殊防卫。《刑法》第 20 条第 3 款规定的“其他严重危及人身安全的暴力犯罪”，应当是与杀人、抢劫、强奸、绑架行为相当，并具有致人重伤或者死亡的紧迫危险和现实可能的暴力犯罪。

四、因果关系的证明

刑法上的因果关系是指危害行为与危害结果之间引起与被引起的关系。在结果犯中，因果关系的存在属于具体犯罪的犯罪构成的客观方面内容。例如我国《刑法》第 133 条规定的交通肇事罪，以行为人违反交通运输管理法规，因而发生重大事故，“致人重伤、死亡或者使公私财产遭受重大损失”为条件；《刑法》第 338 条规定的污染环境罪，也要求行为人有“违反国家规定，排放、倾倒或者处置有放射性的废物、含传染病病原体的废物、有毒物质或者其他有害物质”的行为，造成“严重污染环境”的危害后果，才能构成。在诸如此类的案件中，检察机关必须证明被告人的行为与危害结果之间存在因果关系，法院才能认定被告人构成指控的犯罪。

在司法实践中，多数案件中犯罪成立的证明，在因果关系问题上并不会有明显的困难。但由于因果关系存在客观性、条件性、多样性和复杂性等特点，在部分案件中，是否存在刑法因果关系，往往成为控辩双方激烈争辩的焦点以及法院认定被告人是否有罪以及如何决定量刑的司法难题。其中侵犯人身安全法益的案件比侵犯财产法益的案件、过失犯罪案件比故意犯罪案件更加难以判断刑法因果关系。[①] 常见的因果关系争议主要发生于以下两类案件。

一类是“行为时存在特殊情况”的案件。例如，被害人是高血压和冠状动脉粥样硬化性心脏病患者，在行为人当时并不知道而且也难以知道的情况下，双方因停车纠纷发生打斗，民警赶到现场后将行为人带上警车，由被害人驾车与其妻跟随警车一起到派出所接受处理。双方在派出所大厅等候处理期间，被害人突然倒地，后经送医院抢救无效于当日死亡。行为人的轻微暴力行为与被害人的死亡结果之间是否存在刑法上的因果关系？[②]

另一类是“行为后由于特殊情况的介入而导致结果发生的案件”，其中介入因素可以分别来源于行为人、被害人或第三人的行为，也可以同时有多种来源。在这种“多因一果”的案件中，最终的危害结果究竟是被指控的行为所引起的，还是后来的介入行为所导致的，或者是多种介入因素共同造成的，往往成为争议的焦点。对此，司法机关通常需要根据证据能够证明的事实，从以下四个方面进行审查：(1) 危害行为导致危害结果发生的危险性大小；(2) 介入因素异常性大小；(3) 介入因素对危害结果的作用大小；(4) 介入因素是否属于行为人的管辖范围。[③] 例如，在介入因素来源于第三人行为的场合，需要判断是谁的行为对危害结果的发生产生了决定性作用，同时考虑第三人行为介入的可能性。如果被告人的伤害行为具有导致被害

---

① 邹兵建. 刑法因果关系的司法难点：基于刑事司法判例全样本的实证研究. 政治与法律，2015 (12)：23.

② 指导案例第 1079 号：都某过失致人死亡案//南英. 刑事审判参考：总第 103 集. 北京：法律出版社，2016：43 - 47.

③ 张明楷. 刑法学. 上. 6 版. 北京：法律出版社，2021：242.

人死亡的高度危险，介入医生或者他人的过失行为未能挽救伤者的生命，则危害行为与死亡结果之间存在因果关系；否则，不成立这种因果关系。[①] 如果被告人实施危害行为后，通常乃至必然会介入第三人行为致危害结果发生，则危害行为与结果之间存在因果关系。[②] 但是，如果被告人实施危害行为之后，介入了有义务防止危害结果出现的第三人行为，由于第三人能够防止而没有防止危害结果发生，则被告人的危害行为与危害结果之间不存在因果关系。如果被告人的危害行为与第三人的介入行为共同对危害结果的发生起决定作用，则双方的行为与危害结果之间都存在因果关系。

对上述因果关系的相关事实，通常可以根据被告人供述和辩解、被害人陈述、证人证言、物证、病历和诊断报告等书证加以证明；涉及死亡原因等专门性问题的证明，需要通过鉴定意见或者专家证人加以证明；对于行政犯案件，行政执法机关依法收集的书证和电子数据等，可以在刑事诉讼中作为证据使用。例如，最高人民法院、最高人民检察院《关于办理环境污染刑事案件适用法律若干问题的解释》（2023 年 8 月 15 日起施行）第 16 条规定，对案件所涉的环境污染专门性问题难以确定的，依据司法鉴定机构出具的鉴定意见，或者国务院环境保护主管部门、公安部门指定的机构出具的报告，结合其他证据作出认定。最高人民法院、最高人民检察院、公安部、司法部、生态环境部《关于办理环境污染刑事案件有关问题座谈会纪要》（2019 年 2 月 20 日公布）进一步要求，对涉及案件定罪量刑的核心或者关键专门性问题难以确定的，由司法鉴定机构出具鉴定意见；对案件的其他非核心或者关键专门性问题，或者可鉴定也可不鉴定的专门性问题，一般不委托鉴定；涉及案件定罪量刑的核心或者关键专门性问题难以鉴定或者鉴定费用明显过高的，司法机关可以结合案件其他证据，并参考生态环境部门意见、专家意见等作出认定。

思考练习题

1. 如何从刑事一体化的角度理解“犯罪”的概念？

2. 试结合我国刑法的立法体系论述犯罪成立的规范评价体系。

3. 试结合刑法治理现代化的发展与本土化的推进，论述如何完善我国的犯罪构成方法论体系。

4. 试用定罪的基本方法对天津赵某非法持有枪支案予以定性分析。

5. 试评价我国《刑事诉讼法》第 56 条第 1 款关于非法证据排除范围的规定。

6. 在以审判为中心的刑事诉讼制度改革背景下，检察机关如何依法有效地履行

---

① 指导案例第 440 号：韩某过失致人死亡案//熊选国. 刑事审判参考：总第 56 集. 北京：法律出版社，2007：6－14. 指导案例第 276 号：陈某娟投放危险物质案//张军. 刑事审判参考：总第 36 集. 北京：法律出版社，2004：1－10.

② 指导案例第 434 号：赵某明等故意伤害案//熊选国. 刑事审判参考：总第 55 集. 北京：法律出版社，2007：21－26. 指导案例第 818 号：徐某抢劫案//南英. 刑事审判参考：总第 89 集. 北京：法律出版社，2013：63－67.

对公诉犯罪事实的证明责任？

7. 请结合《刑事审判参考》指导案例第 682 号和第 1366 号，阐述如何把握死刑案件的证明标准。

8. 试评价褚某健贪污案、巨额财产来源不明案判决书对公诉案件证明责任和证明标准的适用。

9. 试评价于某故意伤害案中一审、二审法院关于指控行为刑事违法性的判断。

指导案例第 682 号和第 1366 号

褚某健贪污案、巨额财产来源不明案判决书

于某故意伤害案一审、二审判决书

参考文献

1. 肖前. 马克思主义哲学原理. 北京：中国人民大学出版社，1994.

2. 苗生明. 定罪机制导论. 北京：中国方正出版社，2000.

3. 陈忠林. “常识、常理、常情”：一种法治观与法学教育观. 太平洋学报，2007（6）.

4. 石经海. 故意伤害“轻伤与否”定性共识的刑法质疑：以刑法总分则关系下的完整法律适用为视角. 现代法学，2017（3）.

5. 龙宗智. 比较法视野中的印证证明. 比较法研究，2020（6）.

6. 易延友. 瑕疵证据的补正与合理解释. 环球法律评论，2019（3）.

7. 陈瑞华. 刑事诉讼排除规则适用中的证明责任问题. 法学，2004（5）.

8. 徐阳. 我国刑事诉讼证明标准适用观念之思考：从增强可操作性到增强操作过程的规范性. 法商研究，2017（2）.

9. 梁坤. 毒品犯罪主观明知推定规则之实证检讨：以 2000—2015 年间的 14 份办案规范为考察对象. 证据科学，2018（5）.

10. 黎宏. 刑法因果关系论考察. 清华法学，2022（3）.

第二章 常见犯罪的认定

第一节 危害国家安全罪与危害公共安全罪

一、危害国家安全罪

危害国家安全罪是指行为人故意实施的危害中华人民共和国国家主权、领土完整、国家政权和社会主义制度安全的行为。危害国家安全罪是我国现行刑法性质最为严重、危害性最大的一类犯罪，由我国1979年《刑法》分则第一章规定的“反革命罪”修改而来。反革命罪罪名在我国沿用已久，其对于巩固人民民主专政的国家政权和社会主义制度，维护国家安全，都曾起到巨大的历史作用。但是，“考虑到我们国家已经从革命时期进入到集中力量进行社会主义现代化建设的历史新时期，宪法确立了中国共产党对国家事务的领导作用，从国家体制和保卫国家整体利益考虑，从法律角度来看，对危害中华人民共和国的犯罪行为，规定适用国家安全罪比适用反革命罪更为合适”[①]。

危害国家安全罪所保护的是与国家存在和发展直接相关的国家安全。国家安全是国家赖以存在和发展的政治基础与物质基础的安全之总和。根据2015年《国家安全法》第2条的规定，国家安全是指国家政权、主权、统一和领土完整、人民福祉、经济社会可持续发展和国家其他重大利益相对处于没有危险和不受内外威胁的状态，以及保障持续安全状态的能力。该法第3条还规定，国家安全工作应当坚持总体国家安全观，以人民安全为宗旨，以政治安全为根本，以经济安全为基础，以军事、文化、社会安全为保障，以促进国际安全为依托，维护各领域国家安全，构建国家

---

① 王汉斌1997年3月6日在八届全国人大五次会议上作的《关于〈中华人民共和国刑法〉（修订草案）的说明》。

安全体系，走中国特色国家安全道路。由此可见，国家安全涵盖了人民安全、政治安全、经济安全、军事安全、文化安全、社会安全等方面的内容，囊括了我国国家安全的方方面面，反映了我国国家安全的全貌。

（一）背叛国家罪

背叛国家罪，是指勾结外国或与境外机构、组织、个人相勾结，危害中华人民共和国的主权、领土完整和安全的行为。根据 2017 年《中华人民共和国反间谍法实施细则》第 3 条和第 7 条的规定，“境外机构、组织”包括境外机构、组织在中华人民共和国境内设立的分支（代表）机构和分支组织；“境外个人”包括居住在中华人民共和国境内、不具有中华人民共和国国籍的人。所谓“勾结”实施危害中华人民共和国国家安全的行为，是指：与境外机构、组织、个人共同策划或者进行危害国家安全的活动；接受境外机构、组织、个人的资助或者指使，进行危害国家安全的活动；与境外机构、组织、个人建立联系，取得支持、帮助，进行危害国家安全的活动。

背叛国家罪的行为特征不如其他危害国家安全罪的那么具体，当背叛国家罪的具体行为与其他犯罪行为存在竞合关系、吸收关系或者牵连关系时，应当分别依据想象竞合犯、吸收犯或者牵连犯的原理从一重罪处罚。例如，行为人在勾结外国危害国家安全过程中，还为其提供、窃取、刺探、收买国家秘密、情报等的，同时构成为境外窃取、刺探、收买、非法提供国家秘密、情报罪，该情形下应当以背叛国家罪一罪从重论处。再如，行为人为分裂国家、对抗中央政府、另立伪政府，不惜勾结外国以支持其非法政权的，同时构成分裂国家罪和背叛国家罪，应以一罪定罪并从重处罚。

（二）分裂国家罪

分裂国家罪，是指组织、策划、实施分裂国家、破坏国家统一的活动，企图破坏我国各民族相互团结、国家统一的行为【参见知识拓展 2－1】。组织，是指行为人为了分裂国家而按照一定的形式将分散的人集合起来使之具有一定的系统性和整体性。这里的组织既包括犯罪预备过程中的组织行为，也包括犯罪实行过程中的组织行为。策划，是指行为人为了分裂国家而暗中进行密谋、筹划，制定分裂国家、破坏国家统一的犯罪活动计划，制定应付国家专政工具的对策等。实施，是指直接贯彻犯罪活动计划，具体着手实行分裂国家的行为。值得注意的是，由于本罪的性质非常严重，因此，构成本罪，只要行为人在客观上实施了分裂国家的行为即可，而不需要有实际危害结果的发生。

知识拓展 2－1

分裂国家罪是必要共同犯罪，犯罪主体包括首要分子、罪行重大者、积极参与者和其他参与者。从司法实践经验来看，分裂国家罪的主体多以集团的形式出现。[①] 在认定和处理这类集团犯罪时，一定要注意犯罪集团成员在集团犯罪中的地位及作

① 李永升. 侵犯国家法益的犯罪研究. 北京：知识产权出版社，2012：47.

用，要区别首要分子、骨干分子、普通成员及被胁迫参加集团的成员，并依据刑法总则的规定，分别处理。

（三）煽动分裂国家罪

煽动分裂国家罪，是指行为人以分裂国家为目的，煽动他人实施分裂国家、破坏国家统一的行为。本罪的煽动行为，是行为人为了实现分裂国家、破坏国家统一的目的，对不特定或者多数人实施的，使其产生分裂国家的犯罪决意，或者刺激、助长其已产生的分裂国家的犯罪决意的行为。从司法实践的角度来考察，煽动分裂国家的行为，其表现形式是多种多样的，既可以是口头的，如发表分裂国家的演讲、呼喊分裂国家的口号等；也可以是书面的，如张贴、散发带有分裂国家内容的标语、传单等。同时，煽动行为的内容必须能够为不特定或者多数人所知悉。需要指出的是，煽动分裂国家罪属于行为犯，并不要求行为人所实施的煽动行为在客观上已经造成了分裂国家、破坏国家统一的实际危害后果，也不要求被煽动的对象实际实施了分裂国家、破坏国家统一的行为，换言之，只要行为人实施了煽动分裂国家、破坏国家统一的行为，即可构成本罪。

煽动分裂国家的罪与非罪涉及公民言论自由的边界【参见知识拓展 2－2】。在对言论自由的保护与禁止之间，当今学界较为一致的判断标准是：只有当事实陈述和观点表达的主要、重要或者核心部分的内容直接指向煽动宣扬型言论犯罪的罪质——分裂国家、颠覆国家政权、恐怖主义、极端主义、民族歧视等时，方有以煽动宣扬型言论犯罪处以刑罚的必要性。[①] 具言之，煽动使用暴力改变宪法规定的国家基本制度的，是煽动颠覆国家政权罪；无事实根据、使用编造或者严重加以歪曲的事情作为根据，使用标语、传单、大小字报、电台、互联网等方式，公然煽动颠覆国家政权和推翻社会主义制度的，是煽动颠覆国家政权罪；因国家、政府及其工作人员的具体错误或者瑕疵而对国家或者当地政府的具体工作与制度提出公开的批评和表达的愤怒，无论这种批评是否正确，只要没有明确主张使用暴力的，就不是煽动颠覆国家政权罪。

知识拓展 2－2

煽动分裂国家罪与分裂国家罪的教唆犯的区别在于：第一，犯罪对象的要求不同。本罪的对象往往是三人以上，并且是不特定或者多数的人，而分裂国家罪的教唆犯中的教唆行为可能是对一人而为之，也可能是对多人为之，但其行为对象必须是特定的人。第二，行为方式不同。本罪在行为手段上具有公开性、公然性的特征，而教唆犯罪一般采用怂恿、激将等方式，一般在不公开场合进行。第三，行为性质不同。本罪可以是煽动无分裂国家犯罪意图之人产生分裂国家的犯罪决意，也可以是刺激、助长已产生分裂国家意图之人的犯罪决意，而教唆行为必须是引起被教唆者犯罪意图的行为。

---

① 刘艳红. 网络时代言论自由的刑法边界. 中国社会科学，2016（10）：134.

(四) 武装叛乱、暴乱罪

武装叛乱、暴乱罪，是指组织、策划、实施武装叛乱、武装暴乱的行为。所谓武装，是指使用各种具有杀伤力的武器加以装备。并且，对武装的理解有程度上的限制：装备的武器可以是枪械等军用、警用武器，或者其他具有较大杀伤力和破坏力的武器，但不包含棍棒、石子等杀伤力不大的装备。叛乱和暴乱的界别标准在学界莫衷一是，有观点认为武装暴乱和武装叛乱大多纠结在一起，难以区分[①]；也有观点认为，叛乱是具有反叛目的的暴乱，两者具有种属关系。[②] 我们认为，立法将叛乱与暴乱并列规定，表明两者具有互斥性，武装暴乱和武装叛乱的区别在于，武装叛乱以意图投靠境外组织或境外敌对势力为主观目的，武装暴乱则不具有投靠境外敌对势力的目的。

司法实践中，划清本罪与群众闹事的界限要把握以下两点：一是行为人主观上有无推翻人民民主专政的国家政权和社会主义制度的目的；二是行为人是否实施了使用武装的形式公然同国家和政府对抗的行为，只有二者同时具备，才能以武装叛乱、暴乱罪论处。群众闹事的行为，虽然有时也会出现聚众冲击国家机关、殴打国家机关工作人员、毁坏财物等情况，但其并非用武装的形式同国家和政府相对抗。另外，群众闹事的原因，常常是由于群众对国家的某些政策不理解，或者某些部门对问题处理不当，导致矛盾激化。但是，参加闹事的群众绝大多数不具有推翻国家政权的犯罪目的，尽管在群众闹事时，会混入个别具有危害国家安全意图的犯罪分子或者其他分子，但是应当把他们同参加闹事的群众严格区分开来。

(五) 煽动颠覆国家政权罪

煽动颠覆国家政权罪，是指行为人以造谣、诽谤或者其他方式煽动颠覆国家政权、推翻社会主义制度的行为。所谓“造谣”，是指行为人为了达到颠覆国家政权、推翻社会主义制度的目的而捏造某些诋毁政府声誉的虚假消息来迷惑群众。所谓“诽谤”，是指行为人凭空编造某些虚假情况或者情节在社会上加以散布，借以诋毁政府声誉或者败坏政府领导人的人格和名誉。所谓“其他方式”，是指除造谣和诽谤这两种行为方式以外的其他煽动行为，诸如发表颠覆国家政权的演讲，散布带有颠覆国家政权色彩的标语、传单等。以上三种行为方式，只要行为人实施了其中之一，即可作为本罪加以处理，至于行为人的行为有无造成实际的危害后果以及被煽动人是否听信煽动，对于构成本罪不发生影响【参见知识拓展 2-3】。

国内外实践都证明，煽动颠覆国家政权罪的不当使用，可能会给人民的言论自由和参政议政的权利造成损害。煽动颠覆国家政权罪的认定尤其要注重以下几个方面：第一，行为人不是以整体性地颠覆国家政权和社会主义制度为目的的，并且，行为人对国家政权和社会主

知识拓展 2-3

① 周光权. 刑法各论. 4 版. 北京：中国人民大学出版社，2021：609.

② 李凤梅. 危害国家安全罪的规范缺失及立法补正. 法商研究，2017 (5)：32.

义制度的局部性颠覆性攻击不是整体性攻击的一部分的，不构成煽动颠覆国家政权罪。第二，行为人是在正常的或者合法的批评渠道中发表意见的，例如，在单位会议、学术会议或学术刊物、人大或者政协会议上提出来的，不构成煽动颠覆国家政权罪。第三，行为人的煽动行为对国家政权的颠覆不具有真正的威胁，其真正意图是希望有关机关重视自己的意见和改善个人的处境，尤其是在行为人的生活状况处于明显令人同情的悲惨状况时，不构成煽动颠覆国家政权罪。第四，行为人没有有意识地招揽听众，明显地把自己的言行限制在有限的秘密范围之内，明显地不希望广为扩散自己的言论，例如，仅仅是在自己的亲朋好友之间谈论的，不构成煽动颠覆国家政权罪。[①]

（六）资助危害国家安全犯罪活动罪

资助危害国家安全犯罪活动罪，是指境内外机构、组织或者个人资助实施背叛国家罪，分裂国家罪，煽动分裂国家罪，武装叛乱，暴乱罪，颠覆国家政权罪，煽动颠覆国家政权罪的行为。资助，是指从物质或者经济方面给予帮助，例如提供经费、场所、物资等。资助行为主要是指以有形的物质性利益进行帮助，精神上的支持不能视为资助。关于资助的时间问题，有观点认为，资助的时间应当被限定为境内外机构、组织或者个人实施这些特定犯罪之前或者之中，不可能存在在实施犯罪之后进行资助的情形。[②] 我们认为，前述观点直接将本罪等同于特定犯罪的帮助犯，而直接套用帮助犯的理论，但并不利于对该类行为的处理。首先，本罪的立法目的是最大限度地避免国家安全遭受损害，如果行为人对实施特定犯罪后的花费予以报销，事后的报销行为理应被认定为本罪的资助行为；其次，本罪是独立的犯罪，并不是单纯的帮助犯，可以独立地定罪量刑。综上，本罪中资助的时间不受限制，在境内外组织或个人实施上述特定犯罪之前、之中、之后进行资助的，都成立本罪。

由于资助危害国家安全犯罪活动罪是一个独立的罪名，其犯罪构成的特征有特定的要求，凡是资助《刑法》所规定的背叛国家罪，分裂国家罪，煽动分裂国家罪，武装叛乱、暴乱罪，颠覆国家政权罪，煽动颠覆国家政权罪犯罪活动的，一律依照本罪处理。如果行为人资助的对象不是《刑法》所规定的实施上述几种特定犯罪的有关机构、组织或者个人，而是实施这些犯罪以外的其他危害国家安全的犯罪的有关机构、组织或者个人，则不能按照本罪处理，而只能以其他犯罪的共犯处理。如果行为人在实施资助上述犯罪活动之外，又实施其他危害国家安全的犯罪的，则应当实行数罪并罚。

（七）叛逃罪

叛逃罪，是指国家机关工作人员或者其他掌握国家秘密的国家工作人员在履行公务期间，擅离岗位，叛逃境外或者在境外叛逃的行为。所谓履行职务期间，是指

---

① 王世洲. 危害国家安全罪研究. 北京：人民检察出版社，2012：281.

② 赵秉志. 危害国家安全罪暨相关犯罪的法律适用. 北京：中国法制出版社，2016：49.

国家工作人员在任职期间，如在境内履行职责、从事公务期间，或者在境外因公进行访问考察、参加会议或在我国驻外机构工作期间等。所谓擅离岗位，是指未经批准，私自离开工作岗位。所谓叛逃，即叛变出逃，行为人叛逃的地点可以是从境内叛逃境外，也可以是在境外直接叛逃。

本罪中的“叛逃”不以“投靠境外的组织或机构”为构成要件内容，也不要求行为人主观上具有“政治性质的动机与目的”，国家机关工作人员和掌握秘密的国家工作人员仅仅出于经济的、私人的或者其他非政治的目的而擅自出境或在境外滞留不归，其行为也可以被认定为“叛逃”行为。因为，在此前出现的贪官外逃或滞留不归案件中，行为人一般都出于非政治性质的动机与目的，行为人在叛逃成功后一般都没有投靠境外的组织或机构，如果将“投靠境外的组织或机构”或者“政治性的目的与动机”作为“叛逃”的构成要素，不仅缺乏法律依据，不当缩小了叛逃罪的打击范围，与国家主权利益最大化原则背道而驰，还会造成司法机关对“叛逃”认定的困难，不利于国家主权利益的维护。①

（八）间谍罪

间谍罪，是指行为人参加间谍组织或者接受间谍组织及其代理人的任务以及为敌人指示轰击目标的行为。本罪在客观方面表现为从事间谍组织活动，危害国家安全的行为。根据2023年修订的《中华人民共和国反间谍法》（以下简称《反间谍法》）第4条第1款的规定，间谍行为，是指下列行为：（1）间谍组织及其代理人实施或者指使、资助他人实施，或者境内外机构、组织、个人与其相勾结实施的危害中华人民共和国国家安全的活动；（2）参加间谍组织或者接受间谍组织及其代理人的任务，或者投靠间谍组织及其代理人；（3）间谍组织及其代理人以外的其他境外机构、组织、个人实施或者指使、资助他人实施，或者境内机构、组织、个人与其相勾结实施的窃取、刺探、收买、非法提供国家秘密、情报以及其他关系国家安全和利益的文件、数据、资料、物品，或者策动、引诱、胁迫、收买国家工作人员叛变的活动；（4）间谍组织及其代理人实施或者指使、资助他人实施，或者境内外机构、组织、个人与其相勾结实施针对国家机关、涉密单位或者关键信息基础设施等的网络攻击、侵入、干扰、控制、破坏等活动；（5）为敌人指示攻击目标；（6）进行其他间谍活动。本罪只处罚《反间谍法》规定的部分间谍行为，也即参加间谍组织或者接受间谍组织及其代理人的任务，以及为敌人指示轰击目标这两种情形。【参见知识拓展2-4】

知识拓展 2-4

间谍罪的罪数问题主要集中在行为人实施间谍犯罪行为过程中，又实施了危害国家安全或者其他犯罪行为的，应当认定为一罪还是数罪。我们认为，在认定本罪的罪数时，要判断间谍行为与其他犯罪行为之间是否存在包容、竞合、吸收或者牵连关系，存在上述关系时，应当根据法条竞合、想象竞合、吸收犯或者牵连犯的处

---

① 石经海，熊亚文. 困境与出路：叛逃罪司法适用新论. 甘肃政法学院学报，2015（1）：63.

罚原则，从一重罪处断；不属于上述关系的，则应当数罪并罚。例如，行为人参加间谍组织或者接受间谍组织及其代理人的任务的，有可能实施其他危害国家安全的行为，如进行刺杀、破坏等活动。如果这些活动是在间谍组织的指令范围内，则以间谍罪一罪论处即可；如果超出了间谍组织的指令范围，不属于间谍犯罪行为，则除构成间谍罪以外，还应当根据具体行为构成的其他犯罪，实行数罪并罚。

二、危害公共安全罪

危害公共安全罪，是指故意或者过失地实施危害不特定多数人的生命、健康或者重大财产安全的行为。危害公共安全罪，有的国家将其称为公共危险罪。它是一类社会危害性非常严重的犯罪，是刑法分则规定的犯罪中除危害国家安全罪之外社会危害性最大的一类犯罪。这类犯罪一经实施，往往造成或者可能造成不特定多数人的伤亡、大量公私财产的毁损和社会正常的生产、工作、生活秩序的严重破坏，影响社会的安宁。为此，在世界各国的刑事立法中，危害公共安全罪历来都是刑法打击的重点犯罪。我国刑法分则对危害公共安全罪配置了较为严厉的刑罚，共有15个罪名配置有死刑即可见一斑。

危害公共安全罪所保护的是公共安全。关于公共安全的含义，学界至今未达成共识。有观点认为，公共安全指不特定多数人的生命、健康和重大公私财产以及其他公共利益的安全。[①] 有观点指出，公共安全是指不特定或者多数人的人身安全。[②]还有观点认为，公共安全是不特定或者多数人（公众）的生命、身体、财产安全。[③]我们认为，将公共安全限定为不特定并且多数人的人身或者财产安全难以自圆其说，存在法益保护不周延的可能。原因在于：首先，并非所有危害公共安全的犯罪都侵犯了不特定人的安全，如重大责任事故罪和强令违章冒险作业罪均是在特定场域内发生的危害公共安全的犯罪，其侵犯的是特定人的安全；其次，并非所有危害公共安全的犯罪都侵犯了多数人的安全，例如，根据2000年《关于审理交通肇事刑事案件具体应用法律若干问题的解释》，行为人违反了交通运输管理法规而造成一人死亡，并且负事故全部或主要责任时，符合交通肇事罪的客观构成要件。由此可知，交通肇事罪的成立并不以侵犯了多数人的安全为必要。

我们认为，本章所保护的同类客体是不特定或者多数人的生命、身体、财产安全。同时，我们也赞同，本章中具体各罪侵犯的公共安全的含义并非全然一致。[④]例如，以危险方法危害公共安全罪中的公共安全，是指不特定并且多数人的人身或者财产安全。这是因为，根据同质性解释规则，本罪应当与放火罪、决水罪、爆炸罪、投放危险物质罪具有危险的相当性，而放火罪、决水罪、爆炸罪、投放危险物质罪都有危害到不特定且多数人的人身或者财产安全的特点；并且，为防止本罪打

---

① 朱建华. 刑法分论. 3版. 北京：法律出版社，2018：35.

② 张明楷. 刑法学：下. 6版. 北京：法律出版社，2021：879－881.

③ 周光权. 刑法各论. 4版. 北京：中国人民大学出版社，2021：175.

④ 邹兵建. 论刑法公共安全的多元性. 中国刑事法杂志，2013（12）：9.

击力度过大和处罚范围过宽，沦为“口袋罪”，确有必要对本罪中的公共安全进行限缩解释。

危害公共安全还指行为人一次行为会危及不特定或者多数人的生命、身体、财产安全，如仅是多次累计为多数或重大的，不是公共安全。例如，行为人采取毒死耕牛的方式盗窃农户家中散养耕牛，在一年时间中盗窃数十次，共毒死耕牛数十头，总价五十多万元，不构成投放危险物质罪。再如，行为人一次性往养牛场投毒致耕牛死亡多头或足以致死多头耕牛，以此方式来实现盗窃，则构成投放危险物质罪。行为人在一个地方用手枪杀死素不相识的多人，构成故意杀人罪；若其用机枪向众人扫射，则构成以危险方法危害公共安全罪。

（一）以危险方法危害公共安全罪

以危险方法危害公共安全罪，是指采用放火、爆炸、决水、投放危险物质以外的且危险性与前述手段相当的其他危险方法，危害公共安全的行为。刑法条文没有明确规定本罪的具体行为方式，将“其他危险方法”作为危害公共安全罪的兜底性条款。司法实践中，以危险方法危害公共安全罪的处罚范围有明显扩张之势。【参见知识拓展 2－5】

知识拓展 2－5

本罪在客观方面表现为采用放火、爆炸、决水、投放危险物质以外的其他危险方法，危害公共安全的行为。在把握“其他危险方法”本质的时候，方法的危险性和结果的危险性二者不可偏废，司法实践中往往过分强调结果的危险性而忽略方法的危险性。本罪之“其他危险方法”应具有以下三个特征：方法本身的危险性（广泛的杀伤性、破坏性）、方法的独立性（不需借助于特殊的外部条件[①]）、危害的相当性（与放火、爆炸、决水、投放危险物质等行为的危害相当）。

在本章罪名的构成要件中，有“危害公共安全”和“危及公共安全”两种表述方式，“危害公共安全”与“危及公共安全”有所不同。“危害公共安全”，是指“使公共安全受到损害”，其是具体危险犯的基本特征，“危害公共安全”的含义包括造成损害的高度的盖然性与现实的可能性，以及造成实害两种情况；“危及公共安全”，是指有损于、威胁到公共安全，是一种对公共安全产生损害的较低可能性。[②] 换言之，“危害公共安全”类犯罪的社会危害性或者说其对公共安全的威胁程度，要大于“危及公共安全”类犯罪。因此，本罪中的“危害公共安全”要求行为已经造成了具体、紧迫的现实危险。

（二）组织、领导、参加恐怖组织罪

组织、领导、参加恐怖组织罪，是指组织、领导、参加恐怖活动组织的行为。

---

① 比如甲盗窃了人行道上的窨井盖，乙边玩手机边行走时不小心掉入窨井并造成死伤结果，此结果亦因乙之自身疏忽所致而非甲之行为独立发生，故不宜认定为本罪之危险方法。

② 梅传强，胡雅岚. 妨害公共交通工具安全驾驶罪的理解与适用. 苏州大学学报（哲学社会科学版），2021（1）：44.

组织，是指发起、推动和组建以实施恐怖活动为目的的活动组织的行为。领导，是指在恐怖组织中处于领导地位，制定犯罪计划、指挥实施犯罪的，对该恐怖组织的活动起策划、决策、指挥、协调作用的行为。积极参加，是指积极自愿要求加入恐怖组织，并积极参与谋划或实施恐怖活动的行为。积极是一个带有心理评价的词语，因此，这里的积极首先强调行为人对参加恐怖组织活动持有一种热心、主动的态度，其次表现为行为人实施恐怖活动的主动性以及在具体恐怖活动中所起作用较大。其他参与，是指参加恐怖活动组织，成为恐怖活动组织的一般成员，在其中既非组织者、领导者，又非积极参与恐怖组织并积极实施恐怖活动的情形。

恐怖组织是危害最大的犯罪组织之一，是指为实施恐怖活动而组成的犯罪集团。恐怖组织具有以下特征：一是成员在 3 人以上；二是组织的目的是实施各种恐怖活动，这些恐怖活动包括暗杀、绑架、劫持航空器、船只、汽车等；三是长期、有组织、有计划地实施各种恐怖犯罪行为；四是具有严密的组织性和稳固性；五是恐怖组织具有严重的社会危害性，其成员具有极大的人身危险性。

根据 2018 年修正的《中华人民共和国反恐怖主义法》第 3 条的规定，恐怖活动，是指恐怖主义性质的下列行为：(1) 组织、策划、准备实施、实施造成或者意图造成人员伤亡、重大财产损失、公共设施损坏、社会秩序混乱等严重社会危害的活动的；(2) 宣扬恐怖主义，煽动实施恐怖活动，或者非法持有宣扬恐怖主义的物品，强制他人在公共场所穿戴宣扬恐怖主义的服饰、标志的；(3) 组织、领导、参加恐怖活动组织的；(4) 为恐怖活动组织、恐怖活动人员、实施恐怖活动或者恐怖活动培训提供信息、资金、物资、劳务、技术、场所等支持、协助、便利的；(5) 其他恐怖活动。我们认为，只有从行为的主观目的入手来界定恐怖活动才能把握恐怖活动的本质，因为从恐怖犯罪的主体、客体和客观方面均无法找出区别恐怖活动犯罪与其他刑事犯罪的典型特征。恐怖活动犯罪的实质在于恐怖活动犯罪独特的犯罪目的：制造社会恐怖，这是恐怖主义犯罪的直接目的，直接目的背后的根本目的是实现其与主流价值相悖的社会价值。①

(三) 非法制造、买卖、运输、邮寄、储存枪支、弹药、爆炸物罪

非法制造、买卖、运输、邮寄、储存枪支、弹药、爆炸物罪，是指违反法律规定，非法制造、买卖、运输、邮寄、储存枪支、弹药、爆炸物的行为。非法制造，是指私自制作、加工、修理、改装、拼装枪支、弹药、爆炸物。非法买卖，是指私自购买或者出售枪支、弹药、爆炸物。非法运输，是指将枪支、弹药、爆炸物从此地运往彼地。非法邮寄，是指通过邮局将枪支、弹药、爆炸物寄往目的地。需要注意的是，此处非法运输和邮寄仅限于在国内范围，否则应以走私论处。非法储存，是指未经国家有关部门批准，明知是他人非法制造、买卖、运输、邮寄的枪支、弹药、爆炸物而为其存放的行为。

本罪的行为对象是枪支、弹药、爆炸物。根据 2015 年《中华人民共和国枪支管

---

① 陈忠林. 我国刑法中“恐怖活动犯罪”的认定. 现代法学，2002 (5)：24－31.

理法》（以下简称《枪支管理法》）第 46 条规定，本法所称枪支，是指以火药或者压缩气体等为动力，利用管状器具发射金属弹丸或者其他物质，足以致人伤亡或者丧失知觉的各种枪支。2018 年最高人民法院、最高人民检察院《关于涉以压缩气体为动力的枪支、气枪铅弹刑事案件定罪量刑问题的批复》规定，对于非法制造、买卖、运输、邮寄、储存、持有、私藏、走私以压缩气体为动力且枪口比动能较低的枪支的行为，在决定是否追究刑事责任以及如何裁量刑罚时，不仅应当考虑涉案枪支的数量，而且应当充分考虑涉案枪支的外观、材质、发射物、购买场所和渠道、价格、用途、致伤力大小、是否易于通过改制提升致伤力，以及行为人的主观认知、动机目的、一贯表现、违法所得、是否规避调查等情节，综合评估社会危害性，坚持主客观相统一，确保罪责刑相适应。

至于刑法意义上的枪支是否应当与前置法保持一致，我们认为，对于枪支类犯罪的刑事违法性应该进行独立判断，因为《枪支管理法》与《刑法》的规范保护目的不相一致，行政法规范最主要的目的是实现行政机关的社会管理，具体到涉及枪支的行政法规范，则是维护枪支管理秩序；而非法持有枪支罪属于危害公共安全的犯罪，以产生公共安全危险为前提。由于两者的规范保护目的并不一致，对于刑法意义上枪支的判断也需要在参照前置法律的基础上，根据刑法分则条文的目的，进一步作出实质的、相对独立的判断，在此意义上，刑法上枪支的认定标准完全可以高于行政法规中枪支的界定标准。

（四）交通肇事罪

交通肇事罪，是指行为人违反交通运输管理法规，因而发生重大事故，致人重伤、死亡或者使公私财产遭受重大损失的行为。有关公路和水路交通的法律法规很多，如《公路法》《公路安全保护条例》《道路交通安全法实施条例》《海上交通安全法》等。行为人违反交通运输管理法规的行为既可以表现为作为的方式，如酒后驾车、无证驾驶、闯红灯、超速、违章超车、超载、超宽等，也可以表现为不作为的方式，如拐弯不显示指示灯、通过道口不鸣笛警示、通过岔路口不减速等。需要注意的是，对于交通肇事罪的认定要考虑道路交通安全管理方面的法律、法规，但是，不能直接将前置法的违法性不加过滤地作为决定刑事违法性的根据。在交通肇事罪的认定中，刑事司法工作人员必须进行实质判断，不能对交通安全管理部门基于行政管理的目的所作出的事故责任认定结论照单全收，在有的场合直接根据交通事故责任认定书来确定刑事责任分配会带来实质的不合理时，应当独立判断交通肇事行为的刑事违法性。【参见知识拓展 2－6】

知识拓展 2－6

根据《关于审理交通肇事刑事案件具体应用法律若干问题的解释》第 5 条第 2 款的规定，交通肇事后，单位主管人员、机动车辆所有人、承包人或者乘车人指使肇事人逃逸，致使被害人因得不到救助而死亡的，以交通肇事罪的共犯论处。第 7 条规定，单位主管人员、机动车辆所有人或者机动车辆承包人指使、强令他人违章驾驶造成重大交通事故，具有本解释第 2 条规定情形之一的，以交通肇事罪定罪处罚。该解释的规定是否有悖于《刑法》第25条关于共同犯罪的规定，司法解释制定者认为："不可否认，司机肇事引发交通事故是过失的，对肇事行为不存在按照共犯处罚的问题。但是鉴于《刑法》第133条将这种（交通肇事后逃逸——引者注）故意实施的行为规定为交通肇事罪加重处罚的情节，而且在肇事后逃逸的问题上，肇事人主观上是故意的，其他人指使其逃逸，具有共同的故意，而且逃逸行为与被害人死亡具有因果关系，符合共犯的构成条件。"① 还有学者指出，交通肇事罪加重犯的罪过中包含故意，即在交通肇事"因逃逸致人死亡"的场合下，行为人对于死亡结果既可以是故意，也可以是过失，此处属于"并存罪过"②，在这一理论框架之下，司法解释并未突破共同犯罪的立法规定和理论基础。

《关于审理交通肇事刑事案件具体应用法律若干问题的解释》第6条规定，行为人在交通肇事后为逃避法律追究，将被害人带离事故现场后隐藏或者遗弃，致使被害人无法得到救助而死亡或者严重残疾的，应当分别依照《刑法》第232条、第234条第2款的规定，以故意杀人罪或者故意伤害罪定罪处罚。根据这一规定，交通肇事罪转化为故意杀人罪、故意伤害罪的条件是：（1）行为人的动机是逃避法律追究，但对被害人的死亡或者重伤结果，行为人具有犯罪故意，即希望或者放任这种结果的发生。（2）客观行为是将被害人带离事故现场后隐藏或者遗弃。这里的隐藏，是指藏匿在杂草丛中等不易被人发现的处所；遗弃，是指舍弃在偏僻之处。由于上述两种行为，被害人无法获得救助。（3）客观上存在致人死亡或者严重残疾的结果。在具备上述三种条件的情况下，行为人应以故意杀人罪、故意伤害罪定罪处罚。

（五）危险驾驶罪

危险驾驶罪，是指在道路上驾驶机动车追逐竞驶，情节恶劣，或者在道路上醉酒驾驶机动车，以及从事校车业务或者旅客运输，严重超过额定乘员载客，或者严重超过规定时速行驶，或者违反危险化学品安全管理规定运输危险化学品，危及公共安全的行为。危险驾驶罪分为四种类型：追逐竞驶必须是情节恶劣才构成犯罪，如果尚未达到情节恶劣的程度，则不构成犯罪；醉驾不考虑后果，即可以构成犯罪；校车业务和旅客运输的超员、超速必须达到严重程度；危险化学品运输的，必须形成对公共安全的具体危险状态。换句话说，前三项行为是抽象危险犯，而第四项则为具体危险犯。另外，如果行为人非出于故意的追逐竞驶或者醉驾，如行为人被人恶意追赶而被迫驾驶或者被人强迫灌醉之后被迫驾驶机动车的行为或者被人欺骗服用含有酒精的饮料出现醉酒状态丧失辨认能力或者控制能力而驾驶的行为或者在初次病理性醉酒状态下的驾驶行为，均不

① 最高人民法院研究室. 2000—2001年司法解释及其理解与适用：刑事·行政卷. 北京：法律出版社，2002：167.

② 卢有学. 论并存罪过. 法律科学（西北政法大学学报），2015（1）：115.

宜认定为犯罪。

尽管根据《刑法》第133条之一，“醉驾”并没有任何“情节严重”或“情节恶劣”等入罪程度上的限制，但是在总则指导分则的原则性认识下，《刑法》第13条但书具有“情节显著轻微危害不大的，不认为是犯罪”的明确表达，因此，遵照刑法总则的指导性规定，“醉驾”行为仍有排除犯罪成立的较大空间。同时，考虑到宽严相济的基本刑事政策，我们也有必要在对“醉驾”行为进行处理时慎重稳妥、区别对待，结合具体情况进行具体分析，从“醉驾”的情节上另行考察，以情节是否显著轻微作为界分犯罪成立与否的标准。

（六）妨害安全驾驶罪

妨害安全驾驶罪，是指对行驶中的公共交通工具的驾驶人员使用暴力或者抢控驾驶操纵装置，干扰公共交通工具正常行驶，危及公共安全的行为，以及驾驶人员在行驶的公共交通工具上擅离职守，与他人互殴或者殴打他人，危及公共安全的行为。

乘客实施的妨害安全驾驶行为包括对驾驶人员使用暴力或抢控驾驶操作装置两种行为类型。其中，对驾驶人员使用暴力应当限于狭义的暴力。广义上的不产生身体接触的暴力客观上即使对正常驾驶造成影响，也难以达到危及公共安全的程度；而最狭义的暴力由于是对人足以抑制对方反抗的暴力，显然已经超出了本罪的规制范围。“抢控驾驶装置”应当为抢夺和控制。“抢夺”意味着行为人从原本驾驶员手中，争夺驾驶操作装置，是对二者相互争夺状态的描述。“控制”意味着使公交工具按照自己的意图启动、停止、转向或者加减速度。《刑法修正案（十一）》（草案二审稿）将原本的“抢夺”改为“抢控”，意在强调妨害行为的方式不限于抢夺一种，也包含抢夺以外的其他控制手段。

驾驶人员妨害安全驾驶的行为方式表现为在行驶的公共交通工具上擅离职守，与他人互殴或殴打他人。其中，“擅离职守”，是指未经许可，违背安全驾驶职责，擅自离开工作岗位。“与他人互殴或者殴打他人”，是指通过击打、锤击等方式相互伤害或伤害他人身体，总体把握这两种行为方式，意味着不论他人是否实施了殴打，只要驾驶人员实施了殴打行为就符合此要件，同时排除单纯的言语上的辱骂、争吵等。[①] 理解驾驶人员妨害安全驾驶行为，需要明确“擅离职守”与“互殴或殴打他人”之间的关系。“擅离职守”是“互殴或殴打他人”的限定条件，强调“互殴或殴打他人”行为必须发生在驾驶人员正处于操控公交工具的状态之下。

2019年《关于依法惩治妨害公共交通工具安全驾驶违法犯罪行为的指导意见》中规定：“本意见所称公共交通工具，是指公共汽车、公路客运车，大、中型出租车等车辆。”在一般情况下，公共交通工具的认定不会成为问题，但在有些情况下，如单位接送员工上下班、组织员工外出旅游、考察等所乘坐的具有特定用途的交通工

① 詹奇玮，赵秉志．妨害安全驾驶罪的规范考察与适用探析．贵州社会科学，2021（10）：93．

具是否能够被界定为本罪中的“公共交通工具”，需要探讨。我们认为，具有特定用途的交通工具可以成为本罪中的公共交通工具，只要该车辆用于运送不特定或多数人，就可以认定为公共交通工具。

（七）危险作业罪

危险作业罪，是指在生产、作业中违反有关安全管理的规定，关闭、破坏直接关系生产安全的监控、报警、防护、救生设备、设施，或者篡改、隐瞒、销毁其相关数据、信息；因存在重大事故隐患被依法责令停产停业、停止施工、停止使用有关设备、设施、场所或者立即采取排除危险的整改措施，而拒不执行；涉及安全生产的事项未经依法批准或者许可，擅自从事矿山开采、金属冶炼、建筑施工，以及危险物品生产、经营、储存等高度危险的生产作业活动，具有发生重大伤亡事故或者其他严重后果的现实危险的行为。

本罪中危险行为的认定。立法对重大危险作业行为明确地分项列举，且未设置兜底条款，将本罪的行为类型严格限定为三种类型。第一，侵害生产安全设施及相关信息数据的行为。该行为可能会与非法控制计算机信息系统罪、破坏计算机信息系统罪之间产生竞合问题，因为现在很多有关生产安全的监控、报警设施、设备都采用了计算机信息系统自动控制的方式。若行为同时侵犯公共安全和计算机信息系统安全，则应当以刑罚较重的非法控制计算机信息系统罪、破坏计算机信息系统罪论处。第二，基于重大安全隐患的不作为。不作为的方式是应当执行停止生产作业的命令或立即采取整改措施而拒不执行。拒不执行要求有能力执行而不执行，缺乏这一要素的，不构成本罪。第三，未经批准或许可从事高危生产作业的行为。需要注意的是，危险作业罪规定的三类行为原本属于行政违法行为，在危险作业罪生效后，三类易导致重大事故的违法行为成为危险作业罪的实行行为，若同时符合重大责任事故罪的构成条件，就会出现上游罪名与下游罪名的想象竞合。[①] 当行为同时符合重大责任事故罪等罪的构成要件时，应该从一重罪处罚。

本罪中现实危险的认定。本罪属于具体危险犯，即成立危险作业罪，客观上除了要求具有上述行为之外，还必须“具有发生重大伤亡事故或者其他严重后果的现实危险”。对行为有无引起重大安全事故的“现实危险”的判断，必须结合行为实施当时的各种客观实际情况（如环境、行为对象、行为所引起的外界变动等因素），从一般人的生活经验法则来判断。[②] 具言之，在行为时的情境之下，从一般人的经验来看，若能得出“有前述危险行为，就会有后续的发生重大伤亡事故或者其他严重后果”的肯定结论的话，即可以说前述行为具有“现实危险”，满足本罪的客观要求。

---

① 钱小平. 积极预防型社会治理模式下危险作业罪的认定与检视. 法律科学（西北政法大学学报），2021（6）：118.

② 黎宏. 安全生产的刑法保障：对《刑法修正案（十一）》相关规定的解读. 中国刑事法杂志，2021（2）：41.

第二节 破坏社会主义市场经济秩序罪与妨害社会管理秩序罪

一、破坏社会主义市场经济秩序罪

破坏社会主义市场经济秩序罪，是指违反国家市场经济管理法规，在市场经济运行或经济管理活动中从事非法经济活动，扰乱社会主义市场经济秩序，依法应当受到刑罚处罚的活动。其中，“违反国家市场经济管理法规”，是指违反《中华人民共和国产品质量法》《中华人民共和国药品管理法》《中华人民共和国食品安全法》等的规定。

本类罪在1979年《刑法》中的名称是“破坏社会主义经济秩序罪”，随着我国经济体制的转变，1997年《刑法》将其改为“破坏社会主义市场经济秩序罪”。1998年12月29日通过的《全国人民代表大会常务委员会关于惩治骗购外汇、逃汇和非法买卖外汇犯罪的决定》作为单行刑法对本类罪中涉及的问题进行具体规定。根据《刑法》分则第三章的规定，破坏社会主义市场经济秩序罪可以分为以下八类：生产、销售伪劣商品罪，走私罪，妨害对公司、企业的管理秩序罪，破坏金融管理秩序罪，金融诈骗罪，危害税收征管罪，侵犯知识产权罪和扰乱市场秩序罪。

（一）生产、销售伪劣产品罪

生产、销售伪劣产品罪，是指生产者、销售者在产品中掺杂、掺假，以假充真，以次充好或者以不合格产品冒充合格产品，销售金额5万元以上的行为。

根据2001年最高人民法院、最高人民检察院《关于办理生产、销售伪劣商品刑事案件具体应用法律若干问题的解释》（以下简称《生产销售解释》）规定，在产品中掺杂、掺假，是指在产品中掺入杂质或者异物，致使产品质量不符合国家法律、法规或者产品明示质量标准规定的质量要求，降低、失去应有使用性能的行为。以假充真，是指以不具有某种使用性能的产品冒充具有该种使用性能的产品的行为。以次充好，是指以低等级、低档次产品冒充高等级、高档次产品，或者以残次、废旧零配件组合、拼装后冒充正品或者新产品的行为。

根据《生产销售解释》的规定，销售金额，是指生产者、销售者出售伪劣产品后所得和应得的全部违法收入。伪劣产品尚未销售，货值金额达到15万元的，以生产、销售伪劣产品罪（未遂）定罪处罚。多次实施生产、销售伪劣产品行为，未经处理的，伪劣产品的销售金额或者货值金额累计计算。对于销售金额未达5万元的生产、销售伪劣产品是否构成犯罪，有不同的观点。肯定说认为，只要生产者生产了伪劣产品、销售者购入了伪劣产品，如果将来销售后的金额可能达到5万元，即使并没有销售的也构成本罪未遂。否定说认为，只有销售金额达到5万元，才可能构成本罪。另有观点认为应作区分，对于销售金额未达5万元的生产、销售伪劣产品行为，应关注其主观故意，区分间接故意与直接故意。行为人主观上为间接故意时，不构成犯罪，按一般违法行为处理，主观上为直接故意时，对于不属于《刑法》第 13 条但书情形的，可以成立本罪的未遂。

生产、销售伪劣产品罪（《刑法》第 140 条）与《刑法》第 141～148 条的罪名之间的关系是一般罪与特别罪之间的关系，同时构成两罪时应以特殊罪名进行处罚，同时兼顾“重法优于轻法”的原则。生产、销售第 141～148 条所列产品，不构成各该条规定的犯罪，但是销售金额在 5 万元以上的，依照生产、销售伪劣产品罪的规定定罪处罚。生产、销售第 141～148 条所列产品，构成各该条规定的犯罪，同时又构成生产、销售伪劣产品罪的，依照处罚较重的规定定罪处罚。生产、销售伪劣产品，又构成侵犯知识产权、合同诈骗、非法经营等犯罪的，应从一重罪处罚。生产、销售伪劣产品，又以暴力、威胁方法抗拒查处，构成妨害公务等罪的，应数罪并罚。

（二）走私普通货物、物品罪

走私普通货物、物品罪，是指违反海关法规，逃避海关监管，非法运输、携带、邮寄普通货物、物品进出国（边）境，偷逃应缴税额较大，或者 1 年内曾因走私被给予 2 次行政处罚后又走私的行为。

本罪的犯罪对象为普通货物、物品。所谓普通货物、物品，是指除武器、弹药、核材料、伪造的货币、文物、黄金、白银和其他贵重金属、珍贵动物及其制品、珍稀植物及其制品等国家禁止进出口的货物、物品以外的货物、物品。2014 年最高人民法院、最高人民检察院《关于办理走私刑事案件适用法律若干问题的解释》中规定，应缴税额包括进出口货物、物品应当缴纳的进出口关税和进口环节海关代征税的税额。《刑法》第 153 条第 3 款中的“多次走私未经处理”，包括未经行政处理和刑事处理。

关于本罪的既、未遂认定标准存在争议。《关于办理走私刑事案件适用法律若干问题的解释》第 23 条规定，实施走私犯罪，具有下列情形之一的，应当认定为犯罪既遂：一是在海关监管现场被查获的；二是以虚假申报方式走私，申报行为实施完毕的；三是以保税货物或者特定减税、免税进口的货物、物品为对象走私，在境内销售的，或者申请核销行为实施完毕的。有学者站在走私普通货物、物品罪保护法益的角度，认为走私普通货物、物品行为的既、未遂标准应与走私特殊货物、物品行为进行区分，“本罪的既遂标准宜采取关税线说，一般来说，在货物、物品经由保税区等海关支配、管理的地域的场合，转移到保税区等之外才是既遂，否则为未遂”①。

在一次走私活动中，不仅走私普通货物、物品，还走私武器、弹药等特殊货物、物品的，应当认定为一行为还是数个行为，存在争议。此情形同时侵害走私普通货物、物品罪保护的国家对外贸易管理制度，以及其他走私犯罪保护的客体，如果以想象竞合进行处罚，则会造成刑法评价的遗漏，因此应认定为数个行为，进行数罪并罚。

---

① 张明楷. 刑法学：下. 6 版. 北京：法律出版社，2021：968.

（三）非国家工作人员受贿罪

非国家工作人员受贿罪，是指公司、企业或者其他单位的工作人员利用职务上的便利，索取他人财物或者非法收受他人财物，为他人谋取利益，数额较大的行为。

本罪在客观方面表现为利用职务上的便利，索取他人财物或者非法收受他人财物，为他人谋取利益，数额较大的行为。利用职务上的便利，是指利用公司、企业或者其他单位的工作人员利用本人在公司、企业或者其他单位中从事的职务活动之便。索取他人财物，是指行为人利用职务上的便利主动索要财物。非法收受他人财物，是指行为人利用职务上的便利，为请托人办事，接受其他人主动给予的财物。根据《刑法》第 163 条第 2 款的规定，本罪的行为方式还包括在经济往来中，利用职务上的便利，违反国家规定，收受各种名义的回扣、手续费，归个人所有的行为。

本罪的犯罪主体是特殊主体，即公司、企业或者其他单位的工作人员。如果国有公司、企业或者其他国有单位中从事公务的人员，国有公司、企业或者其他国有单位委派到非国有公司、企业以及其他单位从事公务的人员有《刑法》第 163 条前两款行为的，则构成受贿罪。

关于本罪的既遂标准，有两种观点：第一种观点认为，行为人只要收受了数额较大的财物，就构成本罪的既遂；第二种观点认为，行为人不仅收受了数额较大的财物，还承诺为他人谋取利益时，才构成本罪的既遂。为他人谋取利益是本罪的构成要件，是指为请托人谋取利益，包括合法利益、不正当利益和非法利益，为他人谋取利益的行为是否成功实施则不影响既、未遂。

最高人民法院、最高人民检察院《关于办理商业贿赂刑事案件适用法律若干问题的意见》中规定，非国家工作人员与国家工作人员通谋，共同收受他人财物，构成共同犯罪的，根据双方利用职务便利的具体情形分别定罪追究刑事责任：（1）利用国家工作人员的职务便利为他人谋取利益的，以受贿罪追究刑事责任。（2）利用非国家工作人员的职务便利为他人谋取利益的，以非国家工作人员受贿罪追究刑事责任。（3）分别利用各自的职务便利为他人谋取利益的，按照主犯的犯罪性质追究刑事责任，不能分清主从犯的，可以受贿罪追究刑事责任。

（四）洗钱罪

洗钱罪，是指掩饰、隐瞒毒品犯罪，黑社会性质的组织犯罪，恐怖活动犯罪，走私犯罪，贪污贿赂犯罪，破坏金融管理秩序犯罪，金融诈骗犯罪的所得及其产生的收益的来源与性质的行为。

本罪在客观方面具体包括以下 5 种行为方式：提供资金账户；将财产转换为现金、金融票据、有价证券；通过转账或者其他支付结算方式转移资金；跨境转移资产；以其他方法掩饰、隐瞒犯罪所得及其收益的来源和性质。《刑法修正案（十一）》对本罪的修改主要体现在两个方面：第一，删除原先条文中的“明知”“协助”，对“自洗钱”行为进行规制，进一步扩大本罪的处罚范畴。第二，在刑罚方面，将原比例罚金刑修改为不定额罚金，并调整单位犯罪中直接负责的主管人员和其他直接责任人员的刑罚。

本罪与上游犯罪的共同犯罪之区分界限，关键在于事前有无通谋。如果本罪的行为人与上游犯罪的犯罪分子事前无通谋，则仅构成本罪。如果事前有通谋，则需要考虑上游犯罪人“自洗钱”的情形，如果行为人既对上游犯罪有帮助或实行行为，又实施了洗钱的行为，应当对上游犯罪与洗钱罪实行数罪并罚。【参见知识拓展 2-7】如果上游犯罪的行为人实施掩饰犯罪所得的行为不涉及对金融秩序的破坏，不具有将犯罪所得及其产生的收益进行“合法化”转变这一关键步骤，则不构成洗钱罪，应仅以上游犯罪进行处罚。

知识拓展 2-7

本罪与掩饰、隐瞒犯罪所得及其收益罪，是特殊法条与一般法条的关系，在出现法条竞合时，应优先认定为本罪。本罪与窝藏、包庇罪的区别体现在以下两个方面。在客观方面，本罪是掩饰、隐瞒七类犯罪的犯罪所得及其收益的行为，具有使犯罪所得“合法化”的转变过程，而窝藏、包庇罪是为犯罪分子提供隐藏处所、财物，帮助其逃匿或者做假证明包庇的行为。在犯罪对象方面，本罪的对象是七类犯罪的犯罪所得及其收益，窝藏、包庇罪的犯罪对象是犯罪的人。

（五）集资诈骗罪

集资诈骗罪，是指以非法占有为目的，使用诈骗方法非法集资，数额较大的行为。

在本罪的客观方面，自 2022 年 3 月 1 日起施行的最高人民法院《关于审理非法集资刑事案件具体应用法律若干问题的解释》（以下简称《审理集资案件解释》）在 2010 年司法解释的基础上修改、增加了部分行为方式，主要体现在以下三个方面。一是结合当前网络技术发展背景，将 2010 年司法解释的第 2 条第 8 项修改为“以网络借贷、投资入股、虚拟币交易等方式非法吸收资金的”。二是增加非法吸收资金行为方式，将原先的第 2 条第 9 项内容修改为“以委托理财、融资租赁等方式非法吸收资金的”。三是增加一项作为第 2 条第 10 项：“以提供‘养老服务’、投资‘养老项目’、销售‘老年产品’等方式非法吸收资金的”。

在本罪的主观方面，《审理集资案件解释》规定使用诈骗方法非法集资，具有下列情形之一的，可以认定为“以非法占有为目的”：集资后不用于生产经营活动或者用于生产经营活动与筹集资金规模明显不成比例，致使集资款不能返还的；肆意挥霍集资款，致使集资款不能返还的；携带集资款逃匿的；将集资款用于违法犯罪活动的；抽逃、转移资金、隐匿财产，逃避返还资金的；隐匿、销毁账目，或者搞假破产、假倒闭，逃避返还资金的；拒不交代资金去向，逃避返还资金的；其他可以认定非法占有目的的情形。

本罪与非法吸收公众存款罪的区分体现在以下两个方面。在客观方面，本罪的犯罪构成要件中包含实施诈骗方法，后罪则不要求。在主观方面，本罪要求行为人有非法占有目的，而后罪不具有此目的。两者的关键区别在于是否具有非法占有目的。

本罪与普通诈骗罪是特殊法条与一般法条的关系，根据《刑法》第266条的规定，“本法另有规定的，依照规定”。因此，当行为人实施集资诈骗行为时，应以本罪进行处罚。此外，有学者强调，在高利贷案件中，基于借贷双方的特殊身份，应当谨慎判断有无“诈骗”行为。“一方面要考察行为人有无实施诈骗行为；另一方面要考察被害人有无陷入错误认识。”[①] 如果双方基于正常的交易过程，即使存在一定交易风险，也不应认定为本罪。

（六）逃税罪

逃税罪，是指纳税人采取欺骗、隐瞒手段进行虚假纳税申报或者不申报，逃避缴纳税款数额较大并且占应纳税额10%以上，或者缴纳税款后，以假报出口或者其他欺骗手段，骗取所缴纳的税款的行为，以及扣缴义务人采取欺骗、隐瞒等手段，不缴或者少缴已扣、已收税款，数额较大的行为。

本罪涉及的逃税行为与一般逃税行为、漏税行为以及避税行为之间存在差异。2009年《刑法修正案（七）》中增加了第201条第4款的规定，即“首罚不刑”规定，有学者从规范层面进行分析，“首罚不刑”应包含“行为的该罚性”“违法后果已经补救”“行政首罚”“不予刑责”四个基本要素，同时不属于本款中“但书”规定的例外情形。[②]“首罚不刑”的规定起到维护税收管理秩序的作用，体现了宽严相济的刑事政策。

关于本罪的罪数认定问题需要注意以下两点。其一，本罪与骗取出口退税罪。根据《刑法》第204条第2款的规定，纳税人缴纳税款后，以假报出口或者其他欺骗手段，骗取国家出口退税款，数额较大的，骗取所缴纳的税款的，依照逃税罪定罪处罚；骗取税款超过所缴纳的税款部分，以骗取出口退税罪处罚。当数额超过所缴纳的税款时，则构成两罪的数罪并罚。其二，本罪行为人逃税后，违反税收管理法律规定，采取转移或隐匿财产的手段，致使税务机关无法追缴欠缴的税款时，同时构成逃税罪和逃避追缴欠税罪，此行为属于牵连犯，应择一重罪进行处罚。

（七）侵犯著作权罪

侵犯著作权罪，是指以营利为目的，违反相关法律、法规，侵犯他人著作权或者与著作权有关的权利，违法所得数额较大或者有其他严重情节的行为。

在本罪客观方面，《刑法修正案（十一）》对本罪客观行为进行了调整，与《著作权法》第三次修正相互协调：一是增加了两种新的行为方式，侵犯表演者权利的行为，即“未经表演者许可，复制发行录有其表演的录音录像制品，或者通过信息网络向公众传播其表演的”，以及破坏权利保护技术措施的行为，即“未经著作权人或者与著作权有关的权利人许可，故意避开或者破坏权利人为其作品、录音录像制

① 叶良芳. 从吴英案看集资诈骗罪的司法认定. 法学，2012（3）：20.

② 江国华，丁安然. “首罚不刑”立法的法理透析：从“范冰冰逃税案”说开去. 理论月刊，2021（4）：116-118.

品等采取的保护著作权或者与著作权有关的权利的技术措施的”。二是对原来的行为方式进行修改。增加了“通过信息网络向公众传播”的途径。同时，将第 1 款中的对象范畴变更为“文字作品、音乐、美术、视听作品、计算机软件及法律、行政法规规定的其他作品”。

在本罪主观方面，依 2011 年最高人民法院、最高人民检察院、公安部印发的《关于办理侵犯知识产权刑事案件适用法律若干问题的意见》，除销售外，具有下列情形之一的，可以认定为“以营利为目的”：一是以在他人作品中刊登收费广告、捆绑第三方作品等方式直接或者间接收取费用的；二是通过信息网络传播他人作品，或者利用他人上传的侵权作品，在网站或者网页上提供刊登收费广告服务，直接或者间接收取费用的；三是以会员制方式通过信息网络传播他人作品，收取会员注册费或者其他费用的；四是其他利用他人作品牟利的情形。

本罪中的“复制发行”与《著作权法》中的“复制”“发行”并不等同。《著作权法》第 10 条规定，复制权，是指以印刷、复印、拓印、录音、录像、翻录、翻拍、数字化等方式将作品制作一份或者多份的权利；发行权，是指以出售或者赠与方式向公众提供作品的原件或者复制件的权利。最高人民法院、最高人民检察院《关于办理侵犯知识产权刑事案件具体应用法律若干问题的解释（二）》（以下简称《知识产权案件解释二》）中规定，侵犯著作权罪中的“复制发行”，包括复制、发行或者既复制又发行的行为。有观点认为，从刑法设置侵犯著作权罪的目的来看，“发行”的本质应当是通过复制他人作品，并将这些作品传播给不特定的公众，从而侵犯了著作权人的著作权，因此行为的具体形式是批发还是零售，是发售还是出租，是传统有形制品传播还是网络上的无形传播，都不影响犯罪的成立。①

2004 年最高人民法院、最高人民检察院《关于办理侵犯知识产权刑事案件具体应用法律若干问题的解释》规定，实施侵犯著作权的犯罪行为后又销售该侵权复制品的，以本罪定罪处罚；实施了侵犯著作权的犯罪行为后又销售他人制作的侵权复制品的，应实行数罪并罚。《知识产权案件解释二》规定，非法出版、复制、发行他人作品，侵犯著作权构成犯罪的，按照本罪定罪处罚。依据规定，行为人非法出版、复制、发行他人作品的行为，同时构成非法经营罪和本罪的，以本罪处置。

（八）合同诈骗罪

合同诈骗罪，是指以非法占有为目的，在签订、履行合同过程中，采用虚构事实或隐瞒真相的手段骗取对方当事人财物，数额较大的行为。

根据《刑法》第 224 条的规定，本罪客观方面的诈骗手段包括以下几种方式：一是以虚构的单位或者冒用他人名义签订合同的；二是以伪造、变造、作废的票据或者其他虚假的产权证明作担保的；三是没有实际履行能力，以先履行小额合同或者部分履行合同的方法，诱骗对方当事人继续签订和履行合同的；四是收受对方当

---

① 张绍谦. 试论行政犯中行政法规与刑事法规的关系：从著作权犯罪的“复制发行”说起. 政治与法律，2011（8）：48.

事人给付的货物、货款、预付款或者担保财产后逃匿的；五是以其他方法骗取对方当事人财物的。

结合 2001 年最高人民法院印发的《全国法院审理金融犯罪案件工作座谈会纪要》的规定和合同诈骗罪的特征，对于行为人通过诈骗的方法非法获取资金，造成数额较大资金不能归还，并具有下列情形之一的，可以认定为具有非法占有的目的：一是明知没有履行合同能力而大量骗取资金的；二是非法获取货物、货款、担保财产等后逃跑的；三是肆意挥霍骗取的货物、货款、担保财产等的；四是使用骗取的货物、货款、担保财产等进行违法犯罪活动的；五是抽逃、转移资金、隐匿财产，以逃避返还资金的；六是隐匿、销毁账目，或者搞假破产、假倒闭，以逃避返还资金的；七是其他非法占有货物、货款、担保财产等、拒不返还的行为。

"两头骗"是合同诈骗的一种特殊行为类型，是指存在前后两个欺骗行为：行为人通过第一个行为骗取财物以后，又以此为工具，实施第二个欺骗行为。"两头骗"既可能是刑事诈骗，也可能是民事欺诈，两者区分的关键在于是否无对价占有他人财物。因此，前后两个诈骗罪是难以同时成立的，只有一个行为也可能构成合同诈骗罪。[①]

二、妨害社会管理秩序罪

妨害社会管理秩序罪，是指故意或者过失地妨害国家机关或其他有关机构对社会的管理活动，破坏社会正常秩序，依法应当受到刑罚处罚的行为。依据《刑法》第六章的规定，妨害社会管理秩序罪之下包括九个小节，具体为"扰乱公共秩序罪""妨害司法罪""妨害国（边）境管理罪""妨害文物管理罪""危害公共卫生罪""破坏环境资源保护罪""走私、贩卖、运输、制造毒品罪""组织、强迫、引诱、容留、介绍卖淫罪""制作、贩卖、传播淫秽物品罪"。依据上述条文规定，可以将妨害社会管理秩序罪分为九个类别。

妨害社会管理秩序罪涉及的犯罪类型具有广泛性特征，这一现象主要在于社会管理秩序的外延较大。广义的社会管理秩序应包括一切为犯罪行为所侵害的秩序，狭义的社会管理秩序则应指《刑法》分则其他各章规定之罪所侵犯的客体以外的秩序。依据犯罪行为的具体行为方式，可以将社会管理秩序这一法益进行具体划分，包括公共秩序、司法秩序、文物管理秩序、公共卫生秩序等。

（一）妨害公务罪

妨害公务罪，是指以暴力、威胁方法阻碍国家机关工作人员、人大代表依法执行职务，或者在自然灾害和突发事件中，以暴力、威胁的方法阻碍红十字会工作人员依法履行职责，以及故意阻碍国家安全机关、公安机关依法执行国家安全工作任务，虽未使用暴力、威胁方法，但造成严重后果的行为。

所谓暴力，是指对上述三类人员实施殴打、捆绑、围攻或者其他人身强制行为，

① 陈兴良. 合同诈骗罪的特殊类型之"两头骗"：定性与处理. 政治与法律，2016（4）：39-51.

使其不能执行职务、履行职责。所谓威胁，是指行为人以杀害、伤害、毁坏财产、败坏名誉等相恐吓，对上述人员进行精神强制，迫使其不敢执行、履行职务或职责。所谓故意阻碍国家安全机关、公安机关依法执行国家安全工作任务，则具体表现为迫使其停止执行公务，并不需要行为人使用暴力或威胁方法，但要求造成严重后果。

根据条文规定，本罪侵犯的对象是正在依法履行职务的国家机关工作人员、人大代表，正在依法履行职责的红十字会工作人员，以及国家安全机关、公安机关人员。2000 年 4 月 24 日公布的最高人民检察院《关于以暴力威胁方法阻碍事业编制人员依法执行行政执法职务是否可对侵害人以妨害公务罪论处的批复》中规定，对于以暴力、威胁方法阻碍国有事业单位人员依照法律、行政法规的规定执行行政执法职务的，或者以暴力、威胁方法阻碍国家机关中受委托从事行政执法活动的事业编制人员执行行政执法职务的，可以对侵害人以妨害公务罪追究刑事责任。2002 年 12 月 28 日公布的全国人大常委会《关于〈中华人民共和国刑法〉第九章渎职罪主体适用问题的解释》中指出："在依照法律、法规规定行使国家行政管理职权的组织中从事公务的人员，或者在受国家机关委托代表国家机关行使职权的组织中从事公务的人员，或者虽未列入国家机关人员编制但在国家机关中从事公务的人员，在代表国家机关行使职权时，有渎职行为，构成犯罪的，依照刑法关于渎职罪的规定追究刑事责任。"上述立法解释、司法解释都是对"国家机关工作人员"的解释，并落脚于"从事公务"这一职务和行为要素，并不拘囿于其是否具有编制。

在程度方面，本罪的暴力与其他犯罪的具有差异性。在侵犯人身的罪名中，刑法分则中的"暴力"是一种直接作用于人身的强制性作用力，可从被害人的反应和它可能造成的后果两方面来理解暴力的程度。因此，结合妨害公务罪中对他人人身权客体的侵犯，和非刑事法律、法规关于妨害公务的一般违法行为的规定，本罪"暴力"的最低程度应达到造成他人轻微伤。[①]

对本罪罪数的认定需要注意以下几个方面。其一，本罪与部分罪名存在法条竞合。《刑法》第 202 条规定的抗税罪，第 242 条规定的聚众阻碍解救被收买的妇女、儿童罪，第 290 条规定的聚众冲击国家机关罪，第 309 条规定的扰乱法庭秩序罪，第 313 条规定的拒不执行判决、裁定罪和第 315 条规定的破坏监管秩序罪等，与本罪存在法条竞合关系，应按照特殊法条优先的处罚原则，以本罪进行处罚。其二，本罪与部分罪名存在想象竞合。本罪"暴力"的最低程度应达到造成他人轻微伤，当行为人使用暴力手段造成他人重伤、死亡时，则构成故意伤害罪（重伤）、故意杀人罪。其三，本罪与部分犯罪存在牵连关系。妨害公务的行为，同时触犯《刑法》第 318 条规定的组织他人偷越国（边）境罪和第 321 条规定的运送他人偷越国（边）境罪时，应按照牵连犯的原则，从一重罪处罚，按照第 318 条和第 321 条的规定进行处罚。《刑法》第 157 条第 2 款规定，以暴力、威胁方法抗拒缉私的，以走私罪和妨害公务罪数罪并罚。

---

① 梅传强，李邦友. 刑法实务教程. 北京：中国人民大学出版社，2013：351.

（二）袭警罪

袭警罪，是指使用暴力袭击正在依法执行职务的人民警察的行为。在《刑法修正案（十一）》修改之前，《刑法》第 277 条第 5 款规定，暴力袭击正在依法执行职务的人民警察的，应依照以暴力、威胁方法阻碍国家机关工作人员依法执行职务的行为，从重处罚。《刑法修正案（十一）》将此款规定修改为“暴力袭击正在依法执行职务的人民警察的，处三年以下有期徒刑、拘役或者管制；使用枪支、管制刀具，或者以驾驶机动车撞击等手段，严重危及其人身安全的，处三年以上七年以下有期徒刑”。这一修订将袭警行为从妨害公务罪中抽离，构成独立罪名。

关于本罪的客观行为，2020 年最高人民法院、最高人民检察院、公安部发布的《关于依法惩治袭警违法犯罪行为的指导意见》（以下简称《惩治袭警行为意见》）中对“暴力袭击正在依法执行职务的人民警察”进行规定，包括实施撕咬、踢打、抱摔、投掷等，对民警人身进行攻击的行为，以及实施打砸、毁坏、抢夺民警正在使用的警用车辆、警械等警用装备，对民警人身进行攻击的行为。前述规定虽然发布于《刑法修正案（十一）》之前，但是对于认定袭警罪的犯罪行为仍然具有借鉴意义。

本罪与妨害公务罪是特别法条与一般法条的关系。由于《刑法》第 277 条第 5 款是第 1 款的特别条款，第 5 款的适用以行为符合第 1 款的规定为前提，所以，只有当对警察的暴力袭击“阻碍”了警察依法执行职务时，才可能成立袭警罪。[①] 当行为人暴力袭击正在依法执行职务的人民警察，阻碍人民警察依法执行职务时，应遵循特殊规定优先的原则，以袭警罪进行处罚。

依据《惩治袭警行为意见》中的规定，“在民警非执行职务期间，因其职务行为对其实施暴力袭击、拦截、恐吓等行为，符合刑法第二百三十四条、第二百三十二条、第二百九十三条等规定的，应当以故意伤害罪、故意杀人罪、寻衅滋事罪等定罪，并根据袭警的具体情节酌情从重处罚”。而在民警执行职务期间，对其实施暴力袭击、拦截、恐吓等行为的，则构成想象竞合，应从一重罪处罚。

（三）帮助信息网络犯罪活动罪

帮助信息网络犯罪活动罪，是指明知他人利用信息网络实施犯罪，为其犯罪提供互联网接入、服务器托管、网络存储、通讯传输等技术支持，或者提供广告推广、支付结算等帮助，情节严重的行为。

2022 年 4 月，中共中央办公厅、国务院办公厅印发了《关于加强打击治理电信网络诈骗违法犯罪工作的意见》，对加强打击治理电信网络诈骗违法犯罪工作作出安排部署，其中要求“坚持全链条纵深打击，依法打击电信网络诈骗以及上下游关联违法犯罪”。本罪作为《刑法修正案（九）》新增的罪名，针对网络犯罪日益增加的现实情形，对帮助网络犯罪的行为加强制约。2019 年最高人民法院、最高人民

① 张明楷. 袭警罪的基本问题. 比较法研究，2021（6）：7.

检察院发布的《关于办理非法利用信息网络、帮助信息网络犯罪活动等刑事案件适用法律若干问题的解释》(以下简称《网络犯罪解释》)【参见知识拓展 2-8】对本罪的主观要件、“情节严重”和刑罚处罚进行规定，更好地指导本罪以应对电信网络诈骗日益猖獗的现实问题。

知识拓展 2-8

《网络犯罪解释》第 11 条规定了为他人实施犯罪提供技术支持或者帮助，可以认定行为人明知他人利用信息网络实施犯罪的七种情形，但是有相反证据的除外。推定是一种根据所证明的基础事实来认定推定的事实成立的方法，司法解释采用推定的方法对本罪中的“明知”加以规定，有利于明晰“明知”的范畴。

《刑法》第 287 条之二第 3 款规定，有前两款行为，同时构成其他犯罪的，依照处罚较重的规定定罪处罚。当行为人明知他人利用信息网络实施犯罪，为其犯罪提供帮助行为，情节严重时，可能同时触犯第 1 款和第 3 款的规定，则既构成本罪，又构成具体犯罪活动的共犯。

(四) 聚众斗殴罪

聚众斗殴罪，是指聚集多人进行斗殴的危害行为。聚众斗殴罪的前身是流氓罪，1979 年《刑法》中规定的流氓罪由于立法缺陷而存在滥用风险。1997 年《刑法》废止了流氓罪并将其拆分为包括聚众斗殴罪的多个罪名。根据《刑法》第 292 条的规定，本罪的主体是首要分子和其他积极参加者。聚众斗殴的，对首要分子和其他积极参加的，处 3 年以下有期徒刑、拘役或者管制；有下列情形之一的，对首要分子和其他积极参加的，处 3 年以上 10 年以下有期徒刑：(1) 多次聚众斗殴的；(2) 聚众斗殴人数多，规模大，社会影响恶劣的；(3) 在公共场所或者交通要道聚众斗殴，造成社会秩序严重混乱的；(4) 持械聚众斗殴的。

“聚众”的“众”应包括 3 人，民间的“单挑”行为人数不足 3 人，不应构成本罪。“斗殴”则是两方或多方打斗的意思，其中对“殴”的程度和形式没有要求。

聚众斗殴致人轻微伤、轻伤时，仍应以本罪定罪处罚。根据《刑法》第 292 条第 2 款的规定，聚众斗殴，致人重伤、死亡的，依照故意伤害罪、故意杀人罪的规定定罪处罚。由于聚众斗殴参与人数多，现场情形较混乱，当参与斗殴者造成致人重伤、死亡的，应构成故意伤害罪、故意杀人罪，此时涉及各人员行为的认定问题。通说认为，直接实施者、首要分子应当进行转化，其他人员仍然以聚众斗殴罪进行处罚。如果不能查明直接实施者，则仅有首要分子应进行转化。

在本罪加重处罚情形中：“多次”是指三次以上。“聚众斗殴人数多，规模大，社会影响恶劣”的，应同时满足这三个条件。“持械聚众斗殴”中的“持械”是持有凶器的意思，此处的凶器不仅包括被严格管制的枪支、砍刀、匕首等，还应包括使用意义上的凶器，例如撬棍、砖块、钢管等。

(五) 寻衅滋事罪

寻衅滋事罪，是指寻衅滋事，破坏社会秩序的行为。根据《刑法》第 293 条的规定，实施下列行为之一，破坏社会秩序的，构成寻衅滋事罪：随意殴打他人，情节恶劣；追逐、拦截、辱骂、恐吓他人，情节恶劣的；强拿硬要或者任意损毁、占用公私财物，情节严重的；在公共场所起哄闹事，造成公共场所秩序严重混乱的。

本罪源于1979年《刑法》中的流氓罪，2011年《刑法修正案（八）》对本罪罪状进行修改。本罪侵害的社会秩序应结合本罪的具体行为进行明确。“随意殴打他人”侵害的是与公共秩序相关联的个人的身体安全；“追逐、拦截、辱骂、恐吓他人”侵害的是公民在公共生活、公共活动中的行动自由、名誉与意思活动自由；“强拿硬要或者任意损毁、占用公私财物”侵害的是与财产有关的社会生活的安宁或平稳；“在公共场所起哄闹事”侵害的是不特定人或者多数人在公共场所从事活动的自由与安全。① 通过明确本罪侵害的社会秩序的范畴、可以达到限缩本罪适用范畴、防止实践中本罪“口袋化”倾向的目的。

本罪主观方面的特征体现为“寻求刺激、发泄情绪、逞强耍横”。2013年最高人民法院、最高人民检察院发布的《关于办理寻衅滋事刑事案件适用法律若干问题的解释》（以下简称《寻衅滋事解释》）第1条中规定，“行为人为寻求刺激、发泄情绪、逞强耍横等，无事生非，实施刑法第二百九十三条规定的行为的，应当认定为‘寻衅滋事’”。“寻求刺激、发泄情绪、逞强耍横”作为本罪主观方面的内容，可以起到区分罪与非罪、此罪与彼罪的作用。例如，对于基于特定、明确伤害意图实施的殴打行为，应以故意伤害罪进行处罚。

网络寻衅滋事行为的认定存在争议。最高人民法院、最高人民检察院公布的《关于办理利用信息网络实施诽谤等刑事案件适用法律若干问题的解释》（以下简称《网络诽谤解释》）第5条第1款规定：“利用信息网络辱骂、恐吓他人，情节恶劣，破坏社会秩序的，依照刑法第二百九十三条第一款第（二）项的规定，以寻衅滋事罪定罪处罚”。《网络诽谤解释》将网络传谣行为以“起哄闹事”型寻衅滋事罪进行处罚，引发对网络空间秩序是否可以被评价为公共场所的认定问题。有学者认为：“网络只不过综合了以前的纸质媒体、通讯功能、视频功能，正如我们不能说报纸、刊物版面、电视画面、电话传输是公共场所一样，网络并不具有物理空间属性。”② 另有学者认为：“在互联网高度普及、网络用户迅速增长的社会大背景下，应当承认网络空间秩序的独立刑法法益属性。”③

寻衅滋事的行为具有明显的流氓动机，带有无事生非特征，这是本罪与其他犯罪存在区别的重要因素。《寻衅滋事解释》第7条规定，实施寻衅滋事行为，同时符合寻衅滋事罪和故意杀人罪、故意伤害罪、故意毁坏财物罪、敲诈勒索罪、抢夺罪、抢劫罪等罪的构成要件的，依照处罚较重的犯罪定罪处罚。

（六）组织、领导、参加黑社会性质组织罪

组织、领导、参加黑社会性质组织罪，是指组织、领导、参加黑社会性质的组

---

① 张明楷. 刑法学：下. 6版. 北京：法律出版社，2021：1397.

② 孙万怀，卢恒飞. 刑法应当理性应对网络谣言：对网络造谣司法解释的实证评估. 法学，2013（11）：15.

③ 苏青. 网络谣言的刑法规制：基于《刑法修正案（九）的解读》. 当代法学，2017（1）：19.

织的行为。

《刑法修正案（八）》在立法层面，明确了黑社会性质组织应当同时具备以下特征：第一，组织特征。形成较稳定的犯罪组织，人数较多，有明确的组织者、领导者，骨干成员基本固定。第二，经济特征。有组织地通过违法犯罪活动或者其他手段获取经济利益，具有一定的经济实力，以支持该组织的活动。第三，行为特征。以暴力、威胁或者其他手段，有组织地多次进行违法犯罪活动，为非作恶，欺压、残害群众。第四，危害性特征。通过实施违法犯罪活动，或者利用国家工作人员的包庇或者纵容，称霸一方，在一定区域或者行业内，形成非法控制或者重大影响，严重破坏经济、社会生活秩序。2018 年 1 月，中共中央、国务院发出《关于开展扫黑除恶专项斗争的通知》，开始了为期三年的扫黑除恶专项斗争。2022 年 5 月 1 日起实施的《反有组织犯罪法》是扫黑除恶长效机制构建的重要成果。在此过程中，组织、领导、参加黑社会性质组织罪作为打击黑社会性质组织犯罪的有力规制手段而不断深化。

黑社会性质组织需要与恶势力组织进行区分。《反有组织犯罪法》第 2 条第 2 款规定，恶势力组织，是指经常纠集在一起，以暴力、威胁或者其他手段，在一定区域或者行业领域内多次实施违法犯罪活动，为非作恶，欺压群众，扰乱社会秩序、经济秩序，造成较为恶劣的社会影响，但尚未形成黑社会性质组织的犯罪组织。从上述规定可以得出，恶势力组织同样具有组织特征、行为特征和危害性特征，但是各个特征的危害性尚未达到黑社会性质组织的程度。

黑社会性质组织需要与恐怖组织进行区分。两者的区别体现在组织目的不同、行为方式不同、寻求非法保护特点不同、政治取向和渗透不同等，其中最关键的是组织的犯罪目的不同：黑社会性质组织以追求非法经济利益为其根本目的，而恐怖组织追求意识形态等方面的目的或其他目的。

构成组织、领导、参加黑社会性质组织罪，入境发展黑社会组织罪和包庇、纵容黑社会性质组织罪，又有其他犯罪行为的，依照数罪并罚的规定处罚。黑社会性质组织犯罪中集团首要分子应对集团全部罪行负责。然而，组织成员在加入组织之前或者退出组织之后实施的犯罪，以及并非出于组织利益考虑而实施的犯罪行为，并不能够为犯罪集团的概括故意所涵盖，不应由犯罪集团的首要分子负责。

（七）窝藏、包庇罪

窝藏、包庇罪，是指明知是犯罪的人而为其提供隐藏处所、财物，帮助其逃匿或者作假证明包庇的行为。

根据自 2021 年 8 月 11 日起施行的最高人民法院、最高人民检察院《关于办理窝藏、包庇刑事案件适用法律若干问题的解释》的规定，所谓“窝藏”，是指明知是犯罪的人，为帮助其逃匿，实施规定行为之一的行为。虽然为犯罪的人提供隐藏处所、财物，但不是出于帮助犯罪的人逃匿的目的的，不以窝藏罪定罪处罚；对未履行法定报告义务的行为人，依法移送有关主管机关给予行政处罚。所谓“包庇”，是指明知是犯罪的人，为帮助其逃避刑事追究，或者帮助其获得从宽处罚，实施规定行为之一的行为。

本罪的犯罪对象是犯罪的人，对“犯罪的人”有三种理解：第一种观点认为，犯罪的人是指真正的犯罪人；第二种观点认为，犯罪的人是指因犯罪的嫌疑而受到侦查或追诉的人；第三种观点认为，犯罪的人是指在客观上被合理地认为有强烈犯罪嫌疑的人。关于此问题，《关于办理窝藏、包庇刑事案件适用法律若干问题的解释》第 6 条规定，认定窝藏、包庇罪，以被窝藏、包庇的人的行为构成犯罪为前提。被窝藏、包庇的人实施的犯罪事实清楚，证据确实、充分，但尚未到案、尚未依法裁判或者因不具有刑事责任能力依法未予追究刑事责任的，不影响窝藏、包庇罪的认定。但是，被窝藏、包庇的人归案后被宣告无罪的，应当依照法定程序宣告窝藏、包庇行为人无罪。

《刑法》第 362 条规定，旅馆业、饮食服务业、文化娱乐业、出租汽车业等单位的人员，在公安机关查处卖淫、嫖娼活动时，为违法犯罪分子通风报信，情节严重的，依照窝藏、包庇罪定罪处罚。这一规定将违法犯罪分子作为犯罪人进行处罚，具有特殊性。

本罪与伪证罪存在法条竞合，是特殊法条与一般法条的关系，两罪的主要区别体现在主体不同、包庇内容不同、对象不同和发生时间不同。本罪与帮助毁灭、伪造证据罪的关键区别为是否向司法机关作假证明。

(八) 走私、贩卖、运输、制造毒品罪

本罪是指故意走私、贩卖、运输、制造毒品的行为。所谓“走私毒品”，是指违反海关法规，逃避海关监管，非法运输、携带、邮寄毒品进出国（边）境的行为，包括绕关走私和通关走私的方式。所谓“贩卖毒品”，是指非法销售或者以销售为目的收买毒品的行为。所谓“运输毒品”，是指在境内使用交通工具非法运送毒品，或者采用携带、寄递、托运、利用他人等方法运送毒品的行为。所谓“制造毒品”，是指非法加工、配制毒品的行为。

代购毒品行为的定性较为复杂。根据 2023 年《全国法院毒品案件审判工作会议纪要》（以下简称《昆明会议纪要》），对于代购毒品，需区分如下四种情形予以定性：（1）明知他人实施毒品犯罪而为其代购毒品，未从中牟利的，以相关毒品犯罪的共犯论处。（2）代购者加价或者变相加价从中牟利的，以贩卖毒品罪定罪处罚。其中，代购者收取、私自截留部分购毒款、毒品，或者通过在交通、食宿等开销外收取“介绍费”“劳务费”等方式从中牟利的，属于变相加价。代购者从托购者事先联系的贩毒者处，为托购者购买仅用于吸食的毒品，并收取、私自截留少量毒品供自己吸食的，一般不以贩卖毒品罪论处。（3）没有证据证明代购者明知他人实施毒品犯罪而为其代购毒品，代购者亦未从中牟利，代购毒品数量达到《刑法》第 348 条规定的最低数量标准，代购者因购买、存储毒品被查获的，以非法持有毒品罪定罪处罚；因运输毒品被查获的，一般以运输毒品罪定罪处罚。（4）对于辩称系代购毒品者，应当全面审查其所辩称的托购者、贩毒者身份、购毒目的、毒品价格及其

实际获利等情况，综合判断其行为是否属于代购，并依照前述规定处理。向购毒者收取毒资并提供毒品，但购毒者无明确的托购意思表示，又没有其他证据证明存在代购行为的，一般以贩卖毒品罪定罪处罚。

居间介绍毒品行为的定性也是司法上的难点。根据 2023 年《昆明会议纪要》，对于居间介绍买卖毒品行为的定性，应注意如下三点：(1) 注意与居中倒卖毒品行为的区别。居间介绍者在毒品交易中处于中间人地位，发挥介绍联络作用，通常与交易一方构成共同犯罪，但不以牟利为要件。受购毒者或者贩毒者委托，为其提供交易信息、介绍交易对象、居中协调交易数量、价格，或者提供其他帮助，促成毒品交易的，属于居间介绍买卖毒品。居中倒卖者则属于毒品交易主体，与前后环节的交易对象是上下家关系，直接与上家、下家联系，自主决定交易毒品的数量、价格并赚取差价。(2) 受贩毒者委托，为其居间介绍贩卖毒品的，与贩毒者构成贩卖毒品共同犯罪。明知购毒者以贩卖为目的购买毒品，受委托为其介绍联络贩毒者的，与购毒者构成贩卖毒品共同犯罪。受以吸食为目的的购毒者委托，为其提供购毒信息或者介绍认识贩毒者，毒品数量达到《刑法》第 348 条规定的最低数量标准的，一般与购毒者构成非法持有毒品共同犯罪；同时与贩毒者、购毒者共谋，联络促成双方交易的，与贩毒者构成贩卖毒品共同犯罪。(3) 居间介绍者实施帮助行为，对促成毒品交易起次要或者辅助作用，一般应当认定为从犯。以居间介绍者的身份介入毒品交易，但在交易中实际已超出居间介绍者的地位，对交易的发起和达成起重要作用的，可以认定为主犯。

贩卖毒品罪主观方面的认定具有争议，围绕贩卖毒品罪是否需要牟利目的这一问题主要有以下两种观点。第一种观点认为贩卖毒品罪必须具有牟利目的。贩卖，是指为赚取利润买进又卖出的行为，包含牟利目的。《刑法》第 355 条规定，向走私、贩卖毒品的犯罪分子或者以牟利为目的，向吸食、注射毒品的人提供国家规定管制的能够使人形成瘾癖的麻醉药品、精神药品的，依照贩卖毒品罪定罪处罚，这隐含对牟利目的的要求。第二种观点认为贩卖毒品罪不需要牟利目的。贩卖毒品侵害的是国家对毒品的管理制度，在主观方面仅要求行为人明知是毒品而进行贩卖。

走私、贩卖、运输、制造毒品罪的共犯认定需要根据具体情况进行细化。根据 2015 年《全国法院毒品犯罪审判工作座谈会纪要》的规定，应区分居间介绍买卖毒品行为和居中倒卖毒品行为。居间介绍者实施为毒品交易主体提供交易信息、介绍交易对象等帮助行为，对促成交易起次要、辅助作用的，应当认定为从犯；对于以居间介绍者的身份介入毒品交易，但在交易中超出居间介绍者的地位，对交易的发起和达成起重要作用的被告人，可以认定为主犯。两人以上同行运输毒品的，应当从是否明知他人带有毒品，有无共同运输毒品的意思联络，有无实施配合、掩护他人运输毒品的行为等方面综合审查认定是否构成共同犯罪。

第三节　侵犯人身权利犯罪与侵犯财产犯罪

一、侵犯人身权利犯罪

侵犯人身权利犯罪，是指故意或者过失侵犯公民人身权利的行为。人身权利是公民最根本的专属权利，对人身权利的保护是贯彻保护人权的宪法原则的根基。本类罪规定在《刑法》分则第四章，根据保护法益的不同，侵犯人身权利犯罪大体可以被分为以下五类：侵犯生命、健康的犯罪，侵犯妇女、儿童身心健康的犯罪，侵犯人身自由的犯罪，侵犯他人人格权的犯罪以及侵害婚姻家庭权利的犯罪。其中，故意杀人罪，过失致人死亡罪，故意伤害罪，强奸罪，负有照护职责人员性侵罪，非法拘禁罪，拐卖妇女、儿童罪等罪名系司法实践中的常见罪名，难点较多，应予以重点关注。

（一）故意杀人罪

故意杀人罪，是指故意非法剥夺他人生命的行为。本罪保护的法益为他人的生命权利。本罪的行为方式表现为非法剥夺他人生命。“非法”，是指以国家容许的、合法程序以外的其他方式剥夺他人生命的行为。杀人行为可以是作为，也可以是不作为，但后者仅限于行为人对被害人有保护义务的场合。杀人行为可以通过物理性方法为之，如枪杀、毒杀、刺杀等，也可以通过心理性方法为之，如以强烈的精神冲击致人死亡。

故意杀人罪涉如下重、难点：

1. 教唆、帮助自杀的性质认定

教唆自杀，是指以引诱、怂恿等方法，使原本没有自杀意图的人产生自杀的决意，进而实施自杀的行为。帮助自杀，是指通过提供自杀工具、给予精神支持或者传授自杀方法等方式，使已有自杀决意的人更容易实施自杀的行为。教唆、帮助没有责任能力的人自杀的，系利用被害人的行为实施杀人行为，应当以故意杀人罪的间接正犯论处。教唆、帮助具有意思能力的人实施自杀行为的，在理论上存在“自杀违法性说”和“自杀合法性说”的争议：自杀违法性说认为，自杀行为具有违法性，教唆自杀、帮助自杀等自杀参与行为从属于其违法性，也应当定罪处罚。其主要理由在于：一方面，在价值上，生命是一切价值和权利赖以存在的本源，尊重生命、生命至上是社会赖以正常运行的共同价值基础，故而法律对生命的保护应当采“家长主义”，否定本人对自己生命法益的处分权；另一方面，在解释学上，故意杀人罪的法律文本并未将行为对象限定为“他人”，故自杀也是符合故意杀人罪的构成要件的行为。自杀合法性说认为，自杀不具有违法性，自杀参与行为也不构成犯罪。其主要理由在于：自杀是对自己生命进行自由支配、处分的体现，这一处分行为或许并不符合社会对个人的期待，但基于对个人自由的尊重，国家仍应当保障这一自由。故而，自杀不具有违法性，既然“正犯”不违法，其教唆犯、帮助犯也不构成犯罪。

在司法实践中，自杀参与行为通常被作为“情节较轻”的故意杀人罪论处，但对其处罚依据为何，尚不具备统一、完满的解释路径。一般认为，以下两种解释路径能较为合理地说明教唆自杀、帮助自杀的处罚依据：其一，教唆、帮助他人自杀的行为提高了他人的生命法益所面临的危险，由此引发救助义务，不救助的教唆者和帮助者将成立不作为的故意杀人罪；其二，刑法条文并未将故意杀人罪的行为对象限定为他人，因而自杀行为也符合故意杀人罪的构成要件，只是不具有责任。教唆、帮助他人自杀的，在不法层面与自杀者成立共同犯罪，进而以故意杀人罪的教唆犯、帮助犯论处。

2. 本罪与其他犯罪的关系

第一，本罪与危害公共安全类犯罪的关系。传统观点认为，以放火、爆炸、投放危险物质等危害公共安全的方法故意杀人的，不再构成故意杀人罪，只能认定为放火罪、爆炸罪等危害公共安全类犯罪。但在以危害公共安全的方法杀人未遂的场合，依照放火、决水等罪名，只能认定为“没有造成严重后果”，在 3～10 年有期徒刑的量刑幅度内量刑；而依照故意杀人罪的罪刑规范，若不从轻处罚，则可以在 10 年以上有期徒刑、无期徒刑或者死刑的量刑幅度内论处。[①] 在此情境下，以危害公共安全类犯罪论处将导致罪刑失衡。为实现罪责刑相适应，应当将以危险方法杀人的案件以想象竞合犯的方式论处。

第二，本罪与故意伤害致人死亡的关系。故意伤害致人死亡，是指因故意实施的伤害行为而导致被害人死亡的情形，系故意伤害罪的结果加重犯。故意伤害致人死亡与故意杀人罪之间的区别主要体现在主观方面。在故意伤害致人死亡的情况下，行为人对死亡结果持过失心理，而在故意杀人的情况下，行为人则是希望或者放任被害人死亡结果的发生。在实践中甄别行为人的主观心理时，需要结合事件起因、作案工具、打击部位、打击强度、行为人的事后态度等各方面因素，综合判断行为人对死亡结果持的是过失心理还是故意心理。

（二）强奸罪

强奸罪，是指违背妇女意志，使用暴力、胁迫或者其他方法，强行与妇女发生性关系或者奸淫未满 14 周岁的幼女的行为。本罪保护的法益是妇女的性自主权与幼女的身心健康。本罪的行为方式表现为使用暴力、胁迫或者其他手段，违背妇女意志与其发生性关系，或者奸淫未满 14 周岁的幼女。成立奸淫幼女，需要行为人主观上明知被害人系未满 14 周岁的幼女。[②] 暴力、胁迫行为，需要达到足以压制被害人反抗的程度，但不需要完全或者实际压制了被害人反抗。“其他手段”，是指暴力、

---

① 张明楷. 论以危险方法杀人案件的性质. 中国法学，1999（6）：109－110.

② 最高人民法院、最高人民检察院、公安部、司法部《关于办理性侵害未成年人刑事案件的意见》（自 2023 年 6 月 1 日起施行）。

胁迫以外的其他带有强制性的、使被害人难以反抗的手段，如麻醉、乘妇女熟睡、利用职务关系等。“骗奸”是否属于“其他手段”，需要具体分析。如果欺骗手段使妇女丧失了自我决定能力，则应当以强奸罪论处。例如，邪教组织的头目利用其对被害人的优势地位，诈称“施法”对被害人进行奸淫的，压制了被害人的自我决定能力，可以成立本罪。但被害人在具有自我决定能力且明确认识到自己将与对方发生性关系，只是对发生性关系的动机产生认识错误的，其性同意行为有效，行为人不成立强奸罪。例如，行为人谎称与其发生性关系便可得到一份薪资优渥的工作，女子信以为真与其发生性关系的，行为人不构成强奸罪。

强奸罪涉如下重、难点：

1. 本罪的加重量刑情节

下列六种情形系本罪的加重量刑情节：(1) 强奸妇女、奸淫幼女，情节恶劣的。(2) 强奸妇女、奸淫幼女多人的。(3) 在公共场所当众强奸妇女、奸淫幼女的。“当众”并不要求有多人实际看到奸淫行为，只要有多人在场即可成立。【参见知识拓展 2-9】。(4) 二人以上轮奸的。(5) 奸淫不满 10 周岁的幼女或者造成幼女伤害的。(6) 致使被害人重伤、死亡或者造成其他严重后果的。其中，轮奸是指两名以上的男性基于意思联络，在同一时段内，对同一妇女或幼女连续地轮流或者同时强奸或奸淫的行为。关于轮奸认定上的争议，主要集中在以下几个方面：二人以上共谋轮奸，仅有一人奸淫得逞的场合，二人是否构成轮奸？是否构成轮奸既遂？【参见知识拓展 2-10】这涉及轮奸是情节加重犯还是结果加重犯，是单纯的量刑情节还是加重的犯罪构成的认定问题。一方面，倘若轮奸是情节加重犯，则只要二人以上共谋轮奸并着手即可成立轮奸；但若轮奸是结果加重犯，则须有二人以上成功奸淫方可被认定为轮奸，否则只能被认定为强奸罪的基本犯。另一方面，倘若轮奸是单纯的量刑情节，则不存在未遂的情形；若是加重的犯罪构成，则存在未遂形态。在基于共同故意进行轮奸的场合，只有一人得逞时，参与者均构成强奸罪的既遂，且属于轮奸，但按照轮奸未遂论处。应当将“轮奸”视为情节加重犯、加重的犯罪构成。理由在于：首先，当二人以上共谋轮奸且已经着手时，对被害人的法益侵害程度已经明显重于一般的强奸行为，此时仅以一般的强奸罪论处而不适用轮奸情节，将导致对行为的评价不充分，故应当将轮奸视作情节加重犯。其次，当刑法分则条文将情节严重、情节恶劣或者数额巨大等规定为法定刑升格条件时，它们属于量刑规则，而不属于加重的犯罪构成；分则条文因为行为、对象等构成要件要素的特殊性使行为类型发生变化，进而导致违法性增强，并加重法定刑时，则属于加重的犯罪构成。[①] 轮奸是二人以上轮流、连续地对同一被害人实施奸淫，在行为样态上存在特殊性，故而应当视作加重的犯罪构成，存在未遂形态。另外，二人以上共谋实施轮奸但只有一人得逞时，被害人仅面临被轮奸的现实危险，但并未遭受实际的轮奸损害，以未遂形态对二者

知识拓展 2-9

知识拓展 2-10

① 张明楷. 刑法分则的解释原理. 2 版：上. 北京：中国人民大学出版社，2011：185-195.

作出区分，也有利于实现罪责刑相适应。综上，在基于共同故意进行轮奸的场合，只有一人得逞时，参与者均构成强奸罪的既遂，且属于轮奸，但应当按照轮奸未遂论处。

2. “婚内强奸”的认定

“婚内强奸”，是指在夫妻婚姻关系存续期间，丈夫使用暴力、胁迫或者其他方法强行与妻子发生性关系的行为。“婚内强奸”能否以强奸罪论处，理论界和实务界争议较大。实务中，只要双方尚未进入离婚诉讼程序，对丈夫就不以强奸罪论处。一般认为，“婚内强奸”不构成强奸罪，但一方已经提出离婚并进入法律程序的，或者丈夫教唆、帮助他人强奸自己妻子的，可以构成强奸罪。

（三）非法拘禁罪

非法拘禁罪，是指以拘押、禁闭或者其他强制方法非法剥夺他人人身自由的行为。本罪的法益为人的身体活动自由，具体而言，是现实的身体活动自由。仅仅存在侵害他人身体活动自由的可能性的，不成立本罪。身体活动自由虽然以具备移动身体的意思能力为前提，但这一意思能力只要达到能从事身体活动的程度即可，不要求具备刑事意义上的责任能力与民事意义上的行为能力。故能够行走的幼儿、精神病患者均可以成为本罪的对象。但本罪对象不包括不能活动的婴儿，对于偷盗婴儿的行为，可能认定为拐骗儿童罪、拐卖儿童罪或者绑架罪。

“非法”，是指不具有限制他人人身自由的法定权限而为之，包括无拘禁权者剥夺他人人身自由，例如为索债而拘禁债务人；或者有拘禁权者越权拘禁他人，例如超期拘押他人。而对于符合违法阻却事由的剥夺他人人身自由的行为，不应认定为“非法”，例如公民依法扭送犯罪分子的行为。“拘禁”，是指以强制方法使他人在一定时间内失去行动自由，或者使他人处于不能脱离一定场所的状态。拘禁的手段并不以有形强制为限，既可通过捆绑等有形的方法实现，也可以通过利用他人恐惧心理、羞耻感等无形的方法实现。拘禁的行为方式不限于作为，还包括不作为。例如放学后老师因过失将学生锁在了教室，发现后仍不管不顾，导致该学生长时间被关押于教室的，属于不作为形式的非法拘禁。

非法拘禁罪涉如下重、难点：

1. 索债型非法拘禁

依照《刑法》第 238 条第 3 款的规定，行为人为索取合法债务，或者为索取高利贷、赌债等法律不予保护的债务，而非法扣押、拘禁他人的，按本罪定罪处罚。[①]此时行为人的主观目的为索取债务，包括合法债务以及高利贷等不被保护的债务。行为人此时抱有索取其应得利益的目的，并无非法占有目的或者勒赎目的，因此不构成抢劫罪或者绑架罪。索债型非法拘禁罪的对象不限于债务人本人，还包括其近亲属、其他有关联的第三人。行为人可以是债权人本人，也可以是受债权人委托帮

---

① 最高人民法院《关于对为索取法律不予保护的债务非法拘禁他人行为如何定罪问题的解释》（自 2000 年 7 月 19 日起施行）。

其索债的其他人。

2. 本罪与其他犯罪的关系

第一，非法拘禁罪与绑架罪。非法拘禁罪与绑架罪都是侵犯公民人身权利的犯罪，且都可采取剥夺、控制他人人身自由的行为方式，在实践认定中容易被混淆，特别是在非法拘禁被害人且向其近亲属等索取债务的场合。主要的区分点在于行为人的主观目的，即是否为勒索财物或者其他不法目的。在索债型非法拘禁的场合，由于行为人事出有因，即使行为存在一定不法性，但其提出的要求也仅为索取债务，并没有勒索财物的目的，不符合绑架罪的构成要件。因此，行为人拘禁被害人向其近亲属索取债务时，只构成非法拘禁罪。但并不排除行为人以索取债务为名，行绑架之实的可能性。对于“索债”明显超过应得的债务偿付时，属于以讨债为名的绑架，应当以绑架罪论处。或者行为人明知不存在债务却以索债为由，拘禁他人，向其近亲属等人索取财物的，也应成立绑架罪。

第二，非法拘禁罪与催收非法债务罪。催收非法债务罪，是指以暴力、胁迫或者限制人身自由等方法，催收高利贷等非法债务，情节严重的行为。该罪的行为手段包括限制人身自由，可能与非法拘禁罪存在一定重合。二者的主要区别在于，非法拘禁罪可包括以非法手段索取合法债务的情形，而催收非法债务罪中讨要的债务只能为法律不予保护的非法债务。

3. 罪数关系

依照《刑法》第 238 条第 2 款第一句的规定，犯本罪，致人重伤的，处 3 年以上 10 年以下有期徒刑；致人死亡的，处 10 年以上有期徒刑。即“非法拘禁致人重伤、死亡”为本罪的结果加重犯。当非法拘禁行为本身致使被害人重伤、死亡，且行为人对重伤、死亡结果系过失时，适用该规定。例如行为人为防止被害人逃跑，以绳索勒捆，但不料由于绳索勒得太紧，被害人窒息而死，行为人构成非法拘禁致人死亡。依照《刑法》第 238 条第 2 款第二句的规定，使用暴力致人伤残、死亡的，按故意伤害罪、故意杀人罪论处。此为转化犯的规定。“使用暴力”为使用非法拘禁行为本身所不能包容的暴力，致使被害人伤残、死亡。例如行为人捆绑被害人后，单纯为了泄愤而用棍棒伤害被害人的行为。另外，此处的规定为法律拟制，行为人对伤残、死亡的主观心态应为过失，即行为人虽无杀人故意，但使用暴力致人死亡且对死亡结果具有过失的，应拟制为故意杀人罪。[①]非法拘禁罪为继续犯，在行为成立犯罪时即已经既遂。在拘禁过程中，行为人另起犯意侵犯其他法益的，应成立独立的新罪。例如，行为人产生杀人故意而进行杀人行为的，不属于结果加重犯或者转化犯的范畴，应独立成立故意杀人罪，与非法拘禁罪数罪并罚。

（四）绑架罪

绑架罪，是指以勒索财物为目的，采取暴力性或者其他手段控制他人人身自由，

---

① 张明楷. 刑法学：下. 6 版. 北京：法律出版社，2021：1157.

或者劫持他人为人质的行为。本罪的法益为他人的人身自由权利，包括他人的行动自由与身体安全。本罪的行为方式表现为行为人控制他人人身自由后，利用其近亲属或其他关系密切的人对其人身安全的忧虑勒索财物，或者绑架他人为人质。“绑架”的核心要素是对他人人身自由的控制，包括但不限于以暴力、胁迫手段为之，通过欺骗等非暴力手段控制他人的，也可以构成绑架罪。勒索或者其他不法目的为主观的超过要素，不要求客观上予以实现，只要行为人在实施控制他人人身自由行为时具备此种目的即可。绑架行为包括两种类型：其一是“勒赎型”绑架，即行为人利用被害人的近亲属等关系密切之人对其人身安全的忧虑勒索财物。但行为人以勒索财物为目的，不要求行为人实际向被害人的近亲属等人提出勒索财物的要求，也不要求其勒索财物的目的实际得到实现。其二是“人质型”绑架，即绑架他人为人质以换取某种财物以外的非法利益或者提出非法要求，例如行为人绑架一人质向政府提出不法要求。两者在控制被害人人身自由方面是相同的，但在要求的内容上有差异。

绑架罪涉如下重、难点：

1. 既遂与未遂

本罪为单行为犯，只要行为人控制人质使其逃脱显著困难，则成立本罪既遂。勒索财物或者扣为人质并非客观行为要件，不影响犯罪既遂的成立。若行为人已经着手实施控制他人人身的行为，但由于意志以外的原因被害人逃脱，并未得逞的，成立绑架罪未遂。

2. 本罪与抢劫罪的关系

二者的区别主要表现为：（1）行为方法不同。绑架罪表现为扣押人质向第三者索取财物，往往存在一定的时空间隔，而抢劫罪是当场强取财物或者当场迫使被害人交付财物，具有“当场性”。行为人控制被害人的人身自由后，直接向被害人强取、索取财物的，应当以抢劫罪论处。（2）行为主体不同。绑架罪的主体系已满 16 周岁的自然人，而抢劫罪的主体系已满 14 周岁的自然人。

知识拓展 2-11

但在时空距离较近的场合，行为人对一人实施暴力，而对另一人索取财物的，区分两罪可能存在一定困难。一般认为，此种情况下，虽然被实施暴力的人与被索财的人并非同一人，但二人的时空距离较近，因此认为行为人并无控制人质、以人质为交换索财的意思，其主观心态更符合抢劫罪的故意，即以暴力手段强取财物的意思。此外，该场合也符合抢劫罪的“当场性”条件【参见知识拓展 2-11】。

3. 罪数

依照《刑法》第 239 条第 2 款的规定，犯绑架罪，杀害被绑架人的，或者故意伤害被绑架人，致人重伤、死亡的，处无期徒刑或者死刑。据此，在自绑架行为着手到人质释放这一过程中，行为人故意杀害被绑架人（致死），或者故意伤害被绑架人致其重伤、死亡的，以绑架罪一罪加重处罚。若绑架行为本身导致被害人死亡，且行为人对此持过失心态，则属于绑架罪与过失致人死亡罪的想象竞合犯。在绑架过程中，行为人以其他犯罪故意实施了其他犯罪，侵犯了其他法益的，如绑架过程中强奸的，应数罪并罚。

4. 共犯

绑架罪为继续犯，虽然犯罪既遂但行为可能还未终了。在绑架行为终了前，后行为人以共同犯罪故意中途加入的，可构成承继的共同犯罪。但后行为人的具体罪名，需依据其犯罪故意、客观行为以及加入时人质的状态来确定。如在人质死亡前以杀人故意（并无绑架故意）加入，杀害了人质，则后行为人成立故意杀人罪。若其在人质死亡后以勒索财物为目的加入，实施了勒索行为，则后行为人构成敲诈勒索罪。若明知人质已死但谎称未死而进行勒索的，与诈骗罪构成想象竞合关系。

二、侵犯财产罪

侵犯财产犯罪，是指以非法占有为目的，非法侵夺公私财物的占有，或者挪用单位财物、故意毁坏财物、拒不支付劳动报酬的行为。侵犯财产犯罪的对象包括一般财物和财产性利益。具体而言，作为侵犯财产犯罪的对象，需要具备可管理性、可转移性以及价值性三个特征，可管理性意味着该物可被特定人所占有，可转移性意味着该物的占有可被侵夺，价值性意味着该物系值得刑法所保护的财物。根据侵犯财产的手段的不同，可以将侵犯财产犯罪分为取得型犯罪（不法取得财产的犯罪，如抢劫、盗窃等）和非取得型犯罪（如故意毁坏财物、拒不支付劳动报酬等）。其中，抢劫罪、盗窃罪、诈骗罪、敲诈勒索罪、侵占罪等取得型罪名是难点，应当予以重点关注。

（一）抢劫罪

抢劫罪，是指以非法占有为目的，当场使用暴力、胁迫或者其他方法，强行劫取财物的行为。本罪保护的法益为复杂法益，包括他人的人身权利和财产权利。本罪的行为方式表现为行为人对公私财物的所有人、保管人以及其他具有看护财物意思的人当场使用暴力、胁迫或者其他方法，强行劫取财物的行为。“暴力”，是指对被害人实行身体强制；“胁迫”，是指以当场使用暴力相威胁，对被害人实行精神强制，威胁的内容限于对被害人人身权利的加害，以当场毁损被害人的财物、名誉相威胁的，应当认定为敲诈勒索罪；“其他方法”，是指采取暴力、胁迫以外的使被害人丧失反抗能力的各种手段。暴力、胁迫或其他方法必须当场实施，且达到了足以压制被害人反抗的程度。暴力、胁迫或其他方法与最后取得财物之间必须具有因果关系，为抢劫财物对被害人使用暴力，被害人在逃跑过程中丢失财物被行为人捡拾的，仅能成立抢劫罪的未遂，其捡拾财物的行为可另行评价为侵占罪或盗窃罪。

抢劫罪涉如下重、难点：

1. “转化型抢劫”的认定

根据《刑法》第269条的规定，犯盗窃、诈骗、抢夺罪，为窝藏赃物、抗拒抓捕或者毁灭罪证，当场使用暴力或者以暴力相威胁的，以抢劫罪论处。该条规定被称为转化型抢劫，又被称为事后抢劫。转化型抢劫需要具备三个条件：其一，行为人实施了盗窃、诈骗、抢夺的行为。盗窃、诈骗、抢夺行为不必达到相应犯罪的既遂标准。[①] 行为人实施盗伐林木、金融诈骗等特殊的盗窃、诈骗、抢夺行为后，出于窝藏赃物等法定目的实施暴力或者以暴力相威胁的，倘若该特殊盗窃、诈骗、抢夺行为具有侵犯财产的性质，则也应当以转化型抢劫论处。例如，枪支、林木具有财产性质，故盗伐林木、盗窃枪支后当场使用暴力或者以暴力相威胁的，可以转化型抢劫论处；但国家机关公文、证件等不具有财产性质，此时行为人不能成立转化型抢劫。其二，必须当场使用暴力或者以暴力相威胁。暴力或者胁迫须与一般的抢劫行为中的暴力、胁迫程度相当，达到足以压制他人反抗的程度。关于暴力或者以暴力相威胁的对象，既可以是前行为的被害人、抓捕人，也可以是其他第三人。只要行为人基于特定目的对他人实施暴力即可成立转化型抢劫，对他人是否有夺回财物目的或者抓捕目的存在认识错误的，不影响转化型抢劫的成立。例如，甲误以为无关路人乙系追赶自己的被害人，而对其使用暴力，此时行为人依然构成转化型抢劫。其三，具有窝藏赃物、抗拒抓捕或者毁灭罪证的特定目的。窝藏赃物，是指保护通过前行为取得的赃物不被追回，此处的赃物必须与先前“盗窃、诈骗、抢夺”所取得的赃物具有同一性；抗拒抓捕，是指抵抗公安、司法机关工作人员的追捕或者普通公民的扭送；毁灭罪证，是指毁灭其先前实施盗窃、诈骗、抢夺的罪证。

2. 抢劫罪八种加重量刑情节的认定

第一，入户抢劫的。“户”是指他人用于生活的、与外界相对隔离的住所，包括封闭的院落、渔民用以居住的渔船等。进入经营区域和生活区域没有明显隔离的商店实施抢劫的，不能认定为“入户抢劫”【参见知识拓展 2-12】。成立入户抢劫，以入户目的具有非法性为前提。行为人不以实施抢劫为目的，因其他合法原因入户后，临时起意实施抢劫的，不认定为入户抢劫。入户盗窃后，为窝藏赃物、抗拒抓捕或者毁灭罪证，在户内当场使用暴力或者以暴力相威胁的，可以认定为入户抢劫【参见知识拓展 2-13】。

知识拓展 2-12

知识拓展 2-13

第二，在公共交通工具上抢劫的。在公共交通工具上实施盗窃、诈骗、抢夺等行为，为了窝藏赃物、抗拒抓捕或者毁灭罪证，在公共交通工具上当场使用暴力或者以暴力相威胁的，应当认定为“在公共交通工具上抢劫”；但行为人在公共交通工具上实施盗窃、诈骗、抢夺等行为，下车后为窝藏赃物、抗拒抓捕或者毁灭罪证而当场使用暴力或者以暴力相威胁的，不属于“在公共交通工具上抢劫”。

第三，抢劫银行或者其他金融机构的。这是指抢劫银行或者其他金融机构的经营资金、客户资金等。明知是正在使用的运钞车而进行抢劫的，属于“抢劫银行或

---

① 最高人民法院《关于审理抢劫、抢夺刑事案件适用法律若干问题的意见》（自 2005 年 6 月 8 日起施行）。

者其他金融机构”。

第四，多次抢劫或者抢劫数额巨大的。多次抢劫，是指抢劫 3 次及以上。对于“多次”的认定，应当以行为人实施的每次抢劫行为均构成犯罪为前提。数额巨大，包括一次抢劫数额巨大或者多次抢劫累计数额巨大。

第五，抢劫致人重伤、死亡的。致人重伤、死亡可以由行为人的过失引起，也包括行为人为当场取得财物而以杀死被害人的方式压制其反抗的情形。但行为人取得财物后对被害人进行灭口的，应当以抢劫罪和故意杀人罪实行数罪并罚。

第六，冒充军警人员抢劫的。冒充军警人员，既包括根本不具有军人或警察身份的人冒充军警身份，也包括具有此身份的军警冒充彼身份的军警实施抢劫的情形，但不包括真军警人员抢劫，否则有突破文义的最大范围行类推解释之实的嫌疑。

第七，持枪抢劫的。此处的“枪”，应当理解为《枪支管理法》中规定的以火药或者压缩气体等为动力，利用管状器具发射金属弹丸或者其他物质，足以致人伤亡或者丧失知觉的各种枪支。持仿真枪等假枪抢劫的，对被害人的人身安全并不具有持真枪抢劫所具备的高度危险性，不应以“持枪抢劫”论处。

第八，抢劫军用物资或者抢险、救灾、救济物资的。适用此加重条款，以行为人明知是上述物资为前提。行为人误以为是普通财物而进行抢劫的，不适用本加重情节。

（二）敲诈勒索罪

敲诈勒索罪，是指以非法占有为目的，对公私财物的所有人、保管人以恶害相通告，强行索取数额较大的公私财物，或者多次敲诈勒索他人财物的行为。本罪保护的客体为他人的财产权利。本罪的行为方式表现为行为人对公私财物的所有人、保管人采用威胁或者要挟的方法，迫使其当场或者限期内交付数额较大的财物，或者多次敲诈勒索他人财物的行为。“威胁或者要挟”，是指对被害人扬言要杀害、伤害其本人或其近亲属，或者将要揭发或张扬其隐私、犯罪记录等。威胁或者要挟既可以当面提出，也可以请他人代为转达；既可以口头提出，也可以书面提出；可以是明示，也可以是暗示。威胁的内容是否可能实现、是否合法，都不影响敲诈勒索罪的认定。

敲诈勒索罪涉如下重、难点：

1. 本罪与抢劫罪的界限

二者在以下方面存在区别：其一，在威胁的内容上，敲诈勒索罪的威胁内容较为广泛，可以是以暴力相威胁，也可以是以毁坏财物、宣扬隐私等相要挟；而抢劫罪的威胁内容仅限于以当场使用暴力相威胁。其二，从威胁的方式上看，敲诈勒索罪中的威胁可以口头提出，也可以书面提出，可以面对被害人提出，也可以由他人转告；而抢劫罪的威胁仅限于由犯罪分子向被害人当场提出。其三，从威胁内容的实现可能性来看，敲诈勒索罪中的威胁一般不具有当场实施的可能性；而抢劫罪中的威胁则有当场实施的现实危险。其四，从取得财物的时间来看，敲诈勒索罪中的财物可以在发出威胁后当场取得，也可以在发出威胁后的一定期限内取得；而抢劫罪是当场取得财物。

2. 本罪与权利行使的界限

实践中，部分人为了主张自己的权利，对他人使用胁迫手段。对此，应当从权利的合法性、手段的适当性等方面对行为人是否构成敲诈勒索罪进行认定：其一，行为人所主张的权利须具有合法性。行为人所主张的权利并没有法律依据，不受法律保护的，应当以敲诈勒索罪论处。其二，行为人主张权利的恐吓程度须具有适当性。行为人为主张权利所实施的威胁行为应当能为社会一般人所容忍，倘若超出社会一般人的容忍范围，则应当以敲诈勒索罪论处。例如：为索取债务扬言要杀害债务人近亲属的，恐吓程度便超出了一般人所能忍受的范围，其手段不具有适当性，应以敲诈勒索罪论处。在侵权案件中，行为人为行使法律保护的损害赔偿请求权，采用一般人能容忍的威胁手段，仅是索取的赔偿数额过高的，不应以敲诈勒索罪论处。在以上访相要挟的案件中，如果行为人有合理诉求，或者享有受法律保护的向政府求偿的民事权利，则不得认定为敲诈勒索罪。

（三）盗窃罪

盗窃罪，是指以非法占有为目的，窃取公私财物数额较大，或者多次盗窃、入户盗窃、携带凶器盗窃、扒窃的行为。本罪保护的客体为他人的财产权利。本罪的行为方式表现为窃取公私财物数额较大，或者多次盗窃、入户盗窃、携带凶器盗窃、扒窃。多次盗窃，是指 2 年内盗窃 3 次以上；扒窃，是指在公共场所或者公共交通工具上盗窃他人随身携带的财物。对“随身携带”的理解，不仅包括被害人的贴身财物，还包括被害人置于身边、随时可取用的财物。

关于盗窃行为是否需要具有秘密性，长期以来存在争议。我国刑法理论的通说认为，盗窃是指秘密窃取公私财物，同时认为，即使客观上被害人已经发觉，只要行为人主观上认为被害人尚未发觉而取得财物的，便是秘密窃取。传统观点违背了主客观相统一的原则，将行为人主观上是否自认为是秘密窃取作为区分盗窃罪和抢夺罪的唯一标准，难言妥当。晚近以来，不少学者主张以是否平和转移占有作为区分盗窃罪和抢夺罪的标准，这一观点较为可取。

盗窃罪涉如下重、难点：

1. 本罪既遂与未遂的界限

盗窃未遂包括完全未取得财物的情形，也包括取得财物的实际价值十分低廉的情形。对于盗窃未遂，一般不处罚，但具有下列情形之一的，应当依法追究刑事责任：（1）以数额巨大的财物为盗窃目标的；（2）以珍贵文物为盗窃目标的；（3）其他情节严重的情形。关于多次盗窃、入户盗窃、携带凶器盗窃、扒窃等行为类型，虽然上述类型的盗窃罪既遂并无数额要求，但盗窃罪毕竟系财产犯罪，行为人实施上述类型的盗窃行为，但完全没有取得值得刑法保护的财物的，也应当以盗窃未遂论处。

2. 本罪与侵占罪的界限

盗窃罪与侵占罪针对的行为对象不同，侵占罪的行为对象是脱离占有物，而盗窃罪的行为对象是仍处在他人占有之下的财物。这是两罪的关键区别。关于财物是否为他人所占有，要进行规范判断，车棚内未上锁的自行车，KTV、酒店等相对封闭场所中客人暂时遗落的物品，虽然占有人并未对其有物理上的管领力，但在规范上，上述财物均仍属于他人所占有，行为人取走上述财物的，应当以盗窃罪论处。但需要注意的是，对盗窃罪的认定依然要遵循主客观相统一的原则，行为人误认为某物为脱离占有物而取走的，主观上只有侵占故意，虽然客观上实施了盗窃行为，但最终也仅能以侵占罪定罪处罚。

3. 通过他人第三方支付平台非法转移其绑定的银行卡内钱款的认定

随着网络支付方式的普及，越来越多的交易并不直接通过银行或者现金交易等传统方式完成，而是借由支付宝、微信等第三方支付平台进行。需要讨论的是，通过他人的微信、支付宝，转移其所绑定的银行卡内的钱款的行为，应当如何定性？对此，实践中存在盗窃罪和信用卡诈骗罪两种观点。① 就第三方支付平台和银行之间的关系而言，只要输入正确的支付密码，即可取得卡内钱款，至于取款人是谁在所不问。易言之，在通过第三方支付平台进行交易时，银行只关心是否接收到正确的指令（支付密码），而不关心发出指令的人是不是银行卡的所有者，故而不存在被骗的问题。② 因此，通过第三方支付平台转移他人绑定的银行卡内钱款的，应当以盗窃罪论处。与之有类似性的情形是，被害人的第三方支付平台原本并未绑定银行卡，行为人先将被害人的银行卡与被害人本人的第三方支付平台绑定，进而转移卡内钱款。这一情形也应当以盗窃罪论处，理由在于替被害人绑定银行卡的行为并未侵犯被害人的任何法益，并不是刑法评价的对象，只能评价为其后的盗窃行为的预备行为，故整体上仍应以盗窃罪论处。

（四）诈骗罪

诈骗罪，是指以非法占有为目的，使用虚构事实或者隐瞒真相的方法，骗取公私财物，数额较大的行为。本罪保护的客体为他人的财产权利。本罪的行为方式表现为使用虚构事实或者隐瞒真相的方法，使被骗人陷入认识错误进而处分财产，遭受财产损失，数额较大的行为。“虚构事实”，是指捏造客观上并不存在的事实；“隐瞒真相”，是指对受害人掩盖某项客观上真实存在的事实。成立诈骗罪，要求诈骗行为与被害人的认识错误、被害人的认识错误与其处分财产之间具有因果关系。

诈骗罪所涉重、难点如下：

1. 三角诈骗的认定

通常类型的诈骗罪中，被骗人与遭受财产损失的人为同一人，但实践中也存在大量被骗人与遭受财产损失人不为同一人的情形，此即三角诈骗。例如，丙是

---

① 成立盗窃罪的判决，参见单某员盗窃案，江苏省苏州市昆山市人民法院，（2016）苏 0583 刑初 632 号刑事判决书。成立信用卡诈骗罪的判决，参见古某涛、李某豪信用卡诈骗案，河南省濮阳市龙华区人民法院（2015）华区刑初字第 164 号刑事判决书。

② 钱叶六. 存款占有的归属与财产犯罪的界限. 中国法学，2019（2）：236.

乙的代理人，代理乙从事商品交易。甲通过欺骗手段从丙处取得了货物，从而导致货物所有人乙遭受财产损失。认定三角诈骗，需要与盗窃罪的间接正犯作出区分。二者的关键区别在于被骗人是否有处分他人财物的权限。被骗人不具有处分他人财物的权限的，行为人应当以盗窃罪论处。对于被骗人是否具有处分权限的判断，不应当仅限于法定授权，而应当进行规范判断。社会一般人通常会认为被骗人对某财物具有处分权限的，行为人通过欺骗方式取得他人财物的，应当认定为三角诈骗。例如，社会一般认为，保姆有处理家中琐事的权限，故保姆有权将雇主的衣服送洗。行为人谎称来取送洗的衣服，从保姆处取得雇主衣服的，应当以诈骗罪论处。

2. 本罪与盗窃罪的界限

诈骗罪系“自损型”犯罪，盗窃罪系“他损型”犯罪，二者区分的关键在于行为人是否基于被害人有瑕疵的自愿给付而取得财物。被骗人不具有处分财物的权限的，应当以盗窃罪论处。例如，在银行大厅，丙去洗手间时将手机遗忘在座椅上，甲对乙谎称那是自己的手机，请乙将手机递给自己，乙照办。由于乙并不具有处分丙的手机的权限，故甲成立盗窃罪（间接正犯）而非诈骗罪。被骗人虽然有处分财产的权限，但其并没有处分意思的，也应当以盗窃罪论处。【参见知识拓展 2－14】例如，甲谎称其为航空公司工作人员，要求乙输入一串验证码，但通过暗置的木马链接，使乙实际上输入的是转账数字。此时乙并没有处分存款的意思，并不存在“自愿”给付，甲应当以盗窃罪论处。但关于处分意思在诈骗罪中是否必要，学界有处分意思必要说和处分意思不要说两种观点。处分意思必要说认为，诈骗罪中的处分行为不仅要求受骗者客观上有处分财产的行为，而且要求主观上有处分财产的意思。处分意思不要说认为，诈骗罪中的处分行为只要客观上自愿处分财物即可，无须受骗者主观上有处分意思。以往，处分意思必要说一直是学界通说，处分意思的有无决定着犯罪的性质是“他损”还是“自损”。然而，晚近随着交易日渐虚拟化，交易的具体内容越来越难以感知，越来越多的受骗者因行为人的欺骗行为而对交易的性质产生了错误认识，进而自愿“处分”财产。在此背景下，不少学者主张取消处分意思要件，仅以客观上的处分行为的有无作为区分盗窃罪和诈骗罪的标准。

知识拓展 2－14

第四节　贪污贿赂罪与渎职罪

一、贪污贿赂罪

贪污贿赂罪，是指国家工作人员利用职务上的便利，贪污，挪用公款，私分公共财产，索取、收受贿赂，不履行法定财产申报、境外存款申报等义务，以及行贿、介绍贿赂等其他个人或者组织实施的与受贿具有关联性的行为。

贪污贿赂罪在通过盗窃、侵吞、骗取等手段获取财产这一方面，与财产犯罪存在共同之处，但要求国家工作人员必须利用职务上的便利实施以上行为，因而是一种与国家公务活动密切相关的职务犯罪。根据刑法分则第八章的规定，贪污贿赂罪主要分为以下两类：一是贪污挪用类犯罪，体现为利用职务上的便利非法获取公共财物的行为，包括贪污罪、挪用公款罪、私分国有资产罪、私分罚没财物罪、巨额财产来源不明罪和隐瞒境外存款罪；二是贿赂类犯罪，体现为以职务上的便利交换财物的行为，包括受贿罪、利用影响力受贿罪、单位受贿罪、行贿罪、对有影响力的人行贿罪、对单位行贿罪、介绍贿赂罪、单位行贿罪。

贪污贿赂罪的主体多数是特殊主体，即国家工作人员，如贪污罪、受贿罪、挪用公款罪、私分国有资产罪等。少数罪名的主体是一般主体，即不具有特殊身份的自然人或单位，如行贿罪、介绍贿赂罪、对单位行贿罪等。

（一）贪污罪

贪污罪，是指国家工作人员利用职务上的便利，侵吞、窃取、骗取或者以其他手段非法占有公共财物的行为。利用职务上的便利，是指利用职务上主管、管理、经营、经手公共财物的权力、地位及方便条件，单纯地因工作关系熟悉作案环境、因工作关系易于进入某个场所、因工作关系易于接触作案对象等不属于利用职务上的便利。侵吞，是指行为人将自己因职务便利而占有的公共财物非法据为己有或转归他人占有，如执法人员罚没款物应当上交而不上交等。此外，国家工作人员在国内公务活动或者对外交往中接受礼物，依照国家规定应当交公而不交公，数额较大的，以贪污罪论处。窃取，是指行为人利用职务上的便利，将他人占有的公共财物以非法平和的方式转移为自己或第三人占有，其与侵吞的不同之处主要在于该公共财物是由行为人自己原始占有还是他人原始占有。在此种意义上，应当将“监守自盗”理解为“侵吞行为”更为合理。骗取，是指行为人利用职务上的便利，采取虚构事实或者隐瞒真相的方法，使他人产生认识错误，进而将他人占有的公共财物据为己有或转归第三人占有。我国《刑法》第 183 条第 2 款的情形就属于“骗取型”的贪污，国有保险公司工作人员和国有保险公司委派到非国有保险公司从事公务的人员，利用职务上的便利，故意编造未曾发生的保险事故进行虚假理赔，骗取保险金归自己所有的，构成贪污罪。其他手段则是指除侵吞、窃取、骗取之外的行为人利用职务之便非法占有公共财物的手段，例如以挪用、借用的名义拒不归还或携款潜逃。

贪污罪涉如下重、难点：

1. 行为主体的范围界定

贪污罪的主体包括国家工作人员以及受委托经营、管理国有资产的人员，其中，国家工作人员包括四种类型：国家机关中从事公务的人员；国有公司、企业、事业单位、人民团体中从事公务的人员；国家机关、国有公司、企业、事业单位委派到非国有公司、企业、事业单位、社会团体从事公务的人员；其他依照法律从事公务的人员。“其他依照法律从事公务的人员”应当具有两个特征：一是在特定条件下行使国家管理职能，二是依照法律规定从事公务。受国家机关、国有公司、企业、事业单位、人民团体委托管理、经营国有财产的人员视为“其他依照法律从事公务的人员”。村民委员会等村基层组织人员协助人民政府从事行政管理工作，利用职务上的便利贪污公共财产的，以贪污罪论处。上述几类国家工作人员的本质特征在于其行为是否实际从事了公务。“公务”，是指具有管理性、行政性和职权性，关系到多数人或者不特定人利益的公共事务；“从事公务”，是指依法行使一定职权、履行一定职务，对国家和社会公共事务进行管理的活动。如国有公司的董事、经理、监事、会计、出纳人员等管理、监督国有财产等活动，属于从事公务。那些不具备职权内容的劳务活动、技术服务工作，如售货员、售票员等所从事的工作，一般不认为是公务。

2. “公共财物”的范围界定

根据《刑法》的规定，公共财产，是指国有财产、劳动群众集体所有的财产以及用于扶贫和其他公益事业的社会捐助或者专项基金的财产，在国家机关、国有公司、企业、集体企业和人民团体管理、使用或者运输中的私人财产，以公共财产论。贪污罪中的公共财物，不仅包括有形物和无形物，也包括各种财产性利益【参见知识拓展 2-15】；不仅包括单位合法占有的财物，也包括单位非法占有的财物，例如行政单位非法征收、征用的财物等。受委托在非国有单位中从事公务的人员贪污单位财产的，以贪污罪论处。因此，本罪中公共财物不仅包括通常意义上的公共财产范畴，非国有单位的财物也可以成为本罪的行为对象。

知识拓展 2-15

3. 本罪与侵占罪、盗窃罪、诈骗罪的关系

客观上，贪污罪中的侵吞、窃取和骗取行为同时也符合侵占罪、盗窃罪、诈骗罪的行为要件，主观上都是故意，且要求具有非法占有目的。二者之间属于法条竞合关系，应当适用特别法条优于一般法条的原则，其中，前者属于特别法条，后者属于一般法条。相较而言，贪污罪主要有以下特殊之处：行为主体仅限于国家工作人员和受委托经营、管理国有资产的人员；行为对象为公共财物；行为方式必须利用职务上的便利。

4. 共犯

与国家工作人员或者受委托管理、经营国有财产的人员勾结，伙同贪污的，以共犯论处。行为人与国家工作人员勾结，利用国家工作人员的职务便利，共同侵吞、窃取、骗取或者以其他手段非法占有公共财物的，以贪污罪共犯论处。公司、企业或者其他单位中，不具有国家工作人员身份的人与国家工作人员勾结，分别利用各自的职务便利，共同将本单位财物非法占为己有的，按照主犯的犯罪性质定罪。由此，非国家工作人员亦可构成贪污罪的共犯。实践中，亦经常发生国家工作人员与非国家工作人员相互勾结，共同非法取得公共财物的案件。在共同贪污中，个人的贪污数额，不是共同犯罪的总数额，也不是分赃数额，而是指个人应当承担责任的数额。个人贪污数额，在共同贪污犯罪案件中应理解为个人所参与或者组织、指挥

共同贪污的数额，不能只按个人实际分得的赃款数额来认定。

5. 程序衔接

对于贪污贿赂犯罪等重大犯罪案件，犯罪嫌疑人、被告人逃匿，在通缉一年后不能到案，或者犯罪嫌疑人、被告人死亡，依照刑法规定应当追缴其违法所得及其他涉案财产的，人民检察院可以向人民法院提出没收违法所得的申请，适用违法所得没收程序。【参见知识拓展 2－16】

知识拓展 2－16

（二）挪用公款罪

挪用公款罪，是指国家工作人员利用职务上的便利，挪用公款归个人使用，进行非法活动的，或者挪用公款数额较大、进行营利活动的，或者挪用公款数额较大、超过三个月未还的行为。挪用，是指未经许可批准或者违反财经制度，擅自将公款脱离单位占有转为自己占有并加以使用的行为。归个人使用，是指将公款供本人、亲友或者其他自然人使用的；以个人名义将公款供其他单位使用的；个人决定以单位名义将公款供其他单位使用，谋取个人利益的。[①] 在司法实践中，对于将公款供其他单位使用的，是否认定为属于“以个人名义”，不能只看形式，要从实质上把握。对于行为人逃避财务监管，或者与使用人约定以个人名义进行，或者借款、还款都以个人名义进行，将公款给其他单位使用的，应认定为“以个人名义”。“个人决定”，既包括行为人在职权范围内决定，也包括超越职权范围决定。“谋取个人利益”，既包括行为人与使用人事先约定谋取个人利益实际尚未获取的情况，也包括虽未事先约定但实际已获取了个人利益的情况。“个人利益”，既包括不正当利益，也包括正当利益；既包括财产性利益，也包括非财产性利益，但这种非财产性利益应当是具体的实际利益，如升学、就业等。具体的行为方式有三种：（1）挪用公款进行非法活动。“非法活动”，不仅包括犯罪行为，也包括一般的违法行为，例如赌博、嫖娼、吸毒、走私等。（2）挪用公款数额较大，进行营利活动的。“营利活动”，是指合法的营利活动，例如经商、购买股票、存入银行、申报注册资本等。（3）挪用公款数额较大、超过三个月未还。这里是指挪用公款进行前述非法活动与营利活动之外的其他任何活动。对于某些介于营利活动与个人其他活动之间的使用行为，例如挪用公款归还个人借款，应当根据产生欠款的原因，分别认定属于挪用公款的何种情形。归还个人进行非法活动或者进行营利活动产生的欠款，应当认定为挪用公款进行非法活动或者进行营利活动。

挪用公款罪涉如下重、难点：

1. 行为主体的范围界定

挪用公款罪的行为主体与贪污罪的基本一致，不同的是，受国家机关、国有公司、企业、事业单位、人民团体委托，管理、经营国有财产的非国家工作人员，利

---

① 全国人大常委会《关于〈中华人民共和国刑法〉第三百八十四条第一款的解释》（自 2002 年 4 月 28 日起施行）。

用职务上的便利，挪用国有资金归个人使用构成犯罪的，不能认定为挪用公款罪，而认定为挪用资金罪。[①] 国有金融机构工作人员和国有金融机构委派到非国有金融机构从事公务的人员挪用本单位或客户资金的，以挪用公款罪论处。挪用公款给他人使用，使用人与挪用人共谋，指使或者参与策划取得挪用款的，以挪用公款罪的共犯定罪处罚。

2. “公款”的范围界定

公款不仅包括通常意义上的公款资金，还包括公有国库券[②]、失业保险金以及下岗职工基本生活保障资金[③]等。挪用用于救灾、抢险、防汛、优抚、扶贫、移民、救济款物归个人使用的，构成挪用公款罪。因此，除“公款”外，该罪的行为对象还包括特定款物。此外，被委派到非国有公司、企业及其他单位从事公务的人员，利用职务上的便利，挪用本单位资金的，亦构成挪用公款罪。因此，非国有单位的财产也能成为该罪的行为对象。

3. 本罪与其他犯罪的关系

第一，挪用公款罪与贪污罪。二者都是国家工作人员利用职务上的便利非法侵害公共财产的行为，但在行为主体上，贪污罪的主体包括受国家机关、国有单位等的委托管理、经营国有财产的人员，而挪用公款罪的主体则不包括；在行为对象上，贪污罪的对象既可以是公款，也可以是公物，而挪用公款罪的对象则是公款与特定款物；在主观目的上，贪污罪要求必须具有非法占有目的，而挪用公款罪只要求具有非法使用目的，且有归还的意思。若行为人挪用公款的行为体现出非法占有目的而不仅仅是使用目的时，应认定为贪污罪而不是挪用公款罪。例如携带挪用的公款潜逃的；挪用公款后采取虚假发票平账、销毁有关账目使所挪用的公款已难以在单位财务账目上反映出来，且没有归还行为的；截取单位收入不入账，非法占有，使所占有的公款难以在单位财务账目上反映出来，且没有归还行为的；有证据证明行为人有能力归还所挪用的公款而拒不归还，并隐瞒挪用的公款去向等能够体现出行为人具有非法占有目的拒不归还主观意图的行为。

第二，挪用公款罪与挪用特定款物罪。挪用公款罪的行为中包括挪用用于救灾、抢险、防汛、优抚、扶贫、移民、救济款物归个人使用的行为，此时二者的行为对象具有一致性。但二者亦存在区别：在行为主体上，挪用公款罪的主体为国家工作人员，挪用特定款物罪的主体为管理、经管、使用特定款物的直接责任人员；在行为特征上，挪用公款罪中的“挪用”是“公作私用”，而挪用特定款物罪中的“挪用”是“公作公用”，即只是擅自改变了用途，未能专款专用，但仍用作其他公用。

---

① 最高人民法院《关于对受委托管理、经营国有财产人员挪用国有资金行为如何定罪问题的批复》（自2000年2月24日起施行）。

② 最高人民检察院《关于挪用国库券如何定性问题的批复》（自1997年10月13日起施行）。

③ 最高人民检察院《关于挪用失业保险基金和下岗职工基本生活保障资金的行为适用法律问题的批复》（自2003年1月30日起施行）。

(三) 受贿罪

受贿罪，是指国家工作人员利用职务上的便利，索取他人财物的，或者非法收受他人财物，为他人谋取利益的行为。利用职务上的便利，既包括利用本人职务上主管、负责、承办某项公共事务的职权，也包括利用职务上有隶属、制约关系的其他国家工作人员的职权。担任单位领导职务的国家工作人员通过不属自己主管的下级部门的国家工作人员的职务为他人谋取利益的，应当认定为利用职务上的便利为他人谋取利益。索取他人财物，即“索取型受贿”，是指行为人明示或暗示地主动向他人索要或勒索财物的行为，具有主动性与勒索性的特点，比一般收受贿赂的行为更为严重，因而不要求为他人谋取利益。非法收受他人财物，为他人谋取利益，即“收受型受贿”，是指在行贿人主动行贿的情况下，行为人非法收受并许诺为他人谋取利益，具有被动性的特点。为他人谋取利益【参见知识拓展 2-17】是收受型受贿的必要条件，但受贿罪的成立并不要求真正为他人实际谋取到利益，为他人谋取利益包括承诺、实施和实现三个阶段的行为。只要具有其中一个阶段的行为，如国家工作人员收受他人财物时，根据他人提出的具体请托事项，承诺为他人谋取利益的，就具备为他人谋取利益的要件。明知他人有具体请托事项而收受其财物的，视为承诺为他人谋取利益。具有下列情形之一的，应当认定为“为他人谋取利益”：实际或者承诺为他人谋取利益的；明知他人有具体请托事项的；履职时未被请托，但事后基于该履职事由收受他人财物的。国家工作人员索取、收受具有上下级关系的下属或者具有行政管理关系的被管理人员的财物价值 3 万元以上，可能影响职权行使的，视为承诺为他人谋取利益。

知识拓展 2-17

受贿罪所涉重、难点如下：

1. 行为主体的范围界定

受贿罪的主体为国家工作人员，但其主体范围与贪污罪不同，受国家机关、国有公司等的委托管理、经营国有财产的人员不是本罪的主体。此外，国家工作人员利用职务上的便利为请托人谋取利益，并与请托人事先约定，在其离退休后收受请托人财物，构成犯罪的，以受贿罪定罪处罚。[①] 这里强调必须有事先约定，若没有事先约定也不能构成受贿罪。但这一批复的合理性存在质疑，受贿罪的核心在于“权钱交易”，即使当事人事前未明确约定，若能证明其事后收受的财物正是先前职务行为的对价，也应认定为受贿行为。

2. 受贿“财物”的范围界定

此处的“财物”不仅包括金钱、货币和可以用金钱计算的财物，还包括各种财产性利益。财产性利益包括可以折算为货币的物质利益，如房屋装修、债务免除等，以及需要支付货币的其他利益，如会员服务、旅游等，但不包括安排子女就业、性

---

① 最高人民法院《关于国家工作人员利用职务上的便利为他人谋取利益离退休后收受财物行为如何处理问题的批复》(自 2000 年 7 月 21 日起施行)。

服务、迁移户口等难以用金钱衡量价值的行为。[①]

3. 受贿罪与非罪典型行为界定标准

其一，受贿罪与取得合法报酬的界限。行为人在法律法规、政策、纪律允许的范围内，利用业余时间通过非职务劳动行为获取的报酬属于合法报酬，不属于受贿行为。但若行为人是通过职务行为为他人谋取利益从而获取报酬，即使是在业余时间，也属于受贿。

其二，受贿罪与接受正当馈赠的界限。行为人接受财物的行为是属于收受贿赂还是接受正当馈赠往往需要进行综合判断。应当结合以下因素全面分析、综合判断：发生财物往来的背景，如双方是否存在亲友关系及历史上交往的情形和程度；往来财物的价值；财物往来的缘由、时机和方式，提供财物方对于接受方有无职务上的请托；接受方是否利用职务上的便利为提供方谋取利益。

其三，受贿罪与一般经济活动的界限。关于受贿行为与一般经济行为的区分，《关于办理受贿刑事案件适用法律若干问题的意见》中针对以交易形式收受贿赂、收受干股、以开办公司等合作投资名义收受贿赂、以委托请托人投资证券、期货或者其他委托理财的名义收受贿赂、以赌博形式收受贿赂、特定关系人“挂名”领取薪酬、由特定关系人收受贿赂等多种变相受贿的行为作出了明确规定。

4. 共犯关系

非国家工作人员与国家工作人员勾结，伙同受贿的，应当以受贿罪的共犯追究刑事责任。非国家工作人员是否构成受贿罪共犯，取决于双方有无共同受贿的故意和行为。国家工作人员的近亲属向国家工作人员代为转达请托事项，收受请托人财物并告知该国家工作人员，或者国家工作人员明知其近亲属收受了他人财物，仍按照近亲属的要求利用职权为他人谋取利益的，对该国家工作人员应认定为受贿罪，对其近亲属以受贿罪共犯论处。近亲属以外的其他人与国家工作人员通谋，由国家工作人员利用职务上的便利为请托人谋取利益，收受请托人财物后双方共同占有的，构成受贿罪共犯。此外，特定关系人与国家工作人员通谋，国家工作人员利用职务上的便利为请托人谋取利益，授意请托人将有关财物给予特定关系人的，对特定关系人以受贿罪的共犯论处。其中，“特定关系人”，是指与国家工作人员有近亲属、情妇（夫）以及其他共同利益关系的人。[②]

（四）行贿罪

行贿罪，是指为谋取不正当利益，给予国家工作人员以财物的行为。谋取不正当利益，是指行贿人谋取的利益违反法律、法规、规章、政策规定，或者要求国家工作人员违反法律、法规、规章、政策、行业规范的规定，为自己提供帮助

---

① 最高人民法院、最高人民检察院《关于办理贪污贿赂刑事案件适用法律若干问题的解释》（自 2016 年 4 月 18 日起施行）第 12 条。

② 最高人民法院、最高人民检察院《关于印发〈关于办理受贿刑事案件适用法律若干问题的意见〉的通知》（自 2007 年 7 月 8 日起施行）第 11 条。

或者方便条件。由此，不正当利益并不限于非法利益，不仅包括违反法律、法规、规章等的利益，而且包括违反行业规范、公平原则等的利益。给予财物，既可以是主动给予，也可以是被动给予，即在国家工作人员主动索要财物的情况下，被动地交付财物。但是，因被勒索给予国家工作人员以财物，没有获得不正当利益的，不是行贿。此外，在经济往来中，违反国家规定，给予国家工作人员以财物，数额较大的，或者违反国家规定，给予国家工作人员以各种名义的回扣、手续费的，以行贿论处。

行贿罪所涉重、难点为行贿罪罪数问题。行贿罪与受贿罪是对向犯的关系，行贿人要求没有受贿意思的国家工作人员收受其贿赂，或者帮助具有受贿意思的国家工作人员收受贿赂的，虽然形式上同时构成行贿罪的正犯与受贿罪的教唆犯或帮助犯，但往往只认定为，其行贿一罪，不另外评价，其对受贿罪的教唆或帮助行为。行贿人行贿要求为其谋取不正当利益，而该不正当利益本身构成犯罪的情况下，行贿人的行为则同时构成两罪或多罪，属于想象竞合的关系，应当从一重罪处罚。

二、渎职罪

渎职罪是指国家机关工作人员在履行职务和行使职权的过程中，滥用职权、玩忽职守、徇私舞弊、妨害国家机关的正常公务管理活动，致使公共财产、国家和人民利益遭受重大损失的行为。其中，“国家机关的正常公务管理活动”，是指国家机关依照法律、法规和国家政策的规定，履行其职责的具体活动。渎职罪客观上表现为利用职务上的便利滥用职权、玩忽职守、徇私舞弊，致使国家和人民利益遭受重大损失的行为。滥用职权，是指国家机关工作人员违背法律规定而行使职权；玩忽职守，是指国家机关工作人员疏于职守，不依法行使职权；徇私舞弊，是指国家机关工作人员徇私徇情地行使职权。一般的滥用职权、玩忽职守、徇私舞弊的行为不构成渎职罪，只有那些因上述渎职行为致使公共财产或者国家和人民的利益遭受重大损失的行为才构成犯罪。

根据刑法分则第九章的规定，渎职罪可分为以下三种：一是一般国家机关工作人员的渎职罪，如滥用职权罪、玩忽职守罪；二是司法机关工作人员的渎职罪，如徇私枉法罪；三是其他特定国家机关工作人员的渎职罪，如滥用管理公司、证券职权罪。渎职罪的行为主体绝大多数为特殊主体，即国家机关工作人员，故意、过失泄露国家秘密罪除外。渎职罪中，不同的罪名具有不同的主观罪过形式，有的是故意，有的是过失，有的亦存在争议，例如滥用职权罪与玩忽职守罪。

（一）滥用职权罪

滥用职权罪，是指国家机关工作人员超越职权，违法决定、处理其无权决定、处理的事项，或者违反规定处理公务，致使公共财产、国家和人民利益遭受重大损失的行为。具体来看，滥用职权的行为可以被分为三类：超越职权，即在本职权限范围之外，擅自违法决定和处理其无权决定和处理的事项；玩弄职权，即在本职权限范围内不认真履行职权，违反规定处理公务；放弃职权，即在本职权限范围内，故意不履行或放弃履行职权。本罪的主观构成要件是故意还是过失存在争议，但目前通说仍认为其主观构成要件为故意，即明知自己滥用职权的行为会侵害到国家公务的执行并且仍希望或者放任这种结果发生，不包括对于致使公共财产、国家和人民利益遭受重大损失的发生的认识。

滥用职权罪涉如下重、难点：

1. 滥用职权罪行为主体范围的界定

知识拓展 2-18

知识拓展 2-19

本罪的主体为国家机关工作人员。国家机关工作人员【参见知识拓展 2-18】【参见知识拓展 2-19】，是指在国家机关中从事公务的人员，包括在各级国家权力机关、行政机关、司法机关和军事机关中从事公务的人员。在乡（镇）以上中国共产党机关、人民政协机关中从事公务的人员，被视为国家机关工作人员。此外，在依照法律、法规规定行使国家行政管理职权的组织中从事公务的人员，或者在受国家机关委托代表国家机关行使职权的组织中从事公务的人员，或者虽未列入国家机关人员编制但在国家机关中从事公务的人员，在代表国家机关行使职权时，视为国家机关工作人员。

2. 本罪与其他犯罪的关系

第一，滥用职权罪与特定主体滥用职权罪。除本罪外，《刑法》第 399 条的徇私枉法罪、第 399 条之一的枉法仲裁罪、第 400 条的私放在押人员罪等也都将特定主体的滥用职权或徇私舞弊的行为规定为独立的犯罪。滥用职权罪与特定主体滥用职权罪之间是法条竞合关系，应当坚持特殊法条优于一般法条的原则，其中，前者是一般法条，后者是特殊法条。第二，滥用职权罪与国有公司、企业、事业单位人员滥用职权罪。两罪在客观上都体现为滥用职权的行为，区别主要在于行为主体。滥用职权罪的主体只能是国家机关工作人员，而国有公司、企业、事业单位人员滥用职权罪的主体则是国有公司、企业、事业单位人员。

3. 共犯关系

国家机关工作人员实施渎职行为，放纵他人犯罪或者帮助他人逃避刑事处罚，构成犯罪的，依照渎职罪的规定定罪处罚。国家机关工作人员与他人共谋，利用其职务行为帮助他人实施其他犯罪行为，同时构成渎职犯罪和共谋实施的其他犯罪共犯的，依照处罚较重的规定定罪处罚。国家机关工作人员与他人共谋，既利用其职务行为帮助他人实施其他犯罪，又以非职务行为与他人共同实施该其他犯罪行为，同时构成渎职犯罪和其他犯罪的共犯的，依照数罪并罚的规定定罪处罚。国家机关负责人员违法决定，或者指使、授意、强令其他国家机关工作人员违法履行职务或者不履行职务，构成渎职犯罪的，应当依法追究刑事责任。以“集体研究”形式实施的渎职犯罪，应当依照相应规定追究国家机关负有责任的人员的刑事责任。对于具体执行人员，应当在综合认定其行为性质、是否提出反对意见、危害结果大小等情节的基础上决定是否追究刑事责任和应当判处的刑罚。

4. 追诉期限的起算

以危害结果为条件的渎职犯罪的追诉期限，从危害结果发生之日起计算；有数个危害结果的，从最后一个危害结果发生之日起计算。[①] 滥用职权罪的成立以“致使公共财产、国家和人民利益遭受重大损失”为要件，属于以危害结果为条件的渎职犯罪，其追诉期限应从危害结果发生之日起计算。

（二）玩忽职守罪

玩忽职守罪，是指国家机关工作人员严重不负责任，不履行或者不认真履行职责，致使公共财产、国家和人民利益遭受重大损失【参见知识拓展 2－20】的行为。具体来看，玩忽职守的行为可以分为两类：应当履行职责而不履行，属于不作为形式的玩忽职守行为；虽然履行了职责但并未认真履行，属于作为形式的玩忽职守行为。本罪的主观构成要件是故意还是过失存在争议，但目前通说仍认为其主观构成要件为过失。

知识拓展 2－20

玩忽职守罪所涉重、难点如下：

1. 玩忽职守罪与其他犯罪的关系

（1）玩忽职守罪与滥用职权罪。实践中，玩忽职守罪多表现为不作为的行为方式，滥用职权罪多表现为作为的行为方式，但事实上二者的行为方式都既可以作为，也可以不作为，二者的核心区别在于主观罪过，即玩忽职守罪的主观罪过为过失，而滥用职权罪的主观罪过为故意。

（2）玩忽职守罪与重大责任事故罪。两罪在主观罪过形式上都是过失，但存在以下区别：在行为主体上，本罪的主体为国家机关工作人员，重大责任事故罪的主体为一般主体；在行为方式上，本罪发生在国家机关工作人员的职权范围内，重大责任事故罪则发生在生产、作业的过程中。

（三）徇私枉法罪

徇私枉法罪，是指司法工作人员徇私枉法、徇情枉法，对明知是无罪的人而使他受追诉、对明知是有罪的人而故意包庇不使他受追诉，或者在刑事审判活动中故意违背事实和法律作枉法裁判的行为。其中，“司法工作人员”，是指具有侦查、检察、审判、监管职责的工作人员。“追诉”，是指以追究刑事责任进行的立案、侦查、起诉、审判活动，只要对无罪的人实行任意一个追诉阶段的行为，都属于“使他受追诉”；只要对有罪的人不立案、不侦查、不起诉、不审判、审判无罪的，都属于“不使他受追诉”。“无罪的人”，不仅包括事实上未实施犯罪行为的人，还包括不认为是犯罪或者依法不负刑事责任的人。“有罪的人”，不是指已经被法院判决有罪的人，而是指现有证据足以证明其实施了犯罪行为的人。“枉法裁判”，是指将有罪判

① 最高人民法院、最高人民检察院《关于办理渎职刑事案件适用法律若干问题的解释（一）》（自 2013 年 1 月 9 日起施行）第 6 条。

无罪、无罪判有罪、重罪判轻罪、轻罪判重罪等情形。

徇私枉法罪所涉重、难点如下：

1. 罪与非罪的判断标准

主要是：第一，对明知是没有犯罪事实或者其他依法不应当追究刑事责任的人，采取伪造、隐匿、毁灭证据或者其他隐瞒事实、违反法律的手段，以追究刑事责任为目的立案、侦查、起诉、审判的；第二，对明知是有犯罪事实需要追究刑事责任的人，采取伪造、隐匿、毁灭证据或者其他隐瞒事实、违反法律的手段，故意包庇使其不受立案、侦查、起诉、审判的；第三，采取伪造、隐匿、毁灭证据或者其他隐瞒事实、违反法律的手段，故意使罪重的人受较轻的追诉，或者使罪轻的人受较重的追诉的；第四，在立案后，采取伪造、隐匿、毁灭证据或者其他隐瞒事实、违反法律的手段，应当采取强制措施而不采取强制措施，或者虽然采取强制措施，但中断侦查或者超过法定期限不采取任何措施，实际放任不管，以及违法撤销、变更强制措施，致使犯罪嫌疑人、被告人实际脱离司法机关侦控的；第五，在刑事审判活动中故意违背事实和法律，作出枉法判决、裁定，即有罪判无罪、无罪判有罪，或者重罪轻判、轻罪重判的。

2. 本罪与其他犯罪的关系

第一，徇私枉法罪与包庇罪。本罪中使有罪的人不受刑事追诉与包庇罪存在相似之处，但亦存在以下区别：在行为主体上，本罪的主体为司法工作人员，包庇罪的主体为一般人员；在行为方式上，本罪是利用司法职务之便使其不受追诉，包庇罪是通过向司法机关作假证明予以包庇；在行为对象上，本罪包庇的对象中不包括已决犯，而包庇罪中则包括。第二，徇私枉法罪与诬告陷害罪。本罪中使无罪的人受到刑事追诉与诬告陷害罪存在相似之处，但亦存在以下区别：在行为主体上，本罪的主体为司法工作人员，诬告陷害罪的主体为一般人员；在行为方式上，本罪是利用职务上的便利，直接对无罪的人进行追诉，诬告陷害罪是向司法机关诬告进而利用司法机关对无罪的人进行追诉。

3. 罪数关系

原则上，国家工作人员实行渎职犯罪同时收受贿赂的，应当以渎职犯罪与受贿罪数罪并罚。但根据《刑法》第 399 条第 4 款，司法工作人员贪赃枉法，构成徇私枉法罪，同时索贿或收受贿赂构成受贿罪的，依照处罚较重的规定定罪处罚。

第五节　共同犯罪与单位犯罪

一、共同犯罪的实体法概述

（一）共同犯罪的概念

我国《刑法》第 25 条规定：“共同犯罪是指二人以上共同故意犯罪。”我国刑法中的共同犯罪是相对于个人实施犯罪而言的一种犯罪特殊形态。在我国刑法总则中只出现了“共同犯罪”的字眼，并未出现“共犯”的表述。共同犯罪与共犯是密不可分的概念。具体而言，共同犯罪主要指称犯罪形态，而共犯主要指的是参与到共同犯罪之中的行为人。

“共同犯罪”属于犯罪的一种特殊形态。共同犯罪在定罪量刑方面与单独实施犯罪都有区别。一方面，共同犯罪一般规模更大，案情更为复杂，比一个人单独实施犯罪具有更严重的社会危害性，在定罪方面需要综合判定；另一方面，每个共同犯罪人在共同犯罪中所起的作用和所处的地位不同，依照罪责刑相适应原则，需要对应事实与法律，逐一处以不同的刑罚。

“共犯”主要指实施共同犯罪的所有参与人。在大陆法系刑法理论上，“共犯”分为广义的共犯和狭义的共犯。其中广义的共犯包括共同正犯、教唆犯和帮助犯，而狭义的共犯仅仅指教唆犯和帮助犯。广义的共犯，可以分为任意的共犯与必要的共犯。任意的共犯，指在法律上预定为单独犯的犯罪，由二人以上共同实行的情况。必要的共犯，指刑法分则或其他刑罚法规规定的，必须由二人以上共同实行的犯罪。[①] 我国刑法中的共犯当指大陆法系刑法理论中的广义的共犯，即包括主犯、从犯、胁从犯、教唆犯。大陆法系刑法理论关于正犯、教唆犯与帮助犯的划分是以共同犯罪人在共同犯罪活动中的分工为标准的，而我国刑法关于共同犯罪人的划分是以共同犯罪人在共同犯罪中的“作用为主、兼顾分工”为标准的。

(二) 共同犯罪的成立要件

共同犯罪成立要件的理论是建立在犯罪构成理论基础上的，它是单个犯罪构成理论的发展。[②] 传统理论认为共同犯罪是一种特殊形态的故意犯罪，构成共同犯罪除了必须具备故意犯罪的一般条件，还必须同时具备以下三个条件：

1. 共同犯罪的主体要件是必须二人以上

共同犯罪的主体，必须是两个以上达到刑事责任年龄、具备刑事责任能力的人。这里所说的“人”需要从广义上理解，不仅指自然人，还包括单位。共同犯罪的犯罪主体的数量要求是必须二人以上。“二人”是最低要求，至于“以上”至多少人，则并无限制。“二人以上”主体并不仅仅局限于二个以上自然人或者二个以上单位，还可能出现单位与自然人组合共同实施犯罪的情况。由于刑法规定单位可以成为某些犯罪的主体，故两个以上的单位以及单位与自然人共同实施的犯罪，可能构成共同犯罪。

共同犯罪的犯罪主体的资格要求必须是具有刑事责任能力。如果犯罪主体是自然人，则必须都达到刑事责任年龄，具有刑事责任能力。一个具有刑事责任能力的人和一个缺乏刑事责任能力的人共同实施危害行为，不能构成共同犯罪。由于我国《刑法》第 17 条规定了不同的刑事责任年龄，因此，在认定行为人能否成为某一犯罪的共同犯罪主体时，应当根据相应的刑事责任年龄要求进行。如果犯罪主体是单

① 张明楷. 外国刑法纲要. 北京：法律出版社，2020：258.

② 高铭暄. 刑法学. 2 版. 修订本. 北京：法律出版社，1984：188.

位，则必须属于我国《刑法》第30条所规定的“公司、企业、事业单位、机关、团体”。只有先符合法律明文规定的单位犯罪主体的要求，才有可能成立共同单位犯罪。

2. 共同犯罪的主观要件是必须有共同犯罪故意

所谓共同犯罪故意，是指各共同犯罪人通过彼此的意思沟通与联络，认识到其共同的犯罪行为会发生某种危害社会的结果，并实施共同犯罪行为，希望或放任危害社会结果发生的心理态度。共同的犯罪故意使各共同犯罪人的行为彼此联系，相互默契，结合成为一个统一的犯罪行为。共同犯罪的故意同样有认识因素和意志因素两个方面的内容。

共同犯罪的认识因素包括以下三层含义：一是共同犯罪人认识到自己不是单独犯罪，而是与他人互相配合共同实施犯罪；二是共同犯罪人认识到所共同实施的行为是犯罪行为；三是各共同犯罪人认识到自己的行为会引起的结果以及共同犯罪行为会产生的危害结果，概括地预见到共同犯罪行为与共同犯罪结果之间的因果关系。

共同犯罪的意志因素包括两层含义：一是共同犯罪人决意参加共同犯罪。意志因素深刻地反映行为人的价值取向，反映行为人的主观恶性。只有共同犯罪人自我决定参与，排除其他因素干扰，才能体现其参与共同犯罪的主观恶性。二是共同犯罪人希望或放任危害结果发生。对于危害结果的发生，共同犯罪人可能目的明确，积极追求，也可能听之任之，不加干涉。

3. 共同犯罪的客观要件是必须有共同犯罪行为

所谓共同的犯罪行为，指各共同犯罪人的行为指向同一犯罪事实，互相利用、相互配合，形成一个统一的犯罪活动整体。[①] 每一个犯罪人的犯罪行为，都是整个共同犯罪的有机组成部分。

各共同犯罪人所实施的行为必须是犯罪行为，即具有严重的社会危害性、应当受到刑罚处罚的行为。如果共同实施的是正当防卫行为、紧急避险行为，以及在不可抗力下实施的行为，即使造成损害，也不构成共同犯罪。共同实施违法行为，但是情节显著轻微危害不大，也不成立犯罪。

各共同犯罪人的行为必须指向同一犯罪目标，形成一个犯罪活动的有机整体。各共同犯罪人在实施共同犯罪时，尽管所处地位、具体分工、参加程度，甚至参与时间等可能有所不同，但他们的行为都是为了达到同一犯罪目的，指向相同的目标，从而紧密相连，有机配合。在实施共同犯罪时，每个人可以均实施实行行为，也可以存在不同分工。在分工明确的情况下，共同犯罪行为表现为四种方式：实行行为、组织行为、教唆行为和帮助行为。无论是哪种分工，只影响行为所应承担的刑事责任的大小，不影响共同犯罪的成立。

各共同犯罪人的行为都与危害结果之间存在因果关系。考察共同犯罪行为因果关系，不能孤立地看某一个共同犯罪人的行为是否导致危害结果的发生，以此来认定其行为的因果关系，而是应当对所有共同犯罪人的行为加以统一考察。共同犯罪

---

① 高铭暄，马克昌. 刑法学. 9版. 北京：北京大学出版社，高等教育出版社，2019：160-161.

人的行为的整体是危害结果发生的统一的原因，而每个共同犯罪人的行为都是原因的一部分。只要认定成立共同犯罪，就要将法益侵害结果或危险归属于各参与者的行为。显然，要将结果归属于参与者的行为，就要求参与者的行为与结果之间具有物理性的因果性或者心理的因果性。[①]

（三）共同犯罪人的分类

从各国立法例来看，共同犯罪人的分类主要有两种情况。（1）以分工为标准：共同犯罪人分为组织犯、实行犯、教唆犯、帮助犯。（2）以发挥的作用为标准：共同犯罪人分为主犯、从犯、胁从犯。第一种分类比较客观地反映了共同犯罪人在共同犯罪中从事什么样的活动，便于对共同犯罪人的行为定罪，但却没揭示其在犯罪活动中所起作用，不利于确定其刑事责任。第二种分类比较客观地反映了共同犯罪人在共同犯罪中所发挥的作用大小，反映了他们各自不同的危害程度，便于对他们量刑，但没反映各共同犯罪活动中的分工，不好解决对其定罪的问题。我国刑法历来重视以作用为标准对共同犯罪进行分类，同时也考虑到教唆犯不在作用分类之中，又将其加入。可见，我国刑法是以“作用为主、兼顾分工”来对共同犯罪人作分类，具体分为：主犯、从犯、胁从犯、教唆犯。

（四）共同犯罪认定的难点

处理共同犯罪案件时，应当首先从不法层面判断是否成立共同犯罪，然后从责任层面个别地判断各参与人是否具有责任以及具有何种责任。就具体案件而言，司法机关认定二人以上的行为是否成立共同犯罪，是为了解决二人以上行为的结果归属（客观归责）问题。[②] 共同犯罪认定中存在诸多疑难问题，主要在于共同犯罪的未遂、共同犯罪的中止两方面。具体论述如下：

1. 共同犯罪的未遂

我国《刑法》第 23 条第 1 款规定：“已经着手实行犯罪，由于犯罪分子意志以外的原因而未得逞的，是犯罪未遂。”这是关于犯罪未遂的一般规定。与单独犯罪相同，共同犯罪也存在未遂的问题。但是，共同犯罪是比单独犯罪更为复杂的犯罪形态，其未遂在认定和处理上有自己的特点。本书根据共同犯罪的不同分类，从简单共同犯罪与复杂共同犯罪的角度，对其犯罪未遂进行讨论。

（1）简单共同犯罪的未遂。

简单共同犯罪，简称共同正犯，也可称为共同实行犯，指各共同犯罪人都直接实行刑法分则规定的某一具体犯罪客观方面的行为。各共犯人的行为相互配合，互为补充，成为一个有机整体。每个人的行为都是共同实行行为的一部分，因而不能被孤立地看待与评价。[③]

---

① 张明楷. 刑法学：上. 6 版. 北京：法律出版社，2021：495.

② 张明楷. 刑法学：上. 6 版. 北京：法律出版社，2021：497.

③ 马克昌. 共同犯罪的若干特殊问题. 武汉大学学报（社会科学版），1987（6）：3.

第一，已经着手实行犯罪的认定。在共同实行犯中，只要有一人着手实行了犯罪，就视为全体共犯人着手实行了犯罪，整个犯罪进入着手状态。如果此时由于意志外的原因停下来，则不能认为已着手实施的犯罪分子未遂，未着手实施的是犯罪预备。因为共同实行犯的行为是一个整体，每个犯罪人的行为不是仅代表自己，而是与其他共同犯罪人形成了连带关系，影响着其他共同犯罪人的行为进程。

第二，犯罪分子意志以外的原因的认定。犯罪人意志以外的原因，指始终违背犯罪人意志的，客观上使犯罪不可能既遂，或者使犯罪人认为不可能既遂从而迫使停止犯罪的原因。在这种情况下，行为人希望、放任发生侵害结果的意志并没有改变。具体来说，在简单共犯的情形下，各共犯人遇到的原因应该是在程度上足以达到阻止其犯罪意志的。如果行为人明知自己遇到的是显然不足以阻止其犯罪继续进行和完成的不利因素，在此情况下放弃犯罪的，就不宜将这种因素认定为犯罪分子意志以外的原因。

第三，犯罪未得逞的认定。结果犯与行为犯的未得逞表现不一，应区分不同情况。在结果犯的情形下，以发生一定的犯罪结果为其犯罪构成的必要条件，即以结果发生与否作为犯罪是否得逞的标志。在共同实行犯中全部共犯的行为是一个有机整体，而结果只有一个。所以，共同实行犯中只要有一个人的行为造成了犯罪结果，就应该认定为全体共同实行行为的既遂。如认定未得逞，必须是整体犯罪结果未出现。在行为犯的情形下，以实行一定犯罪行为为其犯罪的构成要件。犯罪行为是否完成，成为认定犯罪是否得逞的标准。每个人的行为具有相对独立性和不可代替性，某一共犯人犯罪既遂的效力不能及于其他共犯人。因此，各共犯的未遂或既遂是各自独立的。[①]

（2）复杂共同犯罪的未遂。

复杂共同犯罪，是指共同犯罪人之间存在着实行犯、教唆犯、帮助犯、组织犯分工的共同犯罪。在共同犯罪中承担实行行为的行为人，称之为实行犯；故意唆使并引起他人实施符合构成要件的违法行为的行为人，称之为教唆犯；没有亲自实行共同行为而仅在物理上或心理上对实行犯罪发挥帮助作用的行为人，称之为帮助犯；对整个犯罪活动予以组织、策划、指挥和领导的行为人，称之为组织犯。

西方刑法理论中关于正犯（实行犯）与共犯（教唆犯和帮助犯）的关系，主要有共犯从属性说与共犯独立性说。这两种学说的对立，显著地表现在关于教唆犯、帮助犯的未遂的成立范围上。共犯从属性说认为，只有基于教唆者、帮助者的教唆行为、帮助行为，被教唆者、被帮助者着手了犯罪的实行，其终于未遂时，才可考虑教唆犯、帮助犯的未遂。共犯独立性说认为，既然教唆者、帮助者实施了教唆行为、帮助行为，即使被教唆者、被帮助者完全没有实施实行行为时，也成立教唆犯、帮助犯的未遂，在处罚其未遂罪的犯罪中其就是可罚的。可以说，这是因为共犯从属性说认为教唆者、帮助者的教唆行为、帮助行为与正犯者的实行行为是异质的。

---

① 王作富. 中国刑法适用. 北京：中国人民公安大学出版社，1987：193.

而共犯独立性说则认为，教唆行为、帮助行为也不外乎是表现教唆者、帮助者的犯罪意思的实行行为，正犯者的实行行为对教唆者、帮助者来说只不过是因果关系的转述和客观的处罚条件。①

现在，我国学者更多地主张共犯从属性说。本书基于共犯从属性说，认为教唆犯、帮助犯不实际参与实行行为，其犯罪意图是通过实行犯的实行行为实现的，因而教唆犯、帮助犯都以实行犯的未遂作为未遂的标志。实行犯着手实行犯罪而未遂时，对于教唆犯或帮助犯来说，如果实行犯未遂也是出于他们意志以外的原因，教唆犯或帮助犯与实行犯同样都构成犯罪未遂。

2. 共同犯罪的中止

我国《刑法》第24条第1款规定："在犯罪过程中，自动放弃犯罪或者自动有效地防止犯罪结果发生的，是犯罪中止。"既然单独犯罪的认定过程中涉及犯罪中止，那么更为复杂的共同犯罪是否也存在犯罪中止？我国司法实践与理论界对此基本上也是持赞同态度，认为共同犯罪同样存在犯罪中止形态。如前所述，共同犯罪的中止问题也是按照简单共同犯罪与复杂共同犯罪进行分别讨论。

（1）简单共同犯罪中止。

在简单共同犯罪中部分犯罪人中止犯罪的情况下，仅有两种情况可以成立中止犯：一是部分犯罪人中止犯罪以后，其他共同犯罪人不能继续实施犯罪，而且危害结果没有发生；其二是中止犯罪人不仅停止了自己的犯罪行为，而且以积极的作为制止其他共犯继续犯罪，并有效地防止了危害结果的发生。②

具体来说，如果共同实行犯中一人在共同实行犯罪过程中自动放弃犯罪，并且劝说其他共同实行犯放弃犯罪，其他共犯人接受劝告，以致共同停止实行犯罪，那就不仅最先中止犯罪行为者按照犯罪中止处理，其他共犯人也都构成犯罪中止。如果在共同犯罪过程中自动放弃犯罪者，劝说其他共同实行犯放弃犯罪无效，转而采取防止措施，因而给其他共犯人造成实行犯罪的障碍，致犯罪不能继续实行，或者为了防止犯罪结果发生而采取积极行动，使犯罪结果终于未能发生时，中止犯罪行为者构成犯罪中止，其他共犯人构成犯罪未遂。③ 因此，如果其他共犯的行为导致危害结果发生，即使部分共犯自动放弃，也不能成立中止。

（2）复杂共同犯罪的中止。

复杂共同犯罪的分工比较复杂，每个人在共同犯罪中所处的地位和作用不同，其社会危害性也不同。在复杂共同犯罪的情形下，各共同犯罪人之间存在着实行行为与非实行行为的分工。非实行行为具体包括教唆行为、组织行为和帮助行为。针对复杂共犯不同的角色分工，重点就教唆犯与帮助犯进行讨论。

当实行犯在犯罪过程中中止犯罪时，教唆犯是否构成犯罪中止？实行犯在犯罪

---

① 大塚仁. 刑法概说：总论. 3版. 冯军，译. 北京：中国人民大学出版社，2003：242-243.

② 汪海燕. 浅议简单共同犯罪中部分犯罪人中止犯罪的刑事责任. 中央政法管理干部学院学报，1998（4）：43.

③ 马克昌. 共同犯罪的若干特殊问题. 武汉大学学报（社会科学版），1987（6）：4.

预备阶段或实行阶段中止犯罪时，这种中止，对教唆犯来说，如果是出于其意志以外的原因，那就不符合犯罪中止的条件，实行犯中止的效力不应及于教唆犯。教唆犯应分别以预备犯论处（实行犯在预备阶段中止犯罪时），或者以未遂犯论处（实行犯在实行阶段中止犯罪时）。如果实行犯的中止，也出于教唆犯的意志，教唆犯也应构成犯罪中止。[①]

当实行犯在犯罪过程中中止犯罪时，对帮助犯又如何处理呢？实际上，实行犯中止犯罪时，对帮助犯的处理，与对教唆犯的处理相同。在实行犯实行犯罪以前，帮助犯只要及时有效地撤销帮助，阻止实行犯利用自己所创造的条件去实施犯罪，在此情况下，就成立中止（切断自己的行为与结果的联系）。当实行犯已着手实行犯罪时，帮助犯只有在及时制止实行犯的犯罪行为，并且有效防止犯罪结果发生的情况下，才能成立犯罪中止。

二、单位犯罪的实体法概述

（一）单位犯罪的概念与特点

单位犯罪是伴随着市场经济发展而出现的一种新型非传统犯罪，也是相对自然人犯罪而言的一种社会法律现象。根据最高人民检察院发布的数据【参见知识拓展 2-21】，2017 年至 2021 年，全国检察机关共起诉单位犯罪 1.4 万件 4.7 万人。从罪名分布来看，破坏社会主义市场经济秩序类犯罪相对集中，涉及案件为 1.05 万件，占起诉单位犯罪总数的 75%；从涉案单位类型看，非国有公司企事业单位占比超八成；从犯罪行为看，非国有公司企事业单位犯罪主要表现为虚开增值税专用发票，用于骗取出口退税、抵扣税款发票或者非法占用农用地、非法吸收公众存款、单位行贿等。

知识拓展 2-21

我国《刑法》第 30 条规定："公司、企业、事业单位、机关、团体实施的危害社会的行为，法律规定为单位犯罪的，应当负刑事责任。"由此可见，与自然人犯罪一样，单位如果实施了刑法规定的犯罪行为，也同样需要承担刑事责任。具体来说，"单位犯罪指公司、企业、事业单位、机关、团体为本单位谋取非法利益或者以单位名义为本单位全体成员或多数成员谋取非法利益，由单位决策机构按照单位决策程序决定，由直接责任人员具体实施，且刑法明文规定单位应受刑罚处罚的犯罪"[②]。简言之，单位犯罪是单位作为行为主体实施的危害社会的行为。综上，单位犯罪具有以下特点。

单位犯罪是由公司、企业、事业单位、机关、团体实施的犯罪。这是关于单位犯罪主体的特殊要求，即必须依法成立、拥有独立的财产与经费、拥有独立的名称、

---

① 马克昌. 共同犯罪的若干特殊问题. 武汉大学学报（社会科学版），1987（6）：5.

② 张明楷. 刑法学：上. 6 版. 北京：法律出版社，2021：176.

机构与场所、能以自己的名义独立承担责任。单位犯罪不是单位各个成员的犯罪之集合，也不是指单位中的所有成员的共同犯罪，而是指单位本身的犯罪。

单位犯罪是由单位的决策机构按照单位的决策程序决定，由直接责任人员实施的。单位犯罪不是在自然人的个人意志支配下实施的，而是在单位整体意志支配下实施的，即单位内部成员在相互联系、相互作用、协调一致的条件下形成的集体意志。单位整体意志强调的是单位的主观心理态度，这成为区分单位犯罪与自然人犯罪的关键。刑法规定的"直接负责的主管人员"指的是形成犯罪意志的决策者，而对"其他责任人员"应作限制解释，是指责任较大的实施者。[①]

单位犯罪是为单位的利益而实施犯罪。根据最高人民法院《关于审理单位犯罪案件具体应用法律有关问题的解释》【参见知识拓展 2-22】，个人为进行违法犯罪活动而设立的公司、企业、事业单位实施犯罪的，或者公司、企业、事业单位设立后，以实施犯罪为主要活动的，不以单位犯罪论处。从本质上看，单位犯罪是一种因公犯罪，具体表现为本单位谋取非法利益或者以单位名义为本单位全体成员或多数成员谋取非法利益。单位犯罪必须是以单位的名义实施犯罪，为了单位的利益，违法所得归整个单位所有。盗用单位名义实施犯罪，违法所得为个人所有，则是因私犯罪。

知识拓展 2-22

单位犯罪以刑法明文规定单位应受刑罚处罚为前提。换言之，单位犯罪具有法定性。并非一切犯罪都可以由单位构成，单位犯罪以刑法有明文规定为前提。只有刑法规定是单位犯罪的危害行为，才能被认定为单位犯罪，不能任意扩大单位犯罪的范围。这也是罪刑法定原则在单位犯罪上的具体表现。

单位犯罪的法律后果为双罚制，既处罚自然人，又处罚单位。我国《刑法》第31条中规定："单位犯罪的，对单位判处罚金，并对其直接负责的主管人员和其他直接责任人员判处刑罚。"对直接负责的主管人员和其他直接责任人员，应根据其在单位犯罪中的地位、作用和犯罪情节，分别处以相应的刑罚。从刑罚情况来看，一旦认定为单位犯罪，对自然人的处罚，即对单位领导的处罚相对更轻。例如，根据2017年～2021年最高人民检察院发布的数据，对单位判处罚金数额巨大，对单位主管人员和其他直接责任人员判处刑罚以轻缓刑为主。因此，需要严格限制单位犯罪的成立范围，防止滥用单位犯罪的规定逃避处罚。

(二) 单位犯罪的认定难点

由于目前我国经济正处在转变发展方式、优化经济结构、转换增长动力的攻关期[②]，各类规章制度尚不健全，单位犯罪数量逐年增加，情况愈发复杂，认定困难较大。如何判断是单位犯罪还是自然人犯罪，主要通过三个方面进行分析：一是犯

---

① 张开骏. 准确把握单位犯罪的构造及适用. 检察日报，2016-02-17：3版.

② 习近平. 我国正处于实现中华民族伟大复兴的关键时期. 中华人民共和国中央人民政府网［2022-07-22］. http://www.gov.cn/xinwen/2020-10/14/content_5551198.htm.

罪主体是否具备单位犯罪资格；二是犯罪意志来源于单位还是自然人；三是因犯罪行为获利的是单位还是自然人。

1. 单位犯罪主体资格的认定

根据司法实践的经验，处理单位犯罪的案件，首先面临的难点是界定单位犯罪主体的问题。根据《刑法》第 30 条的规定，可以成为单位犯罪主体的是公司、企业、事业单位、机关、团体。这些规定比较笼统，范围相对比较宽泛，在实践认定中关于单位主体还有诸多存在争议的地方。根据我国辞典解释，所谓单位不仅是指单位（机关、团体等）自身，而且还包括其分支机构或所属部门。认定单位犯罪主体，必须解决以下问题：

第一，明确界定公司、企业、事业单位和机关、团体的概念。公司，是以营利为目的组织其生产和经营活动的经济组织，包括有限责任公司与股份有限公司。企业，指以从事生产、流通、科技等活动为内容，以获取赢利和创造社会财富为目的的营利性社会经济组织。事业单位，是指依法成立的从事各种社会公益活动的组织。机关，是指履行国家的领导、管理职能和保卫国家安全职能的机构。团体，是指各种群众性组织等。[①] 只有明确这些基础概念，才能有的放矢，对照单位犯罪的条件对号入座。

第二，明确单位分支机构或内设部门能否成为单位犯罪主体。根据最高人民法院《全国法院审理金融犯罪案件工作座谈会纪要》【参见知识拓展 2-23】，“以单位的分支机构或者内设机构、部门的名义实施犯罪，违法所得亦归分支机构或者内设机构、部门所有的，应认定为单位犯罪。不能因为单位的分支机构或者内设机构、部门没有可供执行罚金的财产，就不将其认定为单位犯罪，而按照个人犯罪处理”[②]。比较典型的例子是，各银行的各地支行，其支行都是进行独立的运营和核算的，可以成为单位主体。总之，单位的内设机构或者分支机构，只要能够独立运营，并且独立核算的，就可以成为单位犯罪的主体。

知识拓展 2-23

2. 单位整体意志的认定

与自然人个人意志相对，“单位整体意志”代表的是单位的主观心理态度，其中“单位”强调决策主体不是自然人而是刑法上的单位，“整体”强调不是单位部分成员的意志而是单位集体的意志。单位整体意志虽然与自然人意志界限分明，但实际上还是通过自然人来落实，具体犯罪行为需要决定者与实施者。具体来说，单位犯罪一般都由单位集体决定或者由单位的领导人员决定，以单位的名义并由单位内部人员具体实施。界定单位整体意志主要注意以下问题。

第一，单位犯罪整体意志的决策流程问题。不同的单位针对不同的具体事项，决策机关和决策程序各不相同：或由单位的法定代表人或者主要负责人决定，或由领导层（董事会、理事会、厂委会）讨论决定，或由单位全体成员（股东大会、职

---

① 张明楷. 刑法学：上. 6 版. 北京：法律出版社，2021：178-179.

② 2001 年 1 月 21 日最高人民法院《全国法院审理金融犯罪案件工作座谈会纪要》（法〔2001〕8 号）。

工代表大会等）讨论决定，经过这些程序，单位成员的意志转化形成了单位意志。此时的单位意志已是一种整体意志，完全不同于单位成员的个人意志。只有经过这些法定的决策程序形成的决定，才能最终代表单位意志，否则只能按照自然人意志处理。

第二，自然人意志的混同问题。实践中存在形式上以“单位的名义”，实质上是行为人借用甚至盗用单位名义的情形。在单位犯罪中，单位对具体的事项具有明确的意志，但执行明确单位意志的自然人很可能违背单位的根本利益或者超出法定权限程序，将个人意志凌驾于单位意志之上，产生独立的犯罪意志。这种犯意明显超越了单位原本的意志，此时，自然人意志就与单位意志相背离，单位就失去了独立的意志，而与自然人的意志混同。在这种情形下，显然只需要处罚自然人，单位不应为此承担刑事责任。因此，必须严格厘清自然人意志与单位意志，避免出现混淆。

3. 单位利益的认定

单位犯罪除要求单位主体以及单位整体意志之外，还要求为了单位利益。“为了单位利益”是单位整体意志的外在表现。《全国法院审理金融犯罪案件工作座谈会纪要》规定：“以单位名义实施犯罪，违法所得归单位所有的，是单位犯罪。”在这里，单位犯罪的判断标准是“违法所得”的归属。原因在于，犯罪行为所得的归属较为直观，从中可以推断出行为人的主观意图。行为人私分犯罪所得时，表明行为人是“为了自己的利益”而盗用单位名义实施个人犯罪；犯罪所得归单位所有时，就表明行为人是“为了单位的利益”而实施单位犯罪。[①] 单位利益在认定中需要特别注意以下方面：

第一，单位利益的性质问题。谋求单位利益，指谋求单位的整体利益，单位犯罪所获归属于单位整体而非单位中的个人或少数人。[②] 有学者认为，为单位谋取合法利益的行为，不可能成立任何犯罪。[③] 对此，有学者提出单位谋取的利益不能仅限于非法利益，如果为了谋取合法利益，但手段非法，仍然可能构成犯罪。[④] 本书认为，第二种观点更为妥当。为了“单位利益”中的“利益”不能仅仅理解为非法利益或者不正当利益，也不能仅仅理解为经济利益，即“为了单位利益”中的“利益”不仅包括非法的或者不正当的利益，也包括通过非法手段获取的利益；不仅包括经济利益，也包括其他利益。[⑤]

第二，单位利益与自然人利益的关系问题。“为了单位利益”，并不意味着自然人不能因此获得利益。单位利益与自然人利益并不是绝对对立、相互排斥的关系。如果单位通过某些行为获取了实际利益，自然人通过单位内部的正常程序，如提成、奖金等获取的利益，不宜将其认定为“为了个人利益”，因为此时的前提是单位先获得利益，之后通过既定的程序分配而已，这种情形应当按照单位利益认定。但是，

---

① 黎宏．单位犯罪的若干问题新探．法商研究，2003（4）：46-47.

② 张小虎．单位犯罪基本特征探究．犯罪研究，2004（4）：41.

③ 张明楷．刑法学：上．6版．北京：法律出版社，2021：176.

④ 赵秉志．犯罪总论问题探索．北京：法律出版社，2003：165.

⑤ 石磊．单位犯罪中“以单位名义”和“为了单位利益”探析．人民检察，2005（7）：39.

如果行为人通过从业务合作方领取回扣等直接侵犯单位利益的方式获取利益，则应当认定为“为了个人利益”。

三、共同犯罪案件的审理程序

共同犯罪案件有两种审理方式：并案审理和分案审理。其以并案审理为主，以分案审理为辅。

（一）并案审理的要求

并案审理是共同犯罪案件的最主要审理形式。虽然《刑事诉讼法》没有对共同犯罪的审理方式作出规定，但相关司法解释和其他规范性文件对此作出了规定。早在1984年，最高人民法院、最高人民检察院、公安部《关于当前办理集团犯罪案件中具体应用法律的若干问题的解答》就明确了共同犯罪特别是集团犯罪案件以并案审理为原则，以分案审理为例外。除对其中已逃跑的成员可以另案处理外，对应当追究刑事责任的同案人，应当全案起诉，全案判处。切不要全案事实还没有查清，就将案件拆散，分开处理。这样做，可能造成定罪不准，量刑失当。2012年最高人民法院、最高人民检察院、公安部、国家安全部、司法部. 全国人大常委会法制工作委员会《关于实施刑事诉讼法若干问题的规定》规定，对于共同犯罪的或者共同犯罪的犯罪嫌疑人、被告人还实施其他犯罪的，人民法院、人民检察院、公安机关可以在其职责范围内并案处理。2021年《刑诉法解释》第220条第2款规定：“对分案起诉的共同犯罪或者关联犯罪案件，人民法院经审查认为，合并审理更有利于查明案件事实、保障诉讼权利、准确定罪量刑的，可以并案审理。”对共同犯罪案件进行并案审理，不仅有利于在所有被告人共同出庭的情况下查明案件事实，而且还可以避免相同事实在不同庭审中多次举证、质证，有助于节约司法资源、提高诉讼效率。

（二）分案审理的适用情形

分案审理是对共同犯罪案件进行审理的例外形式。根据2014年最高人民检察院、公安部《关于规范刑事案件“另案处理”适用的指导意见》第3条的规定，对共同犯罪案件进行分案审理包括如下具体情形：依法需要移送管辖处理的；未成年人需要分案办理的；同案犯在逃的；涉嫌其他犯罪，需要进一步侦查或者其他犯罪更为严重，另案处理更为适宜的；部分同案犯罪嫌疑人涉嫌犯罪的证据暂不符合证明标准的；以及其他适用“另案处理”更为适宜的。上述情形的分案审理的主要目的是保护未成年人和提高诉讼效率。

除上述规定之外，分案审理在与黑社会性质组织犯罪相关的规范性文件中有较为具体的体现。2015年最高人民法院《全国部分法院审理黑社会性质组织犯罪案件工作座谈会纪要》对黑社会性质组织犯罪案件的分案审理作了专门规定。“为便宜诉讼，提高审判效率，防止因法庭审理过于拖延而损害当事人的合法权益，对于被告人人数众多，合并审理难以保证庭审质量和庭审效率的黑社会性质组织犯罪案件，可分案进行审理。分案应当遵循有利于案件顺利审判、有利于查明案件事实、有利于公正定罪量刑的基本原则，确保有效质证、事实统一、准确定罪、均衡量刑。对于被作为组织者、领导者、积极参加者起诉的被告人，以及黑社会性质组织重大犯罪的共同作案人，分案审理影响庭审调查的，一般不宜分案审理。”根据该规定，分案审理的条件是：被告人人数众多，合并审理难以保证庭审质量和庭审效率。[①] 分案审理应当遵循的基本原则是：有利于案件顺利审判、有利于查明案件事实、有利于公正定罪量刑。分案审理的基本要求是：确保有效质证、事实统一、准确定罪、均衡量刑。2018 年最高人民法院、最高人民检察院、公安部、司法部《关于办理黑恶势力犯罪案件若干问题的指导意见》还规定了出于保护部分被告人目的的分案审理，“对于确有重大立功或者对于认定重大犯罪事实或追缴、没收涉黑财产具有重要作用的组织成员，确有必要通过分案审理予以保护的，公安机关可以与人民检察院、人民法院在充分沟通的基础上作出另案处理的决定”。

2021 年《刑诉法解释》对共同犯罪案件的分案审理作了规定。该解释第 220 条第 1 款规定：“对一案起诉的共同犯罪或者关联犯罪案件，被告人人数众多、案情复杂，人民法院经审查认为，分案审理更有利于保障庭审质量和效率的，可以分案审理。分案审理不得影响当事人质证权等诉讼权利的行使。”该规定明确了对共同犯罪案件进行分案审理的条件：一是被告人人数众多、案情复杂；二是分案审理更有利于保障庭审质量和效率。在分案审理时，为了做到有效质证，该解释第 269 条还规定，审理过程中，法庭认为有必要的，可以传唤分案审理的共同犯罪被告人等到庭对质。

除了上述对共同犯罪案件进行分案审理的情形，2021 年《刑诉法解释》还规定了两种诉讼障碍时的分案审理。第 311 条规定：“有多名被告人的案件，部分被告人拒绝辩护人辩护后，没有辩护人的，根据案件情况，可以对该部分被告人另案处理，对其他被告人的庭审继续进行。”第 314 条规定：“对中止审理的部分被告人，可以根据案件情况另案处理。”这两种分案审理的主要目的是提高诉讼效率。

（三）分案审理制度的完善

从上述关于分案审理的规定来看，分案审理的目的是保证庭审质量、提高庭审效率或保护特定的被告人。但是在司法实践中存在一些策略性的分案。如有的检察机关面对有争议的案件，先起诉部分案件进行试探[②]；有的检察机关为了减轻或免除其在后案中的证明责任，先将案件进行拆分，然后利用前案判决已认定的事实来证明后案的事实。[③] 在上述情形下，分案审理的功能被异化。不恰当的分案审理，可能妨碍被告人行使质证权，影响事实的准确认定；另外，对相同的事实与证据进行重复审理，也会导致司法资源的浪费。也就是说，不恰当的分案审理，不仅可能

---

① 对被告人人数众多的案件进行并案审理，不仅对审判人员的庭审驾驭能力提出了很高要求，而且还可能会造成诉讼拖延、庭审形式化等问题，影响庭审质量和效率。

② 万毅. 公诉策略之运用及其底限. 中国刑事法杂志，2010（11）：82.

③ 刘仁文. 刑事案件另案处理的检视与完善. 政治与法律，2021（5）：144.

损害司法公正，还会降低诉讼效率。我们应当警惕对共同犯罪案件进行不恰当的分案审理。

我们认为，为了充分保障被告人的诉讼权利，需要从如下几方面完善分案审理制度。

一是赋予被告人对分案审理决定的参与权，重视被告人对不恰当分案审理的救济权。审理方式的确定并不仅仅是法院的事务性工作，而是涉及被告人的诉讼权利保障和案件事实的查明。但是，当前采用何种审理方式完全由法院单方面决定，被告人被完全排除在外，其既不能参与决定的程序、发表自己的意见，更无法影响决定的结果。应当赋予被告人对分案审理决定的参与权。首先，被告人有权申请法院分案审理，对于其申请，法院应该进行审查并作出是否支持的决定，该决定应该告知被告人。其次，如果法院依职权认为分案审理更有利于保障庭审质量和效率，在作出分案审理的决定前，应该听取被告人及其辩护人的意见。另外，还应当重视被告人对不恰当分案审理的救济权。《刑事诉讼法》第 238 条规定，第二审人民法院发现第一审人民法院有其他违反法律规定的诉讼程序，可能影响公正审判的情形的，应当裁定撤销原判，发回原审人民法院重新审判。被告人如果以一审法院不恰当分案审理为由提起上诉，二审法院应当予以充分重视；如果不当分案影响公正审判，应当裁定撤销原判，发回原审人民法院重新审理。

另外，法院对共同犯罪案件进行分案审理往往是检察院分案起诉引起的，因此，也应当赋予犯罪嫌疑人对检察院作出分案起诉决定的参与权，听取犯罪嫌疑人对分案起诉的意见。如果其意见未能被检察院采纳，其还可以向法院提出申请，要求将案件合并审理。法院可以根据 2021 年《刑诉法解释》第 220 条第 2 款的规定作出处理。如果法院经审查认为，合并审理更有利于查明案件事实、保障诉讼权利、准确定罪量刑，则应当并案审理。

二是充分保障分案审理的被告人的质证权。首先，应当向分案审理的被告人开示共犯的全部讯问笔录。在司法实践中，并案审理的被告人可以知晓共犯的全部讯问笔录，但是分案审理的被告人大多只知晓共犯对其不利的讯问笔录，往往无法知晓共犯的全部讯问笔录，难以通过共犯供述的前后变化进行质证。其次，应当充分保障分案审理的被告人的对质权。2021 年《刑诉法解释》第 220 条第 1 款专门规定，分案审理不得影响当事人质证权等诉讼权利的行使。对于如何保障分案审理时被告人的质证权，该解释第 269 条规定，审理过程中，法庭认为有必要的，可以传唤分案审理的共同犯罪或者关联犯罪案件的被告人等到庭对质。由此可见，保障分案审理的被告人的对质权的关键是如何把握"法庭认为有必要"。2017 年《人民法院办理刑事案件第一审普通程序法庭调查规程（试行）》第 8 条中规定："有多名被告人的案件，讯问各名被告人应当分别进行。同案被告人供述之间存在实质性差异的，法庭可以传唤有关被告人到庭对质。"是否可以以"被告人供述之间存在实质性差异"作为"法庭认为有必要"的条件呢？我们认为，在分案审理时，应当对"法庭认为有必要"采取更加宽松的态度。这是因为，在并案审理中，即使被告人不能行使对质权，由于辩护人可以对同案被告人发问，这在一定程度上实现了质证。最后，为了防范以限制被告人质证权为目的的不恰当的分案审理，可以考虑限制未出庭的同案被告人的供述的证明力，未出庭的同案被告人的供述只能作为辅助证据，用于强化或弹劾本案中实质证据的真实性。[①]

三是限制分案审理时前案生效裁判对后案的效力。根据《刑诉规则》第 401 条的规定，在法庭审理中，对于人民法院生效裁判所确认并且未依审判监督程序重新审理的事实，不必提出证据进行证明。我们认为，对于分案审理的案件，不应当适用该规定；如果适用该规定，无异于剥夺了分案审理的被告人参与审判、为自己辩护的权利，不利于案件事实的准确认定。

四是完善分案的监督、制约机制。当前，分案的监督、制约机制有一定的制度体现。2014 年《关于规范刑事案件“另案处理”适用的指导意见》第 10 条中规定：“人民检察院在审查逮捕、审查起诉时，对于适用‘另案处理’的案件，应当一并对适用‘另案处理’是否合法、适当进行审查。”根据该规定，对于侦查机关的分案，检察机关应该进行审查、监督。2021 年《刑诉法解释》第 220 条第 2 款规定：“对分案起诉的共同犯罪或者关联犯罪案件，人民法院经审查认为，合并审理更有利于查明案件事实、保障诉讼权利、准确定罪量刑的，可以并案审理。”根据该规定，对于检察机关的分案，法院也应该进行审查、制约。[②] 上述对分案的监督、制约机制的规定尚不成体系，应当予以完善，形成人民检察院监督侦查机关分案、人民法院制约人民检察院分案的完整制度。

四、单位犯罪案件的审理程序

审理单位犯罪案件的，在适用审理程序的一般规范之外，《刑诉法解释》还对单位犯罪案件的审理程序作了一些专门规定，内容涉及庭前审查的内容、诉讼代表人的确定、诉讼代表人的诉讼权利和义务、对被告单位的违法所得及其他涉案财物的处理以及出现诉讼代表人不符合规定、诉讼代表人不出庭、将单位犯罪作为自然人犯罪起诉、被告单位变更和终止等情形时的处理。

第一，庭前审查的内容。人民法院受理单位犯罪案件，除依照有关规定进行审查外，还应当审查起诉书是否列明被告单位的名称、住所地、联系方式，法定代表人、实际控制人、主要负责人以及代表被告单位出庭的诉讼代表人的姓名、职务、联系方式。需要人民检察院补充材料的，应当通知人民检察院在 3 日以内补送。

第二，诉讼代表人的确定。单位是法律拟制的主体，其各项诉讼活动需要由诉讼代表人代为进行。诉讼代表人的产生包括如下几种情形。一是被告单位的诉讼代表人应当是法定代表人、实际控制人或者主要负责人。二是法定代表人、实际控制人或者主要负责人被指控为单位犯罪直接责任人员或者因客观原因无法出庭的，应当由被告单位委托其他负责人或者职工作为诉讼代表人；其他负责人或者职工被指

① 龙宗智. 刑民交叉案件中的事实认定与证据使用. 法学研究，2018（6）：19.

② 但是，法院对检察院分案起诉的制约作用是十分有限的。如果检察院长时间不起诉其他被告人，法院就难以发挥制约作用。此时，法院只能通过严格的审理程序，尽量避免不当分案可能产生的不利影响。

控为单位犯罪直接责任人员，或者知道案件情况、负有作证义务的除外。诉讼代表人不能“一身兼二任”的原因是：被告单位和单位犯罪直接责任人员都属于刑事责任的承担主体，可能存在利益冲突；诉讼代表人与证人存在诉讼角色冲突。三是依据上述规则难以确定诉讼代表人的，可以由被告单位委托律师等单位以外的人员作为诉讼代表人。

诉讼代表人的法律地位是一个重要的基础性问题。虽然被告单位与诉讼代表人之间是委托与被委托的关系，但是诉讼代表人不同于诉讼代理人。根据《刑事诉讼法》第 46 条的规定，诉讼代理人是指公诉案件的被害人及其法定代理人或者近亲属、自诉案件的自诉人及其法定代理人、附带民事诉讼的当事人及其法定代理人委托代为参加诉讼的人。诉讼代理人是代理被害人一方（附带民事诉讼除外），而诉讼代表人是代表被告单位一方。更为重要的差别在于，诉讼代理人与诉讼代表人的诉讼权利、义务不同。诉讼代理人的诉讼权利、义务受当事人委托授权范围的影响，而诉讼代表人代为行使和履行被告单位的诉讼权利、义务。因此，诉讼代表人属于一种独立的诉讼参与人。基于诉讼代表人的这一法律地位，开庭时，其席位置于审判台前左侧，与辩护人席并列。为了防止诉讼角色冲突，诉讼代表人不得同时担任被告单位或者被指控为单位犯罪直接责任人员的有关人员的辩护人。

诉讼代表人的陈述是一种重要的言词证据。诉讼代表人的陈述不同于犯罪嫌疑人、被告人供述和辩解。犯罪嫌疑人、被告人是当事人，与案件处理结果有直接利害关系，而诉讼代表人显然不具有该特点。诉讼代表人的陈述也不属于证人证言。证人具有不可替代性，既不能被委派也不能被指定，而诉讼代表人则可因依法委派或指定而产生，并且在诉讼中可以依法予以更换。由此可见，诉讼代表人的陈述属于一种独立的证据。①

第三，诉讼代表人的诉讼权利、义务。被告单位的诉讼代表人享有刑事诉讼法规定的被告人的相关诉讼权利，如可以申请合议庭组成人员、书记员、公诉人、鉴定人和翻译人员回避；案件涉及商业秘密的，可以向法院提出申请，要求不公开审理；在公诉人宣读起诉书后，可以就起诉书指控的单位犯罪事实进行陈述，经审判长许可，可以对证人、鉴定人等发问；可以提出证据，申请通知新的证人到庭、调取新的证据、重新鉴定或者勘验、检查；可以对控方提供的证据发表质证意见；可以自行辩护；可以在法庭辩论终结后作最后的陈述。诉讼代表人需要履行的义务包括如期出庭、参加法庭审理活动；对于法庭的发问应如实回答；听从法庭指挥，遵守法庭秩序；依法维护犯罪单位的合法权益等。

第四，诉讼代表人不符合规定时的处理。诉讼代表人不符合规定的，人民法院应当要求人民检察院另行确定。诉讼代表人代表被告单位享有诉讼权利、承担诉讼义务，其诉讼行为被认为是被告单位意志的体现，所产生的法律后果由被告单位承担。人民检察院在另行确定诉讼代表人时应当充分考虑该因素。

---

① 陈辐宽. 单位犯罪有关亟待解决的程序问题研究. 政治与法律，2010（3）：160.

第五，诉讼代表人不出庭时的处理。开庭审理单位犯罪案件，应当通知被告单位的诉讼代表人出庭。《刑诉法解释》第 337 条规定，被告单位的诉讼代表人不出庭的，应当按照下列情形分别处理：其一，诉讼代表人系被告单位的法定代表人、实际控制人或者主要负责人，无正当理由拒不出庭的，可以拘传其到庭；因客观原因无法出庭，或者下落不明的，应当要求人民检察院另行确定诉讼代表人。其二，诉讼代表人系其他人员的，应当要求人民检察院另行确定诉讼代表人。我们认为，该条对无正当理由拒不出庭的诉讼代表人进行拘传的规定欠妥。拘传是法定的强制措施之一，只能适用于犯罪嫌疑人、被告人，对证人、鉴定人、翻译人员等其他诉讼参与人都不能适用。因此，我们不赞同对无正当理由拒不出庭的诉讼代表人进行拘传。我们认为，由于无正当理由拒不出庭的诉讼代表人妨害了刑事诉讼的顺利进行，应当对其进行适当惩戒。《刑事诉讼法》第 193 条第 2 款关于证人没有正当理由拒绝出庭或者出庭后拒绝作证的处理方式，值得未来在完善该制度时参考。该款规定："证人没有正当理由拒绝出庭或者出庭后拒绝作证的，予以训诫，情节严重的，经院长批准，处以十日以下的拘留。被处罚人对拘留决定不服的，可以向上一级人民法院申请复议。复议期间不停止执行。"参考该规定，对无正当理由拒不出庭的诉讼代表人，予以训诫；情节严重的，经院长批准，处以司法拘留。

第六，将单位犯罪作为自然人犯罪起诉时的处理。对应当认定为单位犯罪的案件，人民检察院只作为自然人犯罪起诉的，人民法院应当建议人民检察院对犯罪单位追加起诉。人民检察院仍以自然人犯罪起诉的，人民法院应当依法审理，按照单位犯罪直接负责的主管人员或者其他直接责任人员追究刑事责任，并援引刑法分则关于追究单位犯罪中直接负责的主管人员和其他直接责任人员刑事责任的条款。

第七，对被告单位的违法所得及其他涉案财物的处理。被告单位的违法所得及其他涉案财物，尚未被依法追缴或者查封、扣押、冻结的，人民法院应当决定追缴或者查封、扣押、冻结。为保证判决的执行，人民法院可以先行查封、扣押、冻结被告单位的财产，或者由被告单位提出担保。采取查封、扣押、冻结等措施，应当严格依照法定程序进行，最大限度降低对被告单位正常生产经营活动的影响。

第八，被告单位变更时的处理。审判期间，被告单位合并、分立的，应当将原单位列为被告单位，并注明合并、分立情况。对被告单位所判处的罚金以其在新单位的财产及收益为限。

第九，被告单位终止时的处理。审判期间，被告单位被吊销营业执照、宣告破产但尚未完成清算、注销登记的，应当继续审理。但是被告单位被撤销、注销的，情况则有所不同。被告单位被撤销、注销的，被告单位的主体资格已经消灭，不应当，也不可能追究其刑事责任。此种情形类似于《刑事诉讼法》第 16 条关于犯罪嫌疑人、被告人死亡的规定。根据该条规定，犯罪嫌疑人、被告人死亡的，不应当追究刑事责任；已经追究的，应当撤销案件，或者不起诉，或者终止审理，或者宣告无罪。此时，应当终止对被告单位的审理，继续审理对单位犯罪直接负责的主管人员和其他直接责任人员。

思考练习题

（一）论述题

1. 试述我国危害国家安全罪中的暴力犯罪。

2. 试述危害公共安全罪中的“公共安全”。

3. 试述金融诈骗犯罪的主观方面与实践认定。

4. 试述包庇毒品犯罪分子罪与包庇罪的区别。

5. 请结合刑法基本理论和相关司法解释的内容，分析说明袭警罪的罪数认定问题。

6. 试分析网络电信诈骗案件中，对网络中立帮助行为的刑法适用。

7. 试述教唆自杀、帮助自杀等自杀参与行为的可罚性。

8. 试述敲诈勒索罪与正当权利行使之间的界限。

9. 试述贪污贿赂罪中“国家工作人员”的范围界定。

10. 试述“致使公共财产、国家和人民利益遭受重大损失”在滥用职权罪与玩忽职守罪中的性质及地位。

11. 请结合劳某枝案，阐述共同犯罪的成立要件。

12. 请结合当前单位犯罪的发展趋势，阐述我国单位犯罪的特征。

（二）法条分析题

1.《刑法》第 133 条之一规定，在道路上驾驶机动车，有下列情形之一的，处拘役，并处罚金：（1）追逐竞驶，情节恶劣的；（2）醉酒驾驶机动车的；（3）从事校车业务或者旅客运输，严重超过额定乘员载客，或者严重超过规定时速行驶的；（4）违反危险化学品安全管理规定运输危险化学品，危及公共安全的。机动车所有人、管理人对前款第（3）项、第（4）项行为负有直接责任的，依照前款的规定处罚。有前两款行为，同时构成其他犯罪的，依照处罚较重的规定定罪处罚。

请结合本规定和司法解释以及刑法总则的规定，分析说明如何适用刑法规范，才能使具体个案的定罪量刑既合法又合理。

2.《刑法》第 114 条规定，放火、决水、爆炸以及投放毒害性、放射性、传染病病原体等物质或者以其他危险方法危害公共安全，尚未造成严重后果的，处 3 年以上 10 年以下有期徒刑。

请结合本规定和司法解释以及刑法总则的规定，分析说明如何认定本罪中的“其他危险方法”。

3. 请分析《刑法》第 236 条第 3 款第（4）项的规定，并论述轮奸的成立条件以及轮奸是否有未完成形态。

4. 请分析《刑法》第 263 条第 1 款第（1）项的规定，并论述对“入户抢劫”中“户”的理解。

5. 请分析《刑法》第 184 条第 1 款与第 385 条第 1 款的规定，并简要谈谈非国家工作人员受贿罪与国家工作人员受贿罪的异同。

6. 请分析《刑法》第 399 条第 2 款的规定，并简要谈谈其具体适用。

（三）案例分析题

1. 请结合黄某秋颠覆国家政权案（《人民法院案例选》2005 年第 2 辑刑事第 1 号）回答下述问题：

（1）该案中被告人触犯了何种罪名？

（2）如何对被告人利用互联网实施危害国家安全犯罪证据进行审查判断？

黄某秋颠覆国家政权案

2. 请结合张某危险驾驶案回答下述问题：

（1）张某和孙某是否构成共同犯罪？

（2）对张某和孙某的行为应该如何定性？

（3）疑罪从无和疑罪从轻的性质如何界分？

张某危险驾驶案

3. 甲在便利店购物时，趁店主乙不备，将柜台上的收款二维码偷换成自己的收款码，从而获取顾客支付给商家的钱款。经事后查明，甲通过此种方式获利 2 万元。甲的行为应当如何定性？

4. 甲在逛街时拾到乙的一部手机，该手机没有设置开机密码，手机短信里有乙身份证信息、银行卡号与余额等信息。甲使用乙手机时，发现乙的微信号没有退出，且微信号是用该手机注册的，遂用短信提示的方式更改了乙的手机微信支付密码，并绑定了乙的银行卡。尔后，甲分多次使用乙的微信钱包和绑定的银行卡向甲本人的微信号发红包和转账，然后再提现到其持有的银行卡。甲总计转账金额 4 万元。甲的行为应当如何定性？

5. 案情：2004 年，被告人和某耀任某物资公司的法定代表人、董事长，其在公司股份为 35%，高某河持股 25%，另外 40%为国有股份，某财政局委托和某耀管理某物资公司国有股份。2006 年 2 月 24 日，和某耀将高某河所持股份收购后，公司股东为某财政局（占股 40%）、和某耀（占股 60%）。2010 年，某物资公司受委托建设、经营、管理某机动车驾驶人科目二考试中心。其间，被告人和某耀、李某珺利用职务便利，以收入不入账、虚列支出等方式，非法占有公共财物。2010 年 6 月、2011 年 12 月，经和某耀许可，李某珺安排王某祥以零星工程、绿化工程的名义虚开金额为 690 859 元、946 000 元的发票两张，并伪造工程结算表，由和某耀、王某祥等人签字后，将市物资公司公款共计人民币 1 636 859 元非法占为己有。

分析：被告人和某耀是否具有国家工作人员身份？若不具有，在被告人和某耀与国家工作人员相互勾结的共同犯罪中应当对其如何定罪？

6. 案情：刚某、吴某均系宜兴市交通警察大队和桥中队辅警。2017 年 7 月初，刚某调至宜兴市交通警察大队综合中队，负责材料、信息工作。2017 年 10 月，吴某至宜兴市交通警察大队和桥中队交通违章处理窗口工作，负责处理非现场交通违法行为。吴某在刚某的怂恿和劝说下同意帮助张甲违法处理他人交通违法行为，并接受刚某提出的给予好处的方案。自 2017 年 10 月至 2018 年 6 月，刚某伙同吴某利用吴某负责非现场交通违法处理的职务之便，帮助张甲违法处理交通违法行为，从而收受张甲给予的钱款共计 472 500 元。刚某分给吴某 135 609 元，分给涉案期间提供帮助的张乙、张丙 93 980 元，刚某自己分得 242 911 元。

分析：被告人刚某的行为性质，是应认定为受贿共犯，还是行贿共犯，抑或介绍贿赂罪？

7. 案情：从2013年秋季学期至2018年春季学期，被告人包某长任某某县白沙小学校长，主持学校全面工作，系学校安全管理工作的第一责任人；被告人印某华任白沙小学副校长，分管校园综治安全工作。在任职期间，包某长、印某华未正确履行管理职责，在明知有学生家长反映有女学生在学校被杨某华、糜某平猥亵的情况下，没有组织开展调查核实，未对杨某华和糜某平进行处理，也未将情况向上级教育部门或者公安机关报告，致使杨某华、糜某平的违法犯罪行为未被发现并继续实施，造成严重法律后果和恶劣社会影响。

分析：被告人包某长、印某华作为白沙小学校长和副校长，是否构成玩忽职守罪？

参考文献

1. 赵秉志. 危害国家安全罪暨相关犯罪的法律适用. 北京：中国法制出版社，2016.

2. 陈洪兵. 公共危险犯解释论与判例研究. 北京：中国政法大学出版社，2011.

3. 陈伟. 醉驾："一律入刑"还是"区别对待". 法制与社会发展，2012（1）.

4. 陈忠林. 我国刑法中"恐怖活动犯罪"的认定. 现代法学，2002（5）.

5. 张明楷. 诈骗罪与金融诈骗罪研究. 北京：清华大学出版社，2006.

6. 陈兴良. 合同诈骗罪的特殊类型之"两头骗"：定性与处理. 政治与法律，2016（4）.

7. 刘明祥. 轮奸涉及的若干争议问题剖析. 政治与法律，2022（6）.

8. 陈兴良. 教唆或者帮助他人自杀行为之定性研究：邵建国案分析. 浙江社会科学，2004（6）.

9. 张明楷. 贪污贿赂罪的司法与立法发展方向. 政法论坛，2017（1）.

10. 李少平. 行贿犯罪执法困局及其对策. 中国法学，2015（1）.

11. 陈瑞华. 论刑事法中的推定. 法学，2015（5）.

12. 劳东燕. 滥用职权罪客观要件的教义学解读：兼论故意·过失的混合犯罪类型. 法律科学（西北政法大学学报），2019（4）.

13. 吴飞飞. 滥用职权罪中的"重大损失"及其认定. 法学评论，2012（4）.

14. 龙宗智. 有组织犯罪案件分案审理问题研究. 法学研究，2021（3）.

15. 杨杰辉. 共同犯罪案件的分案审理研究. 现代法学，2022（1）.

第三章　量刑的事实认定与法律适用

第一节　量刑的实体法理论

一、量刑的基本原理

量刑，是审判机关在定罪的基础上，依法对犯罪人进行刑事责任大小及其实现方式裁量的刑事审判活动。量刑有狭义和广义之分。狭义的量刑仅指刑法上的刑事责任大小及其实现方式的裁量活动，广义的量刑还包括程序法上的各相应诉讼活动。那些符合量刑自身特点与运行规律的普遍道理，是量刑的基本原理所在。随着刑法的现代化发展，量刑的基本原理也应随之现代化，主要表现在如下方面。

（一）量刑以定罪为前提

在定罪与量刑关系上，量刑以定罪为前提。一方面，没有定罪就没有量刑。只有对犯罪行为进行刑法上的认定以后，才能进入量刑环节。另一方面，定罪为量刑确定法定刑幅度。量刑是在定罪确定的法定刑幅度基础上逐步展开的。例如对于某个故意杀人案，如果定的是故意杀人罪的基本犯，那么这个定罪就为量刑选定了“死刑、无期徒刑或者十年以上有期徒刑”的法定刑幅度，量刑就以此为起始标准，进而根据案件的全部量刑事实、情节和所涉的全部法律作出量刑裁决；如果定的是故意杀人罪的减轻犯，那么这个定罪就为量刑选定了“三年以上十年以下有期徒刑”的法定刑幅度，量刑就以此为起始标准，进而根据案件的全部量刑事实、情节和所涉的全部法律作出量刑裁决。定罪与量刑的如此关系原理决定了：一方面，只有定罪正确，才能做到量刑恰当；另一方面，任何量刑规则的制定，如 2021 年《关于常见犯罪的量刑指导意见（试行）》，都必须遵循该关系原理，避免偏离量刑的基本运行规律。

（二）量刑以审判机关为主体

根据宪法和其他相关法律规定，只有审判机关才是量刑的主体。其他任何机关和个人，如侦查机关、公诉机关、刑事被告人、犯罪人、辩护人、自诉人等，虽然以量刑证据收集、量刑指控（量刑建议）、量刑辩护（量刑意见）等方式参与量刑活动，但都不是行使量刑权的主体。这也意味着，检察机关提出量刑建议，并不是行使量刑权，而是行使作为量刑指控与监督的求刑权。

（三）量刑兼以反映犯罪行为的社会危害性和犯罪人的人身危险性等事实为根据

由于量刑与定罪的刑法意义不同，量刑的事实根据也就与定罪的事实根据有所不同。定罪是对犯罪行为的定性，主要以犯罪中形成的反映犯罪行为的社会危害性等方面事实为根据。量刑是对犯罪人所应承担的刑事责任及其大小与实现方式的裁量，主要以犯罪中和犯罪前后形成的反映犯罪人实施犯罪行为的社会危害性大小及其人身危险性大小等方面事实为根据。犯罪行为的社会危害性大小和犯罪人的人身危险性大小，都是行为人的主观恶性与客观方面表现的有机统一。例如，没有因钱权交易而带来严重后果的受贿 100 万元与因索贿 10 万元而致对方于困难境地这两种情形中，后者的主观恶性更大，若仅以客观数额为量刑根据，会带来罪责刑的不相适应。这样，量刑轻重的裁判，并不是计算量刑情节的个数，而是根据案件的所有量刑情节制度所体现的犯罪行为的社会危害性大小和犯罪人的人身危险性大小。

（四）量刑以犯罪人为对象

定罪与量刑的刑法意义及其相互关系，决定了它们的对象有所不同。定罪是对行为人的行为进行刑法上的性质认定。这里的“行为人”，在刑事诉讼法上为刑事被告人，也即行为被指控有罪但未经审判确认为有罪的人。量刑是在定罪基础上，对行为人的刑事责任大小及其实现方式的裁量。这里的“行为人”，在刑事诉讼法上为犯罪人，也即行为经审判确认为有罪的人。这意味着：一方面，量刑的对象不可以是未经审判确认有罪的任何人，包括犯罪嫌疑人。另一方面，量刑的对象并不一定是终审确认有罪的人。基于定罪与量刑的关系，只要是经审判确认有罪的人，都可以是量刑的对象，既包括被一审确认为有罪的人，也包括被二审、终审确认为有罪的人，还包括刑罚执行中因减刑、假释需要而由审判机关运用裁量权对原判刑罚予以减刑、假释裁判的人。量刑的如此对象原理，对科学定位缓刑、减刑、假释等制度的刑法性质，合理构建与运行量刑建议制度等，均具有重要的理论与实践意义。

（五）量刑以刑事责任大小及其实现方式裁量为内容

在传统理论上，量刑通常被界定为刑罚的“裁量”。在当前的量刑改革中，量刑被定位为刑罚的“量化”。实际上，随着刑法的现代化发展，刑罚只是刑事责任的一个下位概念，与作为刑法中最核心范畴的“犯罪”概念，不在同一层级上。并且，量刑作为实现刑法的目的、任务和刑罚的目的的价值评价活动，不可能主要是形式逻辑上的加减乘除数学运算。有鉴于此，量刑应以刑事责任的大小及其实现方式裁量为内容。一方面，量刑之“刑”不只是刑罚。在我国，因刑事责任的实现方式包括刑罚处罚、非刑罚处罚和单纯宣告有罪，故而与定罪对应的量刑的内容，就不只是刑罚处罚，还包括非刑罚处罚和单纯宣告有罪，即使刑罚处罚仍是其主要内容。另一方面，量刑之“量”是“裁量”而不只是“量化”。“刑之量化”与“刑之裁量”的根本不同，在于是否把量刑视为一个能动的、个别化的活动和过程。对于“刑之量化”，因作为量刑事实根据的各因素被事先数量化，而使量刑只是一个“对号入座”的、一般化的技术活动和过程；而对于“刑之裁量”，虽然也在一定程度上包含了“刑之量化”，但更多的时候需针对个案的具体情况，对作为量刑事实根据的各因素作具体的分析判断，使量刑表现为一个能动的、个别化的活动和过程。这样，量刑为综合的价值判断活动，虽然其中可以有数量化的技术手段，但决定权还是需要交给作为量刑主体的审判机关。

（六）量刑是行刑的前提和保证

刑罚权在运行中，有制刑权、求刑权、量刑权和行刑权之分，它们分别由立法机关、公诉机关或自诉人、审判机关和执行机关行使。行刑作为刑罚权运行中的最后环节，以制刑、求刑和量刑为基础和前提。量刑作为与行刑关系最为直接的环节，需基于刑法和刑罚的目的与功能，通过给犯罪人裁量决定的刑罚或非刑罚等处罚措施，为行刑提供依据，以实现刑法的惩罚犯罪、保护人民、保障社会主义建设事业顺利进行的目的、任务，以及实现刑罚的预防犯罪的目的。这样，量刑适当与否，是行刑能否取得最佳效果的前提和保证。

量刑的以上基本原理决定了其在刑事诉讼中处于重要地位。把握好量刑的基本原理，既是科学合理量刑的需要，也是贯彻落实宪法、刑法、刑事诉讼法相关规定的需要。同时，刑法理论上一些关于犯罪论问题的困惑与争议，如间接因果关系的行为要不要承担刑事责任、偶然因果关系的案件如何定性等，实践中一些关于量刑规范化、认罪认罚从宽制度、企业刑事合规等改革探索中遇到的困惑与争议，如如何对待量刑裁量权、量刑情节能否数量化、罚金刑到底如何裁量、应否在法定刑幅度内确定量刑起点、如何构建和运行量刑建议制度、企业刑事合规制度构建的刑法基础是什么等，在很大程度上都与是否遵循量刑的基本原理有关。

二、量刑情节制度

量刑情节制度是量刑情节和量刑制度的统称。

（一）量刑情节

1. 量刑情节的概念

量刑情节，是指法律规定或授权审判机关决定的，量刑时应当考虑的影响量刑轻重的主客观事实，如未成年犯、未遂犯、中止犯、从犯、累犯、自首、立功、坦白、自愿认罪、被害人有过错、退赃退赔、积极赔偿被害人经济损失、前科劣迹，以及针对未成年人、老人、残疾人、孕妇等弱势人员犯罪等。

从正当性根据来看，凡是反映犯罪行为的社会危害性、反映犯罪人的人身危险性方面的事实以及其他法律特别规定的情况，都是量刑情节，具体可以分为如下四种情形：(1) 反映犯罪行为的社会危害性方面的量刑情节。如，未遂犯是反映犯罪行为的社会危害性相对较小的情节，针对老人、未成年人、残疾人、孕妇等弱势人员犯罪是反映出犯罪行为的社会危害性较大的情节。(2) 反映犯罪人的人身危险性方面的量刑情节。如，自首、坦白、被害人有过错均是反映犯罪人人身危险性较小的情节，累犯、前科劣迹均是反映出犯罪人人身危险性较大的情节。(3) 既反映犯罪行为的社会危害性又反映犯罪人的人身危险性的量刑情节。如，从犯、中止犯、积极赔偿被害人经济损失、胁从犯，既反映出这些犯罪行为的社会危害性较小，又反映出这些犯罪人的人身危险性较小。(4) 既不反映犯罪行为的社会危害性，也不反映犯罪人的人身危险性的其他法定量刑情节。这类量刑情节有三个特点：其一，都只能是从宽处罚情节。在现代刑法上，基于并合主义的正当化罪责根据，量刑兼以犯罪行为的社会危害性和犯罪人的人身危险性为根据。但是，基于罪刑法定主义的人权保障精神，可以在以上根据之外作出有利于犯罪人的从宽处罚。例如，刑法特别规定的，对已满 12 周岁不满 18 周岁的人犯罪应当从轻或减轻处罚，对犯罪的时候不满 18 周岁的人或审判的时候怀孕的妇女不适用死刑，反映的就不是社会危害性和人身危险性，而是刑法的人性关怀或人权保障。其二，都只能是法定量刑情节。法定量刑情节都是刑法特别规定的，司法机关不可在刑法特别规定外另外确认量刑情节。其三，都有刑法上的正当性根据。关于量刑根据，《刑法》第 61 条规定，“对于犯罪分子决定刑罚的时候，应当根据犯罪的事实、犯罪的性质、情节和对于社会的危害程度，依照本法的有关规定判处”。这意味着，在现代刑法上，量刑的根据并不只是反映犯罪行为社会危害性的事实和反映犯罪人人身危险性的事实，还有那些“本法的有关规定”规定的其他事实。这是对并合主义的刑罚正当性根据的发展，符合罪刑法定原则的人权保障蕴含。

量刑情节与犯罪情节是既有联系又有区别的两个概念。犯罪情节，是犯罪中形成的主客观事实，可能是定罪情节或量刑情节。定罪情节是影响定罪的主客观事实，如，盗窃犯罪中发生的，用以评价基本犯成立要件的“数额较大”的盗窃数额（如为 5 000 元，达到了通常所需 2 000 元等的“数额较大”标准）；盗窃案存在的，用以评价“情节显著轻微危害不大”的积极退赃、初犯、偶犯、平时表现较好等事实。量刑情节是影响量刑轻重的主客观事实，如盗窃犯罪过程中发生的“数额较大”盗窃数额的具体大小（如为 5 000 元，比 2 000 元数额的危害性大），行为人犯罪前的前科劣迹，犯罪后的自首、坦白、立功。这样，与定罪情节一样，量刑情节既包括犯罪过程中形成的犯罪情节，也包括犯罪前后的非犯罪情节。在通常情况下，定罪情节与量刑情节由不同事实充当。如按《刑法》第 232 条关于故意杀人罪的规定，妇女因丈夫一般的过错而将其杀害的事实，通常被评价为故意杀人罪基本犯的酌定从宽处罚情节，但若是存在因丈夫有大的过错（如长期虐待妻子）而杀死丈夫的事实，就应被评价为故意杀人罪减轻犯，即“（故意杀人）情节较轻的”的定罪情节。在这里，定罪情节与量刑情节分别由丈夫有大的过错和一般过错两个不同性质的事实充当。但在某些情况下，定罪情节与量刑情节会由同一事实的不同侧面或不同属性充当。如对于盗窃 5 000 元人民币的事实，在以 2 000 元为盗窃罪基本定罪标准的情况下，在定罪时，这 5 000 元表明达到数额较大标准而为盗窃罪基本犯的定罪情节，在量刑时这 5 000 元表明大于数额较大标准[①]而为其酌定从重处罚的量刑情节。又如对于 14 周岁的人故意杀人的事实，在定罪时表明其符合故意杀人罪犯罪主体要求，此为其基本犯的犯罪情节，在量刑时表明其为未满 18 周岁的未成年人犯罪，此为应当从轻、减轻处罚的量刑情节。

2. 量刑情节的功能

在我国现行刑法中，量刑情节，无论是法定量刑情节还是酌定量刑情节，都具有从重处罚、从轻处罚、减轻处罚和免除处罚的量刑功能。

（1）从重、从轻处罚。《刑法》第 62 条规定：“犯罪分子具有本法规定的从重处罚、从轻处罚情节的，应当在法定刑的限度以内判处刑罚。”据此规定，所谓从重处罚，是指在所犯之罪应适用的法定刑幅度内，选择适用较重的刑种或较长的刑期的功能性量刑制度；所谓从轻处罚，是指在所犯之罪应适用的法定刑幅度内，选择适用较轻的刑种或较短的刑期的功能性量刑制度。实践中，从重处罚和从轻处罚是基于情节事实在法定刑幅度内作出相对于没有这个情节时要重一些或轻一些的裁处。至于到底要重多少或轻多少，既不能一概而论，也不能机械地以法定刑幅度的中线或通过实证统计的点或幅度为基准决定，而应当结合本案其他量刑情节予以综合裁处。同时，从重处罚和从轻处罚既可以为法定情节，也可以为酌定情节。如累犯为法定的从重处罚情节，坦白为法定的从轻等处罚情节；在公共卫生事件期间哄抬急需品价格、盗窃或抢夺弱势群体财物的，为酌定的从重处罚情节，被害人有过错为酌定的从轻等处罚情节。

（2）减轻处罚。《刑法》第 63 条第 1 款规定：“犯罪分子具有本法规定的减轻处罚情节的，应当在法定刑以下判处刑罚；本法规定有数个量刑幅度的，应当在法定量刑幅度的下一个量刑幅度内判处刑罚。”第 2 款规定：“犯罪分子虽然不具有本法规定的减轻处罚情节，但是根据案件的特殊情况，经最高人民法院核准，也可以在法定刑以下判处刑罚。”据此规定，所谓减轻处罚，是指在所犯之罪应适用的法定刑幅度之下选择适用刑种或刑期的情形，具体包括法定减轻处罚和酌定减轻处罚两种。其中，所谓法定减轻处罚，按《刑法》第 63 条第 1 款的规定，是指由司法机关根据案件情况和刑法的具体规定予以确定，减轻适用所选择的刑种或刑期需在下一个量刑幅度内的功能性量刑制度；所谓酌定减轻处罚，按《刑法》第 63 条第 2 款的规

---

① 不是将 5 000 元分割为 2 000 元作为定罪情节和 3 000 元作为量刑情节，这个 5 000 元的盗窃数额是一个事实，不可以分割适用。正如不可将 14 周岁的人犯故意杀人的事实分割为定罪情节与量刑情节的道理一样。石经海. 论量刑基准的回归. 中国法学，2021（5）.

定，是指由司法机关根据案件情况予以具体确定，对减轻适用所选择的刑种或刑期的量刑幅度没有限制，但需经最高人民法院核准的功能性量刑制度。①

（3）免除处罚。《刑法》第 37 条规定："对于犯罪情节轻微不需要判处刑罚的，可以免予刑事处罚，但是可以根据案件的不同情况，予以训诫或者责令具结悔过、赔礼道歉、赔偿损失，或者由主管部门予以行政处罚或者行政处分。"据此，所谓免除处罚，是指因犯罪情节轻微不需要判处刑罚，宣告有罪而不给予刑罚处罚的功能性量刑制度。免除刑罚处罚的前提是犯罪情节轻微而不是情节显著轻微和犯罪性质轻微。一方面，情节显著轻微危害不大的，按《刑法》第 13 条规定，不是犯罪。另一方面，免除刑罚处罚的适用，并不要以犯罪性质轻微为前提，即使是性质严重的犯罪（如故意杀人罪），只要案件的犯罪情节属于轻微、不需要判处刑罚，就可以考虑作为法定或酌定量刑情节给予免除刑罚处罚。酌定免除处罚，在认罪认罚从宽制度改革和企业刑事合规改革中有着广泛的探索适用空间。免予刑罚处罚并不意味着不给予任何处罚，可以视案件具体情况，依据《刑法》第 37 条、第 37 条之一等的规定，给予训诫或者责令具结悔过、赔礼道歉、赔偿损失，或者由主管部门予以行政处罚或者行政处分的非刑罚处罚，或者给予相应的职业禁止处置。

在我国，曾有过"加重处罚"量刑情节。人民代表大会常务委员会于 1983 年 9 月 2 日通过施行的《关于严惩严重危害社会治安的犯罪分子的决定》（现已失效），将"流氓犯罪集团的首要分子或者携带凶器进行流氓犯罪活动，如全国情节严重的，或者进行流氓犯罪活动危害特别严重的"等六类严重危害社会治安的情形，规定为"加重处罚"量刑情节，要求"可以在刑法规定的最高刑以上处刑，直至判处死刑"。【参见知识拓展 3-1】然而，随着 1997 年《刑法》全面修订时罪刑法定原则的立法确立，"加重处罚"量刑情节也随之废止。

知识拓展 3-1

3. 量刑情节的种类

（1）法定量刑情节与酌定量刑情节。

以量刑情节的内容和功能是否由法律明确规定为标准，可以将量刑情节分为法定量刑情节与酌定量刑情节。所谓法定量刑情节，是指内容和功能由法律明确规定的，反映犯罪行为社会危害性和犯罪人人身危险性程度的法律事实。刑法除了明确规定它们的内容（名称），还明确规定了它们的"从重处罚""从轻处罚""减轻处罚""免除处罚"功能。根据规定的法律不同，其具体有普遍适用的总则性量刑情节和只适用于特定犯罪的分则性量刑情节。如《刑法》第 17 条规定的"未成年犯罪"，为总则性法定量刑情节，其内容为"已满 12 周岁未满 18 周岁的人犯罪"，功能为"应当从轻或者减轻处罚"，普遍适用于所有未成年人犯罪；《刑法》第 279 条第 2 款规定的"冒充人民警察招摇撞骗的，依照前款的规定从重处罚"，为分则性量刑情节，其内容为"冒充人民警察招摇撞骗的"，功能为"依照前款的规定从重处罚"，仅适用于招摇撞骗罪。据统计，截至 2019 年《刑法修正案（十一）》，我国刑法中

① 为有利于本制度的适用，建议修改立法将其核准权交由高级人民法院行使。

共有 70 多个法定量刑情节。

所谓酌定量刑情节，是指内容和功能未被法律明确规定，需由司法机关根据法律的原则制度确认的，反映犯罪行为社会危害性和犯罪人人身危险性程度的法律事实。它是法定量刑情节以外的所有反映犯罪行为社会危害性和犯罪人人身危险性的案件事实。确定酌定量刑情节的相关规定，既包括《刑法》第 5 条关于罪刑相适应原则和第 61 条关于量刑根据的原则性规定，也包括《刑法》第 62 条、第 63 条和第 37 条关于从重、从轻、减轻和免除处罚的制度性规定。其中，原则性规定意味着，凡是反映犯罪行为社会危害性大小的事实和反映犯罪人人身危险性大小的事实，都应当为评价量刑轻重的量刑情节；制度性规定意味着，酌定量刑情节是司法机关依据刑法的原则性规定结合关于从重、从轻、减轻和免除处罚功能的制度规定所确认的量刑情节。如，有前科的，以未成年人、老年人、残疾人、孕妇等弱势人员为犯罪对象的和在重大自然灾害，预防、控制突发传染病疫情等灾害期间故意犯罪的，均是对应《刑法》第 62 条规定的酌定从重处罚量刑情节；当庭自愿认罪、被害人有过错、退赃退赔、积极赔偿被害人经济损失并取得谅解、当事人依法达成刑事和解协议、羁押期间表现好、认罪认罚的，均是对应《刑法》第 62 条、第 63 条、第 37 条规定的酌定从轻、减轻或免除处罚量刑情节。据此，那些根据刑法的以上原则制定，通过司法解释方式明确的量刑情节，也只是酌定量刑情节。在最高人民法院、最高人民检察院《关于常见犯罪的量刑指导意见（试行）》（法发［2021］21 号）所列 18 种常见量刑情节中，有 3 种酌定从重处罚情节，有 7 种酌定从宽处罚情节。

在司法上，对酌定量刑情节通常可以从如下方面予以考察：1）犯罪动机。犯罪动机不同，反映犯罪人的主观恶性及其行为所具有的社会危害性也就不同。一般来说，犯罪动机越是卑鄙恶劣，行为的主观恶性及其社会危害性就越大，量刑也应相对重些。2）犯罪手段。犯罪手段是否残忍、狡猾程度不同，反映出犯罪人仇视社会、犯罪经验及其行为所具有的社会危害性大小也有所不同。3）行为时的犯罪时间、地点等环境和条件。不同政治、经济和社会治安形势下实施的犯罪行为，所造成社会危害性大小不同。比如在重大自然灾害，预防、控制突发传染病疫情等灾害期间故意犯罪的，其社会危害性比平时的一般犯罪的危害要大，在量刑时应酌定从重处罚。4）犯罪侵害对象。犯罪侵害对象的具体情况不同，会带来社会危害性上的差异。如以未成年人、老年人、残疾人、孕妇等弱势人员为犯罪对象的故意犯罪，其社会危害性比其他对象的危害要大，在量刑时应酌定从重处罚。5）犯罪所造成的损害结果。那些非构成要件的损害结果，包括直接的、有形的结果（如对被害人造成的物质损害），间接的、无形的损害（如行为对社会的危害和恶劣影响等），它们可能是非犯罪构成要件的损害结果，也可能是用作定罪要件同时表明犯罪行为社会危害性大小的损害结果（如盗窃 5 000 元，既是盗窃“数额较大”的定罪要件，也表明比 2 000 元“数额较大”标准有相对较大的危害），都是犯罪行为所造成社会危害的反映，在量刑时应酌定从重处罚。6）犯罪人的个人情况和一贯表现。这些情况和表现在一定程度上反映出犯罪人的人身危险性大小，在量刑时应斟酌考虑。7）犯罪人犯罪后的态度。行为人犯罪后除法定情节以外的态度，如是否积极实施挽救以防止结果的发生，是否积极退赃退赔，是否主动赔偿损失，是否有良好的羁押表现等，都在一定程度上反映出犯罪人的人身危险性大小，在量刑时应斟酌考虑。

法定量刑情节与酌定量刑情节既有联系又有区别。二者的联系表现在：在实质内容上，都是反映行为社会危害性和犯罪人人身危险性的事实，因而对量刑都有影响；在存在根据上，因量刑情节本身复杂多样和贯彻罪刑相适应原则的需要不同，而都有必要存在，且不可互相替代；在功能上，没有作用力大小之分，因此在具体适用中应当一并重视，既不能有所遗漏，也不能片面强调一种情节而忽视另一种情节，尤其是要防止轻视甚至忽视酌定情节的倾向，否则，就必定出现诸如 2008 年广东许某盗窃案的原一审量刑（无期徒刑）罪刑不相适应问题引发的巨大争议。【参见知识拓展 3-2】

知识拓展 3-2

二者的区别主要表现在：1）法定性的具体表现不同。二者的法定性区别不在于有无法律规定，而在于法律具体规定的是什么。法定量刑情节是刑法对量刑情节的内容（名称）和功能均作出明确规定，而酌定量刑情节是量刑情节的内容（名称）和功能由司法机关根据法律的相应原则制度规定予以确认。2）情节的具体根据有所不同。虽然二者都以反映犯罪行为社会危害性和反映犯罪人人身危险性大小而为量刑的正当性根据，但立法基于人性关怀、人权保障等特殊原因，还专门设定了一些从宽处罚的法定量刑情节，如“犯罪的时候不满 18 周岁的人和审判的时候怀孕的妇女，不适用死刑”，“审判的时候已满 75 周岁的人，不适用死刑，但以特别残忍手段致人死亡的除外”等。3）情节的具体适用规则不同。法定量刑情节是直接依照立法的规定适用，酌定量刑情节是依法律的相应原则制度在宽严相济刑事政策指导下适用，包括按司法解释的规范化规则适用。综观我国刑事司法解释规定，这些被司法解释规范化的酌定量刑情节已有很多。【参见知识拓展 3-3】

知识拓展 3-3

（2）应当型量刑情节与可以型量刑情节。

以量刑情节对量刑结果是必定性还是倾向性影响为标准，可以将量刑情节分为应当型量刑情节与可以型量刑情节。所谓应当型量刑情节，是指对量刑结果产生必定性影响的量刑情节；所谓可以型量刑情节，是指对量刑结果产生或然性影响的量刑情节。在我国，法定量刑情节中有部分是可以型量刑情节。所有具有从重处罚功能的法定量刑情节，都是应当型量刑情节；从宽处罚的法定量刑情节中，既有应当型的也有可以型的。【参见知识拓展 3-4】

知识拓展 3-4

应当型量刑情节与可以型量刑情节的关键区别，不在于量刑情节是否适用，而在于是必定适用还是倾向性适用。应当型量刑情节的适用是必定的，且其对量刑结果必定产生影响。可以型量刑情节的适用是带有倾向性和酌定性的。一方面，在司法上，“可以”作为一种授权性规范的表达方式，反映了立法者的倾向性意见，对犯罪者从宽处罚时不需要特别理由，但不从宽处罚时则需要特别理由。另一方面，可以型量刑情节对量刑结果产生多大的影响，由审判人员根据量刑情节所体现的社会危害性和人身危险性大小裁量。如自首、坦白、立功、赔偿被害人经济损失等，在一般情况下都是可以型量刑情节。这些量刑情节，在实践中，一般都要被提取和用于影响量刑；但在少数情况下，因犯罪的社会危害性极大、后果特别严重、犯罪手段极为残忍、犯罪人缺乏真实悔罪表现等，酌定情节对量刑的影响有多大，由审判人员根据它们所体现的社会危害性或人身危险性的大小予以裁量。

（二）量刑制度

1. 量刑制度的概念与种类

量刑制度，是关于某个量刑事项的成立条件和处罚规则等的制度化规定。从我国刑法立法来看，属于量刑制度的事项主要有数罪并罚制度、刑期折抵制度、缓刑制度、减刑制度、假释制度。

对于数罪并罚制度、刑期折抵制度、缓刑制度、减刑制度、假释制度是否为量刑制度，在理论上有不同的认识。其中的主流观点是，将数罪并罚制度、缓刑制度称为刑罚裁量制度，将减刑制度、假释制度称为刑罚执行制度。其实，从这些制度的性质以及刑法的多元规定看，数罪并罚制度、刑期折抵制度、减刑制度只是刑罚裁量制度，而缓刑制度和假释制度既是刑罚裁量制度又是刑罚执行制度。

数罪并罚制度是对一人所犯数罪进行合并处罚的执行刑裁量制度。根据我国刑法的规定，它是指人民法院对一行为人在法定时间界限内所犯数罪分别定罪量刑后，按照法定的并罚原则及刑期计算方法决定其应执行的刑罚的制度。数罪并罚制度的设置，是贯彻罪刑相适应原则的要求和体现，既要实现社会的公平、正义，又要避免刑法过于苛厉，还要体现刑法的人道精神，保障刑罚的目的和功能得以实现。

刑期折抵制度是以判决以前依法“先行羁押”的期间，折抵判决后某些可折抵的刑期的刑罚制度。从应用和制度层面上看，刑期折抵在刑法中的地位，应如缓刑、减刑、假释等，是一项刑罚裁量制度，具体为因先行羁押而将宣告刑形成执行刑的制度。

缓刑不是刑种，而是一种刑罚制度。在世界各国，缓刑通常有刑罚暂缓宣告和刑罚暂缓执行两种模式，我国采用的是刑罚暂缓执行模式。它是指对罪行较轻的犯罪分子，在符合法律规定条件下，暂缓其刑罚执行，并规定一定的考验期，在考验期内没有发生撤销缓刑的法定事由，原判刑罚就不再执行的刑罚制度。在我国刑法立法上，缓刑既是刑罚裁量制度，也是刑罚执行制度。其为刑罚裁量制度表现在《刑法》第 72 条的适用条件规定、第 74 条的排除适用对象规定、第 77 条法律适用后果规定，这些都是关于法院如何进行缓刑裁量的规定。其为刑罚执行制度表现在《刑法》第 73 条的缓刑考验期规定、第 75 条的执行规则规定、第 76 条的社区矫正规定，这些都是关于执行机关如何执行缓刑的规定。

减刑制度是指对被判处管制、拘役、有期徒刑或者无期徒刑的犯罪分子，因其在刑罚执行期间认真遵守监规，接受教育改造，确有悔改或者立功表现，而适当减轻其原判刑罚的刑罚制度。根据我国刑法立法，我国的减刑制度是刑罚裁量制度，表现为《刑法》第 78 条的适用条件与限度规定、第 79 条的减刑程序规定和第 80 条的无期徒刑减刑的刑期计算规定，这些都是关于法院如何对犯罪人进行执行刑变更裁量的规定。这些规定都不是关于执行机关如何执行的规定。这意味着，减刑制度在刑法意义上不是刑罚执行制度，而是刑罚裁量制度。理论上的通说将减刑理解为刑罚执行制度是对刑法关于减刑制度规定的误解。

假释制度是对被判处有期徒刑、无期徒刑的犯罪分子，在执行一定刑期以后，因其认真遵守监规，接受教育改造，确有悔改表现，没有再犯罪的危险，而附条件地将其提前释放的刑罚制度。在我国刑法立法上，假释既是刑罚裁量制度，也是刑罚执行制度。其为刑罚裁量制度的立法表现是《刑法》第 81 条的适用条件规定、第 82 条的假释程序规定、第 83 条的考验期规定、第 86 条的法律适用后果规定。这些规定，都是关于法院如何进行假释裁量的规定，而不是执行机关如何执行的规定。其为刑罚执行制度的立法表现是《刑法》第 84 条的执行规则规定、第 85 条的社区矫正规定。这些规定，都是关于执行机关如何执行假释的规定。而且，在我国刑事立法中，以上制度也都规定在第三章“刑罚”和第四章“刑罚的具体运用”中。

2. 量刑制度的功能

量刑制度的功能主要是对量刑情节以外的影响刑罚裁量的事实进行类型化的规范评价，或者对全案犯罪情节、量刑情节进行综合评价，以便为司法机关在具体案件中准确认定相关事实，并针对不同事实进行刑罚裁量提供规范依据。例如，数罪并罚制度的功能在于，为司法机关在认定一人犯数罪的案件中确定最后执行的刑罚提供规范依据；刑期折抵制度的功能在于为司法机关判断先行羁押的事实并从刑罚上评价先行羁押的事实（折抵）提供规范依据；减刑、假释制度为司法机关对罪犯的服刑效果进行科学评价，并且对原判刑罚进行调整提供规范依据；缓刑制度是对全案犯罪情节和量刑情节进行综合评价，以便为司法机关判断是否犯罪情节较轻、是否有悔罪表现、有无再犯罪危险以及对社区有无重大不利影响等事实作出准确判断，并决定是否宣告缓刑提供规范依据。

第二节　量刑的事实认定

一、量刑事实

（一）量刑事实的概念

所谓量刑事实，从实体上看，是指依法用以确定犯罪人刑事责任的大小，并配置何种刑事责任实现方式的案件事实，从程序上看，是指与应当科处何种具体刑罚的认识、判断活动相关联的事实。量刑事实是与定罪事实相对应的概念。定罪事实是指与作出是否符合犯罪成立条件的认识、判断活动相关联的事实。

在实践中，量刑事实与量刑情节经常被混为一谈。如 2020 年最高人民法院、最高人民检察院、公安部、国家安全部、司法部《关于规范量刑程序若干问题的意见》中使用了“量刑事实”，而 2021 年最高人民法院、最高人民检察院《关于常见犯罪的量刑指导意见（试行）》中则只使用了“量刑情节”。事实上，基于评价的法律属性不同，量刑事实可能根据关于量刑情节的刑法规定而转化为量刑情节，也可能根据关于拘留、逮捕等先行羁押折抵管制、拘役、有期徒刑的规定，以及关于数罪并罚的规定而影响刑罚的裁量。因此，量刑事实并非当然就是量刑情节。

当前，我国采用的是相对独立的量刑程序。在量刑程序中，量刑事实是证明对象，需要运用量刑证据予以证明。量刑证据、证明责任和证明标准是量刑事实证明中的关键问题。

（二）量刑事实的种类

1. 纯正的量刑事实与非纯正的量刑事实

这是以与定罪事实的关系为标准所作的分类。从与定罪事实的关系来看，量刑事实就是定罪事实以外的案件事实。它既可能是犯罪过程中形成的犯罪事实，也可能是犯罪前后形成的其他相关事实。据此，理论上分别称之为纯正的量刑事实和非纯正的量刑事实。其中，所谓纯正的量刑事实，是指只与案件中的量刑有关，而与定罪无关的事实，如认罪认罚、自首、立功、坦白、认罪、退赃、赔偿损失、被害人谅解、累犯、前科、在羁押期间的表现以及在重大自然灾害期间故意犯罪等。所谓非纯正的量刑事实，是指那些与定罪事实相重合的量刑事实。该类事实“一身兼二任”，既对定罪产生影响，又对量刑产生影响，如犯罪手段、犯罪数额、犯罪形态、在共同犯罪中的地位和作用等。

2. 反映社会危害性的量刑事实、反映人身危险性的量刑事实和其他量刑事实

这是以量刑的正当性根据为标准所作的分类。所谓反映社会危害性的量刑事实，是指反映犯罪行为社会危害性的事实；所谓反映人身危险性的量刑事实，是指反映犯罪人人身危险性的事实；所谓其他量刑事实，是指反映犯罪行为社会危害性和反映犯罪人人身危险性方面以外的其他影响犯罪人刑事责任大小及其实现方式裁量方面的事实。我国《刑法》第 61 条规定的“犯罪的事实、犯罪的性质、情节和对于社会的危害程度”，可以被认为是刑法关于这三类事实的基本法律依据，具体表现在如下方面。

（1）表明社会危害性大小的量刑事实。

刑法上有关社会危害性的事实，既可能被用以定罪，也可能被用以量刑。在被用以量刑的事实中，又可以具体分为如下几种情形：1）基于社会危害性而说明法定量刑情节刑事责任大的事实。这是对接刑法立法规定的“应当从重处罚”量刑情节方面的事实。2）基于社会危害性而说明酌定量刑情节刑事责任大的事实。从实践来看，这类事实主要有反映犯罪动机恶劣、犯罪手段残忍、在公共场所实施的犯罪、以弱者为侵害对象的犯罪、损害结果严重甚至极其严重等方面的事实。3）基于社会危害性而说明法定量刑情节刑事责任小的事实。总则性的如关于防卫过当、胁从犯、预备犯等方面的事实，分则性的如关于行贿人在被追诉前主动交代行贿行为方面的事实。4）基于社会危害性而说明酌定量刑情节刑事责任小的事实。如关于并非犯罪动机恶劣、并非犯罪手段残忍、并非以弱者为侵害对象、并非损害结果严重或极其

严重的犯罪等方面的事实。

（2）表明人身危害性大小的量刑事实。

刑法上有关人身危险性的事实，主要被用于量刑，通常包括如下几种情形：1）基于人身危险性而说明反映人身危险性大的法定量刑情节。如关于累犯的事实，关于因走私、贩卖、运输、制造、非法持有毒品罪被判过刑又犯毒品方面犯罪方面的事实。2）基于人身危险性而说明反映人身危险性大的酌定情节。如关于再犯、前科、抗拒等方面的事实。3）基于人身危险性而说明反映人身危险性小的法定情节。如关于中止犯、坦白方面的事实，关于贪污犯罪嫌疑人在提起公诉前如实供述自己罪行、真诚悔罪、积极退赃，避免、减少损害结果的发生方面的事实，关于行贿人在被追诉前主动交待行贿行为方面的事实。4）基于人身危险性而说明反映人身危险性小的酌定情节。如关于初犯、偶犯、激情犯、被害人有过错、犯罪人一贯表现良好、犯罪人犯罪后的悔罪态度好等方面的事实。5）既基于社会危害性又基于人身危险性说明反映社会危害性和人身危险性小的法定量刑情节。如关于非法种植毒品原植物在收获前自动铲除方面的事实。6）既基于社会危害性又基于人身危险性说明反映社会危害性和人身危险性小的酌定量刑情节。如关于退赃、退赔、积极赔偿被害人经济损失并取得谅解方面的事实。7）既基于人身危险性又基于提高办案效率而说明反映人身危险性小和政策性规定的法定量刑情节。如关于自首后又有重大立功方面的事实。

（3）基于法律特别规定量刑从宽的其他量刑事实。

在刑法立法上，有些事实既不体现犯罪的属性，也不体现犯罪人的属性，既不反映社会危害性，也不反映人身危险性，其可因刑法立法为实现刑法目的任务而被特别规定为量刑情节制度并影响量刑结果。这种量刑事实，虽然未在传统刑法理论所理解的并合主义的刑法正当性根据内，但是基于刑法的特别立法规定和《刑法》第61条关于“依照本法的有关规定判处”的规定，其也当然是被用作量刑根据的量刑事实。具体通常有如下几种情形：1）基于人道主义和人性关怀而作为法定从宽情节的事实。如关于已满12周岁不满18周岁的人犯罪的事实，关于已满75周岁的人故意犯罪的事实，关于已满75周岁的人过失犯罪的事实，关于犯罪的时候不满18周岁的人和审判的时候怀孕的妇女方面的事实。它们虽然也兼有部分人身危险性因素，但人道主义和人性关怀的属性较为突出。2）基于人权保障而作为法定从宽情节的事实。如关于拘留、逮捕等先行羁押方面的事实。它们既不能说明行为人刑事责任的有无，也不能说明行为人刑事责任的大小，之所以要影响量刑，是因为对被羁押人的权利保障。3）基于提高办案效率的功利需要而作为法定从宽情节的事实。如那些具有量刑交易性质的立功，外交量刑承诺等方面的事实。它们也既不是反映犯罪的社会危害性的事实，也不是反映犯罪人的人身危险性的事实，而是反映提高刑事诉讼效率或刑事司法协助与合作等法律目的的事实。4）既基于人身危险性又基于办案效率而作为法定从宽情节的事实。如那些关于犯罪较轻而且自首、犯罪后自首、坦白等方面的有利于提高办案效率方面的事实。

二、量刑证据

（一）量刑证据概述

量刑证据是证明与被定罪人有关的各种量刑事实是否存在的证据。与量刑事实的类型相对应，量刑证据也可以被划分为纯正的量刑证据和非纯正的量刑证据。

传统的刑事诉讼程序“重定罪、轻量刑”，传统的证据法理论也基本上只关注定罪证据问题，对量刑证据问题缺乏应有的重视。伴随着相对独立的量刑程序的确立，量刑证据已经成为独立于定罪证据的证据类型，在相关规范性文件中出现了“量刑证据”这一表述方式。最早出现“量刑证据”的规范性文件是2009年《人民法院量刑程序指导意见（试行）》。该意见第8条规定：“被告人及其辩护人确因客观原因未能收集到量刑证据，申请调取证据的，人民法院认为必要时，可以依法调取。”随后，2010年《人民检察院开展量刑建议工作的指导意见（试行）》第13条中规定：“对于辩护方提出的量刑证据，公诉人应当进行质证。辩护方对公诉人出示的量刑证据质证的，公诉人应当答辩。”2010年最高人民法院、最高人民检察院、公安部、国家安全部、司法部《关于规范量刑程序若干问题的意见（试行）》（现已失效）第12条中规定：“在法庭审理过程中，审判人员对量刑证据有疑问的，可以宣布休庭，对证据进行调查核实，必要时也可以要求人民检察院补充调查核实。”第13条规定：“当事人和辩护人、诉讼代理人申请人民法院调取在侦查、审查起诉中收集的量刑证据材料，人民法院认为确有必要的，应当依法调取。人民法院认为不需要调取有关量刑证据材料的，应当说明理由。”另外，相关规范性文件还将“定罪证据”与“量刑证据”并列规定，这更加明确地体现了“量刑证据”的独立法律地位。如2010年《人民检察院开展量刑建议工作的指导意见（试行）》第12条第1款规定：“在法庭调查中，公诉人可以根据案件的不同种类、特点和庭审的实际情况，合理安排和调整举证顺序。定罪证据和量刑证据可以分开出示的，应当先出示定罪证据，后出示量刑证据。”2020年最高人民法院、最高人民检察院、公安部、国家安全部、司法部《关于规范量刑程序若干问题的意见》第16条第1款也有类似规定：“在法庭调查中，公诉人可以根据案件的不同种类、特点和庭审的实际情况，合理安排和调整举证顺序。定罪证据和量刑证据分开出示的，应当先出示定罪证据，后出示量刑证据。”

虽然量刑证据获得了独立的法律地位，但是，量刑规范化改革没有给予量刑证据应有的重视，涉及量刑证据的法律规范屈指可数。如《刑诉法解释》第568条规定了未成年人刑事案件中的调查报告：“对人民检察院移送的关于未成年被告人性格特点、家庭情况、社会交往、成长经历、犯罪原因、犯罪前后的表现、监护教育等情况的调查报告，以及辩护人提交的反映未成年被告人上述情况的书面材料，法庭应当接受。必要时，人民法院可以委托社区矫正机构、共青团、社会组织等对未成年被告人的上述情况进行调查，或者自行调查。”最高人民法院、最高人民检察院、公安部、国家安全部、司法部《关于规范量刑程序若干问题的意见》第3条第1款和第2款规定了可能判处管制、缓刑的案件中的调查报告："对于可能判处管制、缓刑的案件，侦查机关、人民检察院、人民法院可以委托社区矫正机构或者有关社会组织进行调查评估，提出意见，供判处管制、缓刑时参考。""社区矫正机构或者有关社会组织收到侦查机关、人民检察院或者人民法院调查评估的委托后，应当根据委托机关的要求依法进行调查，形成评估意见，并及时提交委托机关。"上述条文是专门针对量刑证据的规定，明确了调查报告的类型、内容和出具主体。未来进一步推进量刑规范化，需要丰富量刑证据的类型，如需要明确与被害人影响陈述、社区影响陈述等相关的量刑证据。①

（二）量刑证据规则

在量刑程序中适用的基本原则是罪刑相适应原则。最高人民法院、最高人民检察院《关于常见犯罪的量刑指导意见（试行）》第1条第1项规定："量刑应当以事实为根据，以法律为准绳，根据犯罪的事实、性质、情节和对于社会的危害程度，决定判处的刑罚。"第2项规定："量刑既要考虑被告人所犯罪行的轻重，又要考虑被告人应负刑事责任的大小，做到罪责刑相适应，实现惩罚和预防犯罪的目的。"一般而言，罪刑相适应原则包含三个方面的内容：其一，刑罚与犯罪性质相适应；其二，刑罚与犯罪情节相适应；其三，刑罚与犯罪人的人身危险性相适应。与定罪主要立足于过去的案件事实不同，量刑必须同时考虑过去的案件事实和被告人未来可能对社会构成的危险，以确定犯罪的社会危害性和被告人的人身危险性，实现刑罚的一般预防和特别预防功能。被告人的犯罪行为及犯罪行为的危害结果既体现了犯罪的社会危害性，也反映了被告人的人身危险性。被告人犯罪前的表现情况影响其人身危险性，具体包括一贯表现、教育背景、家庭状况、成长环境、社会经历、职业情况、收入状况、心理健康情况、犯罪原因、违法犯罪史等。在被告人犯罪后的表现情况中，有些情况反映了被告人的人身危险性，如认罪认罚、自首、立功、坦白、认罪等，还有些情况既反映被告人的人身危险性，也反映犯罪的社会危害性，如退赃、赔偿损失、被害人谅解等。

这里需要明确的是，定罪证据的证据规则是否适用于量刑证据。非纯正的量刑证据"一身兼二任"，同时证明定罪事实和量刑事实，与定罪证据适用相同的证据规则要求。对于纯正的量刑证据是否应当适用与定罪证据相同的证据规则要求，目前仅有的明确规定是《人民检察院办理认罪认罚案件开展量刑建议工作的指导意见》第8条第2款，即"有关个人品格方面的证据材料不得作为定罪证据，但与犯罪相关的个人品格情况可以作为酌定量刑情节予以综合考虑"。该条既明确了定罪证据受品格证据规则的约束，也明确了纯正的量刑证据不受品格证据规则的约束。

另外，纯正的量刑证据在特定情况下允许以意见的形式存在。《刑诉法解释》第88条第2款规定："证人的猜测性、评论性、推断性的证言，不得作为证据使用，但根据一般生活经验判断符合事实的除外。"该条确立了我国的意见证据规则。意见

---

① 张吉喜. 量刑证据与证明问题研究. 北京：中国人民公安大学出版社，2015：2.

证据规则的基本要求是，证人只能就其感知的事实提供证言，一般不得根据其感知的事实进行猜测、评论、推断。感官直接感知的情况是事实，依据感知的事实进行的猜测、评论、推断为意见。对于定罪证据，除鉴定意见、专门性问题报告、事故调查报告之外，不允许以意见的形式存在。但是，对于纯正的量刑证据，则放宽了这一要求。上文中提到了未成年人刑事案件和可能判处管制、缓刑的案件中的调查报告，这些证据中都含有评估意见。另外，《刑法》第72条第1款规定："对于被判处拘役、三年以下有期徒刑的犯罪分子，同时符合下列条件的，可以宣告缓刑，对其中不满十八周岁的人、怀孕的妇女和已满七十五周岁的人，应当宣告缓刑：（一）犯罪情节较轻；（二）有悔罪表现；（三）没有再犯罪的危险；（四）宣告缓刑对所居住社区没有重大不良影响。"根据该款规定，在法庭调查时，辩护人对于可以宣告缓刑的案件往往会向法院提交由社区出具的"宣告缓刑对所居住社区没有重大不良影响"的书面意见。

上述规定体现了对于纯正的量刑证据在证据规则的要求上与定罪证据有所不同。这与刑罚个别化的要求密切相关。刑罚个别化要求不应当对纯正的量刑证据作严格要求。刑罚个别化要求根据犯罪行为和被告人的各种情况对被告人判处适当的刑罚。纯正的量刑证据的范围广、来源多样。如果对纯正的量刑证据适用严格的证据规则，不仅会提高诉讼成本、提升全面收集量刑证据的难度，而且会在一定程度上限制量刑的信息来源，不利于量刑目的的实现。

但是，目前我国关于量刑证据规则的规定还较为粗疏，需要进一步明确纯正的量刑证据是否受非法证据排除规则、最佳证据规则、补强证据规则等的约束。①

三、量刑事实的证明责任

《刑事诉讼法》第51条明确规定了定罪事实的证明责任，"公诉案件中被告人有罪的举证责任由人民检察院承担，自诉案件中被告人有罪的举证责任由自诉人承担"。但是，对于量刑中的证明责任，《刑事诉讼法》没有作出明确规定。

证明责任既包括行为意义上的证明责任，也包括结果意义上的证明责任。行为意义上的证明责任，又称行为责任，是指控辩双方对于自己提出的诉讼主张提出证据进行证明的责任；结果意义上的证明责任，又称结果责任，是指当某种事实的存在与否真伪不明时，由一方承担不利法律后果。在我国刑事诉讼中，检察机关具有客观义务。《刑诉规则》第399条第1款规定："在法庭审理中，公诉人应当客观、全面、公正地向法庭出示与定罪、量刑有关的证明被告人有罪、罪重或者罪轻的证据。"在审判中，检察机关提出的量刑事实，既可能包括罪重的量刑事实，也可能包括罪轻的量刑事实。即使检察机关没有提出罪轻的量刑事实，而是被告方提出了罪轻的量刑事实，检察机关也需要提供相关证据。以立功为例，根据《刑法》第68条的规定，"犯罪分子有揭发他人犯罪行为，查证属实的"或者"提供的重要线索，从而得以侦破其他案件"，便构成立功。如果被告人主张其具有立功情节，对于其揭发

① 陈瑞华. 量刑程序中的证据规则. 吉林大学社会科学学报，2011（1）.

他人犯罪行为是否查证属实或者其提供的重要线索是否得以侦破其他案件，完全由公安、司法机关掌握，被告人不持有这方面的证据，也没有能力获取这方面的证据。被告人以“揭发他人犯罪行为，查证属实”或者“提供重要线索，从而得以侦破其他案件”为由主张构成立功的，由被告人举出揭发他人犯罪行为或者提供重要线索方面的证据后，检察机关应当就揭发他人犯罪行为或者提供重要线索是否查证、如何查证以及查证结果等方面提供证据。另外，在我国刑事诉讼中，法院具有查明案件事实的职责。因此，在我国刑事诉讼中，对于罪轻的量刑事实，被告方不一定需要提出诉讼主张，并履行行为责任；被告方即使没有完成行为责任，也不一定会承担结果责任。虽然行为责任的履行和结果责任的承担不完全是一种对应关系，但是，当量刑事实真伪不明时，必须有一方承担不利法律后果，这一点是不会改变的。因此，下文探讨的证明责任，指的主要是结果责任。

2017 年最高人民法院《关于全面推进以审判为中心的刑事诉讼制度改革的实施意见》第 30 条第 2 款规定：“定罪证据确实、充分，量刑证据存疑的，应当作出有利于被告人的认定。”该意见主张，量刑证据存疑时，应当作出有利于被告人的认定，即量刑事实的结果责任由控方承担。

我们认为，上述规定虽然体现了充分保障被告人的权利，但是非纯正的量刑事实和纯正的量刑事实的结果责任的承担应当有所区别。对于非纯正的量刑事实，应当由控方承担结果责任。非纯正的量刑事实“一身兼二任”，既是定罪事实，又是量刑事实，应当适用定罪事实的证明责任分配规则。当非纯正的量刑事实存疑时，原则上应当适用“存疑有利于被告人”的基本原则。例如，被告人在非法拘禁被害人期间对被害人有殴打、侮辱情节以及被告人在共同犯罪中的地位和作用都属于非纯正的量刑事实，存疑时应当按照有利于被告人的方式进行处理。

但是，纯正的量刑事实的结果责任的承担应当有所不同。定罪事实由控方承担证明责任是无罪推定原则的基本要求。但是，无罪推定原则在纯正的量刑事实的认定中不再直接适用，这是因为：在独立的量刑程序中，被告人已经被认定为有罪；在相对独立的量刑程序中，被告人已经被假定有罪。[①] 此时，结果责任分配的基本原则是纯正的罪重事实由控诉方承担结果责任，纯正的罪轻事实由被告方承担结果责任。[②] 也就是说，对于纯正的罪重事实和纯正的罪轻事实，结果责任的承担方式是不同的。由于是控方承担纯正的罪重事实的结果责任，所以当纯正的罪重事实真伪不明时，法院会作出有利于被告人的认定。如在闻某等开设赌场案中，法院认为，

---

① 李玉萍. 量刑事实证明初论. 证据科学，2009 (1). 对于量刑程序中是否应当适用无罪推定原则，还存在两种不同观点。肯定论者认为，无罪推定原则仍然适用于量刑程序，量刑事实的举证责任由追诉机关承担，否则是十分危险的。王敏远. 刑事诉讼法学研究的转型：以刑事再审问题为例的分析. 法学研究，2011 (5). 折中论者认为，在量刑程序中应该对无罪推定原则的效力加以限制，即在被告人经过定罪程序被认定“有罪”的情况下，对“无罪”推定需要加以限制，因而无罪推定原则下构建的以定罪事实证明为主的证明对象和证明责任以及证明标准在量刑阶段就要发生相应的变化。但是，“无罪推定”原则所包含的限制公权力、保护被追诉人诉讼权益等要义仍然需要在量刑程序中发挥作用。陈卫东. 量刑程序改革理论研究. 北京：中国法制出版社，2011：384.

② 李玉萍. 量刑事实证明初论. 证据科学，2009 (1).

“关于被告人闻某犯罪前科的问题，经查，被告人闻某虽然供述其于 2010 年因犯故意伤害罪被辽宁省瓦房店市人民法院判处有期徒刑三年，缓刑四年，但是至本案判决前，公安机关未收集、调取到刑事判决书等相关证据证明被告人闻某有上述犯罪前科，因此，证明被告人闻某有犯罪前科的证据不足”。因此，不能以被告人有犯罪前科为由对其从重处罚。[①] 由于是被告人承担纯正的罪轻事实的结果责任，所以当纯正的罪轻事实真伪不明时，法院不会作出有利于被告人的认定。如在王某某抢劫案中，王某某的辩护人提出了“王某某有立功意愿，可以对其从轻处罚”的辩护意见。公诉机关举示了“某某市公安局刑警大队情况说明”，证明经对王某某检举刘某犯罪线索材料进行调查，无法查证落实。法院认为：“虽然王某某提供了某市一命案的相关线索，但经某某市公安局刑警大队调查，其所提供的线索无法查证落实，故仅依此情节，尚不足以对王某某从轻处罚。该辩护意见不能成立，不予采纳。”[②] 又如在刘某运输毒品案中，法院认为：“因刘某检举他人犯罪的行为尚未查证属实，不符合立功的条件，故其有立功行为应当从轻或减轻处罚的辩护理由不能成立。”[③] 由于在这两起案件中，结果责任由被告人承担，因此，在立功真伪不明时，法院不会作出有利于被告人的认定。

四、量刑事实的证明标准

（一）罪重事实的证明标准

《刑诉法解释》第 72 条第 2 款规定：“认定被告人有罪和对被告人从重处罚，适用证据确实、充分的证明标准。”从该规定可以看出，最高人民法院对量刑事实证明标准的态度是：罪重事实适用与定罪事实相同的证明标准，即证据确实、充分。

罪重事实适用与定罪事实相同的证明标准有利于被告人的权利保障，防止立法技术上的因素使被告人陷于不利境地。在罪重事实与定罪事实适用不同的证明标准的情况下，立法对定罪事实和量刑事实的界分就显得非常重要。如果立法将某项事实规定为定罪事实，那么它便会适用较高的证明标准；相反，如果立法将该事实界定为量刑事实，那么它只能适用较低的证明标准。一项事实是作为从重处罚的情节，还是作为一项独立的罪名，有时纯粹是一个立法技术问题。如《刑法》第 263 条将入户抢劫作为抢劫罪的从重情节，规定入户抢劫的处 10 年以上有期徒刑、无期徒刑或者死刑，并处罚金或者没收财产。事实上，从立法技术的角度来看，完全可以将入户抢劫规定为一项独立的罪名，即入户抢劫罪。如果罪重事实适用低于定罪事实的证明标准便会出现这样的不合理现象：对于同一项事实，如果立法将其规定为从重处罚的情节，则适用较低的证明标准；如果立法将其规定为独立的罪名，则适用定罪的证明标准。

---

① 广东省珠海市香洲区人民法院（2019）粤 0402 刑初 1607 号刑事判决书。

② 河南省鹤壁市中级人民法院（2010）鹤刑初字第 11 号刑事判决书。

③ 衡阳市中级人民法院（2010）衡中法刑二终字第 63 号刑事裁定书。

（二）罪轻事实的证明标准

由于《刑诉法解释》没有规定罪轻事实适用与定罪事实相同的证明标准，故运用体系解释方法[①]，可以得出两点结论：第一，对于非纯正的罪轻事实，由于其“一身兼二任”，应当适用定罪事实的证明标准；第二，纯正的罪轻事实的证明标准可以低于定罪事实的证明标准。[②] 至于纯正的罪轻事实的证明标准应该是什么，值得探讨。因此，下文需要探讨的仅仅是纯正的罪轻事实的证明标准。为了表述的简洁，下文中的罪轻事实指的就是纯正的罪轻事实。

有观点认为，对于罪轻事实适用“优势证据”标准。[③] 我们不赞同该观点，理由是：第一，“优势证据”标准是适用于当事人主义诉讼模式的证明标准，是将一方提供的证据的证明力与另一方提供的证据的证明力进行比较的结果。在我国控辩式的庭审方式中，法院具有查明案件事实的职责，以“优势证据”标准来衡量控辩双方提供的证据的证明力不太恰当。第二，“优势证据”标准是较低的证明标准，对所有罪轻事实均适用该证明标准，容易造成量刑事实认定的随意性，影响量刑公正。

我们认为，对于不同的罪轻事实应当适用不同的证明标准：对于法定的罪轻事实、司法解释规定的酌定罪轻事实以及对量刑影响较大的其他酌定罪轻事实，应当适用与定罪事实相同的证明标准，即证据确实、充分；对于对量刑影响不大的其他酌定罪轻事实应当适用稍低于证据确实、充分的证明标准，即“明晰可信”标准（clear and convincing proof or evidences）。所谓“明晰可信”标准，就是要求事实裁判者内心必须相信诉争事实大有可能（highly probable），即具有高度的可能性。“明晰可信”标准高于“优势证据”标准，但是低于“证据确实、充分”标准，是介于“优势证据”和“证据确实、充分”之间的一项证明标准。对于上述罪轻事实适用不同证明标准的理由如下：第一，对于法定的罪轻事实和司法解释规定的酌定罪轻事实适用较高的证明标准，有利于维护法律的权威，保障法律适用的准确性。第二，对于影响量刑幅度较大的其他酌定罪轻事实，适用较高的证明标准，有助于保障量刑的公正性。第三，法定的罪轻事实和司法解释规定的酌定罪轻事实的种类较为固定，易于适用较高的证明标准。第四，对量刑影响不大的其他酌定罪轻事实，对其取舍主要依靠法官的自由裁量，对其适用相对宽松的证明标准可以降低证明的难度，提高诉讼效率。第五，对于法定的罪轻事实、司法解释规定的酌定罪轻事实以及对量刑影响较大的其他罪轻事实适用与定罪事实相同的证明标准，一般不会导致对被告方有利的量刑事实无法得到认定。虽然被告方在举证能力上无法与检察机

---

① 体系解释，也称逻辑解释、系统解释。它是指将被解释的法律条文放在整部法律中乃至整个法律体系中，联系此法条与其他法条的相互关系来解释法律。

② 最高人民法院研究室在对《刑诉法解释》进行解释时，指出：对于从宽处罚的事实，可以降低证明标准。张军，江必新. 新刑事诉讼法及司法解释适用解答. 北京：人民法院出版社，2013：50.

③ 沈言. 沈海平受贿案［第1151号］——如何把握辩方提交的证据证明标准和作相关证据审查以及出于受贿的故意非法收受他人财物后又退还部分钱款的，如何认定受贿数额. 最高人民法院刑事审判第一、二、三、四、五庭. 刑事审判参考：总第106集，北京：法律出版社，2017：99-108.

关相提并论，被告方既没有强制调查取证的权力，也没有强大的人、财、物支持，但是，在我国的刑事诉讼中，检察机关的客观义务和法院的查证职责能够弥补被告方举证能力的不足。

第三节　量刑的法律适用

一、量刑的法律适用原则

（一）量刑原则的概念与功能

量刑原则，是指刑法规定的对量刑具有全局性、根本性指导意义和制约作用的基本准则。由此，量刑原则也是主导量刑的方向、弥补量刑具体规定的漏洞与不足的总体性指导法则或标准。具体表现在，法官在量刑时遇到立法的明确性不足或适用某个规定明显不合理的情况下，应当从量刑原则上寻求解决问题的方向与方案。例如，在《刑法修正案（八）》颁布之前的1997年《刑法》施行期间，对于利用ATM机的程序错误进行巨额恶意取款的行为，在按原《刑法》第264条规定定性为“盗窃金融机构，数额特别巨大”的前提下，在“无期徒刑或者死刑”法定刑内处以刑罚而明显为罪责刑不相适应时，就应基于罪刑相适应原则，适用刑法总则关于免予刑事处罚（《刑法》第37条）或酌定减轻处罚（《刑法》第63条第2款）等的规定，以贯彻罪刑相适应原则，实现量刑的既合法又合理，避免诸如2008年广东许某盗窃案原一审争议量刑结果的出现。

（二）量刑原则的种类

量刑原则，有基本原则与一般原则之分。量刑的基本原则也即刑法的基本原则。刑法的基本原则如罪刑法定原则、刑法面前人人平等原则、罪刑相适应原则，作为指导整个刑法立法和司法的全局性指导原则，自然也是指导量刑的基本原则，指导着整个量刑活动。实践中，某些貌似合法而实际既不合法也不合理的量刑判决，在很大程度上就是因为没有遵循罪刑相适应原则所致。

量刑一般原则是专门针对量刑活动的全局性、基本性指导准则。对此，我国《刑法》第61条作出了规定，即“对于犯罪分子决定刑罚的时候，应当根据犯罪的事实，犯罪的性质、情节和对于社会的危害程度，依照本法的有关规定判处”。事实上，这个量刑一般原则规定，是从量刑根据（包括事实根据和法律根据）角度所作的规定，包括量刑“以案件事实为根据”“以刑法规定为准绳”。

量刑“以案件事实为根据”，是对量刑的案件事实要求，是准确量刑的基础和前提。这里的“案件事实”，是指可以用以评价量刑轻重的一切事实。其中，“犯罪的事实”是犯罪实施过程中发生的所有事实，其中关于犯罪成立评价方面的构成要件事实是用于定罪的，用于定罪以外的非构成要件事实即反映刑事责任大小的量刑轻重程度方面的事实是用于量刑的；“犯罪的性质”本只是对犯罪行为在刑法上属于什么的评价，即定罪，包括是不是犯罪或者属于哪个罪名的犯罪或者属于某个罪名的基本犯、加重犯或减轻犯，但基于定罪与量刑的关系，定罪其实只是为确定量刑而作为量刑起始标准的法定刑幅度的；“犯罪的情节”也并不当然只是量刑情节，如《刑法》第13条关于“情节显著轻微危害不大”的规定，其他刑法条文关于基本犯、加重犯、减轻犯的犯罪构成要件的“情节恶劣”“情节严重”“情节较轻”等，都不是量刑情节而是定罪情节，只有那些用于定罪之外的反映犯罪行为社会危害性大小（而不是“有无”，不是评价某个罪名具体犯罪形态的“情节”要求）的“犯罪的情节”，才是量刑情节；“（犯罪的事实及犯罪的性质、情节）对于社会的危害程度”也并非只用于量刑，那些用于评价某个罪名基本犯、加重犯、减轻犯犯罪构成要件的“情节恶劣”“情节严重”“情节较轻”等反映社会危害程度的事实，都不是量刑事实而是定罪事实。综上，对以上立法关于量刑事实的规定，需要作基于刑法目的和任务的扩大解释，它既包括反映犯罪行为社会危害性的事实，也包括反映犯罪人人身危险性的事实，还包括法律特别规定的从宽处罚的事实。

量刑“以刑法规定为准绳”，是对量刑的法律规范要求，既是罪刑法定原则的直接要求和体现，也是准确量刑的规范标准。这里的“刑法规定”，是关于某个具体个罪的量刑评价体系的全部刑法规定。既包括某个具体案件量刑事实所对接的刑法总则关于量刑的一般性规定（《刑法》第61条关于量刑根据或一般原则的规定，第32～36条、第38～60条关于刑罚的种类及其适用要求的规定，第37条和第62～63条关于免除处罚、从重从轻处罚、减轻处罚的制度性规定，第64条关于量刑时如何处理犯罪所得、所用之物的规定，第65～68条关于特定法定量刑情节的制度性规定等），也包括它们对接的特别规定（《刑法》第20～21条关于防卫过当、避险过当等的量刑规定，第22～29条关于犯罪未完成形态、共同犯罪形态的量刑方面规定即关于预备犯、未遂犯、中止犯、主犯、从犯、胁从犯、教唆犯如何量刑的规定，第69～71条关于数罪量刑的并罚方法等规定，第72～86条关于案件如何基于缓刑、减刑、假释作出执行刑的规定，其他法律如《宪法》《监察法》《刑事诉讼法》《行政处罚法》等中关于赦免和刑期折抵的规定等），还包括刑法总则关于犯罪成立评价体系的总体性规定（包括《刑法》第3～5条关于量刑基本原则规定）。

二、量刑情节制度的适用

（一）量刑情节制度的适用规定

量刑情节制度应该如何适用，在我国刑法立法上是有明确规定的。首先，《刑法》第61条对量刑根据（一般原则）作了总体性规定，要求量刑“应当根据犯罪的事实、犯罪的性质、情节和对于社会的危害程度，依照本法的有关规定判处”。至于具体如何“依法”判处，需依据《刑法》第5条关于罪刑相适应的基本原则要求——“刑罚的轻重，应当与犯罪分子所犯罪行和承担的刑事责任相适应”，以及刑法的各相应具体规定。其次，按照刑法关于量刑情节制度的具体规定予以适用。其具体是按“法定刑→处断刑→宣告刑→执行刑”或“法定刑→免刑”的常规运行流程与要求，分别规定了针对个罪的免予刑罚处罚的情节和制度（具体为《刑法》总则、分则所有关于“免除处罚”的法定量刑情节和《刑法》第37条规定的法定和酌定“免予刑事处罚”制度）、减轻处罚的情节和制度（具体为《刑法》总则、分则所有关于“减轻处罚”的法定量刑情节和《刑法》第63条规定的法定和酌定“减轻处罚”制度）、从重从轻处罚的情节和制度（具体为《刑法》总则、分则所有关于“从重从轻处罚”的法定量刑情节和《刑法》第62条规定的法定和酌定“从重从轻处罚”制度）以及针对全案所有犯罪的量刑裁量制度（具体为刑期折抵制度、数罪并罚制度、缓刑制度、减刑假释制度等）。

以上立法规定表明，量刑情节制度是分级分阶段予以适用的。（1）在个案个罪的量刑情节为“犯罪情节轻微”和“不需要判处刑罚”而可以或应当免除处罚时，对本个罪作出“免刑”处置，具体为给出免予刑罚处罚或给予非刑罚处罚或单纯宣告有罪的裁处。（2）在个案个罪的量刑情节为可以或应当减轻处罚时，对本个罪作出“处断刑”处置，具体为确定下个量刑幅度的法定刑幅度，并以此作为本个罪宣告刑处置的量刑基准。（3）在个案个罪的量刑情节为可以或应当从轻或从重处罚时，对本个罪作出“宣告刑”处置，具体为在定罪或处断刑确定的法定刑幅度（量刑幅度）内，综合各从轻或从重量刑情节对社会危害性和人身危险性的作用力，基于刑法的目的和任务规定的精神，结合宽严相济的刑事政策，裁量作出本个罪的宣告刑。（4）对于本案全案存在数罪、先行羁押和需要适用缓刑、从业禁止、社区矫正等的，再根据刑法的相应规定作出“执行刑”处置，具体为分别予以数罪并罚、刑期折抵、适用缓刑、从业禁止、减刑假释和社区矫正等，最终对本案裁定作出拟移交执行的执行刑。

刑罚的分阶段运行立法规定表明，在刑罚（实为法定刑幅度）的适用过程中，只有从重和从轻处罚的“宣告刑”适用处于同一层级同一阶段中。对于《刑法》第63条关于法定和酌定减轻处罚的适用，实际上是在定罪确定的法定刑幅度的下一个量刑幅度（法定刑幅度）内裁量；对于《刑法》第37条关于免予刑事处罚（应限制解释为“免予刑罚处罚”，下同）的适用，因免刑而也不在原定罪确定的法定刑幅度内裁量；对于《刑法》第69条关于数罪并罚的适用，因是对数个不同具体犯罪宣告刑按一定数罪并罚原则进行执行刑的裁量，而也不在原定罪确定的法定刑幅度内裁量；对于《刑法》第41条、第44条、第47条关于刑期折抵的适用，因是对整个案件而不一定是某个具体犯罪所涉先行羁押进行刑期折抵，故也像数罪并罚制度一样，属于整个案件拟移交执行的执行刑的裁量，也不在原定罪确定的法定刑幅度内裁量；对于《刑法》第72条关于缓刑的适用，也属于整个案件拟移交执行的执行刑的裁量，也不在原定罪确定的法定刑幅度内裁量。因此，在我国刑法立法上，按刑法立法规定，不可能将整个案件的所有量刑情节，通过量化而放在一个“法定刑幅度”平台下，进行数学运算。

（二）量刑情节的合理适用

为确保量刑情节的合理合法适用，量刑须遵守如下法律适用规则。

1. 恰当把握各种量刑情节的裁量尺度

无论是法定量刑情节还是酌定量刑情节，也无论是应当型量刑情节还是可以型量刑情节，也无论是从严还是从宽量刑情节，其量刑功能的选取与量刑尺度的把握，都必须依据刑法的规定和根据量刑情节所应具有的社会危害性大小及人身危险性大小进行裁量。

对于法定量刑情节，原则上须严格按刑法明文规定的从宽或从严要求进行裁量。这是罪刑法定、罪刑相适应和“以量刑事实为根据，以量刑法律为准绳”等原则的要求和体现。其一，对于法定情节中的“应当型”情节，在量刑时必须依法从宽或从严处罚。例如，根据《刑法》第 24 条第 2 款的规定，对于中止犯，没有造成损害的，应当免除处罚；造成损害的，应当减轻处罚。据此，在给中止犯量刑时，对于没有造成损害的，必须毫不犹豫地免除处罚。其二，对于法定情节中的“可以型”情节，在量刑时不能凭个人好恶或偏见运用或者舍弃。在一般情况下，对其都要从宽处罚或者从严处罚，只有在情况特殊并说明理由的前提下，才可以不予从宽处罚或者从严处罚。例如，根据《刑法》第 67 条的规定，对于自首的犯罪分子，可以从轻或者减轻处罚。其中，犯罪较轻的，可以免除处罚。据此，对于自首犯，一般情况下都要给予从轻处罚，只有在罪行极其严重的情况下，才不予从轻处罚，绝不能凭个人好恶随意取舍。其三，结合刑法关于量刑情节的功能规定排位各量刑情节的功能。对于从宽处罚的法定量刑情节，立法往往规定有两个或三个从宽处罚的功能。如，对于已满 12 周岁不满 18 周岁的人犯罪的，应当从轻或减轻处罚；对于从犯，应当从轻、减轻处罚或者免除处罚。对于这种从宽处罚的法定情节，在量刑时，既可以作为从轻情节运用，也可以作为减轻情节运用，还可以作为免除情节运用。到底如何适用，需要审判人员选择其中一种功能运用于量刑。综观刑法立法关于这类量刑情节的规定，都是将相对较小的功能排在前面。例如，据《刑法》第 22 条第 2 款规定，对于预备犯，可以比照既遂从轻、减轻处罚或者免除处罚。这意味着，针对预备犯的量刑，一般情况下首先考虑的是从轻处罚，其次考虑减轻处罚，最后才考虑免除处罚。其四，根据量刑情节所应具有的社会危害性大小和人身危险性大小进行量刑轻重裁定。这是根据量刑情节裁量刑罚轻重的实质标准。例如，对于预备犯，到底是从轻、减轻处罚或者免除处罚，需要比照既遂犯所具有的社会危害性大小和人身危险性大小，作出适用哪个量刑功能及其作用力大小裁量。

对于酌定量刑情节，也须严格按罪刑相适应和“以量刑事实为根据，以量刑法律为准绳”等原则的要求进行裁量。酌定量刑情节虽然不是刑法明文规定的情节，但在量刑时也不能对其忽略不计，而是要给予其应有的考虑，有时还应将酌定情节放在十分重要的位置，使之对量刑结果产生重大作用。例如，“大义灭亲”并不是法定情节，而是酌定情节。但在司法实践中对“大义灭亲”类的故意杀人犯，往往处罚很轻。这说明酌定情节在量刑时也有重要作用，绝不可对酌定情节置之不理。基于酌定量刑情节在贯彻罪刑相适应原则上所具有的不可替代性和罪刑相适应的从宽幅度决定性，在量刑时，不要片面地认为酌定量刑情节的作用力要小于法定量刑情节。酌定量刑情节的作用力大小及其裁量尺度，完全应当依据罪刑相适应原则，根据情节所应具有的社会危害性大小和人身危险性大小进行判断。

2. 量刑情节的全面考量与综合平衡

所谓量刑情节的全面考量与综合平衡，是指在量刑时应对对个案量刑产生影响的所有量刑情节作通盘考虑，慎重处理各种情节之间的矛盾冲突。具体而言，既要全面考量，又要有所取舍；既不能漏掉某个情节，也不能把不该重复评价的情节重复评价；各情节既不能孤立适用，又不能不分轻重主次适用；既要找出其中的决定性情节，又要分清其中的一般性情节。这意味着，对于既有法定情节又有酌定情节，既有从重情节又有从轻情节的案件，既不能等量齐观而一对一抵消，又不能绝对地认为法定情节应当重于酌定情节；既不能只重视多数情节而忽视少数决定性量刑情节的作用，又不能只重视个别关键性量刑情节而不重视多数情节的作用。【参见知识拓展 3-5】至于具体如何全面考量与综合平衡，须依据刑法的相应规定和罪刑相适应原则的要求，根据情节所应具有的社会危害性大小和人身危险性大小进行判断。

知识拓展 3-5

3. 避免量刑情节的重复评价

在量刑情节的适用中，应避免对同一犯罪事实予以二次或二次以上的法律评价，包括量刑情节与定罪情节的重复评价，以及量刑情节与量刑情节的重复评价。量刑情节与定罪情节的重复评价，如在盗窃案中，对于盗窃孤寡老人财物的事实，在案件数额达到“数量较大”时，是影响刑罚裁量的量刑情节；在案件数额达不到“数量较大”时，是决定是否成立犯罪的定罪情节，此时，该事实就不能再作为量刑情节使用，否则就是重复评价。又如在交通肇事案中，对于交通肇事致 1 人重伤后逃逸的事实，在行为人负事故全部或主要责任并因酒后、吸毒后驾车或无证驾车等情形已成立交通肇事罪的情况下，属于“交通肇事后逃逸”这个加重犯的定罪情节，不能再作为量刑情节使用；在行为人负事故全部或主要责任并因该事实成立交通肇事罪的情况下，属于交通肇事罪基本犯的定罪情节，不能再作为量刑情节使用。

三、量刑的法律适用方法

（一）量刑方法概述

量刑方法，是审判人员依法对犯罪人进行刑事责任大小及其承担方式裁量的手段，既是量刑原则、量刑政策、量刑理念、量刑情节等的综合运用，也是统一法律规范下的具体问题具体分析。

量刑方法有经验量刑法与现代量刑方法之分。

所谓经验量刑法，是指主要基于案件事实依法综合作出裁量的定性式量刑方法。在理论上，其通常被称为“估堆量刑法”。在实践中，其做法通常是，法官首先审理案件，掌握案情，在法定刑的范围内，参照司法实践的经验，大致地估量出对该案应判的刑罚，接着再考虑案件中存在的加重、从重、减轻、从轻等各种量刑情节，最后综合地估量出应当执行的刑罚并加以宣告的一种量刑方法。其这种量刑方法，几乎停留在传统形式逻辑的技术手段上，没有把现代形式逻辑（数理逻辑）融入现代科技手段中，从而与刑法现代化的要求和表现不相适应。

所谓现代量刑方法，是指主要基于现代科学技术等的定量式量刑方法。其主要有层次分析法、数学模型法、定量分析法和电脑量刑法等。所谓层次分析法，又称多层次加权分析决策法，是指基于系统论而对非定量事件做定量分析、对人们的主观判断作客观描述的方法；所谓数学模型法，是指基于量刑的法律系统模型而使量刑数学化的量刑方法；所谓定量分析法，具体又可分为加权平均测评法、指数确定法和积分量化法，是指基于系统论而对犯罪事实情节和法定刑幅度做定量分析的量刑方法；所谓电脑量刑法，是指运用计算机系统存储的法律和有关知识进行推理判断的量刑方法。这些量刑方法，虽然都运用了系统论等现代理论成果，但它们在实质上都只是“用数学形式来表现形式逻辑的推论关系”的定量方法。然而，量刑并不是一个简单的算术或数学问题，也不是简单的推理和证明，它既需要实现一定的法律功能也需要达到一定的社会效果；数学上的加减乘除不能解决量刑所涵盖的复杂社会矛盾。它们不仅没有使量刑彻底从经验作业方法中解脱出来，而且还挤压了量刑所需要的裁量权，从而使量刑无法遵循量刑的思维规律。

基于以上传统与现代量刑法的固有不足，在当前量刑规范化改革中，创造了“定性为主，定量为辅”的规范化量刑方法。在这个过程中，从量刑起点到基准刑再到宣告刑的确定，在很大程度上是通过将量刑情节数量化的方式来实现的。虽然要求“综合考虑全案情况”，但这主要是将全案量化的量刑情节进行加减运算而得出的“综合计算结果”，并直接约束着量刑结果。在功能上，定量只是一种数量上的客观事实，本身不具有价值论上的判断取向；而定性则刚好相反，本身不是一种客观事实，而是一种带有价值取向的主观判断。只要量刑结果实质上受量化结果的约束而不是参考，那么这个方法就不是以定性为主而是以定量为主。因此，如此量刑规范化量刑方法，实际上仍然只是一种定量分析的方法。

（二）量刑规范化

所谓量刑规范化，就是规范裁量权，将量刑纳入法庭审理程序，是在遵循量刑规律的前提下，通过设置和适用完备的程序制度，作出公正有效及符合刑罚目的量刑裁决。

从运行规律上看，量刑并不是抽象法律规范在具体案件中的简单对号入座，而是把抽象的法律规范与具体的案情事实相结合，并上升到量刑判决的动态过程。在这个过程中，既需要统一的法律规范，又需要具体案件的全部量刑事实，还需要法官的理性、知识、良知，并在遵循量刑规律和刑法基本原则的前提下，最终形成具体的量刑判决。

要不要搞量刑规范化，理论上和实践中曾存在较大争议。其实，“没有规矩无以成方圆”，无论是基于“幅度过大”的法定刑立法，还是针对需“具体问题具体分析”的自由裁量司法，没有规范化的手段，就难以有“方圆”的量刑目标。在这个意义上，为了公正有效地实现量刑目标，量刑的规范化是非常必要的。这意味着，这里的争议不在于是否要搞量刑规范化，而在于如何科学合理地搞量刑规范化。

科学合理的量刑规范化的实现，需特别注意如下三个方面的问题。

一是要正确理解和保障量刑裁量权。所谓量刑裁量权，并不是“任意的裁量权”，而是根据案件全部事实和所涉全部法律，基于量刑规律和法官的理性、知识、良知等，酌情作出决定的权力，并且这种决定在当时情况下应是公正、公平和合理的。实践中的所谓量刑“以事实为根据、以法律为准绳”，并强调“量刑说理”，以使量刑公开、透明，就意味着量刑裁量权的行使不是“任意的”，而必须以相应的法律制度和具体的案件事实为根据。

二是要避免将量刑规范化等同于“同案同判”“量刑同一”。量刑不均是世界各国量刑中的一大弊病，它不仅影响法院的公信力和量刑权威，而且也有损量刑的公正有效性。但并不能由此就要求具体案件必须“同案同判”“量刑同一”。实际上，“同案异判”与“量刑不均”是根本不同的两个问题。对于前者，固然非理性的“同案异判”确属“量刑不均”而应被摒弃，但理性的“同案异判”，不仅不是“量刑不均”，反而对实现量刑的实质公正及量刑效果来说，是必要而又重要的。在同一时空条件下，对性质相同、情节相当的犯罪，不仅犯罪行为的社会危害性可能不同，而且犯罪人的人身危险性也往往不同；并且，对于具体案件“适用相同的法律”，只是表明这些案件的“量刑基准”相同，而不意味着它们的量刑结果也必须相同；特别是，即使是同一个案件，在不同审判人员间因对量刑情节的合理评价差异，也必然带来不同的量刑结果。因此，虽然量刑规范化以实现“量刑均衡”为重要目标，但它并非要绝对消除“同案异判”和“同罪异罚”。

三是要制定完善的程序制度来规范量刑裁量权的行使。基于量刑裁量权容易被公平正义以外的东西所左右的问题，量刑规范化的正确做法，应是制定完善的程序制度来规范而不是挤压量刑裁量权的行使。这里的程序制度，包括正确的量刑原则、科学的量刑方法和完善的量刑程序，以及由此提取和适用的量刑情节等。

(三) 立法视野下的量刑适用方法

据我国刑法立法规定以及定罪与量刑的相互关系，量刑实际上是“法定刑→处断刑→宣告刑→执行刑”的动态运行过程。

1. 先通过定罪选定法定刑幅度

基于定罪与量刑的内在关系，定罪不是为了定罪而定罪，而是要确定作为量刑起始标准的法定刑幅度。因此，对于有基本犯、加重犯或减轻犯设置的罪名，定罪还要定到其为基本犯或加重犯或减轻犯，从而确定相应的法定刑幅度。如对故意伤害罪的定罪，按《刑法》第 234 条的规定，若是一般的故意伤害他人身体的，就定其为基本犯，相应确定“处三年以下有期徒刑、拘役或者管制”为其量刑的起始标准；若是故意伤害他人身体致人重伤的，就定其为第一档加重犯，相应确定“处三年以上十年以下有期徒刑”为其量刑的起始标准；若是故意伤害他人身体致人死亡或者以特别残忍手段致人重伤造成严重残疾的，就定其为第二档加重犯，相应确定“处十年以上有期徒刑、无期徒刑或者死刑”为其量刑的起始标准。又如对故意杀人罪，按《刑法》第 232 条的规定，若是基本犯，相应确定“死刑、无期徒刑或者十年以上有期徒刑”为其量刑的起始标准；若是减轻犯（情节较轻），相应确定“三年以上十年以下有期徒刑”为其量刑的起始标准。

2. 根据免除处罚情节裁处免刑

免除刑罚处罚的量刑情节及其刑事责任实现方式，是相对于个罪而不是具有数罪的个案而言的。对于只有一个免予刑罚处罚量刑情节的个罪，就可以直接不给予刑罚处罚而只作单纯有罪宣告，或者作出不予刑罚处罚但可能给予非刑罚处罚的裁判。从我国现行刑法立法来看，这个“犯罪情节轻微不需要判处刑罚”，具体表现在《刑法》第 10 条、第 19 条、第 20 条、第 21 条、第 24 条、第 27 条、第 28 条、第 67 条、第 68 条、第 351 条、第 383 条、第 390 条、第 392 条等的规定上。以上关于“免除处罚”的量刑情节，实际上就是免除刑罚处罚的量刑情节，并非指不给任何处罚。另外，有些情节如犯罪人系初犯、偶犯、激情犯，在犯罪情节轻微的情况下，且基于宽严相济的刑事政策和刑罚轻缓化的时代精神，也可酌情考虑免除刑罚处罚。

3. 按减轻处罚情节确定处断刑

处断刑，是指审判机关对于具有加重或减轻情节的被告人，在变更法定刑范围之后以判决的形式所确定的刑罚。据此，所谓处断刑，就是在根据个罪基本犯罪构成事实所确定的法定刑幅度的下一个或下几个的法定刑幅度。如在根据个罪基本犯罪构成事实确定的法定刑幅度为“处三年以下有期徒刑、拘役或者管制”的情况下，当个案存在法定或酌定减轻处罚情节时，其处断刑为给予非刑罚处罚或单纯宣告有罪的处罚；在根据个罪基本犯罪构成事实确定的法定刑幅度为“处三年以上十年以下有期徒刑”的情况下，当个案存在法定或酌定减轻处罚情节时，其处断刑一般为“处三年以下有期徒刑、拘役或者管制”这个法定刑幅度；在根据个罪基本犯罪构成事实确定的法定刑幅度为“处十年以上有期徒刑、无期徒刑或死刑”的情况下，当个案存在法定或酌定减轻处罚情节时，其处断刑可以是“处三年以上十年以下有期徒刑”“处三年以下有期徒刑、拘役或者管制”等法定刑幅度。

处断刑以各种法定或酌定减轻处罚情节为依据，且只针对有加重或减轻情节的具体犯罪（个罪）适用。并非任何具体犯罪都存在处断刑。至于如何界定减轻处罚情节，尚需综合犯罪情状、犯罪人情状、刑事政策乃至常理、常识、常情等诸多因素进行判断。从我国现行刑法立法来看，不仅有很多关于减轻处罚而形成处断刑的量刑情节的明文规定，即法定减轻处罚情节，而且还有酌定减轻处罚情节。它们具体根据刑事政策和司法解释等确定，如偶犯、初犯、激情犯、被害人的过错、不可复制的诱惑犯等。至于案件的社会影响，如民意等能否作为酌定量刑情节，要区分媒体炒作所形成的“民意”与案件实情所形成的民意。前者自然不可作为处断刑的根据，而后者应当作为处断刑的根据。

4. 据从轻从重情节裁量宣告刑

所谓宣告刑，一般认为，是法官在审理具体案件时对具体犯罪判决宣告的应当执行的刑罚。从刑罚的司法运行，即从“法定刑→处断刑→宣告刑→执行刑”和“法定刑→免刑”的完整过程来看，宣告刑应不以免除处罚情节、减轻处罚情节和数罪并罚、刑期折抵、缓刑等量刑制度为裁量根据，而其实际上只是针对具体个罪根据从轻从重处罚情节所裁量和宣告的刑罚。

在性质上，宣告刑只不过是一种裁判上的刑罚，一方面它以法定刑或处断刑为基础，在法定刑或处断刑范围内作出，另一方面它并不就是行刑的直接执行依据。在存在数罪并罚或刑期折抵等量刑制度要适用的情况下，宣告刑还要形成执行刑，才能由审判机关移交给执行机关执行。这意味着，宣告刑在本质上，是对具体个罪的具有“罪刑均衡”或“同案同判”品质的法定刑幅度的调整和变更，使相对统一化的法定刑幅度，变为具体个罪的个别化刑罚。

从表面上看，宣告刑是审判机关对犯罪人以判决形式宣告的刑罚。但从宣告刑与法定刑、处断刑、执行刑、免刑在量刑情节上的内在关系来看，宣告刑只不过是根据从重或从轻处罚情节进行裁量的刑罚。这是因为，虽然量刑情节可分为从重处罚情节、从轻处罚情节、减轻处罚情节、免除处罚情节四种情况，但因减轻处罚情节、免除处罚情节分别为处断刑和免刑裁量的根据，分别在选定下一个量刑幅度（法定刑幅度）的处断刑裁量、在只定罪不处刑等的免刑裁量中被使用，不可能在宣告刑裁量中再重复使用，故宣告刑的裁量，实际上仅以从重或从轻处罚情节为根据。发现和重视这一点，对构建合理量刑规则、匡正不当的量刑做法、作出符合罪刑相适应原则的量刑裁判，至关重要。

宣告刑裁量中最需要关注的是如何理解和适用“从轻处罚”和“从重处罚”。对此，理论上和实践中存在较大争议。概括起来，大体有“中间线法”“两端法”“同类相比法”“相对法”“实证归纳法”“数学运算法”等六种观点或做法。其中，“相对法”较为可取。“中间线法”虽然曾在司法实践中影响最为广泛，但其问题也显而易见。正如有论者所指出的那样，它不仅没有把量刑的从轻或从重情节与整个案件的罪行联系起来，机械看待并过高地估计某一情节对量刑结果的影响，而且不适应我国刑法中的那些有几个刑种、有多个从轻和从重处罚情节等复杂情形。“两端法”因其极端性而既不符合立法意图也不能适应司法实际需要。“同类相比法”虽然提出了比较的参照对象，但这里的“同类事实”指什么？究竟如何理解其中的“较重的刑罚”和“较轻的刑罚”，实践中仍难以确定。“实证归纳法”的脱离个案具体实际的“一刀切”做法，不仅忽视了诸如强奸罪基本犯（处 3 年以上 10 年以下有期徒刑）与加重犯（处 10 年以上有期徒刑、无期徒刑或者死刑）在不同“法定刑幅度”平台之类的问题，而且曲解了“司法不可对立法断章取义适用”的关系，并不可取。“数学运算法”的不合理性在前述量刑方法和量刑基准的阐述中已经论及，这里不再赘述。只有“相对法”，因其将“从重”“从轻”确定为相对于“不具有这种从重情节或从轻情节”要重或要轻，而能够比较明确、具体地确定“从轻”“从重”在宣告刑裁量中的相对位置与作用力大小，可以准确理解和适用刑法。

5. 依全案量刑制度确定执行刑

量刑，并不只是作出宣告刑的裁量活动，还应包括作出执行刑的裁量活动。基于宣告刑针对个罪和从轻从重处罚情节的实质特点，当案件为多个个罪、存在先行羁押、需要调整刑事责任的实现方式、需要适用缓刑，以及因刑罚交付执行后犯罪人有法定变更事由而要由审判机关进行减刑假释情形时，还需要对针对个罪宣告的宣告刑进行数罪并罚，对被先行羁押犯罪人进行刑期折抵，对适用缓刑确实不致再危害社会的轻罪犯罪人适用缓刑，裁定是否适用或如何适用减刑假释。显然，这些司法活动，都是审判机关裁量确定执行刑的活动。

执行刑与执行机关对刑罚的执行，在性质上是根本不同的。如果说执行刑相当于医生开具的“处方”的话，则执行机关对刑罚的执行就相当于护士按“处方”给病人打针、吃药乃至监护、登记，以及向医生上报各种治疗信息材料、对治疗效果明显的提请减少药量、对提前康复的提请提前出院等。实际上，所谓执行刑，是在宣告刑的基础上根据特定事实（如需并罚的数罪）在裁判中确定的移至行刑阶段执行的刑罚，而不是刑罚的执行。执行刑并不是由执行机关确定的，而仍是由法院量定的。

（四）罚金刑的量刑适用规则

罚金，是指法院判处犯罪人向国家缴纳一定数额金钱的刑罚方法。根据《刑法》第 34 条第 2 款的规定，它既可以附加适用也可以独立适用。由于罚金刑的如此特点，以及立法的复杂规定，罚金刑在我国也是实践中适用较多且争议较多的刑罚方法。

1. 罚金刑的基本特点

综合刑法及相应解释的规定，罚金刑具有如下几个基本特点。

（1）适用目的的经济性。

罚金适用的功能主要在于剥夺犯罪分子再犯罪的经济能力。因而罚金主要适用于需要剥夺再犯罪经济能力的相关犯罪。在我国刑法上，这样的犯罪主要有三类：一是经济犯罪。刑法分则第三章规定的“破坏社会主义市场经济秩序罪”，基本上都规定了罚金的独立或附加适用。二是财产犯罪。刑法分则第五章规定的“侵犯财产罪”，绝大部分法条都规定了罚金。三是其他故意犯罪。刑法分则第六章规定的“妨害社会管理秩序罪”以及第四章“侵犯公民人身权利、民主权利罪”，也有部分条文（如第 240 条、第 244 条）规定了并处或者单处罚金。基于剥夺经济能力的罚金，原则上只能是一定数额的金钱。只是在没有钱款的情况下，才可以对犯罪人拥有的合法财产予以查封、扣押、冻结、变卖、拍卖等，以折抵罚金。

（2）适用方式的多样性。

根据《刑法》的相关规定，我国罚金刑的适用方式通常有如下 4 种：一是单科适用。这存在于单位犯罪中。按刑法规定，所有单位犯罪的单位承担刑事责任的方式都是单科罚金。二是选科适用。这存在于刑法规定罚金与其他刑种并列作为可供选择单独适用的情形。如《刑法》第 275 条关于故意毁坏财物罪“处三年以下有期徒刑、拘役或者罚金”的规定，就属于这种情形。三是并科适用。这存在于罚金刑附加适用的情形。如《刑法》第 326 条关于倒卖文物罪“处五年以下有期徒刑或者拘役，并处罚金”的规定中，罚金只能并科于有期徒刑或拘役附加适用，不能单独适用。四是复合适用。这存在于立法在同一个法条之内规定了罚金的单处与并处的情形，供实践中选择适用。如《刑法》第 216 条关于假冒专利罪“处三年以下有期徒刑或者拘役，并处或者单处罚金”的规定中，到底是附加适用还是单独适用，由人民法院根据案件情况确定。

（3）罚金数额的复杂性。

对于罚金的数额，立法并非都做了明确规定。虽然刑法总则（《刑法》第 52 条）对其裁判根据做了一般原则性规定——“应当根据犯罪情节决定罚金数额”，但刑法分则并没有在相应犯罪中作出明确的规定。综观刑法分则相关立法，罚金数额的规定模式可以概括为如下五种：一是无限额罚金制。这表现为立法未明确罚金的具体数额要求，在审判时由人民法院依据刑法相应规定确定。如《刑法》第 170 条关于伪造货币罪的规定中，基本犯为“处三年以上十年以下有期徒刑，并处罚金”，加重犯为“处十年以上有期徒刑或者无期徒刑，并处罚金或者没收财产”。不过，相关司法解释有限定最低数额不能少于 1 000 元或未成年人犯罪的最低数额不能少于 500 元。二是限额罚金制。这表现为立法规定了罚金数额的上下限，人民法院需要在这个限度内确定罚金数额。如，《刑法》第 171 条关于出售、购买、运输假币罪的规定中，三档犯罪的罚金数额分别为“并处二万元以上二十万元以下罚金”“并处五万元以上五十万元以下罚金”“并处五万元以上五十万元以下罚金”。据此，这类犯罪的罚金数额多少取决于犯罪及其所受主刑的轻重。三是比例罚金制。这表现为根据犯罪金额的百分比决定罚金的数额。如，《刑法》第 158 条关于虚报注册资本罪的规定中，罚金数额为“并处或者单处虚报注册资本金额百分之一以上百分之五以下罚金”。据此，这类犯罪的罚金数额多少取决于相应犯罪数额的基数。四是倍数罚金制。这表现为根据犯罪金额的倍数决定罚金的数额。如，《刑法》第 153 条关于走私普通货物、物品罪的规定中，三档犯罪的罚金数额要求都是“并处偷逃应缴税额一倍以上五倍以下罚金”。据此，罚金数额的多少取决于犯罪数额的大小。犯罪数额越大，罚金数额也越高。五是倍比罚金制。此即同时以犯罪金额的比例和倍数决定罚金的数额。如《刑法》第 140 条关于生产、销售伪劣产品罪的规定中，四档犯罪的罚金数额都是“并处或者单处销售金额百分之五十以上二倍以下罚金”。据此，这类犯罪的罚金数额多少也取决于相应犯罪数额的基数。

（4）缴纳方式的强制性。

罚金与没收财产一样，都是人民法院对犯罪分子适用的强制性财产惩罚措施，但其在缴纳方式上，具有更严厉的强制性。根据《刑法》第 53 条的规定，罚金的缴纳方式有五种：一是限期一次缴纳。这要求犯罪分子在指定的期限内（一般是 3 个月内）将罚金一次缴纳完毕。其主要适用于罚金数额不大或者数额虽然较大但缴纳并不困难的案件。二是限期分期缴纳。这表现在缴纳时间上有一定回旋余地、在金额支付上可以化整为零。其主要适用于罚金数额较大，犯罪分子无力一次缴纳的案件。三是强制缴纳。这表现在人民法院指定的缴纳期限届满后，以查封、扣押、冻结等强制措施强制缴纳。其适用于犯罪分子有缴纳能力而拒不缴纳的案件。四是随时追缴。这表现在人民法院在任何时候发现犯罪人有可以执行的财产时，可以随时追缴应当缴纳的罚金财物。其适用于那些不能全部缴纳罚金的案件。五是减少或者免除缴纳。这表现在由于遭遇不能抗拒的灾祸而确实有困难缴纳应缴纳的罚金款，依法履行一定手续后酌情减少罚金数额或者免除罚金。其适用于由于遭遇不能抗拒的灾祸，因而缴纳确实有困难的案件。

2. 无限额罚金制的数额确定

据统计，我国刑法中的无限额罚金制占了全部罚金立法规定的70%以上，而且从近期几个刑法修正案的规定来看，这类罚金制的比例还在上升。可实务中并无司法解释及其他规范性文件对其有如何适用的细化规定，导致实践中各法院在个案判决中的差异很大。

（1）罚金刑数额确定的犯罪情节根据。

《刑法》第52条规定："判处罚金，应当根据犯罪情节决定罚金数额。"据此，罚金的数额确定根据为犯罪情节。这里的犯罪情节须基于《刑法》第61条关于量刑根据的一般原则和第5条关于罪刑相适应原则以及第37条关于免除处罚，第62条关于从重、从轻处罚，第63条关于减轻处罚的制度规定予以裁处。其中，第61条关于量刑根据的一般原则规定，是裁处确定罚金刑数额的实质性根据。也就是，作为裁处罚金刑数额的"犯罪情节"，包括反映犯罪行为的社会危害性和犯罪人人身危险性大小的各种事实。这些事实，在客观形式上既表现为犯罪手段、犯罪对象、犯罪后果、犯罪时间、犯罪地点等狭义的犯罪情节方面的情况，也包括罚金刑及其数额的判决对犯罪人回归社会和防止再犯罪方面的意义或罚金的适用效果方面的事实。2000年12月13日最高人民法院《关于适用财产刑若干问题的规定》第2条第1款规定："人民法院应当根据犯罪情节，如违法所得数额、造成损失的大小等，并综合考虑犯罪分子缴纳罚金的能力，依法判处罚金。刑法没有明确规定罚金数额标准的，罚金的最低数额不能少于一千元。"据此，实务中罚金刑数额确定所考察的犯罪情节因素主要是违法所的数额、造成的损失大小等。

其实，以上因素只是确定罚金刑数额的客观方面表现。基于主客观相统一原理，罚金刑数额的确定，除了要考察以上客观因素，还要考察支配这些行为实施和导致这些客观表现的主观因素，也就是体现犯罪行为的社会危害性和犯罪人人身危险性大小的主观恶性表现。据此，对罚金刑数额的确定，不可孤立地看违法数额的多少、造成损失的大小，还要同时考察这些数额、损失是在什么主观心理状态支配下造成的。在主观恶性相对较大心理状态支配下形成的违法数额、造成的损失，所决定的罚金数额相对应当多些；相反，在主观恶性相对较小心理状态支配下形成的违法数额、造成的损失，所决定的罚金数额相对应当少些。这也是罪刑相适应原则在罚金刑数额裁量上的具体体现。

（2）罚金刑数额确定的个别化要求。

在司法实践中，从有利于判决执行的角度出发，在罚金裁量的时候往往需要考虑犯罪分子缴纳罚金的能力。2000年12月13日最高人民法院《关于适用财产刑若干问题的规定》第2条规定："人民法院应当根据犯罪情节，如违法所得数额、造成损失的大小等，并综合考虑犯罪分子缴纳罚金的能力，依法判处罚金。"据此，犯罪情节只是确定罚金刑数额的罪责根据。实践中，到底如何裁处还需要考察犯罪分子的罚金缴纳能力。

显然，犯罪分子的罚金缴纳能力并不是犯罪情节，而只是从有利于判决执行的角度出发的个别化考量。从现实来看，这个能力的考察又取决于犯罪人的经济状况。需重视如下几个因素：一是对犯罪人经济状况的考量，原则上只能针对犯罪人个人财产。毕竟，刑法讲求罪责自负，罚金只是对犯罪人个人的惩罚，而不是对其家庭成员的处罚，不能将犯罪人家庭成员所有的财产作为考察犯罪人经济能力的依据，除非犯罪人家庭成员自愿以其财产缴纳犯罪人的罚金。二是考察犯罪人的生产、经营状况。对于虽然在本次犯罪中获得的违法所得不多，但犯罪人平常的生产、经营状况良好的，表明其总体经济能力尚好；相反，即使本次有一定数额的违法所得，但总体经济情况不好的，表明其经济能力一般。总之，这个考察，以剥夺犯罪人再犯罪经济能力为视角。

（3）规范的酌定裁量原则。

罚金刑的数额裁量，需要依托量刑裁量权作出。没有裁量权的数学运算不可能作出符合刑罚目的和功能的罚金刑数额。这里的酌定裁量不是任意的。根据《刑法》第 61 条等的规定，包括罚金刑在内的任何刑罚裁量都是有相应事实和法律根据的。而且，法官在依据事实和法律裁量时，也不可脱离立法的目的任务和各规定间的内在关系，以及法官的经验和职业伦理等而随意裁量。

第四节　量刑程序

一、量刑程序的相关规定

为了规范量刑裁量权，将量刑纳入法庭审理程序，增强量刑的公开性和透明度，实现量刑公正和均衡，维护社会公平正义，最高人民法院等机关实施了量刑规范化改革。量刑规范化是“规范裁量权，将量刑纳入法庭审理程序”的简称。量刑规范化有两个方面的内容：一是在程序上，将量刑纳入法庭审理程序，保证量刑公平、公正、公开；二是在实体上，改变传统的量刑方法，使法官的裁量权行使具有更加明确、更加具体、操作性更强的依据，从而规范法官的自由裁量权。量刑规范化从试点、试行到实施共经历了四个阶段。第一阶段是从 2008 年起先后确定了 4 个中级人民法院和 8 个基层人民法院为量刑规范化改革试点单位。第二阶段是从 2009 年 6 月 1 日起在全国 120 多家法院开展量刑规范化试点工作。[①] 第三阶段是从 2010 年 10 月 1 日起在全国法院全面试行量刑规范化改革，试行最高人民法院颁布的《人民法院量刑指导意见（试行）》（现已失效）和最高人民法院、最高人民检察院、公安部、国家安全部、司法部联合颁布的《关于规范量刑程序若干问题的意见（试行）》（现已失效）两个文件。《人民法院量刑指导意见（试行）》规定了量刑的指导原则、

① 该阶段在全国各高级人民法院辖区确定一个中级人民法院和三个基层人民法院为试点法院开展试点工作。

量刑的基本方法、常见量刑情节的适用以及交通肇事罪，故意伤害罪，抢劫罪，盗窃罪，毒品犯罪，强奸罪，非法拘禁罪，诈骗罪，抢夺罪，职务侵占罪，敲诈勒索罪，妨害公务罪，聚众斗殴罪，寻衅滋事罪和掩饰、隐瞒犯罪所得、犯罪所得收益罪等 15 种常见犯罪的量刑，并授权各高级人民法院在此基础上制定实施细则。《关于规范量刑程序若干问题的意见（试行）》规定了量刑证据材料的收集和移送，人民检察院的量刑建议，当事人和辩护人、诉讼代理人的量刑意见，相对独立的量刑程序，人民法院应当查明的量刑情节，量刑证据的质证和调查核实，当事人和辩护人、诉讼代理人申请人民法院调取量刑证据，以及刑事裁判文书说明量刑理由等内容。第四阶段是从 2014 年 1 月 1 日起在全国法院全面实施量刑规范化工作。

（一）《关于规范量刑程序若干问题的意见（试行）》确立的相对独立的量刑程序

根据《关于规范量刑程序若干问题的意见（试行）》的规定，在被告人对起诉书指控的犯罪事实和罪名没有异议，自愿认罪且知悉认罪的法律后果的案件中，法庭审理主要围绕量刑和其他有争议的问题进行。对于被告人不认罪或者辩护人作无罪辩护的案件，在法庭调查阶段，应当先查明定罪事实，再查明有关的量刑事实；在法庭辩论阶段，审判人员引导控辩双方先辩论定罪问题，再围绕量刑问题进行辩论，发表量刑建议或意见，并说明理由和依据。从《关于规范量刑程序若干问题的意见（试行）》的规定可以看出，无论是在被告人认罪的案件中，还是在被告人不认罪或者辩护人作无罪辩护的案件中，庭审程序都包含专门的量刑程序。特别是在被告人不认罪或者辩护人作无罪辩护的案件中，法庭调查和法庭辩论都被划分为定罪和量刑两个环节。在法庭调查阶段，应当在查明定罪事实的基础上，查明有关量刑事实，被告人及其辩护人可以出示证明被告人无罪或者罪轻的证据，当庭发表质证意见。在法庭辩论阶段，审判人员引导控辩双方先辩论定罪问题。在定罪辩论结束后，审判人员告知控辩双方可以围绕量刑问题进行辩论，发表量刑建议或者意见，并说明依据和理由。被告人及其辩护人参加量刑问题的法庭调查和法庭辩论的，不影响作无罪辩解或者无罪辩护。理论上将《关于规范量刑程序若干问题的意见（试行）》的上述规定称为相对独立的量刑程序。在相对独立的量刑程序中，一方面，量刑程序具有独立性，法庭调查和法庭辩论被划分为定罪和量刑两个环节；另一方面，定罪程序与量刑程序未被严格分开，二者仍在同一程序空间内，并不存在先定罪、后量刑。相对独立的量刑程序在维持法庭审理模式不变的情况下，实现定罪程序与量刑程序的有限分离，将量刑纳入法庭审理程序；改变了过去“重定罪、轻量刑”的司法观念，提升了对量刑问题重要性的认识，同时兼顾了我国的实际情况和诉讼效率，有其现实合理性。

2012 年修改《刑事诉讼法》时，确认了上述量刑规范化改革的成果，第 193 条第 1 款规定：“法庭审理过程中，对与定罪、量刑有关的事实、证据都应当进行调查、辩论。”2012 年最高人民法院《关于适用〈中华人民共和国刑事诉讼法〉的解释》（现已失效）沿袭了《关于规范量刑程序若干问题的意见（试行）》规定的相对独立的量刑程序。2012 年最高人民法院《关于适用〈中华人民共和国刑事诉讼法〉的解释》第 227 条规定："对被告人认罪的案件，在确认被告人了解起诉书指控的犯罪事实和罪名，自愿认罪且知悉认罪的法律后果后，法庭调查可以主要围绕量刑和其他有争议的问题进行。""对被告人不认罪或者辩护人作无罪辩护的案件，法庭调查应当在查明定罪事实的基础上，查明有关量刑事实。"第 231 条规定："对被告人认罪的案件，法庭辩论时，可以引导控辩双方主要围绕量刑和其他有争议的问题进行。""对被告人不认罪或者辩护人作无罪辩护的案件，法庭辩论时，可以引导控辩双方先辩论定罪问题，后辩论量刑问题。"2018 年《刑事诉讼法》第 198 条第 1 款未对 2012 年《刑事诉讼法》第 193 条第 1 款作修改，继续强调在法庭审理过程中，对与定罪、量刑有关的事实、证据都应当进行调查、辩论。2021 年《刑诉法解释》第 278 条、第 283 条除对 2012 年《关于适用〈中华人民共和国刑事诉讼法〉的解释》的上述规定作了一些文字上的修改之外，坚持了关于相对独立的量刑程序的规定。

（二）《关于规范量刑程序若干问题的意见》对于相对独立的量刑程序的相关规定

2020 年，最高人民法院、最高人民检察院、公安部、国家安全部、司法部公布《关于规范量刑程序若干问题的意见》，废止了 2010 年最高人民法院、最高人民检察院、公安部、国家安全部、司法部《关于规范量刑程序若干问题的意见（试行）》，主要是因为，近年来，随着多个刑法修正案的出台和刑事诉讼法的修改，对于量刑情节和量刑程序的相关规定有了新的变化，特别是 2018 年《刑事诉讼法》的修改确立了认罪认罚从宽制度。《关于规范量刑程序若干问题的意见》对相对独立的量刑程序作了更加具体的规定，分别从适用简易程序审理被告人认罪案件、适用普通程序审理被告人认罪案件、适用普通程序审理被告人不认罪或者辩护人作无罪辩护案件以及裁判文书的说理等方面提出了明确要求。[①]

适用简易程序审理的案件，在确认被告人对起诉书指控的犯罪事实和罪名没有异议，自愿认罪且知悉认罪的法律后果后，法庭审理可以直接围绕量刑进行，不再区分法庭调查、法庭辩论。适用普通程序审理的被告人认罪案件，在确认被告人了解起诉书指控的犯罪事实和罪名，自愿认罪且知悉认罪的法律后果后，法庭审理主要围绕量刑和其他有争议的问题进行，可以适当简化法庭调查、法庭辩论程序。对于被告人不认罪或者辩护人作无罪辩护的案件，法庭调查和法庭辩论分别进行。在法庭调查阶段，应当在查明定罪事实的基础上，查明有关量刑事实，被告人及其辩护人可以出示证明被告人无罪或者罪轻的证据，当庭发表质证意见。在法庭辩论阶段，审判人员引导控辩双方先辩论定罪问题。在定罪辩论结束后，审判人员告知控辩双方可以围绕量刑问题进行辩论，发表量刑建议或者意见，并说明依据和理由。

---

① 适用速裁程序审理的案件，在确认被告人认罪认罚的自愿性和认罪认罚具结书内容的真实性、合法性后，一般不再进行法庭调查、法庭辩论，因此没有专门的量刑程序。

被告人及其辩护人参加量刑问题的调查的，不影响作无罪辩解或者辩护。

在法庭调查中，公诉人可以根据案件的不同种类、特点和庭审的实际情况，合理安排和调整举证顺序。定罪证据和量刑证据分开出示的，应当先出示定罪证据，后出示量刑证据。对于有数起犯罪事实的案件的量刑证据，可以在对每起犯罪事实举证时分别出示，也可以对同类犯罪事实一并出示；涉及全案综合量刑情节的证据，一般应当在举证阶段最后出示。

在法庭辩论中，量刑辩论按照以下顺序进行：公诉人发表量刑建议，或者自诉人及其诉讼代理人发表量刑意见；被害人及其诉讼代理人发表量刑意见；被告人及其辩护人发表量刑意见。在法庭辩论中，出现新的量刑事实，需要进一步调查的，应当恢复法庭调查，待事实查清后继续法庭辩论。

在法庭调查中，人民法院应当查明对被告人适用具体法定刑幅度的犯罪事实以及法定或者酌定量刑事实。人民法院、人民检察院、侦查机关或者辩护人委托有关方面制作涉及未成年人的社会调查报告的，调查报告应当在法庭上宣读，并进行质证。在法庭审理中，审判人员对量刑证据有疑问的，可以宣布休庭，对证据进行调查核实，必要时也可以要求人民检察院补充调查核实。人民检察院补充调查核实有关证据，必要时可以要求侦查机关提供协助。对于控辩双方补充的证据，应当经过庭审质证才能作为定案的根据。但是，对于有利于被告人的量刑证据，经庭外征求意见，控辩双方没有异议的除外。被告人及其辩护人、被害人及其诉讼代理人申请人民法院调取在侦查、审查起诉阶段收集的量刑证据材料，人民法院认为确有必要的，应当依法调取；人民法院认为不需要调取的，应当说明理由。

人民法院应当在刑事裁判文书中说明量刑理由。量刑说理主要包括：已经查明的量刑事实及其对量刑的影响；是否采纳公诉人、自诉人、被告人及其辩护人、被害人及其诉讼代理人发表的量刑建议、意见及理由；人民法院判处刑罚的理由和法律依据。[①]

二、量刑程序的相关争论

关于量刑程序，存在如下两点争论。

（一）主张在被告人不认罪的案件中确立完全独立的量刑程序

在被告人不认罪的案件中，控、辩、审三方关注的焦点问题都是定罪问题，量刑问题很难成为庭审的重点。在当前的庭审程序中，对于此类案件，被告人及其辩护人要么选择无罪辩护从而放弃量刑辩护，要么在作无罪辩护的同时作量刑辩护，但无论选择哪一种，被告人及其辩护人都处于两难境地。

有观点认为，只有完全独立的量刑程序才能解决上述问题。完全独立的量刑程序将刑事审判划分为定罪和量刑两个独立阶段。首先进行定罪程序，在此程序中仅围绕被告人的犯罪事实，由控辩双方进行举证、质证和辩论，对与定罪无关的、涉

---

① 对于适用速裁程序审理的案件，可以简化量刑说理。

及量刑的事实和证据在量刑阶段再提出。定罪审理结束后，进行合议庭评议。经过合议庭评议，如果认定被告人无罪，则宣告其无罪，审判程序终结；如果认定被告人有罪，则进入量刑程序，由同一审判组织继续审理。在进入量刑程序前，应征求控辩双方的意见，双方均认为不需要收集量刑证据的，可以直接进入量刑程序；如果一方认为需要收集量刑证据，法庭应给予一定的收集量刑证据的时间。控辩双方需要将己方收集的量刑证据向对方开示。在量刑程序中，控辩双方围绕量刑事实、刑罚适用等问题进行举证、质证和辩论。在定罪程序和量刑程序中，被告人均有最后陈述的权利。量刑审理结束后，进行合议庭评议，确定量刑。最后对被告人的定罪和量刑进行宣判。虽然完全独立的量刑程序增加了庭审的程序环节，会在一定程度上影响诉讼效率，但是，持该观点的学者认为，由于被告人不认罪的案件比例较小，在此类案件中适用完全独立的量刑程序，是当前的刑事司法体系可以承受的。[①]

（二）主张在死刑案件中确立完全独立的量刑程序

有观点认为，即使不能在普通案件中适用完全独立的量刑程序，也应当在死刑案件中适用完全独立的量刑程序。这是因为死刑案件的量刑程序与非死刑案件的量刑程序相比，具有一定的特殊性。第一，死刑涉及对人生命的剥夺，是最严厉的刑罚。第二，量刑程序是实现慎用和控制死刑的重要手段。死刑的控制可以通过立法和司法两种途径来实现。立法途径是指对刑法规范进行修改，增加死刑适用的条件或者减少死刑罪名的数量。但立法不宜频繁被修改，因而死刑的控制需要更多依赖司法途径，尤其是量刑程序。死刑案件的量刑程序不仅直接影响死刑的适用结果，更能体现出死刑量刑过程的公正性，因此在死刑案件中应当适用完全独立的量刑程序。

在死刑案件中适用完全独立的量刑程序，具有如下价值：第一，有助于法庭更加重视量刑问题。在相对独立的量刑程序中，刑事审判仍然偏重于对被告人定罪问题的审理。第二，有助于保证量刑事实认定的准确性。在完全独立的量刑程序中，控辩双方能够更加充分地进行量刑证据的举证、质证。第三，有助于保障当事人充分行使诉讼权利。在被告人不认罪的案件中，完全独立的量刑程序可以避免被告人及其辩护人选择无罪辩护、放弃量刑辩护，或者既作无罪辩护又作量刑辩护的矛盾处境。在法庭认定被告人构成犯罪的情况下，被告人及其辩护人可以就是否应当判处死刑进行充分的量刑辩护。另外，完全独立的量刑程序还可以充分吸收被害人或其近亲属参与量刑程序，听取被害人或其近亲属的量刑意见，充分尊重被害人的诉讼当事人地位，充分保障其诉讼权利。[②]

尽管存在上述争论，但是最终改革者还是选择了在所有的案件中都适用相对独立的量刑程序，主要是因为如下因素决定了很难在我国刑事诉讼中将定罪程序与量

---

① 陈卫东，程雷. 隔离式量刑程序实验研究报告：以芜湖模式为样本. 中国社会科学，2012（9）. 刘冠华. 对人民法院量刑规范化改革的检视与修正：以量刑程序独立改革为视角. 法律适用，2019（13）.

② 陈群. 死刑量刑程序的现状反思与模式重塑：基于实证的分析. 江西社会科学，2017（8）. 孟军. 量刑制度改革背景下的死刑案件量刑程序：转型、模式及基础. 山东社会科学，2019（7）.

刑程序完全分离：第一，我国不具备将定罪与量刑程序分离的审判制度基础。完全独立的量刑程序存在于实行陪审团制度的英美法系国家。在陪审团审判的案件中，由陪审团决定被告人的定罪问题，法官解决刑罚的适用问题，这在客观上造成了定罪与量刑程序的分离。受此影响，即使在没有陪审团审理的情形下，定罪和量刑程序也是分开进行的。而我国不具备类似的审判制度，没有必要、也很难将两个程序截然分开。第二，我国不具备将定罪与量刑程序分离的刑法制度基础。量刑程序中的审理对象为纯正的量刑事实，定罪程序中的审理对象为定罪事实。在我国刑法中，纯正的量刑事实数量不多，在很多案件中难以支撑独立的量刑程序。[①]

思考练习题

1. 试结合理论上和实践中的争议量刑事项，论述量刑基本原理的理论与实践意义。

2. 试结合典型案例分析酌定量刑情节在实现罪刑相适应原则中的意义。

3. 试结合典型案例论述量刑情节制度的适用规则。

4. 试结合典型案例论述量刑应该采用什么样的方法。

5. 请结合以下材料，谈谈你对死刑案件中量刑事实的证明标准的认识。

死刑是剥夺犯罪分子生命的最严厉的刑罚，如果适用错误，将会造成无可挽回的损害。为了限制死刑的适用，死刑案件中量刑事实的证明标准曾一度是理论上关注的热点问题。关于死刑案件中量刑事实的证明标准是否应当与普通刑事案件中量刑事实的证明标准相同，主要有两类不同的观点：一是同一论，即死刑案件量刑事实的证明标准等同于普通刑事案件中量刑事实的证明标准；二是分层论，即死刑案件中量刑事实的证明标准应当高于普通刑事案件中量刑事实的证明标准，死刑案件中的量刑事实应当适用最高的证明标准。持同一论的学者认为，我国刑事诉讼法没有区分死刑案件和普通刑事案件的证明标准，死刑案件和普通刑事案件的量刑事实应当适用同一证明标准，即“证据确实、充分”。持分层论的学者认为，死刑案件中量刑事实的证明标准应当高于定罪事实的证明标准。他们认为，只有提高死刑案件中量刑事实的证明标准，增加证明的难度，才能够提高死刑案件的质量，减少死刑错案，达到控制死刑的目的。持分层论的学者对于死刑案件量刑事实的证明标准提出了以下几种观点：“排除一切怀疑”；“案件事实清楚，证据确实充分，具有排他性和唯一性”；“案件事实清楚，证据确实充分，对事实没有其他解释余地”；“排除一切可能性”；“确定无疑的唯一性”；等等。

另外，在英美证据理论上，刑事案件的证明标准由高到低可以被分为九个层次：(1) 绝对的确定性（由于认识能力的限制，这一标准无法达到，任何法律不作此要求）；(2) 排除合理怀疑（刑事案件中作有罪认定所必需）；(3) 明晰可信的证明（适用于某些管辖法院对死刑案件保释请求的驳回）；(4) 优势证明（适用于刑事诉讼中被

① 李玉萍. 中国法院的量刑程序改革. 法学家，2010 (2)：52-53.

告人的肯定性抗辩)；(5) 可成立的理由（适用于逮捕、搜查等)；(6) 合理相信（适用于阻截和搜身)；(7) 有合理怀疑（无罪释放被告人的充足理由)；(8) 怀疑（适用于调查的开始)；(9) 没有信息（对任何法律目的均不充分)。根据上述理论，“绝对的确定性”，即排除包括无理怀疑在内的一切怀疑，被认为是不可能达到的。

参考文献

1. 霍姆斯. 法律的生命在于经验：霍姆斯法学文集. 明辉，译. 北京：清华大学出版社，2007.

2. 马克昌. 刑罚通论. 武汉：武汉大学出版社，1995.

3. 南英. 量刑规范指导案例. 北京：法律出版社，2016.

4. 石经海. 量刑的个别化原理. 北京：法律出版社，2021.

5. 蒋明. 量刑情节研究. 北京：中国方正出版社，2004.

6. 陈瑞华. 量刑程序中的证据规则. 吉林大学社会科学学报，2011 (1).

7. 张吉喜. 量刑证据与证明问题研究. 北京：中国人民公安大学出版社，2015.

第四章　侦查与强制措施

第一节　侦　查

一、侦查的实体法要素

侦查是指享有侦查权的机关为收集证据，查明、证实犯罪和抓获犯罪嫌疑人而依法采取的专门调查工作和有关的强制性措施。依据《刑事诉讼法》第 108 条第 1 项，侦查是指公安机关、人民检察院对于刑事案件，依照法律进行的收集证据、查明案情的工作和有关的强制性措施。

第一，从侦查的启动来看，必须在所犯之罪的追诉时效之内才能启动侦查权，否则，即便实体上认定某个行为是犯罪，也不能对其进行侦查，因而无法追诉犯罪。从司法实践的角度，部分案件例如南京医科大学强奸杀人案【参见知识拓展 4－1】，虽然已经超过追诉时效，但是仍然先开展了侦查再报请核准追诉。从诉讼法理论来看，这是因为如果犯罪过了追诉时效，只是不能够被起诉，并非不能侦查。当然，侦查的开展，可能会导致案件移送审查起诉后却未通过核准的情况出现，这使先开展侦查投入的司法资源被浪费。

知识拓展 4－1

我国《刑法》第 87 条规定了追诉时效制度：对于法定最高刑不超过 5 年的，追诉时效为 5 年；法定最高刑不超过 10 年的，追诉时效为 10 年；法定最高刑为 10 年以上的，追诉时效为 15 年；法定最高刑为无期徒刑、死刑的，追诉时效为 20 年。其中，对于法定最高刑为无期徒刑、死刑的，虽然超过了 20 年的追诉时效，但是仍然认为需要启动侦查权的，必须报请最高人民检察院核准。追诉时效的期限从犯罪之日起计算；犯罪行为有连续或者继续状态的，从犯罪行为终了之日起计算。在追诉期限以内又犯罪的，前罪追诉的期限从犯后罪之日起计算。同时，追诉时效期限的延长方式也值得关注。1979 年《刑法》所规定的延长点为采取强制措施之日起，1997 年《刑法》所规定的延长点则是立案侦查之日起，较之前者后者更为靠前，更侧重于打击犯罪，在适用上要注意从旧兼从轻原则。在此前提下，如果犯罪嫌疑人逃避侦查，则不计算追诉时效。反之，如果犯罪嫌疑人没有逃避侦查，例如仍然在案发当地就业、打工等，仅是侦查机关因没有掌握犯罪线索而没有立案，则不能认为属于逃避侦查的行为。如果被害人在追诉时效期限内提出控告，但是公安机关等没有立案的，那么同样视为不计算追诉时效。

第二，从侦查权实施过程中的行为来看，侦查的过程中不可避免地会涉及一些实体问题。例如，我国《刑法》第 247 条第 1 款规定的刑讯逼供罪，在侦查过程中如果司法工作人员对犯罪嫌疑人、被告人采取刑讯逼供的手段以获得证人证言的，属于违反取证程序。同时，由于此行为侵犯和损害了犯罪嫌疑人、被告人的人身权利，在实体上也是违法的，即刑讯逼供行为本身包含了实体法要素的内容，但是同时又被程序法所评价。

第三，从非法证据排除规则来看，侦查行为有时存在收集证据违法，需要排除所取得的相应证据的情况。《关于办理刑事案件排除非法证据若干问题的规定》《关于办理刑事案件严格排除非法证据若干问题的规定》《严格排非规定》等文件均规定了排除非法证据的内容，从程序法上规制了非法取证行为，即实质性否定了这些证据的证据资格。例如，犯罪嫌疑人始终不认罪，侦查机关通过刑讯逼供取得犯罪嫌疑人认罪供述，则该份供述不能作为认定犯罪嫌疑人有罪的依据，这使得该案件有可能在实体上因证据不足而无法定罪。

第四，从侦查终结的角度来看，侦查终结后侦查机关应当将案件移送起诉，在移送起诉之前，侦查机关应当对案件进行实体评价，特别是要看是否存在《刑事诉讼法》第 16 条所规定的情况，包括情节显著轻微、危害不大，不认为是犯罪的；犯罪已过追诉时效期限的；经特赦令免除刑罚的；依照刑法告诉才处理的犯罪，没有告诉或者撤回告诉的；犯罪嫌疑人、被告人死亡的；其他法律规定免予追究刑事责任的。对于符合上述情况的案件，侦查机关应当撤销案件，不追究犯罪嫌疑人的刑事责任。此外，我国《刑法》相关“但书”规定的运用和“少捕慎诉慎押”刑事司法政策的适用等，都对侦查终结时侦查机关的实体评价有一定程度的影响。

二、侦查的启动

侦查的启动，即立案，是指公安机关、人民检察院或人民法院等对报案、举报、控告或自首的材料进行审查后，判明有无犯罪事实存在和是否应当追究刑事责任，并决定是否将案件交付侦查、起诉或审判的诉讼活动。我国立案程序主要具有以下几个法律特征：一是立案是刑事诉讼活动开始的标志；二是立案是独立的诉讼阶段；三是立案是侦查、起诉、审判活动的合法依据；四是立案是法定的立案机关进行的一种诉讼活动。

（一）立案的管辖

从实体罪名的分类来看，启动侦查权的机关可以是公安机关、人民检察院（当然，法律规定上也包括一些特殊侦查主体，例如军队保卫部门、中国海警局、监狱等，为简便起见，以下主要以公安机关、人民检察院作为侦查主体），同时也可以是监察机关。公安机关、人民检察院、监察机关所管辖的罪名各有不同，又有一定的重叠。简单来说，公安机关所管辖的罪名是普通刑事犯罪，人民检察院所管辖的罪名是对诉讼活动实行法律监督过程中发现的司法工作人员利用职权实施的侵犯公民权利、损害司法公正的犯罪，监察机关所管辖的罪名是职务犯罪。按照管辖罪名划分，监察机关有权管辖共计 101 个罪名。根据《监察法》等的相关规定，监察机关对六大类 88 个罪名具有管辖权。2021 年 9 月 20 日国家监察委员会发布的《监察法实施条例》进行了补充和调整，其中增加了危险作业罪，司法工作人员以外的公职人员利用职权实施的非法拘禁罪、虐待被监管人罪、非法搜查罪，即共计 92 个罪名。此外，监察机关对国家公职人员利用职权实施的非法拘禁、刑讯逼供、虐待被监管人、非法搜查、徇私枉法等侵犯公民权利、损害司法公正的 14 个罪名具有管辖权。由于该 14 个罪名与前述 92 个罪名中均有滥用职权罪、玩忽职守罪、非法拘禁罪、虐待被监管人罪、非法搜查罪，因此减去重复的 5 个罪名后，监察机关负责调查的罪名共计 101 个。按照管辖属性划分，可将监察机关管辖罪名分为专属管辖罪名和交叉管辖罪名。专属管辖罪名主要包括《刑法》分则第八章“贪污贿赂罪”、第九章“渎职罪”规定的罪名，以及相关章节中仅由国家工作人员构成的犯罪。交叉管辖罪名主要指监察机关、人民检察院、公安机关均可管辖的罪名，如监察机关和公安机关均能管辖重大责任事故罪、职务侵占罪等，监察机关和人民检察院均能管辖虐待被监管人罪、非法搜查罪等。在区分监察机关和公安机关的管辖罪名时，关键要审查把握涉罪人员是否属于公职人员，是否在行使公权力过程中实施犯罪。公职人员在行使公权力过程中实施的犯罪，应由监察机关管辖。

（二）立案的材料

立案的根据，就是立案的材料依据。刑事立案材料，主要有以下几种来源。

首先，公安机关或人民检察院自行发现犯罪事实或犯罪嫌疑人。《刑事诉讼法》第 109 条规定，公安机关或者人民检察院发现犯罪事实或者犯罪嫌疑人，应当按照管辖范围，立案侦查。

其次，单位或个人进行举报或者报案。《刑事诉讼法》第 110 条第 1 款规定，任何单位和个人发现有犯罪事实或者犯罪嫌疑人，有权利也有义务向公安机关、人民检察院或者人民法院报案或者举报。

再次，被害人举报或者报案。《刑事诉讼法》第 110 条第 2 款规定，被害人对侵犯其人身、财产权利的犯罪事实或者犯罪嫌疑人，有权向公安机关、人民检察院或者人民法院报案或者控告。

最后，犯罪人自首。《刑事诉讼法》第 110 条第 4 款规定，犯罪人向公安机关、人民检察院或者人民法院自首的，适用第 110 条第 3 款的规定，即：公安机关、人民检察院或者人民法院对于报案、控告、举报，都应当接受。对于不属于自己管辖的，应当移送主管机关处理，并且通知报案人、控告人、举报人；对于不属于自己管辖而又必须采取紧急措施的，应当先采取紧急措施，然后移送主管机关。

（三）立案的程序

立案的程序，指刑事案件立案所要经过的具体步骤。具体而言，首先是立案材料的接收，告知当事人相关权利义务；其次是立案材料的审查；最后是根据审查的结果决定是否立案，即立案的处理。对于审查后决定不立案的案件也应在法定期限内告知当事人不予立案的决定。【参见知识拓展 4－2】

知识拓展 4－2

（四）立案的条件

立案的条件，指确定刑事案件成立必须具备的法定要件。《刑事诉讼法》第 112 条规定，人民法院、人民检察院或者公安机关对于报案、控告、举报和自首的材料，应当按照管辖范围，迅速进行审查，认为有犯罪事实需要追究刑事责任的时候，应当立案；认为没有犯罪事实，或者犯罪事实显著轻微，不需要追究刑事责任的时候，不予立案，并且将不立案的原因通知控告人。控告人如果不服，可以申请复议。

对于不符合刑事立案标准的案件，应当交由行政机关进行行政处罚。行刑衔接机制，是指行政执法机关将在行政执法过程中发现的涉嫌犯罪的案件或者线索移送通报至有管辖权的刑事司法机关，以及公安机关、人民检察院、人民法院将在办理刑事案件过程中发现的、需要追究行政违法责任的案件或者线索移送行政执法机关的工作机制。近年来，各级人民检察院大力推动行刑衔接机制的健全和落实，取得了一定的成效，但实践中仍然存在一些不容忽视的问题和困难，例如行政执法与刑事司法衔接的信息共享平台尚未达到预期的效果；参与行刑衔接的各机关工作力度和深度不一，缺乏统筹协调；行政执法机关在各层级的设置和管理有时不统一；行政执法案件与刑事司法案件的证据标准和追求目标不一致等。

（五）立案的标准

立案的标准，指司法机关决定是否立案所应掌握的准则和尺度。在司法实践中，制定具体的立案标准，使立案条件具体化，能够使司法工作人员掌握一个明确而统一的立案尺度，使罪与非罪的界限更加清晰、罪行轻重的程度更加明确。同时，立案标准的制定，也弥补了《刑法》对一些犯罪的犯罪构成未作具体规定的不足。

（六）立案的监督

立案的监督，指人民检察院依法对公安机关的立案活动是否合法进行的监督。《刑事诉讼法》第 113 条规定，人民检察院认为公安机关对应当立案侦查的案件而不立案侦查的，或者被害人认为公安机关对应当立案侦查的案件而不立案侦查，向人民检察院提出的，人民检察院应当要求公安机关说明不立案的理由。人民检察院认为公安机关不立案理由不能成立的，应当通知公安机关立案，公安机关接到通知后应当立案。

实践中，存在部分应当立案而不立案的情形，例如某些公安人员违规参股、借贷给其管理服务的对象，当遇到涉及该管理服务对象的案件时，就可能存在故意有案不立、相互勾结的情况；也存在一些不应当立案而立案的情形，例如有的公安人员对涉非公经济案件越权管辖、违规立案等，进而插手民间经济纠纷。所以，针对上述情形，人民检察院应当深化刑事诉讼监督机制，在制约监督中做到依法能动履职，促进执法侦查机关自我纠错、减少出错，一体推进严格执法、公正司法。以往，人民检察院立案监督工作主要存在案源少、纠正难、发展不平衡等问题。存在上述立案监督的问题，其原因包括我国人民检察院和公安机关侦查权的力量配置现状、人民检察院的监督措施较为有限、专门监督机构和监督人员较为缺乏等。2019 年 7 月起，最高人民检察院部署开展了涉非公经济案件立案监督专项活动，专门解决应当立案而不立案、不应当立案而立案，特别是以刑事案件名义插手民事纠纷、经济纠纷等问题。2021 年最高人民检察院工作报告显示，2020 年检察机关督促侦查机关依法立案 2.2 万件，监督撤案 2.4 万件，同比分别上升 34%和 58.4%。①

三、人民检察院自行侦查

人民检察院自行侦查，也称检察院自侦，是指作为侦查机关的人民检察院根据《刑事诉讼法》管辖的相关规定，对于其直接受理的刑事案件所进行的侦查活动。在 2018 年监察体制改革以后，人民检察院的自侦案件范围随之缩小。根据《刑事诉讼法》第 19 条第 2 款的规定，人民检察院的自侦案件类型可以被分为两类：一是人民检察院在对诉讼活动实行法律监督中发现的司法工作人员利用职权实施的非法拘禁、刑讯逼供、非法搜查等 14 种侵犯公民权利、损害司法公正的犯罪，可以由人民检察院立案侦查。二是对于公安机关管辖的国家机关工作人员利用职权实施的重大犯罪案件，需要由人民检察院直接受理时，经省级以上人民检察院决定，可以由人民检察院立案侦查。

需要注意的是，对于人民检察院自侦案件的第一种类型，关于人民检察院的立案权限使用了"可以"这一幅度词。这是由于在 2018 年监察体制改革以后，原本由人民检察院管辖的贪污、贿赂等职务犯罪案件转为由监察机关管辖，而对于司法工作人员渎职犯罪案件的管辖权，在一般情况下，相较于监察机关，由人民检察院侦查更为便利、更符合法律监督定位等，故而仍将这一类型案件的管辖权保留由人民检察院行使。在特殊情况下，例如监察机关行使管辖权更有利于案件侦破的情况下，也可以由监察机关管辖该类型案件。而对于人民检察院自侦案件的第二种类型，也被称为机动侦查权，主要适用在以下案件：一是公安机关对于国家机关工作人员利

---

① 最高人民检察院工作报告（第十三届全国人民代表大会第四次会议 2021 年 3 月 8 日）. https://www.spp.gov.cn/spp/gzbg/202103/t20210315_512731.shtml.

用职权实施的其他重大犯罪案件有案不立、有罪不究，经人民检察院通知立案仍未依法追究的案件；二是公安机关对国家机关工作人员利用职权实施的其他重大犯罪案件以罚代刑，降格处理，经人民检察院督促后仍不纠正的案件；三是公安机关、人民检察院对于国家机关工作人员的行为是否构成犯罪，认识不一致，而人民检察院认为应当依法追究刑事责任的案件；四是对案件管辖发生争议，而有管辖权的公安机关拒不立案侦查或者长期拖延不予立案侦查的案件；五是因为案件具有某种特殊情况，从维护司法公信力的角度出发，由人民检察院立案侦查更为适宜的案件。

（一）人民检察院在自侦案件中的拘留、逮捕决定权

1. 拘留决定权

人民检察院对直接受理的案件进行侦查的过程中，遇有《刑事诉讼法》第 82 条第 4 项、第 5 项规定的情形，即现行犯或者重大嫌疑分子犯罪后企图自杀、逃跑或者在逃的，以及有毁灭、伪造证据或者串供可能的，可以作出拘留决定，并由公安机关执行。《刑事诉讼法》第 166 条规定，人民检察院对于被作出拘留决定的人，应当在拘留后 24 小时内进行讯问。在发现不应当拘留的时候，必须立刻释放，并发给释放证明。

2. 逮捕决定权

《刑事诉讼法》第 167 条规定：人民检察院对于直接受理案件中被拘留的人，若认为需要逮捕的，应当在 14 日内作出决定。特殊情况下，决定逮捕的时间可以延长 1 日至 3 日。对于不需要逮捕的，应当立即释放。

（二）人民检察院自侦案件侦查终结后的情形

人民检察院直接受理的案件在侦查终结后有三种可能情形：提起公诉、不起诉以及撤销案件。

1. 提起公诉

经过侦查，认为犯罪事实清楚，证据确实充分，足以认定犯罪嫌疑人构成犯罪，依法应当追究刑事责任的，应当作出提起公诉的决定。最高人民检察院《刑诉规则》第 238 条规定，负责侦查的部门应当将起诉意见书，查封、扣押、冻结的犯罪嫌疑人的财物及其孳息、文件清单以及对查封、扣押、冻结的涉案财物的处理意见和其他案卷材料，一并移送本院负责捕诉的部门审查。国家或者集体财产遭受损失的，在提出提起公诉意见的同时，可以提出提起附带民事诉讼的意见。

2. 不起诉

《刑诉规则》第 237 条第 3 款规定，对于犯罪情节轻微，依照我国《刑法》规定不需要判处刑罚或者免除刑罚的案件，应当写出侦查终结报告，并且制作不起诉意见书。

3. 撤销案件

《刑诉规则》第 242 条规定，人民检察院在侦查过程中或者侦查终结后，发现具

有下列情形之一的，负责侦查的部门应当制作拟撤销案件意见书，报请检察长决定：具有《刑事诉讼法》第16条规定情形之一的；没有犯罪事实的，或者依照刑法规定不负刑事责任或者不是犯罪的；虽有犯罪事实，但不是犯罪嫌疑人所为的。

四、补充侦查

补充侦查，是指公安机关或人民检察院依照法定程序，在原有侦查工作的基础上，由于某种原因没有完成案件的侦查任务，或者案件部分事实不清，或者案件部分证据不足，因而重新进行的收集证据的侦查活动。

补充侦查是原有侦查工作的继续，仍属于侦查程序的范畴。补充侦查并不是每一个刑事案件都必经的程序，如果原有侦查工作已达到侦查的目的与要求，就无须再进行补充侦查。

（一）补充侦查的不同阶段与方式

根据《刑事诉讼法》的规定，补充侦查可以发生在各个阶段：审查批捕阶段、审查起诉阶段以及审判阶段。

补充侦查一般可以采取的方式包括退回补充侦查以及自行补充侦查，有时也可以采取补证的方式。需注意的是，上述方式并不是在各个阶段都能适用，每一阶段能适用的补充侦查方式也各不相同。

1. 审查批捕阶段

根据《刑事诉讼法》第90条的规定，人民检察院对于公安机关提请批准逮捕的案件进行审查后，应当根据情况分别作出批准逮捕或者不批准逮捕的决定。对于批准逮捕的决定，公安机关应当立即执行，并且将执行情况及时通知人民检察院。对于不批准逮捕的，人民检察院应当说明理由，需要补充侦查的，应当同时通知公安机关。根据这一规定可知，该阶段的补充侦查决定是附随人民检察院的不批准逮捕决定共同发出的。人民检察院补充侦查的通知应当和不批准逮捕决定书同时作出并送达公安机关。为保证侦查活动的顺利进行，公安机关在补充侦查期间，可以对犯罪嫌疑人取保候审或者监视居住。

2. 审查起诉阶段

《刑事诉讼法》第170条规定，人民检察院对于监察机关移送起诉的案件，依照本法和监察法的有关规定进行审查。人民检察院经审查，认为需要补充核实的，应当退回监察机关补充调查，必要时可以自行补充侦查。《刑事诉讼法》第175条第1款、第2款规定，人民检察院审查案件，可以要求公安机关提供法庭审判所必需的证据材料；认为可能存在《刑事诉讼法》第56条规定的以非法方法收集证据情形的，可以要求其对证据收集的合法性作出说明。人民检察院审查案件，对于需要补充侦查的，可以退回公安机关补充侦查，也可以自行侦查。

需要注意的是，职务犯罪案件自行补充侦查权在行使时要坚持依法规范、必要适度、及时高效的原则。对证人证言、犯罪嫌疑人供述和辩解的内容中主要情节一致，个别情节不一致，或者物证、书证等证据材料需要补充鉴定的，人民检察院可以自行补充侦查；对其他由人民检察院查证更为便利、更有效率、更有利于查清案件事实的情形，人民检察院应事先与监察机关沟通一致后，开展自行补充侦查，并争取监察机关的协同支持。对于可能影响职务犯罪基本事实和性质的认定，或者可能对量刑产生重大影响的问题，需要补充完善证据的，应当商请监察机关补证或者退回补充调查，不应适用自行补充侦查。

在《监察法》出台以及《刑事诉讼法》进行相应修订以后，补充侦查的外延与结构都有了较大幅度的调整，而在职务违法犯罪案件程序中的表述也有所改变，从退回补充侦查变为退回补充调查，这就产生了退回补充调查与退回补充侦查二者之间关系的问题。对于这一问题，《刑事诉讼法》第 108 条第 1 款明确界定了侦查的行使主体，也即对侦查与调查的主体进行了区分，故广义上的补充侦查并不包括退回补充调查。但是，这一外延的不同并不代表退回补充调查与退回补充侦查所处的阶段一样。在人民检察院对案件进行审查并退回补充调查以后，犯罪嫌疑人并不会重新转变为被调查人。这是由于将补充调查包含在审查起诉阶段可以防止相同案件处理流程反复、降低诉讼效率的弊端，且程序之间来回流转也不符合诉讼经济的原则。因此，一旦案件进入刑事诉讼程序范围，《监察法》所规定的调查措施往往就不再适用。根据《监察法》的规定，律师不得参与调查环节，当案件处于移送人民检察院审查起诉阶段时，涉案人员完成从被调查人到犯罪嫌疑人的转变。此时，被调查人有权委托辩护人，辩护人可以会见、阅卷、要求变更强制措施等。

3. 审判阶段

《刑事诉讼法》第 204 条中规定，在法庭审判过程中，遇有下列情形之一，影响审判进行的，可以延期审理：……检察人员发现提起公诉的案件需要补充侦查，提出建议的。《刑诉法解释》第 297 条规定，审判期间，人民法院发现新的事实，可能影响定罪量刑的，或者需要补查补证的，应当通知人民检察院，由其决定是否补充、变更、追加起诉或者补充侦查。

由此可知，该阶段的补充侦查情况有两种：一是人民检察院主动要求进行补充侦查。对这种建议，人民法院可以同意，也可以不同意。二是人民法院可以建议人民检察院进行补充侦查。在 2021 年《刑诉法解释》修改之前，《刑事诉讼法》关于法庭审理阶段的退回补充侦查采用的是人民检察院主导模式，在 2021 年修改以后，根据上述解释第 274 条的规定，“合议庭应当同意”被修改为“合议庭可以同意”，改变了过去“建议延期审理＋人民法院应当同意”的人民检察院主导模式，确立了审判阶段退回补充侦查的人民法院控制模式。

（二）补充侦查的时限性规定

根据《刑事诉讼法》第 175 条第 3 款的规定，对于补充侦查的案件，应当在一个月以内补充侦查完毕。补充侦查以二次为限。补充侦查完毕移送人民检察院后，人民检察院重新计算审查起诉期限。据此可知，单次补充侦查最长时限为 1 个月，且以 2 次为限。对于人民检察院自侦案件以及审判阶段退回人民检察院补充侦查的案件，该时限与次数也适用。

此外，人民检察院对已经退回侦查机关补充侦查两次的案件，在审查起诉中又发现新的犯罪事实的，应当移送侦查机关立案侦查，对已经查清的犯罪事实，应当依法提起公诉。《刑诉规则》第350条规定，对于在审查起诉期间改变管辖的案件，改变后的人民检察院对于符合《刑事诉讼法》第175条第2款规定的案件，可以经原受理案件的人民检察院协助，直接退回原侦查案件的公安机关补充侦查，也可以自行侦查。改变管辖前后退回补充侦查的次数总共不得超过二次。《刑诉规则》第367条规定，人民检察院对于二次退回补充调查或者补充侦查的案件，仍然认为证据不足，不符合起诉条件的，经检察长批准，依法作出不起诉决定。人民检察院对于经过一次退回补充调查或者补充侦查的案件，认为证据不足，不符合起诉条件，且没有再次退回补充调查或者补充侦查必要的，经检察长批准，可以作出不起诉决定。

五、侦查终结

（一）侦查终结的概念与意义

侦查终结，是指侦查机关对于由自己立案侦查的案件，经过一系列的侦查活动，认为案件事实已查清，证据确实充分，足以认定犯罪嫌疑人是否犯罪和应否对其追究刑事责任而决定结束侦查，依法对案件作出相应处理或提出处理意见的诉讼活动。

侦查终结是侦查程序的必经阶段。它要求侦查机关根据已收集的证据进行审查判断，确定犯罪嫌疑人是否有罪并向人民检察院提出起诉意见或者撤销案件的决定。侦查终结的相关工作，对于及时准确地打击犯罪以及保护无罪之人不受刑事责任追究具有重要意义。

（二）侦查终结的条件

《刑事诉讼法》第162条规定，公安机关侦查终结的案件，应当做到犯罪事实清楚，证据确实、充分，并且写出起诉意见书，连同案卷材料、证据一并移送同级人民检察院审查决定；同时将案件移送情况告知犯罪嫌疑人及其辩护律师。如果是人民检察院自侦的案件，则由负责侦查的部门移送给负责捕诉的部门。据此，侦查终结必须具备下列3个条件。

1. 案件事实清楚

案件事实清楚，包括犯罪嫌疑人有罪或者无罪，罪重或罪轻的事实和情节。如果犯罪嫌疑人确有犯罪行为，则应当查清有关犯罪的时间、地点、动机、目的、行为手段、情节、行为过程、行为结果以及是否有遗漏罪行和其他应当追究刑事责任的人等；有关犯罪线索也应全部查清。

2. 证据确实、充分

《刑事诉讼法》第55条第2款规定，证据确实、充分，应当符合以下条件：(1) 定罪量刑的事实都有证据证明；(2) 据以定案的证据均经法定程序查证属实；(3) 综合全案证据，对所认定事实已排除合理怀疑。具体而言，这是指证据材料经过反复核对无误，证据之间能够互相印证，并形成一个完整的证明体系，足以排除各种证据疑点，确认犯罪嫌疑人有罪还是无罪，罪重还是罪轻。

3. 法律手续完备

侦查机关进行各项侦查活动都必须有相应的法律手续，各类诉讼文书应保证齐全，如拘留证、逮捕证等。此外，进行各项侦查活动必须符合法律规定的要求，如辨认活动应单独进行，讯问笔录要有被讯问人和侦查人员签名等。

(三) 侦查终结案件的处理情形

侦查终结的案件，根据案件的不同情况，作出移送起诉或者撤销案件的决定。

第二节　侦查取证的重点问题

一、讯问、询问

(一) 讯问犯罪嫌疑人

1. 讯问的概念和特征

讯问犯罪嫌疑人，指侦查人员为了查明案件事实及与案件有关的问题，依照法定程序，以言词方式向犯罪嫌疑人提出问题并要求其如实回答的一种侦查活动。

讯问犯罪嫌疑人有利于侦查人员收集核实证据，查明案件事实，保证案件质量。具体而言，通过讯问犯罪嫌疑人可以取得有价值的口供，核查侦查中收集的证据，查明犯罪的动机、目的、经过等案件事实；了解有无遗漏罪行和其他应当追究刑事责任的人，获得进一步侦查的线索，全面查清事实；为犯罪嫌疑人提供了陈述申辩的机会，有利于其坦白罪行获得宽大处理。如果犯罪行为并非犯罪嫌疑人所为，则其会为自己作无罪辩解，这有利于侦查机关重新审视案件，及时发现可能存在的疏漏，保证案件质量。

2. 程序性规定

根据《刑事诉讼法》第 118 条至第 123 条、《刑诉规则》第 182 条至第 190 条和公安部《公安机关办理刑事案件程序规定》(以下简称《公安程序规定》) 第 198 条至第 209 条等，讯问犯罪嫌疑人的程序如下。

第一，讯问的人员及人数不得少于 2 人。《刑事诉讼法》第 118 条第 1 款规定，讯问犯罪嫌疑人必须由人民检察院或者公安机关的侦查人员负责进行。讯问的时候，侦查人员不得少于二人。

第二，讯问时一般需要保证犯罪嫌疑人的饮食和必要的休息时间。《刑事诉讼法》第 119 条第 3 款规定，不得以连续传唤、拘传的形式变相拘禁犯罪嫌疑人。传唤、拘传犯罪嫌疑人，应当保证犯罪嫌疑人的饮食和必要的休息时间。

第三，对被羁押的犯罪嫌疑人进行讯问的地点一般应当在看守所，对未被羁押的犯罪嫌疑人进行讯问应当出示证件等。《刑事诉讼法》第 118 条第 2 款规定，犯罪嫌疑人被送交看守所羁押以后，侦查人员对其进行讯问，应当在看守所内进行。第 119 条第 1 款规定，对不需要逮捕、拘留的犯罪嫌疑人，可以传唤到犯罪嫌疑人所在市、县内的指定地点或者到他的住处进行讯问，但是应当出示人民检察院或者公安机关的证明文件。对在现场发现的犯罪嫌疑人，经出示工作证件，可以口头传唤，但应当在讯问笔录中注明。

第四，侦查人员讯问犯罪嫌疑人的内容仅限于与本案有关的问题，且应当注意讯问的次序。《刑事诉讼法》第 120 条第 1 款规定，侦查人员在讯问犯罪嫌疑人的时候，应当首先讯问犯罪嫌疑人是否有犯罪行为，让其陈述有罪的情节或者无罪的辩解，然后向其提出问题。犯罪嫌疑人对侦查人员的提问，应当如实回答。但是对与本案无关的问题，有拒绝回答的权利。

这里涉及我国认罪认罚从宽制度相关适用问题。《刑事诉讼法》第 120 条和《关于适用认罪认罚从宽制度的指导意见》第 22 条至第 25 条规定，侦查人员在讯问犯罪嫌疑人的时候，应当告知犯罪嫌疑人享有的诉讼权利，告知如实供述自己罪行可以从宽处理和认罪认罚的法律规定。对在非讯问时间、办案人员不在场情况下，犯罪嫌疑人向看守所工作人员或者辩护人、值班律师表示愿意认罪认罚的，有关人员应当及时告知办案单位。需要注意的是，公安机关在侦查阶段应当同步开展认罪教育而非认罚教育工作，不得强迫犯罪嫌疑人认罪，不得作出具体的从宽承诺。犯罪嫌疑人自愿认罪，愿意接受司法机关处罚的，应当记录在案并附卷。

第五，对于特殊的犯罪嫌疑人，在讯问时应当予以特殊对待。《刑事诉讼法》第 9 条、第 121 条、第 281 条等规定，对于不通晓当地通用语言文字的犯罪嫌疑人，在讯问时应当为其翻译。对于未成年犯罪嫌疑人，在讯问时应当通知未成年犯罪嫌疑人的法定代理人到场。无法通知、法定代理人不能到场或者法定代理人是共犯的，也可以通知未成年犯罪嫌疑人的其他成年亲属，所在学校、单位、居住地基层组织或者未成年人保护组织的代表到场，并将有关情况记录在案。在场的法定代理人可以代为行使未成年犯罪嫌疑人的诉讼权利。到场的法定代理人或者其他人员提出办案人员在讯问中侵犯未成年人合法权益的，公安机关应当认真核查，依法处理。讯问女性未成年犯罪嫌疑人，应当有女工作人员在场。讯问聋、哑犯罪嫌疑人时，应当有通晓聋、哑手势的人参加，为他们翻译，并在讯问笔录上注明；讯问不通晓当地语言文字的人，应当为他们提供翻译人员。

第六，在一些细节问题中，侦查人员不得违反法律的相关规定。例如，保证相关录音录像的完整性；做好相应的书面讯问笔录；告知犯罪嫌疑人相关的诉讼权利等。《刑事诉讼法》第 122 条规定，讯问笔录应当交犯罪嫌疑人核对，对于没有阅读能力的，应当向他宣读。如果记载有遗漏或者差错，犯罪嫌疑人可以提出补充或者改正。犯罪嫌疑人承认笔录没有错误后，应当签名或者盖章。侦查人员也应当在笔录上签名。犯罪嫌疑人请求自行书写供述的，应当准许。必要的时候，侦查人员也可以要犯罪嫌疑人亲笔书写供词。《刑事诉讼法》第 123 条规定，侦查人员在讯问犯罪嫌疑人的时候，可以对讯问过程进行录音或者录像；对于可能判处无期徒刑、死刑的案件或者其他重大犯罪案件，应当对讯问过程进行录音或者录像。录音或者录像应当全程进行，保持完整性。

（二）询问证人、被害人

1. 询问证人、被害人的概念和特征

询问证人和被害人，是指侦查人员依照法定程序以言词方式，就案件有关情况向证人和被害人进行调查了解的一种侦查活动。

凡是知道案件情况的人，都有作证的义务，但生理上、精神上有缺陷或者年幼，不能辨别是非、不能正确表达的人不得作为证人。证人证言是各种诉讼活动中运用最广泛的一种证据形式。证人能够向司法机关提供有关案件的情况；司法机关可以通过询问证人获得犯罪嫌疑人的相关信息，包括犯罪嫌疑人的特征、犯罪嫌疑人的逃跑地点等。在案件证据尚不充分时，证人证言可以帮助侦查人员有效判断、核实相关情况从而准确地查明案件事实。影响证人证言可信性的因素有两个：一是证人对案件事实是否有准确认知和清晰表达能力，二是证人是否愿意如实陈述案件事实。

通过询问被害人可以获得被害人陈述。被害人是案件的亲历者，对案件事实的掌握最全面清晰，因而对侦查机关了解犯罪事实有着不可或缺的作用。

2. 程序性规定

根据《刑事诉讼法》第 124 条至第 127 条、《刑诉规则》第 191 条至第 195 条和《公安程序规定》第 210 条至第 212 条等，询问证人、被害人的程序如下。

第一，询问证人的地点是多样化的，但一定情况下需要出示工作证件。《刑事诉讼法》第 124 条第 1 款规定，侦查人员询问证人，可以在现场进行，也可以到证人所在单位、住处或者证人提出的地点进行，在必要的时候，可以通知证人到人民检察院或者公安机关提供证言。在现场询问证人，应当出示工作证件，到证人所在单位、住处或者证人提出的地点询问证人，应当出示人民检察院或者公安机关的证明文件。

第二，询问证人时应当单独进行，不能采取开座谈会的方式或集体讨论的方式进行，以免相互串通或互相影响，失去了证据的价值。《刑事诉讼法》第 124 条第 2 款规定，询问证人应当个别进行。

第三，询问证人时需要告知其相应的法律责任。《刑事诉讼法》第 125 条规定，询问证人，应当告知他应当如实地提供证据、证言和有意作伪证或者隐匿罪证要负的法律责任。

第四，询问证人时也应当注意一些细节问题。例如，询问笔录应当交证人核对，对没有阅读能力的，应当向其宣读。如果记载有差错或者遗漏，证人可以提出修改或者补充。证人认为笔录是其所述的，应当签名或者盖章。侦查人员也应在上面签名。经过法定程序询问之后，证人如果请求自行书写证言的，应当允许等。

第五，询问被害人适用询问证人的各条规定。司法实践中，询问被害人是一种比较常见的侦查手段，在询问时需特别注意防止对被害人的二次伤害。例如在涉及个人隐私的案件中，对被害人的调查次数不加限制、重复调查过多、不注意询问环境、询问方式粗暴、不注意对被害人隐私的保密等，这些行为都可能使被害人在履行作证义务时进一步遭受精神上的伤害，特别是在强奸罪、强制猥亵罪等案件中要注意上述问题，把握好询问的方式方法。

二、搜查、查封、扣押、冻结

（一）搜查

1. 搜查的概念和特征

搜查是侦查人员为搜集犯罪证据、查获犯罪嫌疑人，对犯罪嫌疑人及其他人员的身体、物品、住处和其他有关场所进行的侦查活动。任何单位和个人，有义务按照人民检察院和公安机关等的要求，提供可以证明犯罪嫌疑人有罪或者无罪的物证、书证、视听资料等证据。

对于拒不交出的，侦查机关有权决定搜查，同时该行为还可能涉及窝藏罪。因此，凡是可能隐藏罪犯或者犯罪证据的人的身体、物品、住处和其他有关的地方，侦查机关都可以进行搜查。正确地进行搜查，对于收集证据、查获犯罪人，具有十分重要的意义。

2. 程序性规定

《刑事诉讼法》第 136 条至第 140 条等，对搜查程序作了规定。凡在刑事诉讼中进行搜查行为的，都应严格遵守上述规定。

第一，搜查的地点是特殊的。《刑事诉讼法》第 136 条规定，为了收集犯罪证据、查获犯罪人，侦查人员可以对犯罪嫌疑人以及可能隐藏罪犯或者犯罪证据的人的身体、物品、住处和其他有关的地方进行搜查。

第二，被搜查的相关个人和单位应当积极配合侦查人员工作。《刑事诉讼法》第 137 条规定，任何单位和个人，有义务按照人民检察院和公安机关的要求，交出可以证明犯罪嫌疑人有罪或者无罪的物证、书证、视听资料等证据。

第三，搜查时一般需要出具搜查证。《刑事诉讼法》第 138 条第 1 款规定，进行搜查，必须向被搜查人出示搜查证。《刑事诉讼法》第 138 条第 2 款规定，在执行逮捕、拘留的时候，遇有紧急情况，不另用搜查证也可以进行搜查。

司法实践中存在一些不文明、不规范搜查的情况。首先，在司法实践中存在一人搜查时无见证人在场、未制作搜查笔录或搜查笔录不符合法定规范、暴力搜查等问题。其次，搜查的范围界定模糊，对于《刑事诉讼法》第 141 条中证明犯罪嫌疑人有罪或者无罪的各种物品和文件的判断，侦查人员的自由裁量权很大，容易侵犯公民的合法权益。例如，实践中个别搜查证将搜查范围界定为某某的住处及有关地方，或未对搜查时间进行限制。最后，搜查后对于扣押的财物有时管理不当，存在擅自使用、处置等乱象。

第四，搜查过程中应当有见证人参与。《刑事诉讼法》第 139 条规定，在搜查的时候，应当有被搜查人或者他的家属，邻居或者其他见证人在场。

第五，需要注意一些搜查的细节问题。例如搜查妇女身体时由女性工作人员进行；做好相应的搜查笔录，如果被搜查人或者他的家属在逃或者拒绝签名、盖章，应当在笔录上注明。

值得注意的是，司法实践中，搜查措施在侦破案件的过程中适用率极高，例如在常见侵财案件和人身伤害案件中大多需要通过搜查发现赃物、作案工具、案件线索等。侦查机关在立案后可以根据侦破案情的需要决定是否进行搜查，搜查的决定权和执行权完全由侦查机关自行掌握。

（二）查封、扣押、冻结

1. 查封、扣押、冻结的概念和特征

查封、扣押，是指侦查人员在侦查活动中，发现能够证明犯罪嫌疑人有罪或者无罪的各种财物和文件，依法予以查封或扣押的行为。在侦查实践中，查封往往针对的是不动产，而扣押往往针对的是动产。冻结，是指侦查机关根据侦查犯罪的需要而依法向金融机构、证券公司、邮电机关或企业查询犯罪嫌疑人的存款、汇款、债券、股票、基金份额等财产，并在必要时予以冻结的一种侦查活动。

2. 程序性规定

《刑事诉讼法》第 141 条至第 145 条等，对查封、扣押、冻结程序作了规定。

第一，需要查封、扣押的物证、书证应当是与案件相关，能够证明犯罪嫌疑人有罪或无罪的物品。《刑事诉讼法》第 141 条规定，在侦查活动中发现的可用以证明犯罪嫌疑人有罪或者无罪的各种财物、文件，应当查封、扣押；与案件无关的财物、文件，不得查封、扣押。

司法实践中，有时侦查机关在认定涉案财物时未根据犯罪性质进行区分而粗略界定财物范围，例如在办理侵财类案件时，侦查机关查封犯罪嫌疑人名下所有资产。在办理可能涉及单位犯罪的案件时，在可以区分单位、自然人犯罪的情况下不加区分地查封相关财产。实际上，对大部分需要采取查封、扣押、冻结手段的案件而言，是否超范围、超数额都有一个基本的参照体系，要注意犯罪数额和查封、扣押、冻结数额之间的关系。如果查明犯罪嫌疑人盗窃的金额为 10 万元，则不宜轻易对其 100 万元的账户进行冻结；如果查明犯罪嫌疑人非法集资的金额是 1 000 万元，就不宜对其价值 1 亿元的房产进行查封。侦查人员应当严格遵守比例原则，根据查明的事实和证据决定查封、扣押、冻结的范围，满足部分查封要求的，不应对其整体查封。查封的同时可以满足合理使用要求的，不应限制其合理使用。特别注意冻结存款金额一般不应超过涉案金额，可以根据具体情况采取固定金额冻结、最高额冻结、只收不付冻结等方式。

第二，查封、扣押时应当有见证人在场，并做好查封、扣押物品的详细清单。《刑事诉讼法》第 142 条规定，对查封、扣押的财物、文件，应当会同在场见证人和被查封、扣押财物、文件持有人查点清楚，当场开列清单一式二份，由侦查人员、见证人和持有人签名或者盖章，一份交给持有人，另一份附卷备查。

第三，查封、扣押的与案件无关的物品应当退还。《刑事诉讼法》第 145 条规定，对查封、扣押的财物、文件、邮件、电报，经查明确实与案件无关的，应当在3日以内解除查封、扣押，予以退还。

尽管查封、扣押、冻结当事人的财产有利于尽快侦破案件，但通过在案证据证明不应继续查封、扣押、冻结时，实践中也存在不及时解除查封、扣押、冻结措施的情况。例如，面对已终止侦查、决定撤销案件等情形，侦查人员仍对犯罪嫌疑人的财产继续采取查封、扣押、冻结措施，或者相关当事人申请解除查封、扣押、冻结，经查明相关财产确实与案件无关的，却仍继续查封、扣押、冻结。上述不当做法应当引起办案人员的重视，应切实保护当事人的合法权益。

第四，特定物品的查封、扣押方式是有所不同的。《公安程序规定》第231条规定，对作为犯罪证据但不便提取的财物、文件，经登记、拍照或者录像、估价后，可以交财物、文件持有人保管或者封存，并且开具登记保存清单一式两份，由侦查人员、持有人和见证人签名，一份交给财物、文件持有人，另一份连同照片或者录像资料附卷备查。财物、文件持有人应当妥善保管，不得转移、变卖、毁损。

第五，查封、扣押财物及其孳息、文件，要妥善保管，不得使用、毁坏或丢弃，但特殊物品保管方式也有所不同。《公安程序规定》第236条规定，对于易损毁、灭失、腐烂、变质而不宜长期保存，或者难以保管的物品，经县级以上公安机关主要负责人批准，可以在拍照或者录音录像后委托有关部门变卖、拍卖，变卖、拍卖的价款暂予保存，待诉讼终结后一并处理。对违禁品，应当依照国家有关规定处理；对于需要作为证据使用的，应当在诉讼终结后处理。

第六，对于邮件、电报、存款、汇款、债券、股票、基金份额等也可以查封、扣押、冻结。《刑事诉讼法》第143条第1款规定，侦查人员认为需要扣押犯罪嫌疑人的邮件、电报的时候，经公安机关或者人民检察院批准，即可通知邮电机关将有关的邮件、电报检交扣押。《刑事诉讼法》第144条第1款规定，人民检察院、公安机关根据侦查犯罪的需要，可以依照规定查询、冻结犯罪嫌疑人的存款、汇款、债券、股票、基金份额等财产。有关单位和个人应当配合。根据《公安程序规定》第242条的规定，犯罪嫌疑人的财产已被冻结的，不得重复冻结，但可以轮候冻结。采用查询、冻结这种侦查行为应当经过一定的审批手续，并应当填写查询犯罪嫌疑人存款通知书、协助查询存款通知书和查询犯罪嫌疑人汇款通知书，通知有关的金融机构、邮电机关执行。

三、技术侦查

（一）技术侦查的概念和特征

随着现代科技的革新与迅猛发展，犯罪活动日益呈现科技化、隐蔽化和复杂化的趋势，传统侦查方式有时难以应对层出不穷的新型犯罪形式，技术侦查措施应运而生。然而，技术侦查措施虽然克服了传统侦查手段中的短板弱项，但同时其与个人隐私之间存在的矛盾冲突问题也值得注意。技术侦查这一概念并非《刑事诉讼法》首创，在《国家安全法》和《人民警察法》中就有简单的授权性规定，虽然在这两部法律中的称谓是技术侦察，但从具体含义来看与技术侦查大抵无异。2012 年《刑事诉讼法》修订后，技术侦查作为法定的侦查措施第一次出现在我国刑事诉讼法律体系中。

技术侦查措施，是指侦查机关为了侦破特定的刑事案件，在相对人知情则难以开展或者无法完成侦破的情况下，根据国家有关法律的规定，经过严格的审批程序，而以隐藏或欺骗方式实施的非强制性侦查活动。技术性，是指技术侦查之所以不同于传统侦查方法，就在于它借助科技设备增强了侦查主体的感官能力。传统的侦查行为，例如讯问犯罪嫌疑人、询问证人和被害人等，不需要太高的科学技术辅助，而技术侦查最主要的特征就在于科技性，即技术侦查主要运用一定的科技手段进行侦查，以高科技为依托，运用先进的技术装备和现代科技手段实现侦查目的，比如，电话监听、电子追踪、电子监控、秘密拍照、录像、红外热成像等。技术侦查还是秘密性的，主要表现为侦查人员在采取技术侦查措施对犯罪嫌疑人进行取证时，无须征得对方的同意，其往往是在犯罪嫌疑人毫无所知的情况下进行的。当然，因其秘密性，故容易产生侵害公民权益的消极后果。以监听为例，一方面，侦查机关可以通过监听获得特定的犯罪信息，有利于打击犯罪；另一方面，这也极容易侵害被监听者甚至无关第三人的隐私权。

（二）程序性规定

“技术侦查措施”作为《刑事诉讼法》中“侦查”一章下单独设立的一节，主要包含第 150 条至第 154 条共 5 条规定。根据《刑事诉讼法》的规定及相关解释，技术侦查措施主要包括以下三类：第一类是监控类侦查措施，第二类是隐匿身份侦查措施，第三类是控制下交付。

第一，技术侦查措施的实施原则。《刑事诉讼法》第 150 条规定了技术侦查措施的实施原则，严格限定了技术侦查措施的实施主体是公安机关和人民检察院，适用范围是危害国家安全犯罪、恐怖活动犯罪、黑社会性质的组织犯罪、重大毒品犯罪或者其他严重危害社会的犯罪案件或利用职权实施的严重侵犯公民人身权利的重大犯罪案件，启动方式是立案后。其根据侦查犯罪的需要，经过严格的批准手续才可被采取适用。此外，监察机关进行监察调查时，也可以采用技术调查措施。

技术侦查作为一种秘密性的强有力侦查手段，需要严格规制其适用范围和监督程序。《刑事诉讼法》第 150 条第 1 款规定了采取技术侦查的案件适用范围为危害国家安全犯罪、恐怖活动犯罪、黑社会性质的组织犯罪、重大毒品犯罪或者其他严重危害社会的犯罪案件。需要注意的是，其他严重危害社会的犯罪案件作为兜底性条款，若没有相关解释明确界定其严重程度，容易造成技术侦查措施滥用的风险。

从司法实践来看，虽然在层级上，地级市以上的公安机关才拥有技术侦查的权力，但技术侦查在具体的实施中仍然存在一定任意性。部分案件中，只要侦查机关认为有侦查犯罪的需要即可采取技术侦查措施，而且在适用对象上有时比较宽泛。加之，为了侦破案件，尤其是那些时间紧、任务重、有较大社会危险性的犯罪案件，相较于其他传统侦查手段，侦查机关更倾向于采用技术侦查，但内部偏向性和监督效力不足问题，可能导致技术侦查措施的滥用。

第二，技术侦查措施决定的期限。《刑事诉讼法》第 151 条规定了技术侦查措施决定的期限为批准决定自签发之日起 3 个月以内有效，对于不需要继续采取技术侦查措施的，应当及时解除；对于复杂、疑难案件，期限届满仍有必要继续采取技术侦查措施的，经过批准，有效期可以延长，每次不得超过 3 个月。

第三，技术侦查措施的实施要求。《刑事诉讼法》第 152 条规定了技术侦查措施的实施要求，即必须严格按照批准的措施种类、适用对象和期限执行。侦查人员对采取技术侦查措施获取的材料仅用于对犯罪的侦查、起诉和审判，不得用于其他用途；过程中知悉的国家秘密、商业秘密和个人隐私，应当保密；获取的与案件无关的材料，必须及时销毁。此外，公安机关依法采取技术侦查措施，有关单位和个人应当配合，并对有关情况予以保密。

第四，秘密侦查的适用原则。《刑事诉讼法》第 153 条规定了有关秘密侦查的适用原则，要求有关人员隐匿其身份实施侦查时不得诱使他人犯罪，不得采用可能危害公共安全或者发生重大人身危险的方法，且需要经公安机关负责人决定。对涉及给付毒品等违禁品或者财物的犯罪活动，公安机关根据侦查犯罪的需要，可以依照规定实施控制下交付。

第五，技术侦查措施取得证据的适用原则。《刑事诉讼法》第 154 条规定了技术侦查措施取得证据的适用原则：依照本节规定采取侦查措施收集的材料在刑事诉讼中可以作为证据使用。如果使用该证据可能危及有关人员的人身安全，或者可能产生其他严重后果的，应当采取不暴露有关人员身份、技术方法等保护措施，必要的时候，可以由审判人员在庭外对证据进行核实。需要注意的是，《刑事诉讼法》关于技术侦查措施获取的证据如何在庭审中举证、质证的规定不足。《刑事诉讼法》规定了八类法定证据的形式，技术侦查获取的证据实际上以电子数据的形式出现，但采用时往往又不归于此类，有时需要进行证据转化才能作为定案的依据。

四、电子证据

（一）电子证据的概念和特征

随着互联网技术的发展，留存于互联网的大量电子信息数据与司法工作结合，产生了大量能够广泛运用于诉讼的电子证据。电子证据的出现弥补和完善了传统证据无法满足当前科技社会快速发展的实践需求，但同时也给传统证据规则的更新与实践带来了挑战。

电子证据，又称电子数据证据或电子数据，是指由电子信息技术应用而出现的各种能够证明案件真实情况的材料及其派生物。根据最高人民法院、最高人民检察院、公安部《关于办理刑事案件收集提取和审查判断电子数据若干问题的规定》的相关规定，电子数据是案件发生过程中形成的，以数字化形式存储、处理、传输的，能够证明案件事实的数据。其包括但不限于下列信息、电子文件：网页、微博等网络平台发布的信息；手机短信、电子邮件等网络应用服务的通讯信息；身份认证、网络注册等信息以及图片、音频、计算机电子文件等。其具有以下特征。

第一，电子证据的表现形式。电子证据与传统证据相比，其表现形式具有多样性。计算机或者其他电子设备表现出的信息内容往往不是单一的数据、图像或声音，而是数据、声音、图像、图形、动画、文本的结合。这种以多媒体形式存在的电子证据使电子证据更加具有综合性和多样性特点，它不仅可以直接在计算机上显示，还可以扫描、打印或者冲洗出来。

第二，电子证据的证据属性。电子证据表现形式的多样化，也使其具有视听资料、书证、物证等多重证据属性。电子证据的视听资料属性，是指电子证据能够通过计算机输出的画面、声音来证明案件事实；电子证据的书证属性，是指电子证据能够通过计算机输出的文字、数字及符号的内容来证明案件的事实；电子证据的物证属性，是指电子证据能够以其被存储的位置、方式以及载体的外观来证明案件事实。电子证据属性的多样性要求侦查人员在搜集电子证据时，要注意电子证据的不同证据意义和价值，并据此采取相对应的和合适的证据固定方式。

第三，电子证据的储存介质。电子证据是以电子形式存储在各种电子设备上的，它以光、电、磁形式存在，不像传统证据那样能被人直接看到、听到、接触到。电子证据是以二进制码，即 0 或 1 数字编码的形式存在的，人们是看不到其运行过程和形式的，人们要读取、收集、取证，审查、判断时要借助一定的技术手段或电子设备。由于电子证据离不开磁带、芯片、软盘、移动硬盘、光盘、U 盘等存储介质，因此电子数据具有依赖存储介质的特性，这就使得取证人员在收集电子证据时，一般应当同时保存相应的软硬件设备。

第四，电子证据的脆弱性。电子证据的脆弱性体现在其容易被删除、修改、损毁以及灭失。传统的书证以纸张、布帛及其他可以记载的物质为载体，传统的物证主要借助于各种物质，传统证人证言主要靠人的记忆，而电子证据是以数据或信息的形式表现的，是非连续的。由于对计算机等电子数字设备的依赖性，电子证据在形成、传输环节容易被破坏，这很可能会使电子证据遭到破坏，无法反映真实情况。这就要求取证人员在收集和固定电子证据时注意取证的及时性、现场记录和存放形式等，以保障电子证据的真实性和完整性。

（二）程序性规定

目前，《刑事诉讼法》和《民事诉讼法》将电子数据明确列为法定证据种类之一，《行政诉讼法》第 33 条也将电子数据作为新的证据种类，也就是说，三大诉讼法在立法上均已经确立了电子证据的法律地位。《关于办理刑事案件收集提取和审查判断电子数据若干问题的规定》等相关司法解释的出台也完善和补充了电子数据在诉讼活动中的应用规制。需要注意的是，目前我国电子证据的立法脉络与其他专门立法体系相似，整体呈现以三大诉讼法为基础、以其他各项证据法规为补充的电子证据体系。但深入分析可以发现，效力较高的基本法和行政法规多为指导性规定，在具体实践中缺乏司法裁判和执法依据的衡量标准；而位阶较低的地方性法规、部门规章可能局限于某一地区或部门，具有浓厚的地方性色彩，缺乏全国统一的标准，这就导致了侦查机关、司法机关只能在实践中不断摸索。对电子证据的认定缺乏体系化、统一化的标准，这需要在立法层面完善电子证据的立法体系化。

《关于办理刑事案件收集提取和审查判断电子数据若干问题的规定》第 7 条规定，收集、提取电子数据，应当由二名以上侦查人员进行。取证方法应当符合相关技术标准。收集作为证据适用的电子数据，要采取部分措施以保证收集、提取的电子数据的完整性。收集、提取电子数据，能够扣押电子数据原始存储介质的，应当扣押、封存原始存储介质，并制作笔录，记录原始存储介质的封存状态。由侦查人员、原始存储介质持有人签名或者盖章；持有人无法签名或者拒绝签名的，应当在笔录中注明，由见证人签名或者盖章。有条件的，侦查人员应对相关活动进行录像。

《刑诉法解释》第 110 条至第 112 条明确了电子数据的审查程序应当着重电子数据的真实性、完整性和合法性；第 113 条规定了电子证据的补正情形。电子数据的收集、提取程序有下列瑕疵，经补正或者作出合理解释的，可以采用；不能补正或者作出合理解释的，不得作为定案的根据：（1）未以封存状态移送的；（2）笔录或者清单上没有调查人员或者侦查人员、电子数据持有人、提供人、见证人签名或者盖章的；（3）对电子数据的名称、类别、格式等注明不清的；（4）有其他瑕疵的。第 114 条规定了电子证据的排除情形。电子数据具有下列情形之一的，不得作为定案的根据：（1）系篡改、伪造或者无法确定真伪的；（2）有增加、删除、修改等情形，影响电子数据真实性的；（3）其他无法保证电子数据真实性的情形。

在司法实践中，鉴于电子证据脆弱性的特征，电子证据的鉴定是司法实践中的重要议题之一。电子数据司法鉴定主要涉及交叉学科和技术实现两个方面，它既是法庭科学鉴定的一种，需要借助法学和信息学的知识，又对司法鉴定在技术上提出了要求，需要关注电子数据自身特性带来的鉴定难题。在司法实践中，面对电子数据司法鉴定的研究和立法，需要对电子证据鉴定人员资质认定标准、电子证据鉴定规范、电子证据鉴定工具标准等多方面进行完善。同时，电子证据给办案技术人员的电子证据审查能力和出庭庭审应对能力带来挑战。司法实践中的电子证据多为音频、视频、电子邮件、社交媒体文件等复杂的、分散的、重复冗余的材料，在这种情况下若运用传统的数据处理技术进行有效电子证据的筛选，会导致电子证据审查的效率比较低下。面对海量的电子证据，仅靠法学知识是无法对电子证据进行有效的筛选、处理与分析的，这就需要拥有多学科背景特别是计算机基础以及大数据应用知识的技术人员的支持。与此同时，电子证据的审查与质证给办案人员的庭审应对能力也带来全新挑战，有时办案人员庭审中难以较好阐述与说明案件中涉及电子数据的专业问题，常常需要技术人员作为鉴定人或有专门知识的人出庭作证。

五、鉴定

（一）鉴定的概念和特征

鉴定，是指受侦查机关指派或者聘请的人，运用自己的专门知识或者技能对刑事案件中专门性问题，即对人身、尸体、生物检材、痕迹、文件、视听资料、电子数据及其他相关物品、物质等进行检验、鉴别、分析和判断并得出书面鉴定意见的侦查活动。

鉴定人应当具有专门知识或技能，受侦查机关的指派或者聘请且与案件无利害关系。侦查机关常用的专门性鉴定包括法医类鉴定、物证类鉴定、声像资料鉴定、环境损害司法鉴定、司法会计鉴定和一般技术鉴定。鉴定作为一种科学证明手段，具有核实、生成证据的功能，可以辨明证据的真伪，经过鉴定的证据其真实性和可靠性也得到了提高，很多争议事实通过鉴定得以还原，有利于澄清事实争议。需要注意的是，司法鉴定是依据科学原理和运用科学方法的科学认识活动，鉴定意见能作为证据也是因为其具有科学性，但有时其也并非确定无误，要避免陷入盲目相信鉴定意见的误区。鉴定技术并非完全可靠，法庭科学或证据的运用可能也尚未证实其有效性和可靠性。在采纳鉴定意见时不仅要考虑鉴定原理和鉴定方法的有效性，还需要考虑运用这些原理和方法进行推论的可靠性，加以审慎审查。

（二）程序性规定

根据《刑事诉讼法》第 146 条至第 149 条、《刑诉规则》第 218 条至第 222 条和《公安程序规定》第 248 条至第 257 条等，鉴定的程序规定如下。

第一，鉴定的启动。为了查明案情，解决案件中某些专门性问题，可以指派、聘请有专门知识的人进行鉴定。人民检察院或公安机关应当为鉴定人进行鉴定提供必要的条件，及时向鉴定人送交有关检材和对比样本等原始材料，介绍与鉴定有关的情况，并且明确提出要求鉴定解决的问题。但禁止暗示或者强迫鉴定人作出某种鉴定意见。

第二，鉴定的程序和要求。鉴定人应当按照鉴定规则，运用科学方法独立进行鉴定。鉴定人进行鉴定后，应当写出鉴定意见，并且签名，同时附上鉴定机构和鉴定人的资质证明或者其他证明文件。多人参加鉴定，鉴定人有不同意见的，应当注明。鉴定人故意作虚假鉴定的，应当承担法律责任。

第三，鉴定的审查。对于鉴定意见，侦查人员应当进行审查，必要时可以进行补充鉴定或者重新鉴定。重新鉴定的，应当另行指派或者聘请鉴定人。

第四，鉴定意见的告知及异议。侦查机关应当将用作证据的鉴定意见告知犯罪嫌疑人、被害人。如果被害人死亡或者没有诉讼行为能力的，应当告知其法定代理人、近亲属或诉讼代理人。犯罪嫌疑人、被害人或被害人的法定代理人、近亲属、诉讼代理人提出申请，可以补充鉴定或者重新鉴定。

第五，精神病鉴定的期间。对犯罪嫌疑人作精神病鉴定的期间不计入办案期限。

我国司法鉴定的主要范围一般包括：

第一，法医类鉴定，包括法医病理鉴定、法医临床鉴定、法医精神病鉴定（对与案件有关人的精神状况、责任能力进行鉴别，用以确定犯罪嫌疑人、被害人的精神状态，确定犯罪嫌疑人实施行为时，是否有辨别是非的能力，以及被害人精神损害的程度等）、法医物证鉴定（对与案件有关的尸体、人身、毛发、分泌物、胃内物质进行分析、鉴别，用以确定死亡时间、致死原因、伤害情况、犯罪工具情况、血型、精斑类型、胃内物质的成分）和法医毒物鉴定。

第二，物证类鉴定，包括文书鉴定、痕迹鉴定（对指纹、唇纹、齿纹、笔迹、弹痕、车辆痕等进行鉴别、分析，用以确定它与案件中的痕迹是否同一）和微量鉴定（运用物理学、化学、医学等原理，对案件有关物品、痕迹进行鉴别、分析，用以确定物品的成分、性能等，查明案件有关事实情况）。

第三，声像资料鉴定，包括对录音带、录像带、磁盘、光盘、图片等载体上记录的声音、图像信息的真实性、完整性及其所反映的情况过程进行的鉴定和对记录的声音、图像中的语言、人体、物体作出种类或者同一认定。

第四，环境损害司法鉴定，包括污染物性质鉴别、地表水和沉积物环境损害鉴定、空气污染环境损害鉴定、土壤与地下水环境损害鉴定等。

第五，司法会计鉴定，即对账目、表册、单据、支票、发票等进行鉴别活动，用以确定其是否真实，是否符合财会制度。

第六，其他专门技术鉴定。其涉及面很广，包括对工业、建筑业、运输业等专门技术问题进行鉴定，以确定事故的性质和原因。

六、辨认

(一) 辨认的概念和特征

辨认，是指在侦查人员的主持下，由被害人、证人或者犯罪嫌疑人对与犯罪有关的物品、文件、尸体、场所、人员进行辨别和确认的一种侦查活动。通过辨认活动，可以对与犯罪有关的物品、文件、场所的真实性以及死者的身份情况和犯罪嫌疑人是否为作案人予以确认，从而为侦查工作提供线索和证据，进而有利于查明案情，正确认定案件事实，迅速查获犯罪人，为侦查破案提供重要依据。

(二) 程序性规定

根据《公安程序规定》第 258 条至第 262 条和《刑诉规则》第 223 条至第 226 条等相关规定，辨认应当符合以下程序和要求。

第一，人数要求。辨认应当在侦查人员的主持下进行，主持辨认的侦查人员不得少于 2 人。如果只有 1 名侦查人员主持，属于程序违法，该辨认笔录需要经补正、解释方可使用。如果没有侦查人员主持，该辨认笔录一般需要排除，不能作为定案依据。

第二，现场监督。为保证辨认的客观性和合法性，应当邀请见证人参加辨认活动。

第三，防止预断。在辨认前，侦查人员应当向辨认人详细询问被辨认对象的具体特征，禁止辨认人见到被辨认对象，并应当告知辨认人有意作虚假辨认应承担的法律责任。

第四，单独原则。几名辨认人对同一被辨认对象进行辨认时，应当由每名辨认人单独进行，以防止辨认人之间互相影响。

第五，混杂原则。辨认时，应当将辨认对象混杂在特征相类似的其他对象中，不得给辨认人任何暗示。公安机关侦查的案件，在辨认犯罪嫌疑人时，被辨认的人数不得少于7人；辨认照片时，被辨认的照片不得少于10张；辨认物品时，混杂的同类物品不得少于5件。但是，对场所、尸体等特定辨认对象进行辨认，或者辨认人能够准确描述物品独有特征的，参照物不受数量的限制。人民检察院自侦的案件，辨认犯罪嫌疑人时，被辨认的人数不得少于7人，照片不得少于10张。辨认物品时，同类物品不得少于5件，照片不得少于5张。

第六，保密原则。对犯罪嫌疑人的辨认，辨认人不愿意公开进行的，侦查人员应当为其保密。

第七，制作笔录。辨认的情况应当制作笔录，由侦查人员、辨认人、见证人签名。对辨认对象应当拍照，必要时可以对辨认过程进行录音、录像。

在司法实践中，存在一些辨认程序不符合程序规定的情况。有时侦查人员在辨认前未将权利义务事项告知辨认人，导致程序出现瑕疵。有时辨认活动未与其他侦查活动进行区分，例如某些案件的辨认在询问和讯问活动中一并开展，因此出现辨认笔录合并在询问或讯问笔录中的情况，给之后的审查起诉和审判活动造成一定的困扰和不便。有时见证人未发挥有效的监督作用，一些情况下见证人由现场的安保人员或其他侦查机关的工作人员担任，这些人员对辨认工作的内容和流程不甚了解，起不到实质作用。有时侦查人员在选取辨认对象时不注意混杂原则，在选取照片时，会从全国常住人口管理系统中抽取身份证照片作为参照照片，但由于身份证照片拍摄的特殊要求以及信息更新迟缓，导致身份证照片与真人差异明显，进而造成变相暗示。有时侦查人员也会进行言语暗示，如在辨认过程时会使用引导或指向性话语。

第三节 刑事强制措施

一、刑事强制措施的实体法问题

（一）宽严相济刑事政策在刑事强制措施中的体现

在司法实践中，发挥刑事政策在刑事法律运用中的宏观指导作用对于打击犯罪、维护社会稳定至关重要。刑事政策不仅应当在相对动态的刑事诉讼程序中促进侦查权张弛有度，也应当在相对静态的《刑法》条文的运用中促进非犯罪化、轻刑化与非监禁化得以有效实现。在我国，宽严相济刑事政策要求侦查人员在刑事诉讼过程中，针对不同年龄、智力、身份、主观恶性等的犯罪主体和不同社会危害性的犯罪行为，给予不同程度的刑罚实体评价。宽严相济刑事政策要求司法工作人员合理地运用自由裁量权，做到犯罪控制与保障人权的有机统一，政治效果、法律效果和社会效果的有机统一，保障犯罪嫌疑人、被告人的合法权利与保护被害人的合法权益的有机统一。具体而言，宽严相济刑事政策主要体现在刑事强制措施的目的、结构和适用等三个方面。

1. 宽严相济刑事政策与刑事强制措施的目的

准确定位刑事强制措施的目的，是贯彻宽严相济刑事政策的首要问题。从本质上看，刑事强制措施是以程序保障为目的的实体处分。刑事强制措施的目的是具有层次性的，在微观层面上表现为排除因行为人和犯罪事实所引起的个案上的诉讼妨碍，在宏观层面上表现为保障诉讼程序的顺利进行。刑事强制措施作为保障程序进行的手段而存在，不能与刑罚、行政处罚相混同，不能具有实体的惩罚目的。此外，刑事强制措施往往也不能额外兼具诸如预防犯罪、维护社会秩序、教育公民等社会功能。因此，从适用目的上来看，刑事强制措施适用的目的可能是单一的，一般不得为其他目的而实施刑事强制措施。

2. 宽严相济刑事政策与刑事强制措施的结构

宽严相济刑事政策视野下的刑事强制措施体系应当是多元化的。为实现刑事强制措施保障刑事诉讼的目的，刑事强制措施应当种类齐全、层次分明、体系完整、结构严谨等。从《刑事诉讼法》的规定来看，既有较重的刑事强制措施，如拘留、逮捕等，也有较轻的刑事强制措施，如拘传、取保候审、监视居住等；既有剥夺基本权利的刑事强制措施，也有限制基本权利的刑事强制措施。具体而言，按照宽严相济的基本精神，应当依据犯罪嫌疑人、被告人的罪行轻重、可能判处的刑罚、人身危险性的大小等因素来确定羁押措施或者非羁押措施的适用。对于那些罪行较重（例如危害国家安全犯罪、恐怖犯罪、黑社会性质犯罪、毒品犯罪）、可能判处刑罚较重、可能严重妨碍刑事诉讼程序进行的犯罪嫌疑人、被告人，可以适用较为严厉的羁押性强制措施；反之，则应当对其适用较轻的非羁押性强制措施。

3. 宽严相济刑事政策与刑事强制措施的适用

在刑事强制措施的具体适用中，其适用对象与手段的选择往往能够体现宽严相济的刑事政策的精神。在办案中适用刑事强制措施，侦查人员首先面临的问题就是羁押与不羁押的选择，如果适用羁押，那么羁押的期限就成为区分宽缓和严厉的重要标准；如果采用非羁押措施，也会面临着究竟是选择取保候审还是监视居住等问题。即使适用取保候审，也会遇到选择哪种方式进行保证的问题。这些问题的选择都可能从强制措施的适用手段上体现宽严相济的精神。此外，宽严相济刑事政策要求刑事强制措施适用的证明标准多元化。就整个刑事强制措施体系而言，各种强制措施对被适用对象的权利克减程度不同。通常来讲，逮捕、拘留相比于拘传、取保候审、监视居住等强制措施，对被适用对象的权利克减更为严重，因此在适用时应当更为慎重。

（二）犯罪停止形态、共同犯罪、量刑情节等实体法规定对强制措施适用的影响

在刑事诉讼中，对于犯罪嫌疑人、被告人的人身自由限制问题，各国多以保释为原则，以羁押为例外。比例原则也要求将羁押的范围及限度定在“确有必要”的情形下。因此，刑事诉讼强制措施的适用应当与犯罪的严重性、案情的紧急性和必

要性相适应。根据《刑诉规则》第 140 条和第 580 条的规定，犯罪停止形态、共同犯罪、量刑情节等实体法规定对强制措施的适用有重要的影响。

犯罪嫌疑人涉嫌的罪行较轻，且没有其他重大犯罪嫌疑，具有下列情形之一的，可以作出不批准逮捕或者不予逮捕的决定：（1）属于预备犯、中止犯，或者防卫过当、避险过当的；（2）主观恶性较小的初犯，共同犯罪中的从犯、胁从犯，犯罪后自首、有立功表现或者积极退赃、赔偿损失、确有悔罪表现的；（3）过失犯罪的犯罪嫌疑人，犯罪后有悔罪表现，有效控制损失或者积极赔偿损失的；（4）犯罪嫌疑人与被害人双方根据刑事诉讼法的有关规定达成和解协议，经审查，认为和解系自愿、合法且已经履行或者提供担保的；（5）犯罪嫌疑人认罪认罚的；（6）犯罪嫌疑人系已满 14 周岁未满 18 周岁的未成年人或者在校学生，本人有悔罪表现，其家庭、学校或者所在社区、居民委员会、村民委员会具备监护、帮教条件的；（7）犯罪嫌疑人系已满 75 周岁的人。

人民检察院发现犯罪嫌疑人、被告人具有下列情形之一，且具有悔罪表现，不予羁押不致发生社会危险性的，可以向办案机关提出释放或者变更强制措施的建议：（1）预备犯或者中止犯；（2）共同犯罪中的从犯或者胁从犯；（3）过失犯罪的；（4）防卫过当或者避险过当的；（5）主观恶性较小的初犯；（6）系未成年人或者已满 75 周岁的人；（7）与被害方依法自愿达成和解协议，且已经履行或者提供担保的；（8）认罪认罚的；（9）患有严重疾病、生活不能自理的；（10）怀孕或者正在哺乳自己婴儿的妇女；（11）系生活不能自理的人的唯一扶养人；（12）可能被判处 1 年以下有期徒刑或者宣告缓刑的；（13）其他不需要继续羁押的情形。

二、刑事拘留

（一）拘留的概念和特征

拘留，是指公安机关、人民检察院在对直接受理案件的侦查中，遇有法定的紧急情况，依法临时剥夺某些现行犯或者重大嫌疑分子的人身自由的一种强制措施。

第一，有权决定采用拘留的机关一般是公安机关。人民检察院在自侦案件中，对于犯罪后企图自杀、逃跑或者在逃的以及有毁灭、伪造证据或者串供可能的犯罪嫌疑人也有权决定拘留。人民法院则无权决定拘留。但是，不管是公安机关决定的拘留，还是人民检察院决定的拘留，都一律由公安机关执行。

第二，拘留是在紧急情况下采用的一种处置办法。只有在紧急情况下，来不及办理逮捕手续而又需要马上剥夺现行犯或者重大嫌疑分子的人身自由的，才能采取拘留；如果没有紧急情况，公安机关、人民检察院有时间办理逮捕的手续，就不必先行拘留。

第三，拘留是一种临时性措施。因此，拘留的期限较短，随着诉讼的进程，拘留一定要发生变更，或者转为逮捕，或者转为取保候审或监视居住，或者释放被拘留的人。

（二）拘留的适用主体

在拘留的决定主体上，根据《刑事诉讼法》的规定，公安机关和人民检察院有权对犯罪嫌疑人作出拘留的决定，人民法院无权决定采用拘留措施。在拘留的执行主体上，拘留一律由公安机关执行。对于人民检察院直接受理的案件，人民检察院作出的拘留决定，应当送达公安机关执行。

（三）拘留的条件

拘留必须同时具备两个条件：其一，拘留的对象是现行犯或者是重大嫌疑分子。现行犯是指正在进行犯罪的人，重大嫌疑分子是指有证据证明具有重大犯罪嫌疑的人。其二，具有法定的紧急情形之一。

根据《刑事诉讼法》第 82 条的规定，公安机关对于具备下列紧急情形之一的，可以先行拘留：（1）正在预备犯罪、实行犯罪或者在犯罪后即时被发觉的。所谓预备犯罪，是指为了犯罪准备工具，制造条件的。所谓实行犯罪，是指正在进行犯罪的活动。应当有一定的证据证明现行犯、重大嫌疑分子正在预备犯罪、实施犯罪，或者犯罪后立刻被发觉。（2）被害人或者在场亲眼看见的人指认他犯罪的。此即遭受犯罪行为直接侵害的人或者在犯罪现场亲眼看到犯罪活动的人指认某人是犯罪嫌疑人。（3）在身边或者住处发现有犯罪证据的。所谓身边，是指其身体、衣服、随身携带的物品等。所谓住处，包括永久性住处，一般也包括临时居所、办公地点等。（4）犯罪后企图自杀、逃跑或者在逃的。此即犯罪后有一定证据证明其有自杀、逃跑的企图或迹象，或者犯罪后已经逃跑的。（5）有毁灭、伪造证据或者串供可能的。（6）不讲真实姓名、住址，身份不明的。这是指其本人拒不说明其姓名、住址、职业等基本情况的。（7）有流窜作案、多次作案、结伙作案重大嫌疑的。

根据《刑事诉讼法》第 165 条的规定，人民检察院在直接受理的案件的侦查过程中，对于具备上述第 4 种和第 5 种情形的，有权决定拘留犯罪嫌疑人。这是由人民检察院直接受理的自侦案件性质所决定的。人民检察院在侦办相关案件时，犯罪嫌疑人通常具有一定的司法职权，社会关系较为错综复杂，反侦查能力较强，信息传递快、赃款转移快、逃匿快，这决定了犯罪嫌疑人的行为往往符合“犯罪后企图自杀、逃跑或者在逃的”或者“有毁灭、伪造证据或者串供可能的”这两种适用拘留的情形。因此，赋予人民检察院必要情形下的拘留权，有助于提高人民检察院办理案件的质量和效率。

（四）拘留的程序

1. 拘留的决定

根据《公安程序规定》第 125 条，公安机关如果依法需要拘留现行犯或者重大嫌疑分子，需要由承办单位填写呈请拘留报告书，由县级以上公安机关负责人批准，签发拘留证，然后由提请批准拘留的单位负责执行。人民检察院决定拘留的案件，应当将拘留的决定书送交公安机关，由公安机关负责执行。

司法实践中，将拘留的期限压缩在数天之内的做法，基本往往存在于案情简单、可以适用速裁程序的案件或者可能刑拘直诉的案件中，而在其他案件中拘留期限往往都是用足 30 天，这是因为案情复杂、警力有限、经费紧张等可以延长拘留期限的因素，在大多数案件中时常存在。也就是说，真正在拘留后 3 日以内提请逮捕的案件鲜少，即便拘留后 7 日以内提请逮捕的比例也并不高。

2. 拘留的执行

拘留，由公安机关负责执行。根据《刑事诉讼法》第 85 条、《刑诉规则》第 121 条至第 127 条、《公安程序规定》第 124 条至第 128 条的相关规定，执行拘留时，应当遵守下列程序。

（1）执行拘留的时候，必须向被拘留人出示拘留证，宣布拘留，并责令被拘留人在拘留证上签名或按手印。执行拘留时，如遇有反抗，可以使用武器和戒具等强制方法，但应当适度，以使其就缚为限度。

（2）公安机关在异地执行拘留的时候，无法及时将犯罪嫌疑人押解回管辖地的，应当在宣布拘留后立即将其送抓获地看守所羁押，至迟不得超过 24 个小时。

（3）除无法通知或者涉嫌危害国家安全犯罪、恐怖活动犯罪通知可能有碍侦查的情形以外，应当在拘留后 24 小时以内，通知被拘留人的家属。有碍侦查的情形消失以后，应当立即通知被拘留人的家属。此外，根据《律师法》第 37 条的规定，律师在参与诉讼活动中因涉嫌犯罪被依法拘留，执行拘留的机关应当在拘留后的 24 小时内通知该律师的家属、所在的律师事务所以及所属的律师协会。

（4）公安机关对于被拘留的人，以及人民检察院对直接受理的案件中被拘留的人，均应当在拘留后 24 小时以内进行讯问。在发现不应当拘留的时候，必须立即释放，发给释放证明。

（5）公安机关决定拘留的案件，在执行拘留后，认为需要逮捕的，应当在拘留后 3 日以内，提请人民检察院审查批准。在特殊情况下，提请审查批准的时间可以延长 1 日至 4 日。对于流窜作案、多次作案、结伙作案的重大嫌疑分子，提请审查批准的时间可以延长至 30 日。人民检察院应当自接到公安机关提请批准逮捕书后的 7 日以内，作出批准逮捕或者不批准逮捕的决定。人民检察院不批准逮捕的，公安机关应当在接到通知后立即释放被拘留人，并且将执行情况及时通知人民检察院。对于需要继续侦查，并且符合取保候审、监视居住条件的，依法取保候审或者监视居住。

由于延长拘留时间的权力和决定拘留的权力都掌握在侦查机关手中，因此延长决定缺乏外部监督，具有一定的任意性。无论犯罪嫌疑人是否具有逃跑可能性等，拘留期限往往都会被批准加以延长。拘留原本作为一项强制措施，却承担了侦查机关在获得人民检察院的逮捕决定前对犯罪嫌疑人进行羁押、侦查的额外任务，这也是为何拘留几乎成为我国刑事诉讼“必备强制措施”的原因所在。

（6）人民检察院对直接受理侦查的案件中被拘留的人，认为需要逮捕的，应当在 14 日以内作出决定。在特殊情况下，可以延长 1 日至 3 日。对于监察机关移送起诉的已采取留置措施的案件，人民检察院应当对犯罪嫌疑人先行拘留，此时留置措施自动解除。人民检察院应当在拘留后的10日以内作出是否逮捕、取保候审或者监视居住的决定。在特殊情况下，决定的时间可以延长1日至4日。

三、逮捕

（一）逮捕的概念

逮捕，是指公安机关、人民检察院和人民法院，为防止犯罪嫌疑人或被告人逃避或妨害侦查、起诉和审判，防止其发生社会危险，而依法在一定时间内暂时性地剥夺其人身自由并予以羁押的一种强制措施。

（二）逮捕的条件

逮捕，是各种刑事强制措施中最严厉的一种。为了防止逮捕的过度适用而侵犯被追诉人合法权益，《刑事诉讼法》对逮捕的适用条件作出了严格的限制。

1. 逮捕的一般适用条件

根据《刑事诉讼法》第81条第1款规定，对有证据证明有犯罪事实，可能判处徒刑以上刑罚的犯罪嫌疑人、被告人，采取取保候审尚不足以防止发生社会危险性的，应当予以逮捕。据此，逮捕需要同时具备证据条件、刑罚条件和必要性条件。三者是一个有机联系的整体。证据条件、刑罚条件是前提，必要性条件是关键。具备这三个条件的，应当逮捕。

（1）证据条件。

逮捕的证据条件是有证据证明有犯罪事实。根据《刑诉规则》第128条第2款的规定，有证据证明有犯罪事实是指同时具备下列情形：第一，有证据证明发生了犯罪事实；第二，有证据证明该犯罪事实是犯罪嫌疑人实施的；第三，证明犯罪嫌疑人实施犯罪行为的证据已经查证属实的。犯罪事实既可以是单一犯罪行为的事实，也可以是数个犯罪行为中任何一个犯罪行为的事实。

（2）刑罚条件。

逮捕的刑罚条件，是可能判处有期徒刑以上的刑罚，可能判处拘役、管制的则不能适用。

（3）必要性条件。

逮捕的必要性条件，指采取取保候审尚不足以防止发生社会危险性的。人民检察院审查认定犯罪嫌疑人是否具有社会危险性，应当以公安机关移送的社会危险性相关证据为依据，并结合案件具体情况综合认定。应当将犯罪嫌疑人涉嫌犯罪的性质、情节、认罪认罚等情况，作为是否可能发生社会危险性的考虑因素。具体包括以下情形。

第一，可能实施新的犯罪的。《刑诉规则》第129条规定，犯罪嫌疑人具有下列情形之一的，可以认定为“可能实施新的犯罪”：案发前或者案发后正在策划、组织或者预备实施新的犯罪的；扬言实施新的犯罪的；多次作案、连续作案、流窜作案的；1年内曾因故意实施同类违法行为受到行政处罚的；以犯罪所得为主要生活来源的；有吸毒、赌博等恶习的；其他可能实施新的犯罪的情形。

第二，有危害国家安全、公共安全或者社会秩序的现实危险的。《刑诉规则》第130条规定，犯罪嫌疑人具有下列情形之一的，可以认定为“有危害国家安全、公共安全或者社会秩序的现实危险”：案发前或者案发后正在积极策划、组织或者预备实施危害国家安全、公共安全或者社会秩序的重大违法犯罪行为的；曾因危害国家安全、公共安全或者社会秩序受到刑事处罚或者行政处罚的；在危害国家安全、黑恶势力、恐怖活动、毒品犯罪中起组织、策划、指挥作用或者积极参加的；其他有危害国家安全、公共安全或者社会秩序的现实危险的情形。

第三，可能毁灭、伪造证据，干扰证人作证或者串供的。《刑诉规则》第131条规定，犯罪嫌疑人具有下列情形之一的，可以认定为“可能毁灭、伪造证据，干扰证人作证或者串供”：曾经或者企图毁灭、伪造、隐匿、转移证据的；曾经或者企图威逼、恐吓、利诱、收买证人，干扰证人作证的；有同案犯罪嫌疑人或者与其在事实上存在密切关联犯罪的犯罪嫌疑人在逃，重要证据尚未收集到位的；其他可能毁灭、伪造证据，干扰证人作证或者串供的情形。

第四，可能对被害人、举报人、控告人实施打击报复的。《刑诉规则》第132条规定，犯罪嫌疑人具有下列情形之一的，可以认定为“可能对被害人、举报人、控告人实施打击报复”：扬言或者准备、策划对被害人、举报人、控告人实施打击报复的；曾经对被害人、举报人、控告人实施打击、要挟、迫害等行为的；采取其他方式滋扰被害人、举报人、控告人的正常生活、工作的；其他可能对被害人、举报人、控告人实施打击报复的情形。

第五，企图自杀或者逃跑的。《刑诉规则》第133条规定，犯罪嫌疑人具有下列情形之一的，可以认定为“企图自杀或者逃跑”：着手准备自杀、自残或者逃跑的；曾经自杀、自残或者逃跑的；有自杀、自残或者逃跑的意思表示的；曾经以暴力、威胁手段抗拒抓捕的；其他企图自杀或者逃跑的情形。

第六，认罪认罚从宽制度相关问题。《关于适用认罪认罚从宽制度的指导意见》第19条至第21条规定，人民法院、人民检察院、公安机关应当将犯罪嫌疑人、被告人认罪认罚作为其是否具有社会危险性的重要考虑因素。对于罪行较轻、采用非羁押性强制措施足以防止发生《刑事诉讼法》第81条第1款规定的社会危险性的犯罪嫌疑人、被告人，根据犯罪性质及可能判处的刑罚，依法可不适用羁押性强制措施。犯罪嫌疑人认罪认罚，公安机关认为罪行较轻、没有社会危险性的，应当不再提请人民检察院审查逮捕。对提请逮捕的，人民检察院认为没有社会危险性不需要逮捕的，应当作出不批准逮捕的决定。已经逮捕的犯罪嫌疑人、被告人认罪认罚的，人民法院、人民检察院应当及时审查羁押的必要性，经审查认为没有继续羁押必要的，应当变更为取保候审或者监视居住。

2. 逮捕的特殊适用条件

根据《刑事诉讼法》第81条第3款的规定，对有证据证明有犯罪事实，可能判处10年有期徒刑以上刑罚的犯罪嫌疑人，应当予以逮捕。对有证据证明有犯罪事实，可能判处徒刑以上刑罚，犯罪嫌疑人曾经故意犯罪或者不讲真实姓名、住址，身份不明的，应当予以逮捕。

在我国的刑事诉讼中，逮捕需要满足证据、刑罚和社会危险性三个条件。逮捕既意味着本身抓捕的行为，也意味着后续羁押的状态。实践中，检察官办理案件的关注点有时集中在前两个条件，社会危险性条件则被虚置，这也就是“构罪即捕”的现象。这一现象长期以来被认为是造成我国审前羁押率较高的原因之一。目前随着少捕慎诉慎押刑事司法政策的适用，上述情况有了一定缓解。

根据《刑事诉讼法》第 81 条第 4 款的规定，被取保候审、监视居住的犯罪嫌疑人、被告人违反取保候审、监视居住规定，严重影响诉讼活动正常进行的，可以予以逮捕。对于此种情形，根据《刑事诉讼法》第 71 条和第 77 条的规定，可以对犯罪嫌疑人、被告人先行拘留。

（三）逮捕的批准和决定权限

根据《刑事诉讼法》第 80 条，逮捕犯罪嫌疑人、被告人，必须经过人民检察院批准或者人民法院决定。

1. 批准或决定逮捕

公安机关提请批准逮捕。《公安程序规定》第 137 条规定，公安机关要求逮捕犯罪嫌疑人的时候，应当写出提请批准逮捕书，连同案卷材料、证据，一并移送同级人民检察院审查批准。犯罪嫌疑人自愿认罪认罚的，应当记录在案，并在提请批准逮捕书中写明有关情况。必要的时候，人民检察院可以派人参加公安机关对于重大案件的讨论。

人民检察院审查批准逮捕。《刑诉规则》第 280 条规定，审查批准逮捕时，人民检察院可以讯问犯罪嫌疑人。其中，对于有下列情形之一的，应当讯问犯罪嫌疑人：对是否符合逮捕条件有疑问的；犯罪嫌疑人要求向检察人员当面陈述的；侦查活动可能有重大违法行为的；案情重大、疑难、复杂的；犯罪嫌疑人认罪认罚的；犯罪嫌疑人系未成年人的；犯罪嫌疑人是盲、聋、哑人或者是尚未完全丧失辨认或者控制自己行为能力的精神病人的。人民检察院还可以询问证人等诉讼参与人，听取辩护律师的意见；辩护律师提出要求的，应当听取辩护律师的意见。

人民检察院审查批准逮捕的期间。《刑诉规则》第 282 条规定，对公安机关提请批准逮捕的犯罪嫌疑人，已经被拘留的，人民检察院应当在收到提请批准逮捕书后 7 日以内作出是否批准逮捕的决定；未被拘留的，应当在收到提请批准逮捕书后 15 日以内作出是否批准逮捕的决定，重大、复杂案件，不得超过 20 日。

2. 不批准逮捕或者不予逮捕

（1）不批准逮捕或者不予逮捕的情形。

首先，对不符合逮捕条件的或者具有《刑事诉讼法》第 16 条规定的情形之一的犯罪嫌疑人，作出不批准逮捕或者不予逮捕的决定。

其次，犯罪嫌疑人涉嫌的罪行较轻，且没有其他重大犯罪嫌疑，根据《刑诉规则》第 140 条，具有下列情形之一的，可以作出不批准逮捕或者不予逮捕的决定：1）属于预备犯、中止犯，或者防卫过当、避险过当的；2）主观恶性较小的初犯，共同犯罪中的从犯、胁从犯，犯罪后自首、有立功表现或者积极退赃、赔偿损失、确有悔罪表现的；3）过失犯罪的犯罪嫌疑人，犯罪后有悔罪表现，有效控制损失或者积极赔偿损失的；4）犯罪嫌疑人与被害人双方根据刑事诉讼法的有关规定达成和解协议，经审查，认为和解系自愿、合法且已经履行或者提供担保的；5）犯罪嫌疑人认罪认罚的；6）犯罪嫌疑人系已满 14 周岁未满 18 周岁的未成年人或者在校学生，本人有悔罪表现，其家庭、学校或者所在社区、居民委员会、村民委员会具备监护、帮教条件的；7）犯罪嫌疑人系已满 75 周岁的人。

（2）不批准逮捕或者不予逮捕后的处理。

首先，对于不批准逮捕后的处理。依据在案证据不能认定犯罪嫌疑人符合逮捕社会危险性条件的，人民检察院可以要求公安机关补充相关证据。《刑诉规则》第 285 条规定，对于不批准逮捕的，人民检察院应当说明理由，需要补充侦查的，应当同时通知公安机关。对于人民检察院不批准逮捕而未说明理由的，公安机关可以要求人民检察院说明理由。

实践中，通常犯罪嫌疑人及其亲属都十分关注能否取保候审，不希望被逮捕。可以说，逮捕已经不仅仅是一种刑事强制措施，而是足以影响刑事诉讼下游程序的关键阶段，甚至与定罪量刑都有密不可分的联系。这是因为，不批准逮捕的结果往往是不起诉或者撤销案件，或者变更强制措施为取保候审；而取保候审的案件往往是法院在量刑环节一般会判处缓刑的案件。

对于人民检察院决定不批准逮捕的，公安机关在收到不批准逮捕决定书后，根据《刑诉规则》第 286 条规定，如果犯罪嫌疑人已被拘留的，应当立即释放，发给释放证明书，并在执行完毕后 3 日以内将执行回执送达作出不批准逮捕决定的人民检察院。根据《公安程序规定》第 81 条第 2 款、第 109 条第 3 款，对于需要继续侦查，并且符合取保候审、监视居住条件的，依法取保候审或者监视居住。根据《公安程序规定》第 138 条，对于人民检察院不批准逮捕并通知补充侦查的，公安机关应当按照人民检察院的补充侦查提纲补充侦查。公安机关补充侦查完毕，认为符合逮捕条件的，应当重新提请批准逮捕。

公安机关对人民检察院不批准逮捕的决定，认为有错误的时候，可以要求复议，但是必须将被拘留的人立即释放。根据《公安程序规定》第 141 条的规定，公安机关应当在收到不批准逮捕决定书后 5 日以内制作要求复议意见书，报经县级以上公安机关负责人批准后，送交同级人民检察院复议。根据《刑诉规则》第 290 条、第 291 条和《公安秩序规定》第 141 条的规定，人民检察院负责捕诉的部门应当另行指派检察官或者检察官办案组进行审查，并在收到要求复议意见书和案卷材料后 7 日以内，经检察长批准，作出是否变更的决定，通知公安机关。如果意见不被接受，认为需要复核的，应当在收到人民检察院的复议决定书后 5 日以内制作提请复核意见书，报经县级以上公安机关负责人批准后，连同人民检察院的复议决定书，一并提请上一级人民检察院复核。上级人民检察院应当立即复核，作出是否变更的决定，通知下级人民检察院和公安机关执行。上一级人民检察院应当在收到提请复核意见书和案卷材料后 15 日以内，经检察长批准，作出是否变更的决定，通知下级人民检察院和公安机关执行。需要改变原决定的，应当通知作出不批准逮捕决定的人民检察院撤销原不批准逮捕决定，另行制作批准逮捕决定书。必要时，上级人民检察院也可以直接作出批准逮捕决定，通知下级人民检察院送达公安机关执行。对于经复议复核维持原不批准逮捕决定的，人民检察院向公安机关送达复议复核决定时应当说明理由。

其次，对于不予逮捕后的处理。《刑诉规则》第 299 条和第 303 条规定，对于检察院自侦案件，对犯罪嫌疑人决定不予逮捕的，负责捕诉的部门应当将不予逮捕的决定连同案卷材料、讯问犯罪嫌疑人录音、录像移交负责侦查的部门，并说明理由。需要补充侦查的，应当制作补充侦查提纲。犯罪嫌疑人已被拘留的，负责侦查的部门应当通知公安机关立即释放。已经作出不予逮捕的决定，又发现需要逮捕犯罪嫌疑人的，应当重新办理逮捕手续。

3. 对特殊犯罪嫌疑人逮捕的审批程序

（1）对人大代表的逮捕。

《刑诉规则》第 148 条等规定，人民检察院对担任县级以上各级人民代表大会代表的犯罪嫌疑人决定采取拘传、取保候审、监视居住、拘留、逮捕强制措施的，应当报请该代表所属的人民代表大会主席团或者常务委员会许可。

人民检察院对担任本级人民代表大会代表的犯罪嫌疑人批准或决定逮捕，应当报请本级人民代表大会主席团或者常务委员会许可。对担任上级人民代表大会代表的犯罪嫌疑人批准或决定逮捕，应当层报该代表所属的人民代表大会同级的人民检察院报请许可。对担任下级人民代表大会代表的犯罪嫌疑人批准或决定逮捕，可以直接报请该代表所属的人民代表大会主席团或者常务委员会许可，也可以委托该代表所属的人民代表大会同级的人民检察院报请许可。对担任乡、民族乡、镇的人民代表大会代表的犯罪嫌疑人批准或决定逮捕，由县级人民检察院向乡、民族乡、镇的人民代表大会报告。对担任办案单位所在省、市、县（区）以外的其他地区人民代表大会代表的犯罪嫌疑人批准或决定逮捕，应当委托该代表所属的人民代表大会同级的人民检察院报请许可；担任两级以上人民代表大会代表的，应当分别委托该代表所属的人民代表大会同级的人民检察院报请许可。

另外，对人大代表的拘留程序也有特殊规定。根据我国《全国人民代表大会组织法》《地方各级人民代表大会和地方各级人民政府组织法》《刑诉规则》等法律规定，担任县级以上人民代表大会代表的犯罪嫌疑人因现行犯被拘留的，人民检察院应当立即向该代表所属的人民代表大会主席团或者常务委员会报告；因为其他情形需要拘留的，人民检察院应当报请该代表所属的人民代表大会主席团或者常务委员会许可。人民检察院拘留担任本级人民代表大会代表的犯罪嫌疑人，直接向本级人民代表大会主席团或常务委员会报告或者报请许可。拘留担任上级人民代表大会代表的犯罪嫌疑人，应当立即层报该代表所属的人民代表大会同级的人民检察院报告或者报请许可。拘留担任下级人民代表大会代表的犯罪嫌疑人，可以直接向该代表所属的人民代表大会主席团或者常务委员会报告或者报请许可，也可以委托该代表所属的人民代表大会同级的人民检察院报告或者报请许可；拘留担任乡、民族乡、镇的人民代表大会代表的犯罪嫌疑人，由县级人民检察院报告乡、民族乡、镇的人民代表大会。拘留担任两级以上人民代表大会代表的犯罪嫌疑人，分别按照上述规定报告或者报请许可。拘留担任办案单位所在省、市、县（区）以外的其他地区人民代表大会代表的犯罪嫌疑人，应当委托该代表所属的人民代表大会同级的人民检察院报告或者报请许可；担任两级以上人民代表大会代表的，应当分别委托该代表所属的人民代表大会同级的人民检察院报告或者报请许可。

（2）对外国人、无国籍人的逮捕。

《刑诉规则》第294条规定，外国人、无国籍人涉嫌危害国家安全犯罪的案件或者涉及国与国之间政治、外交关系的案件以及在适用法律上确有疑难的案件，需要逮捕犯罪嫌疑人的，按照刑事诉讼法关于管辖的规定，分别由基层人民检察院或者设区的市级人民检察院审查并提出意见，层报最高人民检察院审查。最高人民检察院认为需要逮捕的，经征求外交部的意见后，作出批准逮捕的批复；认为不需要逮捕的，作出不批准逮捕的批复。基层人民检察院或者设区的市级人民检察院根据最高人民检察院的批复，依法作出批准或者不批准逮捕的决定。层报过程中，上级人民检察院认为不需要逮捕的，应当作出不批准逮捕的批复。报送的人民检察院根据批复依法作出不批准逮捕的决定。基层人民检察院或者设区的市级人民检察院认为不需要逮捕的，可以直接依法作出不批准逮捕的决定。外国人、无国籍人涉嫌其他犯罪案件的，决定批准逮捕的人民检察院应当在作出批准逮捕决定后48小时以内报上一级人民检察院备案，同时向同级人民政府外事部门通报。上一级人民检察院经审查发现批准逮捕决定错误的，应当依法及时纠正。

（3）对涉危害国家安全犯罪案件犯罪嫌疑人的逮捕。

《刑诉规则》第295条规定，人民检察院办理审查逮捕的危害国家安全犯罪案件，应当报上一级人民检察院备案。上一级人民检察院经审查发现错误的，应当依法及时纠正。

（四）逮捕的执行

根据《刑事诉讼法》第80条的规定，逮捕犯罪嫌疑人、被告人，由公安机关执行。

《公安程序规定》第143条至第146条规定，公安机关执行逮捕的侦查人员不得少于2人，且必须出示逮捕证，并责令被逮捕人在逮捕证上签名、捺指印，拒绝签名、捺指印的，侦查人员应当注明。逮捕后，应当立即将被逮捕人送看守所羁押。

公安机关必须在逮捕后的24小时以内进行讯问。发现不应当逮捕的，经县级以上公安机关负责人批准，制作释放通知书，送看守所和原批准逮捕的人民检察院。看守所凭释放通知书立即释放被逮捕人，并发给释放证明书。

对犯罪嫌疑人执行逮捕后，除无法通知的情形以外，应当在逮捕后24小时以内制作逮捕通知书，通知被逮捕人的家属。逮捕通知书应当写明逮捕原因和羁押处所。

人民法院、人民检察院决定逮捕犯罪嫌疑人、被告人的，由县级以上公安机关凭人民法院、人民检察院决定逮捕的法律文书制作逮捕证并立即执行。必要时，可以请人民法院、人民检察院协助执行。执行逮捕后，应当在执行完毕后 3 日以内将执行回执送达作出批准或决定逮捕的机关。公安机关未能抓获犯罪嫌疑人、被告人的，应当将执行情况和未能抓获的原因通知决定逮捕的人民检察院、人民法院。对于犯罪嫌疑人、被告人在逃的，在人民检察院、人民法院撤销逮捕决定之前，公安机关应当组织力量继续执行。

（五）逮捕等羁押强制措施的变更、撤销或解除

1. 依职权变更、撤销或解除强制措施

（1）采取强制措施不当。

《刑事诉讼法》第 96 条规定，人民法院、人民检察院和公安机关如果发现对犯罪嫌疑人、被告人采取强制措施不当的，应当及时撤销或者变更。公安机关释放被逮捕的人或者变更逮捕措施的，应当通知原批准的人民检察院。

（2）强制措施法定期限届满。

《刑事诉讼法》第 98 条和第 99 条规定，犯罪嫌疑人、被告人被羁押的案件，不能在本法规定的侦查羁押、审查起诉、一审、二审期限内办结的，对犯罪嫌疑人、被告人应当予以释放；需要继续查证、审理的，对犯罪嫌疑人、被告人可以取保候审或者监视居住。

人民法院、人民检察院或者公安机关对被采取强制措施法定期限届满的犯罪嫌疑人、被告人，应当予以释放，解除取保候审、监视居住或者依法变更强制措施。犯罪嫌疑人、被告人及其法定代理人、近亲属或者辩护人对于人民法院、人民检察院或者公安机关采取强制措施法定期限届满的，有权要求解除强制措施。

2. 依申请变更、撤销或解除强制措施

《刑事诉讼法》第 97 条规定，犯罪嫌疑人、被告人及其法定代理人、近亲属或者辩护人有权申请变更强制措施。人民法院、人民检察院和公安机关收到申请后，应当在 3 日以内作出决定；不同意变更强制措施的，应当告知申请人，并说明不同意的理由。

四、羁押必要性审查

（一）概念

根据《刑事诉讼法》第 95 条的规定，犯罪嫌疑人、被告人被逮捕后，人民检察院仍应当对羁押的必要性进行审查。对不需要继续羁押的，应当建议予以释放或者变更强制措施。有关机关应当在 10 日以内将处理情况通知人民检察院。

（二）目的和意义

首先，根据《刑事诉讼法》第 12 条的规定，未经人民法院依法判决，对任何人都不得确定有罪。该条规定作为刑事诉讼中的基本原则与无罪推定原则有内在的联系。所以，在人民法院依法判决前，应当尽可能使犯罪嫌疑人、被告人的人身自由

和财产处于不受限制的状态。即使对其人身自由和财产进行限制，也应当控制在必要限度内。其次，判决前的羁押只能是一种临时性的状态，应尽量减少不必要的判决前羁押。羁押必要性审查制度目的在于减少司法实践中存在的“超期羁押”“一押到底”等不必要关押的问题，从而保障公民的基本权利，防止公权力对公民权利的侵害。因此，仅当羁押是必要和适合的，或者不羁押犯罪嫌疑人、被告人则影响刑事诉讼进程时，可以采取羁押措施。当犯罪嫌疑人、被告人被羁押后，变更为其他严厉程度较低的强制措施不足以实现上述目标，且需要采用羁押的理由仍然存在时，例如存在报复证人的可能等情况，可以不变更强制措施，继续羁押。

（三）相关原则

在刑事诉讼程序中确立羁押必要性审查制度，既是完善逮捕等程序的一项重要制度，也是贯彻宽严相济刑事政策的一个重要举措。

该制度的构建遵循了以下原则：一是比例原则。羁押程序作为一种国家强制性活动，势必在一定程度上克减公民的个人权利，需要在限制权力与保障权利之间寻求适当的平衡。而比例原则作为避免各种权力行使的肆意与逾越、调和公权与私权、维护公平正义的一项理性法则，恰好为其提供了依据和标准。具体而言，采用羁押措施时要综合考虑各方面的因素，权衡人权保障和追究犯罪之间的关系，用恰当的标准来衡量和选择所适用强制措施的种类。二是控权原则。最大程度地限制侦查机关的自由裁量权，在一定程度上能够体现司法公正。如果说比例原则为羁押必要性审查提供了主观判断标准，那么控权原则为侦查机关决定和行使继续羁押的权力设定了客观底线，这一底线的实现有赖于制度和执行，特别是人民检察院对侦查机关权力的监督制约，以防止其在羁押措施的适用上无所顾忌。

（四）内容与特点

1. 羁押必要性审查的主体机关是人民检察院

羁押必要性审查的权力源于人民检察院在刑事诉讼中的法律监督地位，其专属于人民检察院。根据《刑诉规则》第 575 条和第 576 条，负责捕诉的部门依法对侦查和审判阶段的羁押必要性进行审查。经审查认为不需要继续羁押的，应当建议公安机关或者人民法院释放犯罪嫌疑人、被告人或者变更强制措施。审查起诉阶段，负责捕诉的部门经审查认为不需要继续羁押的，应当直接释放犯罪嫌疑人或者变更强制措施。此外，负责刑事执行检察的部门收到有关材料或者发现不需要继续羁押的，应当及时将有关材料和意见移送负责捕诉的部门。办案机关对应的同级人民检察院负责控告申诉检察的部门或者负责案件管理的部门收到羁押必要性审查申请后，应当在当日移送本院负责捕诉的部门。其他人民检察院收到羁押必要性审查申请的，应当告知申请人向办案机关对应的同级人民检察院提出申请，或者在 2 日以内将申请材料移送办案机关对应的同级人民检察院，并告知申请人。

2. 羁押必要性审查的启动方式包括依职权和依申请两种

《刑诉规则》第 574 条规定，人民检察院在办案过程中可以依职权主动进行羁押必要性审查。犯罪嫌疑人、被告人及其法定代理人、近亲属或者辩护人也可以申请人民检察院进行羁押必要性审查。申请时应当说明不需要继续羁押的理由，有相关证据或者其他材料的应当提供。此外，看守所根据在押人员身体状况，可以建议人民检察院进行羁押必要性审查。

3. 羁押必要性审查的方式包括审查材料、听取意见等，必要时可以公开审查

根据《刑诉规则》第577条，人民检察院可以采取以下方式进行羁押必要性审查：审查犯罪嫌疑人、被告人不需要继续羁押的理由和证明材料；听取犯罪嫌疑人、被告人及其法定代理人、辩护人的意见；听取被害人及其法定代理人、诉讼代理人的意见，了解是否达成和解协议；听取办案机关的意见；调查核实犯罪嫌疑人、被告人的身体健康状况；需要采取的其他方式。必要时，可以依照有关规定进行公开审查。

4. 羁押必要性审查的内容是继续羁押的必要性

根据《刑诉规则》第578条，有些案件虽然在当初批准或者决定时符合逮捕条件，但是随着犯罪嫌疑人、被告人涉嫌的犯罪事实、主观恶性、悔罪表现、身体状况、案件进展情况、可能判处的刑罚和有无再危害社会的危险等因素的变化，可能会影响继续羁押该犯罪嫌疑人或被告人的必要性。为此，人民检察院进行羁押必要性审查的权力能够最大限度地确保审前羁押符合比例原则和控权原则，有利于落实宽严相济的刑事政策。

（五）羁押必要性审查后的处理

根据《刑诉规则》第579条，人民检察院发现犯罪嫌疑人、被告人具有下列情形之一的，应当向办案机关提出释放或者变更强制措施的建议：（1）案件证据发生重大变化，没有证据证明有犯罪事实或者犯罪行为系犯罪嫌疑人、被告人所为的；（2）案件事实或者情节发生变化，犯罪嫌疑人、被告人可能被判处拘役、管制、独立适用附加刑、免予刑事处罚或者判决无罪的；（3）继续羁押犯罪嫌疑人、被告人，羁押期限将超过依法可能判处的刑期的；（4）案件事实基本查清，证据已经收集固定，符合取保候审或者监视居住条件的。

根据《刑诉规则》第581条和第582条，人民检察院向办案机关发出释放或者变更强制措施建议书的，应当说明不需要续羁押犯罪嫌疑人、被告人的理由和法律依据，并要求办案机关在10日以内回复处理情况。人民检察院应当跟踪办案机关对释放或者变更强制措施建议的处理情况。办案机关未在10日以内回复处理情况的，应当提出纠正意见。对于依申请审查的案件，人民检察院办结后，应当将提出建议的情况和公安机关、人民法院的处理情况，或者有继续羁押必要的审查意见和理由及时书面告知申请人。

五、非羁押性强制措施

我国《刑事诉讼法》规定了三种非羁押性强制措施，分别为拘传、取保候审和监视居住。

（一）拘传

1. 拘传的概念与特征

拘传，是指公安机关、人民检察院和人民法院对未被羁押的犯罪嫌疑人、被告人，依法强制其到案接受讯问的一种强制方法，它是我国刑事诉讼强制措施体系中强度最轻的一种。

需要指出的是，拘传不同于传唤。传唤，是指人民法院、人民检察院和公安机关使用传票通知犯罪嫌疑人、被告人在指定的时间自行到指定的地点接受讯问。拘传和传唤的目的是一致的，即都是要求犯罪嫌疑人、被告人按指定的时间、到指定地点接受讯问。但两者具有很大的不同：一方面，强制力不同。传唤是自动到案，拘传则是强制到案，拘传的强度要比传唤的强度大得多，因此拘传是一种强制措施，传唤则不是一种强制措施。另一方面，适用的对象不同。传唤适用于所有当事人，包括犯罪嫌疑人、被告人、自诉人、被害人、附带民事诉讼的原告人和被告人，拘传则仅适用于犯罪嫌疑人、被告人。

2. 拘传的对象和条件

拘传的对象是未经羁押（拘留和逮捕）的犯罪嫌疑人、被告人。在刑事诉讼中，已被专门机关采用拘留或逮捕的犯罪嫌疑人、被告人无须拘传，可以直接运用提讯、提押、提解的方法实现对被告人的讯问或审判。未经羁押的被告人，可以是已经对其采用了取保候审或监视居住的犯罪嫌疑人、被告人，也可以是没有对其采用任何强制措施的犯罪嫌疑人、被告人，当然，实践中后者的比率较小，这是应当予以关注的一个问题。

关于拘传的适用条件，《刑事诉讼法》第 66 条作出原则性规定，即由专门机关根据案件情况决定是否采用。从司法实践的情况看，通常是对犯罪嫌疑人、被告人经合法传唤无正当理由不到案的而适用拘传。当然专门机关有权不经传唤直接拘传，例如，有拒绝传唤可能的；无法传唤的；情况比较紧急的等情况。

3. 拘传的程序

根据《刑事诉讼法》、《公安程序规定》第 78 条至第 80 条、《刑诉规则》第 81 条至第 85 条、《刑诉法解释》第 147 条至第 149 条等规定，以及司法实践中的通常做法，拘传应当按照以下程序进行：

第一，由案件的经办人提出申请，填写“呈请拘传报告书”，经本部门负责人审核后，由公安局局长、人民检察院检察长、人民法院院长批准，签发拘传证或者拘传票。拘传证或者拘传票上应载明被拘传人的姓名、性别、年龄、籍贯、住址、工作单位、案由、接受讯问的时间和地点，以及拘传的理由。

第二，拘传应当在被拘传人所在的市、县内进行。被拘传人工作单位与居住地不在同一市、县的，拘传应当在被拘传人工作单位所在的市、县内进行，特殊情况下，也可以在被拘传人居住地所在的市、县内进行。公安机关、人民检察院或人民法院在本辖区以外拘传犯罪嫌疑人、被告人的，一般应当通知当地的公安机关、人民检察院或人民法院，当地的公安机关、人民检察院、人民法院一般应当予以协助。

第三，拘传时，应当向被拘传人出示拘传证或者拘传票，并责令其在拘传证上签名、捺指印。执行拘传的侦查人员或者司法工作人员不得少于 2 人。对于抗拒拘传的，可以使用诸如警棍、警绳、手铐等戒具，强制其到案。

第四，拘传后，应当对被拘传人的人身、随身携带的物品进行安全检查，发现与案件相关的证据或者可疑物品以及可能危害人身安全的物品，应当及时向案件承办人报告。

第五，被拘传人到案后，应当责令其在拘传证或者拘传票上填写到案时间。拘传后可以进行讯问。拘传结束后，应当由其在拘传证或者拘传票上填写拘传结束时间。犯罪嫌疑人拒绝填写的，侦查人员或者司法工作人员应当在拘传证或者拘传票上注明。

第六，讯问结束后，如果被拘传人符合其他强制措施如拘留、逮捕条件的，应当依法采取其他强制措施。如果不需要采取其他强制措施的，应当恢复其人身自由。

第七，一次拘传的时间不得超过 12 小时，案情特别重大、复杂，需要采取拘留、逮捕措施的，拘传的持续时间不得超过 24 小时，不得以连续拘传的形式变相羁押犯罪嫌疑人、被告人。

第八，拘传犯罪嫌疑人，应当保证犯罪嫌疑人的饮食和必要的休息时间。不得以连续拘传的形式变相拘禁犯罪嫌疑人。

（二）取保候审

1. 取保候审的概念和种类

取保候审，是指在刑事诉讼过程中，公安机关、人民检察院、人民法院责令犯罪嫌疑人、被告人提出保证人或者交纳保证金，保证犯罪嫌疑人、被告人不逃避或妨碍侦查、起诉和审判活动，并随传随到的一种强制方法。

《刑事诉讼法》设立了两种取保候审方式：一种是保证人保证方式，另一种是保证金保证方式。对未成年人取保候审，应当优先适用保证人保证。保证金既可以由自己交纳，也可以由愿意为其提供保证金的单位或其他个人交纳。根据《刑事诉讼法》及相关司法解释的规定，保证人保证和保证金保证是选择关系，不得同时使用保证人保证与保证金保证。根据《刑诉规则》第 89 条第 3 款和《刑诉法解释》第 151 条，对下列犯罪嫌疑人、被告人决定取保候审的，可以责令其提出一至二名保证人：（1）无力交纳保证金的；（2）未成年或者已满 75 周岁的；（3）不宜收取保证金的其他被告人。

2. 取保候审的适用对象

取保候审，只是限制而不是剥夺犯罪嫌疑人、被告人的人身自由，它是一种强度较小的强制措施，所以根据《刑事诉讼法》第 67 条的规定，取保候审适用于下列情形。

（1）可能判处管制、拘役或者独立适用附加刑的。这是取保候审中最常见的，由于可能判处的刑罚较轻，犯罪嫌疑人、被告人逃避侦查和审判的可能性就比较小，没有必要采取拘留、逮捕的方法羁押犯罪嫌疑人、被告人。

（2）可能判处有期徒刑以上刑罚，采取取保候审不致发生社会危险性的。这种情况在实践中要结合案件的具体情况来考虑，一般来讲，多适用于有可能判处缓刑的犯罪嫌疑人、被告人，以及初犯、过失犯、未成年人犯罪等案件的犯罪嫌疑人、被告人。对累犯、犯罪集团的主犯，以自伤、自残办法逃避侦查的犯罪嫌疑人、被告人，危害国家安全的犯罪、暴力犯罪，以及其他严重犯罪的犯罪嫌疑人、被告人，一般不考虑适用取保候审。

（3）患有严重疾病、生活不能自理，怀孕或者正在哺乳自己婴儿的妇女，采取取保候审不致发生社会危险性的。这种情况主要是出于人道主义考虑，同时这几种情况的犯罪嫌疑人、被告人的逃避侦查和审判的可能性也比较小。

（4）羁押期限届满，案件尚未办结，需要采取取保候审的。这种情况主要是为了严格执行羁押期间制度，避免超期羁押。

3. 取保候审的程序

取保候审在适用程序上分为两种情形：一是公安机关、人民检察院、法院等机关根据案件具体情况，直接主动地依职权决定取保候审；二是根据犯罪嫌疑人、被告人及其法定代理人、近亲属或者其所委托的律师的申请，依申请取保候审。在实践中，后者较之前者的比率更高。

（1）取保候审的申请。

根据《刑事诉讼法》第 97 条等规定，有权提出取保候审申请的人员包括：犯罪嫌疑人、被告人及其法定代理人、近亲属和辩护人。取保候审的申请，一般应以书面形式提出。在特殊情况下，允许采用口头形式。

（2）保证人和保证金。

犯罪嫌疑人、被告人或者其法定代理人、近亲属、被聘请的律师提出取保候审的申请以后，对符合取保候审条件的，公安机关、人民检察院、法院等机关应当责令犯罪嫌疑人、被告人提出保证人或者交纳保证金。

（3）取保候审的决定。

人民法院、人民检察院和公安机关在办理案件的过程中均有权决定对犯罪嫌疑人、被告人采取取保候审。

（4）取保候审的执行。

根据《刑事诉讼法》第 67 条第 2 款的规定，取保候审由公安机关执行。因此，如果是人民检察院和人民法院决定的取保候审，一般由作出决定的人民检察院或者人民法院向被取保候审人宣布取保候审决定后，将取保候审决定书等相关材料送交当地同级公安机关执行；被告人不在本地居住的，送交其居住地公安机关执行。

（5）被取保候审的人应当遵守的规定。

根据《刑事诉讼法》第 71 条第 1 款的规定，被取保候审的人应当遵守的规定具体包括：1）未经执行机关批准不得离开所居住的市、县；2）住址、工作单位和联系方式发生变动的，在 24 小时以内向执行机关报告；3）在传讯的时候及时到案；4）不得以任何形式干扰证人作证；5）不得毁灭、伪造证据或者串供。

此外，人民法院、人民检察院和公安机关还可以根据犯罪嫌疑人涉嫌犯罪性质、危害后果、社会影响，犯罪嫌疑人、被害人的具体情况等，依据《刑事诉讼法》第71条第2款的规定，责令被取保候审的犯罪嫌疑人、被告人遵守以下一项或者多项规定：1）不得进入特定的场所；2）不得与特定的人员会见或者通信；3）不得从事特定的活动；4）将护照等出入境证件、驾驶证件交执行机关保存。专门机关应当综合考虑案件的性质、情节、社会影响、犯罪嫌疑人的社会关系等因素，确定特定场所、特定人员和特定活动的范围。

根据《公安程序规定》第103条，对取保候审保证人是否履行了保证义务，由公安机关认定，对保证人的罚款决定，也由公安机关作出。

（6）取保候审的期间。

《刑事诉讼法》第79条第1款规定，人民法院、人民检察院和公安机关对犯罪嫌疑人、被告人取保候审最长不得超过12个月。在取保候审期间，不得中断对案件的侦查、起诉和审理。需要注意的是，实践中存在以取保候审期限代替办案期限，导致办案期限异化延长的情况，应当引起必要重视。

（三）监视居住

1. 监视居住的概念

监视居住，指公安机关、人民检察院和人民法院在刑事诉讼过程中限令犯罪嫌疑人、被告人在规定的期限内不得离开住处或指定的居所，并对其活动予以监视和控制的一种强制方法。监视居住分为固定住处的监视居住和指定居所的监视居住。固定住处，是指被监视居住人在办案机关所在的市、县内生活的合法住处；指定居所，是指根据案件情况，在办案机关所在的市、县内为被监视居住人指定的生活居所。

2. 监视居住的适用情形

根据《刑事诉讼法》第74条的规定，公安机关、人民检察院和人民法院等机关对符合逮捕条件，有下列情形之一的犯罪嫌疑人、被告人，可以监视居住：（1）患有严重疾病、生活不能自理的；（2）怀孕或者正在哺乳自己婴儿的妇女；（3）系生活不能自理的人的唯一扶养人；（4）因为案件的特殊情况或者办理案件的需要，采取监视居住措施更为适宜的；（5）羁押期限届满，案件尚未办结，需要采取监视居住措施的。对符合取保候审条件，但犯罪嫌疑人、被告人不能提出保证人，也不交纳保证金的，可以监视居住。

3. 监视居住的程序

（1）监视居住的决定。

根据《公安程序规定》第110条和第111条、《刑诉规则》第108条和第118条、《刑诉法解释》第160条和第161等规定，对犯罪嫌疑人、被告人监视居住，应当制作“呈请监视居住报告书”，说明监视居住的理由、采取监视居住的方式以及应当遵守的规定，经县级以上公安机关、人民检察院、法院等机关负责人批准，制作“监视居住决定书”。“监视居住决定书”应当向犯罪嫌疑人、被告人宣读，由犯罪嫌疑人、被告人签名、捺指印。监视居住应当在犯罪嫌疑人、被告人住处执行；无固定住处的可以在指定的居所执行。对于涉嫌危害国家安全犯罪、恐怖活动犯罪，在住处执行可能有碍侦查的，经上一级公安机关批准，也可以在指定的居所执行。

根据《刑事诉讼法》第 77 条的规定，被监视居住的犯罪嫌疑人、被告人应当遵守以下规定：1）未经执行机关批准不得离开执行监视居住的处所；2）未经执行机关批准不得会见他人或者通信；3）在传讯的时候及时到案；4）不得以任何形式干扰证人作证；5）不得毁灭、伪造证据或者串供；6）将护照等出入境证件、身份证件、驾驶证件交执行机关保存。被监视居住的犯罪嫌疑人、被告人违反这些规定，情节严重的，可以予以逮捕；需要予以逮捕的，可以对犯罪嫌疑人、被告人先行拘留。

（2）监视居住的执行。

《刑事诉讼法》第 74 条第 3 款规定，监视居住由公安机关执行。实践中，公安机关决定监视居住的，由被监视居住人住处或者指定居所所在地的派出所执行，办案部门可以协助执行。必要时，也可以由办案部门负责执行，派出所或者其他部门协助执行。人民法院、人民检察院决定监视居住的，负责执行的县级公安机关应当在收到法律文书和有关材料后 24 小时以内，通知被监视居住人住处或者指定居所所在地的派出所，核实被监视居住人身份、住处或者居所等情况后执行。必要时，可以由人民法院、人民检察院协助执行。

《刑事诉讼法》第 76 条和第 79 条第 1 款规定，监视居住最长不得超过 6 个月。指定居所监视居住的期限应当折抵刑期。被判处管制的，监视居住一日折抵刑期一日；被判处拘役、有期徒刑的，监视居住二日折抵刑期一日。

思考练习题

1. 试述《刑事诉讼法》第 168 条的内涵。
2. 试述各侦查机关的职能管辖范围及其变化原因。
3. 试论述讯问程序的违法类型及规制方法。
4. 如何对证人证言的可靠性进行审查？
5. 如何理解鉴定证据的科学性？
6. 试述技术侦查与传统的侦查的区别。
7. 试述技术侦查的适用范围与适用原则。
8. 请评析我国技术侦查措施与公民个人隐私权的平衡。
9. 试述电子证据的种类与特征。
10. 电子证据的收集需要注意哪些事项？
11. 论述刑事拘留的概念、特征与适用条件。
12. 论述取保候审的适用条件与程序。

13. 论述监视居住的适用情形。

14. 论述羁押必要性审查制度的价值。

15. 如何理解少捕慎诉慎押刑事司法政策的内涵和价值?

16.《刑事诉讼法》第 81 条第 2 款规定:批准或者决定逮捕,应当将犯罪嫌疑人、被告人涉嫌犯罪的性质、情节,认罪认罚等情况,作为是否可能发生社会危险性的考虑因素。请结合该条规定分析逮捕中社会危险性条件的认定,并结合认罪认罚从宽制度谈谈你的认识。

参考文献

1. 习近平谈治国理政. http://dangjian.people.com.cn/GB/414209/414211/index3.html。

2. 马克思恩格斯全集. 北京:人民出版社,1956.

3. 肖前. 马克思主义哲学原理. 北京:中国人民大学出版社,1994.

4. 陈光中. 刑事诉讼法. 6 版. 北京:北京大学出版社,2016.

5. 叶青. 刑事诉讼法学. 3 版. 北京:中国人民大学出版社,2020.

6. 孙长永. 少捕慎诉慎押刑事司法政策与人身强制措施制度的完善. 中国刑事法杂志,2022 (2).

7. 吴宏耀. 认罪认罚从宽制度的体系化解读. 当代法学,2020 (4).

8. 史卫忠. 监察机关与检察机关办案衔接难点问题解析. 人民检察,2021 (21).

第五章　公诉与刑事合规

第一节　审查起诉的内容和程序

审查起诉程序，是指人民检察院对依法侦查终结或调查终结并移送提起公诉的案件，依法进行全面审查，并决定是否将犯罪嫌疑人交付人民法院审判的一项诉讼活动。审查起诉权是由人民检察院代表国家统一行使的权力，其他任何机关、团体、组织或者个人都无权行使。《刑事诉讼法》第169条专门规定：“凡需要提起公诉的案件，一律由人民检察院审查决定。”据此，无论是公安机关侦查终结的案件还是监察机关经调查认为构成犯罪的案件，都应当移送人民检察院审查决定。审查起诉程序具有过滤案件、侦查监督、启动审判、追诉犯罪等承上启下的作用，且由于审查起诉的内容和程序设计严格，刑事实体法、程序法、证据法往往交错适用，还要考虑刑事司法政策的应用，因而对公诉人的综合素质要求极高。

一、审查起诉的内容

以审判为中心的刑事诉讼制度改革、司法责任制改革、“捕诉一体”办案机制改革、认罪认罚从宽制度改革等刑事司法改革深入推进，对审查起诉的内容提出了新要求。人民检察院对于移送审查起诉的案件在指定检察人员进行初步审查并予以受理后，负责承办案件的公诉人员应当立即着手对案件进行正式审查。司法实践中，审查的内容基本体现在“捕诉合一案件审查报告”（《人民检察院工作文书格式样本2020年版》）之中。“捕诉合一案件审查报告”是办案人员在办理审查逮捕和审查起诉案件过程中所制作的检察工作文书，是刑事检察官审查案件的工具和载体。其核心功能是案件审查功能，承办检察官制作审查报告的过程就是全面把握案情、审查证据、判断事实，并对侦查行为进行法律监督的过程。报告内容共分为八个部分：

犯罪嫌疑人及其他诉讼参与人基本情况、发破案经过、侦（调）查机关（部门）认定的犯罪事实与意见、审查逮捕时认定的案件事实及证据、审查起诉时认定的案件事实及证据、需要说明的问题及有关情况、相关诉讼参与人的意见、审查意见等。

结合“案件审查报告”的内容指引，以及《刑事诉讼法》第 171 条、《刑诉规则》第 330 条等的规定，主办检察官审查案件时，必须遵循全面审查原则：不仅要审查案件的实体内容，还要审查案件的程序内容、证据内容。审查具体包括以下内容。

第一，关于犯罪嫌疑人及其他诉讼参与人的基本情况。这包括：犯罪嫌疑人身份状况是否清楚，包括姓名、性别、国籍、出生年月日、职业和单位等；单位犯罪的，单位的相关情况是否清楚；附带民事诉讼原告人、被告人的基本情况；辩护人、诉讼代理人的基本情况等。

第二，关于案件的由来及侦（调）查过程。这包括：发破案经过、强制措施采取情况、侦（调）查机关（部门）认定的犯罪事实与意见、审查逮捕时认定的案件事实及证据、补充侦查情况、提前介入情况；侦查活动是否合法；采取侦查措施包括技术侦查措施的法律手续和诉讼文书是否完备等。

第三，关于证据审查情况。这包括三个方面：（1）证明犯罪事实的证据材料是否随案移送，证明相关财产系违法所得的证据材料是否随案移送，不宜移送的证据的清单、复制件、照片或者其他证明文件是否随案移送。（2）证据是否依法收集，瑕疵证据是否得到及时补正或已经得到合理解释，有无应当排除非法证据的情形等。（3）证据是否确实、充分，定罪量刑的事实是否都有证据证明；据以定案的证据是否均经法定程序查证属实，综合全案证据，对所认定事实是否已排除合理怀疑。

第四，关于罪名认定、刑罚适用及羁押必要性情况。首先，犯罪事实、情节是否清楚，实施犯罪的时间、地点、手段、危害后果是否明确。其次，认定犯罪性质和罪名的意见是否正确，认定的罪名与关联犯罪之间辨析适用问题。再次，有无法定的从重、从轻、减轻或者免除处罚情节及酌定从重、从轻情节。又次，共同犯罪案件的犯罪嫌疑人在犯罪活动中的责任认定是否恰当。最后，采取的强制措施是否适当，对于已经逮捕的犯罪嫌疑人，有无继续羁押的必要。

第五，关于犯罪嫌疑人是否认罪认罚情况。根据《刑诉规则》第 271 条的规定，对于在侦查阶段认罪认罚的案件，人民检察院应当重点审查以下内容：犯罪嫌疑人是否自愿认罪认罚，有无因受到暴力、威胁、引诱而违背意愿认罪认罚；犯罪嫌疑人认罪认罚时的认知能力和精神状态是否正常；犯罪嫌疑人是否理解认罪认罚的性质和可能导致的法律后果；公安机关是否告知犯罪嫌疑人享有的诉讼权利，如实供述自己罪行可以从宽处理和认罪认罚的法律规定，并听取意见；起诉意见书中是否写明犯罪嫌疑人认罪认罚情况；犯罪嫌疑人是否真诚悔罪，是否向被害人赔礼道歉。经审查，犯罪嫌疑人违背意愿认罪认罚的，人民检察院可以重新开展认罪认罚工作。存在刑讯逼供等非法取证行为的，依照法律规定处理。

第六，附带民事公益诉讼情况。这包括：有无附带民事诉讼；对于国家财产、集体财产遭受损失的，是否需要由人民检察院提起附带民事诉讼；对于破坏生态环境和资源保护，食品药品安全领域侵害众多消费者合法权益，侵害英雄烈士的姓名、肖像、名誉、荣誉等损害社会公共利益的行为，是否需要由人民检察院提起附带民事公益诉讼。

第七，需要特殊说明的问题及有关情况。这包括但不限于以下内容：(1) 是否属于不应当追究刑事责任的；(2) 有无遗漏罪行和其他应当追究刑事责任的人；(3) 单位犯罪的，刑事企业合规的基础或前期开展内容、方式、效果等；(4) 涉案财物是否查封、扣押、冻结并妥善保管，清单是否齐备；(5) 对被害人合法财产的返还和对违禁品或者不宜长期保存的物品的处理是否妥当，移送的证明文件是否完备；(6) 其他重大事项是否说明或报备等。

二、审查起诉的程序

(一) 审阅案卷材料

审阅侦查机关或监察机关移送的案卷材料是审查起诉人员接触案件、了解案情的基础性工作。根据《刑诉规则》第 330 条，审查起诉人员应当对审查起诉案件的程序、实体、证据及其他重大事项等进行审查，特别是要结合随案移送的证据材料，对被追诉人所涉犯罪的性质、罪名的认定以及共同犯罪案件中犯罪嫌疑人的责任划分是否有足够的事实和法律依据等内容进行细致、深入审查。审阅案卷材料发现问题时，可以询问负责本案的侦查人员或监察机关调查人员。此外，为强化人民检察院在审查起诉过程中对侦查人员非法取得的证据的调查和排除责任，依据《刑事诉讼法》第 175 条、第 56 条的规定，人民检察院审查案件，认为可能存在以非法方法收集证据情形的，可以要求侦查机关对证据收集的合法性作出说明；经调查如果确认有应当排除的证据的，应当依法予以排除，不得作为起诉决定的依据；同时，根据《刑诉规则》第 341 条之规定，非法证据被依法排除后，可以要求监察机关或者公安机关另行指派调查人员或者侦查人员重新取证，必要时，人民检察院也可以自行调查取证。

(二) 讯问犯罪嫌疑人

讯问犯罪嫌疑人是人民检察院审查起诉的必经程序。根据《刑事诉讼法》第 173 条、《刑诉规则》第 331 条之规定，人民检察院审查案件，应当讯问犯罪嫌疑人。审查起诉人员讯问犯罪嫌疑人，直接听取其供述和辩解，有助于了解和监督侦查活动，调查核实案件证据与犯罪事实，为出庭支持公诉做好准备。人民检察院讯问犯罪嫌疑人时，首先，应当告知其在审查起诉阶段所享有的诉讼权利，如委托辩护的权利、获得法律援助或值班律师帮助的权利，等等。其次，犯罪嫌疑人认罪的，人民检察院应当按照认罪认罚从宽制度的相关规定，听取涉嫌的犯罪事实、罪名及适用的法律规定，提出刑罚从宽适用的建议，提出案件审理程序选择与适用等事项的意见，并记录在案；犯罪嫌疑人自愿认罪，同意量刑建议和程序适用的，应当签署认罪认罚具结书。再次，讯问未成年犯罪嫌疑人时，应当通知其法定代理人或合适成年人到场。最后，讯问应当由 2 名以上办案人员进行，并制作笔录，笔录应详细记载讯问的起止时间、地点、讯问人等形式要件信息。另外，讯问时应该特别注意犯罪嫌疑人翻供、串供、攀供等问题。

(三) 听取被害人及其诉讼代理人的意见

案件有被害人（包括单位被害人）的，人民检察院审查起诉时必须听取被害人的意见。人民检察院听取被害人的意见，首先应当告知其在审查起诉阶段所享有的诉讼权利；犯罪嫌疑人认罪认罚的，还应听取被害人对罪名确定、刑罚适用等意见。询问未成年被害人的，应当通知其法定代理人或合适成年人到场。

在刑事诉讼活动中，被害人有权委托律师等担任诉讼代理人，协助自己进行诉讼活动。对于被害人委托诉讼代理人的，检察机关在审查起诉时，应当听取诉讼代理人的意见。

(四) 听取辩护人或值班律师的意见

为充分反映辩护人或值班律师的意见，提高审查起诉人员审查起诉及其处理决定的质量，保障当事人的合法权益，《刑事诉讼法》第 173 条规定：人民检察院审查起诉时，还应当听取辩护人或值班律师的意见，并记录在案，提出书面意见的，应当附卷。犯罪嫌疑人认罪认罚的，还应听取辩护人或值班律师对罪名确定、刑罚适用等意见。

(五) 进行必要的鉴定活动

鉴定意见具有特殊的证据“链接”价值，往往可以将若干言词证据、实物证据链接起来，以充分证实罪与非罪、此罪与彼罪、重罪与轻罪、一罪与数罪。因而，鉴定意见在证据种类中处于极为重要的地位。但在司法实践中，受制于多方面因素，鉴定意见往往会存在一定的形式问题、实质问题。为提升案件质量，把住案件起诉“关口”，《刑诉规则》第 332 条规定，人民检察院认为需要对案件中某些专门性问题进行鉴定而监察机关或者公安机关没有鉴定的，应当要求监察机关或者公安机关进行鉴定，必要时，也可以由人民检察院进行鉴定，或者由人民检察院聘请有鉴定资格的人进行鉴定；同时，《刑诉规则》第 333 条规定，在审查起诉中，发现犯罪嫌疑人可能患有精神病的，人民检察院应当依照本规则的有关规定对犯罪嫌疑人进行鉴定。

根据《刑诉规则》第 334 条的规定，人民检察院对鉴定意见有疑问的，可以询问鉴定人或者有专门知识的人并制作笔录附卷，也可以指派有鉴定资格的检察技术人员或者聘请其他有鉴定资格的人进行补充鉴定或者重新鉴定。人民检察院对鉴定意见等技术性证据材料需要进行专门审查的，按照有关规定交检察技术人员或者其他有专门知识的人进行审查并出具审查意见。

(六) 调查核实其他证据

审查起诉部门如果经过案件审查发现公安机关或者监察机关移送的证据材料有

疑点或者相互之间存在矛盾的，可以通过进一步调查公安机关或者监察机关已经收集到的有关证据来核实，主要包括：(1) 对公安机关的勘验、检查，认为需要复验、复查时，可以要求公安机关复验、复查，并且可以派检察人员参加；也可以自行复验、复查，商请公安机关派员参加，必要时也可以聘请专门技术人员参加。(2) 对鉴定意见有疑问的，可以指派或者聘请有专门知识的人或者鉴定机构，对案件中的某些专门性问题进行补充鉴定或者重新鉴定。对审查起诉案件中涉及专门技术问题的证据材料需要进行审查的，可以送交检察技术人员或者其他具有专门知识的人员审查。(3) 对物证、书证、视听资料、勘验、检查笔录存在疑问的，可以要求侦查人员提供物证、书证、视听资料、勘验、检查笔录获取、制作的有关情况。必要时也可以询问提供物证、书证、视听资料的人员并制作笔录，对物证、书证、视听资料进行技术鉴定。(4) 对证人证言笔录存在疑问或者认为对证人的询问不具体或者有遗漏的，可以对证人进行询问并制作笔录。

(七) 补充侦查或补充调查

根据《刑事诉讼法》第 175 条的规定，人民检察院审查案件，可以要求公安机关提供法庭审判所必需的证据材料。对于需要补充侦查的，可以退回公安机关补充侦查，也可以自行侦查。对于补充侦查的案件，应当在 1 个月以内补充侦查完毕。补充侦查以 2 次为限。当然，这一规定同样适用于监察机关调查案件及人民检察院自行侦查的案件。

补充侦查或补充调查，一般适用于有非法取证行为，犯罪事实不清、证据不足或者有遗漏罪行、遗漏犯罪嫌疑人，或审查起诉人员与侦查人员、监察机关调查人员在认定案件事实和证据上有分歧等情形。需要特殊说明的是，在审查起诉期间改变管辖的案件，改变管辖前后退回补充侦查的次数总共不得超过两次。

第二节　提起公诉的决定和方式

一、提起公诉的实质要件

提起公诉，是指人民检察院对于移送案件，经审查认为符合起诉条件的，依法作出起诉决定，代表国家将犯罪嫌疑人提交人民法院审判的一种诉讼活动。《刑事诉讼法》第 176 条规定："人民检察院认为犯罪嫌疑人的犯罪事实已经查清，证据确实、充分，依法应当追究刑事责任的，应当作出起诉决定，按照审判管辖的规定，向人民法院提起公诉，并将案卷材料、证据移送人民法院。犯罪嫌疑人认罪认罚的，人民检察院应当就主刑、附加刑、是否适用缓刑等提出量刑建议，并随案移送认罪认罚具结书等材料。"《监察法》第 47 条第 2 款规定："人民检察院经审查，认为犯罪事实已经查清，证据确实、充分，依法应当追究刑事责任的，应当作出起诉决定。"人民检察院提起公诉，必须同时具备三个实质性条件。

（一）事实与证据条件

犯罪事实是正确定罪量刑的基础，只有在犯罪事实清楚，并有确实、充分的证据证明的情况下才能依法决定提起公诉。根据《刑诉规则》第 355 条的规定，具有下列情形之一的，可以认为犯罪事实已经查清：属于单一罪行的案件，查清的事实足以定罪量刑或者与定罪量刑有关的事实已经查清，不影响定罪量刑的事实无法查清的；属于数个罪行的案件，部分罪行已经查清并符合起诉条件，其他罪行无法查清的；无法查清作案工具、赃物去向，但有其他证据足以对被告人定罪量刑的；证人证言、犯罪嫌疑人供述和辩解、被害人陈述的内容主要情节一致，个别情节不一致，但不影响定罪的。

关于“证据确实、充分”，我国审查起诉的证明标准与审判的证明标准相同，根据《刑事诉讼法》第 55 条的规定，应当符合以下条件：定罪量刑的事实都有证据证明；据以定案的证据均经法定程序查证属实；综合全案证据，对所认定事实已排除合理怀疑。

（二）责任条件

犯罪嫌疑人具有应当追究刑事责任的法定情形，是对其提起公诉的责任条件。在“犯罪事实已经查清，证据确实、充分”的前提下，“依法应当追究刑事责任”主要应当从反面审查本案是否具有依法不应当追究刑事责任的情形。如具有《刑事诉讼法》第 16 条规定的六种情形之一；具有正当防卫、紧急避险等正当化事由；或者属于依法可以作出不起诉处理的情形。

（三）管辖条件

案件受理法院有管辖权是人民检察院提起公诉的程序性要求。提起公诉应当符合《刑事诉讼法》第一编第二章“管辖”内容中关于审判管辖的规定。

二、公诉事实和罪名的确定

公诉事实即被提起公诉的事实。“所有的公审程序都是以‘公诉事实’为轴心展开的。”[①] 公诉事实及其指控罪名均为刑事诉讼客体的内容，在刑事诉讼构造中具有重要价值。刑事诉讼客体是刑事诉讼活动中各诉讼主体的诉讼行为共同指向之对象。刑事诉讼客体是维系刑事诉讼法律关系稳固之基础，只有围绕这一客体进行的诉讼活动才具有刑事诉讼法律意义，并产生相应的刑事诉讼法律后果；反之，刑事诉讼法律关系即失去了产生和发展的前提。

（一）公诉事实和指控罪名的功能

公诉事实和指控罪名是刑事诉讼客体的核心内容，是刑事诉讼活动的中心，对于各刑事诉讼主体的诉讼行为具有指向性作用。该内容应当具有基础核心性、客观

---

① 松尾浩也．日本刑事诉讼法：上．丁相顺，译．北京：中国人民大学出版社，2005：186.

实在性、概括统一性以及进阶延展性等特征。

第一，公诉事实和指控罪名具有确定审判管辖的功能。刑事诉讼中的管辖，可分为立案管辖和审判管辖。其中，审判管辖是指人民法院系统内部关于审判第一审刑事案件的权限与分工制度，具体包括：级别管辖、地域管辖、指定管辖和专门管辖。

就地域管辖而言，刑事案件的地域管辖主要是由公诉事实确定。《刑事诉讼法》第25条规定："刑事案件由犯罪地的人民法院管辖。如果由被告人居住地的人民法院审判更为适宜的，可以由被告人居住地的人民法院管辖。"可见，确定刑事案件地域管辖的基本因素为犯罪地或被告人居住地，这些都为公诉事实之实体法事实中有关犯罪构成要件的事实与关于被告人身份事实（信息）所包括，且在起诉书中有着详细记载，成为确定地域管辖的依据。

就级别管辖而言，确定级别管辖的依据是刑事案件的性质及其社会影响，而衡量刑事案件性质最重要的标准即是公诉事实和指控罪名。刑事案件由检察机关起诉至法院，而系属于哪级法院则由检察机关起诉书中记载的公诉事实与指控的罪名决定，如《刑事诉讼法》第21条规定，危害国家安全案件、恐怖活动案件以及可能判处无期徒刑、死刑的案件，都由中级人民法院管辖。

第二，公诉事实和指控罪名具有限定审判范围的功能。"从历史上来说，起诉的引进是为了保护公民免受任意定罪——由起诉人提起指控可以避免法官主动受理刑事案件，同时充当控告者和裁判者"[①]，以有效地控制法院滥用审判权，防止司法的专横。公诉机关以起诉书为载体提出的控诉是法院开始对任一刑事案件进行审判的前提。"特定的犯罪事实作为'公诉事实'而变成诉讼实体形成的对象，不管到哪儿，审判都必须在公诉事实的范围内进行"[②]，法院不能对没有提出指控的犯罪事实、罪名进行审判，法院主动发现存在犯罪事实、罪名的情形也不例外。

第三，公诉事实和指控罪名具有指引辩护的功能。被起诉书记载的公诉事实与指控罪名，为辩护方提供了辩护指引。【参见知识拓展5－1】[③] 检察机关只能就被起诉书记载的公诉事实与指控罪名进行公诉，法院也只能在此范围内进行审判，辩护方也只需要围绕指控事实和罪名进行防御准备；控、辩、审三方只有聚焦于此，才能保证辩护方确定、有效地行使辩护权，从而稳定刑事诉讼结构。

知识拓展5－1

（二）公诉事实和指控罪名的确定

1. 公诉事实的确定

公诉事实一般即为犯罪事实。但是，公诉事实并非指单纯的自然事实，而是以

① 托马斯·魏根特. 德国刑事诉讼程序. 岳礼玲，温小洁，译. 北京：中国政法大学出版社，2004：129.

② 小野清一郎. 犯罪构成要件理论. 王泰，译. 北京：中国人民公安大学出版社，2004：216.

③ 赵某忠工程重大安全事故案.［2022－08－30］. https://www.pkulaw.com/pfnl/a25 051f3 312b07f3c03c2b19336050fc6742b69 894b1f659bdfb.html? keyword＝%E8%B5%B5%E7%A5%A5%E5%BF%A0%E5%B7%A5%E7%A8%8B%E9%87%8D%E5%A4%A7%E5%AE%89%E5%85%A8%E4%BA%8B%E6%95%85%E6%A1%88&way=listView.

自然事实为基础，“根据刑法规定的犯罪构成要件，加以组合而形成的犯罪事实，即与某一犯罪构成要件相当，请求法院裁判的事实”①。根据《刑诉规则》第358条之规定，公诉事实一般包括犯罪的时间、地点、经过、手段、动机、目的、危害后果等与定罪量刑有关的事实要素。需要特别说明的是，起诉书中的公诉事实与犯罪构成要件事实具有较大区别。

第一，公诉事实应当以“行为”为核心。犯罪是一种行为，“犯罪论研究的是一行为可罚性的一般之法律要件”②。行为总是与人们一定的目的、意识、意志相联系。概括地说，行为就是人们在一定目的、意识、意志支配下作出的外部举动。“法律上所理解的行为是外显意志（will manifested externally）的行使，它意味着一种选择”③，“是相对于外部世界的任意举止，具体地讲：这一任意行为能够改变外部世界，不论是造成某种改变的作为（Tun），还是造成某种改变的不作为（Unterlassen）”④。虽然各国或地区（不同时间）对于犯罪的概念规定不尽相同，但无一例外地将“行为”作为其规制的中心，且将犯罪行为作“作为”和“不作为”之区分，因此，为使公诉事实具有明确性、清晰性，其确定就应以行为人的行为为核心，突出其行为构成要件的符合性与违法性。

第二，公诉事实的确定应具有概括性。公诉事实应体现犯罪构成要件事实、非构成要件事实的指引性。具有社会危害性的犯罪行为，被犯罪构成要件抽象地表达为“犯罪事实”。有学者认为，犯罪事实有“本体论意义的犯罪事实”与“认识论意义的犯罪事实”⑤之分，刑事司法程序实现的过程，即是运用证据，以认识论意义的犯罪事实不断揭开本体论意义的犯罪事实的面纱的过程。其实，无论是本体论意义的犯罪事实，还是认识论意义的犯罪事实，都是通过规则建构一个案件事实，并最终通过起诉书表现为公诉事实。但由于表达方式的不同，加之刑法罪刑法定原则的要求，公诉事实必须通过整合构成要件的方式对某一犯罪行为（事实）触犯了何种个罪进行表达，从而为司法实践提供性质认定标准和可操作的指引。因此，公诉事实应当包括能够表明行为人人身危险性与行为的社会危害性的所有主客观事实，它由犯罪构成事实与非犯罪构成事实两部分构成，其中非犯罪构成事实属于量刑情节的主要来源。

第三，公诉事实的确定应体现“自然性”。实体法上的犯罪事实通过起诉书具体化为“公诉事实”，并被起诉书清晰表达，更强调“自然性”。起诉书要以构成要件为“指导形象”，且受证明对象的限制，其表达方式却更注重自然表达。首先，公诉事实更强调基于行为人行动作出之时的自然心理、自然状态、达到的自然结果，强调其行为的“原始性”“自然性”“连续性”、实施内容的“相关性”，是对“已经发

---

① 卞建林. 刑事证明理论. 北京：中国人民公安大学出版社，2004：167.

② 汉斯·海因里希·耶赛克，托马斯·魏根特. 德国刑法教科书. 徐久生，译. 北京：中国法制出版社，2001：241.

③ 罗斯科·庞德. 法理学：4卷. 王保民，王玉，译. 北京：法律出版社，2007：321.

④ 李斯特. 德国刑法教科书. 徐久生，译. 北京：法律出版社，2006：177.

⑤ 于逸生，董玉庭. 论犯罪事实的性质. 北方法学，2010（1）：65-76.

生之事实”的再次回溯与建构。而实体法犯罪事实则更强调其“构成符合性”。实体法要求对个罪必须以犯罪构成要件进行详尽记述，以彰显人权保障原则及罪刑法定原则，因此，某一行为是否为罪，必须以构成要件的方式固定化，且实体法之犯罪事实为法律拟制事实，更强调法律的评价性，是对“已经发生之事实”的再次实体性评价。其次，公诉事实强调事实的连贯、逻辑的纵深发展。公诉事实更注重行为人及行为、行为结果本身之间的逻辑关联，从而对管辖、公诉内容及审判范围进行确定。而实体法犯罪事实则更注重“碎片化”的犯罪要件之间的“整理”“组合”，以确定罪与非罪、此罪与彼罪、重罪与轻罪、一罪与数罪之间的判断标准。最后，公诉事实注重效力的判断，实体法犯罪事实注重定性与定量的判断。公诉事实基于事实的自然进程，框定审判权行使的边界、公诉变更权行使的标准等内容。实体法犯罪事实倾向于从犯罪事实整合后如何能够构成犯罪出发，判断犯罪事实是否已经在形式上符合法定的罪状描述，实质上是否已经侵害了法益，进而确定刑事责任的大小及承担方式。

2. 指控罪名的确定

起诉书中指控罪名的确定，实质上是检察机关办案人员基于对被追诉人公诉事实的描述，而给出的法律评价。“评价”是一种主观见之于客观的活动，是人们对事物静态的性质（结构、形式）和动态的过程所作出的判断。同时，“评价”也是一种实践活动，而且这一活动是社会主体与评价对象之间的对应与互动。刑法学中的“评价”一般在“刑法规范的效用”理论中涉及，其是刑法规范机能的一种。①

其一，就实体法而言，起诉书罪名的确定应更注重合规范性。起诉书通过对被追诉人行为事实方面的描述，基本已经勾勒出该行为符合何种罪状描述。一般而言，起诉书所涉罪名会较为注重“罪与非罪、此罪与彼罪、重罪与轻罪、一罪与数罪”标准的把握。“刑法的评价机能是指刑法对于公民的规范机能。刑法首先是一种行为规范，表现为对触犯刑律构成犯罪的行为的一种否定的法律评价。故而，刑法的规范机能首先表现为评价机能。刑法是区分罪与非罪、此罪与彼罪、重罪与轻罪的界限的根本标准。它向公民提供了一张罪刑价目表；凡列入罪刑价目表的行为，刑法都予以否定评价。因此，刑法的评价机能使刑法具有一种行为尺度的功效。”② 同时，为表现刑法的否定性评价机能，起诉书一般会将该罪名关涉之罪状描述进行述写，以“准确地确定犯罪行为与非犯罪行为的范围，以保障该规范没有明文规定的行为不会成为该规范适用的对象”③。

其二，就程序法而言，起诉书罪名的确定应具有庭审指引作用。起诉书作为公诉机关的起诉载体开启了刑事审判程序，起诉书的作用在于限定审判内容、明确辩护方向。与刑法规范的评价机能不同，刑事诉讼法中的最终确定的意义更多关注各诉讼主体诉讼行为的有效性。刑事审判阶段各方矛盾集中，控辩双方均以各自利益

---

① 陈兴良. 本体刑法学. 北京：商务印书馆，2001：38.

② 陈兴良. 本体刑法学. 北京：商务印书馆，2001：38.

③ 杜里奥·帕多瓦尼. 意大利刑法学原理. 陈忠林，译. 北京：法律出版社，1998：24.

为依据而“证成”“证伪”，审判方作为最终结论性的“本院认为”则建立在双方运用证据对案件事实进行论证、辩论与说服的基础上，或与控辩双方其中一方相同，或独树一帜。但无论如何，辩护方、审判方都需要严格遵循不告不理、控审同一原则，对起诉书载明的罪名进行审理、辩护，以从根本上保障被追诉人权利、限制公权、规范法官裁量权的运用，以使诉讼程序最大程度地具有可预知性。

需要说明的是，起诉书载明的犯罪事实和指控罪名对于法院的拘束力并不完全相同。其中，根据不告不理原则，法院的审判范围原则上应当以起诉书指控的犯罪事实为限。《刑诉法解释》第 297 条规定，在法庭审理中，人民法院发现新的事实，可能影响定罪量刑的，或者需要补查补证的，应当通知人民检察院由其决定是否补充、变更、追加起诉或者补充侦查。人民检察院不同意或者在指定时间内未回复书面意见的，人民法院应当就起诉指控的事实，依法作出裁判。

基于依法独立审判原则的要求，就特定的犯罪事实究竟应当如何适用法律、构成何种罪名，法院享有最终的裁判权。因此，在罪名适用上，起诉书指控的罪名仅具有指示作用。根据法庭证据调查和法庭辩论情况，人民法院有权根据控辩双方申请或依职权来变更指控的罪名。《刑诉法解释》第 295 条规定，人民法院变更指控罪名，应当在判决前听取控辩双方的意见，保障被告人、辩护人充分行使辩护权；必要时，可以再次开庭，组织控辩双方围绕被告人的行为构成何罪及如何量刑进行辩论。

三、量刑建议与量刑协商

检察机关提出的量刑建议，是在综合考察被告人的犯罪事实、全部量刑情节基础之上，依据特定的量刑规则所提出的具体刑罚。公诉案件量刑建议的发展，伴随着在期待与质疑声中开展了十余年的量刑规范化改革而不断发展。本着确保量刑公开、公平、公正的目标任务，量刑规范化改革经历了从过去的“部分法院初步试点—全国法院全面试点—全国法院全面试行”到如今的“全面法院全面实行”的发展历程。[①] 特别是最高人民法院、最高人民检察院于 2021 年 6 月联合发布的《关于常见犯罪的量刑指导意见（试行）》（以下简称《量刑指导意见》）和最高人民法院、最高人民检察院、公安部、国家安全部、司法部于 2020 年 11 月联合发布的《关于规范量刑程序若干问题的意见》（以下简称《量刑程序意见》），已经成为规范检察机关量刑建议、法院量刑活动的重要依据。而仅就认罪认罚案件的量刑建议而言，一方面，适用认罪认罚从宽制度的前提是认罪认罚，被追诉人既要认罪又要认罚，才能获得从宽处遇，而认罚主要体现在被追诉人同意检察机关的量刑建议，可以说，量刑建议是认罚内涵的有形载体；但另一方面，在当前司法实践中，认罪认罚案件中的量刑建议机制还存在确定刑量刑建议的合理性不足、实质审查流于形式、

① 石经海，严海杰. 中国量刑规范化之十年检讨与展望. 法律科学，2015（4）：170－171.

辩护权保障不力等问题。[①] 如何科学规范地提出量刑建议，是推动认罪认罚从宽制度行稳致远的关键。

(一) 量刑建议

在我国刑事司法实践中，检察机关在21世纪之初就开始了对量刑建议的理论和实践探索。为配合量刑规范化改革，2010年2月，最高人民检察院公布《人民检察院开展量刑建议工作的指导意见（试行）》（以下简称《量刑建议工作指导意见》）。针对认罪认罚案件，2021年12月最高人民检察院发布《人民检察院办理认罪认罚案件开展量刑建议工作的指导意见》（以下简称《认罪认罚案件量刑建议指导意见》），加之《量刑程序意见》，确认了量刑建议的程序地位与检察机关的主体地位。

量刑建议兼具程序与实体内容，司法实践中量刑建议的提出应当注意以下方面。

第一，提出量刑建议的案件应当满足一定证明标准。对于不同刑事案件，提起公诉并提出量刑建议的案件，必须满足《刑事诉讼法》第55条关于证明标准的规定。根据《关于适用认罪认罚从宽制度的指导意见》第3条的规定，公安、司法机关办理认罪认罚案件，应当以事实为根据，以法律为准绳，严格按照证据裁判要求，全面收集、固定、审查和认定证据。坚持法定证明标准，侦查终结、提起公诉、作出有罪裁判应当做到犯罪事实清楚，证据确实、充分，防止因犯罪嫌疑人、被告人认罪而降低证据要求和证明标准……基于此，《量刑建议工作指导意见》第4条、《认罪认罚案件量刑建议指导意见》第3条规定，提出量刑建议的案件应当具备下列条件：犯罪事实清楚，证据确实充分；提出量刑建议所依据的各种法定从重、从轻、减轻等量刑情节已查清；提出量刑建议所依据的重要酌定从重、从轻等量刑情节已查清。

第二，量刑建议有幅度刑量刑建议与确定刑量刑建议之分。无论是不是认罪认罚案件，都可以提出幅度刑量刑建议或确定刑量刑建议。《刑诉规则》第364条第1款规定，人民检察院提起公诉的案件，可以向人民法院提出量刑建议。除有减轻处罚或者免除处罚情节外，量刑建议应当在法定量刑幅度内提出。建议判处有期徒刑、管制、拘役的，可以具有一定的幅度，也可以提出具体确定的建议。同时，《认罪认罚案件量刑建议指导意见》第4条也规定："办理认罪认罚案件，人民检察院一般应当提出确定刑量刑建议。对新类型、不常见犯罪案件，量刑情节复杂的重罪案件等，也可以提出幅度刑量刑建议，但应当严格控制所提量刑建议的幅度。"据此，检察机关在绝大多数认罪认罚案件中都提出了确定刑量刑建议。但是，由于量刑情节在审查起诉阶段仍然具有不确定性、《量刑指导意见》覆盖罪名有限、证据开示不充分、控辩量刑协商不到位等多方原因，确定刑量刑建议一直受到各种质疑；而幅度刑量刑建议也因幅度区间过大、被追诉人刑罚预期难以判断等存在争议。我们认为，幅

---

① 孙长永，田文军．认罪认罚案件量刑建议机制实证研究：以A市两级法院适用认罪认罚从宽制度审结的案件为样本．西南政法大学学报，2021（5）：3－16．

度刑量刑建议与确定刑量刑建议各有利弊[①]，并无优劣之分，且二者也都存在检察机关求刑权和人民法院最终裁判权冲突的问题，必须不断优化量刑步骤、强化量刑规范化依据的可操作性、提高检察官精确量刑能力等，才能提升量刑建议的质效。

第三，量刑建议的方式有书面建议、口头建议两种。首先，为了体现量刑建议的严肃和慎重，原则上应采取书面的形式。书面量刑建议可以分为两种：（1）独立式，即量刑建议独立于起诉书之外。如《刑诉规则》第 364 条第 2 款规定，提出量刑建议的，可以制作量刑建议书，与起诉书一并移送人民法院。量刑建议书的主要内容应当包括被告人所犯罪行的法定刑、量刑情节、建议人民法院对被告人判处刑罚的种类、刑罚幅度、可以适用的刑罚执行方式以及提出量刑建议的依据和理由等。人民检察院以量刑建议书方式提出量刑建议的，人民法院在送达起诉书副本时，应当将量刑建议书一并送达被告人。（2）合并式，即在起诉书中载明量刑建议。对于普通刑事案件，根据《量刑程序意见》第 9 条规定，对于案情简单、量刑情节简单的适用速裁程序的案件，也可以在起诉书中写明量刑建议。对于认罪认罚案件，《刑诉规则》第 274 条规定："认罪认罚案件，人民检察院向人民法院提起公诉的，应当提出量刑建议，在起诉书中写明被告人认罪认罚情况，并移送认罪认罚具结书等材料。量刑建议可以另行制作文书，也可以在起诉书中写明。"其次，口头的量刑建议。虽然根据法律文本，"可以制作量刑建议书"也可以被理解为"可以不制作量刑建议书"，据此采用口头的方式提出量刑建议，但实践中，口头的量刑建议使用频率较低。一般在庭审过程中出现证据改变或突发情况有必要修正先前的书面量刑建议，且时间紧急的，才能以口头量刑建议的形式作出补充。

（二）量刑协商

当前我国的认罪认罚案件并未建立有效的量刑协商机制；在量刑建议确定过程中，检察机关只需要听取辩护方的意见。《刑事诉讼法》第 173 条第 2 款规定，关于认罪认罚案件，检察机关要充分听取犯罪嫌疑人、辩护人或者值班律师等对于涉嫌的犯罪事实、罪名、适用的法律规定，从宽处罚的建议以及程序适用等方面的意见。《关于适用认罪认罚从宽制度的指导意见》第 33 条规定："犯罪嫌疑人认罪认罚的，人民检察院应当就主刑、附加刑、是否适用缓刑等提出量刑建议。人民检察院提出量刑建议前，应当充分听取犯罪嫌疑人、辩护人或者值班律师的意见，尽量协商一致。"我国认罪认罚从宽制度在提高诉讼效率，优化司法资源配置，实现各方利益最大化等方面发挥了巨大的积极作用，但也存在若干需要进一步解决的问题。

1. 量刑协商中存在的问题

从本质上看，认罪认罚从宽制度改革标志着"我国刑事司法继接受被害方与被告方的私力合作模式之后，再一次确立了一种建立在协商和妥协基础上的公力合作

① 黄京平. 幅度刑量刑建议的相对合理性：《刑事诉讼法》第 201 条的刑法意涵. 法学杂志，2020（6）：100-111.

模式”[①]。然而，无论是听取意见，还是量刑协商，在认罪认罚案件中的运行效果都并不尽如人意，这在很大程度上影响了认罪认罚案件的处理结果，也制约了认罪认罚从宽制度的纵深发展。【参见知识拓展 5－2】[②]

知识拓展 5－2

就认罪认罚具结书的形成过程而言，个别检察机关无视犯罪嫌疑人的诉讼主体地位，在量刑建议及案件处理上与辩护方缺乏耐心沟通和协商。概括而言，司法实践中，认罪认罚案件中的量刑协商主要存在以下问题。

第一，“强制式协商”的现象依然存在。从当前司法实践中认罪认罚案件量刑协商过程来看，检察机关滥用主导地位的情形还较为常见。具体表现有：（1）“要挟式”协商。如被追诉人在自愿承认犯罪的基础上，检察机关单方面提出从宽处理的量刑建议，被追诉人同意的，则签署认罪认罚具结书，视为控辩双方达成一致意见；不同意的，则视为被追诉人不认罪认罚，不能获得从宽处理。[③]（2）“偷袭式”协商。如有办案人员在审查起诉阶段的量刑协商中不及时提出量刑建议，而是等到提起公诉时才突然提出，迫使被追诉人在一定程度上勉强接受。[④]（3）“威胁式”协商。如有的办案人员自行提出量刑建议后，会直接让犯罪嫌疑人和辩护律师或者值班律师签字；后者提出不同意见时，办案人员会以“不签字的话，量刑会更重”相威胁。

第二，“信息不对称”的状况并没有实质改变。由于控辩双方地位失衡致双方掌握信息不对称，被追诉人会在尚未完全了解案件事实、证据的情况下，接受检察官提出的量刑建议。有的被追诉人甚至可能本来不构成犯罪，但为了避免被重新采取强制措施以及担心法庭审理的不利后果，不得不接受检察官提出的量刑建议，非自愿认罪认罚。根据《关于适用认罪认罚从宽制度的指导意见》第 29 条规定，人民检察院可以针对案件具体情况，探索证据开示制度，保障犯罪嫌疑人的知情权和认罪认罚的真实性及自愿性。但司法实践中，该项规定的执行状况并不是很好，检察官在与被追诉人及其辩护律师或者值班律师量刑协商时，有证据不出示或不完全出示的情况较为常见，以致辩方无法及时形成有效辩护策略、采取相应的量刑协商策略。因控诉方享有天然的证据优势地位，办案人员常利用自己掌握的证据、案件相关信息的时间优势、地位优势、权力优势等，在相关信息不完全告知或不具有针对性告知辩护方的前提下，违背“平等原则”与被追诉人进行量刑协商，以致辩方协商时意思表示不真实。

第三，“无实质法律帮助权”的现象较为普遍。值班律师设立的初衷是保障被追诉人认罪认罚的明知性与自愿性，并为其提供及时、有效、实质的法律帮助。但实践中，普遍存在值班律师会见时间紧张、会见形式较为单一、对被追诉人权利告知

---

① 陈瑞华. 刑事诉讼的公力合作模式：量刑协商制度在中国的兴起. 法学论坛，2019（4）：6.

② 最高人民检察院第二十二批指导性案例（2020－11－24）. https://www.spp.gov.cn/xwfbh/wsfbt/202012/t20201208_4887360.shtml#2.

③ 孙长永. 比较法视野下认罪认罚案件被告人的上诉权. 比较法研究，2019（3）：49.

④ 胡云腾. 认罪认罚从宽制度的理解与适用. 北京：人民法院出版社，2018：280.

和法律释明流于形式、几乎不阅卷等问题，值班律师大都沦为仅仅参与认罪认罚具结书签署过程的“见证者”。例如，值班律师大多数都是在检察机关或者看守所值班，对犯罪嫌疑人签署认罪认罚具结书时未受到强迫、胁迫等进行见证，有的值班律师甚至对被追诉人的基本情况、案件事实与证据内容均不清楚，因而无法为被追诉人认罪认罚提供实质性的法律帮助。

2. 量刑协商的完善路径

认罪认罚案件的量刑协商具有正当性。认罪认罚从宽制度在目标及构造设计等方面存在一定偏差，以致其自身未能充分关注被追诉人的诉讼利益及其实现。从应然的角度来讲，认罪认罚从宽制度应该是在被追诉人主体地位获得国家尊重与认可的前提下，被追诉人与国家通过一系列协商、交互行为达成诉讼合意，国家再基于这一交互关系的理性而兑现被追诉人所应获得的利益。换句话说，之所以量刑协商达成后应当给予被追诉人处遇优惠，是因为国家对这一理性的交互行为负有结果利益上的兑现义务。① 因此，必须保证量刑协商的程序正义和实质正义，以保证量刑协商的质效。

第一，完善权利告知。在认罪认罚从宽制度领域，权利是抵御权力的有力武器。为保证量刑协商过程的自愿性、真实性，发挥认罪认罚从宽制度的实效，量刑协商中必须保障被追诉人的合法权利，使其享有最基本的协商能力。实际上，《关于适用认罪认罚从宽制度的指导意见》第 26 条就明确要求检察机关要履行“权利告知”义务：“案件移送审查起诉后，人民检察院应当告知犯罪嫌疑人享有的诉讼权利和认罪认罚的法律规定，保障犯罪嫌疑人的程序选择权。告知应当采取书面形式，必要时应当充分释明。”我们认为，量刑协商应当以被追诉人权利知悉、明确为前提，而为提高效率，应以认罪认罚制度运行中被追诉人应有之权利为基础对其进行权利告知。为完善权利告知制度，应当从实体和程序两个方面作出具体、全面的规定。首先，在实体上，告知的内容必须具有针对性：一是应当明确被追诉人诉讼权利的组成部分，将认罪认罚的相关权利全部纳入权利告知书中；二是要将我国《刑事诉讼法》规定的被追诉人享有的“不得强迫自证其罪”的权利吸收到权利告知书中，保障量刑协商过程和结果的自愿性、有效性。其次，在告知的时间上，检察机关在审查起诉阶段，应在收到侦查（调查）机关移送起诉的认罪认罚案件后的 3 日内告知犯罪嫌疑人各项权利。

第二，严格贯彻同步录音录像制度。为规范人民检察院办理认罪认罚案件听取意见活动，依法保障犯罪嫌疑人诉讼权利，确保认罪认罚自愿性、真实性、合法性，应严格贯彻同步录音录像制度，以同步记录检察官围绕量刑建议、程序适用等事项听取犯罪嫌疑人、被告人、辩护人或者值班律师意见、签署具结书等诉讼活动。为此，最高人民检察院出台了《人民检察院办理认罪认罚案件听取意见同步录音录像规定》（以下简称《认罪认罚案件同步录音录像规定》），并于 2022 年 3 月 1 日起实

① 吴思远. 我国重罪协商的障碍、困境及重构：以“权力—权利交互说”为理论线索. 法学，2019（11）：54－67.

施。根据《认罪认罚案件同步录音录像规定》第4条的规定，同步录音录像一般应当包含以下内容：告知犯罪嫌疑人、被告人、辩护人或者值班律师对听取意见过程进行同步录音录像的情况；告知犯罪嫌疑人、被告人诉讼权利义务和认罪认罚法律规定，释明认罪认罚的法律性质和法律后果的情况；告知犯罪嫌疑人、被告人无正当理由反悔的法律后果的情况；告知认定的犯罪事实、罪名、处理意见，提出的量刑建议、程序适用建议并进行说明的情况；检察官听取犯罪嫌疑人、被告人、辩护人或者值班律师意见，犯罪嫌疑人、被告人听取辩护人或者值班律师意见的情况；根据需要，开示证据的情况；犯罪嫌疑人、被告人签署具结书及辩护人或者值班律师见证的情况；其他需要录制的情况。同时，《认罪认罚案件同步录音录像规定》第8条规定，同步录音录像，应当客观、全面地反映听取意见的参与人员、听取意见过程，画面完整、端正，声音和影像清晰可辨。同步录音录像应当保持完整、连续，不得选择性录制，不得篡改、删改。

第三，完善证据开示制度。证据开示制度是指控辩双方将各自掌握的案件信息或诉讼证据按照一定程序进行强制披露的制度，是控辩双方相互交换案件信息的主要方式。在量刑协商中，证据开示制度虽然应是控辩双方的双向开示，但辩护方仅负有开示被追诉人罪轻证据的义务。因控诉方在诉讼资源上占有天然优势，故应更强调控诉方的强制证据披露义务。就开示内容而言，控诉方应遵循完全开示原则，具体应包括：(1) 关于犯罪事实的证据，包括案发时间、地点、原因、行为方式和手段、行为对象、犯罪后果、到案经过等内容的所有证据。(2) 关于量刑情节的证据，包括但不限于：认定自首、坦白、立功、累犯等法定量刑情节方面的证据，被害人存在过错方面的证据，以及证明被追诉人认罪认罚悔罪表现方面的相关证据，如积极退赃、退赔及挽回损失、刑事和解、合规建设等方面的证据。(3) 110接警记录单、报案材料、到案经过、抓获经过、情况说明、责任事故认定报告和鉴定意见告知书、行政执法记录等方面的证据与材料。(4) 有关证据合法性的材料或证据，如调查核实非法取证情形的材料或证据、瑕疵证据的补充说明或解释、技术侦查措施使用的内部审批报告等。对犯罪嫌疑人有异议的案件事实部分，检察机关应当重点开示相关证据。就证据开示方式而言，可以采用多种方式保证辩护方的知情权及合法权益。首先，宣读式开示，主要宣读文字记载的证人证言、鉴定意见以及相关书证；其次，出示式开示，主要是出示与犯罪有关在案的物品、图片等；最后，展示式开示，主要是通过播放和展示相关视听资料、电子数据等可以以电子示证方式开示的证据。就证据开示时间而言，至迟应在办案检察官与辩护方就量刑达成一致性意见，并在被追诉人准备签署认罪认罚具结书之前完成所有证据开示工作。当然，证据开示后，应给予辩护方一定辩护准备时间及商讨时间，以充分保障辩护方辩护权的有效实现。

第四，强化值班律师的实质参与。值班律师制度体现了法律援助制度的国家责任。2020年8月出台的《法律援助值班律师工作办法》，较为系统、完善地规定了值班律师制度，其中第10条第2款规定，值班律师即使对量刑建议有异议，但只要其认可犯罪嫌疑人认罪认罚的自愿性，就应在具结书上签字，这一规定为值班律师走过场式、见证人式量刑协商提供了空间。有效的量刑协商必须强化值班律师的参与。首先，赋予值班律师参与认罪认罚案件的相关诉讼权利，如检察人员讯问犯罪嫌疑人时的在场权、阅卷权和会见权，充分发挥值班律师的作用，提高值班律师参与量刑协商的质效。其次，赋予值班律师申诉、控告权，量刑协商时，如果检察机关或办案人员违法侵犯值班律师或被追诉人权利时，值班律师可以提出申诉、控告，并应明确违法侵权的程序性后果、实体性后果。最后，应通过严格任职资格、加强培训、提高办案补贴、强化惩戒机制、完善履职保障机制等，提高值班律师参与量刑协商的积极性，以提升案件质量。【参见知识拓展 5 - 3】①

知识拓展 5 - 3

四、提起公诉的方式

根据刑事诉讼法规定，人民检察院决定对犯罪嫌疑人提起公诉的，应当制作起诉书，连同案卷材料、证据一并移送同级人民法院；如果是公安机关移送起诉的案件，还应将起诉书抄送公安机关。

（一）起诉书及其主要内容

人民检察院决定对犯罪嫌疑人提起公诉的，应当制作起诉书。起诉书是人民检察院代表国家正式向人民法院提出追究被告人刑事责任的诉讼请求的重要司法文书，是人民法院受理案件对被告人进行审判的依据，也是法庭调查和辩论的基础。起诉书具有履行控诉职能、启动审判程序、限定法院审判范围、指引辩护方向等作用。人民检察院制作起诉书时，应当秉持检察官客观公正义务，忠于事实和法律，做到叙事清楚，文字简练，表述准确，结构严谨，格式规范，请求明确，引用法律全面恰当。

起诉书的主要内容及其制作要求包括：（1）首部，包括制作起诉书的人民检察院的名称、文号等。（2）被告人（被告单位）的基本情况，包括被告人、被告单位的基本信息，单位犯罪情况下如果还有应当负刑事责任的“直接负责的主管人员或其他直接责任人员”，应当按被告人基本信息叙写。（3）案由和案件来源。案由是指案件的内容摘要，通常只写出犯罪主体和认定的罪名；案件来源则主要写明侦查机关或者由哪一调查部门调查终结，以及相关诉讼程序等。（4）案件事实，对起诉书所指控的犯罪事实逐一列举，叙述案件事实时可以根据案件事实的不同情况，以属于犯罪构成要件或者与定罪量刑有关的事实要素为重点，采取以时间为顺序、以行为人为轴、以行为人在犯罪中的作用为顺序等多种表述方式。（5）证据，应当指明证据的名称、种类，并采取“一事一证”或“一罪一证”、分组证据举证等方式叙写。（6）起诉的根据和理由，包括被告人触犯的刑法条款、犯罪的性质、法定从轻、减轻或者从重处罚的情节、共同犯罪中各被告人应负的罪责等。（7）尾部，主要包括起诉书送达的人民法院名称、具体承办案件的公诉人等基本信息。（8）附项，主

① 张晨. 司法部公布 5 起法律援助律师工作的典型案例. [2023 - 11 - 03]. https://m..gmw.cn/baijia/2020 - 0910713015366099. html.

要包括：被告人现在处所；案卷材料和证据；有关涉案款物情况；被害人（单位）附带民事诉讼的情况等。

（二）起诉书以及案卷材料、证据的移送

根据刑事诉讼法和《刑诉规则》的规定，人民检察院提起公诉，应当将起诉书（一式八份，如果是共同犯罪案件，每增加一名被告人，增加起诉书五份）连同案卷材料、证据一并移送同级人民法院。此外，还应当注意以下几点：其一，人民检察院对提起公诉的案件已经制作量刑建议书的，应与起诉书一并移送人民法院。其二，人民检察院在提起公诉时，对可能判处管制、宣告缓刑的被告人可以提出宣告禁止令的建议，建议书与起诉书一并移送人民法院。其三，人民检察院对于犯罪嫌疑人、被告人或者证人等翻供、翻证的材料以及对于犯罪嫌疑人、被告人有利的其他证据材料，应当移送人民法院。其四，提起公诉后，人民法院宣告判决前，人民检察院自行补充收集的证据材料，应当及时向人民法院移送。其五，提起公诉后，在案件审理过程中，人民检察院发现起诉书指控的被告人或者犯罪事实与案件事实不相符合时，可以撤回公诉、追加公诉或者变更指控。撤回公诉是指人民检察院提起公诉后，发现本不应该起诉或不必要起诉时，撤回已经提起的控诉的诉讼活动；追加公诉是指人民检察院提起公诉后，发现了起诉书中遗漏了被告人或者遗漏了罪行，依法追加被告人、犯罪事实或者罪名的诉讼活动；变更公诉则是指人民检察院提起公诉后，发现起诉书指控的被告人、犯罪事实或者罪名有误而予以改变的诉讼活动。

需要特别说明的是，我国提起公诉后的案件移送方式为“全卷移送主义”。回望我国历次刑事诉讼法修改，案卷移送方式也一直处于变革、调整之中：1979 年《刑事诉讼法》确立了全卷移送模式。为防止法官庭前阅卷可能形成先入为主的偏见，1996 年《刑事诉讼法》借鉴“起诉书一本主义”确立了“主要证据复印件移送模式”，即人民检察院提起公诉，应当向人民法院移送起诉书、证据目录、证人名单和主要证据复印件或者照片，以强化法官庭前审查的程序性审查性质，实现诉讼公正。2012 年《刑事诉讼法》基于实践原因，将案卷移送模式重新改为全卷移送模式。

关于审前侦查卷宗的移送方式，世界各国立法例上主要存在两种模式：一是当事人主义刑事诉讼模式下的“起诉书一本主义”，即检察机关在提起公诉时，只能将起诉书移送法院，而不能随案移送案卷材料和证据，也不得在起诉书中记载可能使法官形成预断的任何内容，法官在庭前不可能对案件处理产生先入之见，而必须重视庭审中控辩双方的调查和辩论活动。二是职权主义刑事诉讼模式下的案卷移送主义，即检察机关在提起公诉时，不仅将起诉书移送法院，而且要将案卷材料和证据一并移送法院，使法官在庭审之前即可以通过阅卷等活动对案件事实和证据进行了解，以便更好地组织庭审调查和辩论活动。但值得注意的是，在职权主义案卷移送模式下，为了确保庭审的中立性，往往要求庭前阅卷的法官应当与主审法官分开。近些年来，我国刑事诉讼法学界围绕“案卷移送主义”“起诉书一本主义”的争论还一直在持续。我们认为，两种制度各有利弊，但相对来说，只有符合诉讼传统、诉讼成本、人员素质等因素的案件移送方式才是最优选择。

第三节 起诉裁量

起诉便宜主义是世界各国刑事诉讼制度普遍承认的一项起诉原则：英美法系国家普遍以起诉便宜主义为基本原则；大陆法系国家基本上将起诉便宜主义作为起诉法定主义的必要补充。当然，由于法律文化、法律传统、司法环境等不同，各国在起诉便宜主义的实现路径上大相径庭。例如，在英国，起诉便宜主义的实现路径是检察官在决定起诉与否时的“公共利益考量”；美国的起诉便宜主义则主要通过辩诉交易来体现；起诉便宜主义在日本被称为起诉犹豫制度，检察官决定是否适用起诉犹豫制度时，需要综合考虑“犯罪嫌疑人的性格、年龄及境遇、犯罪的轻重及情节和犯罪后的情况”等各种因素。①

在我国，1979 年《刑事诉讼法》规定了免予起诉制度，赋予了检察机关较为广泛的裁量权。鉴于司法实践中免予起诉普遍存在的滥用现象，1996 年《刑事诉讼法》废除了免予起诉制度，建立了统一的不起诉制度。一般认为，我国不起诉制度包括三类不起诉：法定不起诉、存疑不起诉与裁量不起诉。其中，法定不起诉、存疑不起诉属于因不符合法定起诉条件作出的不起诉，本质上属于起诉法定主义的要求。而裁量不起诉则是起诉便宜主义的产物，指在符合法定起诉条件前提下，基于利益权衡而作出的不起诉。裁量不起诉赋予了检察机关诉与不诉的裁量权。其中，1996 年《刑事诉讼法》规定的相对不起诉、2012 年《刑事诉讼法》规定的未成年刑事案件附条件不起诉、2018 年《刑事诉讼法》规定的特殊不起诉，均属于裁量不起诉范畴。因此，在起诉制度上，我国立法虽然以起诉法定主义为原则，但起诉便宜主义的适用范围也在逐步扩大。②

一、相对不起诉

相对不起诉制度是起诉便宜主义的具体表现形式之一。起诉便宜主义与起诉法定主义相对应，又称起诉裁量主义，是指依法享有起诉权的国家专门机关对于具备起诉条件的犯罪，并非一律要提起公诉，而是可以根据案件具体情况进行利害权衡以后，再裁量决定起诉或者不起诉。起诉法定主义是有罪必罚的刑罚报应论思想在刑事诉讼中的体现，较为重视刑事追诉的统一性和公平性；起诉便宜主义则是以特别预防为目的的刑法理论在刑事诉讼中的体现，较为重视刑事追诉的合目的性和合理性。

根据《刑事诉讼法》第 177 条第 2 款的规定，相对不起诉的适用应当同时具备两个条件：一是犯罪情节轻微，二是依照《刑法》规定不需要判处刑罚或者免除刑罚。犯罪情节轻微是相对不起诉的前提条件，是检察机关根据案件具体情况作出的

① 参见《日本刑事诉讼法》第 248 条。

② 马楠，李艳秋. 论相对不起诉制度之立法完善. 中国刑事法杂志，2006 (1)：85.

法律判断，应当从客观要素与主观要素等方面进行综合判断。依照《刑法》规定不需要判处刑罚或者免除刑罚是相对不起诉的法律根据。该法律根据可以分为两种情形：一是依照《刑法》规定不需要判处刑罚，这是指《刑法》第 37 条的规定——“对于犯罪情节轻微不需要判处刑罚的，可以免予刑事处罚”。这是一种定罪免刑的规定，体现了宽大处理的刑事政策精神。二是依照《刑法》规定免除刑罚。《刑法》对于免除刑罚极少单独规定，而往往与减轻处罚并列规定，以供司法机关选择。因此，对于犯罪情节是否属于轻微的判断就显得极为重要，因为只有犯罪情节轻微的案件才能适用免除处罚。[①]

在相对不起诉适用的过程中，过去长期存在着这样的矛盾：一方面，法律上和事实上存在着适用相对不起诉的巨大空间；另一方面，司法实践中相对不起诉的适用率又如此之低。[②] 近两年，检察机关积极贯彻少捕慎诉慎押刑事司法政策，适应刑事犯罪结构变化，在严惩严重刑事犯罪同时，对大多数较轻犯罪、初犯偶犯等依法从宽处理、少捕慎诉慎押，相对不起诉的适用率不断提高。根据 2022 年《最高人民检察院工作报告》，2021 年全国检察机关不批捕 38.5 万人、不起诉 34.8 万人，比 2018 年分别上升 28.3％和 1.5 倍。根据最高人民检察院发布的 2022 年 1 月至 6 月全国检察机关主要办案数据，全国刑事案件不捕率 39.2％，不起诉率 23.5％。这其中，相对不起诉占据了绝大部分比例，这与认罪认罚从宽制度、宽严相济等刑事政策的推行以及危险驾驶罪相关司法解释的变化等有一定关联。

（一）相对不起诉的理论依据

1. 起诉便宜主义

起诉便宜主义注重特别预防目的的刑罚理论在刑事诉讼中的体现，重点关注刑事追诉的合目的性和合理性。[③] 因此，起诉便宜主义具有有利于对犯罪分子的改造，避免短期自由刑带来的弊端，提高诉讼效率，节约诉讼资源，保障诉讼公正等内在机能。正因如此，世界上大多数法治国家的起诉制度中，都基于起诉便宜主义赋予了检察机关一定的起诉裁量权。相对不起诉允许检察机关在法律规定范围内进行自由裁量以决定是否起诉。自由裁量的实质是行为主体有权决定进行某一行为或者不进行某一行为，它意味着行为主体在作出决定、采取相应行为时具有较大的自主性和在选择时拥有较高的自由度。[④] 相应地，我国相对不起诉制度具有极大的制度弹性，可以成为检察机关发挥社会治理功能的一个制度载体。[⑤]

但值得注意的是，赋予检察官起诉裁量权，并非意味着一切犯罪都必须提起公诉，而是要根据具体案件情况权衡有无追诉的必要。现代刑事诉讼之所以推崇这种

---

① 陈兴良．施某某等聚众斗殴案：在入罪与出罪之间的法理把握与政策拿捏：最高人民检察院指导性案例的个案研究．法学论坛，2014（5）：22．

② 顾永忠．关于酌定不起诉条件的理解与思考．人民检察，2014（9）：64．

③ 陈卫东．刑事诉讼法学．4 版．北京：高等教育出版社，2022：287．

④ 张建伟．刑事诉讼法通义．2 版．北京：北京大学出版社，2016：462．

⑤ 陈瑞华．刑事诉讼法．北京：北京大学出版社，2021：394．

做法并不只是由刑罚理论的变迁单独造就，而更应归因于起诉裁量权独特的制度魅力。[①] 检察机关审查起诉中的自由裁量，存在着相当的价值冲突，主要是惩罚犯罪、维护秩序与诉讼经济、以宽大方式实现一定的刑事政策或者保障一定的政治利益之间存在一定的矛盾。正如其他自由裁量权一样，相对不起诉中的自由裁量权也存在被滥用的风险，因此我国现行立法中检察机关的起诉裁量权被限制在很小范围内。

2. 宽严相济刑事政策

刑事政策是社会对犯罪反应的集中体现，如何“合理地组织对犯罪的反应”必然成为刑事政策所涉及的基本问题。社会对犯罪的反应方式具有多样性，而刑罚则是国家代表社会对犯罪作出的正式反应方式之一。[②] 除刑罚之外，相对不起诉也是社会对犯罪作出的正式反应方式。相对不起诉是以非刑罚化的方式对犯罪作出的反应，社会之所以作出这种反应，是从一般预防与特殊预防相结合的角度进行综合考量的结果。

从一般预防角度看，相对不起诉是宽严相济刑事政策“非刑事化”精神在审查起诉阶段的具体体现，是贯彻宽严相济刑事政策的重要载体。相对不起诉对刑罚处罚必要性甚微的轻微犯罪进行轻缓处置，体现了刑法的谦抑性原则。从特殊预防角度看，相对不起诉是宽严相济刑事政策中的区别对待原则在审查起诉阶段的体现。根据犯罪人的个体情况决定作出不同的反应对策，符合刑罚个别化的精神，并且相对不起诉使犯罪人无须荷载“犯罪”之沉重包袱，有助于他们弃恶从善，及时回归社会，契合了教育刑的要求。从诉讼经济角度看，相对不起诉符合宽严相济刑事政策中“以宽济严”的要求。只有对轻微犯罪“宽”，才能有更多的司法资源被运用到对严重犯罪的“严”上。对一些轻罪案件在审查起诉时就终止诉讼，缩短了诉讼时间，节省了司法资源，使检察机关将主要精力投入到严重刑事犯罪案件中，提高了诉讼质量和诉讼效率，符合诉讼经济和效益原则。【参见知识拓展 5－4】[③]

知识拓展 5－4

（二）相对不起诉的实务问题

1. 适用条件问题

近年来，我国相对不起诉适用比率有较大幅度上升，但总体而言，不起诉制度相较于其他国家的适用率还是较低，其功能发挥和分流的案件数量也非常有限，许多原本可以适用相对不起诉处理的案件都进入了审判程序。究其原因，主要在于相对不起诉的适用条件存在争议。具体而言：

第一，相对不起诉条件中的“犯罪情节轻微”在罪名上有无限制？此处的犯罪从罪名上讲仅指性质较轻的犯罪，还是也包括性质较重的犯罪？这涉及相对不起诉

---

① 汪建成，姜远亮．宽严相济刑事政策与刑事起诉制度．东方法学，2008（6）：5.

② 梁根林．二十世纪的中国刑法学（中）：反思与展望．中外法学，1999（3）：15.

③ 第一批指导性案例．（2016－08－11）．https://www.spp.gov.cn/jczdal/201608/t20160811_162301.shtml.

适用的案件范围。一种观点认为，犯罪情节轻微意味着被告人所实施的犯罪为轻罪，即根据犯罪嫌疑人的犯罪事实和《刑法》分则的规定，可以对其处以 3 年以下有期徒刑、拘役或者管制的犯罪。① 另一种观点认为，犯罪情节轻微从立法意义上讲，适用于《刑法》规定的所有罪名，即不论是犯罪性质较轻的罪名还是犯罪性质较重的罪名都包含在内。②

第二，相对不起诉条件中的犯罪情节轻微与依照《刑法》规定不需要判处刑罚或者免除刑罚是何关系？一种观点认为，犯罪情节轻微统领依照《刑法》规定不需要判处刑罚或者免除刑罚③；另一种观点则认为，犯罪情节轻微只是依照《刑法》不需要判处刑罚的条件，而不是免除刑罚的条件。对于免除刑罚的情况而言，并不以犯罪情节轻微为前提条件，只要属于法定免除处罚情形的，不论犯罪情节是否轻微，都可以适用相对不起诉。④

除上述争议问题外，实践中烦琐的审批程序也降低了相对不起诉适用的主动性。《刑诉规则》对于不起诉的案件设立了多重内部审批程序，增加了工作量，压缩了办案期限，案件办理非但没有简化，反而更加复杂，制约了相对不起诉制度的适用，显然有违立法者分流案件、提高司法效率的立法原意。⑤

2. 监督制约问题

就相对不起诉的操作程序而言，适用相对不起诉的法律依据较为分散。例如《刑诉规则》规定了相对不起诉决定须经检察长批准、公开宣布、不起诉决定书送达等程序性要求，《人民检察院办理不起诉案件公开审查规则（试行）》仅就不起诉案件公开审查程序性问题进行了详细规定，《人民检察院办理认罪认罚案件监督管理办法》属于对认罪认罚案件专门的监督管理规定，虽然其中明确了对不起诉认罪认罚从宽案件部分内容的监督制约，但目前仍未出台专门不起诉或相对不起诉程序性的规范性文件。上述规定要求之外的其他相对不起诉相关工作，例如不起诉公开听证等选择性不起诉程序，在检察实践中易被忽视。因此，在相对不起诉程序监督制约方面，容易出现弱化或不全面的情况。⑥

3. “刑行衔接”问题

随着相对不起诉案件数量不断增加，相对不起诉适用罪名主要集中在交通肇事案、危险驾驶案、盗窃案等轻微犯罪案件。这些案件凸显出“刑行衔接”不足的问题，具体而言：第一，检察机关法律监督职能发挥不够。《刑事诉讼法》第 177 条第 3 款规定：“人民检察院决定不起诉的案件……对被不起诉人需要给予行政处罚、处分或者需要没收其违法所得的，人民检察院应当提出检察意见，移送

① 杨新京. 论相对不起诉的适用条件. 国家检察官学院学报，2005（6）：75.

② 顾永忠. 关于酌定不起诉条件的理解与思考. 人民检察，2014（9）：65。

③ 顾永忠. 关于酌定不起诉条件的理解与思考. 人民检察，2014（9）：65

④ 孙力，王振峰. 不起诉实务研究. 北京：中国检察出版社，2010：36.

⑤ 郭恒. 认罪认罚从宽制度下相对不起诉之适用. 人民检察，2018（7）：67.

⑥ 侯登华，赵莹雪. 相对不起诉制度的监督制约机制研究. 北京科技大学学报（社会科学版），2021（2）：162.

有关主管机关处理。有关主管机关应当将处理结果及时通知人民检察院。”但实践中检察机关过度依赖相对不起诉制度，导致其法律监督职能发挥不够。有调研发现，检察机关所作出的 121 人相对不起诉案件，除交通肇事、危险驾驶案件向公安交警部门提出吊销驾驶证的检察意见外，其他案件中，检察机关未提出检察意见。[①]

第二，刑事出罪后行政处罚较少，甚至缺位。依据《刑事诉讼法》第 177 条第 3 款以及《刑诉规则》第 373 条的规定，对于犯罪情节轻微不需要判处刑罚的，可以免予刑事处罚，但是可以根据案件的不同情况，予以训诫或者责令具结悔过、赔礼道歉、赔偿损失，或者由主管部门予以行政处罚或者行政处分。实践中，检察机关训诫、责令具结悔过、赔礼道歉、赔偿损失等运用得相对较好，但行政拘留、罚款等处罚措施很少用到，导致处罚失衡。比如，有学者认为，由于法律规定不明确、检察机关和公安机关之间衔接不畅，因而对“醉驾”不起诉的后续处分跟不上，“醉驾”案件的相对不起诉人可能未受到行政拘留或罚款，实际违法成本反而低于酒后驾驶，法律后果失衡。[②]

二、附条件不起诉

附条件不起诉又称“暂缓起诉”，是指检察机关附加一定条件而终止进行刑事诉讼活动的一种形式。“附加条件”是此种不起诉区别于其他不起诉种类的关键。[③] 与其他不起诉制度相比，附条件不起诉具有“附带处分”“监督考察”“犯罪预防”等多元功能，在惩治特定犯罪主体和犯罪类型方面优势明显。故此，附条件不起诉制度主要被作为提高刑事司法效率以及实现犯罪特别预防的途径。

经过前期试点探索，我国 2012 年《刑事诉讼法》在“未成年人刑事案件诉讼程序”一章，增设了未成年人附条件不起诉制度。根据现行《刑事诉讼法》第 282 条的规定，未成年人附条件不起诉制度，是指对一些犯轻罪的未成年人，有悔罪表现，检察机关决定暂不起诉，对其进行监督考察，根据其表现，再决定是否起诉的制度。据此可知，我国立法上的附条件不起诉制度，具有如下特点：一是适用对象特定。从立法设计来看，我国的附条件不起诉制度属于特别程序，适用对象为轻罪未成年人，以“教育、感化、挽救”为方针。这在一定意义上限制了附条件不起诉在刑事出罪方面的作用，也平衡了该制度与刑罚目的之间的冲突。二是适用条件特定。通过设立监督考察期，要求未成年犯罪嫌疑人在一定期限内履行相关义务，兼顾了刑罚的教育和惩罚。上述特定立法要求，使我国的附条件不起诉制度有效弥补了其他不起诉制度在适用范围、裁量权上的不足，成为维护涉罪未成年人权益的标志性制

---

① 李雅．相对不起诉案件“刑行衔接”现状与对策．检察日报，2020－07－01（3）．

② 蔡巍．“醉驾”不起诉裁量权的适用及完善．苏州大学学报（哲学社会科学版），2019（5）：54．

③ 陈光中，张建伟．附条件不起诉：检察裁量权的新发展．人民检察．2006（7）：5．

度。【参见知识拓展 5－5】[①]

(一) 附条件不起诉的理论基础

知识拓展 5－5

附条件不起诉是检察机关审查起诉制度的组成部分，是起诉裁量权的表现形式。世界各国在附条件不起诉制度的立法设计方面存在一定差异，但总体来看，各国都在尝试通过“附加条件、暂缓起诉”的方式，实现特定的刑事司法目的和犯罪治理效果。就我国而言，附条件不起诉制度的理论基底在于起诉便宜主义和刑法的谦抑性。[②]

1. 起诉便宜主义是附条件不起诉的程序法基础

起诉便宜主义所追求的刑罚目的，与未成年人刑事司法的基本价值较为契合，因而其成为附条件不起诉制度的程序法基础。附条件不起诉制度适用于涉罪未成年人，理应从“儿童利益最佳”“教育、感化、挽救”“教育为主、惩罚为辅”等方面出发，注重个案中涉罪未成年人的教育、矫治和社会关系修复。在起诉裁量权适用方面，附条件不起诉的特殊性在于两方面：一是决定是否暂缓起诉。这需要根据《刑事诉讼法》第 282 条的规定，判断犯罪嫌疑人是否符合附条件不起诉的主体要求、罪名要求、刑罚要件、悔罪条件等内容。二是判断是否符合监督考核要求，决定起诉与否。这是起诉便宜主义在附条件不起诉制度适用中的特殊性。与法定不起诉、相对不起诉、证据不足不起诉、特别不起诉相比，附条件不起诉裁量的程序、范围和方法更为特殊，程序更为复杂。

2. 刑法的谦抑性是附条件不起诉制度的正当性基础

刑法的谦抑性要求在刑事立法、司法过程中，应当少用甚至不用刑罚来实现社会效益，以达到预防和减少犯罪的目的。附条件不起诉制度是刑法谦抑性在刑事司法层面的体现和贯彻。特别是在当下刑事立法不断扩张的背景下，严格限制和控制刑事司法的过程，是坚守刑法作为后置法的有效路径。对涉罪未成年人作出不起诉后，实现了其程序出罪。而通过不起诉的方式，免于刑事追诉的正当性基础恰恰在于“强调刑罚的谦抑性，警惕刑罚被滥用”，进而促成刑罚目的理性的转型。对未成年犯罪嫌疑人而言，检察机关通过设置监督考验期的方式，给予了涉罪未成年人回归社会的机会，降低了刑罚执行成本、弱化了犯罪标签效应、再造了未成年人的人生观和价值观。从犯罪治理角度看，检察机关会通过监督考核、社会帮教、心理辅导等方式，全面评估涉罪未成年人的人身危险性、悔罪真诚度，辅助其修复社会关系，实现教育矫治的目的。

---

① 第二十七批指导性案例，载最高人民检察院 2021 年 3 月 3 日，https://www.spp.gov.cn/jczdal/202103/t20210303_510511.shtml。

② 刘超颖，申文宽. 附条件不起诉的理论阐释与制度解析//苗生明，叶文胜. 附条件不起诉的理论与实践. 北京：法律出版社，2015：4－6.

(二) 未成年人附条件不起诉的实务问题

1. 适用条件问题

尽管学界对该制度的价值和功能给予充分肯定，但附条件不起诉制度的适用率普遍较低，尚未完全发挥其应有功效。近年来，附条件不起诉的适用比例有所提升，但仍有提升空间，毕竟重罪未成年人犯罪案件占比较少。例如，2017 年至 2021 年，全国检察机关对未成年犯罪嫌疑人附条件不起诉的人数分别为 5 681 人、6 624 人、7 463 人、11 376 人、19 783 人，同期附条件不起诉率分别为 10.06%、12.15%、12.51%、20.87%、29.7%。同时，附条件不起诉考验期间因违反相关规定或者重新犯罪等被提起公诉人数维持在较低水平，分别为 134 人、183 人、233 人、286 人、594 人，2021 年被撤销附条件不起诉提起公诉人数占附条件不起诉总数的 3%，与往年基本持平，反映随着附条件不起诉制度适用人数逐步增加，运行情况良好。[①] 与此同时，有学者发现，在我国总体适用率提升的背景下，各个省市适用状况存在不平衡、不充分问题。例如附条件不起诉率较高的是上海市 21.53%、甘肃省 18.05%、湖北省 16.41%、天津市 16.23%、江苏省 14. 62%、北京市 14.23%。[②] 从《未成年人检察工作白皮书（2021 年）》数据所反映的现象来看，附条件不起诉制度适用条件存在范围过窄、表述模糊等问题。

首先，适用范围过窄。《刑事诉讼法》第 271 条中规定："对于未成年人涉嫌刑法分则第四章、第五章、第六章规定的犯罪，可能判处一年有期徒刑以下刑罚，符合起诉条件，但有悔罪表现的，人民检察院可以作出附条件不起诉的决定。"据此，附条件不起诉中未成年人所犯罪名为《刑法》分则第四章"侵犯公民人身权利、民主权利罪"、第五章"侵犯财产罪"、第六章"妨害社会管理秩序罪"中的罪名。在此范围之外的其他罪名，不得适用附条件不起诉。有学者提出质疑，认为以此为标准划定适用附条件不起诉的罪名范围，并不符合未成年人犯罪的实际情况。调查发现，一些案件宜于适用附条件不起诉却因所涉罪名不在《刑法》分则第四、五、六章之内而无法适用。[③] 还有学者发现，立法虽然严格限定了适用罪名，但部分地区存在扩大适用罪名的情况，致使酒后驾驶等案件也被广泛适用。[④]

其次，部分表述模糊，增加了制度适用弹性。除了罪名要求，附条件不起诉制度还需符合刑罚要件、悔罪要件，但相关标准难以把握，致使实践中的裁量空间较大。"可能判处一年有期徒刑以下刑罚"是根据未成年犯罪嫌疑人的具体犯罪事实、情节等可能判处的刑罚，是宣告刑而非法定刑。但如何根据案件基本事实，结合自首、坦白、认罪认罚、立功等情节，评估涉罪未成年人的刑罚符合要求，仍存在困

---

① 未成年人检察工作白皮书（2021 年）.［2022-08-09］. https://www.12309.gov.cn/12309/gj/hlj/hebsy/hebsdwqy/zdajxx/202206/t20220601_11819107.shtml.

② 陈伟，郑自飞. 未成年人附条件不起诉制度的问题检视与完善：以《未成年人检察工作白皮书（2014-2019）》统计数据为分析样本. 中国青年社会科学，2021（2）：120.

③ 何挺. 附条件不起诉制度实施状况研究. 法学研究，2019（6）：160.

④ 张友好. 功能·主体·程序：附条件不起诉制度省察. 政法论坛，2013（6）：100.

难。再如，对于涉罪未成年人是否具有悔罪表现？如何判断悔罪表现？能否进行科学有效的社会调查评估？这些都存在一定的模糊性。由于上述适用条件的立法规定不明确，导致司法裁量空间较大、规则适用不统一，增加了附条件不起诉的启动难度。对此，各地虽然制定了相关指导性规则，但适用的标准、要求均不统一，同案不同断的情况较为普遍。

2. 监督考核机制问题

对决定附条件不起诉的未成年犯罪嫌疑人由人民检察院对其进行监督考察，由其监护人予以协助。检察机关在决定适用附条件不起诉之时，已经对该未成年人的犯罪事实、适用条件和个人情况有所了解，因而是监督考核的有效主体和责任主体。与此同时，检察机关监督考核的有效性也是评估附条件不起诉制度价值的重要指标。当前，附条件不起诉监督考察的实践问题有：第一，监督主体责任不明。附条件不起诉的监督考察主体是承办检察官，但具体执行主体可能是观护检察官或社工，由此可能因为多元、分散的主体导致权责不明、配合不力等问题。例如，承办检察官将涉罪未成年人的考察交由关护基地检察官、司法社工负责，多方主体可能在具体环节和流程配合上出现冲突。一个案例是，未成年人违反监督考察规定后，承办检察官觉得应该给予其警告并且延长监督考察期限一个月，但观护检察官则认为应该给予更为严格的处罚措施。[①] 第二，监督考核的方式不一。涉罪未成年人的监督考察方式应是精准、多元的，只有这样才能有效矫治涉罪未成年人。但由于各地经济社会发展不平衡，对涉罪未成年人的监督考核方式也不尽一致。总体来看，在附条件不起诉制度逐年增加的背景下，如何利用现有资源，实现精准有效监督考核仍是未来需要面对的问题。

3. 社会支持体系问题

未成年人刑事司法工作离不开社会支持体系。在一定意义上，未成年人司法中的社会力量介入情况、参与深度和效度均会直接决定考察帮教、犯罪治理的效果。《刑事诉讼法》规定，在未成年人司法中，应当贯彻“教育、感化、挽救”的方针。事实上，无论是合适成年人到场参与诉讼、社会调查，还是观护帮教、不良行为矫正、社会适应能力提升和社会支持网络的建立等有利于未成年人顺利回归社会的工作，都需要社会力量的广泛参与。[②] 为有效实现上述目标，需要建立检察机关主导，政府部门、司法行政机关、专业社工组织参与的多元帮教工作模式。目前，在附条件不起诉制度中，社会支持尚不完善，须关注如下问题：其一，社会组织的参与、规范不够。目前只有少数经济发达地区能够为检察机关提供充分、优质的社会资源，尚未形成制度化、规范化的社会组织及其介入模式。其二，专业化的帮扶服务质量参差不齐。部分地区建立了关护基地、司法社会工作服务中心，但能够为涉罪未成年人提供的服务有限，且质量参差不齐。例如，部分关护基地只能解决未成年人的

---

① 何挺，李珞珈. 附条件不起诉监督考察的主体：基于参与观察的研究. 国家检察官学院学报，2017（3）：39.

② 宋志军. 附条件不起诉社会支持的深化. 国家检察官学院学报，2017（3）：61.

基本生活需要，但无法提供精准的、有效的、持续的技能培训、就业指导、心理咨询以及不良矫正等服务。

三、特殊不起诉

2016 年最高人民法院、最高人民检察院、公安部、国家安全部、司法部发布的《关于在部分地区开展刑事案件认罪认罚从宽制度试点工作的办法》第 9 条规定："犯罪嫌疑人自愿如实供述涉嫌犯罪的事实，有重大立功或者案件涉及国家重大利益，需要撤销案件的，办理案件的公安机关应当层报公安部，由公安部提请最高人民检察院批准。"第 13 条第 1 款还规定："犯罪嫌疑人自愿如实供述涉嫌犯罪的事实，有重大立功或者案件涉及国家重大利益的，经最高人民检察院批准，人民检察院可以作出不起诉决定，也可以对涉嫌数罪中的一项或者多项提起公诉。"可以看出，上述办法初步规定了特殊不起诉的相关内容，但其因案件的特殊性、条件的严格性及程序的复杂性，在试点中受到极其严格的控制，试点过程中没有出现试点案例。[①] 2018 年修改《刑事诉讼法》时将上述规定适当调整后写入第 182 条第 1 款，正式确定了我国的特殊不起诉制度，从而将我国检察机关裁量不起诉的权力扩展到了重罪案件，在一定程度上改变了我国传统上以起诉法定主义为主，轻罪案件才适当兼采起诉便宜主义的审查起诉原则，为我国宽严相济刑事政策的适用提供了更为广阔的空间。[②]

（一）特殊不起诉的适用条件

适用特殊不起诉制度必须同时满足以下三个条件：第一，犯罪嫌疑人自愿如实供述涉嫌犯罪的事实。根据法条规定，这里的犯罪嫌疑人应该指的是在侦查、审查起诉阶段，被认为涉嫌犯罪，并被公安机关立案侦查以及人民检察院审查起诉的人。因此，由监察机关负责调查的涉嫌职务犯罪的人在调查阶段以及由人民检察院自行立案侦查的犯罪嫌疑人在侦查阶段，不适用本条的规定。但是，当监察机关和检察机关将调查和侦查的案件移送检察机关审查起诉时，可以对符合条件的犯罪嫌疑人适用本条的规定。[③] 第二，犯罪嫌疑人有重大立功或者案件涉及国家重大利益的情形。根据 1998 年最高人民法院《关于处理自首和立功具体应用法律若干问题的解释》第 7 条的规定，这里的"重大立功"具体包括：犯罪分子有检举、揭发他人重大犯罪行为，经查证属实；提供侦破其他重大案件的重要线索，经查证属实；阻止他人重大犯罪活动；协助司法机关抓捕其他重大犯罪嫌疑人（包括同案犯）；对国家和社会有其他重大贡献等情形。案件涉及国家重大利益，则一般指的是与一国的政治、外交、国防、科技、经济等领域的重大利益相关的情形。第三，需由公安部提请最高人民检察院核准。规定如此严格和高位阶的审批程序体现了刑

① 胡云腾. 认罪认罚从宽制度的理解与适用. 北京：人民法院出版社，2018：41.
② 陈卫东. 刑事诉讼法学. 4 版. 北京：高等教育出版社，2022：288.
③ 王爱立. 中华人民共和国刑事诉讼法释义. 北京：法律出版社，2018：379.

事法律的严肃性，把本应追究刑事责任的案件不作为犯罪处理的，应该审慎处理；同时，通过明确由最高人民检察院核准，也有利于严格控制该制度的适用范围，统一适用标准。

(二) 特殊的认罪认罚从宽制度

控辩协商式的合作型司法的源头可以追溯到美国的辩诉交易制度。伴随着全球化进程，世界上实行法治的国家大多都立足于本国司法土壤对辩诉交易制度进行了本土化移植，移植类型主要表现为自我负罪型控辩协商制度与侦诉协助型控辩协商制度。自我负罪型控辩协商制度以认罪换取自身的宽大处理，主要基于诉讼效率及被告人的自律性而产生，一般与发现实质真实之目的相抵牾。侦诉协助型控辩协商制度以提供他人犯罪证据协力侦查、起诉以对换自己的宽大处理，主要基于收集证据困难的急需而产生，一般与发现真实之目的相契合。①

我国认罪认罚从宽制度下的不起诉制度整体上可归属于自我负罪型控辩协商制度，其中特殊不起诉制度则属于侦诉协助型控辩协商制度，即以自我认罪为前提，以“坦白（或自首）＋ 重大立功”的方式，协助侦查、起诉活动，进而追诉他人犯罪，最终换取宽大处理。②

第四节　刑事合规

企业合规发端于美国，目前已成为许多发达国家企业的治理方式。企业合规具有三个方面的基本含义：一是从积极的层面来看，企业合规是指企业在经营过程中要遵守法律和遵循规则，并督促员工、第三方以及其他商业合作伙伴依法依规进行经营活动；二是从消极的层面来看，企业合规是指企业为避免或减轻因违法违规经营而可能受到的行政责任、刑事责任，避免受到更大的经济或其他损失，而采取的一种公司治理方式；三是从外部激励机制来看，为鼓励企业积极建立或者改进合规计划，国家法律需要将企业合规作为宽大行政处理和宽大刑事处理的重要依据，使企业可以通过建立合规计划而受到一定程度的法律奖励。③ 依据国务院国有资产监督管理委员会于 2018 年 11 月 2 日发布施行的《中央企业合规管理指引（试行）》，合规是指企业及其员工的经营管理行为符合法律法规、监管规定、行业准则和企业章程、规章制度以及国际条约、规则等要求。

我国企业合规大体形成了两种方式：一是以市场竞争为导向的合规，二是以危机处理为导向的合规。前者可以被称为“日常性的合规管理体系”，是企业出于赢得商业交易机会、增强市场竞争力等方面的考虑，以合规风险为导向所建立的合规管

① 田口守一. 刑事诉讼法. 7 版. 张凌，于秀峰，译. 北京：法律出版社，2019：213－214.

② 陈建军. 日本合意制度述评. 国家检察官学院学报，2021（6）：142.

③ 陈瑞华. 论企业合规的性质. 浙江工商大学学报，2021（1）：48.

理体系。后者可以被称为“危机应对的合规整改机制”，是指企业在面临行政监管调查、刑事追诉的情况下，为避免受到严厉的行政处罚、刑事责任追究，以危机应对为目的所进行的合规整改措施。[①]

政府监管的强化，大量监管政策、法案与判例的确立，促使企业合规逐渐由一项行业自律与企业自我监管的举措转变为企业内部侧重威慑、预防违法犯罪行为的内控机制，并呈现出“刑事化”的发展趋势[②]，最终形成了刑事合规这一概念。刑事合规属于前述“危机应对的合规整改机制”。

所谓刑事合规，是指检察机关对于办理的涉企刑事案件，在依法作出不批准逮捕、不起诉决定或者根据认罪认罚从宽制度提出轻缓量刑建议等的同时，针对企业涉嫌具体犯罪，结合办案实际，督促涉案企业作出合规承诺并积极整改落实，促进企业合规守法经营，减少和预防企业犯罪的一项制度。[③]

一、刑事合规的背景和意义

（一）刑事合规的背景

中兴通讯事件[④]暴露出我国企业管控合规风险能力的滞后，合规管理体系存在明显漏洞。该事件为我国企业提供了镜鉴，进一步推动了我国对企业刑事合规本土化的探索进程。为了避免类似事件的发生，以及将企业刑事合规所蕴含的国家与企业合作治理的现代公司治理新理念予以本土化转化，我国理论界和实务界对企业刑事合规制度展开了积极的探索。[⑤]

一方面，我国政府相关部门为了指引和规范企业合规管理，发布了一系列有关合规的指导性文件。国家发展和改革委员会于 2018 年 12 月正式发布《企业海外经营合规管理指引》，要求企业以合规经营价值观为导向，明确合规管理工作内容，健全合规管理框架，制定合规管理制度，完善合规管理机制，加强合规风险识别、评估与处置，开展合规评审与改进，培育合规文化，形成重视合规经营的企业氛围。同年 11 月 2 日，国务院国有资产监督管理委员会也发布了《中央企业合规管理指引（试行）》，要求中央企业全面加强合规管理，加快提升依法合规经营管理水平，着力打造法治央企，保障企业持续健康发展。另一方面，学界关于企业合规建设的讨

---

① 陈瑞华. 论企业合规的基本价值. 法学论坛，2021（6）：6.

② 万方. 企业合规刑事化的发展及启示. 中国刑事法杂志，2019（2）：48.

③ 张璁. 涉案企业合规改革进行时. 人民日报，2022-07-14（14）.

④ 中兴通讯是世界第四大电信设备制造商，也是中国 5G 网络的主要建设者。2016 年 3 月 8 日，美国商务部指控中兴通讯涉嫌违反美国出口管制政策，中兴通讯及其数家子公司被列入实体名单，并被实施贸易禁运。2017 年 3 月，双方达成和解协议，中兴通讯向美国政府共支付 11.92 亿美元，美方指派合规监督员对中兴通讯进行监管。2018 年 6 月，美国商务部与中兴通讯达成和解协议，前者停止对后者为期 7 年的禁止令，而中兴通讯必须向美国政府支付 10 亿美元罚款，另行支付 4 亿美元的代管资金，如果再次违规则予以没收，中兴通讯还必须在 30 天内更换董事会和管理层，并允许由美方选择的合规小组入驻检查，成本由中兴通讯承担。倪浩，任重，青木. 结束五年“监察”，中兴通讯胜诉！. 环球时报，2022-03-24（16）.

⑤ 冯卫国，方涛. 企业刑事合规本土化的现实困境及化解路径. 河南社会科学，2022（6）：52.

论也非常热烈，并且已经从公司治理领域延伸到了刑事法领域。[①]

在我国调整市场经济的法治模式下，刑事法律风险已经成为企业特别是民营企业在发展过程中面临的最大风险。仅《刑法》中规定的企业可能涉嫌的罪名就高达五十余条，再加之近年来诸多复杂环境因素的影响，刑事法律风险对于我国民营企业及企业家来说犹如“达摩克利斯之剑”[②]。民营企业的刑事法风险与企业的刑事合规管理有着密切的关系。[③]

近年来，最高人民检察院高度重视服务保障企业发展，制定了一系列检察政策指引，采取了一系列有针对性的举措。不断增强企业防范法律风险、抵御市场风险的能力，避免其陷入刑事风险之中。[④] 最高人民检察院、司法部、财政部、生态环境部、国务院国有资产监督管理委员会、国家税务总局、国家市场监督管理总局、中华全国工商业联合会、中国国际贸易促进委员会联合发布的《关于建立涉案企业合规第三方监督评估机制的指导意见（试行）》已于 2021 年 6 月 3 日实施。中华全国工商业联合会、最高人民检察院、司法部、财政部、生态环境部、国务院国有资产监督管理委员会、国家税务总局、国家市场监督管理总局、中国国际贸易促进委员会联合发布的《涉案企业合规建设、评估和审查办法（试行）》也于 2022 年 4 月 19 日实施。最高人民检察院还选取上海浦东和金山、山东郯城等地区的 6 家基层检察院开展了第一期企业合规改革试点。2021 年 3 月，最高人民检察院进一步扩大合规改革试点范围，涉及北京、上海等 10 个省市的 27 个市级检察院、165 个基层检察院。在上述试点的经验基础之上，最高人民检察院于 2021 年 6 月、12 月相继发布第一批与第二批共计 10 个企业合规典型案例，为司法实践以及理论探索提供指引。[⑤]

作为社会主义市场经济的内在要素，民营经济在稳定增长、促进创新、增加就业、改善民生等党和国家中心工作中发挥了重要作用。但令人深思的是，一些陷入困境的民营企业并非“恶劣”的外生环境所致，反而是“后院起火”，最终走向衰落。受其犯罪影响，不少企业资金链断裂、商业资源丧失、管理层“塌方”，出现了停产停业整顿、被列入经营异常名录、注销或破产等情形。[⑥] 党的十九大报告强调，要“毫不动摇鼓励、支持、引导非公有制经济发展”“支持民营企业发展，激发各类市场主体活力”“激发和保护企业家精神，鼓励更多社会主体投身创新创业”。最高人民检察院明确表态，在刑事司法中，保护民营企业合法权益，严禁以刑事手段介入经济纠纷，做到“少捕慎诉慎押”。从地方实践来看，为了避免出现“办了一个案件，垮掉一个企业”的后果，不少地方以认罪认罚从宽为思路，制定了“符合从宽

---

① 黎宏. 合规计划与企业刑事责任. 法学杂志，2019（9）：10.

② 陈卫东. 从实体到程序：刑事合规与企业“非罪化”治理. 中国刑事法杂志，2021（2）：114.

③ 卢勤忠. 民营企业的刑事合规及刑事法风险防范探析. 法学论坛，2020（4）：127.

④ 童建明. 充分履行检察职责　努力为企业发展营造良好法治环境. 检察日报，2020-09-22（3）.

⑤ 冯卫国，方涛. 企业刑事合规本土化的现实困境及化解路径. 河南社会科学，2022（6）：53.

⑥ 贾宇. 民营企业内部腐败犯罪治理的体系性建构：以《刑法修正案（十一）》的相关修改为契机. 法学，2021（5）：73-74.

处理条件的一律从宽，可捕可不捕的一律不捕，可诉可不诉的一律不诉，符合缓刑条件的一律建议法院适用缓刑”的办案标准。中央各部委发布了一系列企业合规的指导性文件，为传统企业治理模式向更高形态的企业合规升级营造了宏观政策环境。在这样的大背景下，刑事合规与认罪认罚从宽制度相结合，成为推动企业依法守规经营和贯彻宽严相济刑事政策的重要举措。

（二）刑事合规的意义

刑事合规能够有效、广泛地教育和引导企业完成违法犯罪的自我纠正和自我预防，从根源上减少犯罪，促进企业稳健发展，发挥积极作用。

（1）刑事合规有利于推动企业依法守规经营。目前，我国企业的刑事合规意识普遍需要增强，很多企业及其负责人还未能认识到刑事合规管理对于规范经营活动和预防刑事犯罪风险的重要性。在当前保护主义上升、世界经济低迷、全球市场萎缩的外部环境下，中国企业要想在对外开放中实现更好发展，就需要顺应国际潮流，加快建立健全刑事合规制度。① 同时，企业合规的刑事激励机制为司法机关提供裁量空间，赋予涉罪企业主张合规抗辩、协议出罪、量刑从轻的机会，由司法工作人员在宽严相济刑事政策指导下综合考虑企业所犯罪行的主观恶性、案件的社会影响范围、企业对侦查行为的配合、内部合规计划的有效程度等因素，审慎定罪，克制用刑。这使得一部分涉罪民营企业能够切实感受到刑事法律的宽容，有利于企业积极地遵纪守法，实现法律效果与社会效果的有机统一。

（2）刑事合规有利于检察机关积极参与社会治理。检察机关作为国家法律监督机关，不仅承担着公诉、逮捕、立案侦查等诉讼职能，还要在办案过程中贯彻社会综合治理的司法理念，探索参与社会治理的新方式。自 2014 年新一轮司法体制改革启动以来，检察机关为贯彻国家治理现代化的政治理念，逐渐开始通过提起公益诉讼、提出检察建议等方式，来参与解决社会治理中出现的新问题，堵塞并排除社会治理中可能存在的管理漏洞和制度隐患。而检察机关推行的合规不起诉制度，属于通过引入刑事合规机制来参与社会治理的探索。通过进行合规不起诉制度的探索，检察机关在对涉案企业进行宽大刑事处理的同时，采取了“源头治理”的措施，督促涉案企业在采取配合调查手段和补救措施的前提下，对企业的管理机制和经营模式进行全方位的合规化改造，消除其中的制度隐患和管理漏洞，使其减少再次发生违法犯罪行为的机会和可能。②

（3）刑事合规有利于企业犯罪治理的转型。涉案企业尤其是涉案的民营企业触及刑事法网的原因是复杂的，存在诸多的制度原因和管理漏洞，如果不能从源头上消除这些隐患，将会有越来越多的企业被采取刑事立案、侦查措施，甚至被追究刑事责任。而且，刑罚的目的在于预防犯罪，企业犯罪治理的难点在于把握惩罚的限度，不是将脆弱的涉案企业“一办了之”，而是应尽可能避免给公共利益和社会经济

---

① 童建明. 充分履行检察职责　努力为企业发展营造良好法治环境. 检察日报，2020 - 09 - 22 (3).

② 陈瑞华. 刑事诉讼的合规激励模式. 中国法学，2020 (6)：234.

带来过大的负效应，同时引导民营企业自主发现和消除经营中的犯罪隐患。如果说依法惩治涉企刑事犯罪、加强涉企案件法律监督是对市场主体外部营商环境的优化，那么建立健全企业刑事合规制度就是从市场主体内部入手。[①] 原则上，对于不是为实施犯罪而成立的涉案企业，动辄采取刑事追诉行动，会带来诸多负面的影响。检察机关将企业合规管理机制引入公诉制度之中，作出合规不起诉的制度探索，对于那些已经构成犯罪的企业以及高级管理人员，可以企业合规换取宽大刑事处理的机会，避免被法院定罪的结局。作为一种出罪机制，合规不起诉制度避免了民营企业和高级管理人员被定罪判刑的结果，使其不会被钉上“犯罪企业”或“犯罪企业家”的标签，避免了企业失去交易资格、被迫退市、无法上市甚至被吊销营业执照、破产倒闭等危险，使企业和企业家的命运得到挽救。在一定程度上，合规不起诉制度的实施不仅可以“救活一个企业”，保护当地的经济发展，而且还可以避免损害企业员工、投资人、股东、合作伙伴等善意相关者的利益。[②]

二、刑事合规的制度机理

刑事合规制度以刑法与刑事诉讼法的基本原理为基础，在刑事司法过程中建立了企业合规的激励机制，有利于实现企业犯罪的一般预防和特别预防，其对单位犯罪刑事责任的理论与实践产生重要影响。

（一）企业合规激励机制

企业合规是一种以合规风险为导向的公司治理方式，其实施目的在于建立有效的违法犯罪行为的防控机制，确立及时识别合规风险的制度，对于已经出现的违法犯罪事件采取必要的应对措施。[③] 通过将企业合规机制引入公诉制度之中，检察机关为涉案企业确立了一种合规激励机制，使其获得建立有效合规计划的强大动力。[④] 在刑事合规程序中，检察机关可以通过举行不起诉公开听证会等方式，督促企业提交合规承诺书，促使其推行合规管理机制。对于承诺建立合规机制的企业，检察机关还要进行不定期跟踪访问，审查其合规计划的执行情况，并保留对拒不履行合规承诺的企业提起公诉的权力。这种合规不起诉制度，既使企业获得了建立合规管理机制的动力，也赋予了其一定程度的制度压力。

（二）犯罪预防理论

早期的刑法规范，强调刑罚威慑对犯罪的预防效果，即通过对已经犯罪的人施加刑罚，以预防其再犯（特殊预防），并借助刑罚威慑对潜在的犯罪人起到阻遏犯罪的效果（消极的一般预防）。然而，通过侧重于追惩事后的已然之罪来实现消极一般

---

① 童建明. 充分履行检察职责　努力为企业发展营造良好法治环境. 检察日报，2020-09-22（3）.
② 陈瑞华. 刑事诉讼的合规激励模式. 中国法学，2020（6）：233.
③ 陈瑞华. 企业合规的基本问题. 中国法律评论，2020（1）：178.
④ 陈瑞华. 刑事诉讼的合规激励模式. 中国法学，2020（6）：235.

预防，防患于未然的效果不彰，企业一犯再犯，常处于防不胜防、力不从心的尴尬境地。晚近以来，因刑事政策转向而形成的积极一般预防强调，刑罚的目的是面向未来的，科以刑罚本身并非刑罚的目的，而是教导人们遵守规则，刑罚预防犯罪的目标不再是针对潜在的犯罪者，而是致力于提升社会普遍的辨别是非的规范信念。[①]刑事合规有利于企业强化依法合规经营的规范意识，不断强化自身的合规建设。同时，对于已经涉案的企业而言，通过全面的“体检”，完善企业的治理结构，弥补企业的经营管理漏洞，提升企业合规文化，对于防止其再犯，也具有重要的意义。

（三）单位犯罪刑事责任理论

传统上，法人刑事责任的基础是替代责任，企业依法为其员工及其代理人的行为负责。替代责任在实践中存在明显的不足：一是任何企业成员只要为企业利益实施了犯罪行为，即使企业为避免犯罪已经采取了相关的预防措施，企业都要因此承担刑事责任，在起诉时，检察官也无须证明企业本身存在过错，这在某种意义上具有严格责任的意蕴，颠覆了传统的过错责任原则，扩大了刑事责任的范围。二是涉罪企业获刑后，其刑罚的附随后果（如交易机会的限制、经营资格的取消、商业信誉的减损等）足以摧垮整个企业。此外，起诉和惩罚企业会严重损害公司的投资者、雇员、养老金领取者、客户等无辜的第三人的利益。所以，对于企业犯罪行为的追诉，有时是一种“双输”甚至“多输”的结果。刑事合规的目标不再是追求对涉罪法人的有罪判决和惩罚，而是期待企业改革其内部的规章制度，预防再次犯罪，刚性的法人刑事责任归责原则逐渐轻缓化或者被变通。首先，法人刑事责任根据，不再实行简单的替代责任标准，而回归到过错责任原则。一方面，公司内个人基于公司利益而实施犯罪，公司原则上仍需要对此承担刑事责任。另一方面，如果公司已经采取了必要的措施抑制公司成员的不当行为，则可以免责。其次，刑事合规计划成为实现法人刑事责任轻缓化的重要途径。企业实施了严格的刑事合规的管理，即使员工实施的犯罪可归责于企业，企业的刑事责任仍可根据刑事合规的情况得以减轻甚至免除。[②] 也有观点认为，应将企业合规建设作为企业文化建设的一部分，并将其作为判断企业刑事责任有无和大小的依据之一，而不是全部。企业合规建设的作用，不限于影响企业的量刑，还有可能影响定罪。[③]

虽然学界关于企业犯罪的刑事责任基础尚未形成共识，但多数研究者认为，企业合规的初衷是挽救涉罪的企业，所谓“放过企业，惩罚个人”。因为企业固然是以营利为目的而从事生产经营活动的经济组织，但企业并非一个单纯的经济体，而是一个担负复杂功能的社会组织，担负着促进社会进步、繁荣经济、增进群众福祉的社会责任。社会对企业应该给予容错、纠错的机会。即使企业实施的犯罪比较严重，对企业也同样可以通过合规管理而相对不起诉，但对企业犯罪承担责任应当判处3

---

① 孙国祥. 刑事合规的理念、机能和中国的构建. 中国刑事法杂志，2019（2）：7-8.

② 孙国祥. 刑事合规的理念、机能和中国的构建. 中国刑事法杂志，2019（2）：10-12.

③ 黎宏. 合规计划与企业刑事责任. 法学杂志，2019（9）：19.

年以上有期徒刑的主管人员和其他直接责任人员，则不能一放了之。因此，倡导企业合规，需要重新认识企业犯罪的刑事责任，对直接实施犯罪的企业主管人员和其他直接责任人员的刑事责任与企业本身的刑事责任应该有所区别。有观点认为，合规出罪的效力无法及于单位成员，单位成员的出罪只能是罪行轻微出罪，即依据《刑法》第13条和相对不起诉、附条件不起诉等方式予以微罪不诉。应当说明的是，对单位的合规不起诉并不意味着否定单位犯罪的成立，而只是针对单位犯罪这一聚合犯罪形态中的单位主体予以出罪，单位成员作为并列的犯罪主体并没有被当然免除单位犯罪刑事责任。换言之，单位开展的合规整改活动不能免除单位成员的刑事责任，企业合规只是一种针对企业的风险防范治理体系，对于具有独立意识和自主行动能力的责任人而言，企业合规无法达到特殊预防的效果。总之，对责任人仍然应当按照单位犯罪追究刑事责任。[①]

三、刑事合规的实体条件

（一）适用刑事合规案件的基本条件

2022年4月2日召开了全国检察机关全面推开涉案企业合规改革试点工作部署会，会议强调无论是民营企业还是国有企业，无论是中小微企业还是上市公司，只要涉案企业认罪认罚，能够正常生产经营、承诺建立或者完善企业合规制度、具备启动第三方机制的基本条件，自愿适用的，都可以适用第三方机制。会议还要求，对于涉案企业责任人可能判处3年以上有期徒刑的涉企犯罪案件，以及重大疑难复杂案件，各省级检察院要认真落实统一把关、逐案审核职责，全面综合评估涉案企业运行状况、责任人犯罪情节及认罪认罚情况等综合因素，确保积极稳妥、依法规范。[②] 实践中，上海、江苏、深圳等多地试点机关已经开始探索将国有企业、上市公司、拟上市公司等大型企业涉嫌的重大单位犯罪案件纳入合规考察对象，并在多个案例中作出不起诉决定。例如，在最高人民检察院发布的第二批企业合规典型案例中，上海J公司、朱某某在未获得商标权利人许可的情况下，组织公司员工生产、销售假冒注册商标的商品，涉案金额达560万余元，最终经过合规整改程序获得不起诉决定。[③]再比如，《深圳市南山区人民检察院企业犯罪相对不起诉适用机制试行办法》《郯城县人民检察院企业犯罪相对不起诉实施办法（试行）》中均规定了相关内容，尝试在重罪案件中开展合规工作。[④]

《关于建立涉案企业合规第三方监督评估机制的指导意见（试行）》第4条规定，适用本指导意见须同时符合的三种情形：（1）涉案企业、个人认罪认罚；（2）涉案企业能够正常生产经营，承诺建立或者完善企业合规制度，具备启动第三方机制的基本

---

① 刘艳红. 企业合规不起诉改革的刑法教义学根基. 中国刑事法杂志，2022（1）：119－120.

② 徐日丹. 如何让好制度释放司法红利：全国检察机关全面推开涉案企业合规改革试点工作部署会解读. 检察日报，2022－04－06（1）.

③ 刘艳红. 企业合规不起诉改革的刑法教义学根基. 中国刑事法杂志，2022（1）：112－113.

④ 李本灿. 刑事合规制度改革试点的阶段性考察. 国家检察官学院学报，2022（1）：24.

条件；(3) 涉案企业自愿适用第三方机制。

同时，《关于建立涉案企业合规第三方监督评估机制的指导意见（试行）》在第5条还规定，对于具有下列情形之一的涉企犯罪案件，不适用企业合规试点以及第三方机制：(1) 个人为进行违法犯罪活动而设立公司、企业的；(2) 公司、企业设立后以实施犯罪为主要活动的；(3) 公司、企业人员盗用单位名义实施犯罪的；(4) 涉嫌危害国家安全犯罪、恐怖活动犯罪的；(5) 其他不宜适用的情形。

此外，《涉案企业合规建设、评估和审查办法（试行）》第3条还规定：涉案企业应当全面停止涉罪违规违法行为。退缴违规违法所得，补缴税款和滞纳金并缴纳相关罚款，全力配合有关主管机关、公安机关、检察机关及第三方组织的相关工作。

(二) 刑事合规建设的有效性

《涉案企业合规建设、评估和审查办法（试行）》第2条规定："对于涉案企业合规建设经评估符合有效性标准的，人民检察院可以参考评估结论依法作出不批准逮捕、变更强制措施、不起诉的决定，提出从宽处罚的量刑建议，或者向有关主管机关提出从宽处罚、处分的检察意见。对于涉案企业合规建设经评估未达到有效性标准或者采用弄虚作假手段骗取评估结论的，人民检察院可以依法作出批准逮捕、起诉的决定，提出从严处罚的量刑建议，或者向有关主管机关提出从严处罚、处分的检察意见。"

涉案企业合规建设的有效性标准，是一套包含有效制度修复和有效合规计划的要素体系，体现了刑事合规和事后合规的要素特征，发挥了涉案企业合规整改标准、合规监管人监督评估标准、检察机关审查验收标准等多重制度功能。有效制度修复标准要求涉案企业在查明深层制度缺陷的基础上进行针对性制度修复，审查要点在于涉案企业识别管控漏洞的准确性和深度，以及修复措施的针对性和彻底性。有效合规计划标准涵盖从合规体系设计到合规运行效果的全过程，合规体系设计作为形式标准，包括风险导向、要素完备、全面覆盖等三项基本要求；合规运行效果作为实质标准，要求检察机关和合规监管人运用多样化审查方法对合规体系诸要素的运行有效性作出评估。基于合规运行效果来设计有效合规计划的全过程标准，才能针对刑事涉案企业发挥长效的犯罪预防作用。①

以《涉案企业合规改革试点参考文件》中就商业贿赂类案件的规定为例，涉案企业制定的合规计划，应当以全面合规为目标、专项合规为重点，主要针对与商业贿赂行为有密切联系的企业内部治理结构、规章制度、人员管理等方面存在的问题，制定可行的合规管理规范，构建有效的合规组织体系，完善相关业务管理流程，健全合规风险防范报告机制，弥补企业制度建设和监督管理漏洞，防止再次发生相同或者类似的违法违规行为。该合规计划应当将合规整改工作分解，明确各项工作的完成时间，并落实到相关责任人员或部门。内容至少应当包括：企业高层的重视与

① 刘艳红. 涉案企业合规建设的有效性标准研究：以刑事涉案企业合规的犯罪预防为视角. 东方法学, 2022 (4): 104.

承诺，企业内部经营管理制度的构建与完善，员工培训计划，合规管理的监督与执行等。有效性评估审查重点为：

（1）企业负责人或管理层是否正式批准反商业贿赂合规方案，并且明确表示全力支持执行该方案。是否制定明确的政策以及相关零容忍的制度规范，禁止一切形式的商业贿赂行为。

（2）企业是否会定期进行风险评估，评测所有商业活动的贿赂风险，并对高风险业务领域进行重点防范。

（3）企业是否建立了内部监控体系，包括账务和机构核查、会计和记录保存管理，并由内部审计人员定期审计，确保有效抵制商业贿赂。是否有相关制度流程，保证对账本和记录进行真实性核查，确保其恰当合理地记录包括代理商和其他中间方在内的所有财务往来。

（4）企业是否有明确措施，确保不通过代理商或者其他中间方进行不当付款。是否有相关程序，确保付给代理商和其他中间方的报酬，是对其提供的合法服务合理有据的报酬，并且通过真实渠道支付。

（5）企业是否有相关制度规范，对违反商业贿赂合规方案的行为进行问责，确保合规方案在其所有业务实体和分支中有效执行。对行贿或者行为不符合合规方案的代理商和中间方，对有违合规方案的内外部人员，是否进行处理或制裁。

（6）企业是否有相关流程和监控措施，确保慈善捐助和赞助不会被用于行贿。

（7）企业是否在礼物、招待等方面有明确的规定，并对员工有相关的合规指导。

（8）企业是否鼓励员工和商业合作伙伴表达顾虑，并且提供安全畅通的渠道，使员工和商业伙伴可以举报贿赂等违法违规行为。

（9）企业是否有相关制度规范，规定任何员工不会因为拒绝行贿而遭到降职、处罚或其他后果。

（10）企业是否有相关制度规范，使包括高管在内的所有员工以及其他有业务关系的企业的员工，了解合规方案，并提供较为详细的指导和培训。

四、刑事合规的程序适用

根据企业建立合规体系所依据的程序路径，刑事合规可分为检察建议模式、附条件不起诉模式和量刑建议模式等。各种模式的程序虽有不同，但基本上包括启动与审查、合规建设与评估、审查与处理等环节。

（一）涉案企业合规启动

检察机关在受理涉企犯罪案件后，对涉案企业制发企业合规权利义务告知书，告知书的内容主要涉及企业合规的适用条件及范围、申请适用企业合规程序、企业权利义务等。检察机关和第三方组织可以向涉案企业提出整改建议，帮助企业制定合规建设方案或计划。例如在上海J公司、朱某某假冒注册商标案中，浦东新区检察院结合办案中发现的经营管理不善情况，向J公司制发“合规风险告知书”，从合规风险排查、合规制度建设、合规运行体系及合规文化养成等方面提出整改建议，引导J公司作出合规承诺。第三方组织结合风险告知内容指导企业制定合规计划，明确合规计划的政策性和程序性规定，从责任分配、培训方案到奖惩制度，确保合规计划的针对性和实效性。同时，督促企业对合规计划涉及的组织体系、政策体系、程序体系和风险防控体系等主题进行分解，保证计划的可行性和有效性。

涉案企业应当向检察机关提交企业经营、纳税、用工及社保缴纳等情况说明材料；应当向检察机关提交合规承诺书、合规计划书（合规建设方案）以及其他可以证明企业履行社会责任的证据材料。

检察机关应当对企业提交材料的真实性、合法性和关联性进行审查。其中合规计划书（合规建设方案）是检察机关审查的核心和重点。检察机关在审查合规计划时应当注重审查合规建设方案的合法性、可行性和有效性。主要从以下几个方面开展审查：涉案企业对自身行为性质的认识，涉案企业对犯罪原因的认知，合规方案内容的针对性、可行性、实效性，如何进行合规文化的培育，合规建设的保障措施等。检察机关在审查合规计划书的同时应当将企业的合规计划书同步抄送给第三方监督评估组织，征求第三方监督评估组织意见，必要时也应当听取有关行政部门的意见。

检察机关在作出审查决定前，应当听取侦查机关、被害人（被害单位）及其法定代理人、诉讼代理人、犯罪嫌疑人、涉案企业负责人或诉讼代表人及其辩护人的意见，并将相关意见附卷。必要时可以组织公开听证，听取各方意见。办案检察官应当根据企业调查报告、企业合规承诺、合规计划书（合规建设方案），制定、完善内容，撰写企业合规制度适用审查报告，并报送检察长。同意适用企业合规程序的，一般对涉企犯罪案件责任人不采取逮捕等羁押措施；已经羁押的，应当及时开展羁押必要性审查，变更强制措施，保障企业合规建设的顺利进行。[①]

（二）涉案企业合规建设

涉案企业合规建设，是指涉案企业针对与涉嫌犯罪有密切联系的合规风险，制定专项合规整改计划，完善企业治理结构，健全内部规章制度，形成有效合规管理体系的活动。

（1）涉案企业一般应当成立合规建设领导小组，由其实际控制人、主要负责人和直接负责的主管人员等组成，必要时可以聘请外部专业机构或者专业人员参与或者协助。合规建设领导小组应当在全面分析研判企业合规风险的基础上，结合本行业合规建设指引，研究制定专项合规计划和内部规章制度。

（2）涉案企业制定的专项合规计划，应当能够有效防止再次发生相同或者类似的违法犯罪行为。涉案企业实际控制人、主要负责人应当在专项合规计划中作出合规承诺并明确宣示，合规是企业的优先价值，对违规违法行为采取零容忍的态度，确保合规融入企业的发展目标、发展战略和管理体系。

（3）涉案企业应当设置与企业类型、规模、业务范围、行业特点等相适应的合

① 谈倩，王宗秀，孙宋龙．检察机关办理企业合规案件的程序构建．人民检察，2021（17）：52.

规管理机构或者管理人员。合规管理机构或者管理人员可以专设或者兼理，合规管理的职责必须明确、具体、可考核。

（4）涉案企业应当针对合规风险防控和合规管理机构履职的需要，通过制定合规管理规范、弥补监督管理漏洞等方式，建立健全合规管理的制度机制。涉案企业的合规管理机构和各层级管理经营组织均应当根据其职能特点设立合规目标，细化合规措施。合规管理制度机制应当确保合规管理机构或者管理人员独立履行职责，对于涉及重大合规风险的决策具有充分发表意见并参与决策的权利。

（5）涉案企业应当为合规管理制度机制的有效运行提供必要的人员、培训、宣传、场所、设备和经费等人力物力保障。

（6）涉案企业应当建立监测、举报、调查、处理机制，保证及时发现和监控合规风险，纠正和处理违规行为。

（7）涉案企业应当建立合规绩效评价机制，引入合规指标对企业主要负责人、经营管理人员、关键技术人员等进行考核。

（8）涉案企业应当建立持续整改、定期报告等机制，保证合规管理制度机制根据企业经营发展实际不断调整和完善。

（三）涉案企业合规评估

涉案企业合规评估，是指第三方监督评估组织（以下简称“第三方组织”）对涉案企业专项合规整改计划和相关合规管理体系有效性进行了解、评价、监督和考察的活动。

（1）第三方组织可以根据涉案企业情况和工作需要，制定具体细化、可操作的合规评估工作方案。

（2）第三方组织对涉案企业专项合规整改计划和相关合规管理体系有效性的评估，重点包括以下内容：第一，对涉案合规风险的有效识别、控制；第二，对违规违法行为的及时处置；第三，合规管理机构或者管理人员的合理配置；第四，合规管理制度机制建立以及人力物力的充分保障；第五，监测、举报、调查、处理机制及合规绩效评价机制的正常运行；第六，持续整改机制和合规文化已经基本形成。

（3）第三方组织应当以涉案合规风险整改防控为重点，结合特定行业合规评估指标，制定符合涉案企业实际的评估指标体系。评估指标的权重可以根据涉案企业类型、规模、业务范围、行业特点以及涉罪行为等因素设置，并适当提高合规管理的重点领域、薄弱环节和重要岗位等方面指标的权重。

（四）涉案企业合规审查

涉案企业合规审查，是指负责办理案件的人民检察院对第三方组织的评估过程和结论进行审核。针对未启动第三方机制的小微企业合规，可以由人民检察院对其提交的合规计划和整改报告进行审查。按照《关于建立涉案企业合规第三方监督评估机制的指导意见（试行）》的规定，第三方组织对涉案企业的合规承诺进行调查、评估、监督和考察，考察结果作为人民检察院依法处理案件的重要参考。

（1）第三方机制管委会和人民检察院收到第三方组织报送的合规考察书面报告后，应当及时进行审查，重点审查以下内容：第一，第三方组织制定和执行的评估方案是否适当；第二，评估材料是否全面、客观、专业，足以支持考察报告的结论；第三，第三方组织或其组成人员是否存在可能影响公正履职的不当行为或者涉嫌违法犯罪行为。

经第三方机制管委会和人民检察院审查，认为第三方组织已经完成监督评估工作的，由第三方机制管委会宣告第三方组织解散。对于审查中发现的疑点和重点问题，人民检察院可以要求第三方组织或其组成人员说明情况，也可以直接进行调查核实。

（2）人民检察院对小微企业提交合规计划和整改报告的审查，重点包括合规承诺的履行、合规计划的执行、合规整改的实效等内容。

（3）第三方机制管委会收到关于第三方组织或其组成人员存在行为不当或者涉嫌违法犯罪的反映、异议，或者人民检察院收到上述内容的申诉、控告的，双方应当及时互相通报情况并会商提出处理建议。

（4）第三方机制管委会或者人民检察院经审查合规考察书面报告等材料发现，或者经对收到的反映、异议或者申诉、控告调查核实确认，第三方组织或其组成人员存在违反前述指导意见及其实施细则规定的禁止性行为，足以影响评估结论真实性、有效性的，第三方机制管委会应当重新组建第三方组织进行评估。

（五）对于涉案企业的处理

（1）对于涉案企业合规建设经评估符合有效性标准的，人民检察院可以参考评估结论依法作出不批准逮捕、变更强制措施、不起诉的决定，提出从宽处罚的量刑建议，或者向有关主管机关提出从宽处罚、处分的检察意见。作出不起诉决定后检察机关的后续跟进回访考察十分必要。检察机关在作出不起诉决定后，可以对企业后续执行和完善企业合规情况进行跟踪、回访，帮助企业进一步完善合规体系。

（2）对于涉案企业合规建设经评估未达到有效性标准或者采用弄虚作假手段骗取评估结论的，人民检察院可以依法作出批准逮捕、起诉的决定，提出从严处罚的量刑建议，或者向有关主管机关提出从严处罚、处分的检察意见。【参见知识拓展 5-6】[①]

知识拓展 5-6

思考练习题

1. 如何理解公诉事实和指控罪名的确定？

2. 如何理解自然事实、案件事实、公诉事实、裁判事实之间的异同？

3. 在我国认罪认罚案件中，量刑协商存在的主要问题是什么？如何解决这些问题？

---

① 最高检发布企业合规改革试点典型案例.（2021-06-03）. https://www.spp.gov.cn/spp/xwfbh/wsfbh/202106/t20210603_520232.shtml.

4. 有观点认为，刑事合规（或称涉案企业合规）改革对刑事诉讼法及刑法的立法及理论带来了新的挑战。你是否赞同这种观点？为什么？

5. 法条分析题：

《刑事诉讼法》第 177 条规定的相对不起诉与第 282 条规定的附条件不起诉有何区别？假设某未成年人 A 涉嫌盗窃罪，可能被判处有期徒刑六个月到一年。作为担任承办案件的检察官，你会选择何种不起诉？为什么？

6. 案例分析题：江西省宜春市高某波正当防卫不起诉案。

2018 年 3 月 5 日上午，高某波被传销人员陶某某以谈恋爱为由骗至江西省宜春市袁州区，次日 11 时许被带至传销窝点。根据传销组织安排，陶某某将高某波带入窝点的一房间后，郭某某、缪某某、张某某、刘某某四人要求高某波交出手机，高某波意识到可能进入传销窝点而拒绝。四人便按照控制新人的惯例做法，上前将其抱住，抢走其眼镜。因高某波情绪激动，在房间外的安某某和孟某某也进入房间，帮助控制高某波。随后，孟某某抢走高某波的手机，安某某用言语呵斥、掐脖子等方式逼迫其交出钱包。见高某波仍然不配合，在房间外的梁某某和胡某某也进入该房间共同控制高某波，要求高某波扎马步，并推搡高某波。高某波从裤袋内拿出随身携带的折叠刀（非管制刀具），要求离开。安某某、张某某见状立即上前抢刀，其他同伙也一齐上前欲控制高某波，其中张某某抱住高某波的左手臂，郭某某从背后抱住高某波的腿部。高某波持刀挥舞，在刺伤安某某、张某某、梁某某等人后，逃离现场。安某某胸腹部被刺两刀，经抢救无效死亡。经鉴定，安某某符合锐器刺击导致心脏破裂死亡；张某某枕部软组织创口，损伤程度为轻微伤；梁某某左手拇指软组织创口，损伤程度为轻微伤。①

检察机关就本案作出不起诉决定。该项决定是否合法、是否合理？为什么？

7. 案例分析题：请根据最高人民检察院发布的企业合规改革试点典型案例——上海市 A 公司、B 公司、关某某虚开增值税专用发票案的基本材料，为该企业草拟“涉案企业合规计划书”。

（1）基本案情。

被告单位上海 A 医疗科技股份有限公司（以下简称“A 公司”）、上海 B 科技有限公司（以下简称“B 公司”），被告人关某某系 A、B 两家公司实际控制人。

2016 年至 2018 年间，关某某在经营 A 公司、B 公司业务期间，在无真实货物交易的情况下，通过他人介绍，采用支付开票费的方式，让他人为两家公司虚开增值税专用发票共 219 份，价税合计 2 887 余万元，其中税款 419 余万元已申报抵扣。2019 年 10 月，关某某到案后如实供述上述犯罪事实并补缴涉案税款。

2020 年 6 月，公安机关以 A 公司、B 公司、关某某涉嫌虚开增值税专用发票罪移送检察机关审查起诉。上海市宝山区检察院受理案件后，走访涉案企业及有关方

---

① 正当防卫不捕不诉典型案例.（2020－11－27）. https://www.spp.gov.cn/spp/xwfbh/wsfbt/202011/t20201127_487542.shtml#2.

面了解情况，督促企业作出合规承诺并开展合规建设。

（2）企业合规整改情况及处理结果。

检察机关走访涉案企业了解经营情况，并向当地政府了解其纳税及容纳就业情况。经调查，涉案企业系我国某技术领域的领军企业、上海市高新技术企业，科技实力雄厚，对地方经济发展和增进就业有很大贡献。公司管理人员及员工学历普遍较高，对合规管理的接受度高、执行力强，企业合规具有可行性，检察机关遂督促企业作出合规承诺并开展合规建设。同时，检察机关先后赴多地税务机关对企业提供的纳税材料及涉案税额补缴情况进行核实，并针对关某某在审查起诉阶段提出的立功线索自行补充侦查，认为其具有立功情节。

2020 年 11 月，检察机关以 A 公司、B 公司、关某某涉嫌虚开增值税专用发票罪对其提起公诉并适用认罪认罚从宽制度。12 月，上海市宝山区人民法院采纳检察机关全部量刑建议，以虚开增值税专用发票罪分别判处被告单位 A 公司罚金 15 万元，B 公司罚金 6 万元，被告人关某某有期徒刑 3 年，缓刑 5 年。

法院判决后，检察机关联合税务机关上门回访，发现涉案企业的合规建设仍需进一步完善，遂向其制发检察建议并公开宣告，建议进一步强化合法合规经营意识，严格业务监督流程，提升税收筹划和控制成本能力。检察机关在收到涉案企业对检察建议的回复后，又及时组织合规建设回头看。经了解，涉案企业已经逐步建立合规审计、内部调查、合规举报等有效合规制度，聘请专业人士进行税收筹划，大幅节约生产经营成本，提高市场占有份额。

参考文献

1. 刘艳红. 企业合规不起诉改革的刑法教义学根基. 中国刑事法杂志，2022（1）.

2. 陈瑞华. 合规监管人的角色定位：以有效刑事合规整改为视角的分析. 比较法研究，2022（3）.

3. 陈实. 论认罪认罚案件量刑从宽的刑事一体化实现. 法学家，2021（5）.

4. 孙长永. 认罪认罚从宽制度的基本内涵. 中国法学，2019（3）.

5. 何挺. 附条件不起诉制度实施状况研究. 法学研究，2019（6）.

6. 刘仁琦. 公诉变更实体限制论. 当代法学，2018（6）.

7. 宋英辉，等. 刑事诉讼原理. 3 版. 北京：北京大学出版社，2014.

8. 张小玲. 刑事诉讼客体论. 北京：中国人民公安大学出版社，2010.

9. 托马斯·罗什. 合规与刑法：问题、内涵与展望：对所谓的“刑事合规”理论的介绍. 李本灿，译//赵秉志. 刑法论丛（2016 年第 4 卷）. 北京：法律出版社，2017.

第六章　刑事辩护的理论与实务

第一节　刑事辩护的基本理论

一、刑事辩护权概述

（一）刑事辩护

刑事辩护是指犯罪嫌疑人、被告人及其辩护人为维护犯罪嫌疑人、被告人的诉讼权利和其他合法权益，从事实和法律方面反驳控诉，提出有利于犯罪嫌疑人、被告人的材料和意见的诉讼活动。

在现代法律制度中，刑事辩护是犯罪嫌疑人、被告人依法享有的一项专属性诉讼权利。在权利位阶上，辩护权是犯罪嫌疑人、被告人享有的一项宪法基本权利，是个人针对国家追诉犯罪活动而享有的一项“防御性”宪法权利。“现代法治国家的刑事程序，承认被告作为程序主体，因此，享有防御权利，刑事诉讼法必须保障被告有排除国家机关对其不利的指控并进而影响程序进行方向的机会。辩护制度便是这种法治思想底下的产物，也是现今各国际人权公约之公平审判条款特别列举的基本要求。”[①] 在国际人权法层面，辩护权作为公正审判权的具体内容之一，是在遭受“任何刑事指控时，人人完全平等地有资格享受以下的最低限度的保证”[②]。在国内法层面，“犯罪嫌疑人、被告人有权获得辩护”是我国《宪法》《刑事诉讼法》规定的一项基本原则。我国《宪法》第 130 条中规定：“被告人有权获得辩护。”据此，《刑事诉讼法》第 11 条中进一步规定：“被告人有权获得辩护，人民法院有义务保证被告人获得辩护”。第 14 条规定：“人民法院、人民检察院和公安机关应当保障犯罪

---

① 林钰雄. 刑事诉讼法：上. 台北：新学林出版股份有限公司，2020：212.

② 《公民权利和政治权利国际公约》第 14 条。

嫌疑人、被告人……依法享有的辩护权。”一般认为，“有权获得辩护”原则包含两方面内容：一是犯罪嫌疑人、被告人依法享有辩护权；二是国家专门机关负有保障犯罪嫌疑人、被告人依法享有辩护权的法定责任和义务。

在诉讼法层面，刑事辩护是现代刑事诉讼制度必不可少的结构性要素，是现代刑事诉讼制度三大基本诉讼职能之一。在现代刑事诉讼制度下，控诉与辩护是一对贯穿于刑事诉讼始终的基本矛盾，直接决定着刑事诉讼活动的发展进程并影响着刑事案件的最终处理。其中，刑事辩护因控诉而生，是针对犯罪指控进行的“防御性活动”。在此意义上，没有控诉就没有辩护。所谓辩护，本质上是针对犯罪指控展开的“防御活动”，旨在对抗控诉方的指控，抵消其控诉效果，故具有针对性、反驳性、防御性等特点。事实上，在英文中，“辩护”（defense）一词的本意就是“防守”“防御”的意思。日本学者最初在翻译该词时，也曾一度将其翻译为“防御权”。例如，田口守一教授认为，“犯罪嫌疑人作为侦查的对象，不仅其身体受到羁押而且还要接受讯问。这种侦查活动经常带有纠问的因素，很可能侵犯犯罪嫌疑人的人权。涉嫌实行了犯罪的犯罪嫌疑人处于弱势的地位，加之人身被拘押，他们往往很难陈述自己的观点，也很难收集有利于自己的证据。因此，必须承认犯罪嫌疑人为自己进行防御的权利，这就叫犯罪嫌疑人的防御权”。具体而言，被追诉人的“防御权可以分为两类：第一类是作为人权受侵犯的消极防御权；第二类是可以积极地提出主张的程序性权利，这就是积极防御权”[①]。在现代法治社会，为确保控辩之间的平等对抗，各国刑事诉讼制度普遍实行控审分离原则、控辩平等原则、裁判中立原则。

在法律制度层面，辩护制度是刑事诉讼法规定的一项诉讼法律制度，是被追诉人有权获得辩护的具体制度保障。需要强调的是，辩护制度本身是历史概念。辩护制度具体包括哪些内容、保障哪些权利，是一个不断发展、逐步完善的历史过程。以美国为例：在历史上，针对18世纪末英国禁止重罪被告人聘请辩护律师的普通法传统，《美国联邦宪法》第六修正案规定，“在一切刑事诉讼中，被告有权……获得律师帮助为其辩护（to have the assistance of counsel for his defence）”的权利。因此，美国联邦最高法院最初只保障“被告人聘请辩护律师的权利，而不是当他无力聘请时由政府指定律师的权利。直到1938年，也就是第六修正案通过150年后，联邦最高法院才确认，第六修正案赋予了联邦法院中的贫困被告人获得政府指定律师的权利（Johnson v. Zerbst，1938）。又过了25年，联邦最高法院才判定州法院中被控重罪的贫困被告人享有获得政府指定律师的‘当然’或‘自动’权利（Gideon v. Wainwright，1963）”[②]。之后，美国联邦最高法院又通过一系列判决，将第六修正案保障的“获得政府指定律师的权利”延伸到了可能实际被判处监禁刑的轻罪案件，延伸到了审前程序以及审判后的量刑程序、救济程序。此外，美国联邦最高法院还通过判例指出，获得律师帮助的权利，不仅要求有律师帮助，而且应当要求“获得

① 田口守一. 刑事诉讼法. 7版. 张凌，于秀峰，译. 北京：法律出版社，2019：168.

② 詹姆斯·J. 汤姆科维兹. 美国宪法上的律师帮助权. 李伟，译. 北京：中国政法大学出版社，2016：5.

律师的有效辩护”，并在 1984 年斯特里克兰案（Strickland v. Washington）中确立了“无效辩护”的具体判断标准。

在我国，根据 1979 年《刑事诉讼法》的规定，只有案件进入审判阶段后，被告人才有权委托辩护人；在审判前阶段，犯罪嫌疑人只能自行辩护。在审判阶段，对于公诉人出庭公诉的案件，如果被告人没有委托辩护人，人民法院可以为他指定辩护人；如果被告人是聋、哑人或者未成年人而没有委托辩护人的，人民法院应当为他指定辩护。[1] 1996 年《刑事诉讼法》修改、完善了辩护制度，加强了对犯罪嫌疑人、被告人的权利保障：第一，提前了委托辩护的时间。根据 1979 年《刑事诉讼法》的规定，被告人在法庭开庭审理前才被允许聘请律师。1996 年修正后的《刑事诉讼法》规定，就公诉案件而言，在侦查阶段，犯罪嫌疑人在被侦查机关第一次讯问后或者自被采取强制措施之日起，有权聘请律师为其提供法定的法律帮助；自案件移送到人民检察院审查起诉之日起，犯罪嫌疑人有权委托辩护人。[2] 第二，扩大了法律援助的范围。[3] 第三，具体规定了辩护律师的一系列权利和责任。[4] 如此等等。之后，2012 年《刑事诉讼法》修改进一步强化了犯罪嫌疑人、被告人的委托辩护权，具体内容有：第一，明确了侦查阶段律师的辩护人地位，也即，犯罪嫌疑人自被侦查机关第一次讯问或者被采取强制措施之日起，有权委托律师担任辩护人；第二，扩大并明确了辩护律师的权利，完善了辩护律师诉讼权利的保障机制；第三，扩大了法律援助的适用范围；第四，补充规定了辩护人的告知义务。[5] 2018 年修正的《刑事诉讼法》及 2021 年《法律援助法》进一步扩大了法律援助的形式和案件范围。

此外，为了保障更多的犯罪嫌疑人、被告人获得律师帮助的权利，最高人民法院、司法部于 2017 年 10 月启动了“刑事案件律师辩护全覆盖”试点工作，并在一年后扩展到全国范围，取得了良好成效。2021 年《法律援助法》第 25 条第 2 款的规定为刑事案件律师辩护全覆盖提供了立法支持。【参见知识拓展 6－1】

知识拓展 6－1

回顾我国刑事诉讼制度四十多年的发展历程，在刑事辩护制度方面取得的重大成就主要有[6]：第一，对辩护律师的法律定位发生了根本性变化，其辩护职责和核心义务得到明确。具体表现为，一方面，在与国家专门机关的关系方面，辩护律师的公益性义务逐渐淡化，依法履行辩护职责时的独立性逐渐凸显。另一方面，在与被追诉人的关系方面，辩护律师作为被追诉人合法权益的专门维护者，其忠诚义务得到不断强化。第二，律师以辩护人身份介入刑事诉讼的时间不断提前。

---

① 1979 年《刑事诉讼法》第 26 条、第 27 条。

② 1996 年《刑事诉讼法》第 96 条、第 33 条。

③ 1996 年《刑事诉讼法》第 34 条。

④ 1996 年《刑事诉讼法》第 36 条、第 37 条、第 38 条。

⑤ 2012 年《刑事诉讼法》第 33 条～第 47 条。卞建林. 中华人民共和国刑事诉讼法最新解读. 北京：中国人民公安大学出版社，2012：47.

⑥ 孙长永. 中国刑事诉讼法制四十年：回顾、反思与展望. 北京：中国政法大学出版社，2021：71－75.

第三，获得律师法律帮助的被追诉人范围日益扩大。第四，被追诉人的诉讼地位不断提高。第五，刑事辩护活动的影响力日渐增强，律师辩护的专业化水平不断提高。

刑事辩护制度的持续发展，强化了对被追诉人的程序保护，促进了控辩平等，优化了刑事诉讼结构。综观各国刑事诉讼制度的发展历程，现代刑事辩护制度的发展大体上可以被概括为三个阶段：从自行辩护到有权委托律师辩护、从委托辩护到有权获得法律援助、从有律师协助到辩护律师的有效辩护。也正是在此意义上，有研究者认为，现代刑事诉讼发展历程表明，"刑事诉讼的历史就是辩护的发展历史"①。

（二）刑事辩护权

辩护是被追诉人自我保护的一种手段。作为诉讼活动和实践，刑事辩护是被追诉人遭受犯罪指控时的自然反应。因此，无论法律是否赋予被追诉人辩护权，作为一种事实意义上的辩解行为，辩护活动都是客观存在的。但是，人类的历史表明，没有权利保障的辩护活动，不仅无法得到应有的重视，而且随时都可能受到恣意的限制或剥夺。因此，在现代法治国家均强调辩护是被追诉人的一项法定权利，并通过刑事诉讼法建立了具体的刑事辩护制度。

在现代刑事诉讼制度下，刑事辩护、刑事辩护权、刑事辩护制度三者之间密不可分、相互依存。具体而言，刑事辩护权是刑事辩护制度的前提和基础，刑事辩护制度是刑事辩护权的制度保障，刑事辩护则是刑事辩护权的外在表现，是现代刑事诉讼活动不可或缺的重要组成部分，任何妨碍或限制刑事辩护的行为，都将获得法律上的制裁。

根据我国刑事诉讼法的规定，传统刑事法理论将刑事辩护的种类概括为自行辩护、委托辩护和指派辩护（或法律援助）。但是，这种分类方式显然忽视了两方面的问题：第一，委托辩护与指派辩护的差异仅仅在于被追诉人获得辩护律师的方式不同，至于辩护律师的诉讼地位、诉讼职责及诉讼权利义务，则并无实质差异，因此，所谓的"辩护人制度"，本质上包含自行委托辩护与指派辩护两部分内容，二者缺一不可。而且，随着我国刑事法律援助制度的持续发展，在司法实践中，指派辩护的案件比例在持续上升，甚至会逐步成为犯罪嫌疑人、被告人"获得律师辩护权"的主要表现形式。第二，就自行辩护与获得律师帮助权而言，二者并非同一层面的诉讼权利。在传统社会，被追诉人的辩护权可能更多地表现为自行辩护的权利；但是，在现代社会，（无论是通过自行委托还是通过政府免费提供）获得律师帮助权才是辩护制度的核心内容。换句话说，在现代刑事诉讼制度下，狭义上的辩护权往往特指被追诉人获得律师帮助的权利。简言之，被追诉人的辩护权固然包括自行辩护权和

① Julius Glaser，Handbuch des Strafprozesses，Leipzig，Duncker & Humblot，1883 & 1885：233.

获得律师帮助权两方面的内容，但是，二者之间并非平行关系，而是递进关系[①]：被追诉人享有自行辩护权是辩护权的应有之义、最基本要求；但在现代辩护制度中，"获得律师帮助的权利"才是现代辩护制度的核心。事实上，现代辩护制度主要是为了保障被追诉人切实享有获得律师帮助权、获得辩护律师的有效辩护，而不是仅仅满足于自行辩护的权利。

根据上述分析，我们认为，我国宪法意义上的辩护权（"有权获得辩护"）具体包括两项内容：自行辩护权与获得律师帮助的权利。其中，获得律师帮助的权利（狭义上的辩护权）具体包括委托辩护权与获得法律援助的权利（见图 6－1）。

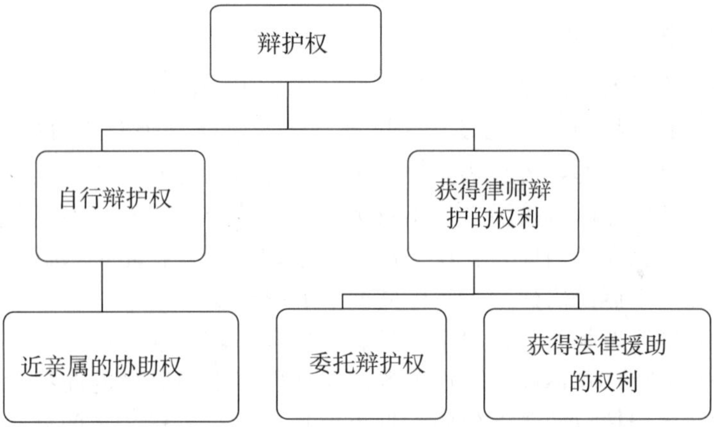

图 6－1　我国宪法意义上的辩护权

第一，辩护权是犯罪嫌疑人、被告人享有的一项宪法性权利，承载着法治功能。

"从立宪主义的精神来看，公民基本权利首先的作用在于对抗公权力，防止公民的生命、自由与财产受到公权力的侵犯，从而维护个人免受国家恣意干涉的空间。这种意义上的基本权利被称作'防御权'（Abwehrrecht），基本权利的此种功能被称为'防御权功能'（Funktion der Grundrechte als Abwehrrechte）。"[②] 因此，在宪法意义上，辩护权是宪法赋予个人的一项防御性权利。也即，在受到犯罪指控时，在个人的生命、自由或财产面临刑事制裁威胁时，任何人都依法享有针对犯罪指控

① 在诉讼理论上，有"本人诉讼"与"律师代理诉讼"之分。日本学者谷口安平教授以民事诉讼为例，认为律师代理诉讼存在五种法律关系：（1）法院与律师的关系；（2）双方代理律师的关系；（3）律师和作为委托人的当事人本人的关系；（4）法院与当事人本人的关系；（5）双方当事人的关系。其中，前三种法律关系是本人诉讼所没有的。因此，律师代理诉讼涉及更为复杂的法律问题。比如，就双方律师的关系而言，二者固然存在各为其主的利益对立，但是，"同时他们在本质上也是同一专家集团的成员。与通常一生中只有一次诉讼经历的当事者不同，他们两方都会预想到今后还可能在别的案件里相互对立或相互合作。这种同行关系一方面具有促进律师间信息交流和有助于解决纠纷的效果，另一方面也蕴含着危险。常常有当事者怀疑自己的代理律师是不是有与对方的律师私下做交易的情况，这种怀疑在许多场合下并不是没有根据的。"（谷口安平. 程序的正义与诉讼. 王亚新，刘荣军，译. 北京：中国政法大学出版社，1996：87－88.）同样，就刑事诉讼制度而言，犯罪嫌疑人、被告人及其辩护律师虽然都是承担辩护职能的诉讼主体。但是，在辩护职能之下，犯罪嫌疑人、被告人及其辩护律师之间依然存在某种利益分歧，由此产生辩护权的内部关系问题。

② 张翔. 论基本权利的防御权功能. 法学家，2005（2）.

进行防御、对抗的权利。因此，在权利功能上，辩护权属于保障性权利，旨在保障宪法赋予个人的实体性宪法基本权利不会受到任意侵犯或剥夺，旨在保障个人在受到犯罪指控时依然享有进行防御、辩驳的诉讼法律途径和手段。

在宪法意义上，辩护权本质上是一项“任何人享有的一般性权利”，或者说，辩护权是一项不附带任何先决条件的普适性权利，没有“但书”，没有“例外”。任何人，无论是自然人还是法人，无论是具有中国国籍的公民还是不具有中国国籍的外国人，无论涉嫌的是危害国家安全犯罪还是恐怖主义犯罪，只要因受到犯罪指控而处于犯罪嫌疑人、被告人的法律地位，均依法享有辩护权。无论何时、何地、在何种情况下，对任何犯罪嫌疑人、被告人，都不得以任何理由限制或剥夺其辩护权。

第二，自行辩护权是犯罪嫌疑人、被告人最基本的诉讼权利。

自行辩护权是辩护权的最基本表现形式，也是本源意义上的辩护权。诚如日本学者所言，“被告人只不过是涉嫌犯罪的人，他关心的问题主要是，对自己涉嫌的犯罪最后能否得到一个对自己最有利的结果。被告人有自己进行防御的权利，被告人具有的这种权利一般称为‘防御权’。这显然是为自己辩护的权利。在这个意义上，将这种权利称为‘自己辩护权’可能更为合适。对于无辜的人来说，自己辩护权就是尽早让自己从被嫌疑的漩涡中解放出来；对于有罪的人来说，自己辩护权就是尽可能使自己获得从宽处罚”①。

我国《刑事诉讼法》第 33 条规定：“犯罪嫌疑人、被告人除自己行使辩护权以外，还可以委托一至二人作为辩护人。”据此，刑事诉讼法学理论一般认为，犯罪嫌疑人、被告人的辩护权首先表现为自行辩护的权利。自行辩护的权利是一项普适性权利。无论涉嫌任何犯罪指控、处于哪个刑事诉讼阶段，犯罪嫌疑人、被告人都享有自行辩护的权利。根据我国《刑事诉讼法》的规定，即便委托了辩护律师，犯罪嫌疑人、被告人依然享有自行辩护的权利。

此外，为让犯罪嫌疑人、被告人更好地行使自行辩护的权利，我国刑事诉讼法赋予了被追诉人的近亲属一系列诉讼辅助权。根据我国《刑事诉讼法》第 34 条的规定，犯罪嫌疑人、被告人在押的，其监护人、近亲属可以代为委托辩护人。第 97 条、第 99 条规定，犯罪嫌疑人、被告人的近亲属有权申请变更强制措施；对于强制措施法定期限届满的，有权要求解除强制措施。第 227 条规定，经被告人同意，被告人的近亲属可以代为提起上诉。第 252 条规定，对已经发生法律效力的判决、裁定，被告人的近亲属可以向人民法院或者人民检察院提出申诉。

在其他法域，还有辅佐人制度。所谓辅佐人，是指刑事案件起诉后，被告人或自诉人法定范围内的近亲属，可以在法院辅佐被告人或自诉人为诉讼行为并陈述意见。辅佐人所为诉讼行为，不得违背被告人或自诉人的明示意思。

第三，获得律师辩护的权利是辩护权的最主要内容。

在现代社会，辩护权主要是指被追诉人依法获得律师辩护的权利。从辩护制度的发展历史看，从自行辩护到委托辩护（尤其是委托律师辩护）是各国刑事辩护制

---

① 佐藤博史. 刑事辩护的技术与伦理. 于秀峰，张凌，译. 北京：法律出版社，2012：23.

度发展成熟的标志之一。“辩护人辩护实质上又集中体现为律师辩护。律师作为职业法律工作者，不仅精通法律，而且富有诉讼经验和技巧；不仅享有人身自由，可以在法律允许的范围内进行辩护所需要的一切活动，而且地位独立，可以提出任何有利于犯罪嫌疑人、被告人的辩护意见和诉讼主张。因此，其所进行的辩护较之犯罪嫌疑人、被告人的自行辩护，更加有理、有力、有利，从而更加有效。正因如此，联合国确立的国际刑事司法准则要求保障犯罪嫌疑人、被告人获得律师帮助的权利。”①

根据我国《刑事诉讼法》的规定，获得律师辩护的权利具体包括委托辩护权和获得法律援助的权利。

1. 委托辩护权

根据我国《刑事诉讼法》第 33 条、第 34 条的规定，犯罪嫌疑人、被告人除有权自行辩护外，自被侦查机关第一次讯问或者被采取强制措施之日起，还享有委托辩护的权利。

犯罪嫌疑人、被告人委托辩护，可以委托律师，也可以委托自己的监护人或亲友。因此，根据受托人是否具有律师身份，委托辩护人又可以被分为律师辩护人与非律师辩护人。其中，非律师辩护人的诉讼权利受到较多限制，例如：《刑事诉讼法》第 34 条规定，在侦查阶段，只能委托律师担任辩护人。《刑事诉讼法》第 43 条规定，只有辩护律师才享有自行调查证据的权利。《刑事诉讼法》第 39 条、第 40 条规定，只有经过人民法院、人民检察院许可，非律师辩护人才可以同在押的犯罪嫌疑人、被告人会见和通信，才可以查阅、摘抄、复制本案的案卷材料。

根据法律规定，律师辩护人除享有犯罪嫌疑人、被告人授权行使的诉讼权利（所谓的“传来权”，如上诉权、进行和解的权利等）外，还依法享有一系列犯罪嫌疑人、被告人不享有的诉讼权利（所谓的“固有权”，如会见权、阅卷权、调查取证权、发表意见权等等）。【参见知识拓展 6-2】其中，与非律师辩护人相比，律师辩护人不仅享有更丰富的诉讼权利，而且还依法享有律师执业保障等一系列权利。在我国，律师是中国特色社会主义法治工作队伍的重要组成部分，是全面依法治国的重要力量。党的十八大以来，保障律师执业权利受到了有关部门的高度重视。例如，2013 年，中央政法委《关于切实防止冤假错案的规定》第 9 条规定，切实保障律师会见、阅卷、调查取证和庭审中发问、质证、辩论等辩护权利。2015 年，最高人民法院、最高人民检察院、公安部、国家安全部、司法部联合印发《关于依法保障律师执业权利的规定》，强调应当尊重律师，健全律师执业权利保障制度；依照刑事诉讼法、民事诉讼法、行政诉讼法及律师法的规定，在各自职责范围内依法保障律师知情权、申请权、申诉权，以及会见、阅卷、收集证据和发问、质证、辩论等方面的执业权利，不得阻碍律师依法履行辩护、代理职责，不得侵害律师合法权利。2021 年，最高人民检察院下发《关于加强检律协作推动建立检律定期会商机制的提

知识拓展 6-2

① 陈卫东. 刑事诉讼法学. 北京：高等教育出版社，2017：111.

示》，要求地方各级检察院与司法厅（局）、律师协会每半年至少召开一次联席会议，合力促进新时代检律良性协作互动。

2. 获得法律援助的权利

委托辩护本质上是一种市场化法律服务。因此，尽管法律赋予了犯罪嫌疑人、被告人委托辩护的权利，但在现实生活中，并不是每个犯罪嫌疑人、被告人都具有通过法律服务市场聘请律师的经济实力。因此，随着辩护制度发展，尤其是随着社会公众逐渐认识到律师参与辩护的重要价值，为保证辩护制度不会沦为"有钱人专属的保障制度"，各国先后确立了由国家财政予以保障的刑事法律援助制度，并由此催生了现代意义的民刑一体化的法律援助制度。

获得法律援助的权利是获得律师辩护的必要补充。在刑事诉讼制度历史上，获得律师辩护的权利最初仅仅意味着，被追诉人可以自行委托执业律师协助其进行辩护。但是，刑事诉讼发展历史表明，如果将获得律师辩护的权利简单地等同于"委托辩护的权利"，那么，将会出现大量的犯罪嫌疑人、被告人因经济困难而无力自行聘请律师，并由此造成经济财富不平等导致的辩护权实质性差异。鉴于此，现代刑事诉讼制度均规定，犯罪嫌疑人、被告人因经济困难或其他原因没有委托辩护律师的，政府应当为其提供免费的法律援助律师。2012 年联合国《关于在刑事司法系统中获得法律援助机会的原则和准则》是联合国第一部以刑事法律援助为主题的国际规范性文件。① 其开宗明义地指出："法律援助是以法治为依据的公正、人道和高效的刑事司法系统的一个基本要件。法律援助是享有《世界人权宣言》第 11 条第 1 款所界定的其他权利包括公正审判权的基石，是行使这类权利的一个先决条件，并且是确保刑事司法程序基本公正而且得到公众信任的一个重要保障。"

根据我国《刑事诉讼法》《法律援助法》的规定，在刑事诉讼活动中，犯罪嫌疑人、被告人依法享有获得法律援助的权利。其具体表现为：

（1）免费获得值班律师帮助的权利。值班律师是 2018 年修改的《刑事诉讼法》规定的一种法律援助形式。根据《刑事诉讼法》第 36 条的规定，在刑事诉讼过程中，任何案件、任何诉讼阶段，只要犯罪嫌疑人、被告人没有辩护人协助（既没有委托辩护人，也没有为其提供法律援助律师），即有权获得值班律师提供的以下法律帮助：法律咨询、程序选择建议、申请变更强制措施、对案件处理提出意见等。

（2）免费获得法律援助的权利。根据我国法律规定，犯罪嫌疑人、被告人获得法律援助又可以被区分为以下两种情形。

第一，依法通知指派。

对于符合法定情形的案件，国家专门机关及其工作人员应当依法通知法律援助机构为犯罪嫌疑人、被告人指派法律援助律师。根据法定情形不同，依法通知指派又可以被分为应当通知指派与可以通知指派。

根据《刑事诉讼法》《法律援助法》以及相关司法解释，对于符合以下法定情形

① 联合国大会第 67 届第六十次全体会议会议记录（A/67/PV. 60）. [2022－08－27]. https://documents. un. org/doc/UNDOC/GEN/N12/659/10/pdf/N1265910. pdf? OpenElement.

的刑事案件，犯罪嫌疑人、被告人没有委托辩护人的，人民法院、人民检察院、公安机关应当通知法律援助机构指派律师担任辩护人：（1）未成年人；（2）视力、听力、言语残疾人；（3）不能完全辨认自己行为的成年人；（4）可能被判处无期徒刑、死刑的人；（5）申请法律援助的死刑复核案件被告人；（6）缺席审判案件的被告人；（7）法律法规规定的其他人员。

根据《法律援助法》第 25 条的规定，犯罪嫌疑人、被告人首先被区分为成年人与未成年人。其中，对于受到刑事追诉时未年满 18 周岁的未成年人，依法通知指派法律援助律师。其次，成年犯罪嫌疑人、被告人，根据其是否属于残疾人，被划分为健康的成年人与具有某种生理、智力、精神残疾的成年人。其中，对于视力、听力、言语残疾人以及因智力缺陷或精神疾病不能完全辨认自己行为的残疾成年人，应当通知指派法律援助律师。在此，需要指出的是，与此前《刑事诉讼法》的规定不同，2021 年《法律援助法》关于“视力、听力、言语残疾人”的规定，不再局限于视力、听力、言语功能完全缺失的盲、聋、哑人，而是包含所有残疾等级的“视力、听力、言语残疾人”。最后，对于健康的成年犯罪嫌疑人、被告人，以刑罚轻重为标准，对于可能被判处无期徒刑、死刑的犯罪嫌疑人、被告人，应当通知指派法律援助律师。其中，最高人民法院复核的死刑复核案件中被告人申请法律援助的，也应当通知指派法律援助律师。此外，立法还针对缺席审判案件的程序特殊性，要求对于此类案件的被告人应当通知指派法律援助律师。

除上述法定情形外，为了确保案件的程序公正，公安、司法机关根据案件需要，也可以通知指派法律援助律师。例如，根据 2021 年《法律援助法》第 25 条第 2 款的规定，对于其他适用普通程序审理的刑事案件，被告人没有委托辩护人的，人民法院可以通知法律援助机构指派律师担任辩护人。

在此，需要指出的是，“应当通知指派”是公安、司法机关的法定职责。对于符合法定情形的案件，公安、司法机关应当通知指派而没有通知指派的，属于严重侵犯犯罪嫌疑人、被告人辩护权的情形；在审判阶段，应当通知指派而没有通知指派的，审判程序无效，第二审人民法院应当根据《刑事诉讼法》第 238 条的规定，撤销原判，发回重审。“可以通知指派”则属于公安、司法机关的司法裁量权。因此，是否通知，由公安、司法机关根据案件情况作出决定。但是，对于法律援助机构而言，只要公安、司法机关认为基于程序公正的要求需要予以援助并依法决定通知法律援助机构，法律援助机构收到通知后，就应当依照程序指派法律援助律师，无须审查受援人是否符合经济困难标准。

第二，申请法律援助。

2021 年《法律援助法》第 24 条规定：“刑事案件的犯罪嫌疑人、被告人因经济困难或者其他原因没有委托辩护人的，本人及其近亲属可以向法律援助机构申请法律援助。”

关于申请法律援助的权利，需说明以下三点：其一，申请权人。除犯罪嫌疑人、被告人本人外，犯罪嫌疑人、被告人的“近亲属”依法享有为犯罪嫌疑人、被告人申请法律援助的权利。犯罪嫌疑人、被告人的“近亲属”范围，适用《刑事诉讼法》

第 108 条的规定。因此，在为犯罪嫌疑人、被告人申请法律援助时，申请人有责任提供相关关系的证明。其二，申请程序。犯罪嫌疑人、被告人本人及其近亲属申请法律援助时，应当如实说明经济困难状况。法律援助机构接受申请后，应当按照《法律援助法》第 41 条核查其是否符合当地法律援助的经济困难标准。对于符合经济困难标准的，应当予以援助；对于不符合经济困难标准的，应当决定不予援助。对于法律援助机构决定不予援助的，申请人有权依照《法律援助法》第 49 条的规定提出异议和救济。因此，与通知指派不同，尽管犯罪嫌疑人、被告人有权申请法律援助，但是，是否援助，需要法律援助机构进行实质性审查。其三，根据《法律援助法》第 42 条，如果申请人有材料证明犯罪嫌疑人、被告人属于该条规定的法定群体，法律援助机构应当依法免予核查经济困难状况，径行予以援助。

（三）辩护律师制度

在传统刑事诉讼法学教材中，有关辩护制度的讨论一般着重介绍委托辩护制度（如可以委托哪些人担任辩护人，辩护人的职责、权利义务等）。很显然，以委托辩护为中心的辩护人理论，可以将委托非律师辩护人一并纳入刑事辩护制度的研究范围，内容上更为周延。然而，这一研究方法也存在着显而易见的弊端：以委托辩护为基础的辩护制度，人为地割裂了委托辩护与法律援助之间的内在关系。更重要的是，以委托辩护为中心展开讨论，在某种程度上模糊了"辩护权主要是指依法获得律师辩护的权利"这一制度红线，弱化了刑事辩护律师的中心地位。

如前所述，辩护制度的核心是获得律师辩护的权利。以律师辩护权为主线，可以说，现代辩护制度的核心就是辩护人制度，而辩护人制度的本质则是辩护律师制度。具体而言，根据辩护律师的产生方式，辩护律师制度由两部分组成：委托辩护制度与法律援助制度。其中，就委托辩护而言，委托律师为原则，委托非律师为必要补充。根据我国《刑事诉讼法》第 33 条的规定，犯罪嫌疑人、被告人可以委托不具有执业律师资格的人担任辩护人。但这只是特定历史条件下为弥补律师资源不足而设置的备选方案，而非委托辩护的应然状态。而且，在规范层面，《刑事诉讼法》及相关司法解释有关辩护人权利的规定，也主要是以辩护律师为对象而展开的。例如，根据《刑事诉讼法》第 34 条的规定，在侦查阶段，犯罪嫌疑人只能委托律师作为辩护人；再如，根据第 39 条、第 40 条的规定，会见通信权、阅卷权作为辩护律师的最基本诉讼权利，对于其他辩护人，只有经人民法院、人民检察院许可才可以享有；至于第 43 条规定的调查取证权，立法明确将其权利主体限定为"辩护律师"。在实践层面，有数据表明，随着我国律师制度的发展，在我国刑事司法实践中，非律师辩护的数量及占比基本上可以忽略不计，且呈明显下降趋势。[①]

在此，需要特别指出的是，法律援助只是被追诉人获得律师辩护的一种方式。

---

① 王禄生. 论刑事诉讼的象征性立法及其后果：基于 303 万判决书大数据的自然语义挖掘. 清华法学，2018 (6).

其中，在诉讼法上，法律援助律师与自行委托的辩护律师一样，都属于辩护人，都依法享有法律赋予辩护律师的诉讼权利并承担相应的诉讼义务。至于值班律师，虽然其也属于被追诉人获得律师辩护的一种法定方式，但因值班律师只承担有限的辩护职能，在法律上不享有辩护人的诉讼地位，故其不属于诉讼法意义上的辩护律师。

二、刑事辩护的内部关系

在现代辩护制度下，犯罪嫌疑人、被告人有权通过委托律师或者经由法律援助制度，获得辩护律师的帮助并在辩护律师的协助下开展辩护活动。因此，在辩护职能内部，存在着两组既矛盾又统一的法律关系：一是被追诉人与辩护律师之间的法律关系，二是委托辩护与法律援助之间的法律关系。

(一) 被追诉人与辩护律师之间的法律关系

刑事诉讼制度关于辩护律师的角色定位，直接决定着被追诉人与辩护律师之间的具体法律关系。但是，随着两大法系刑事诉讼制度的相互学习与融合，被追诉人与辩护律师之间的法律关系，也呈现某种共性特征。

1. 辩护律师的角色定位

关于辩护律师的角色定位，存在以下两种不同的诉讼观念和理论：一是自主性之司法单元理论（即自主辩护模式或独立辩护模式）；二是当事人利益之代理人理论（即利益代理人模式）。[①]

（1）独立辩护模式。

独立辩护模式，是指辩护律师依法享有独立的诉讼地位，是独立于被追诉人的诉讼参与人。在独立辩护模式下，辩护律师不是被追诉人的“代言人”，更不是被追诉人的附庸。因此，在特定情形下，辩护律师甚至可以为被追诉人利益而违背被追诉人的意志或意思表示进行必要的辩护活动。例如，在被追诉人供述有罪的情形下，辩护律师依然可以通过独立的调查活动，积极收集可能证明被追诉人无罪的证据；在被追诉人甘愿“息事宁人”的时候，辩护律师依然可以申请主审法官回避或者提出非法证据排除等申请。

在独立辩护模式下，辩护律师参与诉讼不仅仅是为了维护被追诉人的合法利益，同时还肩负着特定的法治功能，具有一定的公共利益色彩。就此，有研究者指出，就整个刑事司法体系的结构设计而言，辩护人虽为被告利益，但同时带有公共利益的色彩，并且担当一定的公法机能。辩护制度也是达成刑事诉讼目的的不可或缺的基石。虽然表面上看来，辩护人仅从被告利益的片面观点行事，但是，正是因为有法律专业的辩护人之介入，使得国家与被告的实力差距得以适度调节，一方面促成交互辩证的真实发现，另一方面确保国家司法程序的法治国家性，尤其是被告诉讼

---

① 林钰雄. 刑事诉讼法：上. 台北：新学林出版股份有限公司，2020：214-217.

主体地位、无罪推定原则以及公平审判原则的贯彻。事实上，借由保障被告利益，辩护人也同时保障了具有公益内涵的法治程序；更何况任何人都是潜在的被告，都有可能因为各种因素（包括偶然）而涉入刑事案件。因此，维护所有的被告依法享有的程序权利并且保障无辜的被告被无罪开释，本来就是刑事诉讼以及辩护制度的目的。[①]

鉴于辩护律师在维护被追诉人合法利益的同时，还承载着特定的公共利益，在独立辩护模式下，往往实行强制辩护制度。也即，对于符合法定情形的案件，被追诉人没有委托辩护人的，公安、司法机关必须为其提供免费的法律援助律师；此时，基于司法利益的需要，被追诉人必须有辩护人的协助，不得自行辩护。

（2）利益代理模式。

利益代理模式则认为，辩护律师与被追诉人之间纯粹是代理与被代理的关系。辩护律师是被追诉人"利益的代理人"，是协助被追诉人实现自身利益的手段。因此，在辩护过程中，被追诉人对于辩护策略和辩护主张，享有绝对的决定权；辩护律师必须按照被追诉人的意志和选择进行辩护，辩护律师的辩护活动不得公然违背被追诉人的明确意思表示。

受自由主义观念影响，该模式认为，"个人是自己利益的最佳守护者"。在刑事诉讼活动中，只有被追诉人本人才知道自己最需要什么、才知道如何选择才能最好地保护自身利益。因此，被追诉人才是辩护权的真正主体，有权决定是否需要辩护律师的协助、有权决定是否认罪、有权选择案件的辩护策略与辩护主张。

就法律援助而言，与独立辩护模式不同，在利益代理模式下，不存在强制代理制度。获得法律援助是被追诉人的权利：被追诉人有权主张该项权利，也有权放弃该项权利。如果被追诉人明确放弃法律援助的权利，任何人不得强制其必须接受法律援助律师的帮助。在"法瑞塔案"中[②]，被告人拒绝法庭为其指派的公设辩护人，坚持要求自行辩护。对此，美国联邦最高法院指出，"坚持每个被告都有权得到律师的协助是一回事儿，一个国家可以强迫被告接受他不想要的律师则是另外一回事儿……辩护权是个人的。被告，而不是他的律师或国家，将承担定罪的个人后果。因此，被告必须个人自由决定在他的特定案件中，律师是否对他有利。尽管他最终可能为了自己的利益而进行自己的辩护，但他的选择必须得到尊重，因为'尊重个人是法律的生命线'"。该判决明确认为，被追诉人享有选择自行辩护还是律师辩护的权利，而这一"自由选择权具有无可估量的价值"。"第六修正案作为一个整体，反映了他们的如下信念：被告人'必须有权决定如何辩护'，而且，'出于对作为法律生命线个体的尊重，必须尊重他的选择。'"[③] 换句话说，被追诉人的自由选择权所承载的价值（如个人自由、个人尊严与独立自主）远远高于公平审判所蕴含的公共价值和被告人利益。

---

① 林钰雄. 刑事诉讼法：上. 台北：新学林出版股份有限公司，2020：215.

② FARETTA v. CALIFORNIA，422 U. S. 806，(1975) .

③ 詹姆斯·J. 汤姆科维兹. 美国宪法上的律师帮助权. 李伟，译. 北京：中国政法大学出版社，2016：68.

在利益代理模式下，辩护律师的作用主要是协助被追诉人进行辩护。辩护权的主体是被追诉人，辩护律师只是利用自己的法律专业知识为被追诉人的辩护活动提供必要的法律服务和协助。辩护律师“本身并无自主性，应该如何辩护，完全以被告的意思为准，受其拘束”①。在重大辩护策略选择上，辩护律师必须预先征求被追诉人的意见并尊重被追诉人的选择；即使辩护律师认为被追诉人选择或决策是不明智的甚至是有害的，也只能在履行忠告义务之后，按照被追诉人的意愿进行辩护。例如，美国学者认为，“第六修正案下律师的功能在于保护个人的尊严和自治，这需要律师在审判中帮助被告人做决定，而非替被告人做决定……就多数重大问题，如果不是全部的话，则要求辩护律师可以提供建议，但最终要遵从被告人的意愿”②。

2. 我国刑事诉讼法上被追诉人与辩护律师之间的关系

受大陆法系独立辩护模式影响，我国传统刑事诉讼法学理论一般认为，辩护律师的角色定位是具有独立诉讼地位的辩护人，是承担辩护职能、具有独立地位的诉讼参与人。因此，辩护律师与被追诉人之间的关系，既有代理与被代理的某些特征，又明显有别于一般的民事代理关系。

首先，辩护律师是具有独立诉讼地位的诉讼参与人。与民事代理不同，辩护律师的绝大多数诉讼权利源于法律规定，而非犯罪嫌疑人、被告人的授权。在刑事诉讼法上，辩护律师是具有独立诉讼地位的诉讼参与人；辩护律师根据事实和法律，以自己的名义为犯罪嫌疑人、被告人进行辩护。在辩护活动中，辩护律师当然需要听取并尊重犯罪嫌疑人、被告人的意见，但是，辩护律师绝非犯罪嫌疑人、被告人的“传声筒”，更不能唯命是从，完全按照犯罪嫌疑人、被告人的指令或意愿开展辩护活动。

其次，辩护律师是犯罪嫌疑人、被告人合法利益的专门维护者。在辩护权体系中，辩护律师是犯罪嫌疑人、被告人辩护权的必要延伸；无论是接受委托还是通过法律援助机构指派，辩护律师参与刑事诉讼活动不是为了自身的利益，而是为了协助犯罪嫌疑人、被告人行使辩护权。因此，作为辩护职能的承担者，辩护律师应当以维护犯罪嫌疑人、被告人合法利益为已任，在法律制度框架下最大限度地维护犯罪嫌疑人、被告人的诉讼权利和正当利益。换句话说，在辩护活动中，辩护律师不能违背自己的基本诉讼职责，不能犯“立场错误”，不能实施对犯罪嫌疑人、被告人不利的行为，更不能站在控诉一方，充当第二控诉人。

在刑事辩护活动中，辩护律师必须在独立辩护诉讼地位与维护被追诉人合法利益的诉讼功能之间谋求一种适度的平衡。具体而言，辩护律师的独立辩护必然受到诉讼功能的限制。也即，辩护律师的独立辩护必须致力于维护被追诉人的合法利益，而不是反其道而行之。例如，在犯罪嫌疑人、被告人承认有罪时，辩护律师可以为

---

① 林钰雄. 刑事诉讼法：上. 台北：新学林出版股份有限公司，2020：215.

② ［美］詹姆斯・J. 汤姆科维兹. 美国宪法上的律师帮助权. 李伟，译. 北京：中国政法大学出版社，2016：72.

了犯罪嫌疑人、被告人的利益，根据事实和法律提出无罪辩护或罪轻辩护；但是，如果犯罪嫌疑人、被告人坚持无罪，辩护律师不得以独立辩护为由，选择做有罪辩护。

此外，在刑事辩护活动中，辩护律师必须恪守职业伦理方面的要求，在法律允许范围内积极维护当事人合法权益，维护法律正确实施，维护社会公平和正义；保守在执业活动中知悉的国家秘密、商业秘密，不得泄露当事人的隐私。

（二）委托辩护与法律援助之间的法律关系

委托辩护和法律援助是犯罪嫌疑人、被告人获得律师辩护的两种重要方式。但是，对于犯罪嫌疑人、被告人来说，委托辩护与法律援助之间并非平行不悖的关系，而是具有时序先后的权利。具体而言，法律援助以犯罪嫌疑人、被告人“没有委托辩护人”为必要前提。根据我国《刑事诉讼法》第35条、第36条规定，任何没有委托辩护人的犯罪嫌疑人、被告人都有权获得值班律师的帮助；犯罪嫌疑人、被告人没有委托辩护人且符合法定条件的，人民法院、人民检察院和公安机关依法“应当通知”法律援助机构为其提供法律援助服务；对于不符合法定通知辩护情形的，人民法院、人民检察院和公安机关应当依法告知其有权依法申请法律援助并予以必要的协助和便利。因此，在刑事诉讼活动中，只要犯罪嫌疑人、被告人“有辩护人”——无论是犯罪嫌疑人、被告人本人委托还是其近亲属代为委托，无论委托的是辩护律师还是其他人——犯罪嫌疑人、被告人即不再享有要求国家提供免费法律援助的权利。在此意义上，尽管在诉讼功能上，委托辩护与法律援助都是犯罪嫌疑人、被告人获得律师辩护的基本方式，但是，在时序上，委托辩护是第一序位的权利，法律援助则是没有委托辩护时的必要补充和保障，属于第二序位的权利。

在我国司法实践中，部分公安、司法机关以犯罪嫌疑人、被告人有法律援助律师为由，拒绝犯罪嫌疑人、被告人近亲属委托的辩护律师①，这显然混淆了委托辩护与法律援助之间的法律关系。为纠正并规范这种错误的实践做法，2021年《刑诉法解释》第51条规定：“对法律援助机构指派律师为被告人提供辩护，被告人的监护人、近亲属又代为委托辩护人的，应当听取被告人的意见，由其确定辩护人人选。”然而，遗憾的是，所谓“应当听取被告人的意见，由其确定辩护人人选”留下了太大的模糊空间。2003年《法律援助条例》第23条规定：“受援人又自行委托律师或者其他代理人的”，法律援助机构经审查核实的，应当终止该项法律援助。2021年《法律援助法》第48条延续了这一规定。因此，对于犯罪嫌疑人、被告人在押的，“其监护人、近亲属”根据《刑事诉讼法》第34条第3款享有独立委托律师的权利。对于法律援助机构指派律师提供法律援助后，被告人的监护人、近亲属又代为委托辩护人的，被告人根本无权选择“法律援助还是委托辩护”，而只能选择委托

---

① 如2020年江西劳某枝案，2021年江苏省连云港市女辅警涉嫌敲诈勒索案。杨学林．要警惕“指定占坑式辩护”亵渎了法律援助制度．［2021-08-24］．https://mp.weixin.qq.com/s/_l4Zmdr1UJdq_RRZjseRuw.

“哪个辩护律师”。因此，所谓“应当听取被告人的意见，由其确定辩护人人选”，究其实质，旨在强调犯罪嫌疑人、被告人的监护人、近亲属代为委托辩护人时，应当尊重被告人意愿，选择适宜的律师担任辩护人，而不是说，在监护人、近亲属决定为其委托辩护人时，犯罪嫌疑人、被告人可以在“法律援助还是委托辩护”之间作出选择。

针对委托辩护与法律援助的关系问题，2021 年《法律援助法》确立了委托辩护优先规则。《法律援助法》第 27 条规定：“人民法院、人民检察院、公安机关通知法律援助机构指派律师担任辩护人时，不得限制或者损害犯罪嫌疑人、被告人委托辩护人的权利。”根据该条规定，人民法院、人民检察院、公安机关不得以已经通知指派法律援助律师为由“限制或损害委托辩护的权利”。

具体而言，对于犯罪嫌疑人、被告人决定自行委托辩护人的案件，人民法院、人民检察院、公安机关不再负有指派法律援助的保障职责和通知义务。因此，在具体案件中，人民法院、人民检察院、公安机关应当告知犯罪嫌疑人、被告人有权委托辩护人、有权获得法律援助，并由犯罪嫌疑人、被告人自行决定是否委托辩护人。对于犯罪嫌疑人、被告人及其监护人、近亲属自行委托辩护人的，人民法院、人民检察院、公安机关不得再通知法律援助机构指派律师提供法律援助。

法律援助机构指派法律援助律师后，如果犯罪嫌疑人、被告人及其监护人、近亲属又自行委托辩护人，该案件不再符合法律援助的条件。此时，产生两方面的法律效果：一方面，就犯罪嫌疑人、被告人而言，依法不再享有获得法律援助的权利。另一方面，应当依法终止法律援助服务。发现相关情形后，法律援助律师不得擅自终止服务，而应当及时报告法律援助机构；法律援助机构应当根据《法律援助法》第 48 条规定及时决定终止法律援助服务。

根据委托辩护优先规则，在获得辩护律师的方式上，委托辩护优于法律援助；相对于委托辩护，法律援助本质上是一种补充性的、第二序位的保障性制度。显而易见，就有效保护当事人合法权益而言，委托辩护比法律援助更符合当事人利益最大化原则。委托辩护是一种市场化法律服务。因此，在市场规律调控下，犯罪嫌疑人、被告人及其监护人、近亲属根据自己的经济实力和需求，总是会尽可能地聘请自己力所能及的、最让自己满意的刑事辩护律师。而且，在辩护律师的选择上，当事人甚至可以在本地区律师之外，在全省、全国范围内进行择优选择。与此相比，法律援助更像是一种标准化法律服务。在我国法律援助实践中，受援人自主选择法律援助律师的机制尚未普遍建立。因此，类似于“拆盲盒”式的法律援助指派机制，根本不可能充分考虑并体现受援人的个性化需求。

三、辩护律师的职业伦理

在现代法治社会，刑事诉讼活动离不开辩护律师的参与。但是，与被追诉人自行辩护相比，辩护律师的参与也带来了两方面的特殊问题：一是在辩护职能内部，被追诉人与辩护律师的合作与冲突问题；二是在控、辩、审三职能之间，辩护律师与控方、审判方的合作与冲突问题。

就辩护内部关系而言，辩护律师是被追诉人合法利益的专门维护者。就辩护职能而言，辩护律师因接受委托或指派参与刑事诉讼活动，根据事实和法律维护被追诉人的合法权益。因此，在应然层面，辩护律师属于辩护一方，其参与刑事诉讼的核心任务是协助被追诉人依法行使辩护权。就此而言，辩护律师与被追诉人之间是一种合作共赢的伙伴关系，不应该存在实质性的利益冲突。但是，不容忽视的是，在民事法律关系上，辩护律师与被追诉人之间又是一种服务与被服务的法律服务关系。在法律服务过程中，辩护律师有着自身的利益和考量，并因此可能与被追诉人发生显性或隐性的利益冲突。以会见权为例，会见是法律赋予辩护律师的一项诉讼权利。一般而言，辩护律师行使会见权更有助于维护被追诉人的合法权益。但是，在司法实践中，被追诉人的近亲属及家人往往希望辩护律师多去看守所看看在押的被追诉人，了解被追诉人在押期间的生活需求或健康状况；而辩护律师则会考虑会见的时间成本、现实必要性等截然不同的因素。

就辩护外部关系而言，辩护律师在独立辩护的同时，还会涉及控、辩、审关系问题。就控辩关系而言，辩护律师是享有独立辩护地位的诉讼参与人，与控方本质上是一种天然的对抗、对立关系。但是，作为法律职业群体的一员，辩护律师参与刑事诉讼活动应当以“维护当事人合法权益，维护法律正确实施，维护社会公平和正义”[①] 为最终目的。因此，就诉讼目的而言，控辩双方的职能对立又服务于共同的诉讼目的，都是为了维护司法公正，实现社会公平正义。同样，就辩审关系而言，尽管辩护职能与审判职能属于截然不同的诉讼职能，律师与法官也依法享有不同诉讼权利和义务，但是，基于共同的刑事诉讼目的，二者之间又存在一定的协同、制约关系。具体而言，辩护律师的参与是刑事公正审判的一部分：辩护律师的专业化辩护，有助于审判人员全面客观地了解、查明案件事实，有助于防止裁判者先入为主、偏听偏信。因此，辩护律师在独立辩护的同时，基于刑事司法目的的要求，又存在一定的职业伦理要求和限制。

鉴于此，辩护律师的职业伦理主要涉及两方面的内容：一是辩护律师的忠诚义务，二是辩护律师的真实义务。

(一) 辩护律师的忠诚义务

就被追诉人与辩护律师而言，被追诉人对辩护律师的信任和依赖是辩护律师制度有序发展的前提和基础。因此，为了建立一种制度化的信赖关系，现代律师制度十分注重辩护律师的忠诚义务。

所谓忠诚义务，是指辩护律师应当忠于当事人利益，在法律范围内，通过勤勉敬业的专业化辩护服务最大限度地维护当事人的合法利益。[②] 在现代律师制度中，忠诚义务是律师代理服务的必然要求。本质上，“刑事律师伦理与民事伦理是建立在

① 《律师法》第 2 条。

② 陈瑞华. 刑事辩护的理念. 2 版. 北京：法律出版社，2021：153.

同一基础之上的”①。“辩护人应当为了被告人的利益和权利全力以赴地进行最好的辩护。在这个意义上，辩护人与民事案件中的代理人完全是一样的。”②

在刑事诉讼中，忠诚义务是调整辩护律师与被追诉人关系的基本职业伦理，是辩护律师的“第一职业伦理”。“辩护人的任务可以概括为：作为法律专家的辩护人通过履行诚实义务，即通过与被告人个人建立的信任关系所支撑的诚实义务，来有效地实现被告人的自己辩护权。”③ 一般认为，辩护律师的忠诚义务涉及以下问题：如何对待被追诉人利益；如何解决辩护律师与被追诉人（及其近亲属）在辩护策略、辩护思路上的冲突；辩护律师的保密义务。

第一，当事人利益优先原则。就委托辩护而言，辩护律师与被追诉人之间事实上存在两重法律关系：一是民法意义上的委托关系，这是辩护律师参与刑事诉讼的前提和基础。二是刑事诉讼法意义上的辩护关系，具体表现为辩护律师的一系列诉讼活动。就民事委托关系而言，辩护律师当然需要考虑自身的利益，并以此为标准决定是否接受特定当事人或其家人的委托。但是，辩护律师一旦接受委托或指派并由此取得辩护人的身份，辩护律师就必须秉持被追诉人利益优先原则，为被追诉人提供勤勉敬业的法律服务。仍旧以会见权为例，在是否再次会见问题上，辩护律师应当从辩护的实际需要出发作出判断，而不能以路途遥远、自己手头还有其他案件在忙为由予以推脱。

需要特别强调的是，在刑事诉讼实践中，委托人可能是犯罪嫌疑人、被告人的近亲属或家人。在此情形下，辩护律师需要维护的依然是犯罪嫌疑人、被告人的利益，而不是实际委托人的利益。当实际委托人的诉求可能侵害犯罪嫌疑人、被告人合法利益时，辩护律师应当向犯罪嫌疑人、被告人如实说明情况。

根据当事人利益优先原则，辩护律师应当遵循三项具体的职业伦理要求：一是辩护律师不得利用辩护活动以及辩护活动中知悉的信息谋求自身的利益。例如，我国《律师法》第 40 条规定，在执业活动中，律师不得“利用提供法律服务的便利牟取当事人争议的权益”“接受对方当事人的财物或者其他利益，与对方当事人或者第三人恶意串通，侵害委托人的权益”。二是辩护律师不得从事不利于委托人的任何行为。例如，我国《律师法》第 39 条规定，辩护律师不得同时担任对方当事人的代理

① 佐藤博史. 刑事辩护的技术与伦理. 于秀峰，张凌，译. 北京：法律出版社，2012：6. 该论者同时指出，鉴于刑事辩护的特点，刑事律师的伦理又具有以下特殊性：第一，与民事律师有权拒绝特定案件的委托不同，在刑事诉讼中，对于一些重大案件，因实行强制辩护制度，必须有辩护律师作为“魔鬼的代言人”为被追诉人辩护（第 8 页）。在法律援助案件中，接受指派的辩护律师原则上不得拒绝指派。第二，与民事案件解决个人纠纷、可以和解、调解不同，刑事案件涉及刑事责任问题，“刑事裁判只能根据事实作出判决。刑事诉讼不仅是以国家机关为对手，而且往往需要通过法院的判决来确定胜负，在这个意义上，刑事辩护的论战是十分严酷的。”（第 10 页）。第三，刑事辩护是为维护人权而奋斗的。这意味着刑事辩护不仅仅是为了眼前的委托人（被告人），也是为了未来的委托人以及所有的市民。因此，“关于刑事律师伦理涉及的领域，刑事辩护的战场与民事代理是不同的：（1）委托人是作为‘犯罪者’而被追诉的人；（2）正因为如此，委托人正陷入人权受到侵害的危机之中。”（第 13 页）。

② 佐藤博史. 刑事辩护的技术与伦理. 于秀峰，张凌，译. 北京：法律出版社，2012：29.

③ 佐藤博史. 刑事辩护的技术与伦理. 于秀峰，张凌，译. 北京：法律出版社，2012：36.

人，不得代理与被追诉人本人或者其近亲属有利益冲突的法律事务。此外，在共同犯罪案件中，辩护律师不能同时担任其他共犯的辩护人。三是辩护律师应当在法律范围内，竭尽所能最大限度地维护当事人的合法利益。例如，我国《律师职业道德和执业纪律规范》第 5 条规定："律师应当诚实守信，勤勉尽责，尽职尽责地维护委托人的合法利益。"根据美国律师协会《律师职业行为示范规则》的规定，美国学者将该项要求概括为"热忱代理原则"（Zealous defense）。根据热忱代理原则，辩护律师应当"为当事人利益而全力以赴、保持热忱以维护当事人的权利并最大限度发挥律师的能力和学识"①。

第二，尊重被追诉人的意愿。根据我国《刑事诉讼法》及其司法解释的规定，辩护律师享有一系列专属的诉讼权利，如会见权、阅卷权、调查取证权、听取意见的权利等。与民事代理不同，这些诉讼权利并非来自委托人的授权，而是源于法律的授权。但是，必须承认，辩护律师依法享有的这些诉讼权利，本质上属于被追诉人辩护权的延伸，是被追诉人"获得律师帮助权"的具体表现。因此，作为被追诉人合法利益的专门维护者，辩护律师在行使法律赋予的辩护权时，不仅要遵循当事人利益优先原则的要求，还要注意及时与被追诉人进行沟通，耐心听取被追人的意见，并力争在尊重被追诉人意愿的前提下开展独立辩护。

如前所述，关于辩护律师的诉讼地位问题，存在"独立辩护模式"与"利益代理模式"的理论分歧。但是，无论采取何种理论，有一点却是共同的：辩护律师自身并不承担辩护活动的法律后果；相反，在法律上，无论辩护效果好还是不好，都将由被追诉人来承担。换句话说，辩护律师的辩护后果，直接关系着被追诉人是否承担刑事责任、承担多大的刑事责任以及具体刑期的长短。因此，即便在独立辩护模式下，我们依然需要清醒地看到：既然法律要求被追诉人必须承担辩护律师辩护行为的法律后果，那么，就不能以独立辩护为由，完全忽视或无视被追诉人的意愿。

尊重被追诉人意愿包含两方面的要求②：一是，在积极意义上，辩护律师应当及时与被追诉人进行必要的沟通、耐心听取被追诉人的诉求和意愿，确保辩护策略和步调协调一致。具体而言，辩护律师应当立足自身的辩护优势，充分履行告知义务、提醒义务、协商和说服义务。二是，在消极意义上，辩护律师应当慎重实施明显违背被追诉人意愿的辩护行为。具体而言，"为体现对委托人意志的适度尊重，辩护律师未经委托人授权或者许可，不得提出委托人不愿意提交的证据材料，不得发表与委托人观点不一致的辩护观点，也不得坚持与委托人观点相悖的辩护立场。这应当成为辩护律师执业的一条底线"③。

第三，保密义务。为当事人保守秘密无疑是忠诚义务的首要要求。"只有当事人愿意将那些可能牵连自己或使自己陷入困境的事实告知律师，并相信律师能为自己保密时，律师才能够为其提供最有效的帮助。此外，那些认为律师值得信赖的当事

---

① 蒙罗·H. 弗里德曼，阿贝·史密斯. 律师职业道德的底线. 3 版. 王卫东，译. 北京：北京大学出版社，2009：73.

② 陈瑞华. 刑事辩护的理念. 2 版. 北京：法律出版社，2021：154.

③ 陈瑞华. 刑事辩护的理念. 2 版. 北京：法律出版社，2021：158.

人也更容易接受律师的建议进行正确的行为。”① 因此，为确保辩护律师能够真正发挥立法者期待的积极作用，各国立法均规定了辩护律师的保密义务。

我国《刑事诉讼法》第48条规定：“辩护律师对在执业活动中知悉的委托人的有关情况和信息，有权予以保密。但是，辩护律师在执业活动中知悉委托人或者其他人，准备或者正在实施危害国家安全、公共安全以及严重危害他人人身安全的犯罪的，应当及时告知司法机关。”根据该条规定，除极少数法定情形外，辩护律师对于执业活动中知悉的有关委托人的情况和信息，负有保密义务。

(二) 辩护律师的真实义务

辩护律师是被追诉人合法利益的专门维护者。但是，与民事律师不同，辩护律师与被追诉人之间并非简单的代理与被代理的关系；相反，辩护律师通过协助被追诉人行使辩护职能，通过维护被追诉人的合法利益，间接服务于查明事实真相、保障人权的刑事诉讼目的。

查明事实真相是刑事诉讼活动的重要目的之一。“发现实体真实，蕴含正反两种含义：对于无辜的被告，只当裁判结果确认并开释无罪时，才是发现了真实，也才是实体正确；反之，对于真正的犯人，只当裁判确认其犯罪事实并依照刑法施加处罚时，才是实体真实与正确。所以，发现实体真实的完整意义是‘毋枉毋纵，开释无辜，惩罚犯罪’。”② 根据发现真实的两种含义，现代刑事诉讼理论将“查明事实真相”的诉讼目的区分为积极真实主义与消极真实主义。其中，积极真实主义强调有罪必罚，要求通过查明事实真相，让真正的犯罪人依法受到应有的惩罚；消极真实主义则强调罚必有罪，要求通过查明事实真相，确保刑事裁判具有确实充分的事实基础和证据支持，以免刑罚错及无辜。

在现代刑事诉讼制度下，查明事实真相需要控、辩、审三方的共同努力，其中，追诉犯罪是控方的职责，辩护律师当然不负有追诉犯罪的职责，不负有查明犯罪事实的积极义务。但是，就防止错及无辜而言，“为人辩冤白谤”恰恰是辩护律师承载的重要法治功能之一。辩护律师通过捍卫被追诉人的诉讼主体地位、维护被追诉人的诉讼权利，加大了控方证明有罪的难度，提高了有罪判决的内在质量。

辩护律师不负有查明犯罪事实的积极义务。但是，作为法律共同体的一员，辩护律师也不得利用辩护活动故意掩盖犯罪事实、误导司法裁判。“辩护人的义务是不得积极实施歪曲真实的行为，这就是辩护人所具有的消极的真实义务。正如能高速行驶的车辆需要高性能的刹车装置一样，在当事人主义制度下，辩护人的活动领域越来越扩大了，仅从这一点看也必须强调辩护人的消极的真实义务。也可以说，这是辩护人享有的附带特权的内在义务。”③

---

① 蒙罗·H. 弗里德曼，阿贝·史密斯. 律师职业道德的底线. 3版. 王卫东，译. 北京：北京大学出版社，2009：136.

② 林钰雄. 刑事诉讼法：上. 台北：新学林出版股份有限公司，2020：215.

③ 佐藤博史. 刑事辩护的技术与伦理. 于秀峰，张凌，译. 北京：法律出版社，2012：29.

具体而言，辩护律师的消极真实义务，包括三个层面的具体义务：首先，辩护律师不得故意毁灭、伪造、变造证据或者教导他人毁灭、伪造、变造证据，不得以暴力、威胁、利诱、欺骗等不正当手段迫使证人提供虚假证言，不得故意诱使被告人提供虚假的陈述，不得故意阻止控方获取相关的犯罪证据。

其次，辩护律师在辩护活动中不得使用明知是虚假的证据材料。辩护律师自己不能造假，也不能助纣为虐，将别人伪造、变造的证据用于辩护活动。所谓的“明知虚假”是指证据的形成过程，而非证据本身。换句话说，辩护律师通过证据的形成过程，可以确切知道该项证据就是伪造、变造的，例如，辩护律师目睹了相关证据的伪造、变造过程，或者，辩护律师虽然没有目睹相关证据的形成过程，但是，相关人明确告诉辩护律师该证据是伪造或变造的。在司法实践中，如果辩护律师并不了解证据的形成过程，只是根据证据的外观或内容怀疑相关证据可能是伪造、变造的，则辩护律师可以根据辩护需要酌情决定是否使用该项证据。

最后，辩护律师不得在明知被追诉人有罪的情形下，以不在场证明等方式误导追诉活动。在司法实践中，如果在律师会见中，被追诉人已经明确供述了自己的罪行，那么，基于职业伦理的要求，辩护律师不得再以无辜为由进行无罪辩护。但可以针对控方的指控，以超过追诉时效、控方非法取证、指控证据不足、综合全案证据无法排除合理怀疑等法定事由，主张被告人无罪。

第二节　审前阶段的律师辩护

刑事审前程序是刑事案件审判的准备阶段，一般包括侦查阶段和审查起诉阶段。由于审前程序追诉犯罪的功能越来越受重视，因此，审前阶段的律师辩护意义重大。例如，在实体上，审前阶段的律师辩护有利于保障犯罪嫌疑人的人权，维护其合法权益；在程序上，通过与侦诉机关对抗和沟通，有利于维系诉讼结构的平衡。[①] 基于此，审前阶段的律师辩护事实上具有及时性、基础性、紧迫性和预防性等特性，且主要通过程序性辩护和实体性辩护维护犯罪嫌疑人合法权益。关于审前阶段的律师辩护，本节将从侦查阶段律师辩护和审查起诉阶段律师辩护的实操性角度予以阐述。

一、侦查阶段的律师辩护

根据《刑事诉讼法》第 34 条规定，犯罪嫌疑人自被侦查机关第一次讯问或者采取强制措施之日起，有权委托辩护人；在侦查期间，只能委托律师作为辩护人。犯罪嫌疑人在押的，也可以由其监护人、近亲属代为委托辩护人。侦查机关在第一次讯问犯罪嫌疑人或者对犯罪嫌疑人采取强制措施的时候，应当告知犯罪嫌疑人有权委托辩护人。辩护人接受犯罪嫌疑人委托后，应当及时告知办理案件的机关。根据

---

① 王艳，等. 刑事辩护的理论探讨与制度完善. 北京：清华大学出版社，2018：86.

上述规定，在侦查阶段，犯罪嫌疑人有获得律师辩护的权利，且只有律师才能以辩护人身份介入到案件中行使辩护权。侦查机关在第一次讯问犯罪嫌疑人或对犯罪嫌疑人采取强制措施的时候，有告知犯罪嫌疑人有权委托辩护人的义务。

在侦查阶段律师可以作为辩护人行使辩护权的规定始于2012年《刑事诉讼法》的修改。[①] 在1996年《刑事诉讼法》中，只有在审查起诉阶段律师才能介入案件行使辩护权，因此，这一规定的革新是刑事诉讼法的一个重大变化，也是维护犯罪嫌疑人权利的重大进步。侦查阶段的律师辩护与审查起诉阶段和审判阶段的辩护有所不同，其主要的权利内容为：（1）会见犯罪嫌疑人；（2）为犯罪嫌疑人提供法律帮助；（3）代理犯罪嫌疑人进行申诉、控告；（4）提出羁押必要性审查，申请变更强制措施；（5）向侦查机关了解犯罪嫌疑人涉嫌的罪名和案件有关情况，提出意见；（6）同在押的犯罪嫌疑人会见和通信；（7）及时将收集到的有关犯罪嫌疑人不在犯罪现场、未达到刑事责任年龄、属于依法不负刑事责任的精神病人的证据告知公安机关、人民检察院。

（一）侦查阶段的律师会见

根据刑事诉讼法相关规定，犯罪嫌疑人自被侦查机关第一次讯问或者采取强制措施之日起有权委托辩护人。自接受委托后，律师即可以进行会见。辩护律师持律师执业证书、律师事务所证明和委托书或者法律援助公函要求会见在押的犯罪嫌疑人的，看守所应当及时安排会见，至迟不得超过48小时。但是危害国家安全犯罪、恐怖活动犯罪案件，在侦查期间辩护律师会见在押的犯罪嫌疑人，应当经侦查机关许可。

1. 律师会见前的准备

犯罪嫌疑人因涉嫌刑事犯罪，大多处于被羁押状态，故聘请律师担任其辩护人的委托是由其监护人、近亲属代为进行的。律师在接受委托时，要与犯罪嫌疑人的监护人或近亲属进行充分沟通，了解犯罪嫌疑人的身份情况和涉嫌罪名的事实情况，获取案件的背景材料，如果犯罪嫌疑人涉嫌罪名属于危害国家安全犯罪、恐怖活动犯罪的，辩护人在会见前应及时与侦查机关联系，获取侦查机关的许可。如果犯罪嫌疑人具有不适宜关押的特殊疾病或者为怀孕女性等情况，还需要尽可能取得医院的病例材料。

会见前，辩护人应准备好会见的相关文件，具体包括：（1）律师事务所出具的律师会见在押犯罪嫌疑人、被告人专用介绍信；（2）律师本人的律师执业证及复印件；（3）委托人签署的委托书或者法律援助公函；（4）委托人与犯罪嫌疑人、被告人之间的亲属关系证明。作为辩护人，律师会见需要从事实和法律上做充分的准备，以维护犯罪嫌疑人合法权益为出发点，就诉讼程序方面和实体方面做好知识储备，如刑事诉讼的期间和诉讼程序的规定，涉嫌罪名的成立条件、追诉标准、法定刑幅度规定以及侦查阶段犯罪嫌疑人所享有的诉讼权利和义务等，并根据所了解到的初

---

① 2012年《刑事诉讼法》第33条。

步的案件事实制作会见提纲，为全面了解案情做好准备。

2. 律师会见的主要工作内容

（1）与犯罪嫌疑人确认委托关系。

侦查阶段律师第一次会见在押犯罪嫌疑人，首先要做的就是确定与犯罪嫌疑人的委托关系。一般来讲，犯罪嫌疑人在押期间，往往都是由犯罪嫌疑人的监护人、近亲属代为委托律师，所以，律师见到犯罪嫌疑人后首先要做的就是确认委托关系，取得犯罪嫌疑人的信任。对此，律师可以从两个方面进行：其一，说明委托人是谁，如果委托人是犯罪嫌疑人信任的亲属，则其对于律师也会产生相应的信任基础；其二，律师介绍自己的情况，包括律师的姓名、所在的律师事务所、自己从事刑事辩护的经验和办理过的成功案件等，让犯罪嫌疑人在业务能力上对律师产生信任。确定委托关系后，要请犯罪嫌疑人在授权委托书上签字。如果不同意委托，应当记录在案并让其签字确认，会见到此结束。

（2）询问犯罪嫌疑人的身体情况。

询问犯罪人在被羁押期间的身体情况，是辩护人在会见开始时经常做的一项工作，这项貌似不经意间的问候，却有三层意义：其一，表示对犯罪嫌疑人的关心，取得信任，为将来的辩护工作顺畅沟通打好基础。实践中，有的犯罪嫌疑人在被羁押后，如惊弓之鸟，不相信任何人，可能对律师也不愿意说出真实的案情，尤其是认为对自己不利的事实，可能会使将来的辩护偏离方向。因此，良好的沟通和信任是进行辩护的基础。其二，询问犯罪嫌疑人被羁押前是否患有疾病，是否需要治疗，以判断是否适合继续羁押，如果犯罪嫌疑人亲属在会见前已经提到犯罪嫌疑人患有严重疾病或提供病例的，尤其要特别关注，以判断是否因身体健康原因需要为其办理取保候审。其三，询问犯罪嫌疑人当前的身体状况，是否在进入看守所后得病需要治疗，是否在被羁押期间身体受到非法暴力打击、是否受到刑讯逼供等情况，以为后期申请非法证据排除作准备。

（3）了解案情。

了解案情是律师会见的主要任务，主要包括以下几个方面：1）了解犯罪嫌疑人的基本情况。如是否达到涉嫌犯罪承担刑事责任的年龄、是否为75周岁以上的人、是否为怀孕（流产）或者哺乳期的妇女、精神状况是否正常、是否为限制刑事责任能力人，如果涉嫌犯罪为特殊主体犯罪，还需要了解其是否具有相应的主体身份。2）询问犯罪嫌疑人基本犯罪事实。对此，辩护律师首先需要明确犯罪嫌疑人是否实施了涉嫌犯罪行为。如果其确有实施，则需要问清楚实施行为的具体情况，包括犯罪的时间、地点、方法、手段、目的、动机、结果等，律师可以通过上述因素来分析判断行为是否构成犯罪以及是否有进一步调查取证的需要。此外，如果属于多人实施犯罪案件，还需明确犯罪嫌疑人在共同犯罪中的地位、作用。如果犯罪嫌疑人没有实施犯罪行为或实施的行为具有违法阻却事由，则应详细记录并做好下一步的辩护准备。3）询问犯罪嫌疑人可能存在的从轻、减轻或免除处罚情节。如该犯罪嫌疑人是否为预备犯、未遂犯、从犯、胁从犯，是否具有自首、坦白、立功、重大立功表现，是否为被教唆的人而没有犯被教唆的犯罪等。4）询问犯罪嫌疑人被侦查机关讯问的次数和内容，用以大概确定侦查机关的侦查方向。5）询问公安机关采取强制措施的法律手续是否完备，程序是否合法。6）询问被采取强制措施后犯罪嫌疑人的诉讼权利是否得到保障。例如，可以详细询问犯罪嫌疑人是否受到刑讯逼供、是否遭受超期羁押、是否被告知诉讼期间的权利义务等。

（4）一般性法律咨询。

一般情况下，辩护律师向犯罪嫌疑人提供的法律咨询主要包括两个方面的内容，即解读所涉嫌罪名的相关法律规定以及告知其在诉讼期间享有的法定权利与需要履行的义务。具体而言，法律咨询的主要内容有：1）告知犯罪嫌疑人涉嫌罪名的成立条件、追诉标准、法定刑以及就犯罪嫌疑人的具体犯罪事实可能判处刑罚的量刑档次。如果涉及从轻、减轻或免除处罚情节，如自首、坦白、立功等从宽处罚情节等，要告知相应的法律规定。2）告知犯罪嫌疑人享有申请侦查人员回避权、辩护、提出申诉和控告的权利，以及核对讯问笔录，在确认无误后签字等权利。3）告知犯罪嫌疑人《刑事诉讼法》关于强制措施适用的条件、期限、程序的法律规定。

（5）制作会见笔录并让犯罪嫌疑人签字确认。

制作会见笔录是完成侦查阶段辩护工作的一项记录凭证，能够为审查起诉、审判阶段后续辩护工作打好基础。会见笔录记载的主要事项包括三大部分：1）会见的时间、地点、会见人、犯罪嫌疑人、记录人等基本信息；2）会见的主要谈话内容；3）犯罪嫌疑人签字确认笔录内容。

（6）心理疏导、转达亲友的问候及询问生活需求。

会见的最后一个任务是对犯罪嫌疑人进行人文关怀。通常来讲，犯罪嫌疑人被采取强制措施后，普遍会有一种紧张不安以及对未来判决结果不确定的焦虑情绪，以及因为实施犯罪后对家人的担心和愧疚情绪。对此，律师在会见时可以适当地对犯罪嫌疑人进行心理疏导并适时转达亲友对其的问候，当犯罪嫌疑人需要衣物和金钱时也可以一并询问并转达给家属。

（7）会见的注意事项。

在会见过程中，律师既要忠于本职工作，积极与犯罪嫌疑人进行沟通，同时也要注意不能因迁就犯罪嫌疑人的不当请求而违反律师在会见期间应当遵守的纪律。首先，在与犯罪嫌疑人沟通时，要注意倾听并加以判断：1）全面倾听。犯罪嫌疑人在侦查阶段被采取强制措施后，辩护人只能是律师，在会见时，犯罪嫌疑人既不懂法律，又很急切，说话可能没有重点，此时，律师应注意倾听犯罪嫌疑人对案件的所有陈述，不要随意打断。2）合理引导。在仔细倾听的基础上，辩护人可以在犯罪嫌疑人的陈述中获取重要的案件信息和线索，并进行有针对性的提问。3）独立判断。辩护律师全面倾听犯罪嫌疑人的陈述，但不等于盲目轻信。这是因为，犯罪嫌疑人出于各种目的，不一定能够全部如实地陈述案情，所以，律师要有自己的独立判断能力。其次，律师在会见时要严格遵守律师工作纪律，不要帮助犯罪嫌疑人传递消息或串供，对于犯罪嫌疑人提出的非法要求，要理智且平和地予以拒绝。

（二）律师会见后的其他工作

1. 听取侦查机关的意见

律师在侦查阶段会见犯罪嫌疑人后，应主动向侦查机关了解案件情况，如案件的定性等，并根据自己会见时了解到的情况，就案件的认定事实方面、采纳证据方面、适用法律方面以及对犯罪嫌疑人有利的情节方面在案件侦查终结之前提出意见，供侦查机关参考。犯罪嫌疑人的身份、是否实施了犯罪、是否具有羁押必要性等情况是本阶段律师与侦查机关沟通的重点，如果有认罪认罚可能的，也可以就认罪认罚的具体事项与侦查机关进行沟通。

2. 办理取保候审等强制措施变更手续

律师在会见犯罪嫌疑人后，应当审查犯罪嫌疑人是否符合法律规定的取保候审、监视居住的条件。对于符合法律规定的，律师应当根据犯罪嫌疑人的具体情况书面向侦查机关提出取保候审、监视居住的申请。

3. 与检察人员的沟通

在“捕诉一体”改革后，审查逮捕的承办检察官也将一并负责案件的审查起诉工作。因此，律师在审查逮捕阶段即应重视与检察官的沟通。通过和检察官的电话以及当面沟通，律师可以在双方的交流中进一步了解案情、预判案件的可能走向和辩护努力的方向。同时，如果律师能够在检察人员尚未形成内心确信之前交流意见，会达到事半功倍的效果，因此律师要在侦查阶段的关键时间点与检察人员进行有效沟通。

对于公安机关侦查的案件，如果犯罪嫌疑人被采取了拘留的强制措施，检察机关需要在自接到公安机关提请批准逮捕书后的 7 日以内作出批准逮捕或者不批准逮捕的决定。因此，律师可以争取在此期限内联系到检察人员，向其提出犯罪嫌疑人不符合逮捕条件的材料和意见，以促使其作出不予批准逮捕的决定。

即使犯罪嫌疑人被逮捕，律师依然可以申请羁押必要性审查以变更强制措施。根据《人民检察院、公安机关羁押必要性审查、评估工作规定》第 8 条的规定，辩护人可以申请羁押必要性审查，申请时应当说明不需要继续羁押的理由，有相关证明材料的，应当一并提供。人民检察院进行羁押必要性审查时，可以听取犯罪嫌疑人、被告人及其法定代理人、辩护人的意见。

另外，当侦查人员实施违法侦查活动，如非法取证、刑讯逼供时，律师应当向检察机关提交相应的线索或材料。

二、审查起诉阶段的律师辩护

审查起诉阶段的律师辩护与侦查阶段的有所不同。在侦查阶段行使辩护权的基础上，审查起诉阶段律师可以查阅、摘抄、复制全部案卷材料，并可以据此向犯罪嫌疑人核实证据。同时，在审查起诉阶段，律师享有调查取证权。一方面，根据法律规定，律师有权自行调查取证。具体而言，辩护律师经证人或者其他有关单位和个人同意，可以向他们收集与本案有关的材料；经人民检察院许可，并且经被害人或者其近亲属、被害人提供的证人同意，可以向他们收集与本案有关的材料。另一方面，律师也可以申请人民检察院收集、调取证据。例如，辩护律师认为在侦查、审查起诉期间公安机关、人民检察院收集的证明犯罪嫌疑人无罪或者罪轻的证据材料未提交的，可以向人民检察院申请调取。此外，在审查起诉阶段，辩护律师对于收集到的有关犯罪嫌疑人不在犯罪现场、未达到刑事责任年龄、属于依法不负刑事责任的精神病人的证据要及时告知公安机关、人民检察院。①

（一）律师阅卷

根据《刑事诉讼法》的规定，辩护律师自人民检察院对案件审查起诉之日起，可以查阅、摘抄、复制本案的案卷材料。自案件移送审查起诉之日起，辩护律师可以向犯罪嫌疑人、被告人核实有关证据。辩护律师会见犯罪嫌疑人、被告人时不被监听。

1. 律师阅卷的主要任务和目的

（1）全面了解案情。律师进行刑事辩护，首先要做的就是全面了解案情。对于案情的了解，除了少部分信息可以通过律师调查取证取得，一个重要的途径就是阅卷，通过对全案卷宗材料的查阅，寻找案件的真实情况，还原案件客观事实。

（2）简化卷宗。刑事卷宗从立案开始形成，内容庞杂，既包括证据卷，也包括程序卷，几乎记录了案件的全部事实和诉讼程序发展进程，一个案子的刑事卷宗少则几本，多则几百本，律师进行阅卷时必须将繁杂的卷宗进行归类和简化，通过对卷宗的归类和简化，厘清案件来龙去脉，实现“将书读薄”的目的，也便于后续辩护工作的展开。

（3）通过证据整理寻找证据瑕疵。在刑事诉讼中，证据是“王”，公诉机关指控犯罪必须要形成完整的证据链条，且指控犯罪的主要证据没有瑕疵。因此，辩护律师阅卷的主要任务就是分析证据，并尝试通过阅卷整理案件的全部证据，寻找证据本身的瑕疵和证据链的缺失情况。

（4）通过阅卷发现控方指控犯罪思路并做好辩护准备。刑事卷宗记录了案件的产生发展进程，从立案到侦查终结再到审查起诉，这个过程都有相应的文书记载，包括立案时的罪名、侦查终结认定的罪名以及起诉书认定的罪名，每个环节都反映了办案机关对于事实和法律认定的思路，尤其是在立案罪名、侦查终结罪名和起诉罪名发生变化的情况下，认真查阅卷宗材料里的变化情况，在一定程度上可以发现控方的指控思路并结合证据做好相应的辩护准备。

（5）寻找程序方面的瑕疵。律师阅卷一般都比较重视对实体内容的关注，而大多忽视程序性问题，这其实是阅卷过程中失之偏颇的做法。我国《刑事诉讼法》《刑诉法解释》《刑诉规则》以及其他相关规定对于刑事诉讼程序作了详细规定。如果在阅卷中发现诉讼程序有问题，发现控方在办案过程中存有违法之处，有时会使案件

① 《刑事诉讼法》第40条～第43条。

实现反转的效果。

（6）寻找其他有利于犯罪嫌疑人的材料。全面阅卷要求在阅卷时不能忽视任何一个案件细节，有利于犯罪嫌疑人的材料往往会在细节里被发现。

2. 阅卷的方法

刑事卷宗内容众多，律师在阅卷时需要掌握一定的规律和方法，这样不仅能提高效率，还可以为后续确定辩护方向和策略打下坚实基础。① 阅卷的方法根据卷宗材料的特点和涉嫌的罪名数量、涉案人数等会有所不同，但是大体一致。一般来说，律师阅卷应当包括三个步骤：一是分析研究起诉意见书或起诉书，二是查阅卷宗，三是根据阅卷内容进行证据分析并作出初步的辩护意见。

（1）分析研究起诉意见书。起诉意见书，是指公安机关、国家安全机关等侦查机关依法将侦查终结的案件移送检察机关的起诉部门审查，建议对犯罪嫌疑人提起公诉的法律文书。起诉意见书会写明侦查机关认定的主要犯罪事实、主要的证据、适用法律的条款和建议追诉的方向，在审查起诉阶段，起诉意见书是律师进行辩护的主线，必须重视。律师通过分析和研究起诉意见书能够迅速地掌握案情，抓住案件的主要矛盾和核心。

（2）查阅程序卷。案件的程序卷是侦查案卷的重要组成部分，从一定意义上能够反映出案件来源和形成的背景、侦查的过程，也能够发现侦查机关在侦查时是否有违法或违反程序的现象。需要注意的是，程序卷中的立案决定书、拘留证、提请批准逮捕决定书、侦查终结告知书等是律师查阅程序卷的重心。如果案件有退回补充侦查情形的，律师还应当详细查看退补提纲。通过详细阅读程序卷，律师可以了解本案是否存在程序问题。需要强调的是，如果辩护律师意图作无罪辩护，则应特别注意侦控机关是否存在严重的程序违法现象，并注意将程序卷与案卷中的实体证据进行对比，从而尝试发现有利于犯罪嫌疑人的证据线索。

（3）查阅诉讼证据卷。诉讼证据卷记载案件的核心内容，因此，一般来说，律师至少要阅三遍。

第一遍，整体浏览。此即对照起诉意见书的线索通览全卷，按照案卷材料的先后顺序对案卷粗略地浏览一遍，以便从整体上全面了解案情，并从中找出案件的重点内容和问题。例如，查证案卷中证据材料与起诉意见书所描述事实、指控罪名是否存在显著出入。在此过程中，律师阅卷应注重速度和效率，暂时可不做内容摘录，因为案卷中的证据材料往往具有重复性，尤其是犯罪嫌疑人的供述。实践中，侦查机关往往会就某一事实或情节对犯罪嫌疑人进行多次讯问和记录，并形成多份笔录，况且犯罪嫌疑人的供述也可能存在虚假陈述和反复的情况，但一般来说，犯罪嫌疑人的供述会随着案件的深入呈现出清楚、客观、全面的规律。

第二遍，重点查阅。在全面阅卷之后，律师的第二次阅卷需要有针对性、有重点地进行。第二次阅卷的核心要旨是：其一，针对起诉意见书认定的罪名，以犯罪主客观构成要件为核心，逐一梳理全案相应的事实和证据，看认定的事实是否准确，

① 贺小虎. 思・辨：刑事辩护思维与技术. 北京：中国法制出版社，2016：22.

是否有充足的证据，重点查阅被告人供述、证人证言、被害人陈述及物证书证等材料。此外，根据在案证据，分析证据体系，围绕证据的真实性、合法性、关联性来判断是否可以印证控方的指控逻辑，尝试寻找证据体系的缺陷和逻辑体系上的错误。其二，重点查阅犯罪嫌疑人无罪、罪轻、减轻或者免除处罚的情节。

第三遍，追踪查阅和对比查阅。在第三遍阅卷过程中，律师需要在前两遍阅卷的基础上寻找辩护思路，找到案件的突破口。对此，律师可以采用追踪查阅法和对比查阅法实现上述阅卷目的。追踪查阅法，是指对于某个问题，律师需要通过案卷进行追踪，寻找证据线索。对比查阅法，是指针对案卷材料中不一致或者存在矛盾之处，律师需要从中找出辩护的突破点并在此基础上形成辩护思路。

（二）会见

根据《刑事诉讼法》的规定，在审查起诉阶段辩护律师可以阅卷，可以向犯罪嫌疑人核实有关证据。与在侦查阶段相比，律师对案情的了解不再局限于犯罪嫌疑人的陈述，案件中的证人和其他相关证据材料也已经展现在律师面前。换句话说，在审查起诉阶段，律师对案件已经有了较为全面的掌握。因此，对律师而言，在审查起诉阶段会见的任务集中在全面了解案情、核实有关证据和与犯罪嫌疑人确定程序选择和辩护方案等方面。

1. 全面了解案情

全面了解案情，是律师在审查起诉阶段的主要任务。对此，律师可以在全面阅卷的基础上通过听取当事人的陈述，并根据事先阅卷获得的信息采有针对性的发问的方式进行。通常来讲，审查起诉阶段的会见应该在阅卷的基础上进行。以此为依托，律师在会见时可以从以下方面重点询问犯罪嫌疑人：（1）是否认可起诉意见书认定的罪名、犯罪事实及主要证据，起诉意见书认定的从重处罚情节是否存在；（2）有无辩解以及辩解的理由和根据；（3）自首和立功问题，对于自首尤其要特别关注归案方式的询问，以便从专业角度进行判断是否属于自首；（4）在共同犯罪中的作用，如犯意由谁提起、目标谁确定、工具谁选择、人员谁组织、主要行为谁实施、犯罪后果谁造成等；（5）询问犯罪嫌疑人对附带民事诉讼的意见；（6）告知认罪认罚的性质和法律后果，询问是否认罪认罚；（7）是否存在刑讯逼供、超期羁押及合法权益遭受侵害的其他情况。

2. 核实有关证据

根据《刑事诉讼法》第 39 条第 4 款的规定，辩护律师“自案件移送审查起诉之日起，可以向犯罪嫌疑人、被告人核实有关证据”。但是，何为“核实证据”以及如何“核实证据”，刑事诉讼法并未作出详细规定。此外，由于刑事诉讼法没有规定犯罪嫌疑人可以查阅、复制全部案卷材料，因此，我们认为，“核实证据”并不意味着律师需要将所有的证据都原封不动地全部展示给犯罪嫌疑人、被告人查看。对此，以下几种证据类型的“核实证据”方法可以作为律师审查起诉阶段中“核实证据”的参考：（1）对于犯罪嫌疑人本人供述、犯罪嫌疑人向侦查机关提交的书面材料可以采取摘要介绍、宣读的方式核实。（2）对于物证，书证，勘验、检查、辨认、侦查实验笔录、视听资料以及电子数据等客观证据，可以采取宣读、出示的方式核实。(3) 对于其他言词证据，犯罪嫌疑人有疑问时，可以采取问答的方式进行核实。律师在全面熟悉证人基本情况及证言内容的基础上，可以从两个方面进行核实：其一，核对证人与犯罪嫌疑人的关系，看是否认识、是否有利害关系，证人是否有作证能力；其二，将证言中对犯罪嫌疑人不利的或者与其本人陈述的内容有矛盾的地方拿出来与其核实，即“人证分离”的证据核实方式。

3. 与犯罪嫌疑人确定程序选择和辩护方案

一般来说，经过对案件事实的了解和对在案证据的核实，律师此时对于案件的辩护方向能够形成初步意见。在此基础上，律师要与犯罪嫌疑人进行沟通，确定程序选择和辩护方案。鉴于目前认罪认罚从宽程序的广泛适用性，律师可以根据案情就认罪认罚从宽程序的适用问题提出建议，具体包括：(1) 犯罪嫌疑人构成犯罪的事实清楚、证据确实充分，且犯罪嫌疑人也认罪的，律师应当建议其适用认罪认罚从宽程序。在此基础上，罪轻情节的辩护成了主要的辩护方案选择。(2) 对于犯罪嫌疑人虽然认罪，但根据事实和法律，案件本身可能不成立犯罪的情况，律师应当及时向犯罪嫌疑人提供详尽的咨询意见，在提出定性意见的同时，不建议适用认罪认罚从宽程序。(3) 犯罪嫌疑人不认罪，且根据事实和法律确实不构成犯罪的，律师应根据法律规定予以详尽的解释，要求其实事求是地作出无罪辩解，不建议适用认罪认罚从宽程序。(4) 根据事实和法律，对犯罪嫌疑人足以定罪，但犯罪嫌疑人不认罪，律师应当对足以定罪的事实和法律进行讲解。如果犯罪嫌疑人的辩解有合理性且坚持作无罪辩解的，律师可以协助其作无罪辩护；如果犯罪嫌疑人的辩解不具有合理性且无其他证据，律师应建议其认罪，适用认罪认罚从宽程序。当然，如果其坚持无罪辩解，律师可以根据其要求，提出无罪辩护意见，但应告知其坚持无罪辩护的可能结果。

（三）在审查起诉阶段律师的其他主要工作

1. 向检察机关提交辩护意见

《刑事诉讼法》第 173 条规定：“人民检察院审查案件，应当讯问犯罪嫌疑人，听取辩护人或者值班律师、被害人及其诉讼代理人的意见，并记录在案。辩护人或者值班律师、被害人及其诉讼代理人提出书面意见的，应当附卷。”因此，在审查起诉阶段，辩护律师应向审查起诉机关提交辩护意见书。其中，对于辩护意见的写作，有以下几点需要注意。

(1) 律师需简要陈述侦查机关认定的事实及对侦查机关认定罪名的意见，并写明具体原因，主要包括：事实不清、证据不足，行为不构成犯罪，变更罪名，减少犯罪数额和减少罪数，犯罪嫌疑人因不具有社会危险性而无逮捕必要。以上意见需要附带具体的法律条文作为依据。(2) 对于大概率会进入法庭审理程序的案件，律师应尽量只对案件中的法律适用问题发表意见，而对于证据不足、证据之间的矛盾，尤其是证人证言、嫌疑人供述及辩解等言词证据自身及相互之间存在的问题，尽量不要发表意见，以避免检察机关利用退补等手段在庭审前解决这些证据问题。(3) 通过生效类案支持自己的辩护观点。在我国，裁判已经生效的案例虽然不具有明确的法律效力，但是对司法机关有一定的参考作用。因此，律师在审查起诉阶段应当重视类案检索，必要时向检察机关提交书面的类案检索报告。

2. 提交羁押必要性审查申请书

对被羁押的犯罪嫌疑人申请变更强制措施并不限于侦查阶段。案件进入审查起诉阶段之后，律师仍然可以向检察机关申请变更强制措施。如果律师认为本案符合《人民检察院、公安机关羁押必要性审查、评估工作规定》第 16 条和第 17 条规定的情形，可以申请检察机关对案件进行羁押必要性审查。

第三节　审判阶段的律师辩护

在刑事辩护实践中，根据辩护的侧重点不同，可以将辩护律师的辩护策略概括为五种类型：无罪辩护、罪轻辩护、量刑辩护、程序性辩护和证据辩护。[①] 这些辩护形态各有其诉讼目标，也各有其辩护内容。

一、无罪辩护

无罪辩护以彻底推翻公诉方指控的罪名、说服法院作出无罪判决为目的。在辩护策略上，无罪辩护又可以进一步区分为实体上的无罪辩护与证据上的无罪辩护两种基本类型。[②] 前者是指被告方根据刑法犯罪构成要件或法定的无罪抗辩事由，论证被告人不构成被指控罪名的辩护活动。例如，被告方根据刑法对特定罪名所设定的主体、主观方面、客观方面等要求，来说明被告人不构成特定罪名的辩护活动。又如，被告方根据刑法所确立的正当防卫、紧急避险或者“但书”“豁免”等条款，来论证被告人不应承担刑事责任的辩护活动，这也具有实体上的无罪辩护的性质。

有别于实体上的无罪辩护，证据上的无罪辩护是指被告方综合全案证据情况论证公诉方没有达到法定证明标准的辩护活动。通过这种辩护活动，被告方既可能挑战公诉方证据的证明力或证据能力，也可能说明公诉方的证据没有达到“事实清楚”“证据确实、充分”的最高证明标准，以期说服裁判者作出“事实不清、证据不足”的无罪判决。【参见知识拓展 6－3】[③]

知识拓展 6－3

2018 年《刑事诉讼法》确立了认罪认罚从宽原则及其相关制度。《刑事诉讼法》第 174 条第 1 款规定：“犯罪嫌疑人自愿认罪，同意量刑建议和程序适用的，应当在辩护人或者值班律师在场的情况下签署认罪认罚具结书。”在司法实践中，如果辩护

---

① 陈瑞华教授专门就此五种刑事辩护形态作了详细论述。陈瑞华．刑事辩护的理念．2 版．北京：法律出版社，2021：252－260．

② 该分类并不绝对。例如，也有观点认为，可以将无罪辩护分为实体上的无罪辩护和程序上的无罪辩护。吴立伟．刑事辩护实务操作技巧．北京：法律出版社，2020．

③ 陈瑞华．刑事辩护的理念．2 版．北京：法律出版社，2021：254．

律师在场的情况下，犯罪嫌疑人签署了认罪认罚具结书，在之后的法庭审理中，辩护律师是否还能选择作无罪辩护呢？如果犯罪嫌疑人签署认罪认罚具结书后更换了辩护律师，更换后的辩护律师是否能以自己没有参与此前的签署具结书为由而选择作无罪辩护呢？

上述辩护实践问题在理论界和实务界引起了较大争议。就此，刑事诉讼法学理论界、检察机关和辩护律师群体之间众说纷纭、莫衷一是。[1] 其中，多数学者和律师群体以“独立辩护论”为论据，认为犯罪嫌疑人认罪认罚不影响辩护律师选择作无罪辩护。但是，检察官群体则对此基本持否定态度。就这一问题，有研究者曾对 5 900 余名检察官进行问卷调研，结果显示，有 38.2%的检察官认为“被追诉人认罪认罚，但辩护律师作无罪辩护的，不应适用认罪认罚”。可见控辩双方对认罪认罚案件的无罪辩护尚未达成共识。

事实上，在认罪认罚的庭审中，允许律师进行无罪辩护仍有一定的价值。首先，刑事辩护律师具有一定的独立性，不完全是被告人的“传声筒”，可以为被告人的利益作相对独立的辩护。认罪认罚案件中，“罪与非罪”是法律问题而非事实问题，如果被告人认罪时难以对自己的行为是否构成犯罪作出准确判断，这实际上也为律师作无罪辩护提供了空间。其次，实践中，犯罪嫌疑人、被告人认罪认罚的自愿性、真实性等保障还有待提高。例如，囿于各种原因，在认罪认罚过程中，值班律师实际上难以提供实质性的法律帮助。[2] 基于此，律师对认罪认罚案件进行无罪辩护，有利于法院对认罪认罚的自愿性、真实性和合法性进行更为全面的审查，从而作出公正的处理结论。

《人民检察院办理认罪认罚案件开展量刑建议工作的指导意见》第 35 条规定：“被告人认罪认罚而庭审中辩护人作无罪辩护的，人民检察院应当核实被告人认罪认罚的真实性、自愿性。被告人仍然认罪认罚的，可以继续适用认罪认罚从宽制度，被告人反悔不再认罪认罚的，按照本意见第三十四条的规定处理。”据此，在认罪认罚案件中，辩护律师在庭审中作无罪辩护时，人民检察院不宜遽然认定被告人不再认罪认罚进而撤回量刑建议，而应当核实被告人认罪认罚的真实性和自愿性。同理，人民法院也应当结合无罪辩护的意见，审查被告人是否自愿、明智地作出认罪认罚的决定，并根据被告人的意愿适用相应的制度。【参见知识拓展 6－4】[3]

知识拓展 6－4

二、罪轻辩护

在司法实践中，辩护律师往往还会采取“以退为进”的辩护策略，选择罪轻辩

---

① 樊崇义. 认罪认罚从宽与无罪辩护. 人民法治，2019 (23). 刘哲. 认罪认罚 50 讲. 北京：清华大学出版社，2021：112.

② 汪海燕. 三重悖离：认罪认罚从宽程序中值班律师制度的困境. 法学杂志，2019 (12).

③ 2021 年度十大无罪辩护案例发布. [2022－01－10]. http://edu.china.com.cn/2022-01/10/content_77980034.htm.

护，以期减轻被告人的刑事责任。一般而言，罪轻辩护主要有三种形态。

第一，罪名之辩，即特定的犯罪事实是构成此罪还是构成彼罪的法律之辩。换言之，辩护方在承认控方指控的犯罪事实基础上，否认控方指控的罪名，而主张构成量刑较轻的其他罪名。具体而言，辩护律师需要先承认控方提出的犯罪指控和证据，然后，根据此罪与彼罪犯罪构成要件的比较，论证被告人的行为虽然构成犯罪，但控方指控罪名错误，应当认定较轻的罪名。需要指出的是，所谓“较轻的罪名”，是指在法定量刑种类和量刑幅度上更为宽大的新罪名。如将贪污罪或受贿罪改为巨额财产来源不明罪，将抢劫罪改为抢夺罪，将走私、贩卖、运输、制造毒品罪改为非法持有毒品罪，等等。

第二，罪数之辩，即特定的犯罪事实是构成一罪还是数罪的法律之辩。基于控审分离、不告不理等刑事诉讼原则，法院应当依据检察官指控的事实进行裁判。然而，实践中多有控方错误理解罪数的规范，将法定的一罪（如想象竞合）、处断的一罪（如吸收犯）等指控为数罪并罚。此时，辩护律师依据罪数规范和理论进行辩护，以达到减少指控罪名，降低宣告刑的目的。

第三，犯罪形态之辩。定罪并不是只要确定罪名，而还要确定是基本犯还是加重犯或减轻犯，以确定相应的法定刑幅度。我国刑法中存在着大量的“基本犯-加重犯”，例如故意伤害罪、强奸罪、抢劫罪等均有结果加重情节。因此，律师通过辩护削弱或否定控方关于被告人加重情节的事实或证据，同样可以达到罪轻辩护的目的。

与无罪辩护不同，罪轻辩护的目的并不是说服法院作出无罪的裁决，而是希望通过罪名的辨析，为被告人谋求较轻的刑罚。因此，罪轻辩护体现了一种现实主义的辩护理念，是一种“两害相权取其轻”的辩护策略。【参见知识拓展 6－5】

知识拓展 6－5

三、量刑辩护

量刑辩护是在对被告人构成犯罪不持异议的基础上，通过提出若干法定或酌定的量刑情节，论证应当对被告人作出从轻、减轻或者免除刑罚的裁判。量刑辩护并不否认控方犯罪指控在事实认定、罪名认定方面的正确性，而是希望通过强调有利于被告人的量刑情节，或引入新的量刑情节，追求对被告人更有利的量刑结果。在量刑辩护中，控辩双方并非处于对立地位，而是就指控犯罪的事实认定、法律适用存在某种共识。在对被告人构成特定犯罪没有异议的前提下，辩护律师通过量刑问题积极追求对被告人更宽大的量刑结果，如建议法院从轻处罚、减轻处罚或者免除刑罚。

在司法实践中，辩护律师主要通过提出并论证特定的量刑情节，来论证被告人具有可被宽大处理的量刑理由。这些量刑理由既有面向过去的量刑事由，如主观恶性不深、社会危害性不大、有悔改表现、事出有因、对社会作出过较大贡献等，也有面向未来的量刑事由，如具有帮教条件、可以回归社会、具有矫正可能性等。通过论证被告人具备这些量刑事由，辩护律师可以在量刑情节与量刑辩护意见之间建

知识拓展 6－6

立起合理的联系，并为说服法院作出宽大的量刑处理奠定基础。【参见知识拓展 6－6】

关于认罪认罚案件的量刑辩护，需要特别说明两点：第一，在认罪认罚案件中，量刑辩护已经提前到审查起诉阶段。传统的量刑辩护只限于审判阶段，因为只有在审判阶段，才产生量刑的问题。但在认罪认罚从宽制度普遍适用的情况下，量刑辩护的实质性活动已经由审判阶段前移至审查起诉阶段，因为一旦检察机关向法院提出量刑建议，在 95%以上的认罪认罚案件中都会得到法院的采纳。[①] 即使法院认为量刑建议偏重，也仅能在“明显不当”时调整量刑建议。因此，认罪认罚的犯罪嫌疑人、被告人若想在量刑上获得最大限度的从宽处理，需要借助辩护律师的专业帮助，在审查起诉阶段与检察机关开展量刑协商。律师在量刑协商的过程中，应当充分收集有利于犯罪嫌疑人的事实与证据，提出有利于被告人的法定或酌定从轻、减轻量刑情节。必要时，可以检索当地相关的已决案例，并形成类案检索报告，从而获得与检察人员的协商“筹码”，促使检察机关提出更有利于被追诉人的量刑建议。

第二，被告人认罪认罚后，辩护律师是否仍能就量刑进行辩护？对此，司法实践中存在一定的争议。《刑事诉讼法》第 201 条第 2 款中规定：“人民法院经审理认为量刑建议明显不当，或者被告人、辩护人对量刑建议提出异议的，人民检察院可以调整量刑建议。”据此，法院需要对量刑建议进行实质审查，以确保量刑建议满足罪责刑相适应的要求，这也为辩护律师提供了量刑辩护的空间。当检察官提出量刑建议时错误遗漏或未认定有利于被告人的量刑情节，很有可能属于“明显不当”。辩护律师进行量刑辩护也正是对量刑建议机制的“监督”与“纠偏”。从司法实践看，值班律师难以就量刑提出实质性的意见，在庭审中律师进行量刑辩护，也是对审查起诉阶段法律帮助的有效补充。

四、程序性辩护

程序性辩护是一种根据程序法规定而提出的、有别于实体性辩护的辩护活动。具体而言，凡是以刑事诉讼程序为依据提出的主张和申请，都可以被归入程序性辩护的范畴。

《刑事诉讼法》第 37 条规定辩护人的责任是“维护犯罪嫌疑人、被告人的诉讼权利和其他合法权益”。因此，程序性辩护可以界定为为维护犯罪嫌疑人、被告人程序性权利所进行的一切辩护活动。犯罪嫌疑人、被告人在刑事诉讼中享有广泛的诉讼权利，包括防御性权利、救济性权利（如申请回避权、申诉控告权等程序性保障权利）。程序性辩护的目的在于维护犯罪嫌疑人、被告人的诉讼权利，促进程序公正的实现。

实践中，程序性辩护既可以是申请性、协商性的，也可以是对抗性的。申请性程序辩护包括申请回避、申请变更管辖、申请变更强制措施、代理申诉或控告、申请法院召开庭前会议、申请证人出庭作证、申请法院调取某一证据材料、申请二审

---

① 根据最高人民检察院相关统计数据：2020 年度，全国检察机关量刑建议采纳率接近 95%；2021 年的采纳率超过 97%。

法院开庭审理等。对抗性程序辩护包括针对一审法院违反法律程序、影响公正审判的行为，说服二审法院作出撤销原判、发回重审的裁定等。

值得注意的是，司法实践中，公安、司法机关通常具有“重实体，轻程序”的倾向。律师积极开展刑事辩护，既有利于保障犯罪嫌疑人、被告人的诉讼权利，更有利于监督公安、司法工作人员的行为，推动刑事司法程序的公开化、规范化。同时，也有部分辩护人在辩护活动中“重实体，轻程序”，只关注定罪量刑的事实和法律，而不重视管辖、回避、超期羁押等程序性问题。此种现象提示我们，精准辩护的实现需要同时关注实体与程序。【参见知识拓展 6-7】

知识拓展 6-7

五、证据辩护

证据辩护是指根据证据规则对单个证据能否转化为定案根据以及现有证据是否达到法定证明标准所作的辩护活动。在辩护方法上，证据辩护主要包括两种路径：一是根据具体证据规则，否认控方证据的证据能力或证明力；二是根据证明标准的要求，主张控方指控的犯罪事实尚未达到“犯罪事实清楚、证据确实充分”的程度，或者存在合理怀疑。

（一）否定控方证据的证据能力或证明力

在证据调查阶段，辩护方可以针对特定证据，从证明力和证据能力这两个方面展开质证活动。

1. 否定证据的证据能力

证据能力（又称证据资格），是指根据相关证据规则允许该证据在法庭上出示并接受法庭调查的法律资格。证据具有证据能力，是其作为定案根据的前提；没有证据能力的证据，不得作为认定事实的根据。在我国刑事司法实践中，非法证据排除规则是最重要的证据能力规则。《刑事诉讼法》第 56 条规定：“采用刑讯逼供等非法方法收集的犯罪嫌疑人、被告人供述和采用暴力、威胁等非法方法收集的证人证言、被害人陈述，应当予以排除。收集物证、书证不符合法定程序，可能严重影响司法公正的，应当予以补正或者作出合理解释；不能补正或者作出合理解释的，对该证据应当予以排除。在侦查、审查起诉、审判时发现有应当排除的证据的，应当依法予以排除，不得作为起诉意见、起诉决定和判决的依据。”据此，《人民法院办理刑事案件排除非法证据规程（试行）》进一步明确了排除非法证据的范围。

辩护律师应当尽可能早地提出排除非法证据的辩护主张。为此，辩护律师在审查起诉阶段应当充分阅卷，制作证据目录并详细了解案卷中的证据，结合会见被告人时了解的情况，有针对性地审查案卷证据是否属于非法证据。如果辩护律师认为可能存在非法证据，可以向检察机关提出，也可以在案件移交审判后申请召开庭前会议，向法院提交说明排除非法证据的申请及相关线索或者材料。

除非法证据排除规则外，我国《刑诉法解释》第四章有关具体证据种类审查与认定的规定，也可以作为证据辩护的根据。例如，《刑诉法解释》第 88 条第 2 款规定："证人的猜测性、评论性、推断性的证言，不得作为证据使用，但根据一般生活经验判断符合事实的除外。"因此，律师应当着重审查宣读的证人证言是否属于猜测性、评论性、推断性证言。律师对证人证言有异议，且该证人证言对案件定罪量刑有重大影响时，应当向法院申请证人出庭作证。

实物证据的审查重在证据的同一性（即法庭上出示的证据是否就是犯罪现场提取的"那个物证"；在诉讼进程中，该物证是否已经发生变化并影响其证明价值等）。与口供、证人证言等依靠人的供述类证据相比，实物证据具有客观性、稳定性等特点。关于实物证据的审查，首先，要审查其来源。实物证据必须来源于案件事实、是特定时空条件下犯罪行为的关联物；在诉讼过程中，其用以证明案件事实的特性没有发生实质性改变。否则，该证据与案件待证事实因缺乏关联性而不得作为证据使用，更不能作为定案的依据。其次，要审查实物证据的保管链条。在诉讼过程中，实物证据从采集到提交法庭，会经历若干保管环节。在该过程中，公安、司法工作人员的活动都会对实物证据的真实性产生影响。因此，律师应当运用实物证据鉴真规则，审查实物证据是否存在被调换和污染的可能性。① 具体而言，我国刑事诉讼中的实物证据鉴真规则包括：（1）来源不明的实物证据，一律不得作为定案的根据；（2）收集、提取经过记录不详，有重大合理疑问不能排除的，不得作为定案的根据；（3）电子数据没有原始的存储介质加以存储的，其真实性无法证明的，一律应当排除；（4）电子数据的完整性得不到证明，包括主要电子数据的信息和辅助信息无法相互印证，有必要的相关信息无法提供，对其真实性产生合理疑问的，一律应当排除；（5）鉴定的检材来源不明的，鉴定意见不得作为定案的根据。② 由此，当实物证据出现上述情形时，律师应当积极展开辩护。

随着现代科技手段的迅猛发展，鉴定意见对于事实认定往往具有决定性作用。因此，在具体案件中，辩护律师应当特别注重对鉴定意见的审查，以寻求证据辩护的突破点。具体而言，首先，辩护律师应当围绕鉴定人（是否具有相应的鉴定资质）、检材（是否适格）、鉴定原理或标准是否科学等三方面问题展开。具体而言，首先，辩护律师应当对鉴定意见进行书面审查，以确定鉴定委托手续是否齐全，委托鉴定的资料是否齐全，鉴定意见书是否注明受理日期、委托事项，鉴定意见书是否列明鉴定依据，鉴定意见书是否注明鉴定及论证过程，鉴定意见书是否有明确的鉴定结论，鉴定人的签名是否符合要求，鉴定意见书是否注明鉴定机构并盖章，鉴定意见书是否注明鉴定文书的出具日期，鉴定意见书是否附有鉴定人、鉴定机构的资质证明材料，鉴定意见书的附件是否齐全等。其次，注意鉴定意见的相关程序是否合法。例如，侦查机关是否将用作证据的鉴定意见告知犯罪嫌疑人；是否为犯罪嫌疑人申请重新鉴定提供了必要的机会或可能；申请鉴定人出庭接受法庭调查时，鉴定人是否到庭。最后，在法庭调查期间，辩护律师可以申请法庭通知有专门知识

---

① 马贵翔，韩康．实物证据鉴真规则的构成探析．浙江工商大学学报，2017（6）：67－68.

② 陈瑞华．实物证据的鉴真规则．刑事辩护研究微信公众平台，2021－11－11.

的人出庭，就鉴定人作出的鉴定意见提出意见。

2. 否定证据的证明力

证明力是指证据对案件事实有无证明作用以及证明作用的大小。证明力的审查判断原则属于司法工作人员自由心证的范畴。为规范司法工作人员的自由心证，我国刑事诉讼法及相关规范就部分证据的证明力问题作出了特殊的规定。以被告人供述为例，我国《刑事诉讼法》规定，只有被告人口供不能定案。据此，辩护方可以针对口供的真实性问题，根据“口供印证规则”“口供补强规则”的要求，对控方证据提出有针对性的质疑。

此外，辩护律师在审查被告人口供时，应当关注被告人口供是否一贯、与本案其他证据（尤其是实物证据）是否相互印证。《刑诉法解释》第 96 条第 2 款、第 3 款规定：“被告人庭审中翻供，但不能合理说明翻供原因或者其辩解与全案证据矛盾，而其庭前供述与其他证据相互印证的，可以采信其庭前供述。被告人庭前供述和辩解存在反复，但庭审中供认，且与其他证据相互印证的，可以采信其庭审供述；被告人庭前供述和辩解存在反复，庭审中不供认，且无其他证据与庭前供述印证的，不得采信其庭前供述。”根据该条规定，在被告人口供和辩解存在反复的情况下，如果有罪供述不能与其他证据印证，则不能采信庭前供述；当被告人口供与其他证据相互印证时，“可以”而不是“必须”采纳被告人口供。

在具体案件中，证明力的审查往往需要借助经验法则、综合全案证据进行整体判断。因此，律师在审查证据的证明力时，应当重点关注证据之间是否能够相互印证，是否存在矛盾的情形。律师应当善于运用日常生活经验法则增强证据辩护的说服力。

（二）对全案证据进行综合审查

为证明控方证据无法达到法定的证明标准，律师可以证明现有证据存在重大的矛盾，关键证据无法得到其他证据的印证，间接证据无法形成完整的证明体系，或者根据全案证据无法排除其他可能性或者无法得出结论。【参见知识拓展 6-8】

知识拓展 6-8

当然，证明标准的适用往往与特定的犯罪构成要件有关，即在具体个案中，影响犯罪成立的某一个或数个要件要素事实缺乏确实充分的证据证明，很少会出现构成要件要素完全缺乏证据的情况。因此，通常需要结合犯罪成立的不同条件寻找突破点。司法实践中，犯罪成立条件的证明主要存在行为人同一性、主观要件的证明、被指控行为刑事违法性证明以及因果关系证明等问题。

第一，行为人同一性的否定。在强奸罪等隐蔽性很强的罪名中，控方提出指控通常依据被告人供述等，往往缺少直接证据。《刑诉法解释》第 140 条规定：“没有直接证据，但间接证据同时符合下列条件的，可以认定被告人有罪：（一）证据已经查证属实；（二）证据之间相互印证，不存在无法排除的矛盾和无法解释的疑问；（三）全案证据形成完整的证据链；（四）根据证据认定案件事实足以排除合理怀疑，结论具有唯一性；（五）运用证据进行的推理符合逻辑和经验。”因此，辩护律师应当注重审查根据被告人供述、指认，是否提取出隐蔽性很强的证据；被告人供述是否出现反复；供述前公安、司法机关是否诱导等。律师还应当注重审查间接证据之间是否存在矛盾，例如多份证人证言之间是否指向同一事实等。最后，律师应当综合全案证据，审查是否形成完整的证据链。

第二，主观要件的证明。在财产犯罪，尤其是金融犯罪中，主观要件的证明非常关键。总体上，律师应当结合刑法规定以及相应司法解释，确定证明主观目的需要的要件事实，并将要件事实与案件中的基础事实对应。围绕基础事实，审查控方的证据是否能证明相应的基础事实。例如，集资诈骗罪要求行为人具有“非法占有目的”。最高人民法院《关于审理非法集资刑事案件具体应用法律若干问题的解释》第 7 条第 2 款规定了八种可以认定“以非法占有为目的”的情形。① 但这并不意味着只要满足其中一项即具有“非法占有目的”。因此在主观目的的证明过程中，律师需要综合审查判断。当控方没有证明基础事实，证明基础事实的证据不足，或者根据基础事实不足以认定要件事实时，律师均可进行证据辩护，指出本案证据不足以证明被告人具有某项主观目的。

第三，因果关系的证明。在实害犯与结果犯案件中，刑法因果关系是构成要件的重要组成部分，也是刑事司法中能够将某一损害结果归因于某一行为的基础。但因刑法因果关系无法自动证立，需要在司法过程中进行证明，最为典型的就是污染环境类犯罪。有研究发现，污染环境犯罪因果关系证明存在证据空缺，证明责任的分配不合理与推定制度不完善，证明方法单一，环保监测数据、行政鉴定意见和专家辅助人在刑事诉讼中的应用不合理，以及法官的专业司法应对能力不足等情况。② 因此，律师在为此类案件辩护时，应当注重审查控方是否履行其证明责任、证明因果关系的证据是否充分等。

应当指出的是，证据辩护与前述四种辩护策略密不可分。例如，可以以案件事实不清、证据不足为由，主张被告人无罪；可以通过排除非法证据，提出无罪辩护或量刑辩护。在程序性辩护中，辩护律师往往也需要根据证据来确认侦查人员或审判人员违反法律程序的事实。因此，辩护律师应当结合案件的事实与证据、被告人的意愿、公诉人的指控和公安、司法机关人员的行为等采取合适的辩护策略。

思考练习题

1. 刑事辩护与民事律师代理有哪些共性特点？有哪些本质差异？
2. 刑事辩护权为什么会成为现代法治社会普遍承认的一项宪法基本权利？

---

① 该解释第 7 条第 2 款规定：“使用诈骗方法非法集资，具有下列情形之一的，可以认定为‘以非法占有为目的’：（一）集资后不用于生产经营活动或者用于生产经营活动与筹集资金规模明显不成比例，致使集资款不能返还的；（二）肆意挥霍集资款，致使集资款不能返还的；（三）携带集资款逃匿的；（四）将集资款用于违法犯罪活动的；（五）抽逃、转移资金、隐匿财产，逃避返还资金的；（六）隐匿、销毁账目，或者搞假破产、假倒闭，逃避返还资金的；（七）拒不交代资金去向，逃避返还资金的；（八）其他可以认定非法占有目的的情形。”

② 杨继文. 污染环境犯罪因果关系证明实证分析. 法商研究，2020（2）.

3. 律师在会见时有哪些情况需要避免?

4. 律师应如何开展量刑辩护?

5.《法律援助法》第27条规定:“人民法院、人民检察院、公安机关通知法律援助机构指派律师担任辩护人时,不得限制或者损害犯罪嫌疑人、被告人委托辩护人的权利。”请结合该条规定,谈谈如何理解委托辩护与法律援助辩护的关系。

6. 案例分析:张某某案的辩护词。①

【案情简介】2018年2月15日12时20分许,陕西汉中市某某区某某镇某某村14组(原某某村2组)发生一起杀人案件,犯罪嫌疑人张某某(男,35岁)持刀将邻居王某某(男,71岁)及其长子王甲(47岁)当场杀死,将王某某三子王乙(39岁)刺伤,后王乙经抢救无效死亡。作案后,张某某潜逃。2018年2月17日,犯罪嫌疑人张某某到汉中市公安局南郑分局新集派出所投案自首。9月27日,汉中市人民检察院对张某某故意杀人、故意毁坏财物案依法提起公诉。12月25日,该案在陕西省汉中市中级人民法院进行二次庭前会议。

2019年1月8日,案件在汉中市中级人民法院一审公开开庭审理,法院最终以故意杀人罪、故意毁坏财物罪对张某某判处死刑。2019年3月22日,陕西省汉中市“张某某案”在汉中市中级人民法院开启二审庭前会议。2019年4月11日,陕西省高级人民法院在汉中市中级人民法院公开开庭审理上诉人张某某故意杀人、故意毁坏财物一案并当庭宣判,裁定驳回张某某的上诉,维持一审死刑判决,并依法报请最高人民法院核准。2019年7月17日上午,陕西省汉中市中级人民法院遵照最高人民法院院长签发的死刑执行命令,对张某某执行了死刑。

本案中,一审律师的一份辩护词瞬间成为舆论关注的焦点,请阅读该辩护词并回答以下问题:

(1)该律师采取了哪些辩护策略?

(2)你认为这是一份好的辩护词吗?为什么?

7. 案例分析②:撰写辩护意见书。

2012年7月N省被害人王某某等三人要在S省某繁华地段挂一块LED户外广告屏,但没有相关手续,嫌疑人杜某(另案处理)以能帮受害人王某某等人办理审批手续为由,于2012年7月收取了受害人办事费用45万元。之后,杜某又通过中间人介绍认识了凡某某,起诉书称凡某某承诺可以办理该广告屏手续。2012年8月杜某以需要办事费为由,向受害人王某某又索要了150万元,其中将100万元存放在中间人手中,约定事情办成后再给凡某某。之后凡某某从中间人手里支取了20万元跑腿费。直到2014年广告屏仍未办成,受害人要求退款,凡某某退还了被害人21万元,其余款项经受害人多次催要,有关人员均未返还。

2015年4月10日受害人在N省H市向X区公安分局报案,相隔两年后X区公

① “张某某案”的一审辩护词. https://mp.weixin.qq.com/s/HL0i0RAtpScPhoUWJc21fg.

② 律所实务丨从程序辩护入手的一起无罪辩护案例分析,北京京师珠海律所百度百家号平台. [2021-12-14]. https://baijiahao.baidu.com/s?id=1719101123247984365&wfr=spider&for=pc.

安分局去S省抓人，2017年7月29日凡某某以涉嫌诈骗罪被抓获后临时羁押于S省C市看守所，8月8日押回N省H市由X区公安分局刑事拘留，8月16日由X区检察院批准逮捕，8月18日由X区公安分局执行逮捕，2017年11月1日移送审查起诉，2017年12月15日第一次退回补充侦查，2018年1月19日补查重报，2018年2月8日第二次退回补充侦查，2018年3月12日补查重报，2018年4月27日X区检察院提起公诉，2019年1月11日X区人民法院认定凡某某诈骗20万元，判处有期徒刑两年（刑期自2017年7月29日至2019年7月28日）；被告凡某某不服一审判决于2019年1月23日提起上诉，2019年1月25日X区人民检察院认为凡某某诈骗数额应为79万元，逐提起抗诉；2019年7月28日凡某某被X区人民法院办理取保候审；2019年11月7日H市中级人民法院裁定发回重审，2020年11月2日X区人民检察院变更起诉，2021年2月23日X区人民法院认定凡某某诈骗数额为79万元，判处有期徒刑10年6个月，2021年3月2日X区人民法院又为凡某某办理了取保候审手续；2021年3月3日，凡某某又向H市中级人民法院再次提起上诉。

请结合上述案情，撰写一份简短的辩护意见。

【提示：可以从实体和程序两个角度进行切入】

参考文献

1. 孙长永. 中国刑事诉讼法制四十年：回顾、反思与展望. 北京：中国政法大学出版社，2021.

2. 孙长永. 刑事诉讼法学. 4版. 北京：法律出版社，2019.

3. 陈瑞华. 刑事辩护的艺术. 北京：北京大学出版社，2018.

4. 陈瑞华. 刑事辩护的理念. 2版. 北京：北京大学出版社，2021.

5. 田文昌，陈瑞华. 刑事辩护的中国经验. 北京：北京大学出版社，2012.

6. 佐藤博史. 刑事辩护的技术与伦理. 于秀峰，张凌，译. 北京：法律出版社，2012.

7. 萨拉·J. 萨默斯. 公正审判：欧洲刑事诉讼传统与欧洲人权法院. 朱奎彬，谢进杰，译. 北京：中国政法大学出版社，2012.

8. 孙长永. 犯罪嫌疑人的权利保障研究. 北京：法律出版社，2011.

9. 蒙罗·H. 弗里德曼，阿贝·史密斯. 律师职业道德的底线. 3版. 王卫东，译. 北京：北京大学出版社，2009.

10. 熊秋红. 刑事辩护论. 北京：中国政法大学出版社，1998.

第七章　刑事审判的理论与实务

就刑事案件而言，审判程序是确定有罪必不可少的诉讼程序。《刑事诉讼法》第12条规定：“未经人民法院依法判决，对任何人都不得确定有罪。”据此，定罪权是人民法院专属的权力；其他任何机关和个人，不享有判定他人有罪的法律权力。人民法院确定有罪，应当依照法定程序进行；原则上，人民法院应当在控、辩、审三方共同参与下，才能就被告人的刑事责任问题作出罪与非罪的实体性裁判。

在审级制度上，我国实行两审终审制度。因此，第一审法院判决后，并不能立即生效；第一审判决宣判后，在法定期限内上诉权人有权上诉、人民检察院有权抗诉。除死刑案件外，第二审判决为终审判决，发生法律效力并具有强制执行力。至于死刑案件，第二审人民法院判决有罪后，应当依法报请最高人民法院或高级人民法院核准；最高人民法院、高级人民法院的核准裁定才是发生法律效力的裁判。对于已经发生法律效力的判决或裁定，当事人及其近亲属有权提起申诉；确有错误的，应当通过审判监督程序予以纠正。因此，根据审判程序的功能，刑事审判程序可以分为第一审程序与救济程序（第二审程序、死刑复核程序、审判监督程序）。其中，第一审程序的法庭审理程序最为完备，是其他审判程序的基础。

为切实保障被告人的辩护权，刑事审判活动应当在被告人在场的情况下进行。但是，基于国际反腐败实践的现实需要，作为对席审判原则的例外，我国2018年《刑事诉讼法》新增了“缺席审判程序”。在缺席审判中，被告人本人虽然没有参与法庭审理，但依然享有辩护权：被告人有权委托辩护人参与诉讼，被告人的近亲属也可以代为委托辩护人。被告人及其近亲属没有委托辩护人的，人民法院应当通知法律援助机构指派律师为其提供辩护。[①]【参见知识拓展 7－1】

知识拓展 7－1

① 《刑事诉讼法》第293条规定：“人民法院缺席审判案件，被告人有权委托辩护人，被告人的近亲属可以代为委托辩护人。被告人及其近亲属没有委托辩护人的，人民法院应当通知法律援助机构指派律师为其提供辩护。”

就第一审程序而言，根据程序的繁简程度不同，第一审程序可以被划分为普通程序、简易程序与速裁程序。其中，普通程序是第一审程序的标准程序；简易程序与速裁程序系由普通程序简化而来，依法适用于特定范围内的刑事案件。根据公正审判的要求，被告人享有按照普通程序审理的权利。在以审判为中心的诉讼制度改革中，根据庭审实质化的要求，第一审审判程序是整个刑事诉讼活动的中心，应当做到“证据出示在法庭、案件事实查明在法庭、诉辩意见发表在法庭、裁判结果形成在法庭”。

根据提起诉讼主体的不同，第一审程序可以被分为公诉案件的审判程序和自诉案件的审判程序。在司法实践中，自诉案件数量相对较少。因此，本章有关审判程序的讨论，主要以公诉案件第一审普通程序为蓝本，具体讨论刑事审判程序的运作原理，并进一步阐释认罪认罚案件和后续救济程序的特殊规则，同时就贯穿于审判阶段的审判组织和评议表决机制作扼要说明。

第一节　普通审判程序的法庭调查

公诉案件第一审普通程序的流程主要包括三个具体环节：庭前审查、庭前准备和法庭审判。庭前审查程序的主要任务是审查案件是否符合开庭审判的条件，是否将被告人正式交付法庭审判。在公诉案件审查中，人民法院依法审查管辖权、被告人的行为是否在案、相关证据材料是否移送等程序性问题，而不就被告人的行为是否构成犯罪、控方证据是否确实充分等问题进行实质性审查。人民法院进行审查后，应当根据案件具体情况作出相应的处理。[①]

庭前准备程序旨在为开庭期日的法庭审理活动做好准备。因此，对于决定开庭审判的案件，为确保诉讼程序的顺利进行，人民法院应当依法进行必要的庭前准备工作，如确定合议庭组成人员，向被告人及其辩护人送达起诉书副本，通知证人等诉讼参与人开庭的时间、地点和公开审判信息等等。其中，对于符合法定情形的案件，为确保庭审活动平稳顺利进行，人民法院可以决定召开庭前会议；控辩双方有权申请召开庭前会议，但应当说明理由。[②] 庭前会议主要处理管辖异议、申请回避、是否公开审理等程序性问题，以及是否申请非法证据排除，是否提供新的证据材料，是否申请重新鉴定或勘验，是否通知新的证人、鉴定人等可能影响证据调查顺利进行的证据问题。此外，在庭前会议中，控、辩、审三方也可以将本案的主要分歧、主要争点予以整理，以方便控辩双方有针对性地准备庭审。

法庭审判程序是整个刑事诉讼活动的重中之重。法庭审判程序包括开庭、法庭调查、法庭辩论、被告人最后陈述、评议案件与宣告判决五个阶段。其中，开庭是正式审判的准备阶段，审判长宣布开庭并确认被告人到庭后，应当代表合议庭查明

---

① 参见《刑诉法解释》第 219 条。

② 参见《刑诉法解释》第 226 条、第 227 条。

当事人身份、宣布案件来源及案由并告知当事人依法享有的诉讼权利。开庭事项处理完毕后，由审判长宣布开始法庭调查。法庭调查是指在公诉人、当事人和其他诉讼参与人的参与下，由合议庭对案件事实和证据进行调查核对的诉讼活动。[①] 法庭调查结束后，合议庭将引导控辩双方就本案的事实认定及法律适用问题进行法庭辩论。法庭辩论结束后，被告人享有最后陈述的权利。最后陈述权是被告人辩护权的重要组成部分，是被告人一项不可剥夺的诉讼权利。最后，审判长宣布休庭，合议庭进行评议；根据评议结果，合议庭应当当庭或择期公开宣判。

纵览第一审普通程序的诉讼流程，可以看出，法庭调查是审判程序的中心环节。在刑事司法活动中，准确认定事实是正确适用法律、公正裁判的前提和基础。而且，根据证据裁判原则，只有经过法庭调查核实的证据材料才能作为定案根据。因此，法庭调查是否充分、是否公正直接影响着刑事审判的公正性和判决的质量。本节将主要介绍普通审判程序中的法庭调查程序。

一、法庭调查的模式

所谓刑事诉讼模式，又称刑事诉讼结构或刑事诉讼构造，是指控、辩、审三方主体进行刑事诉讼的基本方式。现代刑事诉讼模式主要分为当事人主义（对抗制）、职权主义（调查审问式）和混合式诉讼模式。在职权主义模式下，法院得依职权主动调查证据、讯问被告人，并在事实认定和推进诉讼进程方面具有较强的控制力；相对而言，控辩双方只具有辅助性作用。在当事人主义模式下，控辩双方主导着法庭证据调查和程序进程；法官相对被动，主要依据控辩双方提供的证据认定事实并作出裁判。

在我国，以三次《刑事诉讼法》修改为节点，可以将第一审普通程序的发展概括为四个主要阶段。[②] 其中，1979 年《刑事诉讼法》深受大陆法系刑事诉讼法制的影响，在法庭审理方式上，属于强职权主义审判模式，例如：在庭前审查程序中，人民法院对公诉案件进行实体审查，致使司法实践中存在较为普遍的“先定后审”现象，法庭审理日益空洞化、形式化。法庭调查程序完全由法官主导和控制：在法庭调查中，审判长先行审问被告人、询问证人；之后，经审判长许可，控辩双方才可以进行发问。出示物证，宣读未到庭的证人证言笔录、鉴定结论、勘验检查笔录等，均由法官依职权进行，控辩双方仅起辅助性作用。作为我国刑事庭审方式改革的重大立法成果，1996 年《刑事诉讼法》吸收借鉴英美法系对抗制的合理内核，初步确立了以控辩双方为主导的抗辩式庭审模式。具体而言，为避免法官庭前阅卷形成先入为主的成见，立法者通过改革卷宗移送方式，将庭前审查程序由原来的实体性审查改为程序性审查。在法庭审理程序上，立法确立了控辩双方的主导地位。例如，控辩双方有权向合议庭提出调查证据的申请；有权申请证人、鉴定人出庭作证。就法庭调查而言，举证质证由控辩双方负责；法官处于相对消极的地位，只有在必

---

① 陈卫东. 刑事诉讼法学. 4 版. 北京：高等教育出版社，2022：296.

② 孙长永. 中国刑事诉讼法制四十年：回顾、反思与展望. 北京：中国政法大学出版社，2021：599.

要时才进行补充性发问或调查。2012 年《刑事诉讼法》沿着 1996 年庭审方式改革的方向，建立了庭前会议制度，完善了证人、鉴定人出庭作证制度，确立了专家辅助人制度、量刑程序。为适应国家监察体制改革、认罪认罚从宽制度改革试点的现实需要，2018 年《刑事诉讼法》完善了与监察案件的程序衔接，确立了认罪认罚从宽原则及其具体制度。随着认罪认罚从宽原则的确立，我国刑事庭审方式开始了新的转型：由此前一味强调控辩对抗，开始转向对抗与协商并重。具体而言，对于认罪认罚的案件，在法庭审理中，控、辩、审三方更多呈现合作共赢的态势；至于不认罪认罚的案件，则应当按照庭审实质化的改革精神，通过控辩平等对抗的方式进行审理和裁判。

（一）认罪案件调查与非认罪案件调查

2018 年《刑事诉讼法》确立了认罪认罚从宽原则及其相关制度。根据《刑事诉讼法》第 173 条、第 176 条、第 190 条、第 201 条的规定，在审查起诉阶段，犯罪嫌疑人自愿认罪，同意量刑建议和程序适用的，应当在辩护人或者值班律师在场的情况下签署认罪认罚具结书；人民检察院向人民法院提起公诉时，应当在起诉书中就主刑、附加刑、是否适用缓刑等提出量刑建议，并随案移送认罪认罚具结书等材料。在审判阶段，对于被告人认罪认罚的案件，审判长在开庭环节应当告知被告人享有的诉讼权利和认罪认罚的法律规定，审查认罪认罚的自愿性和认罪认罚具结书内容的真实性、合法性；依法作出判决时，一般应当采纳人民检察院指控的罪名和量刑建议。

很显然，根据犯罪嫌疑人、被告人是否认罪认罚，在审查起诉阶段和审判阶段，控、辩、审关系存在着实质性差异。其中，对于被告人不认罪的案件，控辩双方就指控犯罪是否成立、被告人是否负有刑事责任存在分歧和对抗，在审判阶段，人民法院须通过法庭调查查明事实真相并据此作出判决，因此，控辩之间是对立、对抗的关系。人民法院必须依照法定程序，公正公平公开地调查证据并根据法庭举证、质证的结果，认定事实、适用法律。然而，在认罪认罚案件中，控辩双方就指控犯罪并不存在实质性分歧，而且，在审查起诉阶段，控辩双方还就量刑问题达成了一致意见，因此，在审判阶段，法庭审理的主要任务不是针对控辩双方存在争议的问题调查证据、查明事实真相，而是从司法权的角度，监督控辩双方达成的一致意见是否合法、合理。具体而言，人民法院应当依法审查认罪认罚的事实基础、认罪认罚的自愿性以及认罪认罚具结书内容的真实性、合法性，审查控辩双方认定的罪名是否正确、提出的量刑建议是否合理。简言之，在认罪认罚案件中，法院不再是控辩分歧、冲突的裁决者，而是控辩合意的监督者。

鉴于此，针对认罪案件与不认罪案件的特点，《刑诉法解释》第 278 条规定："对被告人认罪的案件，在确认被告人了解起诉书指控的犯罪事实和罪名，自愿认罪且知悉认罪的法律后果后，法庭调查可以主要围绕量刑和其他有争议的问题进行。对被告人不认罪或者辩护人作无罪辩护的案件，法庭调查应当在查明定罪事实的基础上，查明有关量刑事实。"据此，在法庭证据调查时，认罪案件与不认罪案件需要关注的问题明显不同，并进而决定了其证据调查方式的差异。

就认罪案件而言，法庭证据调查依次包含四个层次的问题：第一，人民法院应当依法审查被告人认罪认罚的自愿性，确认被告人是否自愿认罪认罚、是否依法签署了认罪认罚具结书。为此，在法庭证据调查中，审判人员可以根据具体案情，围绕定罪量刑的关键事实，对被告人认罪认罚的自愿性、真实性等进行发问，确认被告人是否实施犯罪，是否真诚悔罪。经法庭调查，对于被告人违背意愿认罪认罚或者认罪认罚后又反悔的，原则上应当依法转换程序，按照普通程序对案件进行审理。发现存在刑讯逼供等非法取证行为的，应当依照法律规定处理。① 第二，如果控辩双方就特定问题存在分歧，人民法院应当针对该问题听取控辩双意见、依法作出裁决。根据相关司法解释规定，被告人承认指控的主要犯罪事实，仅对个别事实情节提出异议或者虽然对行为性质提出辩解但表示接受司法机关认定意见的，不影响"认罪"的认定。因此，在认罪认罚案件中，控辩双方依然可能就案件的某些枝节问题存在分歧，例如：辩方认为应当认定自首而检察机关未予认定；被告人认为情有可原，是被害人先动的手；等等。第三，如果人民法院认为指控罪名不当，应当就罪名认定问题听取控辩双方意见。第四，如果量刑建议明显不当或辩护方提出异议，人民法院应当主要围绕量刑问题重点听取控辩双方意见。

就不认罪的案件，法庭证据调查重在查明事实。因此，法庭证据调查应当根据庭审实质化的要求，通过控辩双方举证、质证的方式进行。其中，在举证环节，人民法院应当依法确保辩护方的举证权利；对于控辩双方出示的证据材料，应当首先审查证据是否具有证据能力，然后再由控辩双方进行质证。在质证环节，应当根据控辩平等原则，为辩护方（尤其是辩护律师）提供平等的质证机会。简言之，对于不认罪的案件，应当依照法定程序，按照"一事一证一质""组证出示"等适宜方式，通过控辩对抗的方式进行法庭证据调查。

（二）申请调查与职权调查

1996 年《刑事诉讼法》确立了以控辩双方为主导的庭审方式。同时，为了弥补控辩对抗自身的不足，《刑事诉讼法》保留了人民法院依职权调查证据的权力。具体而言，人民法院可以依职权讯问被告人、询问被害人，依职权通知证人、鉴定人、有专门知识的人、调查人员、侦查人员或者其他人员出庭。简言之，在法庭证据调查中，应当以控辩双方举证质证为主导，以法官依职权调查证据为补充。

《刑事诉讼法》第 51 条规定："公诉案件中被告人有罪的举证责任由人民检察院承担。"因此，在公诉案件中，人民检察院在作出起诉决定后，应当按照审判管辖的规定，向人民法院提起公诉，并将案卷材料、证据移送人民法院。在法庭证据调查阶段，人民检察院应当依照法定程序就指控犯罪事实讯问被告人；申请证人、鉴定人出庭作证；向法庭出示物证、宣读相关证据。对于控方出示的证据，辩护方享有

---

① 2019 年最高人民法院、最高人民检察院、公安部、国家安全部、司法部《关于适用认罪认罚从宽制度的指导意见》第 39 条。

质证的权利。其中，对于控方出示的鉴定意见，辩护方有权申请法庭通知代表辩方利益的有专门知识的人出庭，就鉴定人作出的鉴定意见发表意见。

在刑事案件中，辩护方原则上不负证明责任，但享有提出有利证据的权利。因此，在法庭审理中，辩护方对控方证人证言、鉴定意见有异议的，有权申请证人、鉴定人出庭作证；有权申请通知新的证人到庭、调取新的物证，申请重新鉴定或者勘验。其中，对于控方未依法提交法庭的“公安机关、人民检察院收集的证明被告人无罪或者罪轻的证据材料”，辩护方有权申请人民法院调取。

需要特别强调的是，与控方申请调查证据不同[①]，辩护方申请调查证据的权利是辩护权的重要内容之一。因此，在审判活动中，人民法院应当尊重并保障辩护方申请调查证据的权利。其中，对于证明被告人无罪或罪轻的证据材料，人民法院原则上应当予以同意；对于公安机关、人民检察院收集的有利于被告人的量刑证据，应当移交法庭而没有移交的，应当依法予以调取。为了防止任意限制或拒绝辩护方提出的证据调查申请，人民法院不同意调查证据的，应当说明理由。

在控辩双方主导法庭调查的前提下，人民法院享有依职权调查证据的权力。但是，需要注意两点：第一，人民法院依职权调查证据具有补充性、辅助性。根据《刑事诉讼法》第 191 条、第 194 条的规定，审判人员讯问被告人，询问证人、鉴定人，应当在控辩双方之后进行，而且在程序上，属于“可以”讯问/询问，而非“必须”讯问/询问。第二，为查明案件事实，人民法院有权依职权通知证人、鉴定人出庭，调取新的证据，或者庭外调查核实证据，但是，对于此类证据的调查依然应当由控辩双方主导。其中，对于审判人员通过庭外调查核实取得的证据，依然应当经过控辩双方当庭质证后，才能作为定案的依据。

（三）定罪事实调查与量刑事实调查

刑事审判主要解决被告人的刑事责任问题。被告人的刑事责任问题可以分为“质”和“量”两个层面：首先是刑事责任有无的问题，也即罪与非罪、此罪与彼罪的问题；其次是刑事责任大小的问题，也即量刑的问题。鉴于此，2012 年《刑事诉讼法》在法庭审理程序中，第一次明确区分了定罪、量刑问题，要求就与定罪量刑有关的事实、证据都应当进行调查、辩论。据此，在法庭审理程序上，根据法庭调查的任务不同，可以将法庭审理活动分为两个相互联系又相对独立的程序环节：定罪事实调查环节与量刑事实调查环节。

2020 年最高人民法院、最高人民检察院、公安部、国家安全部、司法部《关于规范量刑程序若干问题的意见》第 15 条第 2 款规定：“在法庭调查阶段，应当在查明定罪事实的基础上，查明有关量刑事实，被告人及其辩护人可以出示证明被告人无罪或者罪轻的证据，当庭发表质证意见。”因此，法庭调查时，应首先进行定罪事

---

① 就控诉方而言，在提起公诉时，就应当随案移送相关的指控证据。因此，如果检察机关要求出示卷宗材料之外的证据，应当遵循特殊的程序规则。就此，《刑诉法解释》第 272 条规定：“公诉人申请出示开庭前未移送或者提交人民法院的证据，辩护方提出异议的，审判长应当要求公诉人说明理由；理由成立并确有出示必要的，应当准许。辩护方提出需要对新的证据作辩护准备的，法庭可以宣布休庭，并确定准备辩护的时间。”

实调查，再解决量刑调查问题。在司法实践中，量刑调查往往不是独立的程序，而是与定罪事实一并调查或者在定罪事实调查之后，连续进行量刑事实调查。

一般而言，定罪程序是法庭审理活动的主体。法庭审理活动应当首先围绕犯罪构成要件事实是否存在、是否有足够证据支持展开。在定罪程序中，控辩双方围绕与犯罪构成要件事实相关联的证据是否具有证据能力、证明力大小等问题进行举证、质证。通常情况下，定罪程序主要解决罪与非罪的问题。但在司法实践中，随着法庭证据调查的展开，指控犯罪的事实的法律性质有可能发生变化。例如，在盗窃案件中，查明被告人还有抗拒抓捕的行为；在贩卖毒品案件中，查明被告人还有偷越国（边）境的行为；等等。案件证据及事实情节的变化可能会引发控方指控的罪名是否正确、是否应当变更罪名的问题。此时，如果人民法院认为控方指控的罪名不当、需要依法变更罪名的，应当在判决前听取控辩双方的意见；为充分保障被告人、辩护人的辩护权，必要时，可以再次开庭，组织控辩双方围绕被告人的行为构成何罪及如何量刑进行辩论。①

在量刑证据调查中，控辩双方应当围绕可能影响量刑的法定情节、酌定情节等事实出示证据、进行证据调查和辩论。在量刑调查中，为了在法律范围内最大限度地保障被告人的合法利益，辩护律师可以采取积极的辩护策略，主动提出可以或应当从轻、减轻量刑的事实证据和量刑情节。在被告人认罪认罚案件中，人民法院在确认被告人认罪认罚自愿性后，应当组织控辩双方主要围绕量刑问题展开辩论。

在具体案件中，定罪事实与量刑事实往往有交叉、重叠。例如，盗窃罪的数额、犯罪人年龄等事实，本身既关系到犯罪的成立，也与被告人的量刑直接相关。因此，如果特定事实既是定罪事实，又属量刑事实，关于该事实应当在定罪阶段进行调查，此时不可避免地要在定罪阶段附带地查明该项量刑事实。② 事实上，将定罪事实与量刑事实完全分离是不现实的，也不符合刑事立法的规定和司法实践。③《关于规范量刑程序若干问题的意见》没有明确规定与犯罪有关的量刑事实的调查事项，但为了保持法庭调查的完整性和逻辑性，多数学者与实务工作者均认为，关于与定罪事实有关的量刑事实应当在有关定罪事实的证据调查中完成；对于定罪事实调查环节已经举证质证的量刑情节，可以不再组织独立的量刑证据调查。至于与定罪事实关系不大的量刑事实，则可以在定罪调查之后，独立进行量刑证据调查。事实上，有一些量刑事实、情节是相对独立的，甚至是在犯罪行为完成之后才出现的，例如，自首、坦白、认罪认罚、退赃退赔等情节。对于此类相对独立的量刑情节，在量刑程序中，人民法院应当根据控辩双方的主张和分歧，组织控辩双方有针对性地举证质证，进行独立的量刑证据调查。

---

① 《刑诉法解释》第 295 条第 3 款。

② 陈卫东．论隔离式量刑程序改革：基于芜湖模式的分析．法学家，2010（2）：4．

③ 简乐伟．论量刑证据独立性的基础．证据科学，2011（5）：524．

二、不同证据的调查程序

未经法庭依法调查的证据，不得作为定案根据。根据《刑事诉讼法》关于第一审程序的规定，法庭证据调查的顺序是：讯问被告人；向被害人发问；询问证人、鉴定人；出示物证、宣读相关笔录或书面证据；等等。根据证据种类不同，《刑事诉讼法》规定了不同的法庭调查规则。以下主要讨论证人证言、鉴定意见、实物证据的法庭调查程序。

（一）证人证言的法庭调查程序

证人，是指当事人以外、就自己所知道的案件情况客观地向公安、司法机关提供言词证据的人。证人只能是自然人，但必须具有辨别是非和正确表达能力。证人与案件当事人之间具有某种亲属关系或其他社会关系，不影响证人的作证资格，但在证人证言审查时，应当予以特别注意。

证人证言，是指证人就自己知道的案件情况向公安、司法机关等所作的陈述。证人证言因其亲历性、直接性，对法庭认定事实具有重要的作用。然而，受证人感知能力、利害关系、认知场景等因素影响，证人往往会有意或无意地提供错误（甚至是虚假）的证言。因此，在以美国为代表的当事人主义刑事审判模式下，证人应当出庭并且接受交叉询问。考虑到我国的实际情况，我国《刑事诉讼法》并不要求所有的证人必需出庭作证，而是采取“只有重要证人才出庭作证”的立场。此外，《刑事诉讼法》及其相关司法解释就证人出庭作证的条件、证人保护、强制到庭，以及就出庭证人的询问、质证，证人证言审查等事项，作出了较为详细的规定。

1. 证人出庭作证问题

在法庭调查过程中，公诉人可以提请法庭通知证人出庭；在控诉方举证后，被告人及其法定代理人、辩护人可以提请法庭通知证人出庭。根据《刑事诉讼法》第192条第1款规定，证人出庭应当满足三个条件：一是公诉人、当事人或者辩护人、诉讼代理人对证人证言有异议；二是该证人证言对于定罪量刑有重大影响；三是人民法院认为该证人有必要出庭作证。所谓“有必要”，实则赋予了人民法院较为宽松的司法裁量权；据此，人民法院可以根据查明案情的实际需要决定证人是否出庭。该条第2款规定，人民警察因执行公务出庭作证适用前款规定。

此外，根据《刑诉法解释》第253条，证人具有下列情形之一，无法出庭作证的，人民法院可以准许其不出庭：庭审期间身患严重疾病或者行动极为不便的；居所远离开庭地点且交通极为不便的；身处国外短期无法回国的；有其他客观原因，确实无法出庭的。具有前款规定情形的，可以通过视频等方式作证。

根据《刑事诉讼法》第193条，经人民法院通知，证人没有正当理由不出庭作证的，人民法院可以强制其到庭，但是被告人的配偶、父母、子女除外。此即“亲属作证义务豁免规则”。就立法而言，该条规定旨在平衡“发现真实”与“亲亲相隐”等家庭伦常秩序之间的利益冲突。然而，与外国“夫妻作证豁免制度”相比，我国《刑事诉讼法》只是免除特定近亲属（配偶、子女、父母）出庭作证的义务；至于其庭前的证人证言笔录是否可以继续作为证据使用，立法未作明示规定。司法实践中，此类庭前证人证言笔录依然可以在法庭上宣读，作为法庭证据使用。对此，有学者指出，司法工作人员应当认识到，“发现真实”尽管是刑事司法活动的重要价值之一，但并非刑事司法活动的唯一价值。当“发现真实”与人权保障、家庭伦常秩序等发生冲突时，应当根据利益权衡原则，结合具体案件情况进行取舍；在确有必要时，也可以为了尊重保障人权、家庭伦常等社会价值而牺牲“发现真实”的目的。[①]

证人没有正当理由拒绝出庭或者出庭后拒绝作证的，法院可以予以训诫；情节严重的，经院长批准，处以10日以下的司法拘留。被处罚人对拘留决定不服的，可以向上一级人民法院申请复议。复议期间不停止执行。

综上，我国《刑事诉讼法》尚未确立严格的证人出庭作证制度。在司法实践中，证人是否出庭作证，很大程度上取决于法庭的裁量。统计数据表明，在刑事庭审实践中，证人出庭率普遍不高，一审刑事案件的证人出庭作证率不足10%，部分基层人民法院一审刑事案件证人出庭作证率甚至不到1%。[②] 证人不出庭，辩方无法对其进行质证和询问，不仅严重影响了辩护权的有效行使，而且也为法庭查明事实真相带来无穷尽的困扰。

有学者通过8万多份裁判文书进行实证研究后发现，案件重大程度、法官工作量、司法资源充足程度、辩方是否申请证人出庭等因素对证人出庭作证均存在显著影响。在案件重大、司法资源充足、辩方申请的情况下，证人出庭的可能性更大。相较而言，案件复杂程度、罪数、法定量刑情节等变量与证人出庭与否的关系并不显著。即使在“提高证人出庭率”的宏观政策背景下，证人出庭仍然受制于各种内、外部因素，如辩护律师参与不足、法官案件负担不均衡、司法财政经费的欠缺等。对此，该研究指出，应当从提高有效辩护水平、平衡法官的案件负担、编列证人出庭专项预算等三方面推动证人出庭率的提升。[③] 在以审判为中心的诉讼制度改革中，对于不认罪的案件，应当积极限缩法官在证人出庭上的自由裁量权，以提升证人出庭率。具体而言，当满足“提出异议”且对定罪量刑有“重大影响”时，即应认为证人“有必要”出庭。由此，法院认为没有必要通知证人出庭的，应当书面说明理由；辩护方有异议的，可以借鉴域外的即时抗告制度，由第二审人民法院作出最终判断。

2. 证人作证与询问程序

证人到庭后，法庭应当庭核实其身份，与当事人以及本案的关系，审查作证能力并告知其有关的权利义务和法律责任；证人应当保证所作证言真实，并在保证书

① 李拥军.“亲亲相隐”与“大义灭亲”的博弈：亲属豁免权的中国面相.中国法学，2014（6）：106-107.

② 田国宝.中国刑事证人出庭作证激励机制反思与重构.法学，2021（2）：177.

③ 周文章，聂友伦.刑事诉讼证人出庭：基于80 351份判决书的分析.清华法学，2021（5）：177-191.

上签字。

证人作证时，应当先由其向法庭做连贯性陈述，然后由举证方发问；发问完毕后，对方也可以发问。根据案件审理需要，也可以先由申请方发问。控辩双方向证人发问完毕后，可以发表本方对证人证言的质证意见。控辩双方如有新的问题，经审判长准许，可以再行向证人发问。审判人员认为必要时，也可以询问证人。法庭依职权通知证人出庭的，发问顺序由审判长根据案件情况确定。

多名证人出庭作证的，证人调查应当分别进行。未经法庭调查的证人，不得到庭旁听案件庭审。

询问证人应当遵循以下规则：发问内容应当与案件事实有关；不得采用诱导方式发问；不得威胁或者误导证人；不得损害证人人格尊严；不得泄露证人个人隐私。控辩双方的发问应当与案件相关，当违反有关规则时，对方可以提出异议。对方当庭提出异议的，发问方应当说明发问理由，审判长判明情况予以支持或者驳回；对方未当庭提出异议的，审判长也可以根据情况予以制止。

值得注意的是，禁止诱导性发问的规则存在例外。当证人出庭作证时遗忘或者遗漏庭前证言的关键内容，需要向证人作出必要提示，或者当证人的当庭证言与庭前证言存在矛盾，需要证人作出合理解释时，可以向证人宣读庭前证言。另外，为核实证据来源、证据真实性等问题，或者帮助证人回忆，经审判长准许，控辩双方可以在询问证人时向其出示物证、书证等证据。

3. 证人证言的证据规则

有关证人证言的证据规则有：(1) 非法证据排除规则。《刑事诉讼法》第 56 条规定，采用暴力、威胁等非法方法收集的证人证言、被害人陈述，应当予以排除。(2) 书面证人证言审查判断规则。《刑诉法解释》第 88 条、第 89 条、第 90 条依次规定了证人适格规则、证人证言排除规则、证人证言瑕疵证据补强规则。(3) 当庭证言审查判断规则。如果证人当庭作出的证言与庭前证言存在矛盾，若证人能够作出合理的解释，并有其他证据印证的，则应当采信庭审证言；若不能作出合理解释，且庭前证言有其他证据印证的，可以采信庭前证言。[①] 证人当庭作出的证言，经控辩双方质证、法庭查证属实的，应当作为定案的根据。【参见知识拓展 7－2】

知识拓展 7－2

（二）鉴定意见的法庭调查程序

鉴定意见指具有专门知识的人通过科学技术手段对案件中专门性问题作出的判断。鉴定人是具有专门知识的人。因此，在鉴定意见存有异议时，鉴定人原则上应当出庭作证；拒不出庭作证的，其鉴定意见不得作为证据。《刑事诉讼法》第 192 条规定，控辩双方对鉴定意见有异议，人民法院认为鉴定人有必要出庭的，鉴定人应当出庭作证。经人民法院通知，鉴定人拒不出庭作证的，鉴定意见不得作为定案根据，同时人民法院应当通报司法行政机关或者有关部门。鉴定人由于不能抗拒的原

① 《刑诉法解释》第 91 条。

因或者有其他正当理由无法出庭的，人民法院可以根据案件审理情况决定延期审理。鉴定人到庭后，审判人员应当核实其身份、与当事人及本案的关系，告知鉴定人应当如实地提供鉴定意见和有意作虚假鉴定应负的法律责任。鉴定人说明鉴定意见前，应当保证向法庭如实说明鉴定意见，并在保证书上签名。对鉴定人的询问，参照适用询问证人的程序和规则。

2012 年《刑事诉讼法》规定了专家辅助人（出庭发表意见的“有专门知识的人”）制度。在法庭调查中，就鉴定意见存有疑问时，公诉人、当事人和辩护人、诉讼代理人可以申请法庭通知有专门知识的人出庭，就鉴定人作出的鉴定意见提出意见。作为专家辅助人，依法到庭的“有专门知识的人”并非就案件特定事实提供鉴定意见，而是就现有鉴定意见的科学性发表意见、质疑其证据价值。在法庭审理期间，控辩双方可以申请法庭通知有专门知识的人出庭，协助本方就鉴定意见进行质证，人民法院应当审查并作出是否同意的决定。在法庭调查中，鉴定人发表鉴定意见后，有专门知识的人可以就鉴定相关问题向鉴定人发问，并对案件中的专门性问题发表意见。对有专门知识的人发问，参照适用询问证人的有关规定。

根据上述规定，作为专家辅助人，“有专门知识的人”既具有协助质证的作用，同时也承担着“专家证人”的角色：“有专门知识的人”就像英美法国家的专家证人一样，可以就鉴定意见的可靠性和科学性提供当庭陈述，接受控辩双方的发问和法庭的询问。有专门知识的人当庭对鉴定意见提出质疑后，如果鉴定人能够作出合理解释，并与相关证据印证的，应当采信鉴定意见；如果不能作出合理解释，无法确认鉴定意见可靠性的，有关鉴定意见不能作为定案的根据。【参见知识拓展 7－3】[①]

知识拓展 7－3

（三）实物证据的调查程序

《刑事诉讼法》及其相关司法解释就物证、书证、视听资料、电子数据等实物证据的调查核实程序作出了规定。一般而言，物证应当出示、辨认，以确定其同一性；书面证据材料应当当庭宣读，听取控辩双方的意见。

具体而言，当庭出示的物证、书证、视听资料等证据，应当适用原物、原件规则，只有在法定例外情形下，才允许出示复制物、复制件并说明理由。[②] 在调查程序上，应当由举证一方先就出示物证的证据来源、特征等作必要的说明，然后由另一方进行辨认并发表意见；控、辩双方可以互相质问、辩论。

原则上，通过技术侦查手段取得的技侦证据材料也应当当庭出示。但是，基于技术侦查措施的秘密性和特殊性，如果技侦证据当庭出示、辨认、质证可能危及有关人员的人身安全或者可能产生其他严重后果的，应当采取不暴露有关人员身份、不公开技术侦查措施和方法等保护措施。如果法庭决定在庭外对技术侦查证据进行

① 最高人民法院指导案例 147 号：张某明、毛某明、张某故意损毁名胜古迹案．［2022－08－15］．https://www. court. gov. cn/shenpan-xiangqing-283911. html.

② 《刑诉法解释》第 83 条。

核实，可以召集公诉人和辩护律师到场。在场人员应当履行保密义务。

三、举证、质证与认证

法庭证据调查由控辩双方主导，主要表现为控辩双方举证、质证与认证的诉讼活动。其中，举证是调查的首要环节，是进入质证环节的前提，也是法院进行认证的基础。举证包括出示物证、书证、视听资料、电子数据，宣读勘验笔录、鉴定意见、证人证言，证人、鉴定人出庭等一系列活动。质证是控辩双方参与法庭调查的基本诉讼权利。对于当庭出示的证据，相对一方有权就该证据材料的证据能力、证明力问题进行质证、发问。质证的目的是说服法官采纳或不采纳、相信或者不相信相关证据。因此，举证、质证的目的是法庭认证。具体而言，相关证据经控辩双方的举证、质证后，审判人员将根据调查核实情况，依照证据规则决定该项证据材料是否能够作为法庭证据使用、是否能够作为定案根据，以及如果作为定案根据，其证明作用的大小。可见，举证、质证与认证是法庭证据调查的具体表现形式，对于查明事实真相、准确认定案件事实具有至关重要的实践意义。因此，《刑事诉讼法》及相关司法文件就举证、质证与认证的诉讼程序作出了具体规定。

（一）举证与质证

《刑事诉讼法》第51条规定："公诉案件中被告人有罪的举证责任由人民检察院承担……"因此，法庭调查证据从公诉方向法庭举证开始。对于公诉人出示的证据，被告人及其辩护人有权进行质证、发问。根据《人民检察院公诉人出庭举证质证工作指引》，公诉机关举证一般应当一罪名一举证、一事实一举证，做到条理清楚、层次分明；根据案件和证据情况，结合被告人认罪态度，也可以采取分组举证的方式。举证顺序应当以有利于证明公诉主张为目的，公诉人可以根据案件的不同种类、特点和庭审实际情况，合理安排和调整举证顺序。一般先出示定罪证据，后出示量刑证据；先出示主要证据，后出示次要证据。公诉人出示证据后，经审判长准许，被告人及其辩护人可以有针对性地出示证据予以反驳。

举证过程中，物证、书证、视听资料、电子数据等证据，应当出示原物、原件。取得原物、原件确有困难的，可以出示照片、录像、副本、复制件等足以反映原物、原件外形和特征以及真实内容的材料，并说明理由。对于鉴定意见和勘验、检查、辨认、侦查实验等笔录，应当出示原件。

控辩一方举证后，对方可以发表质证意见；必要时，控辩双方可以对争议证据进行多轮质证。所谓质证，是指在审判人员的主持下，由控辩双方对所出示的证据材料及出庭作证人员的言词证据的证据能力和证明力相互进行质疑和辩驳，以确认是否作为定案依据的诉讼活动。质证一般采取"一证一质一辩"的形式。司法实践中，结合案件的具体情况和证据情况、被告人的认罪态度等，举证质证也可以采取分组的方式。例如，公诉人就证明某一要件事实的证据连续集中举证，辩护方就该组证据集中发表质证意见。

质证通常遵循"证据能力—证明力"的思路。其中，证据能力是一个法律问题，需要依据相关证据规则作出相应的判断；证明力则是一个论证与说服的过程，需要控辩双方结合经验法则予以论证和辩论。在程序上，辩方应当首先围绕证据能力问题展开质证，以确定该项证据材料能够作为法庭证据使用。此时，如果被告人及其辩护人申请排除非法证据，依法应当提供相关线索或者材料；法庭对证据收集的合法性有疑问，决定进行调查的，一般应当先行当庭调查。控方应当就证据的合法性举证证明。其次，辩方应当围绕证据的证明力进行质证，通过证据的真实性、关联性等因素，否定或削弱该证据的证明力。

根据被告人是否认罪，控辩双方举证、质证可以采取不同的模式。被告人认罪的案件，经控辩双方协商一致并经法庭同意的，举证质证可以简化。被告人不认罪或者辩护人作无罪辩护的案件，一般应当全面详细地举证质证。但对辩护方无异议的证据，经控辩双方协商一致并经法庭同意，举证质证也可以简化。【参见知识拓展 7－4】

知识拓展 7－4

（二）认证

认证是举证、质证程序的最终结果。只有经过法庭调查并予以确认的证据，才能作为本案的定案根据。一般而言，认证规则包括两个层面的规则：一是从正面提示证据证明力的规则，二是从反面否定证据证明力的规则。[①] 基于证据能力与证明力的区分，非法证据排除规则、传闻证据规则、意见证据规则、最佳证据规则等解决的是证据能力（证据资格）问题，不能与证明力混为一谈。

认证应当遵循证明力的相关规则。（1）关联性规则。关联性规则首先决定证据的证据能力，并进而决定证据的证明力大小。因此，对于具有证据能力的证据材料，控辩双方依然可以通过证据的关联方式、关联性强弱等因素，论证其证明力大小。就当庭举证质证的证据材料而言，只有确实与案件事实存在实质性关联并对案件事实有证明作用的，才可以作为定案的根据。（2）证据补强规则，是指禁止法庭以被告口供作为定罪量刑的唯一依据，要求必须有其他证据予以补强才能定案。我国《刑事诉讼法》第 55 条规定："只有被告人供述，没有其他证据的，不能认定被告人有罪和处以刑罚……"该规定实际上确立了口供补强规则。（3）印证规则。印证是两个以上证据相互之间的验证关系，也就是两个以上证据所包含的事实信息得到了相互验证的状态，即通常所说的"证据互相印证"。

值得注意的是，《人民法院办理刑事案件第一审普通程序法庭调查规程（试行）》（以下简称《普通审程序法庭调查规程》）第 48 条规定："对于经过控辩双方质证的证据，法庭应当结合控辩双方质证意见，从证据与待证事实的关联程度、证据之间的印证关系、证据自身的真实性程度等方面，综合判断证据能否作为定案的根据。证据与待证事实不存在关联，或者证据自身存在无法解释的疑问，或者证据与待证事实以及其他证据存在无法排除的矛盾的，不得作为定案的根据。"据此，对于控辩双方质证的证据，法庭既要立足单个证据，结合质证情况评判证据自身的真

① 刘静坤. 刑事案件法庭调查的基本原则和程序设计. 法律适用，2018（1）：12.

实可靠程度、证据与待证事实的关联程度，又要综合全案证据，考量该证据与其他具有独立来源的证据是否存在矛盾或能否相互印证。其中，对于物证、书证、勘验检查笔录、电子证据、鉴定意见等具有较强客观性的证据，其证据的真实可靠性，往往不取决于与其他证据是否相互印证，而具有相对科学的评判方法。因此，在证据认证时，应当优先评判此类证据；一旦可以确定，就可以将其用作评判、检验其他证据真实可靠性的基础和参照。至于证人证言、被告人供述、被害人陈述等具有较强主观性的证据，则往往需要结合陈述人的自身特点、当庭作证时的具体表现、当庭证言与此前陈述是否一致等因素，先形成一个初步的评判意见；然后，再就关键事实情节，与其他客观性强的证据进行比较，看是否存在矛盾或能否相互印证。

在此，需要特别强调的是，在多个证据相互印证时，应当进一步考察证据之间是否属于同源证据：如果多个证据之间存在某种衍生关系，属于同源证据（如传闻证据、传来证据），那么，即便有多个证据可以相互印证，也并不能担保证据的真实可靠性。例如，犯罪嫌疑人的讯问笔录与侦查人员根据口供提取的赃物，由于二者可能存在某种“共生关系”，即便彼此印证，也并不能提升被告人口供的真实可靠程度。

四、法庭调查中的实体法问题

法庭审判活动，需要依照法定程序依次展开、有序进行。因此，法庭审判首先是一个程序法问题，是程序公正的具体体现。然而，法庭审理活动又是围绕特定犯罪指控进行的事实认定、法律适用过程。因此，如果将法庭审理活动比喻成一条河流，那么，法定程序只是河流两侧的河道和堤坝；至于河流本身，则取决于实体法的相关规定。例如，固然都是普通审理程序，在盗窃案审理中，需要处理的实体法问题依然明显有别于故意杀人案的。

传统刑事法理论认为，法庭审理的实体内容，即诉讼标的或审判对象。根据不告不理原则，起诉对象决定了法院的审判范围。因此，刑法意义上国家针对犯罪人享有的抽象刑罚权，在具体刑事案件中，则需要通过犯罪指控才能具体化为针对特定个体、因特定犯罪事实而存在的具体刑罚权。换句话说，刑事审判旨在判定国家对于特定被告人的特定犯罪指控是否享有具体意义上的刑罚权。因此，刑事审判对象包括被告人与犯罪事实两部分内容。

（一）刑事审判的对象

刑事审判对象，又称刑事诉讼客体，“刑事诉讼客体指诉讼主体实施诉讼行为所针对的对象；从法院的角度来看，也就是审判的对象。检察官或自诉人提起刑事诉讼，被告人反驳指控，法院对于控辩双方的申请和主张进行审判，都是针对一定的事实进行的。因此，控、辩、审三方组合的诉讼法律关系所共同的指向是特定被告人被指控的特定犯罪事实，俗称‘案件’”[①]。

根据“控审分离”“不告不理”“诉审同一”等诉讼原则，刑事审判的对象既是

① 孙长永. 刑事诉讼法学. 4版. 北京：法律出版社，2019：51.

刑事审判权运作的范围和界限，同时也是被告人防御权行使的对象和目标。在刑事审判活动中，控辩双方应当围绕刑事审判对象展开攻防，法院应当就起诉对象进行审理或裁判；如果通过法庭调查，人民法院认为指控罪名不当的，应当依照法定程序变更、追加起诉，以调整刑事审判的范围。

就刑事审判对象而言，“特定的犯罪事实”对于界定法院的审判范围具有至关重要的意义。“特定的犯罪事实”，在程序上取决于检察机关指控的罪名，在实体上则取决于具体罪名的犯罪构成要件。①

关于“特定的犯罪事实”，理论上存在公诉事实说和诉因说两种学说。公诉事实说认为，刑事审判对象仅限于公诉机关起诉指控的犯罪事实，而不包括公诉机关对事实的法律评价即罪名。因此，法院仅仅在审判的事实层面受制于公诉机关，在法律层面则不受公诉机关指控的限制。换言之，法院可以作出与公诉机关起诉罪名不一致的判决，但是依据的事实只能是公诉机关起诉的生活事实、自然事实，而非经由犯罪构成要件雕琢过的“法律事实”。与此不同，诉因说则认为刑事审判对象，是指起诉书中记载的诉因，而非公诉事实本身。所谓诉因（诉讼请求原因），是指符合特定犯罪构成要件的具体犯罪事实，也即符合特定犯罪构成要件的犯罪构成事实。换言之，在诉因说视角下，法院不仅受制于公诉机关起诉的犯罪事实，而且还应当受具体犯罪指控罪名的约束。

根据我国《刑事诉讼法》及相关司法解释的规定，我国刑事诉讼理论一般认为，检察机关的犯罪指控只在事实层面上制约法院的审判权，至于罪名认定，则属于法律适用范畴；根据独立审判原则，人民法院有权根据事实独立适用法律，而不受检察机关指控罪名的约束。因此，在司法实践中，人民法院认为起诉指控的事实清楚，证据确实充分，但指控的罪名不当的，人民法院应当在判决前听取控辩双方的意见，在充分保障辩护权的前提下，依据法律和审理认定的事实变更指控的罪名。

（二）变更、追加、补充起诉

在刑事审判中，法院的审判范围取决于起诉对象。因此，受起诉指控犯罪事实的约束，法院只能就公诉机关指控的犯罪事实进行审判。然而，在法庭审判过程中，随着证据调查的逐渐深入，可能会发现一些新的事实（如被告人的真实身份与起诉书中叙述的身份不符；已查明的犯罪事实已超出起诉书指控的犯罪事实；发现被告人还有遗漏的犯罪行为或遗漏了同案其他共同犯罪人）；此时，基于诉讼效率的考虑，法律允许控方及时变更指控，以便于将新发现的事实纳入法院的审判范围。

---

① 参见本书第五章第二节有关“公诉事实”的相关内容。

根据相关司法解释，在人民法院宣告判决前，人民检察院可以进行公诉变更。①公诉变更具体包括变更起诉、追加起诉、补充起诉三种具体类型。

（1）变更起诉，是指人民检察院提起公诉后，根据法庭查明的事实，就犯罪指控进行局部调整的诉讼活动。在司法实践中，变更起诉主要适用于以下三种情形：一是发现起诉书中指控的被告人与其真实身份不符。例如，因被告人谎报姓名致使指控姓名有误，查明其真实身份后，应当依法变更起诉。二是经法庭审理查明的犯罪事实与指控犯罪事实不符。所谓“不符”，是指在原有指控犯罪事实范围内，因部分犯罪情节发生变化且可能影响准确定罪量刑的。例如，在毒品案件中，被告人贩卖的新型毒品种类发生变化的。此时，尽管并不影响构成贩卖毒品罪，但依然应当通过变更指控予以更正。值得注意的是，如果只是因证据变化而导致相关犯罪情节难以认定，则毋庸变更起诉。此外，如果是发现有新的犯罪事实，则应当适用补充起诉的规定。三是指控的犯罪事实、证据没有变化，但罪名、适用法律与起诉书不一致的。此时，变更起诉主要是指控罪名的变更，旨在保证正确适用法律、准确认定罪名。

（2）追加起诉，是指人民检察院提起公诉后，发现起诉书中遗漏了同案的共同犯罪人可以一并起诉并审理，依法予以追加被告人的诉讼活动。追加起诉实质上是指追加可以共同审理的被告人。

就此，值得注意的是，根据刑罚权理论，在共同犯罪中，应当根据各行为人在犯罪中的地位和作用确定其刑事责任。因此，在法律上，共同犯罪人的刑事责任虽然相互间有一定的依存关系，但本质上相互独立。而且，在法庭审理中，控方能够证明从犯有罪，并不等于就一定有确实充分的证据证明主犯罪名成立。因此，就共同犯罪而言，合并审理主要是基于诉讼经济的考虑，而非必须一并起诉、同案审理。例如，如果经法庭调查发现确实遗漏了共同犯罪人，但该同案犯因逃匿不知所踪，此时事实上也只能分案审理，而毋庸追加起诉了。

（3）补充起诉，是指人民检察院提起公诉后，发现起诉书中遗漏了被告人的其他犯罪行为，依法予以补充指控的诉讼活动。

补充起诉实质上是指增加新的指控犯罪事实。在新增指控犯罪事实与原犯罪指控属于法律上一罪或裁判上一罪时，补充起诉的意义仅仅在于扩大法院的审判范围，而不会引发罪名的变化。例如，在审理抢劫案件中，发现被告人属于入户抢劫；此时，“入户”本身虽然不构成独立罪名，但属于抢劫罪的加重情节。再如，在审理故意杀人案中，发现被告人为了实施犯罪特意购买了枪支。此时，“购买枪支”本身就构成独立的犯罪，但在裁判时，作为犯罪手段为故意杀人罪所吸收。如果补充指控后，犯罪事实发生了变化，则应当依照法定程序同时变更指控的罪名。

---

① 最高人民检察院《刑诉规则》第423条规定：“人民法院宣告判决前，人民检察院发现被告人的真实身份或者犯罪事实与起诉书中叙述的身份或者指控犯罪事实不符的，或者事实、证据没有变化，但罪名、适用法律与起诉书不一致的，可以变更起诉。发现遗漏同案犯罪嫌疑人或者罪行的，应当要求公安机关补充移送起诉或者补充侦查；对于犯罪事实清楚，证据确实、充分的，可以直接追加、补充起诉。”

（4）变更、追加、补充起诉的程序问题。检察机关申请变更、追加、补充起诉时，人民法院应当要求人民检察院在指定时间内以书面方式提出；必要时，可以宣布休庭。人民检察院在指定时间内未提出的，人民法院应当根据法庭审理情况，就起诉书指控的犯罪事实依法作出判决、裁定。人民检察院变更、追加、补充起诉的，人民法院应当给予被告人及其辩护人必要的准备时间，以保障辩护权的行使。

在审判过程中，人民法院发现新的事实可能影响定罪量刑，或者需要补查补证的，应当依职权通知人民检察院；是否补充、变更、追加起诉或者补充侦查，应当由人民检察院作出决定。人民检察院不同意或者在指定时间内未回复书面意见的，人民法院应当就起诉指控的事实，依法作出判决、裁定。

（三）罪名变更

在刑事审判中，法院的审判范围取决于起诉对象。在起诉对象范围内，人民法院依法享有独立适用法律的权力。因此，根据法庭调查查明的事实，人民法院认为检察机关指控罪名不当或辩护方按照其他罪名进行罪轻辩护时，人民法院有权根据事实和法律依法变更指控的罪名。

在司法实践中，罪名变更存在两种形式：一是检察机关根据法庭调查情况，依照程序变更起诉，通过变更起诉的方式，调整指控的罪名。二是人民法院认为检察机关指控罪名不当的，可以通知检察机关变更起诉，也可以在判决前听取控辩双方意见、在充分保障辩护权的前提下，依职权变更罪名。必要时，人民法院也可以再次开庭，组织控辩双方围绕被告人的行为构成何罪及如何量刑进行辩论。

第二节　认罪认罚案件的审判

2018 年《刑事诉讼法》确立了认罪认罚从宽原则及其相关诉讼制度。在认罪认罚从宽制度下，控辩关系从对抗转向协商合作，即被追诉人通过“自愿如实供述自己的罪行，对指控的犯罪事实没有异议”，表现出一种积极合作的姿态。与此相适应，审判机关的职责定位也开始从纠纷的裁判者转变为法律规则、司法公正的守护者。或者说，面对控辩双方不存在任何实质争议的案件处理意见，审判机关的职责已经不再是积极主动地裁决纠纷、分配正义，而是以守护者的姿态，确保控辩双方没有违背法律的基本规则，没有背离司法审判的公平正义。因此，在认罪认罚案件中，法庭审理的功能不是裁决控辩之间的分歧与纠纷，而是监督控辩双方达成一致的定罪量刑意见是否合法、是否合理。

具体而言，在认罪认罚案件中，人民法院通过法庭审理活动应当依次审查以下问题：一是认罪认罚的自愿性、合法性。也即，人民法院应当从防止错及无辜的角度，重点审查该案是不是“真正意义上的”认罪认罚案件。为此，人民法院应当重点审查：被告人的行为是否构成犯罪，是否有必要的事实基础，是否应当追求其刑事责任；被告人是否自愿认罪，是否属于违背意愿的认罪认罚；被告人是否明确承认指控的罪名并认识其法律后果；控辩双方达成一致意见的罪名是否正确，是否违背罪刑法定原则；等等。二是量刑建议的适当性。也即，控辩双方达成一致意见的量刑建议，是否符合罪责刑相适应原则，是否畸轻畸重、明显不当?

在程序上，只有“真正意义上的”认罪认罚案件，才能适用《刑事诉讼法》第201条的规定，审查其量刑建议的适当性。如果因缺乏事实基础或自愿认罪，不属于认罪认罚案件的，人民法院则应当依法变更程序，适用普通程序进行审理。其中，对于人民检察院起诉指控的事实清楚，量刑建议适当，但指控的罪名与审理认定的罪名不一致的，人民法院依照罪名变更程序，在听取人民检察院、被告人及其辩护人对审理认定罪名的意见后，依法作出裁判。

一、认罪认罚的自愿性、真实性与合法性审查

《刑事诉讼法》第190条第2款规定：“被告人认罪认罚的，审判长应当告知被告人享有的诉讼权利和认罪认罚的法律规定，审查认罪认罚的自愿性和认罪认罚具结书内容的真实性、合法性。”根据该条文规定，对于认罪认罚案件，法庭审理的重点是认罪认罚的自愿性、具结书内容的真实性和合法性。

认罪认罚从宽制度适用的前提条件是“被告人的行为确实构成犯罪”且“被告人自愿认罪认罚”。因此，认罪认罚的事实基础和自愿性要件，缺一不可。《刑事诉讼法》第162条规定，侦查终结的案件，应当做到犯罪事实清楚，证据确实、充分；第176条规定，人民检察院只有在认为犯罪嫌疑人的犯罪事实已经查清，证据确实、充分时，才能作出提起公诉的决定。因此，就认罪认罚案件而言，具备足够的事实基础是适用认罪认罚从宽制度的前提；如果案件事实不清，证据不足，或者被告人不应追究刑事责任，即使犯罪嫌疑人、被告人自愿认罪认罚，也不得适用认罪认罚从宽程序提起诉讼、定罪量刑。故此，最高人民法院、最高人民检察院、公安部、国家安全部、司法部《关于适用认罪认罚从宽制度的指导意见》(以下简称《认罪认罚指导意见》)第3条规定，认罪认罚案件应当“坚持证据裁判原则。办理认罪认罚案件，应当以事实为根据，以法律为准绳，严格按照证据裁判要求，全面收集、固定、审查和认定证据。坚持法定证明标准，侦查终结、提起公诉、作出有罪裁判应当做到犯罪事实清楚，证据确实、充分，防止因犯罪嫌疑人、被告人认罪而降低证据要求和证明标准。对犯罪嫌疑人、被告人认罪认罚，但证据不足，不能认定其有罪的，依法作出撤销案件、不起诉决定或者宣告无罪。”

综上，对于被告人认罪认罚的案件，人民法院应当依次审查以下内容：首先，是否具有必要的事实基础，也即，就指控犯罪事实，是否有足够的控诉证据予以支持。其次，被告人是否自愿认罪认罚，是否反悔？再次，被告人认罪认罚的真实性，被告人是否真诚认罪、悔罪。最后，针对犯罪嫌疑人签署的认罪认罚具结书，审查其罪名认定是否合法，量刑建议是否适当。

(一) 认罪认罚案件的事实基础

根据《刑事诉讼法》第201条的规定，“被告人的行为不构成犯罪或者不应当追

究其刑事责任”的，不得适用认罪认罚从宽制度定罪处罚，而应当转换审判程序，依法作出无罪判决，或者由人民检察院撤回起诉。[①] 其中，所谓“被告人的行为不构成犯罪”，是指有足够证据证明被告人没有实施被指控的犯罪行为，或者被告人虽然实施了被指控的行为，但在法律上不构成犯罪。所谓“不应当追究刑事责任”，是指符合《刑事诉讼法》第16条规定的法定情形，依法不追究刑事责任的。

根据证据裁判原则，人民法院应当对认罪认罚案件的控诉证据进行审查，确保被告人的认罪认罚具有充足的证据支持和必要的事实基础，以避免“无辜者认罪”的风险。对于适用简易程序或速裁程序的认罪认罚案件，如果辩护律师提出无罪辩护或就关键犯罪证据提出异议的，人民法院应当在庭前阅卷的基础上，组织控辩双方就此进行举证质证或辩论。对于指控犯罪缺乏足够证据支持的，应当及时转换审理程序。

根据相关司法解释，犯罪嫌疑人、被告人承认指控的主要犯罪事实，仅对个别事实情节提出异议，或者虽然对行为性质提出辩解但表示接受司法机关认定意见的，不影响“认罪”的认定。因此，在认罪认罚案件中，辩护方“对个别事实情节提出异议”或者“对行为性质提出辩解的”，人民法院可以结合庭前阅卷时发现的疑点、辩护方提出的异议，有重点地进行法庭证据调查。

(二) 认罪认罚的自愿性审查

在具有必要的事实基础前提下，根据《刑事诉讼法》第190条第2款的规定，认罪认罚案件的法庭审理对象主要包括：被追诉人认罪认罚的自愿性；认罪认罚具结书的真实性、合法性。其中，被追诉人认罪认罚的自愿性是认罪认罚从宽制度正当性的基础要素。因此，对认罪认罚自愿性的审查应当被放在法庭审理中更加重要的位置。[②] 对此，《刑事诉讼法》以及最高人民法院、最高人民检察院、公安部、国家安全部、司法部《认罪认罚指导意见》等规范性文件就认罪认罚被告人的自愿性保障和审查作出了较为明确的规定。

《认罪认罚指导意见》第39条规定，在审判阶段，法院应当在庭审中对认罪认罚的自愿性、具结书内容的真实性和合法性进行审查核实，重点核实以下内容：“（一）被告人是否自愿认罪认罚，有无因受到暴力、威胁、引诱而违背意愿认罪认罚；（二）被告人认罪认罚时的认知能力和精神状态是否正常；（三）被告人是否理解认罪认罚的性质和可能导致的法律后果；（四）人民检察院、公安机关是否履行告知义务并听取意见；（五）值班律师或者辩护人是否与人民检察院进行沟通，提供了有效法律帮助或者辩护，并在场见证认罪认罚具结书的签署”。据此，自愿性审查又可被细分为三项内容：狭义上的自愿性、明知性和明智性。

第一，关于狭义上的自愿性审查。《布莱克法律词典》对自愿性的解释是“一种

---

① 《刑诉规则》第424条。

② 卞建林. 认罪认罚案件审理程序的若干问题. 中国刑事法杂志，2022（1）：6-7.

不受强迫的自愿与自由的特性。不受外界的干涉和他人的影响；自发的；自主的"[①]。根据《认罪认罚指导意见》第39条第1款第1项，人民法院对于认罪认罚自愿性的审查包括正向审查和反向审查两方面内容。其中，就正向审查而言，人民法院应当审查被追诉人认罪认罚的意思表示是否完全出于自愿，主要分为四个层次：是否自愿如实供述；是否自愿认可指控意见；是否自愿接受量刑建议；是否自愿同意程序简化。[②] 但是，考虑到自愿性属于心理认知层面的概念和内容，在实践中难以判定被追诉人的主观意向，《认罪认罚指导意见》第39条第1款同时规定了反向审查的内容，即通过询问被追诉人有无受到刑讯逼供或任何胁迫以及不正当引诱等，通过排除外在强制来判定是否基于内在自由意志作出选择。[③] 在司法实践中，法院通常会通过庭前阅卷和当庭核实、观看认罪认罚同步录音录像等方式加以审查。

值得关注的是，处于羁押状态下的被追诉人，能否真正"自由理性"地选择认罪认罚。相关实证研究表明，受到对刑事法律的陌生、对公安、司法机关的恐惧、对审前羁押急于摆脱的心理以及与律师会见的困难等诸多因素影响，被追诉人更愿意迫切地与控方达成协议，以尽快摆脱目前的不利处境。另外，我国刑事司法目前仍具有"压制性"，羁押状态下的被追诉人处于更为不利的境地。因此，保障认罪认罚的自愿性，还要求司法机关贯彻"少捕慎押"的理念，减少非必要的羁押，及时变更强制措施，以更好保障认罪认罚被追诉人的自愿性。

第二，明知性审查，亦称知悉性审查，即被追诉人要明确理解认罪认罚从宽制度的含义，对控方指控的犯罪事实、掌握的案件证据、自身在刑事诉讼中的权利义务、认罪认罚后要面临的法律后果等有清晰的认知，能就认罪与不认罪对自身利益的影响进行有效权衡从而作出选择。只有在明知状态下，被追诉人才能真正基于自己的主观意志理性选择是否认罪。[④] 为避免被追诉人因自身法律知识与案件信息的匮乏导致在不明知的状态下选择认罪认罚，《刑事诉讼法》及相关规范通过规定公安、司法机关的告知义务、值班律师或辩护人法律咨询等方式保障被追诉人的知情权。因此，法院在开展明知性审查时，应当在公开的法庭上用被追诉人能够理解的语言向其告知指控犯罪的性质、相关权利、认罪认罚的后果等，并询问被追诉人是否继续认罪认罚。如被追诉人当庭表示认罪认罚，法院应当进一步审查审前程序中告知义务是否充分履行、法律帮助权是否得到充分保障等。

此外，法院应当审查认罪认罚具结书中所载的犯罪事实，是否与被告人供述一致。如果被告人表示反悔，或者认罪认罚具结书所载内容与被告人的供述不一致，法院应当转换审理程序，不再适用认罪认罚从宽制度继续审理案件。在重新审理时，

---

① Henry Campbell Black. Black's Law Dictionary. 5th ed. West Virginia: West Publishing Co., 1979: 1412-1413.

② 闫召华. 论认罪认罚自愿性及其保障. 人大法律评论，2018 (1)：171.

③ 拜荣静，罗景文. 认罪、认罚自愿性的有效审查机制. 苏州大学学报（哲学社会科学版）. 2020 (2)：72.

④ 拜荣静，罗景文. 认罪、认罚自愿性的有效审查机制. 苏州大学学报（哲学社会科学版），2020 (2)：72.

被告人在此前认罪认罚活动中所作的有罪供述，原则上不得作为指控犯罪的证据。

第三，关于明智性审查。根据《认罪认罚指导意见》第 39 条第 1 款第 2 项，被告人在作出认罪认罚的意思表示时，必须具备相应的认知能力和精神状态。为了确保被告人具有必要的诉讼能力，法庭有义务对其精神状态进行审查，并且判断其是否有能力与律师进行沟通，以及能否正确理解正在进行的这场对其不利的诉讼程序。

具体而言，明智性审查主要包括以下两方面的内容：一是认知能力审查。关于认知能力的评价，可以参照刑法关于刑事责任能力的标准进行评价，即认知能力通常取决于是否具有辨别是非、利害关系以及控制自己行为的能力。若被追诉人是未成年人，盲、聋、哑人，尚未完全丧失辨认或者控制自己行为能力的精神病人，则其认知能力偏低或者不具备与认罪认罚相匹配的认知能力。同时考虑到被追诉人选择认罪认罚获得从宽处理是一项法定权利，任何人不应被限制和剥夺，《认罪认罚指导意见》第 55 条等指出，对于未成年人或者不能完全辨认和控制自己行为的精神病人，不影响认罪认罚从宽制度的适用，但要求必须有法定代理人（或适格成年人）在场，同时为其提供法律援助服务。① 二是精神状态审查。一般情况下，当被追诉人处于昏迷、吸毒、醉酒等状态下，其理解力和判断力受到一定限制。在上述状态下作出的认罪答辩或签署认罪认罚具结书时，法官应当排除被追诉人自愿性的成立，也应认定取证及认罪认罚程序违法。

在认罪认罚案件中，自愿性保障需要有完善的配套制度和程序机制。其中，获得律师帮助的权利是保障被告人认罪认罚的自愿、明知与明智的关键。为此，人民法院应当为符合法律援助条件的被告人指派法律援助律师；为没有辩护人又不符合法律援助条件的被告人提供值班律师的法律帮助。

（三）认罪认罚的真实性审查

根据《刑事诉讼法》第 190 条第 2 款的规定，人民法院应当审查认罪认罚具结书的真实性。具体而言，人民法院应当审查具结书是否准确载明了主要犯罪事实、影响量刑情节等案件情况，是否真实反映了控辩双方的协商合意，以及具结书是否由被告人本人签署等。②

司法实践中，被告人可能会选择进行技术性认罪认罚。被追诉人可能并非因为感到懊悔而认罪认罚，而只是因为趋利避害的天性选择采取认罪认罚来获得从宽处理的诉讼策略。③ 这种“技术性认罪认罚”虽然能够减轻司法机关的办案压力，却可能不利于制度法律效果和社会效果的实现，也会损害量刑从宽的正当性基础。④ 因此，在审查中，人民法院应当重点审查被告人是否真诚悔罪。具体而言，法官在审查认罪认罚具结书的真实性时，可以将其与认罪认罚从宽制度权利告知书、告知笔录，认罪情况记录，听取律师意见记录，社会调查评估报告，起诉意见书以及量

---

① 刘文轩，董慧娜. 认罪认罚自愿性的重申与重释. 西南政法大学学报，2022（3）：80－81.

② 卞建林. 认罪认罚案件审理程序的若干问题. 中国刑事法杂志，2022（1）：7.

③ 张建伟. 协同型司法：认罪认罚从宽制度的诉讼类型分析. 环球法律评论，2020（2）：49.

④ 闫召华. 虚假的忏悔：技术性认罪认罚的隐忧及其应对. 法制与社会发展，2020（3）：93.

刑建议书等材料结合起来，通过相互印证的方式来审查被告人认罪认罚的自愿性和真实性，也可以结合具体案情仅审查认罪认罚具结书，比如提问具结书是否系被告人本人签署，被告人签署具结书的具体环境以及被追诉人案发的具体过程，以防止无辜者冒名顶罪。①

至于被告人是否真诚悔罪，可以从积极行为和消极行为两方面进行审查：一方面，被告人是否积极退赃退赔、向被害人赔礼道歉并寻求谅解，是否积极供述犯罪事实；另一方面，被告人是否有能力退赃退赔而拒不履行，供述是否出现多次反复，是否多次对关键事实辩解和否认。此外，可通过对被追诉人的性格特征、成长经历、家庭及社会关系、单位表现等进行调查，形成关于被追诉人的调查报告，以此作为判断被追诉人悔罪表现的另一参考。当被告人被确定为“技术性认罪认罚”时，法院应当结合个案的社会危害性、被告人其他表现等综合确定是否从宽以及从宽的幅度，并与真诚悔罪有所区别。【参见知识拓展 7－5】②

知识拓展 7－5

（四）认罪认罚具结书的合法性审查

关于认罪认罚具结书的合法性，应当从程序与实体两个角度予以把握。在程序法方面，人民法院应当审查案件是否属于不需要签署具结书的法定情形以及认罪认罚具结书的签署是否符合法定程序等。例如，根据《刑事诉讼法》第 173 条、第 174 条的规定，签署认罪认罚具结书时，是否有辩护人或值班律师在场？犯罪嫌疑人自行委托辩护律师的，是否通知其辩护律师？检察机关是否依法听取被告人及其辩护人、值班律师的意见等？在实体法方面，应当审查认罪认罚具结书关于指控罪名的认定是否正确？控辩双方达成一致意见的量刑建议是否符合罪责刑相适应原则？量刑减让幅度，是否体现“主动认罪优于被动认罪，早认罪优于晚认罪，彻底认罪优于不彻底认罪，稳定认罪优于不稳定认罪”的法律精神？在同时存在坦白、自首等情节时，是否有重复评价？在共同犯罪案件中，主犯认罪认罚后，量刑建议是否严重偏离一般的司法认知？如此等等。

经审查，人民法院认为起诉指控的罪名与审理认定的罪名不一致的，应当依照法庭程序通知检察机关变更起诉，或者在听取控辩双方意见后，依法改变罪名。人民法院认为量刑建议明显不当的，可以通知人民检察院调整量刑建议；量刑建议畸重的，也可以在听取控辩双方意见后，依法作出判决。

二、“一般应当采纳”原则与量刑建议的调整

在认罪认罚从宽案中，控辩双方就指控犯罪、应处何种刑罚等刑事责任问题，不存在实质性分歧。因此，如果控辩双方达成一致的处理意见合乎法律、合情合理，

---

① 李松杰. 论认罪认罚具结书的证据属性及其司法适用. 证据科学，2022（3）：292－293.

② 指导案例第 1410 号：于某民拒不执行判决案//最高人民法院刑事审判第一、二、三、四、五庭. 刑事审判参考：总第 127 辑. 北京：人民法院出版社，2021：31.

法院据此判决不仅有助于鼓励被追诉人积极主动认罪认罚，而且有助于化解社会矛盾，减少潜在的社会隐患。故此，《刑事诉讼法》第 201 条规定："对于认罪认罚案件，人民法院依法作出判决时，一般应当采纳人民检察院指控的罪名和量刑建议"。

(一) 量刑建议的法律拘束力

在认罪认罚案件中，提出精准量刑建议既是检察机关贯彻落实刑事诉讼法的一项法定义务，也是推行认罪认罚程序顺利开展的重要保证措施。[①] 与普通刑事案件不同，在认罪认罚案件中，检察机关的量刑建议承载着重要的制度功能：检察机关的量刑建议犹如一条贯穿认罪认罚制度的红线，一端衔接着犯罪嫌疑人的认罪认罚具结书，另一端则透过检察机关的起诉书直接与人民法院的判决发生关联。而且，在制度设计上，立法者关于"一般应当"的规定还暗含了这样一种期待：检察机关的量刑建议应当反映控辩双方关于量刑问题的共识，并尽可能转化为法院的最终生效裁判。因此，从犯罪嫌疑人的角度看，作为认罪认罚具结书的最基本内容之一，检察机关的量刑建议不能过于笼统或大而化之，而应当为认罪认罚的犯罪嫌疑人提供相对确定的量刑预期，以降低诉讼进程的不确定性。在此意义上，量刑建议的质量和精准程度，直接影响着犯罪嫌疑人签署认罪认罚协议的意愿以及已经签署认罪认罚协议是否可以产生预期的稳定性。从人民法院角度看，检察机关的量刑建议如果能够正确反映被告人的罪责，无疑可以大幅度提高诉讼的效率。但是，反过来讲，如果人民法院经审理认为检察机关的量刑建议"明显不当"，则会导致控、辩、审三方的重复劳动并影响诉讼程序的顺利进行。因此，在认罪认罚案件中，检察机关的量刑建议具有一体两面的属性：就控辩关系而言，量刑建议依法应当是控辩合意的产物，反映的是控辩双方关于定罪量刑的基本共识，而非检察人员的一己之见。就控审关系而言，量刑建议则体现了控辩合意对于裁判的实质性影响。也即，只要控辩双方达成一致意见的指控罪名和量刑建议符合"适用法律正确、量刑适当"的裁判标准，人民法院将会依法采纳控辩双方的一致意见并将其以法院判决形式确定下来。在此意义上，人民法院"一般应当采纳人民检察院指控的罪名和量刑建议"。这并没有侵犯人民法院的独立审判权，反而体现了认罪认罚从宽制度所蕴含的"以合意而非对抗的方式解决刑事案件的立法意旨"。

《刑事诉讼法》第 201 条规定，人民法院"一般应当采纳人民检察院指控的罪名和量刑建议"。在此，首先需要明确的是，所谓"人民检察院指控的罪名和量刑建议"，本质上并非控方基于控诉立场提出的量刑建议，而是融合了辩护意见、承载着控辩双方一致意见的控辩合意。而且，就犯罪嫌疑人而言，此时的量刑建议可以看作是国家追诉机关的一项量刑"承诺"；在量刑建议合理合法的前提下，作为审判机关的人民法院，当然有责任维护司法信用，推动认罪认罚从宽制度的有效实施。因此，对于合法、适当的量刑建议，人民法院依法应当予以支持；对于并非明显不当的量刑建议，审判权也应保持必要的克制。

---

① 吴宏耀. 凝聚控辩审共识 优化量刑建议质量. 检察日报，2019-06-10 (3).

立法要求人民法院一般应当采纳控辩双方达成一致的意见，同时也为人民法院保留了必要的监督权。具体而言，人民法院应当首先审查本案是否属于“真正意义上的认罪认罚案件”。对于被告人自愿认罪认罚的，人民法院应当进一步审查控辩双方适用法律是否正确、认定罪名是否适当；达成一致意见的量刑建议是否符合罪责刑相适应原则的要求，是否存在畸重畸轻等量刑明显不当的情形。

人民法院通过法庭审理就指控罪名、量刑建议是否合法、合理进行审查，有助于防止控辩双方以“合意”为名行违法之实，有助于实现认罪认罚案件的公正裁判。但是，立法明确规定控辩双方达成一致意见的量刑建议对人民法院的审判权具有“一般应当采纳”的法律拘束力，该项立法是否妥当呢？对此，学界和实务界有观点认为，“一般应当采纳”意味着检察机关侵蚀了法院的量刑主导权，会对以“审判中立、控审分离”为基本格局的现代刑事诉讼制度造成冲击。此外，检察机关倡导量刑建议精准化改革，要求检察官“一般应当”提出确定刑量刑建议，更令部分法官担心在量刑建议司法效力的影响下，精准量刑建议实际上已经等同于最终的量刑判决。司法实践中，“一般应当采纳”条款和“精准量刑建议”做法也确实激起了部分法官的抵触情绪。例如，个别法官对检察机关提出的量刑建议本着“主刑加减 1 个月、罚金增减 1 000 元、缓刑考验期增减 1 个月”[①] 的原则进行微调，故意不采纳量刑建议。

对此，应当明确的是，认罪认罚案件的量刑建议与非认罪认罚案件的量刑建议有着本质区别：在认罪认罚案件中，检察机关的量刑建议是基于被告人的认罪认罚在实体上作出量刑减让的承诺。因此，人民法院“一般应当采纳”量刑建议，不仅可以保障公安、司法机关的整体权威性，也会反过来增强其他被追诉人对量刑预期的信心，促使其积极主动地认罪认罚。而且，立法规定在一定程度上保留了人民法院对认罪认罚案件依法定罪量刑的审判权和监督审查权。

（二）“明显不当”与量刑建议的调整程序

《刑诉法解释》第 354 条规定：“对量刑建议是否明显不当，应当根据审理认定的犯罪事实、认罪认罚的具体情况，结合相关犯罪的法定刑、类似案件的刑罚适用等作出审查判断。”据此，人民法院审查量刑建议时，应当依据审理认定的犯罪事实，综合考虑被告人所犯罪行的轻重和人身危险性大小，结合该罪的法定刑、被告人认罪认罚以及其他量刑情节，审查量刑建议是否有明显违反罪责刑相适应原则、违反类案同判和法律统一适用、背离司法公正或者人民群众公平正义观念、违背一般司法认知等明显不当情形。

值得注意的是，法院经审查认为量刑建议可能不当，但不至于“明显不当”时，应当保持相对容忍态度，依法采纳量刑建议，以确保被告人的合理预期得到实现。【参见知识拓展 7－6】[②]

知识拓展 7－6

---

① 闵丰锦. 检察主导抑或审判中心：认罪认罚从宽制度中的权力冲突与交融. 法学家，2020（5）.

② 北京市第一中级人民法院（2019）京 01 刑终 628 号刑事审判书。

关于量刑建议的调整机制，最高人民法院、最高人民检察院、公安部、国家安全部、司法部《认罪认罚指导意见》第 41 条规定：“量刑建议的调整。人民法院经审理，认为量刑建议明显不当，或者被告人、辩护人对量刑建议有异议且有理有据的，人民法院应当告知人民检察院，人民检察院可以调整量刑建议。人民法院认为调整后的量刑建议适当的，应当予以采纳；人民检察院不调整量刑建议或者调整后仍然明显不当的，人民法院应当依法作出判决。”相较于《刑事诉讼法》第 201 条第 2 款规定，《认罪认罚指导意见》对告知和调整程序作出了更为明确的规定，即人民法院认为检察机关量刑建议明显不当时“应当告知人民检察院”；人民检察院调整量刑是人民法院径行判决的前置程序。[①]

值得注意的是，《刑事诉讼法》第 201 条并未明确规定法院的通知义务。但是，检察机关认为，量刑建议调整是法定的必经程序。如果人民法院认为量刑建议明显不当，可以不经检察机关调整量刑而直接作出有别于量刑建议的判决，这事实上是对控辩双方量刑合意的“突袭”；对此，检察机关可以根据案件情况，以违背法定程序为由依法提出抗诉，或通过提出检察建议、发出纠正违法通知书等形式进行监督。[②] 审判机关则认为，通知检察机关调整量刑建议并非必经程序（参见《刑诉法解释》第 353 条）。我们认为，从尊重控辩合意和控审良性互动的角度来看，应当区分畸轻畸重的量刑建议，以确定是否将调整量刑作为法院判决的必经程序：对于量刑建议畸重，人民法院拟减轻量刑的，原则上可以在听取控辩双方意见后直接依法作出裁判；对于量刑建议畸轻，人民法院拟加重刑罚的，则应当及时通知检察机关，由检察机关与辩护方沟通协商后调整量刑；检察机关不调整量刑或调整后依然量刑不当的，人民法院应当在充分保障辩护权、认真听取辩护意见的前提下，依法作出判决。

从《刑事诉讼法》条文规定看，该条规定将“法院认为量刑建议明显不当”和“被告人对量刑建议提出异议”并列规定，显然可以将整条规定理解为是为被告人利益而设。人民法院在判断是否应当采纳量刑建议时，也应当根据是否有利被告这一标准实行差异化对待。此外，除判决确有错误外，检察机关不宜以“未告知调整量刑建议”为由提起抗诉。【参见知识拓展 7－7】[③]

知识拓展 7－7

三、当庭认罪认罚的认定

认罪认罚从宽处理原则作为一项刑事诉讼的基本原则，适用于刑事诉讼的各个诉讼阶段。自立案时起，从侦查、审查起诉，到第一审程序，甚至是第二审程序，都可以适用认罪认罚从宽制度。

---

① 卞建林，陶加培. 认罪认罚从宽制度中的量刑建议. 国家检察官学院学报，2020（1）：144.

② 《人民检察院办理认罪认罚案件开展量刑建议工作的指导意见》第 38 条。

③ 指导案例第 1409 号：苏某花开设赌场案//最高人民法院刑事审判第一、二、三、四、五庭. 刑事审判参考：总第 127 辑. 北京：人民法院出版社，2021：26.

其中，就第一审程序，《认罪认罚指导意见》第 49 条中规定："被告人在侦查、审查起诉阶段没有认罪认罚，但当庭认罪，愿意接受处罚的，人民法院应当根据审理查明的事实，就定罪和量刑听取控辩双方意见，依法作出裁判。"据此，被告人在第一审程序中首次当庭认罪的，其程序处理明显有别于审查起诉阶段就认罪认罚的案件。根据"早认罪优于晚认罪"的立法精神，被告人到第一审法庭审理才选择认罪认罚的，人民法院可以按照宽严相济的刑事政策，将"当庭认罪"作为一项酌定量刑情节予以考虑。具体而言，首先，人民法院应当听取控辩双方的意见，然后根据被告人的犯罪情节和认罪认罚的情况直接作出判决，在量刑上按照一定比例的减让即可。[①]《刑诉法解释》第 356 条规定："被告人在人民检察院提起公诉前未认罪认罚，在审判阶段认罪认罚的，人民法院可以不再通知人民检察院提出或者调整量刑建议。对前款规定的案件，人民法院应当就定罪量刑听取控辩双方意见，根据刑事诉讼法第十五条和本解释第三百五十五条的规定作出判决。"

事实上，认罪认罚从宽制度本身蕴含着效率导向，其程序处理也应当从诉讼效率着眼，尽量不要画蛇添足。被告人审前未认罪认罚，当庭认罪认罚已无法节约司法资源，因此，人民法院在听取控辩双方意见后定罪量刑即可，没有必要非要再程序倒流回到审查起诉阶段进行控辩协商。因此，被告人当庭认罪认罚时，人民法院应就定罪和量刑问题听取控辩双方的意见，被告人不再签订认罪认罚具结书，由法庭在庭审笔录上记录即可。法院在审理后根据案件性质、被告人自首、如实供述、积极退缴违法所得等法定、酌定从轻、减轻情节，结合其当庭认罪、悔罪态度等作出最终裁判。值得注意的是，对当庭认罪认罚的被告人是否从宽处罚以及从宽处罚的幅度，法院应当根据《认罪认罚指导意见》第 33 条的规定从严把握，并与审前认罪认罚的案件形成区别，激励被告人更早认罪认罚。

至于第二审法庭审理当庭认罪的，相关司法解释依然持鼓励态度。因此，被告人在第一审程序中未认罪认罚，在第二审程序中认罪认罚的，审理程序依照《刑事诉讼法》规定的第二审程序进行。第二审人民法院应当根据其认罪认罚的价值、作用决定是否从宽，并依法作出裁判。确定从宽幅度时应当与第一审程序认罪认罚有所区别。

第三节 判决后救济程序的实务问题

一、上诉和抗诉案件的审理方式

我国 1979 年《刑事诉讼法》没有明确规定上诉和抗诉案件的审理方式，实践中上诉案件是否开庭审理由法院全权决定，导致不开庭成为常态。1996 年《刑事诉讼

---

① 魏晓娜. 认罪认罚从宽制度的司法适用与疑难问题. 人民司法，2021（26）：30.

法》明确了上诉和抗诉案件的审理方式，即以开庭审理为原则，以不开庭为例外[①]，但这一规定并未得到严格执行，“十几年的司法实践证明，有些地方审理二审的上诉、抗诉案件，大多通过书面审作出判决，原则上不开庭审理”[②]。2012 年《刑事诉讼法》第 223 条在 1996 年《刑事诉讼法》第 187 条的基础上进行了一定程度的修改，明确了四种开庭审理的情形：其一，被告人、自诉人及其法定代理人对第一审认定的事实、证据提出异议，可能影响定罪量刑的上诉案件；其二，被告人被判处死刑的上诉案件；其三，人民检察院抗诉的案件；其四，其他应当开庭审理的案件。2012 年《刑事诉讼法》实施以后，二审开庭情况有所改善，对于一些有重大影响的上诉案件，二审法院通常都会开庭审理。[③] 2018 年《刑事诉讼法》第 234 条关于二审的审理方式延续了 2012 年《刑事诉讼法》的规定，并未进行修改。

（一）开庭审理

1. 开庭审理的方式

法庭审理方式的区分方法应当是直接审理与间接审理。诚然，在严格贯彻直接审理原则的立法例中，开庭审理往往也就意味着直接审理。[④] 因此，开庭审理应该是指二审法院对于上诉或者抗诉案件组织开庭，在合议庭的主持下，由检察人员和诉讼参与人共同参与，通过法庭调查、辩论及宣判等方式审理案件，从而形成二审裁判结论的审理方式。符合开庭审理的上诉案件，二审法院要召集上诉人、辩护人、检察人员出庭参加诉讼；符合开庭审理的抗诉案件，二审法院要召集检察人员、被告人、辩护人出庭参加诉讼。在上述控辩双方同时参与下，法庭参照一审程序来组织二审庭审程序，经过开庭、法庭调查、法庭辩论、最后陈述等程序，对案件作出最终的判决。[⑤]

开庭审理原则是二审程序中的一项普遍原则，两大法系有代表性的国家或地区的刑事二审程序基本都采用开庭审理的方式进行，我国对于刑事二审案件也基本遵循了这样的规律性要求。二审开庭审理相比较于调查讯问式不开庭审理具有以下优势：首先，开庭审理能够促进二审程序功能的实现。救济程序的诸多功能中，需要二审程序实现的最主要功能是救济功能和吸纳不满功能[⑥]，这两种功能的实现都需要二审以开庭审理的方式进行。其次，开庭审理能够有效保障上诉人或者被告人的辩护权。口头辩论是上诉辩护绝对必要的组成部分，被告人及其辩护人当庭发表的辩护意见既会对检察机关形成制衡，也会对二审合议庭查清案件提供基础，使其摆

---

① 1996 年《刑事诉讼法》第 187 条第 1 款规定：“第二审人民法院对上诉案件，应当组成合议庭，开庭审理。合议庭经过阅卷，讯问被告人、听取其他当事人、辩护人、诉讼代理人的意见，对事实清楚的，可以不开庭审理。对人民检察院抗诉的案件，第二审人民法院应当开庭审理。”

② 郎胜. 中华人民共和国刑事诉讼法释义. 北京：法律出版社，2012：482.

③ 孙长永. 中国刑事诉讼法制四十年：回顾、反思与展望. 北京：中国政法大学出版社，2021：701.

④ 孙远. 论刑事上诉审构造. 法学家，2012（4）：139.

⑤ 陈瑞华. 刑事诉讼法. 北京：北京大学出版社，2021：450.

⑥ 陈卫东. 刑事诉讼法学研究. 北京：中国人民大学出版社，2008：597.

脱对案件材料以及一审判决逻辑的依赖，独立进行案件审理。最后，开庭审理能够保障二审程序静态和动态上的司法权威。静态的司法权威是指司法权公正行使的整体形象，动态的司法权威是指个案中司法权的公正行使。二审程序中的公开审判方式能够从静态上极大压缩司法专横的空间，同时在动态上展示个案裁判的过程，使民众对个案公正获得感性认识，进而维护司法权威。

2. 开庭审理的实务问题

2007～2008 年，根据对全国二审法官问卷调查的结果显示，关于二审开庭比例，12%的法官认为达到 1%～5%，19%的法官认为达到 5%～10%，9.3%的法官认为达到 10%～20%，33%的法官认为达到 20%以上。[①] 2016～2020 年，H 省 Z 市中级人民法院刑事二审案件开庭审理情况为：2016 年刑事二审结案数为 512 件，刑事二审开庭审理案件数为 166 件，刑事二审开庭率为 32.42%；2017 年刑事二审结案数为 664 件，刑事二审开庭审理案件数为 96 件，刑事二审开庭率为 14.46%；2018 年刑事二审结案数为 858 件，刑事二审开庭审理案件数为 147 件，刑事二审开庭率为 17.13%；2019 年刑事二审结案数为 724 件，刑事二审开庭审理案件数为 96 件，刑事二审开庭率为 12.94%；2020 年刑事二审结案数为 703 件，刑事二审开庭审理案件数为 83 件，刑事二审开庭率为 11.81%。[②] 也有学者统计全国法院对二审刑事案件的开庭率在 2013 年超过 40%，从 2014 年至 2016 年基本保持在 30%至 40%，但 2017 年以来已降到 20%以下，总体上呈逐年下降趋势。[③] 可以看出，自 2012 年《刑事诉讼法》实施以来，整体上，二审开庭审理情况有所改善，除抗诉案件之外，对有重大影响的上诉案件、死刑上诉案件，二审法院原则上都会进行开庭审理。二审出现新证据的案件以及二审法院发现一审认定事实可能存在错误的案件，二审法院一般也都会开庭审理。[④]

然而，根据二审开庭审理的现实情况，同时可以归纳整理出以下共性问题：第一，二审辩护律师辩护质量不足。以二审开庭审理为依托，辩护律师提出辩护意见的采纳率要远远高于其他辩护人辩护与自我辩护的，就二审改判案件而言，有辩护律师参与的案件占绝对数量，而没有辩护律师参与的二审案件，最终得以改判的可能性很低。但是，二审的辩护质量相较于一审的仍然存在巨大差距，具体表现为二审辩护律师提出意见机制不畅通：一方面，庭审举证活动书面化，冲淡了庭审实质化，进而限制了辩护律师职能的发挥；另一方面，对二审辩护律师的辩护意见进行辩论或答辩的情形非常少，庭审辩论结果对合议庭影响甚微。第二，二审证人出庭率低。2007～2008 年，对全国二审法官问卷调查的结果显示，近 70%的法官认为证人出庭率低于 5%[⑤]，即使在 2012 年《刑事诉讼法》实施后也并没有得到改善，证

① 陈光中. 中国刑事二审程序改革之研究. 北京：北京大学出版社，2011：42.

② 李永升，张素敏. 审判中心语境下刑事二审的问题研判与路径优化：以 Z 市中级人民法院近 5 年二审庭审运行实践为分析样本. 齐鲁学刊，2022（2）：97.

③ 孙长永. 中国刑事诉讼法制四十年：回顾、反思与展望. 北京：中国政法大学出版社，2021：701.

④ 项明. 刑事二审程序难题与应对. 北京：法律出版社，2008：196.

⑤ 陈光中. 中国刑事二审程序改革之研究. 北京：北京大学出版社，2011：44.

人出庭率依然不到5%。[①] 证人不愿意出庭，司法机关不让证人出庭，导致庭审举证的简略化与书面化，无法进行有效质证。第三，一审卷宗是二审法官裁判的最终依据，庭审对裁判结果起不到决定性作用，加之审限不足等现实原因，二审庭审片面追求效率，整个审理过程很“和谐”，激烈对抗情形少见。

我们认为，经过1996年《刑事诉讼法》、2021年《刑事诉讼法》及相关司法解释对二审开庭审理原则以及案件范围的明确规定，二审开庭审理的情况虽然存在些许反复，但整体上相较于以往是有所改善的，尤其是二审开庭审理对于部分最终获得无罪处理的案件发挥了关键作用。但值得注意的是，40多年来全国法院二审刑事案件的开庭审理比例始终没有超过半数，不开庭审理的方式仍然是二审程序审理的常态。我们需要建立“以开庭为原则，以不开庭为例外”的制度，制定刑事二审开庭审理的具体措施，进一步完善我国的开庭审理方式。

（二）不开庭审理

1. 不开庭审理的方式

不开庭审理的方式，是指二审法院对于不开庭审理的案件，通过全面查阅案卷材料，讯问被告人、听取其他当事人、辩护人、诉讼代理人的意见，最终形成二审判决的审理方式。二审法院组成合议庭后，不再召集检察人员、被告人、辩护人等同时到庭参与庭审，而是通过庭外阅卷，单方讯问被告人和听取各方意见的方式，形成裁判结论。有学者认为不开庭审理的案件，其实也应当开庭审理，只是不需要传唤证人到庭，不需要对证据进行质证，但仍然应当在公开的法庭上讯问被告人、听取当事人及其委托人的意见，否则二审将成为秘密审讯，违反审判公开原则。[②]

二审不开庭审理的方式具有书面审理和间接审理的特征，虽然一定程度上有利于提高二审法院的办案效率，节省司法资源。但二审不开庭审理的方式与审判公开原则的精神相违背，我国立法也定位其为例外规定。然而，“事实清楚，可以不开庭审理”的模糊表述，使二审不开庭在二审法官自由裁量之下的“特殊”变成了“一般”，实践中，二审案件不开庭审理的案件数量远远多于开庭审理的案件数量。

2. 不开庭审理的实务问题

二审法院秉持的是全面审查原则，在实践中二审多数案件不开庭审理，且证人出庭率低、律师辩护质量不足的情形下，全面审查原则并非全面审理原则，而是通过全面审查案卷材料作出最终裁判。在二审不开庭审理的案件中，法官对于一审认定的事实、罪名、量刑等各个方面作出裁判的主要依据无疑是一审法院移送的“案卷、证据”，发现一审裁判错误的主要途径无疑也是一审法院移送的“案卷、证据”，这就意味着案卷材料成为作出裁判的主要途径。虽然我们充分信任大部分二审法官的职业伦理和法学素养，但仍旧不能排除个别二审法官过度依赖一审法院移送的“案卷、证据”所产生的负面影响。

---

① 孙长永. 中国刑事诉讼法制四十年：回顾、反思与展望. 北京：中国政法大学出版社，2021：702.

② 易延友. 刑事诉讼法：规则 原理 应用. 5版. 北京：法律出版社，2019：414.

此种间接审理方式导致实践中二审存在以下共性问题：第一，控辩双方没有参与二审庭审的机会，不利于保障提起上诉的原审被告人及其律师的辩护权。实践中，二审法官讯问被告人只局限于形式方面，讯问程序和内容规范性不足；辩护律师也表示，在案件审理之前法院未明确告知审理方式，或者未曾得到法院关于二审不开庭审理的解释说明，辩护律师事后提交的辩护词并未被法院采纳的情形并不少见。第二，在控辩双方无法充分参与法庭审判活动的情况下，二审程序失去了应有的法庭审判形式和特征，成为一种带有行政化色彩的复议程序。[①] 若采这种完全不开庭审理的方式，法官听取当事人及其委托人的意见，就成为秘密听取、私下会见，违背了刑事诉讼中公开审判的基本原则。第三，不开庭审理的方式依托单方面的查阅案卷、讯问被告人、听取各方意见裁判案件，控辩双方、诉讼参与人及社会公众被排除在审判过程之外，合议庭审理很可能流于形式，甚至出现“暗箱操作”的情况。第四，二审不开庭审理的情况下，法官仅通过查阅案卷材料等书面审理的形式，很难准确地判断一审裁判是否存在错误，也很难在全面审查原则下真正地对一审错误裁判进行全面的补救与纠正。【参见知识拓展 7－8】

知识拓展 7－8

我们认为，二审开庭审理的正当性在理论上是被承认的，我国调查讯问式的不开庭审理方式，在人力、物力损耗以及时间效率上确实更具优势，但在刑事诉讼领域中，效率作为一种实用性价值，其价值位阶应在公平之后。二审程序的功能（给予当事人获得重新审判的机会，使下级法院的裁决结论接受上级法院的全面审查，确保上级法院对下级法院遵守法律程序的情况进行监督，以及保障上级法院在本司法管辖区域内的法律适用统一）在于优先保障公正价值，基于此，二审不公开审理的方式属于例外规定，应该进行明确规定，防止二审法官的裁量滥用。

二、上诉不加刑原则的适用

自 1979 年《刑事诉讼法》起，我国即确立了上诉不加刑原则及其除外规则。而对于上诉不加刑原则的法律规定，2012 年《刑事诉讼法》修改时又增加了“第二审人民法院发回原审人民法院重新审判的案件，除有新的犯罪事实，人民检察院补充起诉的以外，原审人民法院也不得加重被告人的刑罚”的规定。我国是成文法国家，坚持严格的文义解释的立场，增加的这一规定，在检察机关提出抗诉或者自诉人提起上诉的情况下，同样不适用。[②] 自上诉不加刑原则确立以来，其适用范围和判断标准一直存在模糊地带，2019 年余某平案引发了学界对此问题的激烈争议和积极探讨。余某平案两年之后，2021 年《刑诉法解释》第 401 条将“不得加重被告人的刑罚”修改为“不得对被告人的刑罚作出实质不利的改判”，这体现出禁止不利益变更

① 宋英辉. 刑事诉讼法学研究述评. 北京：北京师范大学出版社，2009：409.

② 刘计划. 抗诉的效力与上诉不加刑原则的适用：基于余金平交通肇事案二审改判的分析 . 法学，2021（6）：177－178.

原则的要求，但“实质不利”的判断标准有待进一步厘清。[①]

（一）上诉不加刑原则的法理根据

刑事诉讼中控、辩、审三方诉讼主体有着各自不同的诉讼职能，形成相互制约的三角关系。但这种制约关系尚不足以切实保障审判公正的实现，必须与复级审理制度结合在一起，才能形成较为完整的制约关系。复级审理制度的设置，就是为了纠正错误的裁判和保障诉讼程序的合法。而复级制度的运作，需要由控辩双方通过行使抗诉或者上诉的权利加以启动，如果辩护方因有所顾虑在该上诉时不敢上诉，则来自辩护方的制约受到了阻遏，诉讼主体间的制约关系和复级审理制度将因此遭到破坏。[②]

基于此，学界一般认为上诉不加刑的法理根据主要体现在以下几个方面：第一，上诉不加刑原则的主要目的在于确保被告人充分行使上诉权，使其不必担心受到“二审加刑”的不利后果。[③] 第二，上诉不加刑原则是不告不理原则的重要体现。依据不告不理原则，被告人一方提起上诉后，二审法院理所应当根据其请求进行审判，而不能随意加重被告人的刑罚。第三，上诉不加刑原则是促进控辩平衡的需要。一方面，通过“平等武装”维护控辩双方实质对等的诉讼地位，确保辩护方的上诉权受到上诉不加刑原则的专门保护；另一方面，通过确保辩护方的上诉权，维持我国两审终审制的正常运行，尽量消除一审判决在事实认定和法律适用方面的错误，及时吸纳不满和救济错误，增强一审法院的责任心，提高一审判决的质量。[④] 第四，上诉不加刑原则是实现权利救济与司法监督的需要。如果二审法院审判过程中能够贯彻上诉不加刑原则的精神，将在很大程度上鼓励被告人行使上诉权。被告人主动行使上诉权。不仅有助于救济自己的权利，还能增强二审法院的审判监督作用。

（二）上诉不加刑原则的实务问题

1. 上诉不加刑原则是否适用于抗诉案件?

根据我国刑事诉讼法，我国并未区分“为社会公共利益”与“为被告人利益”的抗诉，以及“不利于被告人”与“有利于被告人”的抗诉，也未规定对被告人利益影响不同的抗诉适用不同的处断规则。而从比较法看，为了保障被告人的上诉权利，消除被告人上诉的顾虑，各国基本都规定了上诉不加刑原则。对于控方上诉，基于法律效力的不同规定，二审可否加刑，根据不同情形存在不同模式。美国按照当事人主义的精神和交叉上诉规则，仅有被告方上诉的，法院不得加刑。控方若想经上诉获得有利于己的结果，必须提出交叉上诉。对于未上诉的一方，上诉法院不得作出有利于其的更改。[⑤] 法国遵循“上诉仅利于提起上诉的人”的原则，被判刑

---

① 牟绿叶. 刑事程序禁止不利益变更原则及其中国化. 中外法学，2022（2）：466.

② 张建伟. 刑事诉讼法通义. 2版. 北京：北京大学出版社，2016：541.

③ 陈瑞华. 刑事诉讼法. 北京：北京大学出版社，2021：446.

④ 陈卫东. 刑事诉讼法学. 4版. 北京：高等教育出版社，2022：335.

⑤ 牟绿叶. 刑事程序禁止不利益变更原则及其中国化. 中外法学，2022（2）：467.

之被告人上诉后，检察院提出附带上诉可以阻却上诉不加刑的效力。[①] 日本上诉不加刑原则的适用前提，是被告人上诉或者为了被告人利益上诉（提起主体为被告人的法定代理人、保佐人、原审的代理人、辩护人等）。而作为公共利益代表人的检察官，负有请求正当适用法律的职责，其上诉即使客观上有利于被告人，也不属于"为被告人利益提出的上诉"，因此，在检察官提起上诉的案件中，上诉审法院改判不受上诉不加刑原则的限制。[②] 德国检察官得为被告人利益上诉，仅由被告人，或者为了其利益由检察院或者其法定代理人提起上诉的，对于行为法律后果的刑罚种类及刑度上，不允许作不利于被告人的变更。[③] 可以看出，域外上诉不加刑原则的规定略有不同，反映出它们各自的法律传统、诉讼模式和学术风格。

对于上诉不加刑原则是否适用于抗诉案件，在我国国内长期存在分歧，最终在余某平案中集中爆发。一方认为上诉不加刑原则仅适用于被告人提出的上诉，对于检察院提出抗诉的案件并不适用，二审法院当然可以作出不利于被告人的刑罚变更。其理由在于：第一，检察机关作为法律监督机关，二审抗诉指向的是一审法院作出的判决、裁定，根本目的是维护刑法的正确实施，其功能在于启动二审救济程序，即抗诉的法律效力具有程序性，对法院并不具有实体约束力。第二，根据我国的审级监督理论，上级法院存在监督下级法院审判的功能预设，因此，二审法院应当就一审判决认定的事实和适用法律进行全面审查，不受上诉或者抗诉范围的限制。第三，上诉不加刑原则根本上就是用来保障被告人行使上诉权的制度设置，仅适用于被告人或其法定代理人、辩护人提出的上诉案件之中，检察院抗诉，无论出于什么理由，二审法院都不再受上诉不加刑原则限制。另一方认为，上诉不加刑原则的适用对象既包括仅有被告人提起上诉的案件，也包括为被告人利益提出抗诉的案件。结合德国立法模式，就检察官为被告人利益上诉时，二审法院不能加重被告人的刑罚。

我们认为，我国《刑事诉讼法》设置上诉不加刑原则的根本目的在于保障被告人行使上诉权。因此，该原则仅限适用于被告人或其法定代理人、辩护人提起上诉的案件之中。对于检察机关提出的抗诉，不管抗诉的理由是什么，无论是"为社会公共利益"或者"为被告人利益"的抗诉，还是"不利于被告人"或者"有利于被告人"的抗诉，根据现行立法规定，二审法院对于检察院抗诉的案件，不再受上诉不加刑原则的限制。

2. "不加刑"的范围

我国《刑事诉讼法》关于"不得加重被告人的刑罚"的规定，严格按照文义解释应该包括不得加重被告人的主刑和附加刑，至于其他对被告人更为不利的后果（如改变更重罪名）依然可以改判。[④] 然而，2012 年《关于适用〈中华人民共和国刑事诉讼法〉的解释》第 325 条之第 4 项已将缓刑及其考验期纳入上诉不加刑的规制

---

① 贝尔纳·布洛克. 法国刑事诉讼法. 罗结珍，译. 北京：中国政法大学出版社，2009：535－536.

② 《日本刑事诉讼法》第 352 条至第 356 条和第 402 条。

③ 刘计划. 抗诉的效力与上诉不加刑原则的适用：基于余金平交通肇事案二审改判的分析. 法学，2021（6）：176－177.

④ 陈光中，曾新华. 刑事诉讼法再修改视野下的二审程序改革. 中国法学，2011（5）：11.

范围。2021 年《刑诉法解释》第 401 条不仅确立了"实质不利"的判断标准，第 401 条第 1 款之第 2 和 3 项还新增规定，即二审法院在改变罪名或罪数后，既不得加重刑罚，也不得"对刑罚执行产生不利影响"，这再次突破了"刑"之狭义解释。同时，《刑诉法解释》第 402、403、428、469 条等条文中仍保留了"不得加重刑罚""不得改判为重于原审第一次判处的刑罚"的规定。显而易见，将"刑"限定为主刑和附加刑显然滞后于立法和实务的发展。

一般认为，在上诉不加刑原则下，在刑种和刑期上固然不得作出不利于被告人的变更，在罪名、刑罚执行方式等方面也不能作出不利于被告人的变更，但这里涉及如何衡量"刑"的轻重问题。我们认为，常识判断与法理分析都是合理的轻重判断方法，而且不能否认，不同刑罚执行方式对当事人产生不同的实际法律效果为有利或不利，这实系承载的惩罚量不同，在这个意义上，实刑与缓刑是可比的：应该在主刑等量的情况下，实刑重于缓刑。在主刑不等量的情况下，在常识判断和法理分析的基础上，采用个案分析法与实质判断法比较轻重。①

3. 上诉不加刑原则可能被发回重审或审判监督程序架空

在过去的司法实践中，原判刑罚畸轻而检察机关未抗诉时，二审法院经常以事实不清、证据不足为由发回重审，一审法院得以经重审后加刑。2012 年《关于适用〈中华人民共和国刑事诉讼法〉的解释》第 325 条对此予以禁止，但若有新的犯罪事实且检察机关补充起诉的，不受此限制。这在一定程度上强化了上诉不加刑的保障效果，有利于鼓励被告人行使上诉权，不必担心因上诉而被以发回重审的名义加重刑罚，这在司法实践中起到了一定的积极效应，但同时，实践中也存在个别检察机关在一审中策略性放弃出示相关证据，待发回重审后将之作为新证据指控"新的犯罪事实"的现象。不对"新证据"加以限定，就难以防止检察机关规避 2012 年《关于适用〈中华人民共和国刑事诉讼法〉的解释》第 325 条的禁止性规定。② 再如，实践中，二审法院发回重审的案件，检察院增加指控的犯罪数额，将其作为"新的犯罪事实"进行变更起诉，进而突破上诉不加刑原则的限制。③

实践中，假如二审法院认为一审判决量刑畸轻，但囿于上诉不加刑原则规定，不得不作出维持原判的裁定，则二审法院能否启动审判监督程序以加重刑罚呢？对此，2021 年《刑诉法解释》第 401 条第 1 款第 7 项延续先前规定，原判刑罚畸轻，必须依法改判的，应在二审判决、裁定生效后，依审判监督程序重新审判。司法实务人员也将上诉不加刑理解为"仅是禁止第二审人民法院直接加重上诉人的刑罚"，而不禁止通过再审程序纠正错误。④ 然而，这一规定受到学界不少批评，认为这与直接加刑或发回重审变相加刑，除了增加司法资源的大量、重复消耗，又有什么区别？这样的做法同样会造成被告人对上诉的恐惧心理，使之不敢上诉⑤，不能使上

---

① 龙宗智. 余金平交通肇事案法理重述. 中国法律评论，2020（3）：93.

② 牟绿叶. 刑事程序禁止不利益变更原则及其中国化. 中外法学，2022（2）：47.

③ 李子枫. 上诉案件发回重审后变更起诉可否加刑. 中国检察官，2020（2）：75.

④ 熊选国，等. 刑事诉讼法司法解释释疑. 北京：中国法制出版社，2002：192－193.

⑤ 陈光中. 中国刑事二审程序改革之研究. 北京：北京大学出版社，2011：15.

诉不加刑原则的立法用意得以真正实现。

4. 认罪认罚案件中公诉机关以“抗诉加刑”应对被告人“反悔上诉”

司法实践中，认罪认罚案件以“抗诉加刑”应对被告人“反悔上诉”的现象时有发生。有学者统计，从二审裁判情况看，在102件认罪认罚抗诉案件中，撤回抗诉、维持原判的二审裁决有16份，占比为16%；驳回抗诉、维持原判的裁决有39份，占比为38% ；支持抗诉的有47份，占比为46%，这其中，因被告人上诉、检察院抗诉的案件共36份，占比为35.3%。[①] 这种类型的抗诉主要涉及认罪认罚案件中的“认罚”以及对2018年《刑事诉讼法》第228条的理解和适用问题。

对此，支持者认为认罪认罚的被告人“反悔上诉”系对“上诉不加刑”原则的滥用，不但不诚信，而且违背了认罪认罚从宽制度的初衷，上诉行为业已表明其不再自愿认罪认罚，故基于认罪认罚而作出的原一审判决便量刑畸轻，有必要通过抗诉予以回应。[②] 反对者认为公诉机关以“抗诉加刑”应对被告人“反悔上诉”的做法有规避上诉不加刑原则之嫌，且有违现行《刑事诉讼法》规定的抗诉权启动规则。与被告人上诉权不同，《刑事诉讼法》对于抗诉权之行使事由作出了明确规定，只有在检察机关认为本级法院一审判决、裁定确有错误时，抗诉方才可抗诉。显然，认罪认罚从宽案件被告人提起上诉（即便是所谓“技术性上诉”）难以被归类于上述情形。[③]【参见知识拓展7－9】

知识拓展7－9

我们认为，检察机关在提出抗诉以前应当对上诉的真实原因进行审查，确定被告人上诉是否属于对“认罪”或者“认罚”的反悔。只有当确定被告人确系自愿认罪认罚且法院采纳了量刑建议之后，被告人对认罪或者认罚表示反悔而提起上诉的情况下，才可以考虑提出抗诉。对于自愿认罪认罚的被告人基于留所服刑的目的等“技术性原因”而上诉的案件，公诉机关不宜抗诉，否则既不符合认罪认罚从宽制度的宗旨，也违反诉讼经济原则。

三、死刑复核的重点与难点

死刑复核程序是一项独具中国特色的现代刑事司法制度，是我国刑事诉讼中针对死刑案件设置的特别审判程序。我国自2007年1月1日起统一由最高人民法院行使死刑立即执行案件核准权，从而结束了死刑立即执行案件核准权下放的历史。“保留死刑，严格控制和慎重适用死刑”是死刑复核的基本政策。严格控制，是指防止任何不必要的适用甚至滥用，确保死刑这一最严厉的刑罚真正只适用于极少数罪行极其严重、不堪教育改造的犯罪分子。慎重适用，是指对死刑个案在具体事实认定、证据审查和法律适用、政策把握上的极其慎重态度，绝对防止死刑案件出现任何人

---

① 孙长永，冯科臻. 认罪认罚案件抗诉问题实证研究：基于102份裁判文书的分析. 西南政法大学学报，2020（4）：91.

② 陈卫东. 认罪认罚从宽制度研究. 中国法学，2016（2）：61－62.

③ 郭烁. 二审上诉问题重述：以认罪认罚案件为例. 中国法学，2020（3）：245.

为差误，导致冤杀错杀。[①] 2007 年最高人民法院恢复统一行使死刑案件核准权以后，核准死刑的数量大幅下降，实践证明，由最高人民法院统一行使至关重要的死刑核准权，是比较明智的政策选择。[②]

鉴于之前立法对死刑复核程序的规定较为原则和概括，最高人民法院单独或者会同有关部门陆续出台了一系列程序规范和工作机制，例如 2013 年最高人民法院《关于建立健全防范刑事冤假错案工作机制的意见》、2019 年《关于死刑复核及执行程序中保障当事人合法权益的若干规定》等。近些年，死刑复核程序逐渐精密化，死刑案件二审程序逐渐规范化，死刑裁判标准趋于具体化。可以说，死刑核准权收归最高人民法院统一行使以来，除实现防止错杀、冤杀，贯彻少杀、慎杀，以及统一死刑案件法律适用标准等直接效用外，还推动了证据规则的完善、程序正义的彰显，并为推动以审判为中心的诉讼制度改革奠定了基础。[③] 诚然，死刑复核程序有助于实现严格控制和慎重适用死刑的政策目标，但司法实践中也出现了一些颇具争议的重点与难点问题。

（一）死刑复核程序的性质

关于死刑复核程序的性质，学界存在很大的分歧。死刑复核程序的性质是建构死刑复核程序运作机制的前提，不同的性质决定着不同的参与主体、审理方式、审理内容、裁决方式等。围绕死刑复核程序的性质，主要有行政审批说、特别程序说以及审判程序说三种观点。行政审批说认为，死刑复核程序重在核准而不在审理，本质上仍然是一种行政化裁判程序，具体表现为：死刑复核程序在启动方式上具有自动性，在审理方式上采用书面审查，缺少控辩双方的实质参与等。[④] 特别程序说认为：死刑复核程序是对死刑判决和裁定进行审查核准的程序，是刑事诉讼的特殊制度。死刑复核程序不是如同一审、二审般的诉讼程序，而是一种特殊的审判监督程序，是基于死刑的重大性、审慎性，由最高人民法院对下级法院的死刑裁判进行监督的机制。审判程序说认为，死刑复核程序既处理程序问题又处理实体问题，从程序的正当性出发，其应具有司法程序的基本特性，须具备亲历性、对审性、参与性，所以需要对死刑复核程序进行诉讼化改造，使其具有最低的程序保障。[⑤]

无论从立法角度还是功能层面看，死刑复核程序都应当属于审判程序。一方面，我国《刑事诉讼法》几经修改，在篇章结构的设计上始终将死刑复核程序作为与一审、二审、审判监督程序并列的独立程序规定在“审判”一编中，足以见得立法者对死刑复核程序审判性质的肯定与坚持。另一方面，刑事审判的职责是依据证据认定事实并在此基础上作出定罪量刑的裁判，死刑复核程序正是最后行使了这种职责，

---

① 高贵君，等.《关于贯彻宽严相济刑事政策的若干意见》的理解与适用. 人民司法，2010（7）：24.

② 孙长永. 中国刑事诉讼法制四十年：回顾、反思与展望. 北京：中国政法大学出版社，2021：742.

③ 卞建林. 统一行使死刑案件核准权：十年回顾与展望. 甘肃政法学院学报，2017（3）：5.

④ 陈瑞华. 通过行政方式实现司法正义?：对最高人民法院死刑复核程序的初步考察. 法商研究，2007（4）：96.

⑤ 陈卫东. 关于完善死刑复核程序的几点意见. 环球法律评论，2006（5）：546.

因此其完全属于审判的范畴，而不能简单以启动方式、是否开庭审理等要素作为定性的根本依据。然而，死刑复核程序距离真正意义上的审判还有相当的差距，其中当事人的诉讼权利更应该得到有效的保障。

(二) 死刑复核程序的全面审查原则

为了确保司法监督的有效性，实现纠错功能，确立了死刑复核程序的全面审查原则。近年来，为了提高死刑办案质量，死刑复核全面审查原则被进一步强化。《刑诉法解释》第427条规定，复核死刑、死刑缓期执行案件，应当全面审查以下内容：(1) 被告人的年龄，被告人有无刑事责任能力、是否系怀孕的妇女；(2) 原判认定的事实是否清楚，证据是否确实、充分；(3) 犯罪情节、后果及危害程度；(4) 原判适用法律是否正确，是否必须判处死刑，是否必须立即执行；(5) 有无法定、酌定从重、从轻或者减轻处罚情节；(6) 诉讼程序是否合法；(7) 应当审查的其他情况。但从死刑复核实践中不核准率下降，以及不核准事由越来越集中于死刑适用不当来看，全面审查原则在确保死刑案件质量方面的作用在逐步下降。[①]

近些年，学界对死刑复核程序实行全面审查原则争议很大，有学者认为刑事诉讼法并没有明文规定死刑复核程序应当进行全面审查，为恪守最高人民法院的职责定位，特别是避免复核认定的事实出现错误，死刑复核程序应当不对事实问题进行重新审理，仅对法律争议作出裁决。[②] 有学者认为死刑复核程序应该将全面审查修改为重点审查，重点关注以下方面：首先，被告人在死刑复核程序中提出的主张和理由；其次，判处死刑的关键事实和证据以及法律适用；最后，一审、二审程序中控辩双方争议的焦点问题。[③] 有学者认为复核审仍然应当被定位为全面审理，但不需要像一审程序那样对事实证据进行全面审查核实，而是在事实方面作有限审理，复核审只承担有限责任，即主要在死刑适用标准上进行把关。[④]

死刑复核程序确立全面审查原则的主要目的，在于确保死刑案件的办案质量，防止死刑被错误适用。但从死刑复核实践中不核准率下降以及不核准事由越来越集中于死刑适用不当来看，全面审查原则在确保死刑案件办案质量方面的作用逐步下降。尤其对于存在重大争议、重大风险，双方可以实质性参与的死刑复核案件，最高人民法院可以考虑调整全面审查原则、书面审查原则，通过公开的庭审核查事实，解决争议，并考虑引入实质的改判方式。

(三) 死刑复核程序的法律援助制度

自2007年最高人民法院收回死刑核准权以来，在通过程序控制死刑的话语下，关于死刑复核程序的性质、死刑复核案件的辩护权保障以及死刑复核案件的法律援助等问题，始终是刑事诉讼法学研究的热点问题。最高人民法院、最高人民检察院、

---

① 高通. 最高人民法院死刑复核全面审查原则再检视. 法学家，2017 (3)：17.
② 郑旭. 死刑复核程序全面审查原则的反思. 青海社会科学，2013 (6)：105.
③ 左卫民. 死刑控制与最高人民法院的功能定位. 法学研究，2014 (6)：203.
④ 龙宗智. 收回死刑复核权面临的难题及其破解. 中国法学，2006 (1)：78.

公安部、司法部于 2007 年 3 月 9 日联合公布的《关于进一步严格依法办案确保办理死刑案件质量的意见》第 40 条和 2012 年《刑事诉讼法》第 240 条均规定：最高人民法院复核死刑案件，应当讯问被告人，辩护律师提出要求的，应当听取辩护律师的意见。但是立法和司法解释对于辩护律师如何介入死刑复核程序以及介入后享有哪些具体权利并无明确规定，导致实践中辩护律师介入死刑复核程序面临诸多障碍，行使辩护权更是困难重重。最高人民法院于 2014 年 12 月 29 日公布的《关于办理死刑复核案件听取辩护律师意见的办法》朝着加强死刑复核程序中辩护权的保障迈出了重要的一步，但对相关问题的解决并不彻底。[①] 2021 年《法律援助法》正式确立了死刑复核案件的法律援助制度。就立法表述而言，有关“提出法律援助申请的死刑复核被告人”的规定是多方意见博弈的产物，还存在诸多问题亟须法学理论予以回应和进一步研究。[②] 整体而言，我国死刑复核程序的法律援助制度从无到有，将死刑复核被告人纳入律师辩护全覆盖范围，既是落实刑事诉讼法关于法律援助制度规定的内在要求，亦能体现法律援助作为国家司法救助制度的重要价值。

但同时需关注死刑复核程序中的法律援助制度实施过程中的以下典型性问题：第一，目前大部分被告人在死刑复核期间没有获得律师辩护。有学者通过中国裁判文书网检索 2013 年 1 月 1 日至 2017 年 12 月 31 日公布的死刑立即执行案件，共获得 755 份死刑复核刑事裁定书，涉及 811 名被告人。对上述样本进行实证研究发现，排名前五位的罪名为故意杀人罪，抢劫罪，走私、贩卖、运输、制造毒品罪，绑架罪和强奸罪，共占 95.3%。律师参与率整体偏低，811 份样本中律师参与的仅有 78 个，占样本数的 9.6%，未发现指定辩护案件。[③] 第二，死刑复核程序中律师辩护人的地位没有被认可。实践中，存在最高人民法院的死刑复核裁定书不载明律师身份信息；对律师的辩护意见在死刑复核裁定书中既不载明，也不作出回应；最终的死刑复核结果也不通知辩护律师；复核裁定书不送达辩护律师等情形。第三，律师在死刑复核程序中正常途径下很难当面向承办法官递交材料或者陈述意见，同时其阅卷权、会见权、调查取证权等相关诉讼权利也缺乏相应保障。

关于为死刑复核被告人提供法律援助的方式，可考虑由最高人民法院与司法部共同商定具体安排。具体是由司法部统一指派法律援助律师，还是由死刑复核被告人被羁押地司法行政机关指派法律援助律师，可以进一步研究。另外，当死刑复核被告人放弃法律援助时，鉴于其先前诉讼程序已有充分的法律援助辩护，没有必要在死刑复核阶段强制要求必须为其指派法律援助律师。

(四) 死刑复核程序的裁判方式

最高人民法院经过死刑复核程序，可以作出三种裁定或者判决：一是核准原审裁判的裁定；二是不予核准，撤销原判、发回重新审判的裁定；三是撤销原审裁判，

---

① 陈学权. 死刑复核程序中的辩护权保障. 法商研究，2015 (2)：44.

② 吴宏耀，王凯. 死刑复核案件的法律援助制度研究. 法学杂志，2022 (2)：49 - 50.

③ 贺红强. 死刑复核程序指定辩护的困境与路径. 社会科学家，2020 (8)：110.

依法予以改判。这种先裁定不核准、再发回重审或者予以改判的做法，其实更接近“事后审查审”。所谓“事后审查审”，是指上诉审之审判并非针对案件本身进行审查，而是审查该案件所为之判决妥当与否，或者审查所为判决之程序有无违误之审判方式。

我国的死刑复核程序与典型的事后审查审相比，仍有两点不同：第一，事后审查审的调查范围一般仅限于上诉理由所指事项，我国死刑复核程序不待当事人提起上诉，即对死刑案件自动且强制启动，因此不存在上诉理由的问题。第二，事后审查审基本上是法律审，而我国死刑复核程序实际上奉行的是全面审查原则，实践中死刑复核的重点仍然是事实问题。[①] 实际上，最高人民法院并没有审查证据可靠性的充分条件，不能调取新的证据，而只能在原审法院移送的案卷基础上通过书面审查作出判断。可以说，与二审程序相比，死刑复核程度距离发案地和发案时间更为遥远，加之不公开审理的方式，在事实判断方面居于更加不利的地位，死刑复核程序是否有能力纠正事实错误是值得怀疑的。

（五）检察机关参与死刑复核程序的职能定位

关于检察机关是否应当参与死刑复核程序，曾经有过激烈的争论。2012 年《刑事诉讼法》明确我国检察机关有权参与死刑复核程序，并对检察机关参与死刑复核程序的方式和程序作出了原则性规定。即在复核死刑案件过程中，最高人民检察院可以向最高人民法院提出意见，最高人民法院应当将死刑复核结果通报最高人民检察院。

虽然法律明确了检察机关有权参与死刑复核程序，但是，法律却没有对检察机关参与死刑复核程序的职能地位作出明确规定，这也导致学界对此存在不同的观点：一种观点认为，检察机关是以控诉者的身份参与死刑复核程序，最高人民法院在死刑复核程序中居于裁判者地位，被告人及其辩护律师居于辩护方地位，死刑复核程序没有结束之前，检察机关的控诉职能也就没有完成，其控诉者的地位也并不会发生变化；另一种观点是检察机关是以诉讼监督者的身份参与死刑复核程序，即检察机关参与死刑复核程序属于对死刑复核过程的法律监督，旨在防止死刑复核权的滥用，保证死刑的正确适用。[②]

伴随着刑事司法改革的不断完善，《刑事诉讼法》已经对传统死刑复核程序构造作出了较大幅度调整。最高人民法院在死刑复核过程中，既要讯问被告人、听取辩护律师意见，也要听取最高人民检察院的意见，这些新的程序要求已经打破了传统死刑复核的封闭性、职权性和单方向。换言之，死刑复核程序的诉讼化已经初步显现。从推进死刑复核程序诉讼化改革的大方向而言，应该积极探索更为科学的检察参与机制，让最高人民检察院有效参与死刑复核程序，使其充分发挥控诉权和法律监督权。

---

① 魏晓娜. 以审判为中心的刑事诉讼制度改革. 法学研究，2015（4）：102.

② 陈辐宽，邓思清. 死刑复核法律监督的方向与路径. 法学，2014（7）：152－153.

四、再审的启动与改判

1979年《刑事诉讼法》第三编专章以3个条文规定了再审程序。1996年《刑事诉讼法》对于再审程序增加了当事人、法定代理人、近亲属提出申诉的，人民法院应当予以重新审判的情形和再审程序的审理期限的规定。修改内容涉及申诉人范围，以及人民检察院提出抗诉对再审程序的影响。2012年《刑事诉讼法》增加和修改了2个条文，旨在切实保障通过再审程序对确有错误的生效判决、裁定予以纠正，从而确保案件质量和司法公正。2018年《刑事诉讼法》增加了再审案件可以缺席审判的规定。根据《刑事诉讼法》的修改历程，以“有错必纠”原则与“依法纠错”原则的博弈为主线，大体可以将刑事再审理念的变迁划分为四个阶段：“有错必纠”原则的重申阶段；“依法纠错”原则的确立阶段；“依法纠错”原则的调适阶段以及“依法纠错”原则的淡化阶段。整体而言，我国再审程序实施状况呈现出以下特征：第一，再审的受案数呈逐年下降趋势。1986年～2018年，全国法院审结刑事再审案件数从457 783件降至3 176件。第二，检察机关的法律监督职能逐步强化，抗诉案件的再审改判率较高。1998年～2008年，检察机关再审抗诉案件中有28.7%～71%的案件获得了改判。第三，再审程序总体上发挥了较强的纠错功能。1988年～2018年，法院再审的案件中，检察机关撤诉处理的仅占0～3%之间，再审法院维持原判率从62.3%逐年下降至20.84%，再审法院改判率从26.09%逐年增长至57.34%。①

党的十八大以来，党中央高度重视冤错案件的纠正工作，受“健全冤假错案的防范、纠正和追究机制”的影响，再审法院纠正的有重大影响的刑事冤错案件较以往呈现明显增多态势。② 但同时应该注意，再审启动、再审改判等问题至今仍是司法实践中的难解之题。【参见知识拓展7-10】

知识拓展7-10

（一）再审启动的实务问题

1. 再审程序的指导理念

随着再审程序的修改和冤错案件的出现，面对传统的“实事求是，有错必纠”的再审指导理念，改革者尝试改变，树立新的“依法纠错”指导理念。然而，在改革过程中，最高人民法院的刑事再审程序改革的指导理念一直处于不断流变之中，呈现一种新旧理念反复的态势。改革初期，最高人民法院认为，“实事求是，有错必纠”理念逐渐淡出，“依法纠错”理念超越前者获得正当性与合法性。然而，当改革进一步推进时，最高人民法院则在不断调适“依法纠错”理念与相关理念的关系，甚至出现“实事求是，有错必纠”理念回归的迹象。在“依法纠错”理念不断被调适的过程中，其并未如改革者所愿占据主导地位。改革者一方面想树立“依法纠错”

① 孙长永. 中国刑事诉讼法制四十年：回顾、反思与展望. 北京：中国政法大学出版社，2021：77-781.

② 毛灵军. 刑事再审启动程序的类诉讼化改造. 江西社会科学，2021（10）：173.

的理念，但同时不敢放弃“实事求是，有错必纠”理念，只能在两者之间摇摆、游移，甚至不得不借助“实事求是，有错必纠”理念的解释框架为“依法纠错”理念寻求合法性、正当性支持。

尽管改革者对于“依法纠错”理念寄予厚望，但其从未在地方司法实务部门的话语系统中获得正统性。一方面是司法精英和知识精英信奉既判力、裁判的终局性等理念；另一方面则是普通民众坚守“实事求是，有错必纠”的观念。毫无疑问，两种理念之间产生了激烈的碰撞、拉锯、对抗。①

我们认为，再审程序修改过程中指导理念出现摇摆、反复甚至遭到抵制，不足为奇，如果理念科学、契合实际，完全可以通过思想市场的竞争而胜出，但当改革理念缺乏科学、融贯的理论支撑时，其就难以与已经获得广泛认同的传统理念相竞争。在再审程序的改革过程中，“依法纠错”理念始终无法得到清晰明确的界定，无法脱离“实事求是，有错必纠”理念的既有解释框架，甚至还需要依靠后者来获取自身的合法性与正当性。其实通过“依法纠错”理念的反复宣传、强化，“实事求是，有错必纠”理念的原初内涵已经被掏空，限制纠错已经成为地方司法实务机关实践刑事再审的潜规则。

2. 再审程序的启动

（1）法院启动再审程序。

根据我国刑事诉讼法的规定，法院可以主动启动刑事再审程序，以纠正刑事错案，从文本上看这似乎有利于纠错和维护当事人的合法权益。但从司法实践情况看，人民法院主动启动再审的案件数量呈现出持续下降的趋势，这除了再审案件受理数量整体下降的现实原因，还有以下原因：第一，在案件判决生效后，原审法院往往坚定地认为，刑事公诉案件已经过侦查、起诉、审判程序，部分案件还经过了二审和死刑复核程序，裁判不会存在错误。第二，基于错案责任追究和国家赔偿制度以及内部绩效考核等现实利益考虑，原审法院为了避免名誉上或者利益上的损失，往往怠于主动发现和启动刑事再审程序以纠正存在错误的生效裁判。第三，上级法院对下级法院在提审或指令再审时，还难以摆脱人民法院整体利益、法院内部案件请示汇报制度和上下级法院之间某些特殊关系的不当影响。总的来说，法院主动启动刑事再审程序纠错在实践中存在难以回避的障碍，造成法院主动启动刑事再审程序缺乏动力。②

（2）当事人申诉。

根据《刑事诉讼法》第252条规定，“当事人及其法定代理人、近亲属，对已经发生法律效力的判决、裁定，可以向人民法院或者人民检察院提出申诉”。案件当事人及其法定代理人、近亲属的申诉符合法定条件或者理由的，人民法院应当重新审判，人民检察院应当提起刑事再审抗诉。从目前的司法实践看，刑事错案的发现主

---

① 李训虎. 刑事再审程序改革检讨. 政法论坛，2014（3）：109.

② 柳斌，段炎里. 刑事再审程序错案纠错功能之重塑：以审判阶段错案的发现和纠正为视角. 中国刑事法杂志，2014（6）：93.

要依赖于被告人及其近亲属的申诉，但是，被告人及其近亲属通过申诉启动刑事再审程序，在实践中往往十分困难。个别案件的申诉过程表明，即便在真凶出现的案件中，再审纠错也极其困难。

一般来说，当事人的申诉只能作为司法机关发现错案并启动刑事再审程序的线索，不会必然导致刑事再审的启动，申诉若要引发再审，必须要通过职权程序加以转化方有可能，但实践中官方救济渠道并不通畅，而当事人申诉又面临阻碍。例如，从受理审查申诉的法院（或检察院）纵向层级来看，我国《刑事诉讼法》第 254 条中规定："最高人民法院对各级人民法院已经发生法律效力的判决和裁定，上级人民法院对下级人民法院已经发生法律效力的判决和裁定，如果发现确有错误，有权提审或者指令下级人民法院再审"，而《刑诉法解释》第 453 条中则规定："上一级人民法院对未经终审人民法院审查处理的申诉，可以告知申诉人向终审人民法院提出申诉，或者直接交终审人民法院审查处理，并告知申诉人；案件疑难、复杂、重大的，也可以直接审查处理"。这样的矛盾规定导致负责审查当事人申诉的法院处于不确定状态。实践中，刑事再审申诉案件数量居高不下，但只有极少数刑事申诉案件能够顺利地进入刑事再审程序，而通过刑事再审程序最后能够得到纠错的案件数量是非常少的。法律规定的刑事再审申诉制度可以说被束之高阁，即使客观上生效裁判存在明显错误，当事人通过行使申诉权，也往往不能引起司法机关的应有重视及回应。①

我们认为申诉启动再审的功能应当引起重视。从近十余年来纠正的典型刑事错案来看，除了"真凶出现"和"亡者归来"的情形，申诉仍然是发现再审事由的主要线索来源。就我国再审程序的制度建设而言，应该强化申诉审查程序的过滤功能，使确有错误的申诉案件能够及时启动再审程序。

（3）再审程序启动理由。

根据《刑事诉讼法》的规定，刑事再审程序的启动理由是，通过对各种申请再审材料的认真审查，发现"已生效的裁判在认定事实或适用法律上确有错误"。此即对刑事再审程序的启动采用"确有错误"的标准。由于"确有错误"没有明确的判断标准，司法实践中法官随意启动再审或拒绝启动再审的现象比较普遍，危害了生效裁判的权威性和稳定性，而司法权威缺失又反过来加重了大众对审判质量的信任危机，导致"错案"越来越多，再审程序启动变得越来越困难。同时，将"确有错误"作为刑事再审的启动条件，容易造成先定后审的怪圈。已生效的裁判是否确有错误，只有经过刑事再审程序审理后才有结论，如果再审审理后维持原判，那么将会与审理之前所认为的"确有错误"的理由自相矛盾。另外，刑事再审启动理由采用"确有错误"的标准，还会导致当事人申诉理由存有合理怀疑的刑事错案很难启动刑事再审程序，因为司法机关在审查当事人的申诉时，可以以生效裁判不是"确有错误"为由驳回当事人的申诉。②

---

① 殷闻．刑事再审启动程序的理论反思：以冤假错案的司法治理为中心．政法论坛，2020（2）：127.

② 柳斌，段炎里．刑事再审程序错案纠错功能之重塑：以审判阶段错案的发现和纠正为视角．中国刑事法杂志，2014（6）：94.

我们认为，虽然我国《刑事诉讼法》对启动再审理由进行了原则性规定，但《刑诉法解释》、最高人民法院《关于规范人民法院再审立案的若干意见（试行）》（法发〔2002〕13号）对法院和检察院依职权启动再审的情形未作任何限定，仅对申诉的情形作了进一步的细化规定。实践中，申诉启动再审非常困难，法院、检察院启动再审的理由具有模糊性。再审程序启动理由的模糊性源自我国再审程序坚持的"实事求是，有错必纠"指导理念，该理念使再审程序缺乏对一事不再理原则和禁止双重危险原则的体现和贯彻，进而导致启动再审理由的宽泛。我国应该进一步明确再审程序的非常救济程序的性质，区分有利于被告人的再审和不利于被告人的再审，严格限制不利于被告人再审的启动，尤其是应该禁止法院启动不利于被告人的再审。

（二）再审改判的实务问题

1. 再审裁判的终局性

《刑事诉讼法》第256条规定："人民法院按照审判监督程序重新审判的案件，由原审人民法院审理的，应当另行组成合议庭进行。如果原来是第一审案件，应当依照第一审程序进行审判，所作的判决、裁定，可以上诉、抗诉；如果原来是第二审案件，或者是上级人民法院提审的案件，应当依照第二审程序进行审判，所作的判决、裁定，是终审的判决、裁定。人民法院开庭审理的再审案件，同级人民检察院应当派员出席法庭。"根据上述规定，再审法院按照一审程序作出的判决、裁定，依然不具有终局性，检察院可以抗诉，而被告人及其法定代理人、辩护人和近亲属可以上诉。但再审程序定位于非常救济程序，所得出的结论具有定分止争、维系法秩序安定的最终效力，如果允许对再审结果通过上诉、抗诉提出质疑，一方面，会加重诉讼拖延，导致由犯罪造成的诉讼法律关系处于长期不稳定状态，另一方面，也会削弱司法权威，使再审程序等同于普通第三审程序。①

再审程序不同于一审、二审案件的审理程序。比如在被告人死亡的情形下，如果存在严重的司法错误，仍然得启动再审程序，对司法错误予以纠正。这种情形下，一方面再审程序不会存在讯问被告人、向被告人发问、被告人最后陈述等环节；另一方面，因为这类案件对审理程序的公开性、终局性有严格要求，不能简单套用一审、二审程序进行审理。

2. 再审审理的实质化

在我国现行的刑事审判制度中，再审审判的不同条件和审理对象决定了再审审理及证据调查具有以下特点：第一，再审审理方式与证据调查呈现出多样化的特点，案件相关要素的多样化决定了审判实践中法庭审理与证据调查方式的多样化。第二，再审审判则是较为典型的争议点审理而非全面审理，无须贯彻全面审理原则。第三，由于实行争议点审理，对争议点的梳理以及调查和辩论围绕争议点展开，均需要合议庭进一步发挥在审理中的主导作用，进而导致法官主导性增强。第四，因再审案

---

① 孙长永. 中国刑事诉讼法制四十年：回顾、反思与展望. 北京：中国政法大学出版社，2021：791.

件已经过原审的全面举证，各种证据已经为当事人所了解，辩护律师经过阅卷也已知悉，因此，除新证据外，原审证据举证趋于简化，证据调查重在控辩双方对原审证据的解读即质证。并且，可能不再遵循先举证后质证的要求，而是使二者关系灵活化。第五，在再审庭审时，因时过境迁及原审程序的影响，原审中证人出庭的必要性降低。并且，因原审案件的全部证据信息已沉淀为书面化的侦查、检察、审判卷宗材料，最终以书面化证据为主要内容进行证据调查。第六，再审法庭进行证据调查，不能孤立地调查“新证据”，而需对原审证据进行质证及必要的举证，从而形成新证据调查和原审证据质证的两步式证据调查。①

基于以上特点，再审具有相当程度的特殊性，如果简单套用一审、二审程序进行审理，很可能使再审审理流于形式化。再审案件庭审实质化的改革，宜根据查明争议事实的需要适度扩大证据调查的范围，要求再审案件中的证人、鉴定人等出庭作证，合理界定和使用“新证据”。应该通过修法和完善司法解释建立更为独立的再审程序，改变再审案件的审判方式，调整、充实审判程序，尤其是证据调查程序。

第四节　审判组织及其评议表决机制

一、合议庭评议表决机制

我国《人民法院组织法》及《刑事诉讼法》所确立的是职业制与混合制两种审判组织形式。自 20 世纪 80 年代以来，合议庭改革始终是人民法院关注的重点内容之一。早在《人民法院五年改革纲要》中，最高人民法院就提出“以强化合议庭和法官职责为重点，建立符合审判工作特点和规律的审判管理机制”，扩大合议庭作出裁判的范围，提高合议庭裁判的确定性。《人民法院第二个五年改革纲要（2004—2008）》把“改革和完善审判组织和审判机构，实现审与判的有机统一”作为人民法院司法改革的基本任务和目标之一，提出“审判委员会委员可以自行组成或者与其他法官组成合议庭，审理重大、疑难、复杂或者具有普遍法律适用意义的案件，强化合议庭审判职责，以及逐步实现合议庭负责制”。《人民法院第三个五年改革纲要（2009—2013）》再次将“完善合议庭制度、加强合议庭和主审法官的职责”作为人民法院改革的重点之一。在此期间，最高人民法院先后出台了《关于人民法院合议庭工作的若干规定》《关于完善院长、副院长、庭长、副庭长参加合议庭审理案件制度的若干意见》《关于进一步加强合议庭职责的若干规定》，以及最高人民法院《关于改革和完善人民法院审判委员会制度的实施意见》等规范性文件，旨在放权于合议庭，提高合议裁判独立性和合议评议结论的确定性。2015 年 2 月，最高人民法院《人民法院第四个五年改革纲要（2014—2018）》提出：“改革完善合议庭工作机

① 龙宗智. 刑事再审案件的审理方式与证据调查：兼论再审案件庭审实质化. 法商研究，2019（6）：103-104.

制，明确合议庭作为审判组织的职能范围，完善合议庭成员在交叉阅卷、庭审、合议等环节中的共同参与和制约监督机制”。“按照权责利相统一的原则，明确主审法官、合议庭及其成员的办案责任与免责条件，实现评价机制、问责机制、惩戒机制、退出机制与保障机制的有效衔接。主审法官作为审判长参与合议时，与其他合议庭成员权力平等，但负有主持庭审活动、控制审判流程、组织案件合议、避免程序瑕疵等岗位责任。科学界定合议庭成员的责任，既要确保其独立发表意见，也要明确其个人意见、履职行为在案件处理结果中的责任。”① 深入解读最高人民法院颁行的四个发展纲要以及相关规范性文件，可以发现，上述文件对合议审判的评议机制涉及内容较少，仅有的规定较为原则、空泛。

2004 年全国人大常委会通过的《关于完善人民陪审员制度的决定》（现已失效），为我国的人民陪审员制度提供了一个相对系统的规范文本，但是该制度的运行出现了许多问题，例如陪而不审、审而不议等。2014 年我国启动了新一轮的人民陪审员制度改革。这一轮改革在制度创新方面的一个核心，是调整人民陪审员的职能，构建相应的合议庭形式。党的十八届四中全会《关于全面推进依法治国若干重大问题的决定》要求“逐步实行人民陪审员不再审理法律适用问题，只参与审理事实认定问题”。2018 年《人民陪审员法》规定了两种人民陪审员参审形式。一方面保留了原有的同职同权模式的三人合议庭形式，另一方面创设了相对分权的七人合议庭形式。在三人合议庭中，人民陪审员的职权与法官的相同，包括事实认定和法律适用。而在七人合议庭中，四名人民陪审员仅参与事实认定，不参与表决法律适用；法官则除适用法律之外，还与人民陪审员一起表决事实认定。可以看出，不管是三人合议庭还是七人合议庭，其评议规则都体现出单一层次的简单多数表决机制、法官对人民陪审员的指示义务及评议结果受到审判委员会的制约。综上所述，《人民陪审员法》从构成形式上创设了三人合议庭和七人合议庭，在其中调整了人民陪审员的职能。但是合议庭的评议规则与以前的参审制和法官合议制规则没有实质区别，而且对于评议规则的规定比较原则，明确、具体的评议程序要求较少。②

（一）合议庭评议的实务问题

1. 合议庭的评议对象

一般来说，案件是合议庭评议的概括对象。但是，诉讼案件涉及的问题很多，有实体问题，也有程序问题；有案件定性问题，也有法律适用问题。大者如刑事被告人是否构成犯罪，小者如某位证人应否出庭作证、某项证据能否在法庭上出示。到底哪些问题需要由合议庭评议，哪些问题不必由合议庭评议，目前缺乏明确的详细规定。对应当评议的事项未经评议便作出决定，显然侵犯了其他合议庭成员的审判权力；对不必评议的事项要求合议庭各成员讨论表决，又不利于诉讼效率价值的

① 朱福勇．论合议庭的评议对象与论证表达．法律科学（西北政法大学学报），2017（1）：135－136.

② 樊传明．人民陪审员评议规则的重构．比较法研究，2019（6）：186－187.

实现。[①]

根据统计样本显示，甘肃省定西法院等5家法院未对合议庭的评议对象加以规定。北京一中院等8家法院将评议对象概括、笼统地定位为决定“案件”或决定“程序性事项”“实体裁判”；部分法院将不宜或不必作为评议对象的内容纳入其中。在目标缺失或不明的影响下，合议庭成员进行案件评议尤其是进行较复杂案件评议时，易发生与决策任务无关的偏离，如不清楚围绕什么发表评议意见，发表意见偏离主题，甚至关心不重要、不相关问题。而对于虽存在评议对象，但对象本身存在偏差的情况，评议行为则易受到不当诱导，导致评议意见和表态游离于真正有待决策的事项之外。[②] 毋庸置疑，法官应该积极发挥明确评议对象的职责，但实践中法官对制定问题清单缺乏内在动力。原因在于：第一，制作问题清单会给案多人少的法官带来更大的压力；第二，因为缺乏区分事实问题和法律问题的统一标准指引，制作问题清单难度很大；第三，即使制作了问题清单，静态的问题清单很难适应庭审中的动态变化。

评议对象的明确和细化需要进一步研究，可以从以下三个方面入手：首先，明确制作问题清单是法官的专属权力，提高法官制作问题清单的内在动力和外部责任。其次，必须承认评议对象的多样性，由于案件审判过程中涉及的事项多种多样，不同种类、不同性质的案件所需要解决的问题千差万别，因而评议对象也应具有多样性。最后，问题清单中所载明的问题系动态发展的，必须呈现完整的清单形成过程，后阶段问题可在前阶段问题的基础上进行修正和完善。

2. 法官的指示义务

有学者调研后发现，不少法官在开庭前与人民陪审员沟通较少，甚至没有沟通交流，以至于人民陪审员对待审案件一无所知；在庭审过程中，法官也几乎不和人民陪审员交流；庭审后的评议阶段，法官对人民陪审员的指示更为消极，很多案件仍然是审而不议，甚至有的人民陪审员在开完庭后就直接签字离开，根本不参与合议。在98%的案件中，法官没有给予人民陪审员任何指引和提示。[③] 有学者统计数据显示，仅有刚过半数的受访者认为人民陪审员“经常”参与评议，其他近半数受访者认为人民陪审员“偶尔”“极少”“从未”参与评议。人民陪审员未参与评议的主要原因是：第一，已经在开庭审判时将自己的意见告诉了法官。第二，法官未通知参与评议。可见，法院和法官对评议程序不够重视，未要求和保障人民陪审员参与庭审后的评议程序，是导致审而不议的主要原因。[④]

法官指示对人民陪审员履职具有明确的引导和控制意义，但这些机能的有效发挥是以法官妥善履行指示义务为前提的。法官怠于指示或者消极指示，人民陪审员庭审中容易迷失方向；法官指示过度，人民陪审员的独立性又无法切实保障。基于

① 林劲松. 我国合议庭评议制度反思. 法学，2005 (10)：16.
② 余亚宇. 群体决策心理视角下的合议庭评议功能之弥合. 法律适用，2014 (1)：8.
③ 胡云红，刘仁琦. 人民陪审员认定事实审判指引. 北京：中国法制出版社，2018：113-145.
④ 樊传明，秦辰杰. 陪审制运行的实证研究. 司法智库，2020 (2)：120.

此，对于法官指示的范围、法官指示的启动机制和阶段、法官指示的方法和效力、对法官不当指示的救济等问题都需要进一步细化研究。

3. 人民陪审员独立发表意见

尽管《人民陪审员法》要求人民陪审员独立发表意见，审判长在履行与案件审判相关的指示义务时不得妨碍人民陪审员对案件的独立判断，并对评议规定了人民陪审员先发言、法官后发言的评议顺序规则，但实践中，与法律专业人员法官一同审理案件，人民陪审员容易形成“矮化”心理，与职业法官在审理案件上不能平等对话[①]，人民陪审员仍然很难独立发表意见，原因主要在于：第一，评议是秘密进行的，审判长即使不对人民陪审员作出相关指示，或者所作指示并不能够为人民陪审员所理解，人民陪审员也无法或者不知如何寻求救济。第二，当合议庭由职业法官和人民陪审员共同组成时，如果具有实际影响力的职业法官在先发言、人民陪审员在后发言，很难避免其简单重复或同意在先意见，引发人民陪审员产生较为严重的权威服从现象。

我国立法尽管通过增加人民陪审员的数量以及与法官相对分工，来提高人民陪审员在事实问题上的表决比重，但是它不仅没有从程序上、实体上确立人民陪审员与法官之间的完全分权关系，而且还在许多方面将人民陪审员发表意见置于法官的管控之下。仅凭立法文本，很难解决人民陪审员裁判权缺乏的实质性、独立性问题。要保障个案中人民陪审员独立发表意见，必须做到：首先，强化陪审案件的集中审理与言词论辩式庭审风格，以契合人民陪审员逐案召集、非固定任职的身份特征；其次，保障和敦促人民陪审员审前阅卷，尽量平衡人民陪审员与法官在案件信息上的不对等。

（二）合议庭表决的实务问题

1. 单一层次的简单多数表决机制

《人民陪审员法》规定了人民陪审员表决权限和表决规则，就表决权限而言，三人合议庭的人民陪审员对事实认定、法律适用独立发表意见，行使表决权；七人合议庭的人民陪审员对事实认定独立发表意见，并与法官共同表决，对法律适用可以发表意见，但不参加表决。就表决规则而言，实行单纯的少数服从多数原则。可以看出，有人民陪审员的合议庭的评议规则与普通的合议庭没有差别，仍然是一人一票、少数服从多数的简单表决制。延续这种法官审的评议规则，即使增加人民陪审员数量也未必会带来其参审的实质化。这是因为，即使合议庭中的绝对多数（例如三名人民陪审员）形成了相同意见，其意见也可能被简单地舍弃（例如三名法官和一名人民陪审员形成了多数意见）；甚至在四名人民陪审员形成了完全一致意见的时候，若三名法官不予认同，他们只需凭借在专业、经验与权力方面的优势便可轻易地改变一名人民陪审员的观点，获得一个简单多数的表决结果。若此，或许比“陪而不审、审而不议”的问题更严重，人民陪审员的“审”和“议”会很容易被忽略、

① 张嘉军. 人民陪审制度：实证分析与制度重构. 法学家，2015（6）：10.

架空。[①] 有学者经调研后发现，人民陪审员的表决方式尚未在实践中形成一致、固定的做法，有的做法不完全符合法律规定的精神，例如：有 18.8%的受访者选择了“通过电话询问意见的方式表决”，这就消解了评议和表决程序所预设的面对面讨论、协商模式。更有 22.73%的受访者选择了“直接请人民陪审员在裁判文书上签字”的选项，这就省略了评议和表决的过程，排除了人民陪审员参与合议、投票的可能性。[②]

简单多数表决机制是存在缺陷的，应该进一步完善表决规则：首先，重构表决规则，提高合议庭中人民陪审员整体的表决权重。建议在多数意见中要求至少必须有两名人民陪审员和至少一名法官的意见。其次，完善合议庭意见“重大的分歧”的解决机制。三人合议庭审理的案件不属于“重大、疑难、复杂”案件，对此类案件即使存在分歧，也不应提交审判委员会讨论决定；七人合议庭审理的案件只有存在“重大、疑难、复杂的法律适用”问题时，才应该提交审判委员会讨论决定。

2. 审判委员会对表决的讨论决定权

《人民陪审员法》第 23 条第 2 款规定：“合议庭组成人员意见有重大分歧的，人民陪审员或者法官可以要求合议庭将案件提请院长决定是否提交审判委员会讨论决定。”但是，2018 年 10 月 26 日全国人大常委会修订通过的《人民法院组织法》第 37 条第 1 款规定，审判委员会履行下列职能：(1) 总结审判工作经验；(2) 讨论决定重大、疑难、复杂案件的法律适用；(3) 讨论决定本院已经发生法律效力的判决、裁定、调解书是否应当再审；(4) 讨论决定其他有关审判工作的重大问题。可以看出，《人民法院组织法》并未赋予审判委员会决定案件事实问题的职责。《人民陪审员法》将“可能判处十年以上有期徒刑、无期徒刑、死刑，社会影响重大的刑事案件”中合议庭关于事实认定问题意见重大分歧的最后决定权赋予审判委员会，这不仅与《人民法院组织法》的规定相冲突，而且必然导致人民陪审员关于事实认定问题的表决权最终受制于职业法官，而且不可能真正独立行使。[③]

将合议庭意见“重大分歧”的情况报告给审判委员会，审判委员会不能直接给出如何认定事实的结论，而应该根据导致“重大分歧”的争议点，有针对性地对合议庭发布一个关于审查判断证据之法律要求的指示。合议庭在认真听取该指示后，重新组织一次集中评议，然后再次表决。

二、审判委员会讨论定案机制

审判委员会作为我国人民法院特有的组织结构，在新中国成立之初设立时便行使“讨论案件”和“处理错误的生效判决”的类审判职能，旨在凭借“集体智慧优于个人智慧”的观念以及其程序来保障重大疑难案件的审判质量。审判委员会制度

---

① 樊传明. 陪审案件中的审判责任制：以保障和管控人民陪审员裁判权为核心. 法学家，2019 (5)：132-133.

② 樊传明，秦辰杰. 陪审制运行的实证研究. 司法智库，2020 (2)：123.

③ 孙长永. 中国刑事诉讼法制四十年：回顾、反思与展望. 北京：中国政法大学出版社，2021：144.

是独具中国特色的司法制度，学界提倡废除审判委员会制度的人不在少数，但是司法实务中的主流观点是审判委员会存在自身的制度优势，因为“法院不仅要承担依法审判，维护法律权威的职能，还必须部分承担维护社会稳定、服务经济建设与改革开放大局的政治、社会功能”[①]，而对于这些审判以外的职能，合议庭没有能力也不应当去承载，只能由审判委员会承担。审判委员会作为法院内部最高审判组织，也有助于通过集体协商形成一些规则，用来解决必须即刻解决但缺乏法律明确规定的问题。的确，审判委员会设立至今，其在保障政治安全、遏制法官滥用权力、保障人权等方面发挥了至关重要的作用。

然而，随着法治的发展和司法改革的深化，审判委员会审判职能的非亲历性和不可追责性等固有缺陷日益凸显，并在一定程度上影响审判责任制的彻底落实。因此，如何调整审判委员会职能定位，使审判及其责任回归司法规律，是人民法院在深化司法体制改革中必须回应的问题。

（一）审判委员会讨论的案件范围

有学者实证研究表明，目前提交审判委员会讨论的大多数案件，特别是刑事案件（包括大多数死刑案件），本身并没有太多的争议，提交讨论的必要性不大。提交讨论反而迟滞了案件处理效率，也不利于法官责任意识的培育。因此，审判委员会讨论案件的范围可以而且也需要进行调整。可以将讨论范围限定在疑难案件以及涉及法律创新、具有普遍适用性的指导性案件，从而把审判委员会从一个讨论案件的日常性、认同性、批准性组织变成一个讨论争议性、困难性、新颖性案件的决策性或参谋性组织。[②] 也有学者调研发现，讨论案件涉及事实认定的比例有上升趋势，而讨论的时间虽整体上升但1小时以上者不足20%。在如此短促的时间内仅通过会议形式对重大、疑难、复杂案件的事实进行讨论，审判委员会显然难承其重。[③]

基于此，目前有关审判委员会讨论案件范围的制度规定，存在两种不同的观点，第一种观点主张将审判委员会讨论个案的范围限定为涉及国家外交、安全和社会稳定的重大复杂案件，以及重大、疑难、复杂案件的法律适用问题。如果能进一步具体化审判委员会讨论个案的范围，尤其是刑事案件的范围，其讨论案件的数量较目前可能会有大幅减少。[④] 第二种观点主张审判委员会制度是特定历史条件下的产物，它已经完成了历史使命，其作为审判组织的正当性和合法性已经消失了。[⑤] 条件成熟时完全可以彻底取消审委会的审判职能，将审判权完整回归合议庭和独任庭，真正实现“让审理者裁判，由裁判者负责”。在此过程中，一方面，要加强机制补位，发挥法官联席会的咨询功能。在还权于法官的同时，改良院内法官联席会为非限于本院、非限于法官的“审判专业咨询委员会”，由法官、立法者、学者和律师等共同

---

① 洪浩，操旭辉. 基层法院审判委员会功能的实证分析. 法学评论，2011（5）：130.

② 左卫民. 审判委员会运行状况的实证研究. 法学研究，2016（3）：171.

③ 徐向华课题组. 审判委员会制度改革路径实证研究. 中国法学，2018（2）：52.

④ 左卫民. 审判委员会运行状况的实证研究. 法学研究，2016（3）：171.

⑤ 陈瑞华. 法院改革的中国经验. 政法论坛，2016（4）：119.

参与，对审判中的疑难问题提供指导意见，为法官正确理解和适用法律，妥善处理重大、复杂、疑难、敏感案件提供智力支持。另一方面，要还权赋能，强化自身主业。更加注重发挥审委会宏观指导、审判管理、审判监督职能，如审判经验的总结、指导性案例或参考性案例的讨论、类案类判工作机制的推进等，并注重细化具体规则和配套制度，以最终实现审判职能回归审判组织的同时完成审委会自身职能的回归。[①]

我们认为，应该压缩审判委员会讨论决定案件的范围，除了无罪和死刑案件，其他案件必须达到“重大、疑难、复杂”的程度。除此之外，为了维护刑事程序正义，避免刑事误判，有必要探索审判委员会讨论决定案件的诉讼化改革问题。

(二) 审判委员会讨论的案件内容

有学者实证研究发现，审判委员会所讨论的案件，往往涉及案件的事实问题，部分案件的讨论既涉及事实问题也涉及法律适用问题；而且，这些案件的讨论往往并非形式化的讨论，讨论确实影响了案件的处理结果。姑且不论审判委员会的讨论结果是否正确，上述事实至少意味着，合议庭或独任法官在相当程度上确实需要审判委员会在证据判断与事实认定上给予支持或把关。这一事实反映出法官在案件处理的把握上尤其是事实的认定上存在能力上的欠缺，难以胜任对所有类型案件的事实认定与证据判断。[②]

由此可见，最高人民法院在《关于完善人民法院司法责任制的若干意见》中，将审判委员会讨论案件时的事项只限于法律适用问题的改革动议，在目前阶段似乎很难在所有层级法院推广实施。一旦把审判委员会的案件讨论限定为法律适用问题，某些个案的办案质量恐怕难以保证。其实，正如有论者所指出的那样，案件的事实认定与法律适用很难从本体论或认识论上加以明确界分，法律适用往往也要以事实与证据的认定为前提。[③] 因此，审判委员会只讨论法律适用问题在实践中并不具有可行性。或许更为审慎的改革策略是，逐步限制审判委员会对案件事实问题的讨论，从而渐次过渡到只讨论案件的法律适用问题。

(三) 审判委员会的议事讨论机制

最高人民法院于2019年8月出台了《关于健全完善人民法院审判委员会工作机制的意见》，该意见聚焦于如何推进审判委员会形成更加有效、质量更高的集体司法决策，对于审判委员会的决策主体、决策流程和决策结果进行了原则性规定。最高人民法院在《关于完善人民法院司法责任制的若干意见》中提出的“按照法官等级由低到高确定表决顺序，主持人最后表决”的发言次序，无疑具有重要的制度意义，改革的问题意识也非常明确。但是，从审判委员会运行程序化与制度化的高度来看，

---

① 徐向华课题组. 审判委员会制度改革路径实证研究. 中国法学，2018 (2)：129.

② 左卫民. 审判委员会运行状况的实证研究. 法学研究，2016 (3)：171.

③ 陈杭平. 论“事实问题”与“法律问题”的区分. 中外法学，2011 (2)：325.

仅仅明确规定审判委员会委员的发言顺序还远远不够。诸如案件如何进入审判委员会、承办人如何汇报、发言时间长短、委员们提问与讨论、如何表决、如何进行规范的记录等，都应纳入审判委员会运行机制制度化改革的视野。我们认为，审判委员会的议事讨论机制整体规定比较概括和简略，并没有严格禁止审判委员会讨论采取其他形式，这其实也为地方法院的相关探索提供了制度空间。关于具体的议事讨论人数规则、合议庭共同汇报规则、主持人维持会议和发言表决规则、表决人数规则、提请复议规则等都可以进行进一步的试点和研究。

思考练习题

1. 试论“有专门知识的人”在我国刑事审判中的角色定位。

2. 试论辩护方申请调查证据的权利。

3. 试论认罪认罚案件中被告人自愿性审查的注意事项。

4. 如何理解上诉不加刑原则中“不加刑”的范围?

5. 试评我国认罪认罚案件中公诉机关以“抗诉加刑”应对被告人“反悔上诉”的现象。

6. 如何理解合议庭中人民陪审员独立发表意见的规定?

7. 如何理解审判委员会对合议庭意见“重大分歧”案件的讨论决定权?

8. 如何理解审判委员会讨论的案件范围和内容?

9. 法条分析题

《刑事诉讼法》第 201 条规定：“对于认罪认罚案件，人民法院依法作出判决时，一般应当采纳人民检察院指控的罪名和量刑建议，但有下列情形的除外：（一）被告人的行为不构成犯罪或者不应当追究其刑事责任的；（二）被告人违背意愿认罪认罚的；（三）被告人否认指控的犯罪事实的；（四）起诉指控的罪名与审理认定的罪名不一致的；（五）其他可能影响公正审判的情形。”“人民法院经审理认为量刑建议明显不当，或者被告人、辩护人对量刑建议提出异议的，人民检察院可以调整量刑建议。人民检察院不调整量刑建议或者调整量刑建议后仍然明显不当的，人民法院应当依法作出判决。”

（1）应如何理解“一般应当采纳”?

（2）人民法院经审理后认为量刑建议过轻，是否应当通知检察机关调整量刑建议，为什么?

10. 案例分析题：袁某兵、马某亮抢劫案[①]

【案情简介】被告人袁某兵曾因赌博问题和张某龙产生矛盾，后其预谋借卖骰子给张某龙之机向张某龙强索钱财，并于 2010 年 5 月 25 日召集被告人马某亮和袁某军等人帮忙。当日被害人陶某受张某龙委托来被告人袁某兵处取骰子。被告人袁某兵开价 5 000 元，遭拒后其用手打被害人陶某头面部、用脚踢陶某并令其下跪、用

① 最高人民法院中国应用法学研究所. 量刑规范化典型案例：1. 北京：人民法院出版社，2011.

热水瓶砸陶某。被告人马某亮和袁某军也在一旁助阵。被害人陶某被迫交出自己的江苏银行信用卡，并说出密码。被告人袁某兵、马某亮等人于当日挟持陶某通过POS机刷卡提现人民币5 000元。案发后，被告人马某亮于2011年1月5日被公安机关抓获，其向公安机关提供具体线索，将在本市张甸镇蔡官村某户人家做佛事的被告人袁某兵抓获。被告人袁某兵的近亲属已经代为退出全部赃款给被害人陶某。

【庭审笔录节选】

审：鉴于被告人自愿认罪，且被告人及其辩护人均同意适用认罪程序审理本案，故本庭决定本案适用被告人认罪程序审理。在法庭调查过程中，本庭将先调查本案的犯罪事实，再调查量刑事实，在犯罪事实调查过程中，应当主要围绕本案犯罪事实中影响定性的定罪事实以及与犯罪有关的量刑事实，比如犯罪数额、手段、两名被告人在共同犯罪中作用大小等；在量刑事实调查过程中，应当主要围绕两被告人所具有的其他罪前、罪后量刑情节展开调查，比如坦白、立功、退赃等情节。

审：下面先进行犯罪事实的调查。

…………

审：被告人袁某兵，你是否需要对被指控的犯罪事实进行陈述?

…………

审：公诉人是否需要讯问被告人袁某兵?

公：需要。

…………

审：被告人马某亮的辩护人是否需要向被告人马某亮发问?

于：需要。

…………

审：提醒辩护人，现在是进行犯罪事实的调查，关于归案、立功情节，如果需要发问，可以在后面量刑情节调查环节进行。

于：暂时不需要发问其他问题。

…………

审：被告人马某亮，案发当日，是谁开车去的?

马：是我跟袁某军两个人，我的车开到苏陈了，袁某兵提出让我把车停在苏陈，防止有人认出我的车。

…………

审：本庭现在是就本案的犯罪事实进行调查，公诉人在举证时也可以就犯罪事实中与量刑有关的事实向法庭举证。公诉人有无其他证据需要提交?

…………

审：本庭现就本案的量刑事实部分进行法庭调查。

审：被告人袁某兵，就量刑事实部分，你是否需要进行陈述?

袁：没有。

审：被告人马某亮，就量刑事实部分，你是否需要进行陈述?

马：没有。

审：公诉人就量刑事实部分是否需要讯问两名被告人？

公：被告人袁某兵，本案中是谁提议要钱的？

…………

审：被告人袁某兵的辩护人，就量刑事实部分你是否需要向被告人发问？

陆：不需要。

审：被告人马某亮的辩护人，就量刑事实部分你是否需要向被告人发问？

于：不需要。

审：下面法庭就量刑事实部分对被告人进行讯问。

陪：被告人袁某兵，你在案发之前从事什么职业？

…………

审：下面控辩双方可以围绕本案的量刑事实进行举证。公诉机关应当全面提供影响被告人量刑的罪重、罪轻的证据。被告人及其辩护人也有权提出足以对其从轻、减轻或者免除处罚的证据。

审：首先由公诉人进行举证。

…………

审：需要说明的是，被告人袁某兵、马某亮在庭前已预缴部分款项，表示愿意主动接受财产刑处罚。

审：法庭调查结束，现在开始法庭辩论。鉴于被告人已经自愿认罪，控辩双方可以重点围绕本案的量刑进行辩论。

【问题】

（1）本案中，法院严格区分定罪事实调查与量刑事实调查，你认为是否合理？为什么？

（2）本案中被告人袁某兵、马某亮等人挟持陶某说出信用卡密码，并取出 5 000 元的事实属于定罪事实还是量刑事实，你认为司法实践中应当如何区分二者？

11. 案例分析题：万某冬诈骗罪①

【案情简介】被告人万某冬于 2016 年成立安徽福霖汽车服务有限公司（以下简称“福霖公司”），销售安凯牌校车。2016 年 10 月，万某冬又成立蚌埠市童星校车服务有限公司（以下简称“童星公司”），并请王某良担任法人代表，但实际控制人仍是万某冬。被害人商某杰因开办幼儿园的需要，于 2017 年 3 月 7 日以 152 000 元的价格在福霖公司全款购买一台安凯牌校车，当天，万某冬将车送到商某杰处。因商某杰开办的幼儿园没有取得相关资质，购买的校车无法上牌，万某冬告知商某杰可以将其购买的校车挂靠到童星公司名下。2018 年 1 月，万某冬拿到了商某杰所购校车的车辆合格证，但没有交给商某杰。2018 年 1 月 17 日，万某冬需要资金周转，在商某杰不知情的情况下，把商某杰购买的校车以融资租赁回租的形式抵押给了狮桥融资租赁（中国）有限公司（以下简称“狮桥公司”），并签订了合同。2018 年 1

① 改编自金煜. 自愿认罪认罚，证据不足无罪. [2020-12-31]. https://bbzy.ahcourt.gov.cn/article/detail/2020/12/id/5687780.shtml.

月 22 日，狮桥公司放款 112 850 元给万某冬。2018 年 2 月 7 日，商某杰与童星公司签订挂靠协议，并办理上牌。2018 年 2 月 8 日，万某冬以童星公司的名义与狮桥公司签订抵押合同，把商某杰购买的校车抵押给狮桥公司。万某冬从狮桥公司获得的钱款用于公司运转及按月支付租赁费等。后由于万某冬未能按时向狮桥公司支付当月租赁费，狮桥公司于 2019 年 4 月 28 日把商某杰购买的校车从其住处拖走。商某杰在校车被拖走后报警才得知自己购买的校车被万某冬私自办理了融资租赁，多次找万某冬讨要车辆未果后，向法院起诉童星公司、狮桥公司。法院在审理过程中，以涉嫌经济犯罪为由将该案移送公安机关。2020 年 10 月 13 日，经蚌埠市发展和改革委员会价格认定，涉案的校车价值 128 800 元。案发后，万某冬的亲友向狮桥公司支付了拖欠的贷款的本息及罚款共计 8.3 万元，退赔商某杰 16 万元，最后检察机关撤回起诉。

【问题】

（1）本案中，法院为何认定万某冬的行为不构成诈骗罪？

（2）为何本案中被告人万某冬认罪认罚，法院仍对案件进行实质审查？

参考文献

1. 魏晓娜. 人民陪审员制度改革研究. 北京：中国政法大学出版社，2022.

2. 孙长永. 中国刑事诉讼法制四十年：回顾、反思与展望. 北京：中国政法大学出版社，2021.

3. 陈瑞华. 刑事诉讼法. 北京：北京大学出版社，2021.

4. 左卫民，等. 简易刑事程序研究. 北京：法律出版社，2005.

5. 左卫民，等. 审判委员会制度改革实证研究. 北京：北京大学出版社，2018.

6. 刘计划. 刑事公诉案件第一审程序. 北京：中国人民公安大学出版社，2012.

7. 樊传明. 人民陪审员评议规则的重构. 比较法研究，2019（6）.

8. 孙长永. 认罪认罚从宽制度的基本内涵. 中国法学，2019（3）.

9. 陈卫东. 中国司法体制改革的经验：习近平司法体制改革思想研究. 法学研究，2017（5）.

10. 陈瑞华. 论彻底的事实审：重构我国刑事第一审程序的一种理论思路. 中外法学，2013（3）.

第八章　刑罚执行的理论和实务

第一节　暂予监外执行

暂予监外执行是指被判处无期徒刑、有期徒刑或者拘役的罪犯，符合法定事由的，由有关机关决定或者批准暂时不予收监，由社区矫正机构负责执行社区矫正的刑罚执行方式。

暂予监外执行属于刑罚执行的暂时性变更。有期徒刑、拘役剥夺罪犯的人身自由，因此被判处有期徒刑或者拘役的罪犯应该由监狱、看守所等机关在专门的监禁场所执行刑罚，被暂予监外执行的罪犯在监外执行的情形消失后应当及时收监，执行监禁刑。

暂予监外执行体现了刑罚执行的人道主义。根据我国《刑事诉讼法》第 265 条的规定，可以暂予监外执行的事由主要包括三种情形：有严重疾病需要保外就医的；怀孕或者正在哺乳自己婴儿的妇女；生活不能自理，适用暂予监外执行不致危害社会的。满足上述条件的罪犯不适宜在监狱内接受教育改造，决定暂予监外执行是出于人道主义的考量，暂予监外执行制度表明国家的刑罚执行权在法定条件下让位于符合法定条件的监狱服刑罪犯的基本人权。①

一、暂予监外执行的实体条件

根据《刑事诉讼法》第 265 条的相关规定，暂予监外执行主要有以下三个实体条件。

---

① 张传伟. 暂予监外执行的本质：功利人道与公正人道的统一：兼论我国暂予监外执行制度的完善. 政法论丛，2008 (4).

（一）刑期条件

适用暂予监外执行的刑期条件是罪犯被判处有期徒刑或者拘役，但若被判处无期徒刑的罪犯是怀孕或者正在哺乳自己婴儿的妇女，也可以暂予监外执行。

对于被判处死刑的罪犯，刑罚内容是剥夺罪犯的生命而非剥夺罪犯的人身自由，不存在暂予监外执行的可能性。被判处死刑缓期2年执行的罪犯，在死缓考验期内不可暂予监外执行，但是死缓考验期满依法被减为无期徒刑或者有期徒刑后，符合法定事由的，可以暂予监外执行。值得讨论的是，经《刑法修正案（九）》修改后的《刑法》第383条规定，贪污数额特别巨大，并使国家和人民利益遭受特别重大损失，被判处死刑缓期执行的，人民法院根据犯罪情节等情况可以同时决定在其死刑缓期2年期满依法减为无期徒刑后，终身监禁，不得减刑、假释。对于宣告终身监禁的罪犯能否暂予监外执行存在不同观点。有学者认为从解释论的角度来看宣告终身监禁的罪犯暂予监外执行符合法律规定和行刑的目的。[①] 有学者则认为终身监禁制度的立法初衷是杜绝罪犯提前出狱，对罪犯实施更为严厉的制裁，对于处于终身监禁期间的罪犯不能监外执行。[②]

（二）实质条件

暂予监外执行主要有三个实质条件。

一是罪犯有严重疾病需要保外就医。保外就医是指对于被判处有期徒刑或者拘役的罪犯，因具备法定情节，而依照法律规定的程序，经主管机关批准，由监内执行刑罚变更为暂予监外执行刑罚。根据2014年最高人民法院、最高人民检察院、公安部、司法部、国家卫生和计划生育委员会制定的《暂予监外执行规定》（司发通〔2014〕112号）所附《保外就医严重疾病范围》的规定，适用保外就医的疾病范围主要包括严重传染病、反复发作的，无执行能力的各种精神病、严重器质性心血管疾病、严重呼吸系统疾病、严重消化系统疾病等十八类疾病，且需要达到久治不愈，严重影响罪犯身心健康的程度。年龄在65周岁以上同时患有两种以上严重疾病，其中一种病情必须接近上述一项或者几项疾病的程度。罪犯适用保外就医除需要满足身患严重疾病的基本条件外，其所患疾病必须是只能到监外接受治疗，若该疾病在监管场所就能得到有效治疗的，说明不具有适用保外就医的必要性。

二是怀孕或者正在哺乳自己婴儿的妇女。怀孕的妇女包括在妊娠期内流产的妇女。最高人民法院《关于对怀孕妇女在羁押期间自然流产审判时是否可以适用死刑问题的批复》指出："怀孕妇女因涉嫌犯罪在羁押期间自然流产后，又因同一事实被起诉、交付审判的，应当视为'审判的时候怀孕的妇女'，依法不适用死刑。"从法律体系内部的协调性与统一性出发，应对孕妇一词作统一解释，将人工流产、自然

---

① 张明楷. 终身监禁的性质与适用. 现代法学，2017（3）.

② 王志祥. 终身监禁执行的刑法教义学思考. 法商研究，2018（4）.

流产后的妇女也解释为孕妇。[①] 因哺乳自己婴儿而暂予监外执行的，暂予监外执行的期限一般为哺乳期，但《暂予监外执行规定》并没有规定具体的哺乳期期限。根据1990年3月国务院颁布的《看守所条例》第10条的规定，哺乳自己不满一周岁的婴儿的妇女看守所不予收押，因哺乳自己婴儿暂予监外执行的可以参照该条款将哺乳期确定为婴儿自出生满一周岁。

三是生活不能自理，适用暂予监外执行不致危害社会的。生活不能自理，是指罪犯因患病、身体残疾或者年老体弱，日常生活行为需要他人协助才能完成的情形。生活不能自理的鉴别参照《劳动能力鉴定—职工工伤与职业病致残等级》（GB/T 16180—2014）执行。此类罪犯由于其患病、身体残疾、年老体弱等原因，生活无法自理，不适宜继续在监狱内执行刑罚。

（三）限制条件

暂予监外执行的限制条件，是指罪犯满足暂予监外执行的刑期条件和实质条件，但具有法定情形而不得暂予监外执行或者应当严格适用暂予监外执行。该限制条件主要包括以下几种情形。

一是需要保外就医但适用暂予监外执行可能有社会危险性的罪犯。暂予监外执行体现的是刑罚执行过程中的人道主义，是对罪犯的一种优待，若罪犯具有社会危险性，说明刑罚的教育和改造作用尚未完全发挥，罪犯不应享有暂予监外执行的优待，而应当继续监禁以对其进行教育、改造和惩罚。因此，即使罪犯患有严重疾病需要保外就医，若罪犯具有人身危险性，暂予监外执行可能具有社会危险性的，也不得暂予监外执行。罪犯的人身危险性判断应当结合罪犯犯罪的基本情况、个人简历情况、家庭成员和社会关系情况、改造表现情况、心理测试分析等作出综合性评价。若罪犯在暂予监外执行期间重新表现出社会危险性，应当结束暂予监外执行，及时收监。

二是自伤自残或者不配合治疗的罪犯。自伤自残，是指罪犯在监禁场所内故意使自己的身体受到伤害、残疾等。不配合治疗，是指罪犯故意不配合疾病诊治而延误病情。实践中存在罪犯通过自伤自残、不配合治疗来恶意延误病情达到严重疾病或者生活不能自理的程度从而逃避刑罚制裁，对此类罪犯暂予监外执行不符合暂予监外执行制度的立法目的及刑罚的行刑目的。

三是对职务犯罪、破坏金融管理秩序和金融诈骗犯罪、组织（领导、参加、包庇、纵容）黑社会性质组织犯罪的罪犯（以下简称“三类罪犯”）适用保外就医应当从严审批，对患有高血压、糖尿病、心脏病等严重疾病，但经诊断短期内没有生命危险的，不得暂予监外执行。中共中央政法委《关于严格规范减刑、假释、暂予监外执行切实防止司法腐败的意见》（中政委〔2014〕5号）指出，要严格规范减刑、假释、暂予监外执行，切实防止徇私舞弊、权钱交易等腐败行为，坚决杜绝“有权人”“有钱人”被判刑后减刑快、假释及暂予监外执行比例高、实际服刑时间

① 江学，龚卫清. 孕妇、哺乳期妇女的刑事法保护. 上海政法学院学报（法治论丛），2014 (2).

偏短等现象，确保司法公正，提高司法公信力，对三类罪犯应从严把握其暂予监外执行的实体条件，特别是在监内服刑时间较短、剩余刑期较长的，应当予以重点审查。【参见知识拓展 8－1】

知识拓展 8－1

四是对在暂予监外执行期间因违法违规被收监执行或者因重新犯罪被判刑的罪犯，需要再次适用暂予监外执行的，应当从严审批。罪犯在暂予监外执行期间需要遵守法律和有关监督管理规定，对于严重违反有关暂予监外执行监督管理规定或者重新犯罪，需要再次适用暂予监外执行的应当从严审批、审慎适用。

五是累犯和实施了暴力性犯罪的罪犯。累犯和实施了暴力性犯罪的罪犯人身危险性较大，适用暂予监外执行理应受到更加严格的限制。根据《暂予监外执行规定》第 7 条的规定，对需要保外就医或者属于生活不能自理的累犯以及故意杀人、强奸、抢劫、绑架、放火、爆炸、投放危险物质或者有组织的暴力性犯罪的罪犯，原被判处死刑缓期 2 年执行或者无期徒刑的，应当在减为有期徒刑后执行有期徒刑 7 年以上方可适用暂予监外执行；原被判处 10 年以上有期徒刑的，应当执行原判刑期 1/3 以上方可适用暂予监外执行。对未成年罪犯、65 周岁以上的罪犯、残疾人罪犯，适用上述规定可以适度从宽。

六是对有组织犯罪的组织者、领导者和骨干成员，应当严格掌握暂予监外执行的适用条件。根据《反有组织犯罪法》第 22 条第 2 款的规定，“对有组织犯罪的组织者、领导者和骨干成员，应当严格掌握取保候审、不起诉、缓刑、减刑、假释和暂予监外执行的适用条件，充分适用剥夺政治权利、没收财产、罚金等刑罚”。有组织犯罪，是指《刑法》第 294 条规定的组织、领导、参加黑社会性质组织犯罪，以及黑社会性质组织、恶势力组织实施的犯罪。

二、暂予监外执行的程序

（一）决定或批准机关

对罪犯适用暂予监外执行，分别由下列机关决定或者批准：在交付执行前，由人民法院决定；在监狱服刑的，由监狱审查同意后提请省级以上监狱管理机关批准；在看守所服刑的，由看守所审查同意后提请设区的市一级以上公安机关批准。对于职务犯罪罪犯暂予监外执行案件，还应当按照规定报请备案审查。2014 年中共中央政法委《关于严格规范减刑、假释、暂予监外执行切实防止司法腐败的意见》第 10 条规定，对原厅局级以上职务犯罪罪犯暂予监外执行的，由省级政法机关向相应中央政法机关逐案报请备案审查。对原县处级职务犯罪罪犯暂予监外执行的，由地市级政法机关向相应省级政法机关逐案报请备案审查（省级政法机关裁定、决定或者批准的除外）。

暂予监外执行的审批权以交付执行为界限，在刑罚交付执行之前由人民法院决定，在刑罚交付执行之后由负责执行刑罚的所属监狱管理机关或者公安机关批准，在较为封闭的系统内进行审批，缺乏有效的外部监督机制。[①] 在域外，诸如日本、俄罗斯、法国等国家对于监外执行制度在具体程序上不尽相同，但有权决定暂予监外执行的主体均为法院，在实践层面上很大程度避免了制度适用的混乱，有效遏制了暗箱操作等情况发生。[②]

在我国，减刑、假释由罪犯服刑地中级以上人民法院裁定。暂予监外执行与减刑、假释在性质上并无二致，均属于刑罚的变更执行。刑罚权属于司法权，而由刑罚权衍生而来的刑罚的变更执行也应当属于司法权的范畴之内，而无论是监狱管理机关抑或是公安机关在我国国家权力体系下均属于行政机关，故将暂予监外执行的审批权交由法院统一行使具有合法性和正当性。[③]

（二）暂予监外执行的办理程序

据2016年司法部《监狱暂予监外执行程序规定》，2014年最高人民法院、最高人民检察院、公安部、司法部、国家卫生和计划生育委员会《暂予监外执行规定》，2014年最高人民法院《关于罪犯交付执行前暂予监外执行组织诊断工作有关问题的通知》以及2013年公安部修订的《看守所留所执行刑罚罪犯管理办法》等规范，监狱、看守所、法院办理暂予监外执行的程序如下文所述。

1. 被告人、罪犯的诊断、检查、鉴别程序

对在监狱、看守所服刑的罪犯需要暂予监外执行的，监狱、看守所应当组织对罪犯进行病情诊断、妊娠检查或者生活不能自理的鉴别。罪犯本人或者其亲属、监护人也可以向监狱、看守所提出书面申请。对于患有严重疾病或者怀孕需要暂予监外执行的罪犯，委托省级人民政府指定的医院进行病情诊断或者妊娠检查。对于生活不能自理需要暂予监外执行的罪犯，由监狱、看守所组织有医疗专业人员参加的鉴别小组进行鉴别。对罪犯的病情诊断或妊娠检查证明文件，应当由两名具有副高以上专业技术职称的医师共同作出，经主管业务院长审核签名，加盖公章，并附化验单、影像学资料和病历等有关医疗文书复印件。对于生活不能自理的鉴别，应当审查下列事项：调取并核查罪犯经6个月以上治疗、护理和观察，生活自理能力仍不能恢复的材料；查阅罪犯健康档案及相关材料；询问主管人民警察，并形成书面材料；询问护理人员及其同一监区2名以上罪犯，并形成询问笔录；对罪犯进行现场考察，观察其日常生活行为，并形成现场考察书面材料；其他能够证明罪犯生活不能自理的相关材料。监狱、看守所应当向人民检察院通报对罪犯进行病情诊断、妊娠检查和生活不能自理鉴别工作情况。人民检察院可以派员监督。

在人民法院交付执行前，对符合暂予监外执行条件的，被告人及其辩护人有权向人民法院提出暂予监外执行的申请。对被告人、罪犯的病情诊断、妊娠检查或者生活不能自理的鉴别，由人民法院组织进行。中级人民法院司法技术部门负责本辖

① 汪友海. 暂予监外执行制度研究. 重庆：西南政法大学，2017：95.
② 米森. 试论我国暂予监外执行的决定程序. 宁夏大学学报（人文社会科学版），2012（2）.
③ 张晶，周芳建. 浅议我国暂予监外执行制度的完善. 云南大学学报（法学版），2011（3）.

区罪犯交付执行前暂予监外执行组织诊断工作。高级人民法院司法技术部门负责本辖区罪犯交付执行前暂予监外执行组织诊断工作的监督指导和组织复核诊断工作。最高人民法院司法技术部门监督指导地方各级人民法院罪犯交付执行前暂予监外执行组织诊断工作。罪犯交付执行前暂予监外执行组织诊断工作应当由法医人员进行或组织相关专业的临床医学人员和法医人员共同进行，临床医学人员应当具有副主任医师以上职称，法医人员应当具有副主任法医师以上职称。相关医学检查应当在省级人民政府指定的医院进行。组织诊断应当采用合议的形式进行，按照少数服从多数的原则出具诊断意见。罪犯或利害关系人对诊断意见有异议的，可在接到诊断意见之日起 10 日内向本地高级人民法院申请复核诊断，高级人民法院复核诊断意见为最终意见。

2. 监狱、看守所提请暂予监外执行的程序

监狱、看守所应当就是否对罪犯提请暂予监外执行进行审议。监狱、看守所审议暂予监外执行前，应当将相关材料抄送人民检察院。决定提请暂予监外执行的，监狱、看守所应当将提请暂予监外执行书面意见的副本和相关材料抄送人民检察院。人民检察院可以向决定或者批准暂予监外执行的机关提出书面意见。监狱、看守所经审议决定对罪犯提请暂予监外执行的，应当在监狱、看守所内进行公示。对病情严重必须立即保外就医的，可以不公示，但应当在保外就医后 3 个工作日以内在监狱、看守所内公告。公示无异议或者经复核异议不成立的，监狱、看守所应当将提请暂予监外执行相关材料送人民检察院征求意见，然后提请省级以上监狱管理机关或者设区的市一级以上公安机关批准，并将提请暂予监外执行书面意见的副本和相关材料抄送人民检察院。

罪犯需要保外就医的，应当由罪犯本人或其亲属、监护人提出保证人。无亲属、监护人的，可以由罪犯居住地的村（居）委会、原所在单位或者县级司法行政机关社区矫正机构推荐保证人。监狱、看守所对保证人的资格进行审查，并告知保证人在罪犯暂予监外执行期间应当履行的义务，由保证人签署“暂予监外执行保证书”。《暂予监外执行规定》第 11 条、第 12 条分别规定了保证人的条件和保证人应当履行的义务。保证人应当同时具备下列条件：（1）具有完全民事行为能力，愿意承担保证人义务；（2）人身自由未受到限制；（3）有固定的住处和收入；（4）能够与被保证人共同居住或者居住在同一市、县。罪犯在暂予监外执行期间，保证人应当履行下列义务：（1）协助社区矫正机构监督被保证人遵守法律和有关规定；（2）发现被保证人擅自离开居住的市、县或者变更居住地，或者有违法犯罪行为，或者需要保外就医情形消失，或者被保证人死亡的，立即向社区矫正机构报告；（3）为被保证人的治疗、护理、复查以及正常生活提供帮助；（4）督促和协助被保证人按照规定履行定期复查病情和向社区矫正机构报告的义务。

监狱、看守所应当核实暂予监外执行罪犯的居住地，对需要调查评估其对所居住社区影响或核实保证人具保条件的，委托居住地县级司法行政机关进行调查，并出具调查评估意见书。

3. 暂予监外执行的批准或决定程序

批准机关应当自收到监狱、看守所提请暂予监外执行材料之日起 15 个工作日以内作出决定。批准暂予监外执行的，应当在 5 个工作日以内将暂予监外执行决定书送达监狱、看守所，同时抄送同级人民检察院、原判人民法院和罪犯居住地社区矫正机构。暂予监外执行决定书应当上网公开。不予批准暂予监外执行的，应当在 5 个工作日以内将不予批准暂予监外执行决定书送达监狱、看守所。

人民法院应当在执行刑罚的有关法律文书依法送达前，作出是否暂予监外执行的决定。人民法院在作出暂予监外执行决定前，应当征求人民检察院的意见。人民法院决定暂予监外执行的，应当在判决生效后 7 日以内将暂予监外执行决定书送达看守所或者执行取保候审、监视居住的公安机关和罪犯居住地社区矫正机构，并抄送同级人民检察院。人民法院决定不予暂予监外执行的，应当在执行刑罚的有关法律文书依法送达前，通知看守所或者执行取保候审、监视居住的公安机关，并告知同级人民检察院。监狱、看守所应当依法接收罪犯，执行刑罚。

对于病情严重需要立即保外就医的，批准或决定机关应当在罪犯保外就医后予以确认。

4. 暂予监外执行的交付程序

对暂予监外执行的罪犯，依法实行社区矫正，由其居住地的社区矫正机构负责执行。

监狱、看守所应当向罪犯发放暂予监外执行决定书，及时为罪犯办理出监、出所相关手续。在罪犯离开监狱、看守所之前，监狱、看守所应当核实其居住地，书面通知其居住地社区矫正机构，并对其进行出监、出所教育，书面告知其在暂予监外执行期间应当遵守的法律和有关监督管理规定。监狱、看守所应当派员持暂予监外执行决定书及有关文书材料，将罪犯押送至居住地，与社区矫正机构办理交接手续。监狱、看守所应当及时将罪犯交接情况通报人民检察院。

人民法院决定暂予监外执行，罪犯被羁押的，应当通知罪犯居住地社区矫正机构，社区矫正机构应当派员持暂予监外执行决定书及时与看守所办理交接手续，接收罪犯档案；罪犯被取保候审、监视居住的，由社区矫正机构与执行取保候审、监视居住的公安机关办理交接手续。

（三）对暂予监外执行的罪犯的收监和释放程序

1. 对暂予监外执行的罪犯的收监程序

《刑事诉讼法》第 268 条第 1 款规定："对暂予监外执行的罪犯，有下列情形之一的，应当及时收监：（一）发现不符合暂予监外执行条件的；（二）严重违反有关暂予监外执行监督管理规定的；（三）暂予监外执行的情形消失后，罪犯刑期未满的。"严重违反有关暂予监外执行监督管理规定的情形包括：未经批准离开所居住的市、县，经警告拒不改正，或者拒不报告行踪，脱离监管的；因违反监督管理规定受到治安管理处罚，仍不改正的；受到执行机关两次警告，仍不改正的；保外就医期间不按规定提交病情复查情况，经警告拒不改正的；保证人丧失保证条件或者因不履行义务被取消保证人资格，不能在规定期限内提出新的保证人的等。

社区矫正机构发现暂予监外执行罪犯依法应予收监执行的，应当提出收监执行的建议，经县级司法行政机关审核同意后，报决定或者批准机关。决定或者批准机关应当进行审查，作出收监执行决定的，将有关的法律文书送达罪犯居住地县级司法行政机关和原服刑的监狱、看守所，并抄送同级人民检察院、公安机关和原判人民法院。人民检察院发现暂予监外执行罪犯依法应予收监执行而未收监执行的，由决定或者批准机关同级的人民检察院向决定或者批准机关提出收监执行的检察建议。

监狱管理机关对暂予监外执行罪犯决定收监执行的，原服刑的监狱应当立即赴羁押地将罪犯收监执行。公安机关对暂予监外执行罪犯决定收监执行的，由罪犯居住地看守所将罪犯收监执行。监狱、看守所将罪犯收监执行后，应当将收监执行的情况报告批准机关，并告知罪犯居住地县级人民检察院和原判人民法院。人民法院对暂予监外执行罪犯决定收监执行的，决定暂予监外执行时剩余刑期在 3 个月以下的，由居住地公安机关送交看守所收监执行；决定暂予监外执行时剩余刑期在 3 个月以上的，由居住地公安机关送交监狱收监执行。

《刑事诉讼法》第 268 条第 3 款规定："不符合暂予监外执行条件的罪犯通过贿赂等非法手段被暂予监外执行的，在监外执行的期间不计入执行刑期。罪犯在暂予监外执行期间脱逃的，脱逃的期间不计入执行刑期。"被收监执行的罪犯有法律规定的不计入执行刑期情形的，社区矫正机构应当在收监执行建议书中说明情况，并附有关证明材料。批准机关进行审核后，应当及时通知监狱、看守所向所在地的中级人民法院提出不计入执行刑期的建议书。人民法院应当自收到建议书之日起 1 个月以内依法对罪犯的刑期重新计算作出裁定。人民法院决定暂予监外执行的，在决定收监执行的同时应当确定不计入刑期的期间。人民法院应当将有关的法律文书送达监狱、看守所，同时抄送同级人民检察院。

2. 对暂予监外执行的罪犯的释放程序

暂予监外执行罪犯刑期即将届满的，监狱、看守所收到县级司法行政机关社区矫正机构书面通知后，应当按期办理刑满释放手续。罪犯在暂予监外执行期间死亡的，县级司法行政机关社区矫正机构应当书面通知批准、决定机关，并将有关死亡证明材料送达该罪犯原服刑的监狱、看守所，同时抄送罪犯居住地同级人民检察院。

（四）人民检察院对暂予监外执行的监督

人民检察院对暂予监外执行的监督贯穿暂予监外执行的提请、批准或决定、交付、收监和释放程序。《刑事诉讼法》和《刑诉规则》就人民检察院对暂予监外执行的监督作了明确规定。人民检察院发现决定或者批准机关、监狱、看守所、社区矫正机构的暂予监外执行活动具有违法情形的，应当依法提出纠正意见。

人民检察院收到监狱、看守所抄送的暂予监外执行书面意见副本后，应当逐案进行审查，发现罪犯不符合暂予监外执行法定条件或者提请暂予监外执行违反法定程序的，应当在 10 日以内报经检察长批准，向决定或者批准机关提出书面检察意见，同时抄送执行机关。人民检察院接到决定或者批准机关抄送的暂予监外执行决定书后，应当及时进行审查。人民检察院经审查认为暂予监外执行不当的，应当自接到通知之日起 1 个月以内，向决定或者批准暂予监外执行的机关提出纠正意见。下级人民检察院认为暂予监外执行不当的，应当立即层报决定或者批准暂予监外执行的机关的同级人民检察院，由其决定是否向决定或者批准暂予监外执行的机关提出纠正意见。决定或者批准暂予监外执行的机关接到人民检察院的书面意见后，应当立即对该决定进行重新核查。人民检察院向决定或者批准暂予监外执行的机关提出不同意暂予监外执行的书面意见后，应当监督其对决定或者批准暂予监外执行的结果进行重新核查，并监督重新核查的结果是否符合法律规定。对核查不符合法律规定的，应当依法提出纠正意见，并向上一级人民检察院报告。

对于暂予监外执行的罪犯，人民检察院发现罪犯不符合暂予监外执行条件、严重违反有关暂予监外执行的监督管理规定或者暂予监外执行的情形消失而罪犯刑期未满的，应当通知执行机关收监执行，或者建议决定或批准暂予监外执行的机关作出收监执行决定。

第二节　减刑与假释

一、减刑的概念与实体条件

（一）减刑的概念

减刑，是指对于被判处管制、拘役、有期徒刑、无期徒刑的犯罪人，在刑罚执行期间，如果认真遵守监规，接受教育改造，确有悔改表现，或者有立功表现的，适当减轻原判刑罚的制度。例如，被判处无期徒刑的犯罪人，在执行期间有立功表现，将无期徒刑减为 20 年有期徒刑；被判处 8 年有期徒刑的犯罪人，在执行期间确有悔改表现，将 8 年有期徒刑减为 7 年有期徒刑。[①]

根据《刑法》第 78 条的规定，减刑存在两种情形：一是可以减刑，即具备一定条件时，法院可以裁定减刑；二是应当减刑，即有重大立功表现时，法院应当减刑。从减刑的方法与效果来看，减刑也分为两种情况：一是将无期徒刑减为有期徒刑，这是刑种的变更；二是将管制、拘役、有期徒刑的刑期减少，这是刑期的变更。

减刑不同于改判。改判，是指原判决有错误，故撤销原判决而重新作出判决；改判的结果多种多样。减刑并不改变原判决，而是在肯定原判决的基础上，基于法定原因将原判决的刑罚予以减轻或者减少。减刑与减轻处罚的区别则更为明显。量刑中的减轻处罚是法院根据犯罪分子具有的法定或者酌定减轻处罚情节，依法判处其低于法定最低刑的刑罚。它属于一种量刑方法，适用对象为判决确定前的未决犯。减刑则是在判决确定后，对正在服刑的犯罪分子，依法减轻其原判刑罚。它适用于

---

① 张明楷. 刑法学. 6 版. 北京：法律出版社，2021：799.

已确定判决的犯罪分子。

减刑制度是特殊预防目的的产物。最高人民法院《关于办理减刑、假释案件具体应用法律的规定》（以下简称《减刑、假释规定》）第 1 条规定："减刑、假释是激励罪犯改造的刑罚制度，减刑、假释的适用应当贯彻宽严相济刑事政策，最大限度地发挥刑罚的功能，实现刑罚的目的。"刑罚的执行侧重于特殊预防。犯罪人在刑罚执行期间遵纪守法，积极改造，悔改立功，说明其积极悔罪自新，改恶从善，不必将原判刑罚执行完毕，就可以预防其再次犯罪；另外，减刑制度的设立，也能鼓励犯罪人积极改造，弃恶从善。①

（二）减刑的实体条件

根据《刑法》第 78 条的规定，减刑必须具备两个基本条件。

一是前提条件，即只能对被判处（包括裁定）管制、拘役、有期徒刑、无期徒刑的犯罪人减刑。这是可以减刑与应当减刑的共同前提条件。这里只有刑种的限制，没有刑期与罪质的限制。首先，对于死缓依法减为无期徒刑或者有期徒刑的，虽然实质上减轻了刑罚，也可谓特殊减刑，但不是《刑法》第 78 条规定的减刑。但是，对于被判处死缓的犯罪分子，在根据《刑法》第 50 条减为无期徒刑或者有期徒刑后，依然可以根据《刑法》第 78 条的规定再减刑。其次，附加刑的减轻也不是《刑法》第 78 条规定的减刑。例如，在死刑缓期执行减为有期徒刑或者无期徒刑减为有期徒刑时，应当将附加剥夺政治权利的期限改为 3 年以上 10 年以下；被判处罚金的犯罪人，如果由于遭遇不能抗拒的灾祸等原因缴纳确实有困难的，可以酌情减少。但这种附加刑的减轻，与《刑法》第 78 条规定的减刑在适用对象、适用条件、适用后果等方面都存在区别。最后，根据《减刑、假释规定》第 18 条的规定，被判处拘役或者 3 年以下有期徒刑，并宣告缓刑的罪犯，一般不适用减刑。如果罪犯在缓刑考验期内有重大立功表现的，可以参照《刑法》第 78 条的规定予以减刑，同时应当依法缩减其缓刑考验期。缩减后，拘役的缓刑考验期限不得少于 2 个月，有期徒刑的缓刑考验期限不得少于 1 年。缓刑考验期限的缩减，不是《刑法》第 78 条规定的减刑，但其前提是对原判刑罚予以减刑。②

二是实质条件。可以减刑的实质条件是，犯罪人在刑罚执行期间，认真遵守监规，接受教育改造，确有悔改表现，或者有立功表现。具体地说，在下列两种情形下，可以减刑：第一，犯罪人在执行期间，认真遵守监管法规，接受教育改造，确有悔改表现的。根据《减刑、假释规定》第 3 条的规定，"确有悔改表现"是指同时具备以下条件：（1）认罪悔罪；（2）遵守法律法规及监规，接受教育改造；（3）积极参加思想、文化、职业技术教育；（4）积极参加劳动，努力完成劳动任务。对职务犯罪、破坏金融管理秩序和金融诈骗犯罪、组织（领导、参加、包庇、纵容）黑社会性质组织犯罪等罪犯，不积极退赃、协助追缴赃款赃物、赔偿损失，或者服刑

---

① 张璋，陈北京. 刑罚变更中实际执行刑期的认定. 中国检察官，2020（22）.

② 张明楷. 刑法学. 6 版. 北京：法律出版社，2021：799.

期间利用个人影响力和社会关系等不正当手段意图获得减刑、假释的，不认定其“确有悔改表现”。【参见知识拓展 8-2】根据《减刑、假释规定》第3条第3款规定，罪犯在刑罚执行期间的申诉权利应当依法保护，对其正当申诉不能不加分析地认为是不认罪悔罪。对在报请减刑前的服刑期间不满18周岁，且所犯罪行不属于《刑法》第81条第2款规定情形的罪犯，认罪悔罪，遵守法律法规及监规，积极参加学习、劳动，应当视为确有悔改表现。老年罪犯、患严重疾病罪犯或者身体残疾罪犯减刑时，应当主要考察其认罪悔罪的实际表现。第二，具有立功表现的。《减刑、假释规定》第4条规定，具有下列情形之一的，可以认定为有“立功表现”：(1) 阻止他人实施犯罪活动的；(2) 检举、揭发监狱内外犯罪活动，或者提供重要的破案线索，经查证属实的；(3) 协助司法机关抓捕其他犯罪嫌疑人的；(4) 在生产、科研中进行技术革新，成绩突出的；(5) 在抗御自然灾害或者排除重大事故中，表现积极的；(6) 对国家和社会有其他较大贡献的。第4项、第6项中的技术革新或者其他较大贡献应当由罪犯在刑罚执行期间独立或者为主完成，并经省级主管部门确认。对于“可以减刑”条件的把控，《减刑、假释规定》第2条作出了进一步的规定：“对于罪犯符合刑法第七十八条第一款规定‘可以减刑’条件的案件，在办理时应当综合考察罪犯犯罪的性质和具体情节、社会危害程度、原判刑罚及生效裁判中财产性判项的履行情况、交付执行后的一贯表现等因素。”而对于未成年人罪犯，在掌握标准上则较之成年罪犯有所放宽。最高人民法院《关于审理未成年人刑事案件具体应用法律若干问题的解释》第18条规定：“对未成年罪犯的减刑、假释，在掌握标准上可以比照成年罪犯依法适度放宽。未成年罪犯能认罪服法，遵守监规，积极参加学习、劳动的，即可视为‘确有悔改表现’予以减刑，其减刑的幅度可以适当放宽，间隔的时间可以相应缩短。符合刑法第八十一条第一款规定的，可以假释。未成年罪犯在服刑期间已经成年的，对其减刑、假释可以适用上述规定。”

知识拓展 8-2

值得提出的是，服刑者并未认真遵守监规、接受教育改造，但有一般立功表现的，可否减刑？笔者对此持肯定意见。有立功表现的人通常以认真遵守监规、接受教育改造为前提，但也不排除例外情形。正因如此，刑法规定“可以”减刑。

应当减刑的实质条件是，犯罪人在刑罚执行期间，有重大立功表现。《减刑、假释规定》第5条规定，具有下列情形之一的，应当认定为有“重大立功表现”：(1) 阻止他人实施重大犯罪活动的；(2) 检举监狱内外重大犯罪活动，经查证属实的；(3) 协助司法机关抓捕其他重大犯罪嫌疑人的；(4) 有发明创造或者重大技术革新的；(5) 在日常生产、生活中舍己救人的；(6) 在抗御自然灾害或者排除重大事故中，有突出表现的；(7) 对国家和社会有其他重大贡献的。第4项中的发明创造或者重大技术革新应当是罪犯在刑罚执行期间独立或者为主完成并经国家主管部门确认的发明专利，且不包括实用新型专利和外观设计专利；第7项中的其他重大贡献应当由罪犯在刑罚执行期间独立或者为主完成，并经国家主管部门确认。这七类重大立功表现，不以其他悔改表现为前提。对于职务犯罪、破坏金融管理秩序和金融诈骗犯罪以及黑社会性质组织犯罪，则必须从严把握法律规定的相应标准。中共中央政法委《关于严格规范减刑、假释、暂予监外执行切实防止司法腐败的意见》指出，对三类罪犯“确有悔改表现”的认定，不仅应当考察其是否认罪悔罪，认真遵守法律法规及监规、接受教育改造，积极参加思想、文化、职业技术教育，积极参加劳动、努力完成劳动任务，而且应当考察其是否通过主动退赃、积极协助追缴境外赃款赃物、主动赔偿损失等方式，积极消除犯罪行为所产生的社会影响。对服刑期间利用个人影响力和社会关系等不正当手段企图获得减刑、假释机会的，不认定其“确有悔改表现”。对三类罪犯拟按法律规定的“在生产、科研中进行技术革新，成绩突出”或者“对国家和社会有其他贡献”认定为“立功表现”的，该技术革新或者其他贡献必须是该罪犯在服刑期间独立完成，并经省级主管部门确认。对三类罪犯拟按法律规定的“有发明创造或者重大技术革新”认定为“重大立功表现”的，该发明创造或者重大技术革新必须是该罪犯在服刑期间独立完成并经国家主管部门确认的发明专利，且不包括实用新型专利和外观设计专利；拟按法律规定的“对国家和社会有其他重大贡献”认定为“重大立功表现”的，该重大贡献必须是该罪犯在服刑期间独立完成并经国家主管部门确认的劳动成果。值得指出的是，这是针对《刑法》分则第八章“贪污贿赂罪”判处刑罚的原具有国家工作人员身份的罪犯的减刑、假释条件进行的补充规定。2019 年最高人民法院《关于办理减刑、假释案件具体应用法律的补充规定》第 1 条规定：“对拒不认罪悔罪的，或者确有履行能力而不履行或者不全部履行生效裁判中财产性判项的，不予假释，一般不予减刑。”

二、假释的概念与实体条件

（一）假释的概念

假释，是指对于被判处有期徒刑、无期徒刑的部分犯罪人，认真遵守监规，接受教育改造，确有悔改表现，没有再犯罪的危险，经过执行一定刑期后，附条件地予以提前释放的制度。

假释是附条件提前释放，不同于通常意义上的释放。释放既可能是无罪释放，也可能是刑罚执行完毕而释放，还可能是赦免释放，但都不是附条件释放，不存在再执行的可能性。

假释是追求积极的刑罚效果而采取的处遇手段，但不同于暂予监外执行。假释适用于被判处有期徒刑或无期徒刑的犯罪人，暂予监外执行适用于被判处无期徒刑但怀孕或正在哺乳自己婴儿的妇女以及有期徒刑、拘役的犯罪人；假释适用于执行了一定刑期，且执行期间认真遵守监规，接受教育改造，确有悔改表现，没有再犯罪危险的犯罪人，暂予监外执行适用于因法定特殊情况不宜在监内执行的犯罪人；假释后如果没有遵守法定条件，余刑仍需执行，所经过的考验期不能计入原判刑期之内，暂予监外执行的期间，均计入原判刑期之内。①

假释是对自新向善而有悔改表现的受刑人的一种奖赏，但不同于减刑。假释适用

---

① 张明楷. 刑法学. 6 版. 北京：法律出版社，2021：805.

于被判处有期徒刑或无期徒刑的犯罪人，减刑适用于被判处管制、拘役、有期徒刑和无期徒刑的犯罪人；假释只能适用一次，减刑可以适用多次；假释有考验期，考验期内再犯或具有应当收监执行情形的，则撤销假释，减刑没有考验期，减刑后不会被撤销；假释的直接结果是提前释放犯罪人，减刑的直接结果只是减轻原判刑罚。

假释也可谓余刑的暂缓执行，但不同于缓刑。假释在原判刑罚的执行过程中予以适用，缓刑在判决一定刑罚时同时宣告；假释的根据是犯罪人在刑罚执行过程中的悔改表现，缓刑的根据是犯罪情节与判决前的悔改表现；假释适用于被判处有期徒刑与无期徒刑的犯罪人，缓刑适用于被判处拘役或者 3 年以下有期徒刑的犯罪人；假释是有条件地不执行余刑，缓刑是有条件地不执行原判除附加刑以外的全部刑罚；在假释考验期内遵守法定条件的，认为原判刑罚已经执行完毕，在缓刑考验期内遵守法定条件的，原判刑罚就不再执行。

从假释的特点可以看出，假释制度是目的刑论的产物。假释制度从三个方面体现了预防犯罪的目的：第一，假释制度鼓励被判处有期徒刑、无期徒刑的受刑人，积极悔改，自新向善。因为假释制度使自由刑事实上具有不定期刑的性质，即使受刑人被判处的刑期较长乃至无期徒刑，但只要认真遵守监规，接受教育改造，确有悔改表现，也可以提前出狱，所以这不仅对受刑人的悔改起积极鼓励作用，而且对预防其再犯罪起到了积极作用。第二，假释制度能避免不必要的刑罚执行，并使受刑人得以在狱外继续悔过自新。假释是促使受刑人再社会化而放弃执行余刑的一种“行刑措施”，被假释的犯罪人在假释考察期内受到有关机关的监督，这便使其在不执行余刑的情况下也能得到改造。第三，假释制度为受刑人重返社会搭起了桥梁。由于受刑人长时间在监狱服刑，与社会完全隔离，刑期届满时突然从被剥夺自由的状态进入正常社会环境，不免产生适应社会的困难。

（二）假释的实体条件

适用假释得当，才有利于发挥假释制度的积极功能；而适用假释得当与否，取决于是否遵守了刑法规定的假释条件。根据《刑法》第 81 条的规定，适用假释必须具备如下条件。

1. 前提条件

假释只适用于被判处有期徒刑、无期徒刑的犯罪人。判处管制的，因为没有剥夺犯罪人的人身自由，不存在假释问题；被判处拘役的，由于刑期很短，适用假释缺乏实际意义；被判处死刑立即执行的，不可能被假释。被判处死缓的犯罪分子减为无期徒刑或者有期徒刑后，也可以假释。

2. 执行刑期条件

假释只适用于已经执行一部分刑罚的犯罪人。这一方面是因为只有经过一定的服刑期，才能判断犯罪人是否具有悔改表现；另一方面是为了防止滥用假释，避免引起刑罚执行的混乱，避免损害刑罚的严肃性与法院判决的稳定性。根据《刑法》第 81 条的规定，被判处有期徒刑的犯罪人，执行原判刑期 1/2 以上，被判处无期徒刑的犯罪人，实际执行 13 年以上，才可以假释。刑法条文针对有期徒刑使用的是

“执行”一词，针对无期徒刑使用了“实际执行”一语。前者因为是有期徒刑，包括判决前先行羁押而折抵的日期在内；后者因为是无期徒刑，不存在折抵问题，所以是“实际执行”。换言之，对判处有期徒刑的罪犯假释，执行原判刑期 1/2 以上的起始时间，应当从判决执行之日起计算，判决执行以前先行羁押的，羁押 1 日折抵刑期 1 日。如果是无期徒刑，实际执行 13 年的起始时间，从判决执行之日起计算，判决前先行羁押的日期不能折抵已经执行的刑期。但是，为了保障犯罪人的合法权益，对于超期羁押的期间，应计算在实际执行的刑期之内。

犯罪人被减刑后，符合条件的仍然可以假释；但执行刑期的条件，应以原判决的有期徒刑的刑期或无期徒刑为基准进行计算，而不是以减刑后的刑期为基准计算。依照《减刑、假释规定》第 28 条的规定，罪犯减刑后又假释的，间隔时间不得少于 1 年；对一次减去 1 年以上有期徒刑后，决定假释的，间隔时间不得少于 1 年 6 个月。罪犯减刑后余刑不足 2 年，决定假释的，可以适当缩短间隔时间。

根据《刑法》第 81 条的规定，如果有特殊情况，经最高人民法院核准，可以不受上述执行刑期的限制。“特殊情况”是指有国家政治、国防、外交等方面特殊需要的情况。

3. 实质条件

假释只适用于在刑罚执行期间，认真遵守监规，接受教育改造，确有悔改表现，没有再犯罪的危险的犯罪人。这是适用假释的最重要的条件。“认真遵守监规”与“接受教育改造”是悔改表现的判断资料。如果认定确有悔改表现，则需要进一步根据犯罪的具体情节、原判刑罚情况，在刑罚执行中的一贯表现，罪犯的年龄、身体状况、性格特征，假释后生活来源以及监管条件等因素进行综合判断，只要认为没有再犯罪的危险，就可以假释。根据《刑法》第 81 条第 3 款的规定，对犯罪分子决定假释时，应当考虑其假释后对所居住社区的影响。本书认为，对此应联系假释后是否具有再犯罪的危险予以判断，而不能单纯以居住社区的居民是否反对为标准作出决定。依照《减刑、假释规定》第 26 条和第 27 条的规定，对下列罪犯适用假释时可以依法从宽掌握：(1) 过失犯罪的罪犯、中止犯罪的罪犯、被胁迫参加犯罪的罪犯；(2) 因防卫过当或者紧急避险过当而被判处有期徒刑以上刑罚的罪犯；(3) 犯罪时未满 18 周岁的罪犯；(4) 基本丧失劳动能力、生活难以自理，假释后生活确有着落的老年罪犯、患严重疾病罪犯或者身体残疾罪犯；(5) 服刑期间改造表现特别突出的罪犯；(6) 具有其他可以从宽假释情形的罪犯。罪犯既符合法定减刑条件，又符合法定假释条件的，可以优先适用假释。对于生效裁判中有财产性判项，罪犯确有履行能力而不履行或者不全部履行的，不予假释。依照《减刑、假释规定》第 31 条的规定，年满 80 周岁、身患疾病或者生活难以自理、没有再犯罪危险的罪犯，既符合减刑条件，又符合假释条件的，优先适用假释；不符合假释条件的，适当放宽减刑条件与减刑幅度。

4. 消极条件

根据《刑法》第 81 条第 2 款的规定，对累犯以及因故意杀人、强奸、抢劫、绑架、放火、爆炸、投放危险物质或者有组织的暴力性犯罪被判处 10 年以上有期徒刑、无期徒刑的犯罪分子，不得假释。首先，不管对累犯所判处的是什么刑种与刑期，都不得假释。这是因为累犯是已经执行过刑罚又犯罪的，再犯罪的危险性大，适用假释难以预防其再次犯罪。其次，对实施了故意杀人、强奸、抢劫、绑架、放火、爆炸、投放危险物质 7 种犯罪，并且被判处 10 年以上有期徒刑、无期徒刑的犯罪人，不得假释。其中的“强奸”包括强奸被拐卖的妇女、幼女而被认定为拐卖妇女、儿童罪的情形。[①] 再次，有组织的暴力性犯罪，不限于本款所列举的 7 种犯罪，还包括其他暴力性犯罪，如武装叛乱、武装暴乱、劫持航空器等罪。刑法这样规定，是考虑到上述严重暴力性犯罪的罪行严重、行为人的再犯罪可能性大，适用假释不利于防止其再次犯罪。最后，对于被判处 10 年以上有期徒刑、无期徒刑以及死缓的暴力性犯罪人，即使减刑后其刑期低于 10 年有期徒刑，也不得假释。此外，根据 2019 年最高人民法院《关于办理减刑、假释案件具体应用法律的补充规定》第 1 条的规定，对于《刑法》分则第八章“贪污贿赂罪”判处刑罚的原具有国家工作人员身份的罪犯，只有当其认罪悔罪并且无恶意拒绝履行财产性判项时才能够予以假释。值得指出的是，根据最高人民法院《关于〈中华人民共和国刑法修正案（八）〉时间效力问题的解释》第 8 条的规定，2011 年 4 月 30 日以前犯罪，因具有累犯情节或者系故意杀人、强奸、抢劫、绑架、放火、爆炸、投放危险物质或者有组织的暴力性犯罪并被判处 10 年以上有期徒刑、无期徒刑的犯罪分子，2011 年 5 月 1 日以后仍在服刑的，能否假释，适用修正前《刑法》第 81 条第 2 款的规定；2011 年 4 月 30 日以前犯罪，因其他暴力性犯罪被判处 10 年以上有期徒刑、无期徒刑的犯罪分子，2011 年 5 月 1 日以后仍在服刑的，能否假释，适用修正后《刑法》第 81 条第 2 款、第 3 款的规定。【参见知识拓展 8－3】

知识拓展 8－3

此外，根据《刑法》第 82 条的规定，对犯罪分子予以假释的，由执行机关向中级以上人民法院提出假释建议书，人民法院应当组成合议庭进行审理，对符合假释条件的，裁定予以假释。非经法定程序不得假释。依照《减刑、假释规定》第 32 条的规定，人民法院按照审判监督程序重新审理的案件，裁定维持原判决、裁定的，原假释裁定继续有效。再审裁判改变原判决、裁定的，原假释裁定自动失效，执行机关应当及时报请有管辖权的人民法院重新作出是否假释的裁定。再审裁判宣告无罪的，原假释裁定自动失效。

三、减刑、假释的适用程序

（一）管辖法院及审理期限

《刑诉法解释》第 534 条规定了减刑、假释案件的管辖法院以及审理期限：（1）对被判处死刑缓期执行的罪犯的减刑，由罪犯服刑地的高级人民法院在收到同级监狱管理机关审核同意的减刑建议书后 1 个月以内作出裁定；（2）对被判处无期

---

① 张明楷．刑法学．6 版．北京：法律出版社，2021：808.

徒刑的罪犯的减刑、假释，由罪犯服刑地的高级人民法院在收到同级监狱管理机关审核同意的减刑、假释建议书后1个月以内作出裁定，案情复杂或者情况特殊的，可以延长1个月；（3）对被判处有期徒刑和被减为有期徒刑的罪犯的减刑、假释，由罪犯服刑地的中级人民法院在收到执行机关提出的减刑、假释建议书后1个月以内作出裁定，案情复杂或者情况特殊的，可以延长1个月；（4）对被判处管制、拘役的罪犯的减刑，由罪犯服刑地的中级人民法院在收到同级执行机关审核同意的减刑建议书后1个月以内作出裁定。对社区矫正对象的减刑，由社区矫正执行地的中级以上人民法院在收到社区矫正机构减刑建议书后30日以内作出裁定。

（二）案件受理及事项公示

《刑诉法解释》第535条要求法院在受理减刑、假释案件时，审查执行机关移送的材料是否包括下列内容：（1）减刑、假释建议书；（2）原审法院的裁判文书、执行通知书、历次减刑裁定书的复制件；（3）证明罪犯确有悔改、立功或者重大立功表现具体事实的书面材料；（4）罪犯评审鉴定表、奖惩审批表等；（5）罪犯假释后对所居住社区影响的调查评估报告；（6）刑事裁判涉财产部分、附带民事裁判的执行、履行情况；（7）根据案件情况需要移送的其他材料。人民检察院对报请减刑、假释案件提出意见的，执行机关应当一并移送受理减刑、假释案件的人民法院。经审查，材料不全的，应当通知提请减刑、假释的执行机关在3日以内补送；逾期未补送的，不予立案。《刑诉法解释》第537条规定，应当在立案后5日以内对下列事项予以公示：（1）罪犯的姓名、年龄等个人基本情况；（2）原判认定的罪名和刑期；（3）罪犯历次减刑情况；（4）执行机关的减刑、假释建议和依据。公示应当写明公示期限和提出意见的方式。

（三）审理方式及程序

1. 审理方式

减刑、假释案件包括开庭审理与书面审理两种审理方式。《刑诉法解释》第538条规定，下列案件应当开庭审理：（1）因罪犯有重大立功表现提请减刑的；（2）提请减刑的起始时间、间隔时间或者减刑幅度不符合一般规定的；（3）被提请减刑、假释罪犯系职务犯罪罪犯，组织、领导、参加、包庇、纵容黑社会性质组织罪犯，破坏金融管理秩序罪犯或者金融诈骗罪犯的；（4）社会影响重大或者社会关注度高的；（5）公示期间收到不同意见的；（6）人民检察院提出异议的；（7）有必要开庭审理的其他案件。

2. 审理程序

2014年最高人民法院《关于减刑、假释案件审理程序的规定》规定了减刑、假释案件的书面审理和开庭审理程序。

减刑、假释案件应当依法由审判员或者由审判员和人民陪审员组成合议庭进行。在减刑、假释案件审理中引入人民陪审员制度，有利于人民陪审员代表社会公众更深入地了解和参与减刑、假释案件的审理，拓宽公众的参与渠道，确保减刑、假释案件审理程序更加公开和透明。

书面审理减刑、假释案件时，法院可以就被报请减刑、假释罪犯是否符合减刑、假释条件进行调查核实或听取有关方面意见。书面审理减刑案件，可以提讯被报请减刑罪犯；书面审理假释案件，应当提讯被报请假释罪犯。关于“有关方面意见”的具体理解，规定中并未予以明确，实践中有的法院认为指的是执行机关的意见[①]，有的法院则认为是检察机关的意见。[②]

对于开庭审理的减刑、假释案件，人民法院应当在开庭3日前将开庭的时间、地点通知人民检察院、执行机关、被报请减刑、假释罪犯和有必要参加庭审的其他人员，并于开庭3日前进行公告。开庭审理应当在罪犯刑罚执行场所或者人民法院确定的场所进行。有条件的人民法院可以采取视频开庭的方式进行。在社区执行刑罚的罪犯因重大立功被报请减刑的，可以在罪犯服刑地或者居住地开庭审理。开庭审理减刑、假释案件按照以下程序进行：（1）审判长宣布开庭，核实被报请减刑、假释罪犯的基本情况；（2）审判长宣布合议庭组成人员、检察人员、执行机关代表及其他庭审参加人；（3）执行机关代表宣读减刑、假释建议书，并说明主要理由；（4）检察人员发表检察意见；（5）法庭对被报请减刑、假释罪犯确有悔改表现或立功表现、重大立功表现的事实以及其他影响减刑、假释的情况进行调查核实；（6）被报请减刑、假释罪犯作最后陈述；（7）审判长对庭审情况进行总结并宣布休庭评议。法庭调查结束时，在被提请减刑、假释罪犯作最后陈述之前，经审判长许可，检察人员可以发表总结性意见。庭审过程中，合议庭人员对报请理由有疑问的，可以向被报请减刑、假释罪犯、证人、执行机关代表、检察人员提问。庭审过程中，检察人员对报请理由有疑问的，在经审判长许可后，可以出示证据，申请证人到庭，向被报请减刑、假释罪犯及证人提问并发表意见。被报请减刑、假释罪犯对报请理由有疑问的，在经审判长许可后，可以出示证据，申请证人到庭，向证人提问并发表意见。庭审过程中，合议庭对证据有疑问需要进行调查核实，或者检察人员、执行机关代表提出申请的，可以宣布休庭。人民法院开庭审理减刑、假释案件，能够当庭宣判的应当当庭宣判；不能当庭宣判的，可以择期宣判。

3. 审理结果

根据《关于减刑、假释案件审理程序的规定》的规定，人民法院审理减刑、假释案件，应当按照下列情形分别处理：（1）被报请减刑、假释罪犯符合法律规定的减刑、假释条件的，作出予以减刑、假释的裁定；（2）被报请减刑的罪犯符合法律规定的减刑条件，但执行机关报请的减刑幅度不适当的，对减刑幅度作出相应调整后作出予以减刑的裁定；（3）被报请减刑、假释罪犯不符合法律规定的减刑、假释条件的，作出不予减刑、假释的裁定。减刑、假释裁定书应当写明罪犯原判和历次减刑情况，确有悔改表现或者立功、重大立功表现的事实和理由，以及减刑、假释的法律依据。裁定减刑的，应当注明刑期的起止时间；裁定假释的，应当注明假释

---

① 山东省潍坊市中级人民法院（2022）鲁07刑更411号刑事裁定书。

② 山东省泰安市中级人民法院（2020）鲁09刑更167号刑事裁定书。

考验期的起止时间。裁定调整减刑幅度或者不予减刑、假释的，应当在裁定书中说明理由。减刑、假释裁定作出前，执行机关书面提请撤回减刑、假释建议的，人民法院可以决定是否准许。人民法院作出减刑、假释裁定后，应当在 7 日内送达报请减刑、假释的执行机关、同级人民检察院以及罪犯本人。作出假释裁定的，还应当送达社区矫正机构或者基层组织。

4. 特殊情况假释的核准程序

《刑法》第 81 条规定，如果有特殊情况，经最高人民法院核准，可以不受假释执行刑期的限制。《刑诉法解释》第 420～422 条规定了最高人民法院核准的相关程序。对于上述假释案件，应当按照下列情形分别处理：(1) 中级人民法院依法作出假释裁定后，应当报请高级人民法院复核。高级人民法院同意的，应当书面报请最高人民法院核准；不同意的，应当裁定撤销中级人民法院的假释裁定。(2) 高级人民法院依法作出假释裁定的，应当报请最高人民法院核准。最高人民法院予以核准的，应当作出核准裁定书；不予核准的，应当作出不核准裁定书，并撤销原裁定。

(四) 实质化审理的要求

为严格规范减刑、假释工作，确保案件审理公平、公正，2021 年最高人民法院、最高人民检察院、公安部、司法部颁布了《关于加强减刑、假释案件实质化审理的意见》，要求审理减刑、假释案件应当充分发挥审判职能作用，坚持以审判为中心，严格审查各项证据材料。该意见从如下方面突出了减刑、假释案件的实质化审理要求，进一步完善了我国减刑、假释案件的审理程序。

1. 严格审查减刑、假释案件的实体条件

第一，严格审查罪犯服刑期间改造表现的考核材料。对于罪犯的计分考核材料，应当认真审查考核分数的来源及其合理性等。对于存在疑问，在规定期限内不能作出合理解释的考核材料，不作为认定罪犯确有悔改表现的依据。对于罪犯的认罪悔罪书、自我鉴定等自书材料，要结合罪犯的文化程度认真进行审查，对于无特殊原因非本人书写或者自书材料内容虚假的，不认定罪犯确有悔改表现。

第二，严格审查罪犯立功、重大立功的证据材料，准确把握认定条件。对于检举、揭发监狱内外犯罪活动，或者提供重要破案线索的，应当注重审查线索的来源。对于揭发线索来源存疑的，应当进一步核查，如果查明线索系通过贿买、暴力、威胁或者违反监规等非法手段获取的，不认定罪犯具有立功或者重大立功表现。对于技术革新、发明创造，应当注重审查罪犯是否具备该技术革新、发明创造的专业能力和条件，对于罪犯明显不具备相应专业能力及条件、不能说明技术革新或者发明创造原理及过程的，不认定罪犯具有立功或者重大立功表现。对于阻止他人实施犯罪活动，协助司法机关抓捕其他犯罪嫌疑人，在日常生产、生活中舍己救人，在抗御自然灾害或者排除重大事故中有积极或者突出表现的，除应当审查有关部门出具的证明材料外，还应当注重审查能够证明上述行为的其他证据材料，对于罪犯明显不具备实施上述行为能力和条件的，不认定罪犯具有立功或者重大立功表现。

第三，严格审查罪犯履行财产性判项的能力。罪犯未履行或者未全部履行财产性判项，具有下列情形之一的，不认定罪犯确有悔改表现：拒不交代赃款、赃物去向；隐瞒、藏匿、转移财产；有可供履行的财产拒不履行。对于前款罪犯，无特殊原因狱内消费明显超出规定额度标准的，一般不认定罪犯确有悔改表现。

第四，严格审查反映罪犯是否有再犯罪危险的材料。对于报请假释的罪犯，应当认真审查刑罚执行机关提供的反映罪犯服刑期间现实表现和生理、心理状况的材料，并认真审查司法行政机关或者有关社会组织出具的罪犯假释后对所居住社区影响的材料，同时结合罪犯犯罪的性质、具体情节、社会危害程度、原判刑罚及生效裁判中财产性判项的履行情况等，综合判断罪犯假释后是否具有再犯罪危险性。

第五，严格审查罪犯身份信息、患有严重疾病或者身体有残疾的证据材料。对于上述证据材料有疑问的，可以委托有关单位重新调查、诊断、鉴定。对原判适用《刑事诉讼法》第 160 条第 2 款规定判处刑罚的罪犯，在刑罚执行期间不真心悔罪，仍不讲真实姓名、住址，且无法调查核实清楚的，除具有重大立功表现等特殊情形外，一律不予减刑、假释。

第六，严格把握罪犯减刑后的实际服刑刑期。正确理解法律和司法解释规定的最低服刑期限，严格控制减刑起始时间、间隔时间及减刑幅度，并根据罪犯前期减刑情况和效果，对其后续减刑予以总体掌握。死刑缓期执行、无期徒刑罪犯减为有期徒刑后再减刑时，在减刑间隔时间及减刑幅度上，应当从严把握。

2. 强化减刑、假释案件的办理程序

第一，严格证明标准。认定罪犯是否符合减刑、假释法定条件，应当有相应证据予以证明；对于没有证据证实或者证据不确实、不充分的，不得裁定减刑、假释。

第二，健全证人出庭作证制度。人民法院在审理减刑、假释案件时，应当通知罪犯的管教干警、同监室罪犯、公示期间提出异议的人员以及其他了解情况的人员出庭作证。开庭审理前，刑罚执行机关应当提供前述证人名单，人民法院根据需要从名单中确定相应数量的证人出庭作证。证人到庭后，应当对其进行详细询问，全面了解被报请减刑、假释罪犯的改造表现等情况。实践中，互监组成员等同监舍的罪犯出庭，对罪犯监舍表现进行作证，得以佐证刑罚执行机关关于罪犯刑罚执行期间悔改状态的意见，有助于合议庭全面了解被报请减刑、假释罪犯的改造表现等情况。[①] 证人出庭对于减刑、假释案件审理实质化，提升减刑、假释案件审理质量具有重要意义。

第三，强调庭外调查核实权。人民法院、人民检察院对于刑罚执行机关提供的罪犯确有悔改表现、立功表现等证据材料存有疑问的，根据案件具体情况，可以采取讯问罪犯、询问证人、调取相关材料、与监所人民警察座谈、听取派驻监所检察人员意见等方式，在庭外对相关证据材料进行调查核实。

---

① 湖南省常德市中级人民法院（2022）湘 07 刑更 102 号刑事裁定书。

（五）对减刑、假释的监督

加强对减刑、假释的监督是确保司法公正的重要环节。对减刑、假释的监督包括内部监督和外部监督两种形式。

1. 内部监督

在人民法院、人民检察院内部有着较为严格的备案审查、专项检查等制度机制，充分发挥层级审核把关作用。例如，针对职务犯罪罪犯的减刑、假释案件中违法现象高发的情况，2014 年最高人民法院《关于对部分职务犯罪罪犯减刑、假释、暂予监外执行实行备案审查的通知》和最高人民检察院《关于对职务犯罪罪犯减刑、假释、暂予监外执行案件实行备案审查的规定》要求，对职务犯罪罪犯减刑、假释案件实行备案制，按照不同情形，层报高级人民法院、省级人民检察院乃至最高人民法院、最高人民检察院进行备案审查。《刑诉法解释》第 541 条规定："人民法院发现本院已经生效的减刑、假释裁定确有错误的，应当另行组成合议庭审理；发现下级人民法院已经生效的减刑、假释裁定确有错误的，可以指令下级人民法院另行组成合议庭审理，也可以自行组成合议庭审理。"

2. 外部监督

人民检察院的监督是最重要的外部监督。人民检察院的监督包括对执行机关提出减刑、假释建议的监督以及对人民法院审理减刑、假释案件的监督。

首先，对执行机关提出减刑、假释建议的监督。2014 年《监狱提请减刑假释工作程序规定》要求，监狱应当在减刑假释评审委员会完成评审和公示程序后，将提请减刑、假释建议送人民检察院征求意见。征求意见后，监狱减刑假释评审委员会应当将提请减刑、假释建议和评审意见连同人民检察院意见，一并报请监狱长办公会议审议决定。监狱对人民检察院意见未予采纳的，应当予以回复，并说明理由。《刑事诉讼法》第 273 条要求执行机关在向人民法院提出减刑、假释建议书时，应当将建议书副本抄送人民检察院。《刑诉规则》要求人民检察院收到执行机关抄送的减刑、假释建议书副本后，应当逐案进行审查。发现减刑、假释建议不当或者提请减刑、假释违反法定程序的，应当在 10 日以内报经检察长批准，向审理减刑、假释案件的人民法院提出书面检察意见，同时也可以向执行机关提出书面纠正意见。案情复杂或者情况特殊的，可以延长 10 日。

其次，对人民法院审理减刑、假释案件的监督。《刑事诉讼法》第 274 条规定："人民检察院认为人民法院减刑、假释的裁定不当，应当在收到裁定书副本后二十日以内，向人民法院提出书面纠正意见。人民法院应当在收到纠正意见后一个月以内重新组成合议庭进行审理，作出最终裁定。"所谓减刑、假释的裁定不当，是指减刑、假释的对象不符合减刑、假释的法定条件，减刑、假释的报请和裁定不符合法定的程序，或者减刑的幅度不当等情形。《刑诉规则》第 635 条、第 636 条、第 638 条、第 640 条详细规定了人民检察院对于人民法院减刑、假释裁定书的具体审查内容，以及应当依法提出纠正意见的具体情形，同时还明确对最终裁定不符合法律规定的，人民检察院也应当向同级人民法院提出纠正意见。

除上述监督之外，外部监督还包括同级人民代表大会及其常委会的监督和社会监督。为了使减刑、假释案件的审理能够更好地接受社会各界的监督，减刑、假释裁定书应当通过互联网依法向社会公布。

（六）假释的撤销[①]

《刑诉法解释》第 542 条规定，罪犯在假释考验期限内犯新罪或者被发现在判决宣告前还有其他罪没有判决，应当撤销假释的，由审判新罪的人民法院撤销原判决、裁定宣告的假释，并书面通知原审人民法院和执行机关。根据该解释第 543 条的规定，应当作出撤销假释裁定的情形还包括：无正当理由不按规定时间报到或者接受社区矫正期间脱离监管，超过 1 个月的；受到执行机关二次警告，仍不改正的；或者有其他违反监督管理规定的行为，尚未构成新的犯罪的。根据该解释第 544 条和第 545 条的规定，被提请撤销假释的罪犯可能逃跑或者可能发生社会危险，社区矫正机构在提出撤销假释建议的同时，提请人民法院决定对其予以逮捕的，人民法院应当在 48 小时以内作出是否逮捕的决定。决定逮捕的，由公安机关执行。逮捕后的羁押期限不得超过 30 日。人民法院收到社区矫正机构的撤销假释建议书后 30 日以内作出撤销假释的裁定。裁定一经作出，立即生效。人民法院应当将撤销假释裁定书送达社区矫正机构和公安机关，并抄送人民检察院，由公安机关将罪犯送交执行。执行以前被逮捕的，羁押 1 日折抵刑期 1 日。

第三节 社区矫正

社区矫正是与监禁矫正相对的行刑方式，是指将符合社区矫正条件的罪犯置于社区内，由专门的国家机关在相关社会团体和民间组织以及社会志愿者的协助下，在判决、裁定或决定确定的期限内，矫正其犯罪心理和行为恶习，并促进其顺利回归社会的非监禁刑罚执行活动。简单地说，社区矫正就是在社区中对犯罪人进行的矫正和控制活动。其中，矫正主要体现为帮助性活动，控制主要体现为监督性活动。[②]

社区矫正作为一种非监禁刑的执行方式，尽管在执行过程中，可能对犯罪人的人身进行一定的限制，但是，这种限制的时间是很短的，人身限制的严重性远远低于传统的监禁刑。同时，限制犯罪人人身的场所也并非在监狱。[③] 社区矫正与监狱矫正的根本区别在于社区矫正把一元的行刑主体变成了多元主体，行刑场所由封闭

---

① 当前，我国还没有减刑撤销制度。学界对此存在争议。否定减刑可撤销性的观点认为，减刑裁定仅能体现国家对服刑人先行改造行为的肯定，是奖励性质的行为，应不具有预后性，应当具有既定力及稳定性特点。然而，在实践中，存在已获减刑的罪犯在服余刑期间抗拒改造的现象。这种现象会产生极坏的示范效应，严重毁损监管人员的工作积极性及监内的改造秩序，增大监管和教育改造工作的压力及难度。为抑制该现象，有学者主张构建减刑撤销制度。宋高初．论减刑撤销．中国法学，2014（6）：190－204.

② 吴宗宪．关于社区矫正若干问题思考．中国司法，2004（7）：60.

③ 吴宗宪．试论非监禁刑及其执行体制的改革．中国法学，2002（6）：108.

的监狱改成了开放的社区，行刑目的更注重对罪犯的矫正、教育和感化。社区矫正比监狱矫正有更大的优越性，目前已是世界各国刑罚体制改革发展的趋势。

一、社区矫正的适用对象

《刑事诉讼法》第 269 条规定：对被判处管制、宣告缓刑、假释或者暂予监外执行的罪犯，依法实行社区矫正。需要指出的是，我国中央有关部门发布的社区矫正文件以及刑事立法中，关于社区矫正适用对象的类型，有一个明显的变化过程。[①] 2003 年 7 月 10 日最高人民法院、最高人民检察院、公安部和司法部《关于开展社区矫正试点工作的通知》（现已失效）指出，社区矫正适用于 5 类对象，除上述 4 类对象外，还包括被剥夺政治权利，并在社会上服刑的人员。《刑法修正案（八）》颁布之后，明确规定对判处管制、宣告缓刑和假释的犯罪分子依法实施社区矫正，但对于被剥夺政治权利的犯罪分子是否实施社区矫正未作表态。直至 2012 年 3 月，全国人民代表大会《关于修改〈中华人民共和国刑事诉讼法〉的决定》将社区矫正的适用对象确定为 4 类犯罪分子。

另外，针对社区矫正适用对象范围是应当进一步缩小还是应当适当扩大的问题，不同学者也有不同的看法。比如有学者认为暂予监外执行的犯罪分子不适合进行社区矫正[②]，也有学者认为应当将监狱实施开放式处遇的部分罪犯，暂缓起诉、暂缓判决的人员[③]纳入社区矫正的适用对象中。

二、社区矫正的执行程序

（一）决定机关

《社区矫正法》第 17 条第 4 款规定，本法所称社区矫正决定机关，是指依法判处管制、宣告缓刑、裁定假释、决定暂予监外执行的人民法院和依法批准暂予监外执行的监狱管理机关、公安机关。另依据《刑事诉讼法》第 265 条第 5 款，只有省级以上监狱管理机关或设区的市一级以上公安机关有权批准暂予监外执行。

《社区矫正法实施办法》第 5 条规定，人民法院拟判处管制、宣告缓刑、决定暂予监外执行的，可以委托社区矫正机构或者有关社会组织对被告人或者罪犯的社会危险性和对所居住社区的影响，进行调查评估，提出意见，供决定社区矫正时参考。【参见知识拓展 8－4】

知识拓展 8－4

（二）执行主体、执行地、执行期限

社区矫正的执行主体是国家专门的社区矫正机构，以及相关社会团体和民间组织及社会志愿者。《社区矫正法》第 9 条规定，县级以上地方人民政府根据需要设置

---

① 吴宗宪. 论我国社区矫正的适用对象. 北京师范大学学报（社会科学版），2017（3）：133－134.

② 刘勇. 我国社区矫正适用对象的微观考察. 山东理工大学学报（社会科学版），2007（1）：64.

③ 王顺安. 社区矫正的法律问题. 政法论坛，2004（3）：103－104.

社区矫正机构，负责社区矫正工作的具体实施。司法所根据社区矫正机构的委托，承担社区矫正相关工作。除此以外，社区矫正还需充分利用社会力量，包括社会团体、民间组织和社区矫正工作志愿者，对社区服刑人员开展各种形式的教育，帮助其解决遇到的困难和问题。社区矫正实现了矫正场所和矫正主体的双重社会化，不需要建设监狱设施，不需要监狱警察和安全守护人员，只要少量的工作人员和志愿者，因而运行成本要比监狱低得多。

《社区矫正法》第 17 条第 2 款、第 3 款规定：社区矫正执行地为社区矫正对象的居住地。社区矫正对象在多个地方居住的，可以确定经常居住地为执行地。社区矫正对象的居住地、经常居住地无法确定或者不适宜执行社区矫正的，社区矫正决定机关应当根据有利于社区矫正对象接受矫正、更好地融入社会的原则，确定执行地。

对被依法判处管制、宣告缓刑、裁定假释的社区矫正对象，执行期限为自判决、裁定生效之日起 10 日内。对被依法决定暂予监外执行的社区矫正对象，执行期限为自看守所或执行取保候审、监视居住的公安机关收到决定之日起 10 日内。对被依法批准暂予监外执行的社区矫正对象，执行期限为自监狱或者看守所收到批准决定之日起 10 日内。

（三）对社区矫正对象的监督管理规定

1. 迁居批准

社区矫正对象离开所居住的市、县或者迁居，应当报经社区矫正机构批准。社区矫正机构对于有正当理由的，应当批准。

2. 变更执行地

因社区矫正对象迁居等原因需要变更执行地的，社区矫正机构应当按照有关规定作出变更决定。社区矫正机构作出变更决定后，应当通知社区矫正决定机关和变更后的社区矫正机构，并将有关法律文书抄送变更后的社区矫正机构，变更后的社区矫正机构应当将法律文书转送所在地的人民检察院、公安机关。

3. 电子定位

社区矫正对象有下列情形之一的，经县级司法行政部门负责人批准，可以使用电子定位装置，加强监督管理：（1）违反人民法院禁止令的；（2）无正当理由，未经批准离开所居住的市、县的；（3）拒不按照规定报告自己的活动情况，被给予警告的；（4）违反监督管理规定，被给予治安管理处罚的；（5）拟提请撤销缓刑、假释或者暂予监外执行收监执行的。使用电子定位装置的期限不得超过 3 个月。对于不需要继续使用的，应当及时解除；对于期限届满后，经评估仍有必要继续使用的，经过批准，期限可以延长，每次不得超过 3 个月。社区矫正机构对通过电子定位装置获得的信息应当严格保密，有关信息只能用于社区矫正工作，不得用于其他用途。

4. 失去联系

社区矫正对象失去联系的，社区矫正机构应当立即组织查找，公安机关等有关单位和人员应当予以配合协助。查找到社区矫正对象后，应当区别情形依法进行处理。

5. 违法处置

社区矫正机构发现社区矫正对象正在实施违反监督管理规定的行为或者违反人民法院禁止令等违法行为的，应当立即制止；制止无效的，应当立即通知公安机关到场处置。对违反监督管理规定的社区矫正人员依法给予必要的处罚，对重新违法犯罪的社区矫正人员及时依法处理直至收监执行，是刑罚执行强制性、严肃性的体现。《社区矫正法实施办法》第 34 条至第 36 条以及第 46 条至第 51 条规定了对社区矫正人员的训诫、警告、治安管理处罚、撤销缓刑、撤销假释、暂予监外执行罪犯收监执行等处罚措施，以及处罚措施的适用条件和程序。这些规定进一步明确了执法责任主体，规范了相关国家机关的执法行为，建立了社区矫正与监禁矫正的对接制度，能够发挥处罚措施对社区矫正人员的警示和威慑作用。

6. 减刑建议

《社区矫正法实施办法》第 42 条规定：社区矫正对象符合法定减刑条件的，由执行地县级社区矫正机构提出减刑建议书并附相关证据材料，报经地（市）社区矫正机构审核同意后，由地（市）社区矫正机构提请执行地的中级人民法院裁定。人民法院应当在收到社区矫正机构的减刑建议书后 30 日内作出裁定，并将裁定书送达社区矫正机构。社区矫正机构减刑建议书和人民法院减刑裁定书副本，应当同时抄送社区矫正执行地同级人民检察院、公安机关及罪犯原服刑或者接收其档案的监狱。

人民检察院依法对社区矫正工作实行法律监督。《刑诉规则》第 644 条规定，社区矫正机构未依法向人民法院、公安机关、监狱管理机关提出撤销缓刑、撤销假释建议或者对暂予监外执行的收监执行建议，或者未依法向人民法院提出减刑建议的，人民检察院应当依法提出纠正意见。【参见知识拓展 8－5】

知识拓展 8－5

（四）解除或者终止社区矫正

1. 解除矫正

社区矫正人员接受矫正的期限与其刑期、考验期和依法暂予监外执行的期限一致，矫正期满即应依法解除矫正。解除矫正是社区矫正工作的最后一个程序，具有重要的法律意义，标志着社区矫正人员身份的变化，他们将成为普通公民，依法行使公民权利不再受到限制。《社区矫正法实施办法》第 53 条至第 55 条对解除矫正作出了明确规定。一是要做好解除矫正前的准备工作。在矫正期满前，社区矫正人员应当作出个人总结，司法所根据其在矫正期间的表现、考核结果、社区意见等情况作出书面鉴定，告知其国家关于安置帮教的政策，并对下一步的安置帮教提出建议。二是应当公开进行解除宣告。解除宣告应当庄重、严肃，由社区矫正机构或是司法所工作人员主持，按照规定程序公开进行，参加人员包括有关部门、基层组织、群众代表、社区矫正人员所在单位有关人员、社区矫正人员的家庭成员或者监护人、保证人等。三是解除宣告的内容应当具体明确。除了宣读对社区矫正人员的鉴定意见，宣布依法解除矫正，管制、缓刑和假释人员各有不同的宣告事项：对判处管制的，宣布执行期满，解除管制；对宣告缓刑的，宣布缓刑考验期满，原判刑罚不再执行；对裁定假释的，宣布考验期满，原判刑罚执行完毕。四是要依法办理解除矫正的法律手续。县级司法行政机关要向解除矫正的人员发放“解除社区矫正证明书”，监狱（看守所）要依法为刑期届满的暂予监外执行人员办理刑满释放手续。五是通知有关部门。社区矫正人员期满解除矫正的，县级司法行政机关要书面通知决定机关，送达“解除社区矫正通知书”同时抄送执行地县级人民检察院和公安机关。六是做好与安置帮教的衔接工作。司法所要向社区矫正人员告知安置帮教有关规定，并与安置帮教部门提前沟通情况，及时转交相关材料，妥善做好交接，努力实现社区矫正与安置帮教的无缝对接。

2. 终止矫正

社区矫正对象被裁定撤销缓刑、假释，被决定收监执行，或者死亡的，社区矫正终止。

3. 收监

《社区矫正法实施办法》第 49 条规定，暂予监外执行的社区矫正人员有未经社区矫正机构批准擅自离开居住的市、县，经警告拒不改正，或者拒不报告行踪，脱离监管等情形的，由执行地县级社区矫正机构提出收监执行建议。社区矫正机构的收监执行建议书和决定机关的决定书，应当同时抄送执行地县级人民检察院。《社区矫正法实施办法》第 50 条规定，人民法院裁定撤销缓刑、撤销假释或者决定暂予监外执行收监执行的，由执行地县级公安机关本着就近、便利、安全的原则，送交社区矫正对象执行地所属的省、自治区、直辖市管辖范围内的看守所或者监狱执行刑罚。公安机关决定暂予监外执行收监执行的，由执行地县级公安机关送交存放或者接收罪犯档案的看守所收监执行。监狱管理机关决定暂予监外执行收监执行的，由存放或者接收罪犯档案的监狱收监执行。

三、未成年人的社区矫正

未成年罪犯是一个比较特殊的犯罪群体，从社会学角度而言，法律规范对未成年人照顾有加，不仅是因为未成年人是国家发展的未来，理应受到法规范的宽容评价，还是因为未成年人可塑性较强，易受环境影响。从生理年龄与心理年龄上看，未成年人都是不成熟的，导致未成年人对于自己的犯罪行为后果的预见性不强，缺乏自我保护能力，这使他们在面对社会各种诱惑时不知所措，而这些生理和心理上的特征是不能单靠法律的强制予以改变的。所以，刑法界普遍认为在处理未成年人犯罪案件时，应结合未成年罪犯的身心特点适用特殊的刑罚制度。

从立法模式来看，各国有关未成年人司法的立法形式大致分为三种。第一种是附属条文的模式，不仅没有独立的少年法典，而且在涉及未成年人的普通法典中也不设置专章，往往为未成年人司法发育不成熟、改革滞后的国家所采用；第二种是半独立的模式，即在刑事实体法和刑事程序法中设置专章，对涉及未成年人的部分进行单独规定；第三种是独立的模式，即制定独立的、全面的、系统的少年法典，1899 年美国伊利诺伊州所制定的《少年法院法》是这种立法模式的肇始和代表。它的重要特征是三法合一，被视为刑事实体法、刑事程序法及司法组织法的特别法。

从我国施行的关于未成年人犯罪的相关规定可以看出，我国在司法实践中注重保障未成年人的合法权益，以教育与保护相结合为方针，采用适应未成年人身心发展的审判方式，并建立起家庭、学校及其他相关单位形成的三位一体的防护体系，共同做好违法犯罪未成年人的教育挽救工作，具体包括：第一，对未成年人的社区矫正，应当与成年人分别进行。这样做，有利于防止交叉感染和预防未成年人重新犯罪，更能达到教育、挽救的目的。第二，除司法机关办案需要或者有关单位根据国家规定查询外，未成年社区矫正对象的档案信息不得提供给任何单位或者个人。依法进行查询的单位，应当对获得的信息予以保密。第三，未成年社区矫正对象在社区矫正期间年满 18 周岁的，继续按照未成年人社区矫正的有关规定执行。

社区矫正是一种国际上较为普遍实行的、与监禁矫正相对应的非监禁刑罚执行制度。社区矫正的实施，是我国深化司法体制改革、完善刑罚执行制度的重要举措，符合现阶段我国经济社会发展的要求，体现了宽严相济的刑事政策。随着工作规模的扩大，社区矫正非监禁性刑罚的功能发挥更加充分，有利于刑罚执行资源的合理配置并提高刑罚执行的专业化水平和执行效率。

第四节　财产刑、涉案财物的执行

刑事裁判涉财产部分，是指发生法律效力的刑事裁判主文确定的下列事项：罚金、没收财产；责令退赔；处置随案移送的赃款赃物；没收随案移送的供犯罪所用本人财物。《刑法》，《刑事诉讼法》，《刑诉法解释》，2000 年最高人民法院《关于适用财产刑若干问题的规定》，2011 年最高人民法院、最高人民检察院《关于办理诈骗刑事案件具体应用法律若干问题的解释》，2014 年最高人民法院《关于刑事裁判涉财产部分执行的若干规定》，2015 年中共中央办公厅、国务院办公厅《关于进一步规范刑事诉讼涉案财物处置工作的意见》，2016 年最高人民法院、最高人民检察院、公安部《关于办理电信网络诈骗等刑事案件适用法律若干问题的意见》，2022 年《人民法院办理执行案件规范（第二版）》，2018 年最高人民法院、最高人民检察院、公安部、司法部《关于办理黑恶势力犯罪案件若干问题的指导意见》，2019 年最高人民法院、最高人民检察院、公安部、司法部《关于办理黑恶势力刑事案件中财产处置若干问题的意见》等对刑事裁判涉财产部分的执行作了规定。人民法院办理刑事裁判涉财产部分执行案件，《刑法》《刑事诉讼法》及有关规范性文件没有相应规定的，参照适用民事执行的有关规定。

一、执行机构和执行期限

刑事裁判涉财产部分由第一审人民法院执行。没收的财物和罚金，一律上缴国库，不得挪用和自行处理。由人民法院执行机构负责执行的刑事裁判涉财产部分，刑事审判部门应当及时移送立案部门审查立案。移送立案应当提交生效裁判文书及其附件和其他相关材料，并填写“移送执行表”。“移送执行表”应当载明以下内容：（1）被执行人、被害人的基本信息；（2）已查明的财产状况或者财产线索；（3）随案移送的财产和已经处置财产的情况；（4）查封、扣押、冻结财产的情况；（5）移送执行的时间；（6）其他需要说明的情况。人民法院立案部门经审查，认为属于移送范围且移送材料齐全的，应当在 7 日内立案，并移送执行机构。人民法院可以向刑罚执行机关、社区矫正机构等有关单位调查被执行人的财产状况，并可以根据不同情形要求有关单位协助采取查封、扣押、冻结、划拨等执行措施，协助执行。有需要时，执行法院可以要求负责办理减刑、假释案件的人民法院协助执行生效裁判中涉财产部分。执行法院在执行继续追缴或者责令退赔的事项中，可以要求人民检察院、公安机关、国家安全机关、司法行政机关等予以配合。①

第一审人民法院可以委托财产所在地的同级人民法院执行。受托法院在执行财产刑后，应当及时将执行的财产上缴国库。

人民法院办理刑事裁判涉财产部分执行案件的期限为 6 个月。有特殊情况需要延长的，经本院院长批准，可以延长。

二、罚金、没收财产的执行

罚金在判决规定的期限内一次或者分期缴纳。自判决指定的期限届满第 2 日起，人民法院对于没有法定减免事由不缴纳罚金的，应当强制其缴纳。经强制缴纳仍不能全部缴纳的，在任何时候，包括主刑执行完毕后，发现被执行人有可供执行的财产的，应当追缴。因遭遇不能抗拒的灾祸等原因缴纳罚金确有困难，被执行人申请延期缴纳、酌情减少或者免除罚金的，应当提交相关证明材料。人民法院应当在收到申请后 1 个月以内作出裁定。符合法定条件的，应当准许；不符合条件的，驳回申请。“遭遇不能抗拒的灾祸等原因缴纳罚金确有困难”主要是指因遭受火灾、水灾、地震等灾祸而丧失财产；罪犯因重病、伤残等而丧失劳动能力，或者需要罪犯抚养的近亲属患有重病，需支付巨额医药费等，确实没有财产可供执行的情形。【参见知识拓展 8－6】判处没收财产的，判决生效后，应当立即执行，执行的标的是刑事裁判生效时被执行人合法所有的财产。

知识拓展 8－6

---

① 刑事执行中，对于侦查机关已经采取的查封、扣押、冻结，人民法院应当在期限届满前及时续行查封、扣押、冻结。人民法院续行查封、扣押、冻结的顺位与侦查机关查封、扣押、冻结的顺位相同。对侦查机关查封、扣押、冻结的财产，人民法院执行中可以直接裁定处置，无须侦查机关出具解除手续，但裁定中应当指明侦查机关查封、扣押、冻结的事实。

执行没收财产或罚金刑，应当参照被扶养人住所地政府公布的上年度当地居民最低生活费标准，保留被执行人及其所扶养家属的生活必需费用。

在有组织犯罪案件中，有依据证明依法应当追缴、没收的涉案财产无法找到、被他人善意取得、灭失或者与其他合法财产混合且不可分割的，可以追缴、没收其他等值财产或者混合财产中的等值部分。

对查封前犯罪分子所负的正当债务，如果需要用没收的财产偿还的，经债权人请求，由人民法院裁定在没收的财产中偿还。被判处财产刑，同时又承担民事赔偿责任的被执行人，应当先履行民事赔偿责任。被执行人的财产不足以支付的，按照下列顺序执行：（1）人身损害赔偿中的医疗费用；（2）退赔被害人的损失；（3）其他民事债务；（4）罚金；（5）没收财产。债权人因抵押权等原因对执行标的依法享有优先受偿权，其主张优先受偿的，人民法院应当在人身损害赔偿中的医疗费用受偿后，予以支持。

三、随案移送的涉案财物的处置

对赃款赃物及其收益，人民法院应当一并追缴。[①] 被执行人将赃款赃物投资或者置业，对因此形成的财产及其收益，人民法院应予追缴。被执行人将赃款赃物与其他合法财产共同投资或者置业，对因此形成的财产中与赃款赃物对应的份额及其收益，人民法院应予追缴。被执行人将刑事裁判认定为赃款赃物的涉案财物用于清偿债务、转让或者设置其他权利负担，具有下列情形之一的，人民法院应予追缴：（1）第三人明知是涉案财物而接受的；（2）第三人无偿或者以明显低于市场的价格取得涉案财物的；（3）第三人通过非法债务清偿或者违法犯罪活动取得涉案财物的；（4）第三人通过其他恶意方式取得涉案财物的。第三人善意取得涉案财物的，执行程序中不予追缴。【参见知识拓展 8－7】作为原所有人的被害人对该涉案财物主张权利的，人民法院应当告知其通过诉讼程序处理。

知识拓展 8－7

对随案移送的供犯罪所用本人财物，人民法院应当没收。“供犯罪所用本人财物”，是指供犯罪分子进行犯罪活动而使用的属于其个人所有的钱款和物品。一项财物是否属于“供犯罪所用的本人财物”，应当结合行为人主观上是否有意识地将该财物运用于犯罪活动，客观上是否利用了该财物等作判断。[②]

对于被害人的损失，应当按照刑事裁判认定的实际损失予以发还或者赔偿。[③] 案发后查封、扣押、冻结在案的财物及其孳息，权属明确的，应当发还被害人；权

① 对易损毁、灭失、变质等不宜长期保存的物品，易贬值的汽车、船艇等物品，或者市场价格波动大的债券、股票、基金份额等财产，有效期即将届满的汇票、本票、支票等，经权利人同意或者申请，并经县级以上公安机关、国家安全机关、人民检察院或者人民法院主要负责人批准，可以依法出售、变现或者先行变卖、拍卖。所得款项统一存入各单位账户。刑事执行阶段以上述款项为执行标的。

② 孙国祥. 刑事诉讼涉案财物处理若干问题研究. 人民检察，2015（9）：15.

③ 对权属明确的被害人合法财产，凡返还不损害其他被害人或者利害关系人的利益、不影响诉讼正常进行的，在侦查、审查起诉或审判阶段应当及时返还。

属不明确的，可按被害人被非法侵占的财物占查封、扣押、冻结在案的财物及其孳息总额的比例发还被害人，但已获退赔的应予扣除。

在非法集资刑事案件中，涉案账物不足全部返还集资参与人的，按照集资参与人的集资额比例返还。退还集资参与人的损失一般优先于其他民事债务以及罚金、没收财产的执行。

被执行财产需要变价的，执行机构应当依法采取拍卖、变卖等变价措施。涉案财物最后一次拍卖未能成交，需要上缴国库的，人民法院应当通知有关财政机关以该次拍卖保留价予以接收；有关财政机关要求继续变价的，可以进行无保留价拍卖。需要退赔被害人的，以该次拍卖保留价以物退赔；被害人不同意以物退赔的，可以进行无保留价拍卖。

四、执行异议

执行过程中，当事人、利害关系人认为执行行为违反法律规定，或者案外人对执行标的主张足以阻止执行的实体权利，向执行法院提出书面异议的，执行法院应当依照民事诉讼法的相关规定处理。人民法院审查案外人异议、复议，应当公开听证。案外人或被害人认为刑事裁判中对涉案财物是否属于赃款赃物认定错误或者应予认定而未认定，向执行法院提出书面异议，可以通过裁定补正的，执行机构应当将异议材料移送刑事审判部门处理；无法通过裁定补正的，应当告知异议人通过审判监督程序处理。【参见知识拓展 8-8】

知识拓展 8-8

五、执行的中止、终结和执行回转

执行财产刑过程中，具有下列情形之一的，人民法院应当裁定中止执行：(1) 执行标的物系人民法院或者仲裁机构正在审理案件的争议标的物，需等待该案件审理完毕确定权属的；(2) 案外人对执行标的物提出异议的；(3) 应当中止执行的其他情形。中止执行的原因消除后，应当恢复执行。

具有下列情形之一的，人民法院应当裁定终结执行：(1) 据以执行的判决、裁定被撤销的；(2) 被执行人死亡或者被执行死刑，且无财产可供执行的；(3) 被判处罚金的单位终止，且无财产可供执行的；(4) 依法免除罚金的；(5) 应当终结执行的其他情形。裁定终结执行后，发现被执行人的财产有被隐匿、转移等情形的，应当追缴。

财产刑全部或者部分被撤销的，已经执行的财产应当全部或者部分返还被执行人；无法返还的，应当依法赔偿。

思考练习题

1. 如何理解社区矫正制度的立法价值？

2. 试说明社区矫正制度是如何体现“惩罚与教育相结合”方针的？

3. 试通过“郭某思减刑案”（参见二维码），论述如何从严规范减刑的适用。

4. 试说明假释制度的积极功能。

5. 对于依据《刑法》第 383 条宣告终身监禁的罪犯能否适用暂予监外执行？

6. 刑事立法与执法如何规制女性罪犯利用孕哺期暂予监外执行逃避刑罚？

参考文献

1. 陈兴良. 宽严相济刑事政策研究. 法学杂志，2006（2）.

2. 岳平. 我国社区矫正对象若干问题的探析//刘强，姜爱东，朱久伟. 社区矫正理论与实务研究文集. 北京：中国人民公安大学出版社，2009.

3. 张传伟. 暂予监外执行的本质：功利人道与公正人道的统一：兼论我国暂予监外执行制度的完善. 政法论丛，2008（4）.

4. 张明楷. 终身监禁的性质与适用. 现代法学，2017（3）.

5. 王志祥. 终身监禁执行的刑法教义学思考. 法商研究，2018（4）.

6. 陈雷. 对浙江省 H 市三类罪犯减刑、假释问题的调查报告. 中国刑事法杂志，2014（6）.

7. 郭华.《社区矫正法》制定中的争议问题研究. 法学，2017（7）.

8. 杨新京.《刑法修正案（八）》溯及力研究. 国家检察官学院学报，2011（6）.

9. 郑丽萍. 互构关系中社区矫正对象与性质定位研究. 中国法学，2020（1）.

10. 罗智勇，董朝阳，孙自中.《关于加强减刑、假释案件实质化审理的意见》的理解与适用. 中国应用法学，2022（3）.

图书在版编目（CIP）数据

刑法与刑事诉讼原理和实务/孙长永主编. --北京：中国人民大学出版社，2024.3

法律硕士精品系列教材

ISBN 978-7-300-32448-7

Ⅰ.①刑… Ⅱ.①孙… Ⅲ.①中华人民共和国刑法-研究生-教材②中华人民共和国刑事诉讼法-研究生-教材 Ⅳ.①D924②D925.2

中国国家版本馆 CIP 数据核字（2024）第 016938 号

法律硕士精品系列教材

刑法与刑事诉讼原理和实务

主　编　孙长永

副主编　石经海　吴宏耀

Xingfa Yu Xingshi Susong Yuanli He Shiwu

出版发行	中国人民大学出版社		
社　　址	北京中关村大街 31 号	**邮政编码**	100080
电　　话	010－62511242（总编室）		010－62511770（质管部）
	010－82501766（邮购部）		010－62514148（门市部）
	010－62515195（发行公司）		010－62515275（盗版举报）
网　　址	http://www.crup.com.cn		
经　　销	新华书店		
印　　刷	天津鑫丰华印务有限公司		
开　　本	787 mm×1092 mm　1/16	**版　　次**	2024 年 3 月第 1 版
印　　张	23.25 插页 1	**印　　次**	2024 年 3 月第 1 次印刷
字　　数	501 000	**定　　价**	69.00 元

《　　　　　　》※任课教师调查问卷

为了能更好地为您提供优秀的教材及良好的服务，也为了进一步提高我社法学教材出版的质量，希望您能协助我们完成本次小问卷，完成后您可以在我社网站中选择与您教学相关的1本教材作为今后的备选教材，我们会及时为您邮寄送达！如果您不方便邮寄，也可以申请加入我社的**法学教师QQ群：436438859（申请时请注明法学教师）**，然后下载本问卷填写，并发往我们指定的邮箱（cruplaw@163.com）。

邮寄地址：北京市海淀区中关村大街31号中国人民大学出版社806室收

邮　　编：100080

再次感谢您在百忙中抽出时间为我们填写这份调查问卷，您的举手之劳，将使我们获益匪浅！

基本信息及联系方式：※

姓名：__________ 性别：__________ 课程：__________

任教学校：____________________ 院系（所）：__________

邮寄地址：____________________ 邮编：__________

电话（办公）：__________ 手机：__________ 电子邮件：__________

调查问卷：※

1. 您认为图书的哪类特性对您选用教材最有影响力？（　　）（可多选，按重要性排序）

   A. 各级规划教材、获奖教材　　B. 知名作者教材

   C. 完善的配套资源　　D. 自编教材

   E. 行政命令

2. 在教材配套资源中，您最需要哪些？（　　）（可多选，按重要性排序）

   A. 电子教案　　B. 教学案例

   C. 教学视频　　D. 配套习题、模拟试卷

3. 您对于本书的评价如何？（　　）

   A. 该书目前仍符合教学要求，表现不错将继续采用

   B. 该书的配套资源需要改进，才会继续使用

   C. 该书需要在内容或实例更新再版后才能满足我的教学，才会继续使用

   D. 该书与同类教材差距很大，不准备继续采用了

4. 从您的教学出发，谈谈对本书的改进建议：____________________

____

____

选题征集：如果您有好的选题或出版需求，欢迎您联系我们：

联系人：黄　强　联系电话：010-62515955

索取样书：书名：______________________________

书号：______________________________

备注：※ 为必填项。